谨以本辑致敬东北大学建校100周年!

中华历史与传统文化论丛

主办单位：东北大学秦皇岛分校

主编　董劭伟 秦飞 王红利 鞠贺

（2022年卷）

ZHONGHUA LISHI YU CHUANTONG WENHUA LUNCONG

第

辑

燕山大学出版社
·秦皇岛·

图书在版编目（CIP）数据

中华历史与传统文化论丛. 2022年卷 / 董劭伟等主编
. — 秦皇岛：燕山大学出版社，2023.10
ISBN 978-7-5761-0545-2

Ⅰ. ①中… Ⅱ. ①董… Ⅲ. ①中国历史－文集②中华文化－文集 Ⅳ. ①K207-53②K203-53

中国国家版本馆CIP数据核字（2023）第161279号

中华历史与传统文化论丛（2022年卷）

董劭伟　秦　飞　王红利　鞠　贺　主编

出 版 人：陈　玉
责任编辑：柯亚莉　　封面设计：方志强
责任印制：吴　波　　排　　版：保定万方数据处理有限公司
出版发行：燕山大學出版社 YANSHAN UNIVERSITY PRESS　　地　　址：河北省秦皇岛市河北大街西段438号
邮政编码：066004　　电　　话：0335-8387555
印　　刷：涿州市般润文化传播有限公司　　经　　销：全国新华书店

开　　本：710mm×1000mm　1/16　　印　　张：47.25　　字　　数：750千字
版　　次：2023年10月第1版　　印　　次：2023年10月第1次印刷
书　　号：ISBN 978-7-5761-0545-2
定　　价：198.00元

编委会委员

（按拼音顺序排列）

目　　录

唯物史观与中华民族发展史·纪念黎虎先生学术贡献

古史专题

文史专题

历史文献

近代史专题

中国共产党历史

党史人物日记专栏

文化哲学

教育教学专栏·课程思政教学案例

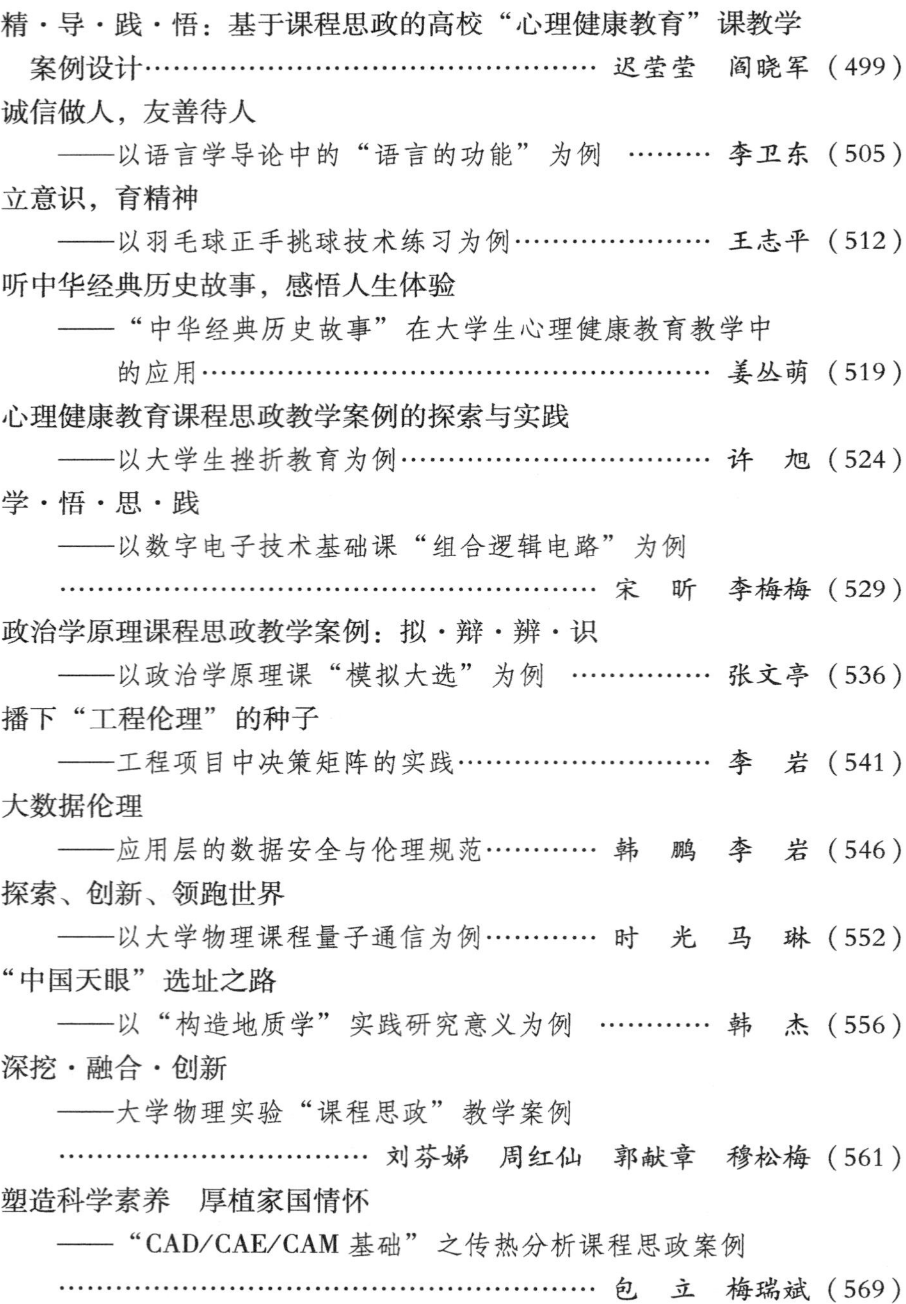

教育教学动态

秦皇岛地域文化专栏

读史札记

学术动态暨书评

唯物史观与中华民族发展史·纪念黎虎先生学术贡献

黎虎先生早年读书批注：1954年版恩格斯《家庭、私有制和国家的起源》

李文才　整理

（扬州大学社会发展学院）

［说明一］：1．恩格斯：《家庭、私有制和国家的起源》，张仲实译，人民出版社1954年10月第1版，1957年2月北京第6次印刷。2．封里签署：“黎虎58.8.”。版权页签署：“黎虎58.8．前门　离京赴东北之时”。（附图片）

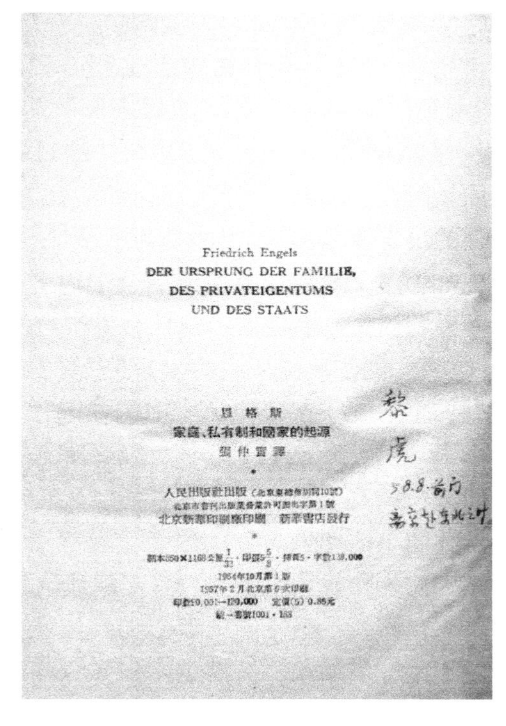

Friedrich Engels

DER URSPRUNG DER FAMILIE,

DES PRIVATEIGENTUMS

UND DES STAATS

恩格斯

家庭、私有制和國家的起源

張仲實譯

人民出版社出版

北京新華印刷廠印刷　新華書店發行

1954年10月第1版

1957年2月北京第6次印刷

［说明二］：1．所移录的除了黎虎先生所写的批注，以及这些批注所指的原著画线部分文字，其余布满全书的直线笔道、波纹线笔道等，因为黎虎先生未加批注，故不作移录。2．黑体字为原书的页码、原文、行数或相关说明等，下面的宋体字为黎虎先生的批注文字，起头标注**【黎虎批注】**。

第 5 页（接第 6 页），第二段：“依据唯物主义的理解，历史的决定要素，归根结蒂，乃是直接生活底生产与再生产。不过，生产本身又是两重性的：一方面是生活资料食、衣、住及为此所必需的工具底生产；另一方面是人类自身底生产，即种底繁衍。”

【黎虎批注】[①]：1. 历史唯物主义虽然否认人口增长和人口密度是社会发展的决定力量，但却承认这是社会发展的物质生活条件之一。人口和物质资料的生产是互相依赖的对立的统一；离开物质资料生产的存在和发展，就没有人类社会的产生和发展，但没有人类的存在和发展，也没有物质资料生产的存在和发展。人不仅是生产力中主要的和能动的要素，是社会劳动分工发展的重要条件之一，也是社会革命的伟大动力。

2. 恩格斯说“两种生产”“制约”着社会制度的发展，这并不排斥物质资料生产的主导的、决定的作用。

可见，这一见解并不与历史唯物主义的基本观点相矛盾，而恰恰是它的补充。

3. 恩格斯没有把物质生产与种底蕃衍“并列”，他说的是事物的“两重性”。《什么是“人民之友”以及他们如何攻击社会民主主义者》一书指出米海洛夫斯基把恩格斯这句话“改正”为：“劳动生产率极低的原始时代，起着头等作用的人本身的生产即子女生产，是和物质生产并列的决定要素。”其目的是为了非难“在物质关系中去找寻氏族制”的历史唯物主义观点。恩格斯的全书内容表明家族、婚姻和两性关系的变化是由物质生产底发展，由社会生产力发展所引起的。

4. 经济规律从人的出现开始便成为支配人类社会发展的规律。同时，生物规律在原始社会中仍在起作用，并逐步失却其原有的“支配地位”。在这个交替过程中，两重性是存在的。杂乱性生活与集体利益之间，长期发生矛盾。这种矛盾，表现在家族从杂乱婚到群婚以至单偶婚愈益缩小的性生活范围的变化过程中，及其不断统一于生产力发展的水平，使生物规律逐渐失去其支配地位。

在原始社会，由于生产工具原始，生产力的主要因素还是依靠集体的团结，依靠人，依靠集体成员的蕃衍。原始社会“种的蕃衍”不像阶

---

① 按，以下黎虎先生批注文字前面的“1、2、3、4”等阿拉伯数字序号，系黎虎先生当年批注时的原文。

级社会那样，为着财产继承和宗派势力，而是为着生产。

第 6 页，第一段，第 3—4 行："劳动愈不发展，其生产品底数量、从而社会底财富愈有限制，则血统组结对于社会制度底支配影响便显得愈强烈。"

【黎虎批注】①：恩格斯把"血缘组结对于社会制度底支配影响"的"愈强烈"，看作是由于"劳动愈不发展"的结果，即人类自身生产、家庭发展程度及其对社会制度的"支配影响"是由物质资料生产的发展所决定的结果。这里所说的"支配影响"并不能理解为第一性的影响。当物质资料生产发展起来时，私有制、交换、财产差别、奴隶制从而阶级矛盾等新的社会因素也就随之发展起来，氏族制度也就被组成为国家的新社会代替了。此后，家庭的发展对社会制度就不再有以前那样强烈的影响。相反，它"完全地服从于所有权关系"，而阶级矛盾和阶级斗争就成了社会成为历史的发展动力和内容。

第 18 页，第一段，第 3—9 行："族内婚与族外婚，并不是一种对立；族外婚'部落'底存在，直到现在还没有任何地方可作证明。不过，在群婚还盛行的时代，——群婚大概曾经到处盛行过，——一个部落分为好多母系亲族关系的集团，即氏族，在氏族内部，严格禁止通婚，因之，某一氏族底男性，虽能在部落以内娶妻，并且照例都是如此，但必须到氏族以外去娶。如此，要是氏族是严格的族外婚的，那末包括所有氏族的部落，便成了同样严格的族内婚的了。"

【黎虎批注】：族内婚与族外婚的正确解释。

第 22 页，第一段，第 2—3 行："我们承认人类是起源于动物界的，那末，我们就不得不承认这种过渡状态了。"

【黎虎批注】②：指人类刚从古猿分出来的"过渡状态"。

第二段，第 1—2 行："从食物中采用鱼类（虾类、贝壳类及其他水

---

① 按，黎虎先生上述批注，写在第 7 页的空白处，并以箭头指向第 6 页划线的这些文字。

② 按，此处正文中"过渡状态"四字下面，黎虎先生标以圈号，显然是用作着重号的，意在强调这四个字的意涵，因为他在批注中也同时写出了"过渡状态"四字。

栖动物都包括在内）与使用火开始。”

【黎虎批注】①：从使用火至发明钻木取火二个特征。

第二段，第 5—9 行：“早期石器时代底粗制的、未加琢磨的石器，即所谓太古石器（paleolithic）时代的石器，完全或大部分是属于这一时期的，这种石器，广布于一切大陆上，而为这一移居底证据。向新地带底移居和不断的活跃的探索欲，随着钻木取火，而提供了新的食物……”

【黎虎批注】②：使用火：旧石器初、中期；钻木取火：旧石器晚期。

第三段，第 1—2 行：“高级阶段——是从弓矢底发明开始的，因为有了弓矢，猎物便成了日常的食物，而打猎也成了正常的劳动部门之一。”

【黎虎批注】：石制箭镞出现于中石器时代。

第 23 页，“（二）野蛮时代”

【黎虎批注】：相当于新石器和金属器时代。

第 24 页，第三段，第 1—2 行：“在东半球上，野蛮底中级阶段是从供给乳及肉的动物底驯养开始的，而植物底种植，在这里似乎在这一时期是很久还不知道。”③

---

① 按，正文“使用火”三字下面加着重号。

② 按，正文“钻木取火”四字下面加着重号。又，第二段第 11—13 行的文字下面，黎虎先生均划有横线，并在旁边加“?”。其划线文字内容为：“像书籍中所描写的专事打猎的民族，换一句话说，即专靠打猎为生的民族，是从未有过的；因为，靠打猎所得的东西来维持生活，是极其靠不住的。”黎虎先生此处之所以标示“?”，那是因为他其时正在调查鄂伦春族的社会生产和生活情况，而鄂伦春族就是专事打猎为生的民族，因此，恩格斯这里所说的“专靠打猎为生的民族，是从未有过的”这一情况，并不适合鄂伦春族。所以，黎虎先生对于恩格斯这一带有绝对化倾向的说法是心存质疑的。尽管当时全国正处于学习和运用马克思恩格斯理论的高潮时期，但黎虎先生仍然秉持实事求是的精神，对于恩格斯的说法表示出怀疑，显示出其治学中唯重事实，而非唯上、唯权威、唯理论是从的学术作风。

③ 按，此处黎虎先生在第 3 段前面，打上一个“?”，可能是对其中的一些说法有所疑问。同时，又在“在东半球上……很久还不知道”这段文字的下面划上波浪线，然后写了下面的批注语。

【黎虎批注】①：西安半坡（仰韶期）等地窖穴、房屋、墓葬中都发现了粟皮壳，及谷物加工工具。

第 26—27 页：“蒙昧是以采取现成的天然产物为主底一个时期；人类底制造品主要是用作这种采取底辅助工具。野蛮是采用牲畜业及农业底一个时期，是已学会用人类的活动以增加天然产物生产的方法底一个时期。文明是已学会对天然产物进一步加工底一个时期，是真正的工业及艺术已经产生了的一个时期。”

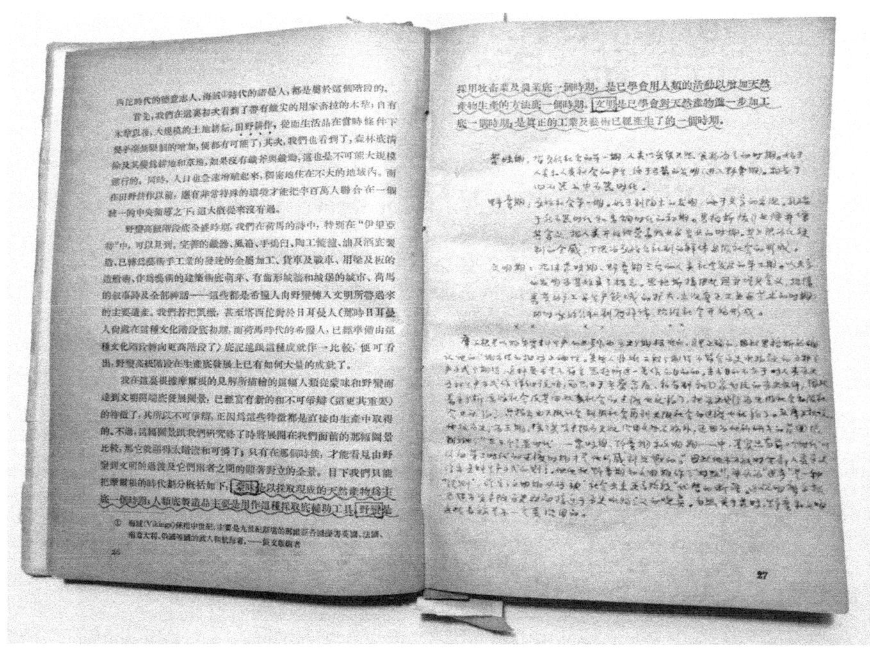

（第 26—27 页）

① 按，黎虎此处除了写了这些批语外，还特别加了一个大大的“?”。很显然，对于恩格斯此处的说法，黎虎先生也是存有疑问的。无论马克思还是恩格斯对于中国古代历史的情况了解都很少，恩格斯此处所说的“东半球”自然是包括中国在内的，因此这样笼统地说“植物底种植，在这里似乎在这一时期是很久还不知道”，是完全不符合中国古代情况的，无论是仰韶时期的西安半坡，还是河姆渡遗址，所出土的粮食谷物及其加工工具都证明，这里早就出现了种植农业。正是基于中国的这些考古发现，黎虎先生对于恩格斯的这个说法表示出疑问。

【黎虎批注】[①]：蒙昧期：指原始社会的第一期，人类以采集天然食物为主的时期。始于人类和人类社会的产生，终于弓箭的发明（进入野蛮期）。相当于旧石器与中石器时代。

野蛮期：原始社会第二期。始于制陶术的发明，终于文字的出现。相当于新石器时代和青铜时代的初期。恩格斯援引此语并增其含义，指人类开始经营畜牧业与农业的时期。其上限为氏族制的全盛，下限为原始公社制的解体与阶级社会的形成。

文明期：指继蒙（昧）时期、野蛮期之后的人类社会发展的第三期。以文字的发明为其始点之标志。恩格斯援用此语并增其含义，指随着劳动分工与生产领域的扩大，出现真正工业与艺术的时期；同时原始公社制度解体，阶级社会开始形成。

××　　××　　××

摩尔根是以物质资料生产的进步作为历史分期标准的，这是正确的，因此恩格斯就确认他的分期方法的相对正确性。某些人非难三段分期法不符合历史唯物主义的五种生产方式分期法，这种要求是不符合恩格斯这一著作的目的的。本书目的不在于对人类历史五种生产方式作详细说明，而只在于考察家庭、私有制和国家起源的历史条件，因此着重分析原始社会及其向奴隶社会的过渡也就够了，把历史划分为无（阶）级社会和阶级社会也就够了，只指出由无（阶）级社会到阶级社会再到无（阶）级社会的过渡也就够了。就摩尔根说，他把历史分为三期，除了其资产阶级历史观沿用这些名称外，还因为他所研究的范围限制了他，“在三个主要时代——蒙昧期、野蛮期和文明期——中，其实只有前二个时代以及向第三时代的过渡时期才是他所感到兴趣的。”因此他不可能对全部人类历史作出五种生产方式的划分。但他把野蛮期和文明期作了“对照”，并认为“进步”是一种“法则”，作出了文明期必将被“社会未来更高阶段”代替的断语。这说明摩尔根已超出资产阶级历史观而接近于历史唯物主义的观点。自然，关于蒙昧、野蛮和文明这些名称是不一定

---

① 按，此段正文中的“蒙昧”“野蛮”“文明”三个词语，黎虎先生均以方框标出，意在于着重强调。另外，在其批注文字中，“阶级”一词，黎虎先生使用了速记法，将其速写为“阝”旁加一个“及”字，故而其中的“无阶级社会”，看上去都是“无级社会”，而省去了一个“阶”字。

要沿用的。

第 28 页：“二　家庭”

【黎虎批注】①：家庭既属于上层建筑又属于基础的范畴。《德意志意识形态》指出：家庭关系是社会生产的一种特殊类型。这是说家庭完成着社会物质生活条件一个重要条件——人口再生产的任务。但决不意味着家庭就是生产。

家庭是社会关系的一种复杂形式，表现出经济的关系、法律的关系、思想的关系、道德的关系。家庭是社会的细胞。

第一段，第 3—5 行：“他发见易洛魁人还在奉行一种亲族制度，这种亲族制度是和他们的实际的家庭关系相矛盾的。易洛魁人中盛行一种双方可以轻易离异的个体婚制，摩尔根把它称为‘对偶家庭’。”

【黎虎批注】②：易洛魁人实行对偶婚，但其亲族制度则为族外群婚制，即普那路亚制。

第一段，第 8—18 行：“易洛魁人的男子，不仅把自己亲生的孩子称为自己的子女，而且把他兄弟底孩子也称为自己的子女，而孩子们都把他称为父。另一方面，他把自己姊妹底孩子称为自己的侄子和侄女，他们称他为伯父。……这并不是一些空洞称呼，而是实际上流行的对血统关系底亲疏及同等与否底见解之表现；这种观点是一个完备地构成的亲族制度底基础，这种亲族制度可以表现个别人底数百种不同的亲族关系。”

【黎虎批注】③：易洛魁人的亲族制度：男子把自己的亲生子女和兄弟

---

① 按，从第 28 页起是《家庭、私有制和国家的起源》的第二个部分“二　家庭”，故而此处批注，是写在本页的天头处，应该是黎虎先生对于这一页的内容所进行的批注，属于总括性质的批语。因为下面在不同段落处，还有一些批注文字。又，本页倒数第 7—4 行，黎虎先生批注了一个“?”，应当是对这段话内容有所疑问，或有所质疑，因为黎虎先生其时正在进行鄂伦春族原始社会状况的调查工作，可能感到恩格斯所说的这些话，与他在民族调查中所见到的实际情形无法吻合，或无法解释，故而以“?”标示其困惑。以下凡标示“?”者，原因或同。

② 按，此处正文下的多数划线已经淡化，唯“对偶家庭”四字下面的双粗线条十分显明。

③ 按，所引用的正文部分，省略号之前的文字黎虎先生并未划线，但从其批注语来看，他批注的对象应该是从这个地方开始的。而省略号之后的文字，黎虎先生在其下面以粗线条标示，并在旁边打上一个大大的“?”，应该是对这个说法有所怀疑。这是因为黎虎经过对鄂伦春族社会生活情况的实地调查，可能感觉这些说法与他所见到的鄂伦春族的实际情况不能吻合，故而产生了疑问。

底孩子都称为自己的子女，而孩子们都把他称为父；女子亦然。他的姊妹的孩子他称之为侄。

第29页，第二段，第1—2行：“亲族关系在一切蒙昧及野蛮民族底社会制度中起有决定性作用……”

第6—8行：“父、子女、兄弟、姊妹等称谓，并不是什么仅仅尊敬的称呼，而是一种负有完全确定的、异常郑重的相互义务的称呼，这些义务底总和便构成这些民族底社会制度底主要部分。”

【黎虎批注】①：夏威夷实行族外群婚制（普那路亚），但其亲族制度是血缘家庭。

第二段，第10—13行：“在这种家庭中也有父和母、兄弟和姊妹、子和女、伯叔父和伯叔母、侄子和侄女等称谓，正和美洲及古印度人的亲族制度所要求的一样。然而，好奇怪！夏威夷诸岛上所行的亲族制度，又是跟该地事实上存在的家庭形式不相符合的。”

第17—19行：“如果美洲的亲族制度，是以在美洲已经不存在、而在夏威夷群岛上尚可确实找到的比较原始的家庭形式为前提，那末，另一方面，夏威夷的亲族制度却指出了一种更加原始的家庭形式……”

【黎虎批注】：夏威夷的亲族制度：兄弟姊妹的孩子都看作是自己的孩子。

第30页，第一段，第4—6行：“当家庭继续活着的时候，亲族制度便僵化起来；当后者成为习惯而继续存在着的时候，而家庭却已长过它了。”

第9—11行：“我们根据历史上所传下来的亲族制度，也可以以同样的确实性断定一种适应于这个制度的业已绝迹的家庭形式是存在过的。”

【黎虎批注】②：夏威夷的亲族制度和其后的易洛魁亲族制度，都与他们的实际的家庭关系不符合。为什么呢？根据社会意识落后于社会存在

① 按，本段第1—2行、第6—8行的文字，黎虎先生分别在旁边标示以“？”。批注文字则是写在第6—8行的旁边，但从批注内容来看，应该是同时针对上述文字的，只不过黎虎对于其中的一些说法，可能还存有一定的质疑，故而以“？”标示。

② 按，此处批注书于天头处。又，倒数第7—6行，黎虎先生标示以“？”。

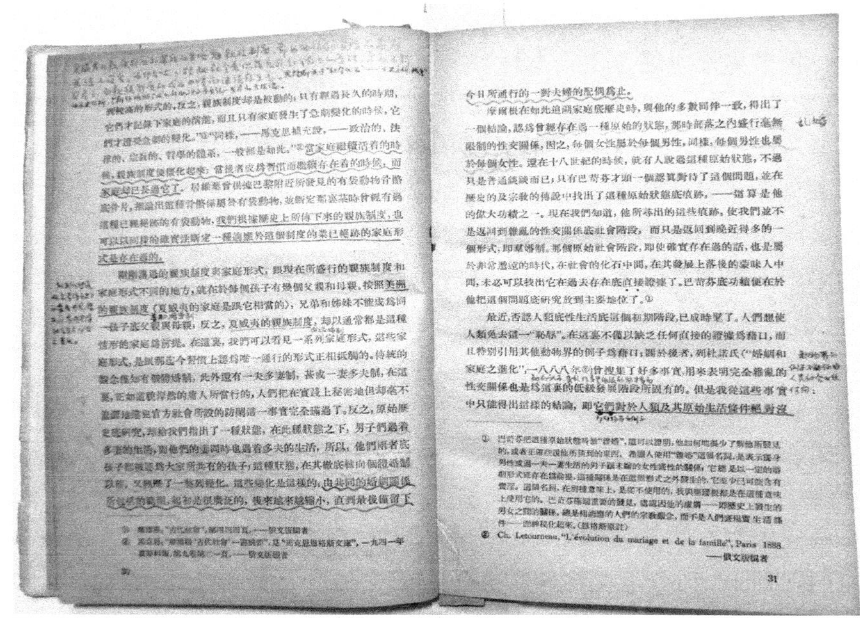

（第 30—31 页）

的原理，家庭不断发展了，而亲族制度却成为习惯而继续存在着。恩格斯关于“社会化石”——“历史文化残余”的历史分析，是辩证唯物主义的新旧事物矛盾统一发展的方法论。

第二段，第 1—5 行：“刚刚讲过的亲族制度与家庭形式，跟现在所盛行的亲族制度和家庭形式不同的地方，就在于每个孩子有几个父亲和母亲。按照美洲的亲族制度（夏威夷的家庭是跟它相当的），兄弟和姊妹却不能成为同一孩子底父亲与母亲；反之，夏威夷的亲族制度，却以通常都是这种情形的家庭为前提。”

【黎虎批注】①：批判以传统观点看待历史上的家庭形式，指出家庭形式随社会发展而发展变化。

第 31 页，第二段，第 2—4 行：“曾经存在过一种原始的状态，那时

① 按，此处批注除正文所写之外，黎虎先生在“美洲的亲族制度”下划粗线，并夹行批注：“普那路亚制”；“夏威夷的亲族制度”下划粗线，并夹行批注：“血缘婚制”。

部落之内盛行毫无限制性的性交关系，因之，每个女性属于每个男性，同样，每个男性也属于每个女性。”

【黎虎批注】：乱婚

第三段，第3—6行：“列杜诺氏（‘婚姻和家庭之进化’一八八八年）曾搜集了好多事实，用来表明完全杂乱的性交关系也是为这里的低级发展阶段所固有的。但是我们从这些事实中只能得出这样的结论，即它们对于人类及其原始生活条件绝对没有证明任何东西。”

【黎虎批注】①：动物界的例子不能证明人类社会的任何问题：他们认为，杂乱婚是低级动物才有的，即动物界的例子。

第32页，第一段第7—10行：“如果我们只限于哺乳动物，那末我们在这里可以找出性生活底一切形式——杂交、类似群婚的形式、多妻制、个体婚制；所缺乏的只是多夫制，只有人类才能达到这一点。”

【黎虎批注】：1．动物界没有一夫多妻制，说明人类比动物进步和高级，人类能以忍耐而结成群。

2．他们的断言往往是矛盾的。

第一段，倒数第5—4行：“在哺乳动物中，智力发展底程度与性的结合的形式之间，根本没有严格的关系。”

【黎虎批注】②：不能以性的结合形式去判断智力的高低。

第33页，第二段，第2行：“高等动物底群与家庭并不是互相补充，而是相互对立的。”

【黎虎批注】：动物社会对人类社会的推论有若干消极意义：

第二段，倒数第6—1行：“比家庭更高级的社会形式”。

【黎虎批注】：指群，社会

第二段，倒数第5行：“那末这只是由于它把已遭受了根本变化的家

---

① 按，第三段第2行，黎虎先生除了批注语外，还同时标示“？”。“问题”二字，黎虎先生用了速记法，将之写为“门”中加一“T”字母，这是速记法常用语。又，这些批注文字分别写在三处，如“即动物界的例子”即写在最后一行划线处。然而，综合上下文意来看，这些合并一处语义就完整了，即：“动物界的例子不能证明人类社会的任何问题：他们认为，杂乱婚是低级动物才有的，即动物界的例子。”

② 按，此处黎虎先生除了批注语外，还在这句话的旁边标示“？”。

庭溶化在自身之中……”

【黎虎批注】：1. “它”，黎虎先生批注曰：“群，社会”。2. “自身”，黎虎先生批注曰：“群，社会”。3. “遭受了根本变化”，黎虎先生批注曰：“由于社会的影响”。

第二段，倒数第 4—3 行：“但正由于这一点，这并不排斥那些家庭以后在无限优越的环境下得以重新组织起来”。

【黎虎批注】：1. “这一点”，黎虎先生批注曰：“即家庭服从于群”。2. “无限优越的”，黎虎先生批注曰：“指私有制出现以后，即原始的社会是没有家庭的，其后才出现家庭。”

第 34 页，第 3—6 行：“单是这一事实，就足以证明动物的家庭与人类的原始社会是两不相容的东西，原始人类自脱离动物状态以后，或者全然不知道有家庭，或者，至多只有动物中所没有的那种家庭。”第 9—11 行：“但是为了在发展过程中脱离动物状态，实现那在自然界中绝无仅有的伟大进步，还需要一种因素：即以群底联合力量与集体行动来补足个体自卫力量底不足。”

【黎虎批注】[①]：从“处在形成过程中的人”的特殊矛盾论证杂乱性交的必然性。即：这种“人”毫无防御能力，但都要脱离动界现实自然界中最伟大的进步。在这种矛盾下，“人”必须用群的联合力量和集体行动来弥补个人力量的软弱。为此，成年雄者的嫉妒心理就必须服从群的联合。结果就是整群的两性互为所有。

第 11—13 行：“用今日类人猿所生活的那些条件来说明向人的状态的过渡，是绝对说不通的；这种类人猿宁可说给我们一种误入歧途底印象，此种歧途使它注定要逐渐灭绝，不论如何，要处在衰落状态中。”

【黎虎批注】[②]：类人猿的个体婚制度较巩固。今天的类人猿已堕落，向下发展。不能以此来说明向上发展的人类社会。

第 15—16 行：“成年雄者相互忍耐，嫉妒的消除，乃是形成这样大而永恒的集团底第一个条件，由动物转变这人类只有在这种集团的环境

---

① 按，黎虎先生在上述第 3—6 行、第 9—11 行文字的下方划出了波浪线，因此这段批语应该主要就是针对这些内容来说的，或者说是对这些文字内容所作的理解或诠释。

② 按，黎虎先生在所写这段批注文字的旁边，标示以一个大大的“?”，不知其意何指。

中才能办到。”

【黎虎批注】：嫉妒是较后发展起来的感情。

倒数第 3—2 行：“归根结蒂，叫我们想到一个跟由动物状态转向人类状态底过渡相适应的杂乱的性交关系的时期……”

【黎虎批注】：由动物变成人正需要复杂婚，动物没有这一点。

第 36 页，第三段，第 1—4 行：“一、血缘家庭（The Consanguine Family）——这是家庭底第一个阶段。在这里，婚姻集团是按照辈数而区分的：在家庭范围内的所有祖父祖母，都是互为夫妻；他们的子女，即父母，也是如此；同样，后者的子女，构成共同夫妻的第三个范围。”

第 7—8 行：“兄弟与姊妹——同胞兄弟姊妹、从兄弟姊妹、再从兄弟姊妹等，都是互为兄弟姊妹，正因此之故，也一概互为夫妻。”

【黎虎批注】[①]：群婚的初级阶段。

（劳动中的简单自然分工〈性别、年龄〉对于从乱婚进到血缘婚有一定影响作用。由于生产劳动的发展，原始人群中有了自然分工，由此形成了不同的集团，而在年龄相近的辈分中发生通婚关系，从而出现第一个婚姻形态——血缘家庭。）

第 37 页，第三段，第 1—3 行：“二、‘普那路亚’家庭（The Punaluan Family）——如果家庭组织上底头一个进步是在于从相互的性交关系中排斥了父母和子女，那末，第二个进步便在于从这一关系中排斥了姊妹和兄弟。”

第 9—12 行：“这一进步可以作为‘自然选择原则是在怎样发生作用底最好例解’。不容置疑，凡血族相奸因这个进步而被限制的部落，其发展一定要比那些依然把兄弟姊妹间的结婚当作惯例和义务的部落更加迅速，更加完全。这个进步底影响有多么强……”

【黎虎批注】[②]：自然选择原则对排斥亲族通婚的作用。

---

① 按，正文中的文字除划波浪线外，“正因此之故”五字的下面还特别加上着重号。

② 这个批注所引正文后面的省略号部分，已是到了下面，包括下页的第一段，整个都被划上了波浪线，这就是说，这个批注是针对包括下页内容的整段文字来说的。

第38页，第二段，第2行“直到野蛮底中级阶段之后期为止”。

【黎虎批注】：即整个石器时代、金属器时代之前。

第5—13行：“不过，当同母所生的子女之间不许有性交关系的观念一经发生，这一定要影响于旧家庭公社底分裂与新家庭公社（Hausgemeeinden）底成立（这种公社不一定要与家庭集团相一致）。一列或者数列姊妹成为一公社底核心，而她们的同胞兄弟则成为别一公社底核心。摩尔根名为‘普那路亚’的家庭便经过这样或类似的途径而由血缘家庭发展出来了。按照夏威夷的习惯，若干数目的姊妹——同胞的或血统较远的（从姊妹，再从姊妹等）——曾为她们共同丈夫们底共同的妻，但是这些共同丈夫们之中，排除了她们的兄弟。这些丈夫们彼此已不再互称为兄弟，他们也再没有必要成为兄弟了，而称为‘普那路亚’，即亲密的伴侣，伙伴。”

【黎虎批注】①：血缘家庭发展为普那路亚家庭的途径：同胞兄弟姊妹不许有性交关系的观念产生，使旧家庭公社分裂为新家庭公社；原始共产主义经济规定了原始家庭的规模。

第6—7行之间夹行批注：血缘婚时已有家庭公社。

第7—8行之间夹行批注：即兄弟已成为另一公社的组成部分了。

第12—13行右侧批注：普那路亚制的特点。

第三段：“这种家庭形式十二分精确地把美洲制度所表现的亲族等级提供给我们了。我的母亲底姊妹子女，还是她的子女，同样，我的父亲底兄弟底子女也还是他的子女，他们全是我的兄弟姊妹；但是我……”

【黎虎批注】：姊妹的子女相互称兄弟或姊妹。兄弟的子女亦然。

第39页，第一段（文字内容过多，兹省略不录）。

【黎虎批注】②：第1—6行批注：兄弟称姊妹的子女为侄，兄弟和姊妹间的子们不能互称兄弟姊妹，而是从兄弟与从姊妹。

第7行批注：即兄弟的子女之间（或姊妹的子女之间）。

第11行批注：即姊妹和兄弟之间的子女之间的关系。

---

① 按，在这整段文字的左侧中间位置，黎虎先生标示以一个大大的“？”。

② 按，第一段文字过多，故略去不录。第二段的旁边，黎虎先生标示以“？”。

第 40 页，第二段，第 1—2 行："氏族制度，在绝大多数场合之下，似乎是从'普那路亚'家庭中直接发生的。是的，澳大利亚人的等级制度（Class system）也可以成为氏族底出发点：澳大利亚人有氏族，但他们还没有'普那路亚'家庭，而是更粗野的群婚形式。"

【黎虎批注】：普那路亚制导致氏族组织的产生。

氏族应是从族外群婚产生的，普那路亚只是其典型形式。

第三段，第 4—5 行："只要存在着群婚，那末血统就只有从母亲方面来确定，因之，也只有承认母系。"

【黎虎批注】：①这种情况下，子女只能确认生母，因而血统只有依母系计算。

第 41 页

【黎虎批注】：构成原始形式的氏族成员：姊妹集团及其子女及她们的兄弟[①]。

第二段，第 1—6 行（原文略）批注：②由此便自然地形成一个以共同的始祖母为中心的血族集团——母系氏族[②]。

第二段，第 10—19 行（原文略）批注：氏族是以血缘关系结成的原始社会的基本单位，其内部实行禁婚；生产资料公有，集体生产、集体消费；公共事务由选出的氏族长管理，重大问题由氏族成员会议决定。

第 42 页，第一段第 3 行："才知道摩尔根在这里走的太远了。"

【黎虎批注】：即普那路亚只是群婚的最高的典型形式，其前还有一整列的其他群婚形式。

第二段，第 1—4 行："英国传教士罗里麦·费逊，使我们的关于群婚的知识更加丰富起来，他在这种家庭形式底典型的故乡——澳大利亚，把它研究过多年。他在南澳大利亚甘比亚山区域的澳大利亚黑人（Australian Negroes）中发见了那最低的发展阶段。"

---

① 按，此处批注写于该页的天头处。

② 此处因正文字数过多，故省略。从批注前标注序号②之情形来看，很可能是与前面一页所标符号①的批注，成对应关系，这两个批注之间应该存在前后连接的逻辑关系。以下凡标注"正文略"字样，皆因为正文字数过多而不便迻录者。

【黎虎批注】：群婚低级阶段的实例——等级制度。

第 5—7 行："克洛基（Kroki）与库米德（Kumite）。每个等级内部严格禁止性交关系；反之，一等级底每个男性生来就是别一等级底每个女性底丈夫，而后者生来也是前者的妻。"

【黎虎批注】：（普那路亚之前的形态）①

第 10—13 行："库米德底每个女性，对克洛基的任何男性，乃是他当然的妻；但是，他自己的女儿，既是库米德女性所生，根据母权说来也算为库米德，那末，因此之故，她生来就是每个克洛基底妻，从而也就是自己的父亲底妻。"

【黎虎批注】：即父女之间的性关系尚未明确排斥。

第 17 行：1. "等级制度也许是从杂乱的性交关系状态中直接发生的"。

第 19—20 行：2. "当前的状态指出其前有血缘家庭的存在，而且是迈越过它（血缘家庭。——译者）的第一步。"

【黎虎批注】②：对等级制度的二种说明。

即当前状态（父女相奸）只是以前存在过的血缘家庭的残余。

指四等级制。

第 43 页，第二段，第 3—5 行："它仅排斥母方兄弟姊妹间、兄弟底子女间、姊妹底子女间的结婚，因为他们都是属于同一等级的；反之，姊妹底子女与兄弟底子女却能相互结婚。"

【黎虎批注】：禁止血族相奸的进一步办法。

第 10 行批注：左传：穆　昭

---

① 按，此批注"普那路亚之前的形态"，应当就是指"克洛基与库米德"而言。

② 按，批注语"对等级制度的二种说明"写在左边空白处，而正文第 17 行、第 19—20 行，不仅文字下面划出波浪线，而且在开头处分别标示数字 1、2，因此这划线的内容，就是"对等级制度的二种说明"无疑。又，批注语"即当前状态（父女相奸）只是以前存在过的血缘家庭的残余"，书写于"当前的状态指出其前有血缘家庭的存在，而且是迈越过它（血缘家庭。——译者）的第一步"之下，应当是对这两句话的针对性阐释。又，批注语"指四等级制"，书写于本页地脚处，应当是对本页所述内容的总括性批注。

第 12 行批注：兄弟（及）姊妹①

第 14—18 行："由于母权氏族底插入……阻止血族相奸的意向，一而再再而三地表现出来，然而这一意向只是本能地自发地进行的，并无明确的目的意识。"

【黎虎批注】②：即母权社会中还有从兄弟姊妹、姑舅叔伯等关系，情形就更加复杂了。

即只有朦朦胧胧的意识。

第 44 页，第二段第 1 行："对女子的劫夺，已现出向个体婚制过渡的征候"。

【黎虎批注】③："掠夺婚姻"。（约产生于母权制向父权制过渡时期）

第 45 页，第一段，第 1—3 行："三、对偶家庭——一对一对的配偶在或长或短期间内的某种同居，在群婚时，或者还更早的时候，便已经发生了；一个男性在许多妻中间有一个正妻（还不能称为爱妻），而他对于她也是其他许多丈夫中间的一个主夫。"

【黎虎批注】：对偶家庭产生问题：1. 从群婚制中逐渐发展而来。★对偶同居发生很早

第 5—7 行："这一基于习惯的对偶同居，因氏族底愈趋发达，及因不许互相通婚的'兄弟'及'姊妹'等级底愈益加多，一定要逐渐巩固起来的。氏族对禁止血族间结婚的推动更加向前发展了。"

【黎虎批注】：对偶同居逐渐巩固

第二段，第 1—2 行："自然选择也继续在发生着效力。"

【黎虎批注】：2. 自然选择继续起作用

第三段，第 1—3 行："原始时代家庭底发展，就在于两性共同婚姻

---

① 按，此处原文："兄弟姊妹（母方的）底子女不得为夫妻"，黎虎先生在"兄弟"与"姊妹"之间，以添加符号增加了一个"及"字。应该是他通读上下文之后，感觉此处应该加上"及"字，从而使上下文逻辑联系更加密切。

② 按，此批注的前半部分书写于右侧空白处。"即只有朦朦胧胧的意识"一句，则紧接着原文的最后一句话，应该是对原文作进一步诠释。

③ 按，批注写在第二段左侧空白处，此外还有一个"？"位于第二段最后几行划线文字的左侧，应该是对此有所疑问。

的范围底不断缩小，这个范围最初是包括全部落的。由于次第排斥亲族通婚——初为近缘者、次为远缘者、最后以至仅有姻戚关系者，一切群……（省略号转下页）”

【黎虎批注】：由杂乱性交到对偶婚的发展是排斥亲族通婚的结果。

第 46 页，第一段，第 3—4 行：“近代所谓个人的性爱与个体婚制底发生是如何地很少共同的地方了。”

【黎虎批注】：即个体婚制的发生是由于氏族制度发展的结果，而不是性爱发展的结果。

第二段，第 1—4 行：“这种对偶家庭，本身还很脆弱、还很不稳定，不能引起自营家庭经济的要求和愿望，故早期所传下来的共产制家庭经济并未因它而解散。但是共产制家庭经济表示女性在一家内底统治地位，由于不能确认生父，只能认知生母，因而表示对女性（即母亲）底高度尊敬。”

【黎虎批注】：女性占统治地位。

第 47 页，第 14—16 行：“在共产制的家庭经济治下，全体或多数女性是属于同一氏族，而男性则分属于各种不同的氏族，此种共产制的家庭经济乃是原始时代到处通行的女性统治底真实基础。”

【黎虎批注】①：女性统治的基础是共产制的家庭经济。

倒数第 6—5 行：“有些民族的女性的操作比我们所设想的更多，这些民族，对于女性怀着比我们欧罗巴人更多的真正尊敬。”

【黎虎批注】：他们认为女性地位低因而工作负担重。

第 48 页，第一段

【黎虎批注】：群婚的遗迹。

第二段

【黎虎批注】：由群婚到对偶婚的各种过渡形态②。

---

① 本页只是一段，黎虎先生在右侧空白处连写了两个大大的“?”。

② 按，第 48 页的两个主要批注，分别书写于第一段、第二段文字上部左侧的空白处，段落有些句子划线或标示着重号。

第 2—3 行之间夹行批注：巴苛芬是一个唯心主义者。

第 50 页，第三段，第 1—2 行："巴苛芬坚决主张，从他所谓的'杂婚制'或'污泥生殖'之转向个体婚制，主要是由女性所完成，这是绝对正确的。"

【黎虎批注】：向个体婚转变主要是由女性完成的。

第 51 页，第二段，第 1—3 行："对偶家庭发生于蒙昧与野蛮之间的分界上，主要是在蒙昧底高级阶段上，只有个别地方是在野蛮底低级阶段上。这是野蛮时代所特有的家庭形式……"

【黎虎批注】[①]：对偶婚是野蛮时代所特有的家庭形式。

第 2 行"野蛮时代"批注：新石器时代

第 4—8 行："要使对偶家庭进一步发展而成为牢固的一夫一妻制，除了上述诸种原因以外，还需要别的原因。在对偶共居中，群已经减缩到它的最后单位，仅由两原子而成的分子，即一男与一女。自然选择是通过对共同婚姻的日益扩大的禁止而进行的；在这一方面，它再也没有要做的事了。"

【黎虎批注】：对偶婚向一夫一妻转变的原因：自然选择已失去作用，新的动力开始发生作用。

第 8—10 行："如果没有新的社会动力发生作用，那便没有可以从对偶共居中发生新的家庭形式的原因了。但是这种动力毕竟开始发生作用了。"

【黎虎批注】：即下面所谈的社会财富的增加。

第 52 页，第二段

【黎虎批注】：私有制的出现。

第 2 行"《创世纪》"批注：《旧约全书》第一卷

第 2—3 行"亚伯拉罕"批注：犹太族之始祖

第三段

---

① 按，除了对 1—3 行的内容批注外，"野蛮时代"四字下加着重号，并单独批注："新石器时代"。又，本页第 3、4 段两段文字的右侧，打一"?"。

【**黎虎批注**】：奴隶制出现

第四段：

【**黎虎批注**】：私有财产对对偶婚及母权制的打击

第 3 行批注：①男子经济地位加强[①]

第 53 页，第一段

【**黎虎批注**】：继承制的变化。

第二段

【**黎虎批注**】：②私有制与母系继承制发生矛盾[②]

第三段，倒数第 4—2 行："这就废止了按照女系确定血统及依母权制继承的办法，而确立了按男系确定血统及父系的继承权。"

【**黎虎批注**】：父子继承权确立

第 54 页，地脚处

【**黎虎批注**】[③]：母权制过渡到父权制之后，对偶婚向一夫一妻制过渡才完成？

第 55 页，天头处

【**黎虎批注**】：父系氏族是对偶婚的一夫一妻制的过渡，一夫一妻制在阶级社会才完全确立，即"一夫一妻制是与文明期相适应的"。

第一段，第 1 行："如此确立的男性独裁制底第一个结果，便在此时发生的家长制（按，以上文字在第 54 页）家庭（The Patriarchal Family）这中间形式上表现出来。"

【**黎虎批注**】：父权制的结果：家长制家庭。

第 5—9 行："其特质一是把非自由人包括在家庭以内，一是父的权力；所以这种家庭形式的完善的典型乃是罗马的家庭。家庭这一词，起

---

① 按，第 52 页的批注比较分散，既有针对每一段落的、写在左侧空白处的总括式批注，也有针对具体内容的夹行批注。另外，第 52 页最后一段与第 53 页的第一段是一个整体，因此写在第 53 页右侧的第一批注，实际上是针对第 52—53 页整段内容而言的。

② 联系上下文，可知此条批注与第 52 页标示序号①的批注，二者之间应该是有逻辑关系的。

③ 按，本页文字划线处颇多，但批注唯有写于地脚的一处文字。

初并不是表示现代庸人底那由伤感与家庭不睦所构成的理想；它在罗马人中间，当初完全不是用于夫妻及其子女，只是用于奴隶罢了。”

【黎虎批注】：（它是从对偶家庭到一夫一妻家庭的过渡形式。由好几个家庭组成，而由一个家长来支配，权利掌握在男性手里。如果把它看成只是一个丈夫一个妻子和他们的孩子，那就不对了。）

倒数第 7—6 行：“这一用语并不比拉丁部落底严酷的家庭制度来得早些，此种家庭制度是在采用耕作及奴隶制合法化以后，同时……”

【黎虎批注】：其家长制特别厉害，即家庭与家长制家庭是同时产生的，二者就是一个东西。

第 56 页，第一段，第 1—2 行：“自有了家长制的家庭，我们才进入成文历史底领域，同时也进入那比较法学能给我们以巨大帮助的领域了。”

【黎虎批注】[①]：实验法学派之一，以比较对照各种法律，辨其异同，而探究法律之原理为目的，孟德斯鸠首倡之。

第 5—9 行：“今天我们在塞尔维亚人及保加利亚人中所见到的那种称为‘Zadruga’（友谊）和‘Bratstvo’（同胞）的家长制的公社（patriarchalische Hausgenossenschaft），以及在东方诸民族中所见到的那种形式改变了的家长制家庭公社，乃是一个从发生自群婚并以母权制为基础的家庭到现代个体家庭底过渡阶段。”

【黎虎批注】：家长制家庭公社是群婚和母权制为基础的家庭到现代个体家庭的过渡阶段。

第 59 页，第二段，第 2 行：“它是在野蛮中级阶段与高级阶段的交界上由对偶家庭发生的”。

【黎虎批注】：新石器晚期

第三段，第 1 行：“这种新的家庭形式底最严正的例子，是在希腊人中间出现的。”

【黎虎批注】：妇女地位降低。

第 4—5 行：“但到英雄时代，我们便见到妇女的地位已因男性底支

① 按，此条批注，应当主要针对“比较法学”而言的，因为这些文字划波浪线之外，“比较法学”四字下面着重加强。同时，还在左侧空白处打一“？”。

配与奴婢底竞争而降低了。”

【黎虎批注】：亦称荷马时代（因此时形成“荷马史诗”），希腊氏族制度解体的时代。到公元前八世纪诸城市国家建立而解体。

第 62 页，第二段，第 2—5 行：“它决不是个人性爱底结果，它与个人性爱绝无共同之处，因为婚姻依然还是像以前一样权衡利害的。一夫一妻制不是以自然条件为基础，而是以经济条件为基础，即以私人所有制对原始的天然成长的共同所有制的胜利为基础的头一个家庭形式。”

【黎虎批注】：前者权衡氏族的利益，后者权衡经济的利害。

第三段，第 1—4 行：“这样看来，个体婚制在历史上决不是当作男女之间的和解而出现的，更不是当作最高的婚姻形式而出现的。正好相反。它是作为一性的被别一性所奴役，作为史前时代从所未有过的两性对抗底宣布而出现的。”

【黎虎批注】：一夫一妻制家庭的实质。

地脚处

【黎虎批注】①：马克思认为阶级、私有制是分工的结果。但这分工不是过去那种男女的自然分工，所以恩格斯加上几句话加以解释。

第 63 页，第二段，第 1—2 行：“古时的性交关系底相对自由，并未因对偶婚或甚至个体婚制底胜利而消失。”

【黎虎批注】：一夫一妻制仍留存群婚的影响。

倒数第 4—2 行：“在其他各民族中，杂婚制是起源于允许少女在结婚前有性交的自由——因之，也是群婚底遗风，不过此种遗风是由其他途径传到今天的。”

【黎虎批注】：一夫多妻、一妻多夫、卖淫等。

第 65 页，第二段，第 6—7 行：“个体婚制底发展上的巨大的进步却无疑是随德意志人底出现于历史舞台而俱来的……”

---

① 按，此条批注应该是黎虎先生针对恩格斯随后的一段文字而写的。因为恩格斯在随后的叙述中，谈到了他与马克思于 1846 年合著的一篇尚未发表的手稿，恩格斯说：“现在我可以附加几句：……”（《家庭、私有制和国家的起源》黎虎珍藏本，第 62—63 页。）

【黎虎批注】：一夫一妻制的巨大进步——近代的个人性爱。

倒数第 7—5 行：“……因为母亲的兄弟——依照母权制是最近的男性同族人——在他们还承认为比自己的亲父还要更近的亲族……”

【黎虎批注】：即认为伯、叔父比亲父更亲。

第 66 页，第一段第 2 行：“一个崭新的要素也随着德意志人的出现而获得了世界的统治。”

【黎虎批注】[①]：即个人性爱。

第 3—5 行：“在各民族混合的过程中，在罗马世界底废墟上发展起来的新的一夫一妻制，使丈夫底权力具有了比较柔和的形式，而使妇女至少从外表上看来有了古典的古代所从未有过的更受尊敬和更自由的地位。”

【黎虎批注】：为什么？

第二段：（原文略）

【黎虎批注】[②]：进步原因

第三段：（原文略）

【黎虎批注】[③]：头一个性爱形式——武士之爱。

第 67 页，第二段，第 1—2 行：“在今日的资产阶级中间，结婚有两种方式。在天主教诸国，父母依然为年幼的资产阶级的儿子选择适当的妻……”

【黎虎批注】[④]：资产阶级家庭。

第 68 页，第二段，第 7—9 行：“只有在被压迫阶级中间，从而在今日的无产阶级中间，性爱才会并且才能成为对妇女的关系的常规，不管这种关系是否为官方所认可。”

---

① 按，此条批注是针对“一个崭新的要素”而言的。

② 这条批注显然是指，第二段的内容是解释婚姻制度进步的原因。

③ 按，在第三段左侧空白处，同时标示一个大大的“？”。

④ 按，第 67 页第一段右侧空白处，标示一个大大的“？”。

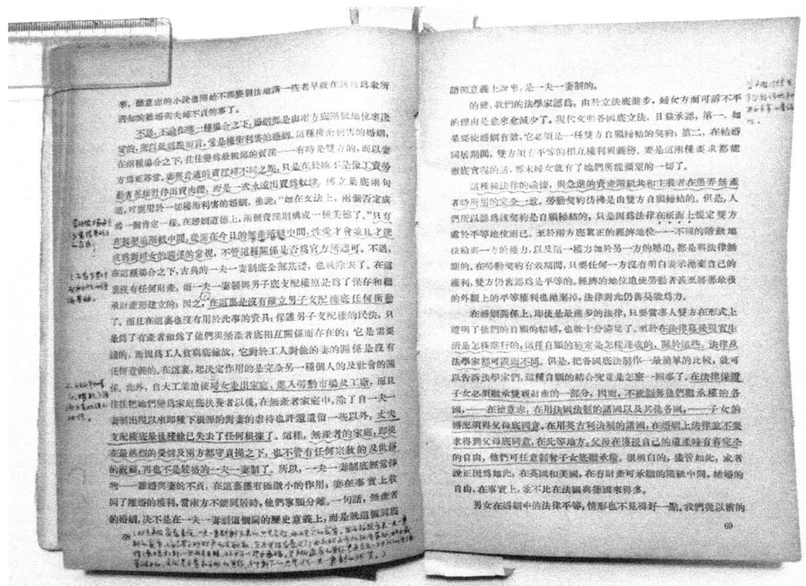

（第 68—69 页）

【黎虎批注】①：劳动阶级才有建立在爱情基础上的家庭：

1. 不存在男性压迫女性的经济基础。

第 12 行：①“在这里是没有确立男子支配权底任何冲动了”

第 17 行：②“自大工业迫使妇女走出家庭、进入劳动市场及工厂……”

【黎虎批注】②：2. 妇女参加劳动，摆脱了经济上受奴统的地位。

地脚处

【黎虎批注】③：（对无产阶级家庭来说，一夫一妻制剩下来的只是名称，而不是它的实质。因为按照原来一夫一妻制的实质，确立男子对财产的支配权，在这里没有意义了；由于妇女参加社会劳动，妇女获得了

---

① 按，原文中除划线外，“无产阶级”四字下，还同时标有着重号。

② 按，此条批注前标注序号“2”，显然是与前面标注序号“1”的批注存在逻辑递进的关系，都是对批注语“劳动阶级才有建立在爱情基础上的家庭：”的注解。

③ 按，此条批注写在本页的地脚，根据批注的内容，可知这条批注应该是有所针对的，阅读原文可知应该是针对这些内容而写的：“无产者的家庭，即使在最热烈的爱情及两方都守贞操之下，也不管有任何宗教的及世俗的祝福，再也不是严格的一夫一妻制了。”（《家庭、私有制和国家的起源》，黎虎珍藏本，第 68 页。）

离婚权利，一旦双方失睦，妇女可以提出离婚。无产阶级家庭的关系是建立在一种新的经济基础上的，这就是互爱和互助的关系。这里剩下的只是过去一夫一妻制的残余。）

第 69 页，第三段，第 1—2 行：“这种纯法律的论据，与急进的资产阶级共和主义者在愚弄无产者时所用的完全一致。”

【黎虎批注】：资产阶级法律关于自愿结婚和男女平等的虚伪性。

第 70 页，第 4—12 行：“随着家长制家庭底发生，……那末就不能尽家内的义务了。”

【黎虎批注】①：新的家庭关系在资本主义制度下还不能完全实现。（资本主义生产方式的矛盾必然反映在无产阶级家庭中）

第 71 页，第一段，最后 1 行：“男子对于女奴隶的支配和一夫多妻制”。

【黎虎批注】：即家长制家庭。

第三段，第 1—3 行：“不过，我们现在正在迎接着一种社会革命，那时，迄今以前所存在的一夫一妻制的经济基础，以及它的补充物——卖淫——底基础，都不可免地要归于消灭的。”

【黎虎批注】：社会主义条件下的家庭。

过去的一夫一妻制家庭的经济基础消灭了。

第 72 页，第二段：“可以不无理由地答道：它不仅不消灭，反而只有那时它才能十足地实现。……卖淫消灭了，一夫一妻制不是终止其存在，而是对于男性最后也成为现实了。”

【黎虎批注】：一夫一妻制的真正实现。

第三段，第 2—5 行：“随着生产资料底转化为社会公有，个体家庭也不复是社会底经济部位了。私人的家庭经济变为社会的工业。孩子底照管及其教养成为公众的事情；社会同等地关切一切儿童，无论是婚生

① 按，在本页倒数第 9—8 行左侧空白处，标示“?”。倒数第 2—1 行左侧空白处，标示“!”。

的或是非婚生的。”

【黎虎批注】：个体家庭不再是社会经济单位。

第四段：“在这里，一个新的因素，即个人的性爱，开始发生作用了，这个新的要素在一夫一妻制发展的时候，只是一种萌芽而已。”

【黎虎批注】：个人性爱发生作用。

第 151 页，第二段，倒数第 3—1 行：“他们没有使自己的这种隶属形式达到充分发展的奴隶制，也没有达到古代的劳动奴隶制，更没有达到东方的家庭奴隶制——以外，还应归功于什么呢？”

【黎虎批注】：“既没有”的“既”字画圈；“也没有”下面划线，书一“既”字；“更没有”下面划线，书一“也”字。

第 152 页，第三段（原文略）

【黎虎批注】：野蛮低级阶段（氏族的全盛时代）。

第 156 页，第三段（原文略）

【黎虎批注】：野蛮高级阶段（铁器时代）。

第 158 页，末段（原文略）

【黎虎批注】：文明阶段。

第 161 页，第三段（原文略）

【黎虎批注】：氏族制度的瓦解。

第 162 页，第二段，第 1—2 行：“我们在前边已经分别地研究了国家在氏族制度的废墟上突起的三种主要形式。……”

【黎虎批注】：国家形成的三种形式。

黎虎

2020 年 9 月 21 日审定完毕

（此读书札记移录整理后交黎虎先生审定，包括移录整理文字前面的“说明”，都是经黎虎先生所审定并认可的。先生于2020年在《中国史研究动态》第6期所发表的《在社会调查实践中学习〈家庭、私有制和国家的起源〉》一文中，明确指出他思考中国古史分期暨社会性质问题，就是从1958年所参加的全国少数民族调查活动开始的。此后的60余年治史生涯中，先生对于这个重大史学理论问题的思考始终没有停止，并且终于由对中古时期“吏民”问题的深入思考和系统研究作为切入点，完成了《中国古史分期暨社会性质论纲——兼论中国传统社会的主要矛盾问题》这一宏文，形成其关于中国古史分期暨社会性质问题的全新学术体系，从而在这个重大史学理论问题上“成一家之言”。黎虎先生审定并认可所整理的札记文稿后，我曾向先生表示，应该将之刊布以嘉惠学林，先生亦表示同意，遂有《中华历史与传统文化论丛》刊布稿。李文才敬识）

〔李文才（1969— ），男，历史学博士，扬州大学社会发展学院教授，博士研究生导师，主要从事汉唐史研究，兼涉中国近代学术史研究〕

黎虎先生学术编年[①]

李文才　整理

（扬州大学社会发展学院）

〔2018年10月13日上午黎虎先生北师大丽泽楼寓所书房，拍摄者：扬州大学博士生曹万青〕

① 董劭伟按，《黎虎先生学术编年》原由张金龙、王炜民、张军整理，并收入张金龙主编《黎虎教授古稀纪念：中国古代史论丛》（世界知识出版社2006年版，第760—764页）。今李文才教授在编辑《黎虎文集》过程中对黎虎先生学术成果进行了最大程度的搜集，故今作此补充，基本涵盖黎虎先生一生治学成果，今特意刊载以示对先生的深切缅怀。

1936 年。8 月 22 日出生于北平（今北京）协和医院，籍贯广东省兴宁市。

1955 年。9 月入北京师范大学历史系学习。

1958 年。8 月以大学四年级学生的身份参加全国人大常委会民族委员会领导、中国科学院民族研究所主持的全国少数民族社会历史调查，在内蒙古少数民族社会历史调查组参与了为期一年的鄂伦春族社会历史调查工作。发表《对解放前鄂伦春族社会性质的探讨》（《民族研究》1959 年第 2 期，与人合作）、《鄂伦春人的文化生活》（《民族研究》1959 年第 8 期，与人合作）。对于此次参加少数民族社会历史调查的实践活动，黎虎先生曾在不同场合，多次言及其所具有的重要学术意义。2015 年 6 月 27 日在东北大学秦皇岛分校举行“中华历史与传统文化学术论坛（第二届）——中国古典外交制度学科建设”学术座谈会，其间董劭伟博士对黎虎先生进行了学术访谈，后整理成文《独立思考　推陈出新——史学大家黎虎先生访谈录》（董劭伟主编：《中华历史与传统文化研究论丛》第 2 辑，中国社会科学出版社 2016 年 8 月出版，第 3—15 页），黎虎先生在这次访谈中第一次对外公开谈到了这次少数民族社会历史调查的实践活动。2020 年 1 月，李文才受《史学史研究》编辑部委托，就“中国古史分期暨社会性质问题”对黎虎先生进行访谈，后成文《中国古史分期体系的构建与社会性质的探索——黎虎先生访谈录》（《史学史研究》2020 年第 2 期，第 79—89 页），黎虎先生再次谈到了此次少数民族社会历史调查的实践活动。2020 年是恩格斯诞辰 200 周年，《中国史研究动态》编辑部组织“笔谈：纪念恩格斯诞辰 200 周年”，特向黎虎先生约稿，黎先生撰写了《在社会调查实践中学习〈家庭、私有制和国家的起源〉》（《中国研究史动态》2020 年第 6 期，第 44—49 页）一文，在该文中黎先生又一次谈及此次少数民族社会历史调查实践对他学术研究所具有的重要意义。综合上述三文所示可知：对鄂伦春族的民族调查工作完成以后，即进入《鄂伦春族简史简志》的编写环节，调查组成员分为编写组和资料组两个部分，其中编写组 4 人，只有黎虎先生一个人是学生，其余三人，一人是内蒙古民族研究所的干部，另二人是中央民族学院历史系和中央音乐学院的教师。为编写《鄂伦春族简史简志》，首先需要解决新中国成立以前鄂伦春族的社会性质问题，为此调查组多次召开学习研讨会。黎虎先生在会上第一个发言，并提出“新中国成立前的鄂伦春族处于从原始社会向阶级社会过渡的村社阶段”的观点，这个观点除了个别人反对外，得到调查组大部分成员的赞同。后来调查组负责人到北京开会时，将这个观点向“全国少数民族社会历史调查领导小组”做了汇报，得到历史学家吕振羽等人的肯定。黎虎先生所提出的这个观点，后来也成为撰写《鄂伦春族简史简志》的基本指导思想。此外，发表于《民族研究》1959 年第 2 期的《对解放前鄂伦春族社会性质的探讨》一文，尽管黎虎先生的名字被他人别有用心地排在了第三位，但由于这篇文章完全是按照黎虎先生所提出的“新中国成立前鄂伦春族处于原始社会向阶级社会过渡的村社阶段”的观点而写成的，因此“这应当就是我最早发表的论文”。（见《独立思考　推陈出新——史学大家黎虎先生访谈录》）1958 年 8 月至 1959 年 9 月期间的少数民族社会历史调查活动，对于黎虎先生所具有的另一个重大意义，是他在结合实践活动继续深入学习和领会《家庭、私有制和国家的起源》理论精神的同时，开始对“中国古史分期暨社会性质”这一重大历史理论问题进行了思考，黎虎先生 2020 年发表《中国古史分期暨社会性质论纲——兼论中国传统社会的主要矛盾问题》（《文史哲》2020 年第 1 期，第 46—76 页）一文所提出的关于中国古史分期暨社会性质的全新学术体系，追根溯源，皆可从这次少数民族社会历史调查的实践活动寻绎，诸如对“群”的认识和理解、“人力（人口）掌控”理论、以本土语汇概括中国历史问题等，都是发轫于这次实践和理论相结合的社会历史调查活动中的思考，即“在社会调查实践中学习《家庭、私有制和国家的起源》”。

1959 年。6 月从内蒙古少数民族社会历史调查组返校参加毕业考试。9 月留北京师范大学历史系中国近现代史教研室任教，一年后转入中国古代教研室。此后，一直任教于历史系中国古代史教研室。1980 年代以前，研究主要在先秦史领域，大约从 80 年代初起，转向魏晋南北朝史的研究，后又进一步拓展至上起秦汉下迄隋唐五代的研究。

1960 年。发表《“塘沽协定”和“何梅协定”是怎么回事?》（《历史教学》1960 年第 4 期）。1959 年 9 月至 1960 年 9 月，黎虎先生任教于北京师范大学历史系中国近现代史教研室；9 月起转至中国古代史教研室。此短文当系黎虎先生任职于中国近现代教研室期间所撰，也是迄今所见黎虎先生1959年9月大学毕业、参加工作以后所公开发表的第一篇科普性史学文章。在此之后的漫长治史生涯中，黎虎先生响应国家号召，先后撰写了多篇史学科普文，积极向大众传播和普及史学知识。撰写史学科普文、传播史学知识，可谓黎虎先生在史学研究方面的特殊贡献。

1963年。发表《我国古代的女历史学家班昭》（《中国妇女》1963年第4期）。北京出版社1963年6月出版《历史故事》（第三集），刊登黎虎先生所撰《女历史学家班昭》。1963年12月出版的《历史故事》（第五集），刊登黎虎先生所撰《大政治家管仲》。《历史故事》所刊二文，均属向大众传播和普及史学知识的史学科普文。

1978年。发表《刘知幾为武则天制造舆论吗?》（《历史研究》1978年第8期）。该文相关信息被当时的《人民日报》和中央人民广播电台《新闻和报纸摘要》节目转载和播放。

1979年。发表《解忧公主出塞的历史贡献》（《北京师范大学学报》1979年第4期）。发表史学科普文《解忧公主的事迹》（《蒲公英》1979年第3期第3版“历史人物”专栏，署名求是）。发表史学科普文《东汉豪族地主势力的发展》《赤壁之战与三国鼎立》。①

1981年。史学科普作品《燕国故事》出版（河北人民出版社1981年7月第1版，3.9万字。1983年3月第2次印刷，印数46500册）。

1982年。发表《殷都屡迁原因试探》（《北京师范大学学报》1982年第4期，中国人民大学报刊复印资料中心《中国古代史》1982年第17期全文转载）、《〈书·盘庚〉“于今五邦”解》（《史学评林》1982年第3—4期）。

1983年。发表《曹魏屯田始于何年》（《学术月刊》1983年第2期，中国人民大学报刊复印资料中心《中国古代史》1983年第3期全文转

---

① 此二文原刊北京市上山下乡知识青年函授办公室编、北京出版社1979年12月出版的“历史知识广播讲座”材料《历史知识（中国古代史部分）》。据该书“说明”，为丰富广大上山下乡知识青年的历史知识，从1979年4月起，北京市上山下乡知识青年函授教育办公室、北京市知识青年上山下乡办公室、北京人民广播电台联合举办“历史知识广播讲座”，由北京市的几所中学和北京师范大学、北京师范学院的教师撰稿。后应广大知识青年的要求，编辑出版了这本《历史知识（中国古代史部分）》，黎虎先生还承担了该书最后的文字修订工作。

载)、《陇右自古多山崩》(《兰州学刊》1983年第3期)、《祖逖中流击楫》[1]。《鄂伦春族简史》出版(内蒙古人民出版社1983年1月第1版,该书的指导思想为黎虎先生所提出的“新中国成立前鄂伦春族处于原始社会向阶级社会过渡的村社阶段”的观点,黎虎先生还是主要执笔人之一,承担古代部分的撰稿任务,撰写了第一章、第二章、第三章和第七章的第一、二、三节)。同年,任副教授,硕士生导师。

1984年。发表《三国时期的自耕农经济》(《北京师范大学学报》1984年第2期,中国人民大学报刊复印资料中心《三国两晋南北朝隋唐史》1984年第4期、《经济史》1984年第3期分别全文转载)、《蜀汉“南中”政策二三事》(《历史研究》1984年第4期,中国人民大学报刊复印资料中心《三国两晋南北朝隋唐史》1984年第11期全文转载)。《夏商周史话》出版(北京出版社1984年2月第1版,19.4万字)。9月在成都召开的中国魏晋南北朝史学会第一次会议上被推举为中国魏晋南北朝史学会常务理事。当年,招收硕士研究生邓奕琦、张文强。

1985年。发表《略论曹魏屯田的历史作用与地位》(《四川师院学报》1985年第1期,中国人民大学报刊复印资料中心《魏晋南北朝隋唐史》1985年第4期、《经济史》1985年第4期分别全文转载)、《论西晋占田制的历史渊源》(《中国史研究》1985年第3期,中国人民大学报刊复印资料中心《魏晋南北朝隋唐史》1985年第12期、《经济史》1985年第12期分别全文转载)。发表史学科普文《博闻多识的束皙》《魏武帝曹操》《汝颍奇士郭嘉》《青年谋士荀彧》《智慧的化身诸葛亮》《东吴英主孙权》《智勇双全的统帅周瑜》《发奋读书的青年将军吕蒙》[2]。当年,招收硕士研究生余桂元、符丽明。

1986年。发表《北魏的四夷馆》(《文史知识》1986年第1期)。发表史学科普文《浪子回头,终成学者——皇甫谧成才的故事》《将军好学,如虎添翼——吕蒙读书的故事》(刊于白寿彝等:《历史杂谈》,北京出版社1986年3月第1版,后一篇署名“重黎”),以及《解忧公主与

---

① 《文史知识》1983年第12期,2022年第8期《老年教育(长者家园)》转刊此文,题目改为《闻鸡起舞 击楫誓清——至死未停止北伐的将军祖逖》。

② 以上均刊于何兹全主编:《中外年轻有为历史名人200个(中国史部分)》,河南人民出版社1985年9月出版。

冯嫽——西汉民族友谊史上的双子星》（刊于严琬宜主编：《古今著名妇女人物》上册，河北人民出版社 1986 年 10 月第 1 版）。5 月，参加在湖北蒲圻召开的“3—9 世纪长江中游社会经济讨论会”，提交《六朝时期荆州地区的人口》一文，该文后来发表于《中国史研究》1991 年第 1 期（详后 1991 年）。

1987 年。发表《“游农”不能解释殷都屡迁原因》（《中国社会经济史研究》1987 年第 3 期）。硕士研究生邓奕琦的《侯景之乱研究》、张文强的《魏晋南北朝考课制度研究》通过论文答辩，获历史学硕士学位。

1988 年。发表《殷代外交制度初探》（《历史研究》1988 年第 1 期，中国人民大学报刊复印资料中心《先秦、秦汉史》1989 年第 3 期全文转载）、《东晋南朝时期北方旱田作物的南移》（《北京师范大学学报》1988 年第 2 期，中国人民大学报刊复印资料中心《魏晋南北朝隋唐史》1988 年第 5 期全文转载，《全国高等学校文科学报文摘》1988 年第 4 期摘登）、《崔鸿——为少数民族政权写史》（载《中华人物志 · 史学家小传》，中华书局 1988 年 6 月第 1 版）。任教授。被推举为中国魏晋南北朝史学会秘书长。硕士研究生余桂元的《六朝吴郡陆氏研究》、符丽明的《十六国北朝河西地区农业开发》通过论文答辩，获历史学硕士学位。招收硕士研究生何文格。

1989 年。发表《六朝时期江沔地区的屯田和农业》（原刊中国唐史学会、湖北省社会科学联合会编：《古代长江中游的经济开发》，武汉出版社 1988 年 1 月第 1 版，本文系参加 1986 年 5 月在湖北蒲圻召开的“3—9 世纪长江中游社会经济讨论会”而提交论文中的部分内容）、《魏晋南北朝时期主粮作物品种的增加》（《中国历史博物馆馆刊》1989 年总第 11 期）、《六朝时期江左与东北地区的交通》（《北京师范大学学报》1989 年第 5 期）、《东晋南朝与西北诸国的交往》（《汉中师院学报》1989 年第 3 期）、《东晋南朝与西北诸国交往的目的和意义》（《汉中师院学报》1989 年第 4 期）、《杰出的医学大师扁鹊》（《文史知识》1989 年第 3 期）。

1990 年。发表《论诸葛亮“躬耕”地在南阳邓县隆中》（《北京师范大学学报》1990 年第 4 期；转载于《诸葛亮躬耕地望论文集》，东方出版社 1991 年 3 月第 1 版；中国人民大学报刊复印资料中心《魏晋南北朝隋唐史》1990年第12期全文转载)、《诸葛“草庐”究竟在何处》(《文史知识》1990年第4期)、《崔浩军事思想述论》(《北朝研究》1990年总第11期，中国人民大学报刊复印资料中心《魏晋南北朝隋唐史》1991年第3期全文转载)。招收硕士研究生侯旭东。

1991年。发表《六朝时期江左政权的马匹来源》(《中国史研究》1991年第1期，中国人民大学报刊复印资料中心《魏晋南北朝隋唐史》1991年第4期全文转载)、《六朝时期荆州地区的人口》(《北京师范大学学报》1991年第4期；转载于中国魏晋南北朝史学会编《魏晋南北朝史论文集》，齐鲁书社1991年5月第1版)、《论诸葛亮躬耕地在南阳邓县隆中》(刊于《诸葛亮躬耕地望论文集》，东方出版社1991年3月第1版，后该文以《诸葛亮躬耕地考辨》为题载于1999年学苑出版社出版的《魏晋南北朝史论》)。硕士研究生何文格的《魏晋南北朝外戚政治探究》通过论文答辩，获历史学硕士学位。

1992年。发表《北魏前期的狩猎经济》(《历史研究》1992年第1期，中国人民大学报刊复印资料中心《魏晋南北朝隋唐史》1992年第3期全文转载)。主编《〈后汉书〉精华注译》出版(北京广播学院出版社1992年9月第1版)。获国务院颁发“政府特殊津贴”。被推举为中国魏晋南北朝史学会副会长。招收硕士研究生付开镜。

1993年。发表《郑羲使宋述略》(《文史哲》1993年第3期)、《怎样读〈后汉书〉》(《文史知识》1993年第10期)。硕士研究生侯旭东的《论东晋南朝小农经济补充形式》通过论文答辩，获历史学硕士学位。任博士生导师。

1994年。发表《孙权对辽东的经略》(《北京师范大学学报》1994年第5期，中国人民大学报刊复印资料中心《中国古代史》1995年第2期全文转载；后转载于中国《三国演义》学会、浙江省富阳县人民政府、《明清小说研究》编辑部联合主办，谭洛非主编，《明清小说研究》1993年增刊《孙吴与三国文化》论文集，中国文联出版公司1993年10月出版)、《缩影·益友·信史——对新编〈偃师县志〉的几点印象》(孙占奎主编:《偃师县志评论集》，中州古籍出版社1994年4月第1版)。

1995年。发表《客家聚族而居与魏晋北朝中原大家族制度》(《北京师范大学学报》1995 年第 5 期，中国人民大学报刊复印资料中心《魏晋南北朝隋唐史》1996 年第 1 期全文转载）。主编《中国通史（中古时代·三国两晋南北朝时期〔下〕）》出版（上海人民出版社 1995 年 12 月第 1 版，白寿彝总主编《中国通史》第五卷，国家“六五”重点项目）。硕士研究生付开镜的《两晋南北朝的盗贼》通过论文答辩，获历史学硕士学位。招收博士研究生王元军、张金龙、李文才。

1996 年。招收博士研究生汪波、〔韩〕金成淑。

1997 年。发表《魏晋徭役制度三题》（《何兹全先生八十五华诞纪念文集》，中国社会科学出版社 1997 年版。据文后说明，此文草于 1983 年，原拟写五个问题，尚有两个问题未写即因故中断，弃捐箧笥多年，时移事易，未再续写）。招收博士研究生张兴成、〔韩〕李椿浩。博士后诸葛忆兵进站。

1998 年。发表《北朝中央决策制度的演进》（《北朝研究》1998 年第 1 期）、《汉唐时期的食肆行业》（《中国社会经济史研究》1998 年第 2 期）、《唐代的市舶使与市舶管理》（《历史研究》1998 年第 3 期，中国人民大学报刊复印资料中心《魏晋南北朝隋唐史》1998 年第 6 期、《经济史》1998 年第 5 期分别全文转载）、《魏晋南北朝鸿胪寺及其外交管理职能》（《中国史研究》1998 年第 3 期，中国人民大学报刊复印资料中心《魏晋南北朝隋唐史》1999 年第 2 期全文转载）、《汉唐外交管理体制的演进及其特点》（《北京师大学报》1998 年第 3 期）、《唐代的酒肆及其经营方式》（《浙江学刊》1998 年第 3 期）、《汉唐外交与外交制度论略》（《传统文化与现代化》1998 年第 5 期）、《唐代边境镇抚机构——都护的外交管理职能》（《人文杂志》1998 年第 6 期）、《汉唐中央决策制度的演进及其特点》（《河北学刊》1998 年第 6 期）。主编《汉唐饮食文化史》出版（北京师范大学出版社 1998 年 1 月第 1 版，本书系黎虎先生所主持的国家教委“七五”博士点基金研究项目成果。黎虎先生本人不仅承担全书的统编工作，而且亲自撰写了前言、第二章、第四章、第五章、第八章，几占全书篇幅的二分之一）。《汉唐外交制度史》出版（兰州大学出版社 1998 年 4 月第 1 版，本书系黎虎先生所承担的国家教委“八五”博士点基金研究项目成果）。发表书序《〈中国传统饮食礼俗研究〉序》（姚伟钧著《中国传统饮食礼俗研究》，华中师范大学出版社 1999 年 11

月第 1 版）。博士研究生张金龙的《魏晋南北朝禁卫武官制度研究》、王元军的《魏晋南北朝书法与社会》、李文才的《南北朝时期益梁政区研究》通过论文答辩，获历史学博士学位。招收博士研究生庞骏、刘则永。

1999 年。发表《唐代缘边政府的涉外行政事务管理权能》（《社会科学战线》1999 年第 1 期，中国人民大学报刊复印资料中心《魏晋南北朝隋唐史》1999 年第 3 期全文转载）、《汉唐时期外交行政管理的运行机制》（《中州学刊》1999 年第 3 期，中国人民大学报刊复印资料中心《公共行政》1999 年第 5 期全文转载）、《唐前期边疆军区“道”的外交管理职能》（《学术研究》1999 年第 4 期，中国人民大学报刊复印资料中心《魏晋南北朝隋唐史》1999 年第 4 期全文转载）、《魏晋南北朝尚书主客曹及其外交管理职能》（《汉学研究》1999 年第 17 卷 2 期）、《唐代的饮食原料市场》（《中国经济史研究》1999 年第 1 期）、《南北朝中书省的外交管理职能》（《安徽史学》1999 年第 3 期）、《略论唐后期外交管理体制的变化》（《文史哲》1999 年第 4 期）、《魏晋南北朝时期都督的外交管理职能》（《齐鲁学刊》1999 年第 5 期）、《唐代鸿胪寺及其外交管理职能》（《文史》1999 年第 2 辑）、《从汉唐外交决策看外交决策的特殊性》（《大连大学学报》1999 年第 3 期）、《先父黎昔非与〈独立评论〉——从我与罗尔纲先生的一次会面谈起》（《学林漫录》14 集，中华书局 1999 年 4 月第 1 版）。《魏晋南北朝史论》出版（学苑出版社 1999 年 7 月第 1 版）。《中国饮食史》第三卷（魏晋南北朝 · 隋唐五代卷）出版（二人合著，第一作者，华夏出版社 1999 年 10 月第 1 版；杭州出版社 2014 年 12 月第 1 版重印此书）。发表书序《〈中华文明简史〉序》（王炜民主编：《中华文明简史》，内蒙古大学出版社 1999 年 8 月第 1 版）。博士研究生汪波的《魏晋南北朝并州地区研究》、金成淑的《慕容鲜卑文化研究》通过论文答辩，获历史学博士学位。博士后诸葛忆兵出站报告《宋代宰辅制度研究》通过。招收博士研究生刘长旭、〔韩〕金大珍。

2000 年。发表《慕容鲜卑音乐论略》（《中国史研究》2000 年第 2 期，中国人民大学报刊复印资料中心《魏晋南北朝隋唐史》2001 年第 2 期全文转载）、《唐代军镇关津的涉外事务管理职能》（《北方论丛》2000 年第 2 期）、《唐代缘边地方政府的外交权能》（《史学集刊》2000 年第 4 期）。担任《中国外交词典》（唐家璇主编，世界知识出版社 2000 年 1 月

第 1 版）编委。发表书序《〈汉唐间政治与文化探索〉序》（梁满仓著：《汉唐间政治与文化探索》，贵州人民出版社 2000 年 9 月第 1 版）。博士研究生张兴成的《两晋宗室制度研究》通过论文答辩，获历史学博士学位。招收博士研究生张军、杨永俊、任重。

2001 年。发表《狮舞流沙万里来》（《西域研究》2001 年第 3 期，中国人民大学报刊复印资料中心《魏晋南北朝隋唐史》2002 年第 2 期全文转载）、《魏晋南北朝时期的饮食原料市场》（《文史》2001 年第 2 辑）。发表书序《〈魏晋南北朝并州地区研究〉序》（汪波著：《魏晋南北朝并州地区研究》，人民出版社 2001 年 9 月第 1 版）。被聘为《中国大百科全书》第二版“三国两晋南北朝”分支主编。博士研究生〔韩〕李椿浩的《十六国政权体制研究》、庞骏的《魏晋南北朝储君制度研究》、刘则永的《刘宋军功受益集团研究》通过论文答辩，获历史学博士学位。招收博士研究生秦冬梅、徐美莉、马晓峰。博士后张荣强进站。

2002 年。发表《汉魏晋北朝中原大宅、坞堡与客家民居》（《文史哲》2002 年第 3 期，《中国社会科学文摘》2002 年第 5 期详细转摘，中国人民大学报刊复印资料中心《魏晋南北朝隋唐史》2002 年第 5 期全文转载）、《汉代外交使节的选拔》（《兰州大学学报》2002 年第 6 期）、《唐代的押蕃使》（《文史》2002 年第 2 辑）、《〈魏晋南北朝并州地区研究〉评介》（《晋阳学刊》2002 年第 3 期）、《弘扬中华文明的成功尝试——〈中华文明简史〉评介》（《阴山学刊》2002 年第 3 期）。发表书序《〈六朝书法与文化〉序》（王元军著：《六朝书法与文化》，上海书画出版社 2002 年 12 月第 1 版）。主编的《黎昔非与〈独立评论〉》出版（学苑出版社 2002 年 10 月第 1 版）。博士研究生刘长旭的《魏晋南北朝赠官研究》、〔韩〕金大珍的《北魏洛阳城市风貌研究——以〈洛阳伽蓝记〉为中心》通过论文答辩，获历史学博士学位。招收博士研究生施新荣、金霞。接受日本大阪市立大学研究科博士生村井恭子为高级进修生。

2003 年。发表《汉代外交使节的人选》（《人文杂志》2003 年第 6 期，中国人民大学报刊复印资料中心《先秦、秦汉史》2004 年第 1 期全文转载）、《闻一多为黎昔非题〈耕夫谣〉》（《文学遗产》2003 年第 1 期）、《“忠心的看护妇”——记〈独立评论〉经理人黎昔非》（《社会科学战线》2003 年第 3 期）、《一朵被遗忘的小花——黎昔非主编的〈昙华〉文艺半月刊》(《新文学史料》2003年第4期，中国人民大学报刊复印资料中心《中国现代、当代文学研究》2004年第1期全文转载)、《狮舞出西域》(《新疆经济报》2003年2月8日第2版“社会·科学”专栏)。博士研究生张军的《汉魏晋军府制度研究》、杨永俊的《禅让政治研究——王莽禅汉及其心法传替》、任重的《魏晋南北朝城市管理研究》通过论文答辩，获历史学博士学位。博士后张荣强出站报告《汉唐籍帐制度研究》通过。招收博士研究生冯金忠、彭丰文。

2004年。发表《汉代外交使团的组成》(《中国文化研究》2004年春之卷)、《关于〈黎昔非先生与《独立评论》〉的两点说明》(《安徽史学》2004年第3期)、《〈我们仨〉里的钱瑗伉俪事略补正》(《博览群书》2004年第2期)。发表书序《〈魏晋南北朝禁卫武官制度研究〉序》(张金龙著:《魏晋南北朝禁卫武官制度研究》，中华书局2004年11月第1版)。博士研究生秦冬梅的《十六国北朝北方少数民族家、族问题研究》、徐美莉的《北朝赏赐制度研究》、马晓峰的《魏晋南北朝交通研究》通过论文答辩，获历史学博士学位。招收博士研究生夏志刚、付开镜、董坤玉。接受日本大阪市立大学研究科博士生萩野祐为高级进修生。10月于北京师范大学退休。11月被河南师范大学聘为兼职教授。被推举为中国魏晋南北朝史学会顾问。

2005年。发表《说“军吏”——从长沙走马楼吴简谈起》(《文史哲》2005年第2期)、《“吏户”献疑——从长沙走马楼吴简谈起》(《历史研究》2005年第3期，中国人民大学报刊复印资料中心《魏晋南北朝隋唐史》全文转载)、《原“吏民”——从长沙走马楼吴简谈起》(原刊《史学新论：祝贺朱绍侯先生八十华诞》，河南大学出版社2005年9月第1版，后转载于《历史文献研究》总第27辑，2008年9月)、《中华文明的开拓创新之作——评王炜民、郝建平〈中华文明概论〉》(《阴山学刊》2005年5期)。发表回忆文章《心香一瓣谢良师》(《史学新论：祝贺朱绍侯先生八十华诞》，河南大学出版社2005年9月第1版)。发表书序《〈禅让政治研究——王莽禅汉及其心法传替〉序》(杨永俊著:《禅让政治研究——王莽禅汉及其心法传替》，学苑出版社2005年7月第1版)。获2005年度国家社会科学基金研究项目，研究课题为《汉唐“交聘”体制研究》。1月被聘为包头师范学院教授。11月访问日本，被大阪市立大学聘为客座教授，在京都大学召开的日本唐代史研究会作题为《汉唐时期的“军吏”》的学术报告，在大阪市立大学召开的关西地区东洋史研究会作题为《关于魏晋南北朝“吏户”问题》的学术报告。博士研究生施新荣的《哈密卫研究》、金霞的《两汉魏晋南北朝祥瑞灾异研究》通过论文答辩，获历史学博士学位。招收博士研究生〔日〕村井恭子。被中国食文化研究会授予首批“中国食文化突出贡献专家”。

2006年。发表《汉唐时期的“军吏”》（原刊日本《唐代史研究》第9号〔2006年7月〕，后转载于《阴山学刊》2006年第6期，中国人民大学报刊资料复印中心《魏晋南北朝隋唐史》2007年第3期全文转载）、《魏晋南北朝“吏户”问题三献疑——“吏户”论若干说法辨析》（《史学集刊》2006年第4期）、《司马懿徙农上邽、兴三郡盐池考辨》（原载《隋唐史论——牛致功教授八十华诞祝寿文集》，三秦出版社2007年。收入黎虎《先秦汉唐史论》，北京师范大学出版社2016年）。被聘为《阴山学刊》顾问。博士研究生冯金忠的《唐代地方武官制度研究》通过论文答辩，获历史学博士学位。

2007年。发表《魏晋南北朝“吏户”问题再献疑——“吏”与“军吏”辨析》（《史学月刊》2007年第3期）、《论“吏民”的社会属性——原“吏民”之二》（《文史哲》2007年第2期）、《论“吏民”即编户齐民——原“吏民”之三》（《中华文史论丛》2007年第2期）、《原“吏民”之四——略论“吏民”的一体性》（《中国经济史研究》2007年第3期）。博士生彭丰文的《两晋时期国家认同研究》通过论文答辩，获历史学博士学位。

2008年。发表《说“给吏”——从长沙走马楼吴简谈起》（《社会科学战线》2008年第11期，该文刊后修订稿载于长沙简牍博物馆编《走马楼吴简研究论文精选》上册，岳麓书社2016年8月第1版）、《周代的交聘使者及使团》（《史学集刊》2008年第4期）、《略论中国古代饮食文化研究》（《扬州大学烹饪学报》2008年第3期）。

2009年。发表《论聘礼与婚礼的渊源关系》（《文史》2009年第1辑）、《周代交聘中“礼尚往来”原则》（《文史哲》2009年第3期）、《关于“吏民”的界定问题——原“吏民”之五》（《中国史研究》2009年第5期）、《说“真吏”——从长沙走马楼吴简谈起》（《史学月刊》

2009 年第 5 期）、《论黎昔非对〈独立评论〉的贡献》（《团结报》2009 年 7 月 9 日第 3623 号“文史周刊”专栏）。发表书序《〈两晋时期国家认同研究〉序》（彭丰文著：《两晋时期国家认同研究》，民族出版社 2009 年 8 月第 1 版）。

2010 年。发表《周代交聘中的对等性原则》（《史学集刊》2010 年第 2 期）、《汉代典客、大行、鸿胪递嬗与朝会司仪》（《东岳论丛》2010 年第 10 期）、《汉代的“三独坐”与朝会监察》（《贵州社会科学》2010 年第 11 期）、《历史的困惑与复原——〈黎昔非与《独立评论》〉的前前后后》（《博览群书》2010 年第 8 期）。发表回忆文章《我与周一良的“大百科”缘》（《博览群书》2010 年第 1 期）。

2011 年。发表《汉代和亲女的常驻使节作用》（《江汉论坛》2011 年第 1 期，此文后被全文翻译成日文刊载于《神户大学史学年报》2021 年 6 月第 36 号）、《汉代朝礼交聘功能的发展》（《中国边疆史地研究》2011 年第 2 期）、《解忧公主与王昭君比较研究》（《西域研究》2011 年第 1 期）、《评〈魏晋南北朝五礼制度考论〉》（《中国史研究》2011 年第 1 期）、《从狮子舞看传统文化与外来文化的融合》（《团结报》2011 年 2 月 3 日第 3863 号“文史周刊”专栏）、《解忧公主与王昭君比较研究》（《团结报》2011 年 3 月 24 日第 3882 号“文史周刊”专栏）。

2012 年。发表《汉代外交与“软实力”》（《文史哲》2012 年第 4 期）、《地域文化研究的开拓创新》（《阴山学刊》2012 年第 2 期）。

2013 年。发表《汉代外交文书的类别和特点》（《史学集刊》2013 年第 4 期）。发表回忆文章《我所经历的罗岗解放》（《百年罗岗》编辑委员会编：《百年罗岗》，中国文艺出版社 2013 年 12 月第 1 版）。

2014 年。《汉代外交体制研究》出版（商务印书馆 2014 年 11 月第 1 版）。发表书序《一部值得中国读者阅读的三国史》（〔日〕金文京著：《三国志的世界：后汉三国时代》中译本的推荐序，广西师范大学出版社 2014 年 1 月第 1 版。此序文撰写于 2011 年 10 月）。

2015 年。发表《汉代和亲与“质侍”在外交中的互动关系》（《朱绍侯九十华诞纪念文集》，河南大学出版社 2015 年版）、《唐代和亲公主的常驻使节作用》（《中华历史与传统文化研究论丛》第 1 辑，中国社会科学出版社 2015 年 4 月第 1 版）。发表书序《〈隋唐政治与文化研究论文集〉

序》（李文才著：《两晋时期国家认同研究》，花木兰文化出版社2015年9月第1版）。

2016年。发表《汉代“天子三玺”在外交中的应用》（《河北学刊》2016年第2期）、《刘贺“登基”与两鸿胪》（《文史知识》2016年第8期）、《魏晋南北朝“吏户”问题四献疑》（《宜春学院学报》2016年第10期）。《先秦汉唐史论》（上、下）出版（北京师范大学出版社2016年5月第1版）。发表学术访谈《独立思考　推陈出新——史学大家黎虎先生访谈录》（《中华历史与传统文化研究论丛》第2辑，中国社会科学出版社2016年8月第1版，访谈人：董劭伟博士）。发表书序《〈北魏洛阳城市风貌研究——以《洛阳伽蓝记》为中心〉序》（〔韩〕金大珍著：《北魏洛阳城市风貌研究——以〈洛阳伽蓝记〉为中心》，中国社会科学出版社2016年12月第1版，该序文撰写于2008年2月28日）、《〈北朝社会文化史研究〉序》（宋燕鹏著：《北朝社会文化史研究》，花木兰文化出版社2016年9月第1版）。

2018年。7月被扬州大学聘为兼职教授。

2019年。发表学术访谈《汉唐史研究的创新、突破与展望——访黎虎先生》（《中国史研究动态》2019年第2期）。《汉唐外交制度史（增订本）》出版（中国社会科学出版社2019年1月第1版）。

2020年。发表《中国古史分期暨社会性质论纲——兼论中国传统社会的主要矛盾问题》（《文史哲》2020年第1期，《中国社会科学文摘》2020年第5期、《社会科学文摘》2020年第4期、《高等学校文科学术文摘》2020年第3期、西北大学历史学院《中国历史文摘》2020年总第1期〔中国社会科学出版社2021年8月〕均有转载。2021年，此文主体部分被翻译成日文刊载于《大阪市立大学東洋史論叢》第21号）、《在社会调查实践中学习〈家庭、私有制和国家的起源〉》（《中国史研究动态》2020年第6期）。发表学术访谈《中国古史分期体系的构建与社会性质的探索——黎虎教授访谈录》（《史学史研究》2020年第2期）。

2021年。发表《北宋的一次“帽妖”事件——关于“飞碟”的古老记载》（《文史知识》2021年第9期）。

2022年。7月6日16时40分，逝世于北京市海淀医院，享年86岁。发表《南北朝皇朝递嬗与社会主要矛盾》（《河北学刊》2022年第5期）、

《一部全面严谨、守正创新的区域石刻文献整理著作——李文才著〈隋唐五代扬州地区石刻文献集成〉评介》（《中国史研究动态》2022年第5期）。《黎昔非的学术与人生》出版（学苑出版社2022年9月第1版）。

2023年。《南北朝的地主》（《文史哲》2023年，待刊）、《唐寓之起义与社会主要矛盾》（《江汉论坛》2023年第7期）。

为有源头活水来
——追忆黎虎先生

董劭伟

（东北大学秦皇岛分校马克思主义学院）

那一天接到硕导李老师的电话，他用急促而又沉郁的语气说黎先生去世了，问我能不能联系上张老师，他怎么也打不通电话（稍后方知张老师那个时间点正好在地铁）……瞬间有种无以名状的痛苦，与先生十多年接触的无数个片段在脑海中翻涌，我落泪了。时至今日，先生去世快一个月了，我却总感觉与他经常交流的微信还能收发信息。我一直保留这数年的聊天记录，里边除了交流的话语，还有先生分享的美食、美景的图片等，睹物思人，不时黯然神伤。先生是热爱生活的老者，是喜欢交流的长者，是乐于分享所思所想的历史学家。这里从先生留给学界的系列著述来追思这位著名史学家的学术人生。

在北京师范大学历史学院发布讣告前后，魏晋南北朝史学会等史学微信群里众人纷纷表达哀悼之情，就笔者所了解，中国魏晋南北朝史学会、首都师范大学历史学院、陕西师范大学历史文化学院、山东大学历史文化学院及《文史哲》杂志社等诸多学术机构，日本魏晋南北朝史研究会及日本著名历史学者窪添庆文、川本芳昭、中村圭尔、伊藤敏雄、葭森健介等，以唁电方式致以哀悼之情及对先生的缅怀。

对于一位史学家，最好的纪念应该是对其学术思想的继承与发展，而体悟黎虎先生学术人生的脉络演变是当前情感促动下的一种表达。我与先生这么多年密切交往，相当熟识，最初电邮交流，后我是先生最初使用微信时的好友之一，数年前先生一度居住在山海关外的“山海同湾”小区，那时候，我曾每周去拜访先生一次。得先生信任，我在力所能及范围内协助先生出版了几部学术著作，先生曾在这些书的后记中肯定这一过程，比如《汉代外交体制研究》后记言及：“历史学博士、博士后、东北大学社会科学研究院董劭伟副教授，对于本书的撰写自始至终给予无微不至的热诚帮助，从全书立意到具体编排、体例格式，事无巨细，无不参与，同于己出。或搜集、核对资料，或提供信息，或协助整理文稿，有求必应，不厌其烦。”因参与其中，故受益匪浅，感觉先生在治学兴趣驱动下有着内在的一体性，可以说这不仅体现在自身学术发展有特定因应，对于学界启迪也显示了不一般的张力，二者皆可谓“为有源头活水来”，正如中国人民大学牛润珍教授所言：读黎先生的书，“会感觉突然眼前一亮，原来有一条康庄大道可以走”，“比如有汉代外交制度就有古代外交制度，还有古典外交制度。那就是说黎老师开辟了一个新学说”。的确如此，先生确立的中国古典外交制度史这一学科，自其《汉唐外交制度史》1998 年初版后在不到 20 年的时间里，因其开创奠基性贡献的深远影响，此后在各个断代史领域中几乎都有人开始了外交史的研究。当年季羡林先生在推荐信中断言，“我们不妨称这种研究为一门新兴的学科”，学术史已然证明该学科的生命力。

关于黎虎先生学术著述的评议文字主要在三个方面：其一，对先生著作专门的书评类文字，如朱大渭、朱绍侯、牟发松、梁满仓、张金龙及中村圭尔等中外著名学者在《中国史研究》《东洋学报》等刊物发表评议先生外交制度史方面成果的书评，充分肯定了先生开创中国古典外交制度史并在汉唐外交制度研究中的杰出贡献。其二，在《中国史研究动态》《中华历史与传统文化论丛》等刊物发表的学术访谈或专题评述文字，如李文才《汉唐史研究的创新、突破与展望——访黎虎先生》、董劭伟《独立思考　推陈出新——史学大家黎虎先生访谈录》。其三，在先生的系列著作《魏晋南北朝史论》（学苑出版社 1999 年版）、《汉唐外交制度史》（兰州大学出版社 1998 年初版，中国社会科学出版社 2019 年增订本）、《汉代外交体制研究》（商务印书馆 2014 年版）、《先秦汉唐史论》（北京师范大学 2016 年版）等的前言和后记中，先生自述的研究缘起、心得感悟等。

黎虎先生数十年笔耕不辍，贡献了几百万字的学术著述，在先秦秦汉、魏晋南北朝、隋唐史研究中，以社会经济史、中国古典外交制度、“吏民”问题等专题视角，构建了庞大的史学思想体系。先生晚年在《文史哲》发表的《中国古史分期暨社会性质论纲——兼论中国传统社会的主要矛盾问题》则标志着其学术思想的一个新的制高点。据悉，先生还有二三篇延续“论纲”思考的文章待刊。按此推断，先生最近二十年的学术贡献，单从工作量“高产”角度已然令人叹为观止，从质量方面则无疑延续了其 20 世纪八九十年代陆续开展且已完成系统研究的几个领域。日本史学家窪添庆文在唁电中感慨道，“惊悉黎虎教授逝世的噩耗，我惘然无措。直至最近，黎虎教授依然从事着重要的工作。我对其长盛不衰的研究能力深表惊叹并满怀敬意”。

在社会经济史领域，从《魏晋南北朝史论》一书之《魏晋南北朝时期的农业》《北魏前期的狩猎经济》《曹魏屯田的历史作用与地位》《西晋占田制的历史渊源》等到《先秦汉唐史论》之“吏民卷”，再到最近两三年的社会性质问题探究，这一“源头活水”有清晰的逻辑链条，且创见良多，在在填补学术空白或丰富学界认识，比如“吏民”系列研究涉及的“给吏”“真吏”问题是近年对古代职官选拔与任用制度的突破性贡献，其思路还启发后学继续以此角度选题研究。

构建了“中国古典外交制度学科”。从改革开放初撰写的《殷代外交制度初探》到本世纪初撰写的《周代交聘礼中的对等性原则》《周代交聘中的“礼尚往来”原则》等，从 1998 年出版《汉唐外交制度史》，再到 2014 年《汉代外交体制研究》，系列专题论文与两部厚重的著作完成了该问题学科体系的构建。外交随国家产生而出现并发展于先秦，到两汉形成初步成熟的外交制度，进而演进于魏晋，成熟于隋唐，先生以其系统深入的研究成果开启了中国史学界对中国古代外交史问题研究的先河，成就卓著，有目共睹。

先生的史学实践中包含着理论学习和探讨，大学时期投入民族调研工作时便开始学以致用进行理论学习，这方面可在先生《在社会调查实践中学习〈家庭、私有制和国家的起源〉》（《中国史研究动态》2020 年第 6 期）一文管窥一二。“论从史出”这一学术常识，除了微观层面的考证外，还有理论层面的系统“拔高”。比如黎虎先生对中国古典外交学科的构建实际上就有理论上的突破，从而构成扎实的学科之学理基础。我们也可以从先生对社会经济史的“吏民”问题又进而落脚于“社会性质”问题探讨的逻辑线索来了解这一长期的学术耕耘，这体现了先生在改革开放后对中国古代历史的近四十年的深度思考与研究实践，这一思考伴随着理论的总结，既体现了唯物史观的光辉，又推进了与中国古代特殊性结合的科学探索。另一个角度的理论探讨，就是从历史的角度，从外交史的视角，对“对等原则”等时至今日仍是我国外交原则的理念做出了中国历史的注脚，这无疑推动了中华优秀传统文化的创新性发展，提出并论证了“中国古典外交制度”的客观性，这是基于尊重历史而来的理论突破之一。

黎虎先生的学术贡献和与人为善的优良品质是北京师范大学“学为人师、行为世范”的代言，先生一生主要学术贡献是研究中国古代外交制度，而其在多年学术“外交”活动中扩大了“中国话语”在日本学界的影响，其独特人格魅力赢得了诸多学人的尊敬。中村圭尔在唁电中追思：“黎虎先生关于汉魏晋南北朝唐代的研究，是屹立于学界的永恒成就，给后世的研究者们留下的巨大恩惠。我个人蒙黎虎老师赐以恩顾达三十余年。不仅在研究方面，黎虎先生那亲切而充满情谊的人品和厚谊，将永存于我的心中。”川本芳昭由衷表达：“得闻黎虎先生的讣告，心中不胜哀恸。我想起了曾经在张金龙先生的引见下，得以与黎虎先生见面时的情形。黎虎先生温和地迎接我们时的尊容如今又浮现在眼前。即便是像我这样的晚辈，也依然受到了先生的亲切指导，心中悲伤愈发情切。”伊藤敏雄回忆：“黎虎先生是秦汉魏晋南北朝隋唐史的研究的大家，长年给予日本学者莫大的启发，促进了日本魏晋南北朝史研究的发展。《汉唐外交制度史》《魏晋南北朝史论》等诸多著作，以及长沙走马楼三国吴简‘吏民’问题研究，给我们带来了新的研究方法和视角。在我访问北京时，曾受到先生的亲切关怀。先生的为人令人敬慕。”在促进中日两国魏晋南北朝史学界交流方面，先生的贡献具有开拓性和持久性，葭森健介陈述：“1992 年日本研究者第一次参加魏晋南北朝史学会的时候，热情地照顾我们，开创两国学界的交流，日本历史学人都会永远铭记在心。”以上日本著名史学家发来的唁电印证了黎虎先生在促进中日史学交流等多方面的学术贡献。

先生留下的著作仍将恩泽学人，其厚重成果开一代学术之先河，回想与先生的交流，再翻阅先生馈赠的一本本大作，感慨良多，因源头活水而有江河万古流……

谨以此文纪念这位可敬可亲的著名历史学家！

〔董劭伟（1979— ），男，河北鹿泉人，历史学博士，东北大学秦皇岛分校马克思主义学院教授，主要研究方向为中国近现代史基本问题、中共党史〕

黎虎先生《中国古史分期暨社会性质论纲——兼论中国传统社会的主要矛盾问题》学习专题

李文才　导语

“一时代之学术，必有其新材料与新问题。取用此材料，以研求问题，则为此时代学术之新潮流。治学之士，得预于此潮流者，谓之预流。其未得预者，谓之未入流。此古今学术史之通义，非徒闭门造车，所能同喻者也。”陈寅恪先生《陈垣敦煌劫余录序》中的这番话为中国史学界所耳熟能详。运用“新材料”、研究“新问题”遂成治学术者所追求之新方向，此风自廿世纪八九十年代以后未曾稍歇，迄今已历三十余年，时至今日竟呈有加无已之势，已然将陈先生“新材料”“新问题”“新潮流”而“预流”之论带偏了方向，史学研究中过度“追新”所导致的为新而新之逼仄或弊端已然显露无遗。此诚可叹也！事实上，包括中国古史领域在内的众多学术领域中，有些问题却是历久而弥新的，并不因时代之变迁而有所变化。就史学研究所依据之史料而言，本质上亦无所谓新旧，而取决于治史者是否能够做出合乎正常思维逻辑的解读。同一条史料，在不同时代、不同学者那里，却做出了不一样的甚至是完全相反的解读，其原因固然与不同时代的社会大背景有关系，但更根本的却是由学者是否具有正常思维逻辑所决定的，同时这也是学者人文主义情怀的直接体现。

“中国古史分期暨社会性质”作为中国史学领域的重大史学理论问

题，就是一个历久而弥新的、无法回避的问题。包括古史学界在内的中国学术界对这一重大史学理论问题的探索，迄今已经走过了百年历程。对于这个问题的思考和探索，无论在任何时代、任何背景下都直接体现出治史者对于历史和现实的双重关怀，现实来自历史，因而这既是历史问题，也是现实问题。回眸近代以来的百年中国史研究历程，中国古史分期暨社会性质这一重大史学理论问题因为关涉对历史探究的最基本层面，而几度成为史学界热议的重要命题。从廿世纪二十年代的“中国社会史大论战”开始，马克思主义史学工作者对此投入了巨大精力，取得了丰硕成绩，也走了许多弯路。而今随着史学思维的理性化和学者的冷静反思，机械套用马克思主义理论以研究中国历史的方法逐渐被多数学者所摈弃，严肃地、科学地运用马克思主义理论和方法论来分析中国历史问题渐成主流。以言“中国古史分期暨社会性质”这一重大史学理论问题，著名历史学家黎虎先生的最新论著《中国古史分期暨社会性质论纲——兼论中国传统社会的主要矛盾问题》，堪称廿一世纪初中国史学界在重大史学理论问题探索上的重大创获，黎虎先生的研究成果不仅使得这一“旧问题”获得了“新生机”，也使得人们所习知的众多“旧史料”获得了“新生命”，真可谓“删繁就简三秋树，领异标新二月花”！

黎虎先生何以能够在这一传统“旧问题”的研究中取得“新创获”？何以能够运用人所习见的寻常史料，对传统“旧问题”做出“新解释”？实际上，黎虎先生在其晚年所取得的这一重大原创性成就，作为他六十年治史生涯的代表性成果之一，乃是他六十年学术思考探索的必然结果，是他终生致力于史学研究的必然性的体现。此外，黎虎先生对这个重大史学理论问题的探索又有一定的偶然性，黎虎先生曾言及，他之所以决定涉入这个重大史学理论问题的探究，实源于对中国古代“吏民”问题的关注和探索。大约从2005年开始，黎虎先生开始涉足长沙走马楼吴简的学术研究，运用这一“新材料”，撰写了走马楼吴简“吏民”系列研究论文，不仅首次全面、科学论证和界定了“吏民”的性质和内涵等问题，而且纠正、厘清了学界多年争议纷纭的诸多错误认知。2017年10月、2018年10月，笔者曾先后两次对黎虎先生进行了学术访谈，在访谈中黎虎先生直接言及：“尽管‘吏民’一词在中国古代历史文献中长期而频繁地使用，但古代文献对其涵义并无具体而明确的表述，过去学术界对'吏民'问题重视也很不够，相关研究成果寥寥，而且歧异颇大。或谓'吏民'中的'吏'是编户齐民之外的特定群体——'吏户'，其身份地位是低于编户齐民的依附民；或谓'吏民'是编户齐民中有爵位的、富裕的特定群体，其身份地位高于一般编户齐民，从而形成两个极端而对立的看法。长沙走马楼吴简中含有大量关于'吏民'的资料，这为我们进一步探讨'吏民'的涵义与性质提供了珍贵的第一手资料，在这些地方政府的田赋、簿籍等档案中记载了民户男女以及州、郡、县吏等各种身份的人员，并直接将他们概括称为'吏民'。结合传世文献资料，我从不同角度对走马楼吴简中的'吏民'问题进行了研究，先后发表11篇论文，在学术界首次全面、系统地揭示了'吏民'一词的社会历史内涵，从而明确认识到：从户籍制度而言，它是国家的编户齐民；从社会结构而言，它是社会金字塔的底层；从国家统治而言，它是各级政府管治的基本民众。正是在这个研究的基础上，形成了我对于秦至清为'皇权-吏民社会'的基本观点。"正是以对吴简"吏民"问题的探索为嚆矢，黎虎先生进而宏观思考中国古史分期暨社会性质这一史学界争论不休的重大史学理论问题，并于2015年初步形成其对于这一问题的基本看法。2018年正式成文，后经过二十余稿的反复修订，终以《中国古史分期暨社会性质论纲——兼论中国传统社会的主要矛盾问题》为题，正式刊发于《文史哲》2020年第1期。文章发表后，黎虎先生又对这篇宏文进行了多次修订，并围绕这一论题撰写了几篇拓展性的论文，从而形成其关于这一重大史学理论问题的全新学术体系。直到2022年7月6日去世前夕，黎虎先生仍然在围绕这个问题进行思考，并叮嘱笔者在今后的学术研究中也要投入对这个问题的思考与探索。

泰山其颓，哲人其萎！黎虎先生虽然已经离我们而去，但他的学术思想和精神却如指路明灯，将指引着我们学术前进的方向。东北大学秦皇岛分校董劭伟教授主持《中华历史与传统文化论丛》已历多年，成绩斐然，其感念黎虎先生为集刊所作出的重要贡献，今特开辟专栏以纪念黎虎先生。为深入学习和领会黎虎先生关于"中国古史分期暨社会性质"这一问题的学术体系和理论精神，笔者曾组织"《中国古史分期暨社会性质论纲》专题读书会"，带领扬州大学中国古代史专业研究生进行了专题学习，同学们在专题读书会上不仅提出了一些问题和心得体会，会后还尝试以《论纲》的理论为指导撰写专题论文。本期专栏所推出的几篇论文都是在“皇权-吏民社会”理论框架下进行的专题探讨，尽管这些文章出自硕士研究生之手，文笔不免稍显稚嫩，但其中对于黎虎先生相关理论的理解和把握却也颇有心得，并在具体论证过程中体现出思维逻辑的合理性，充分体现了黎虎先生“中国古史分期暨社会性质”学术体系的强大学术张力，以此理论指导中国古史研究，许多原本含混不清、争议纷纭的问题都将得到合理解释，该理论堪称探索和揭示中国古代社会历史的一把钥匙。

本期专栏除了推出上述几篇专题论文外，还在其前推出了黎虎先生早年的读书札记——读恩格斯《家庭、私有制和国家的起源》读书札记，这个读书札记是1958年9月至1959年9月间，黎虎先生参加全国少数民族社会历史调查时所写，是黎虎先生“行万里路，读万卷书”的真实写照。追溯黎虎先生对于“中国古史分期暨社会性质”问题的关注，实应从这次少数民族调查的社会活动实践开始寻绎。

黎虎先生的史学研究成果丰富而富于原创性，具体表现为构建了中国古史分期暨社会性质问题的学术理论体系、开创了中国古典外交制度史新学科、构建了中国古代吏民问题研究新学术体系，此外，黎虎先生在中国古代民族史、中国古代经济史研究等领域，也取得了诸多原创性的研究成果，从而形成独具特色的黎虎史学研究体系。黎虎先生史学研究体系及其史学思想的价值和意义，主要体现为强大的学术生命力及其给予学者的深刻启发，此前黎虎先生的古典外交制度史研究已然带动了中国古代外交制度研究的展开，学界先后涌现的众多断代外交制度史问题研究论著，均得黎虎先生原创性研究的润泽和沾溉。

基于黎虎先生的卓越史学成就和贡献，《中华历史与传统文化论丛》决定在新设立的“唯物史观与中华民族发展史”专栏首期中专题纪念黎虎先生。专栏设立体现了集刊主办者的学术旨趣，实为嘉惠学林的功德之事，由衷希望这个专栏能够持续下去，为弘扬中华历史与传统文化作出更大贡献。是为序。

“皇权-吏民社会”理论视阈下的人力掌控

——以曹魏政权为例

李　懿

（扬州大学社会发展学院）

摘　要： 在“皇权-吏民社会”中，“治乱兴衰”在很大程度上取决于“人力掌控”的状况。“皇权-吏民社会”视阈下的人力掌控，从狭义而言乃是皇权统治下的编户齐民，从广义而言则是皇权统治下的一切人口。以曹魏政权为例，自给自足的自耕农——编户齐民乃是其统治的基础和根本，从皇权到各级官府无不重视对编户齐民的招揽、安抚和掌控；少数民族内迁人口在一定时期、一定程度上成为曹魏政权“人力掌控”的有益补充；“屯田民”作为特殊时期的政策，对于曹魏政权的稳固与社会局面的安定确有一定作用，但重要性与编户齐民不可相比，只是曹魏政权“人力掌控”的一种特殊形式。

关键词： 皇权-吏民社会；人力掌控；曹魏政权；编户齐民

黎虎先生在《中国古史分期暨社会性质论纲——兼论中国传统社会的主要矛盾问题》[①] 一文中，提出了“皇权-吏民社会”的理论，并从广义和狭义两个层面对“吏民”的概念进行了界定：“从最高统治者皇帝而言，天下的臣民都是‘吏民’；从地方统治者而言，则其所管治的人民都

---

① 黎虎：《中国古史分期暨社会性质论纲——兼论中国传统社会的主要矛盾问题》，《文史哲》2020 年第 1 期。以下简称《论纲》。

是‘吏民’。狭义的‘吏民’一般来说是有一定界限的，但其界限有一个逐步下移的过程。”在黎虎先生“皇权-吏民社会”的理论框架下，皇权赖以生存和维系的根本在于对“吏民”的掌控，即所谓的“人力掌控”，从某种意义上说，一个政权的治乱兴衰直接取决于其“人力掌控”的程度如何，因为皇权要想获得维持其稳固统治的赋税、徭役，就必须掌控其统治范围内的一切人力资源。从黎虎先生的理论出发，笔者认为狭义上的“人力掌控”应指皇权统治下的编户齐民，即由各级政府登记造册的在籍人口，他们是国家赋税与徭役的主要承担者；广义上的“人力掌控”应指皇权统治下的一切人口，包括中央地方各级官员，但这些官员同属皇权统治集团，不承担或免除赋税徭役。因此，我们以魏晋南北朝时期曹魏政权为例，从“广义”的“吏民”概念对“人力掌控”的问题进行分析，曹魏政权的“人力掌控”不仅包括各郡县统治下的编户齐民——自给自足的自耕农，还应包括北方游牧民族内迁人口以及官府控制的“屯田民”。但曹魏政权以自给自足的自耕农亦即编户齐民为人力掌控的根本，曹魏政权赖以生存的基础便是对于人力资源的可持续性掌控，特别是对于自耕农的掌控。

以下试以黎虎先生“皇权-吏民社会”理论为指导，对曹魏的人力掌控问题略加讨论。

一、掌控编户齐民是曹魏政权的统治根本

在曹操克服群雄、统一北方的战争中，官渡之战是早期统一过程中关键性的一场战争。其时袁绍已经占据青州、冀州、幽州、并州四州，“民人殷盛，兵粮优足”①，经济实力雄厚，人力资源丰沛。曹袁双方实力上的差距，在兵力对比上体现得更为明显，袁绍拥有十万精兵，“骑万匹”②，军事力量强大；曹军“兵不满万，伤者十二三”③，兵力整体呈劣势。在与袁绍的连日对峙中，曹操本人也不免有所动摇，因“粮少，与

① 〔三国〕陈寿撰，陈乃乾点校：《三国志》卷一《魏书·武帝纪》引《英雄记》，北京：中华书局，1959年，第6页。

② 《三国志》卷六《魏书·袁绍传》，第195页。

③ 《三国志》卷一《魏书·武帝纪》，第19—20页。

荀彧书，议欲还许”[①]。然而，战争的最终结果却是袁绍大败，这其中原因，除袁绍自身“内多忌害”[②]，因信任审配、郭图等而导致战略决策失误，许攸投降曹操献计火烧乌巢等因素之外，更为重要的也是根本性的原因，则是曹操在与袁绍对峙的过程中争取到了广大州郡吏民的支持，而袁绍则因为各种举措不当失去了人心。

自黄巾起事，天下暴乱，“旧土人民，死丧略尽”[③]，在此情势下，国家赋税、兵源等都受到极大影响。曹操自起兵后，就留意于安抚吏民以争取其支持，例如在担任兖州牧、击败青州黄巾以后，曹操最急切的措施就是“受降卒三十余万，男女百余万口，收其精锐者，号为青州兵”[④]。青州黄巾降卒不仅为曹操补充了兵员，也为他带来了百余万口的劳动力，进而为他争雄天下奠定了坚实的人力资源基础。平定袁绍后，鉴于天下战乱已久，广大吏民渴望和平，建安八年（203）七月，曹操下令：“丧乱以来，十有五年，后生者不见仁义礼让之风，吾甚伤之，其令郡国各修文学，县满五百户置校官，选其乡之俊造而教学之，庶几先王之道不废，而有以益于天下。”[⑤] 置校官、修文学、恢复仁义礼让之风，根本目的都是快速稳定人心，令广大吏民安居乐业。

自从起兵以争天下之后，快速及时、最大限度地掌控人口，就始终是曹操所奉行的首要政策性举措。例如，在击败袁绍、占领冀州后，曹操就曾对别驾从事崔琰说：“昨案户籍，可得三十万众”[⑥]，可见他首先关心的是“户籍”，关心户籍自然是为了掌握第一手户籍资料信息以便于掌控。当时所“案”得的冀州在籍人口三十余万，对于曹操当时兵员的补充、物资的征调是十分有利的。而曹操此举的目的，崔琰明确指出在于“校计甲兵”[⑦]。战争对于人口所造成的损伤无法避免，而又最为严重，当时的一些有识之士对此有明确认识，他们总是想办法尽量减少人口的损

① 《三国志》卷一《魏书·武帝纪》，第20页。
② 《三国志》卷六《魏书·袁绍传》，第201页。
③ 《三国志》卷一《魏书·武帝纪》，第22页。
④ 《三国志》卷一《魏书·武帝纪》，第9—10页。
⑤ 《三国志》卷一《魏书·武帝纪》，第24页。
⑥ 《三国志》卷一二《魏书·崔琰传》，第367页。
⑦ 《三国志》卷一二《魏书·崔琰传》，第368页。

失。例如陈郡何夔任长广太守时，“黄巾未平，豪杰多背叛”[①]，众人欲兴兵讨伐，面对占据上风的主战意见，何夔建议“喻以恩德，使容自悔”[②]，目的即在于减少对吏民的伤害，以保护珍贵的人力资源。类似何夔这样的官吏还有不少。例如高干反叛时，在上党各县长吏被杀，弘农郡守被执而援兵未至的情况下，杜畿率领数十骑赶赴张辟据守，“吏民多举城助畿者，比数十日，得四千余人”[③]，在郡县吏民的帮助下，杜畿坚守住了城池，并最终汇合大军击败了高干。杜畿之所以死守城池，一个重要目的就是保护多数吏民不受伤害，进而为国家保留下珍贵的人力资源。再如，“自天子西迁，洛阳人民单尽，（钟）繇徙关中民，又招纳亡叛以充之，数年间民户稍实。太祖征关中，得以为资。”[④] 面对洛阳民生凋敝的情况，钟繇招抚关中吏民和各处流民充实洛阳户口，扩大赋税、兵役来源。曹操后来征讨关中时，洛阳吏民提供了大量军资支援战争，这与钟繇安抚流民、充实户口是分不开的。扬州刺史刘馥刚上任时，郡县残破，经过数年励精图治，招抚流民，“流民越江山而归者以万数”[⑤]，百姓安居乐业，积储了大量的物资，用于“为战守备”[⑥]。建安十三年，孙权进攻合肥，恰逢连续多天下雨，合肥吏民凭借刘馥在任时储备的物资守住了城池。

吏民作为皇权统治的基础，是生产力发展的第一要素。“皇权−吏民社会”经济结构单一，生产力水平较低，人力就成了统治者必须牢牢掌控的首要性资源。土地、山林、湖泊作为生产资料，必须同作为劳动者的人进行有机结合，才能够生产出人类赖以为生的物质资料，也只有人和土地的有效结合，才可能为国家提供稳定的赋税。上述何夔、杜畿等人为政一方，都是将安抚、招揽吏民作为执政的首要方针，面对外敌入侵，州郡统治下的编户齐民不仅提供军资，更是兵力的主要来源。在“皇权−吏民社会”中，土地、赋税等都是直接影响国计民生的重要因素，但皇权政治的根本还是在于对人力的掌控。东汉末年，各割据政权

① 《三国志》卷二《魏书·何夔传》，第 379 页。
② 《三国志》卷一二《魏书·何夔传》，第 379 页。
③ 《三国志》卷一六《魏书·杜畿传》，第 495 页。
④ 《三国志》卷一三《魏书·钟繇传》，第 393 页。
⑤ 《三国志》卷一五《魏书·刘馥传》，第 463 页。
⑥ 《三国志》卷一五《魏书·刘馥传》，第 463 页。

都意识到，吏民的重要性在于不仅可以增强自身的军事政治实力，也可以达到削弱敌对政权的目的。汉献帝西迁后，洛阳民生凋敝，钟繇迁徙关中吏民充实洛阳人口，同时招抚流民，减少了社会的不稳定因素，也为曹操征讨关中提供了军资。金城太守苏则刚上任时"吏民流散饥穷，户口损耗"，对内"抚循之甚谨"，对外"招怀羌胡"，"旬月之间，流民皆归，得数千家"①，在苏则的治理下，流民归附者越来越多，农业生产也取得了大丰收。弘农太守贾逵在任时，怀疑屯田都尉藏匿亡民，"收之，数以罪"②，可见作为皇权在地方上的政治代表，郡县长官有责任管控和保护辖区内的人口，换言之，地方长官对于人力资源的重视和保护，乃是其职责所在。吏民的增加可以增强统治集团自身综合实力，与此相反，吏民的流亡则会直接削弱和动摇统治的根基。建安十八年，曹操在与孙权相峙月余、准备撤军时，担心江滨郡县被孙权所占领，命令所辖吏民内迁，但内迁时组织的混乱，导致"民转相惊，自庐江、九江、蕲春、广陵户十余万皆东渡江，江西遂虚，合肥以南惟有皖城"③。十余万人口的流失，对于曹魏政权而言不可谓不是一重大损失。

魏蜀吴三国鼎立，其最终的胜败，实取决于它们所掌控的吏民数量。"三国鼎立，战争不息，及平蜀，得户二十八万，口九十四万，带甲将士十万二千，吏四万，通计户九十四万三千四百二十三，口五百三十七万二千八百八十一，除平蜀所得，当时魏氏唯有户六十六万三千四百二十三，口有四百四十三万二千八百八十一。"④ 这一组数字记载了灭蜀前曹魏政权吏民的数量以及平蜀后登记造册所得人口。曹魏政权所辖人口四倍于蜀汉政权，蜀汉政权仅有带甲将士十万二千人，庞大的人口差距所造成的实力悬殊，不仅体现在军事实力上，更决定了各政权的综合实力差距。蜀汉所掌握的人口远逊于曹魏，决定了蜀汉政权的灭亡是在所难免的。太康元年（280），平定孙吴政权后，"九州攸同，大抵编户二百四十五万九千八百四十，口千六百一十六万三千八百六十三，此晋之极盛

① 《三国志》卷一六《魏书·苏则传》，第491页。

② 《三国志》卷一五《魏书·贾逵传》，第481页。

③ 《三国志》卷四七《吴书·吴主传》，第1118—1119页。

④ 〔唐〕杜佑撰，王文锦等点校：《通典》卷七《食货七·历代盛衰户口》，北京：中华书局，1988年，第145页。

也。”[①] 三国统一，人口达到极盛，但编户数只达到了东汉桓帝永寿三年（157）编户数的四分之一，可见战乱对人力资源的破坏之大。人口的多少决定着一个政权的兴衰，影响着一个政权的政治、军事、经济等各个方面。经济是国家命脉，是一个政权得以稳定运转的基础，在传统的农业社会中，经济的发展离不开人，而东汉末年的群雄争霸造成了中原地区人口大量流失迁徙，对于各政权而言，人力的掌控就成了一大挑战。

此外，广大吏民一旦因战乱、暴政等原因而脱离基层管控成为流民，不仅会给社会造成极大的安全隐患，而且直接导致农业、手工业生产的凋敝。一旦以自耕农为主要赋税来源的农业生产遭到破坏，则国家就直接失去了最主要的赋税来源。赋税来源的减少，意味着国家财政开支的窘迫，在此情形下就势必增加赋税，从而加重广大吏民的经济负担。而当百姓无法承担高额赋税时，就可能需要卖掉赖以为生的土地，沦为佃民或者流民，国家可控户籍数遂因此而减少，编户的减少又进一步造成赋税来源的缩小。如此恶性循环，结果就只能是经济凋敝、流民四起、郡县残破，随着社会矛盾的进一步加剧，最终激化为吏民的武力反抗。

二、少数民族内迁人口是曹魏政权“人力掌控”的重要补充

安抚流民，使之成为郡县管控下的编户齐民，是人力掌控的一个主要途径。但在曹魏时期特殊的民族大融合背景下，除郡县统治下的编户齐民，北方内迁的少数民族人口也是曹魏政权“人力掌控”的重要补充。

在中国北部广大地区长期分布着许多少数民族，魏晋南北朝时期，社会动荡、民生凋敝，国家编户齐民的流失，导致赋税、徭役的征发陷入困境。为了舒缓因人力资源缺失所导致的一系列困难，中原政权一部分统治者便将目光投向了北方少数民族，为了弥补人口流失带来的劳动力不足，同时也是为了加强军事实力等，便开始掳掠少数民族人口。除了统治者通过战争手段进行掳掠外，也有少数民族人口主动依附而进入内地居住的情况，这些进入内地的归附者与当地汉人通婚，从而成为政府掌控下的编户，在一定程度上减轻了因为编户流失所导致的困境。

① 《通典》卷七《食货七·历代盛衰户口》，第145页。

当时内迁的少数民族有很多，而以匈奴、鲜卑、乌丸等民族为主。西汉末年，呼韩邪单于率部落五千余落内附汉朝，在朔方诸郡定居，与汉人杂处。人口繁衍，至建安中，"魏武帝始分其众为五部，部立其中贵者为帅，选汉人为司马以监督之"[①]，五部匈奴人口已达三万落左右，为曹魏政权提供了大量的劳动力。在提供劳动力的同时，少数民族骑兵也增强了曹魏的军事实力。建安十一年，曹操率军临阵斩蹋顿，"幽州、并州柔所统乌丸万余落，悉徙其族居中国，帅从其侯王大人种众与征伐。由是三郡乌丸为天下名骑"[②]。少数民族人口的内附，可能会由于"非我族类，其心必异"而成为统治的不稳定因素，如曹魏末年，大将邓艾曾极力主张将少数民族迁出，他认为这些民族怀有异心，如不早日迁出势必给国家带来巨大影响。然而，如果我们将眼光放得长远一些，则会看到少数民族的内迁实际上利大于弊。以曹魏政权为例，少数民族人口的迁入，不仅弥补了中原地区劳动力不足的问题，同时也直接增强了其军事实力。

各少数民族内迁之后，过着与汉人杂处的生活，逐渐融入了新的社会环境。同汉族人民一样，也"服事供职，同于编户"[③]，共同承担起国家的租调徭役，其中精壮者则被编入军队。不过，在看到少数民族多数成为编户齐民的同时，也不能否认有一部分人被当作奴婢佃客买卖，如陈泰为护匈奴中郎将时"京邑贵人多寄宝货，因泰市奴婢，泰皆挂之于壁，不发其封"[④]。可见当时达官贵人买卖少数民族人口作为奴婢是确有其事的。但是我们对于这种情况不宜估计过高，就历史的实际情况来看，内迁的少数民族群众多数还是"同于编户"，亦即成为国家的编户齐民。从曹魏的历史来看，少数民族内迁所带来的好处远远大于弊端，内迁的少数民族人民逐渐汉化，与汉民族进一步融合，进而成为国家在籍编户，不仅为曹魏的军队补充了兵源，还直接增加了农业生产所需要的劳动力，从而成为曹魏政权"人力掌控"的重要补充。

---

① 〔唐〕房玄龄等：《晋书》卷九七《匈奴传》，北京：中华书局，1974年，第2548页。

② 《三国志》卷三〇《魏书·乌丸传》，第835页。

③ 《三国志》卷一五《魏书·梁习传》，第469页。

④ 《三国志》卷二二《魏书·陈泰传》，第638页。

三、“屯田民”是曹魏政权“人力掌控”的特殊形式

除了郡县统治下的编户齐民，以及内迁的少数民族人口，在曹魏时期还有一个不隶属于郡县的特殊人群——“屯田民”，他们也为曹魏政权的稳定发展作出了贡献。“屯田民”可视为曹魏政权“人力掌控”的一种特殊形式。

东汉末年，战争连年不断，社会生产力遭到极大破坏，土地荒芜，人口锐减，粮食短缺，形成了严重的社会问题。军粮的主要来源是国家向编户齐民收取的租课，而战乱四起，百姓流亡，租课的征收就异常困难。建安元年，曹操采纳枣祗、韩浩的建议，在许都附近进行屯田。屯田的土地主要是无主和荒芜的土地，“于是州郡例置田官，所在积谷，征伐四方，无运粮之劳，遂兼灭群贼，克平天下”①，这句记载虽然夸大了屯田的历史作用，但是屯田对曹魏政权统一战争提供了巨大的帮助，这其中屯田民是发挥了重要作用的。曹魏屯田有民屯和军屯两种。民屯每五十人为一屯，屯置司马，其上置典农都尉、典农校尉、典农中郎将，不隶郡县。曹魏屯田的土地是因战争荒芜而属于国家的公田，屯田民是隶属性很强的农民，身份比自耕农大为降低②。屯田民虽然不隶属于郡县，身份低于自耕农，但仍处在皇权的统治之下，即也属此时期人力掌控的特殊形式。但屯田制的剥削较重，屯田农民被束缚在土地上，国家成了最大的地主，屯田农民身份不自由，屯田士兵则更加艰苦，耕作的同时还要负责军事训练出征作战。

三国时期，吴、蜀也都实行过屯田，只是规模和成就都不及曹魏。曹魏后期，屯田剥削量日益加重，租课竟然达到了三七、二八分的程度③，引起了屯田民的逃亡和反抗。屯田土地又不断被门阀豪族所侵占，屯田制逐渐被破坏。咸熙元年（264）政府宣布废除民屯，随着灭吴战争的结束，屯田的军事意义渐渐消失，作用已经不大了。从曹魏历史来看，屯田民作用远远无法同自耕农相比，他们只是在一定时期内、一定程度

---

① 《三国志》卷一《魏书·武帝纪》注引《魏书》，第 14 页。

② 参见王仲荦：《魏晋南北朝史》，上海：上海人民出版社，1979 年，第 42—43 页。

③ 参见《魏晋南北朝史》，第 130 页。

上为曹魏政权提供了有限的补充，因此只能作为曹魏政权"人力掌控"的一种特殊形式而存在。曹魏皇权政治局面稳定后，屯田民最终失去了存在的必要性而消逝于历史的长河。

结　论

在"皇权-吏民社会"的背景下，吏民乃是皇权统治的根本，皇权对于吏民的掌控必须保持在合理的限度内，否则皇权统治就会出现危机。历朝历代的"明君圣主"在如何对待吏民的问题上，大都采取安抚为主的政策，而反对虐用民力，因为只有如此才有可能减少和杜绝流民现象的出现，从而最大程度地保证吏民安心于农业生产。然而，由于皇权专制政治的"家天下"本质和传统农业社会生产力水平的低下，统治者所采取的这些安抚吏民的政策措施，并非真心为广大吏民着想，他们之所以轻徭薄赋，也并非出于对百姓的真心关怀，其根本目的和出发点也只是稳固"家天下"的统治根基。

以曹魏政权而言，它在三国竞争中能够最终胜出，进而完成统一天下的任务，其根本依靠乃是户籍编制于郡县的广大自耕农——编户齐民，他们不仅是曹魏政权租税徭役的主要承担者，也是曹魏军队的主要兵源。在曹魏政权统一北方、南征北战的历次战争中和发展经济、稳定政治根基的过程中，贡献最大、作用最大者，始终是编户于郡县的自耕农，自耕农经济始终是曹魏皇权赖以维持的经济基础，至于内迁的少数民族人口和"屯田民"，他们只是特殊时期下皇权"人力掌控"的补充与特殊形式，不可能取代编户齐民的作用和地位。

Manpower Control from the Perspective of "Imperial Power-Officials and People Society": Take the Cao-Wei Regime as an Example

LI　Yi

Abstract: In the "imperial power-officials and people society", the rise and fall largely depends on the situation of manpower control. The manpower control under the perspective of "imperial power-officials and people society" is, in a narrow sense, the registered population under imperial power, and in a broad sense, all the population under imperial power. Taking the Cao-Wei regime as an example, the self-contained yeoman farmers—the registered population—were the basis of their rule. From the imperial power to the officials of all levels, attentions were paid to the solicitation, pacification and control of the registered population. In a certain period and to a certain extent, the emigration population from ethnic minorities became a beneficial supplement to the manpower control of the Cao-Wei regime. As a special period policy, "Tuntian people", being only a special form of manpower control of the Cao-Wei regime, did play a certain role in the political and social stability of the Cao-Wei regime and could not be compared to that of the registered population in its importance.

Keywords: imperial power-officials and people society; manpower control; Cao-Wei regime; registered population

〔李懿（1998— ），男，江苏泰兴人，扬州大学社会发展学院中国古代史专业 2022 级硕士研究生，研究方向为汉唐史〕

窦建德反隋斗争再认识

向伊君

（扬州大学社会发展学院）

摘　要：窦建德所领导的反隋斗争，是隋末吏民大起义的一个组成部分。窦建德领导的反隋斗争是在繁重赋税徭役和连年天灾的情势下发生的，隋朝皇权对吏民的过度压迫和征敛是造成窦建德反隋斗争发生的根本原因。窦建德反隋斗争的领导者、参加者，既有下层普通吏民，也有原属隋朝官府的官吏，但编户齐民为主要力量。窦建德反隋斗争前期，其斗争矛头对准代表皇权统治的地方官吏，目标为推翻隋朝的皇权统治，因此反隋斗争的根本性质为吏民起义；随着形势发展和起义队伍的不断扩大，特别是当反抗队伍的领导层出现皇权地主，甚至窦建德的身份也开始向皇权地主转化以后，窦建德反隋斗争的性质也发生了根本性的变化——由此前的吏民起义转化为武装割据势力，其政治目标也变成了试图借助吏民反抗的力量，以建立自己的皇权统治。因此，将窦建德领导的反隋斗争简单地定性“农民起义”并不符合历史事实。

关键词：窦建德；皇权；吏民；社会矛盾；性质

关于窦建德反隋斗争的性质，长期以来的主流观点都是在农民起义理论的语境下，将其视为中国古代农民战争的一个组成部分[①]。而农民起义或农民战争之所以发生，则是封建社会地主阶级残酷剥削压迫农民阶级的必然结果，是地主阶级和农民阶级这一封建社会主要矛盾关系的总爆发和最高体现。在这个理论逻辑下，窦建德起兵反隋，甚至后来称王割据，长期被定性为隋末农民起义，即使在今天仍不乏持此论点者。然则，窦建德起兵反隋的性质究竟是什么？除了可以在农民战争这一传统理论框架下加以诠释之外，是否还允许在其他某种理论逻辑下进行新的探讨？答案自然是肯定的，因为学术公器，只要尊重史实，并遵循正常的思维逻辑，就完全可以对一些哪怕已被视为“定论”的历史问题进行重新考量。

近读黎虎先生《中国古史分期暨社会性质论纲——兼论中国传统社会的主要矛盾问题》[②] 一文，对其中所提出的“皇权-吏民社会”理论甚为服膺，在此基础上对窦建德反隋及其称王割据等相关史实进行了反思，深感将窦建德反隋斗争机械地理解为农民起义的传统观点，存在着一些无法自圆其说的矛盾或逻辑混乱。事实上，欲准确认识和理解窦建德所领导的反隋斗争的性质，首先必须弄清楚如下问题：窦建德反隋斗争何以发生？窦建德及其领导层、反隋队伍参加者的社会身份是什么？何为窦建德反隋的矛头指向和政治目标？这几个问题清楚了，则窦建德反隋斗争的性质及其所反映的社会主要矛盾等深层问题也就瓜分豆剖清晰可见了。兹不揣愚陋，拟以上述黎文所提出的“皇权与吏民的矛盾乃是从秦至清二千余年间社会主要矛盾关系”这一理论为指导，对窦建德反隋斗争的性质问题重新研判，进而尝试分析其所反映的隋末社会主要矛盾关系等深层问题。

---

① 长期以来，主流观点都是将窦建德反隋视为农民战争或农民起义的，其代表性著作主要有：翦伯赞《论中国古代的农民战争》，《历史问题论丛》，人民出版社 1962 年版；漆侠《隋末农民起义》，上海人民出版社 1954 年版；《汪篯隋唐史论稿》，中国社会科学出版社 1981 年版。

② 黎虎：《中国古史分期暨社会性质论纲——兼论中国传统社会的主要矛盾问题》，《文史哲》2020 年第 1 期。

一、窦建德反隋斗争的时代背景

既有“农民战争”论者，将窦建德起事反隋的原因归结为地主阶级对农民阶级的残酷压迫，认为窦建德等人之所以走上反隋的道路，是因为不堪忍受地主剥削和压迫。然而，征诸史籍所载，却很难找到支持这一观点的史料。那么，究竟是什么原因造成包括窦建德在内的大量吏民走上了武装反抗的道路呢?

据两《唐书》的描述，窦建德家财丰厚且乐善好施，最初担任里正一职，因“犯法”而“亡去”，又因遇上大赦而被释放。尽管如此，窦建德仍然因为能力出众而在征高丽的途中被选为二百人长。不管是里长抑或二百人长，其本身都是为隋朝政府服务。在家资颇丰，自身又为隋政府基层管理代表的前提下，窦建德最终走上反隋道路，其原因需要深加思考。

实际上，窦建德最初走向反隋完全是被郡县官吏“逼上梁山”。窦建德起义的大业七年（611），除去在窦建德帮助下起义的孙安祖，鄃人张金称、蓚人高士达都开始反隋斗争。诸盗路过漳南县烧杀抢掠，而独独不入建德家，因此郡县怀疑窦建德与诸盗有染，“收系家属，无少长皆杀之”①。郡县这一毫无章法的定罪之举惹怒了窦建德，故窦建德率二百人投奔高士达，正式开始反隋斗争。从表面上看，窦建德走上反隋之路，是“官逼民反”，所折射出来的社会矛盾关系为官吏与吏民之间的矛盾，但这种“官民矛盾”的本质却是吏民与皇权之间的矛盾关系，因为官吏是隋朝皇权在地方上实施统治的政治代表。作为隋朝皇权所派生出的官僚，这些地方官吏在社会稳定时，负责地方赋役的征收、徭役的征发或者社会秩序的维护；而当社会动乱时，他们则进行安抚或镇压。因此，导致窦建德反隋的根本原因，在于皇权与吏民之间的矛盾。

从皇权与吏民这一对矛盾关系出发，我们不能简单地将窦建德领导的反隋斗争视为个人行为，而是应该将其放到时代的大背景之下进行分析。

① 〔后晋〕刘昫等:《旧唐书》卷五四《窦建德传》，北京：中华书局，1975年，第2235页。

纵观史实，一个皇朝的覆灭往往与社会经济的崩溃密切相关，而社会经济领域出现严重问题，又包括主观、客观两方面的原因，即：主观方面原因，统治阶级对于广大吏民的无限压迫超过其所能承受的限度，以及由此造成吏民无法继续从事生产活动；客观方面的原因，表现为各种自然灾害，直接造成农业生产无法正常进行下去。以窦建德所处时代而言，这两个方面的情况都是存在的。这里先说客观方面的原因。据诸史载，开皇、大业年间，广大吏民赖以生存的农业生产不断受到自然灾害的侵扰。北方黄河流域由于长期以来的耕作，土壤植被破坏较为严重，水土流失加剧，造成河沙大量淤积于下游河道，导致大水泛滥。据《隋书》《资治通鉴》中记载，有隋一代，黄河流域共发生八次水灾[①]，开皇四年（584）、开皇五年、开皇六年、开皇十四年、仁寿二年（602）、仁寿三年、大业七年、义宁元年（617），黄河南北的广大区域都曾受到水灾的侵害。水灾的频繁发生，给吏民的生产生活造成严重影响。在这种情况下，朝廷本应采取措施以缓解灾害给民生所带来的危害，然而统治阶级非但没有这么做，反而因为东征高丽之役而加大了征敛的力度，从而进一步恶化了吏民的生存环境，备受压迫无以为生的吏民，终于展开了反抗运动。史载大业七年秋，“大水，山东、河南漂没三十余郡，民相卖为奴婢。冬十月乙卯，底柱山崩，偃河逆流数十里……于时辽东战士及馈运者填咽于道，昼夜不绝，苦役者始为群盗。”[②] 由此可见，山东、河南所发生的水灾，对于隋末吏民起义的发生确实起到了推动作用。

旱灾及其次生灾害，也是影响农业发展的重要因素，进而造成新的社会危害。开皇二年、开皇三年、开皇十四年、大业八年均曾发生旱灾，旱灾发生地点集中于关中和山东地区，带来的直接影响是饥荒，如开皇十四年，“关中大旱，人饥”[③]。此外，由于饥荒导致人口大量死亡，而尸体又得不到及时处理，导致水源受到污染，从而引起疫病，形成了次生灾害，进一步加剧了社会危机。如大业八年发生了较为严重的干旱，并

---

① 邓云特在《中国救荒史》中记载隋朝共发生水灾五次，笔者根据《隋书》《资治通鉴》记载，统计出隋朝共发生八次水灾。

② 〔唐〕魏徵、令狐德棻：《隋书》卷三《炀帝本纪上》，北京：中华书局，1973年，第76页。

③ 《隋书》卷二《高祖本纪下》，第39页。

引发疫病的出现："是岁，大旱，疫，人多死，山东尤甚。"①

除去水灾、旱灾、饥荒，地震也是影响农业发展的另一因素。《通志》卷十八《隋纪》载："（开皇）十四年……五月辛酉京师地震，关内诸州旱……八月辛未关中大旱人饥，行幸洛阳，并命百姓山东就食。"②从《通志》记载的内容看，上述所说开皇十四年的关中大旱，最早就是由地震引起的。五月地震最初只影响关内诸州的粮食歉收，但八月关中大旱则加剧了粮食危机。可见，地震对农业经济的影响不可小觑。除去开皇十四年京师地震，开皇二十年"十一月戊子，天下地震，京师大风雪"③，仁寿二年"夏四月庚戌，岐、雍二州地震"④，仁寿二年九月"乙未，陇西地震"⑤，从史书记载来看，隋朝时期发生的地震灾害也有着间隔时间短的特点。

综上所述，隋末自然灾害发生的地点集中于北方地区，山东、河南、河北及关内地区尤甚。在连年的灾害面前，隋炀帝不仅没有采取有效的措施，反而为了自己的私欲，加重百姓的徭役负担。如大业七年王薄在山东长白山举兵反抗，斗争矛头就直接指向当地官府——隋朝皇权在山东地区的统治机构，而不是指向当地的"地主"，他之所以举兵反抗官府，主要就是因为无法忍受日益苛重的徭役。

隋末吏民起义之所以首先在山东爆发，主要就是因为这个地区一直以来所承受的赋税徭役最为苛重。自隋朝建国以后，山东地区就已是隋朝赋税徭役的主要征派地区，隋炀帝即位之后更趋严重。早在开皇初年，"山东尚承齐俗，机巧奸伪，避役惰游者十六七"。⑥ 隋炀帝大业年间，随着征高丽之役的展开，隋朝徭役的征发力度进一步加强，有关这方面的情况，史籍记述颇多，班班可稽："大业三年五月，发河北十余郡丁男凿太行山……以通驰道。"⑦ 同年七月，"发丁男百余万筑长城……死者十五

① 〔宋〕司马光编著，〔元〕胡三省音注：《资治通鉴》卷一八一，隋炀帝大业八年十一月，北京：中华书局，1956 年，第 5667 页。

② 〔宋〕郑樵：《通志》卷一八《隋纪》，北京：中华书局，1987 年，第 348 页。

③ 《隋书》卷二《高祖本纪下》，第 45 页。

④ 《隋书》卷二《高祖本纪下》，第 47 页。

⑤ 《隋书》卷二《高祖本纪下》，第 48 页。

⑥ 《隋书》卷二十四《食货志》，第 681 页。

⑦ 《隋书》卷三《炀帝本纪上》，第 68 页。

六”。[①] 大业四年正月，“诏发河北诸郡百余万众穿永济渠，引沁水南达于河，北通涿郡。丁男不供，始役妇人”。[②] 大业四年七月，“发丁男二十余万筑长城”。[③] 大业七年二月，“敕幽州总管元弘嗣往东莱海口，造船三百艘，官吏督役，昼夜立水中，略不敢息，自腰以下皆生蛆，死者什三四”。[④] 五月，“发河南、北民夫以供军需……往还在道常数十万人，填咽于道，昼夜不绝，死者相枕，臭秽盈路，天下骚动”。[⑤] 同年十二月，“又发民夫运米，积于泸河、怀远二镇，牛车往者皆不返，士卒死亡过半，耕稼失时，田畴多荒；加之饥馑，谷价踊贵，东北边尤甚……又发鹿车夫六十余万，二人共推米三石，道涂险远，不足充糇粮，至镇，无可输，皆怯罪亡命；重以官吏贪残，因缘侵渔，百姓困穷，财力俱竭”。[⑥] 从以上记载可知，从大业三年到大业七年，山东、河北地区的徭役接二连三，数量从二十万到百万不等，服役人员的范畴则由男丁扩大至妇女。可见徭役的繁重。

实际上，山东地区的徭役负担只是隋末徭役繁重的一个缩影，其他地区如长江中下游地区也同样承受着繁重的赋税徭役。由于隋文帝、隋炀帝都曾对高丽出兵，加上隋炀帝多次下江南，因此隋朝造船业发达。而长江中下游地区因善于造船，由此也成为徭役繁重的一个地区。隋文帝时期，因准备对陈的战役，在长江中上游流域的益、信、襄、荆、基、郢等州大量制造战船。《隋书·李衍传》记载：“朝廷将有事江南，诏衍于襄州道营战船。”[⑦] 又《隋书·崔仲方传》记载崔仲方劝隋文帝在“益、信、襄、荆、基、郢等州速造舟楫”[⑧]。杨素任信州总管的时候也在永安大造战船，“未几，拜信州总管……素居永安，造大舰，名曰五牙，上起楼五层，高百余尺，左右前后置六拍竿，并高五十尺，容战士八百人，旗帜加于上”[⑨]。从隋文帝对伐陈的重视程度看，造船的规模与数量

① 《隋书》卷三《炀帝本纪上》，第 70 页。

② 《资治通鉴》卷一八一，隋炀帝大业四年正月，第 5636 页。

③ 《隋书》卷三《炀帝本纪上》，第 71 页。

④ 《资治通鉴》卷一八一，隋炀帝大业七年二月，第 5654 页。

⑤ 《资治通鉴》卷一八一，隋炀帝大业七年五月，第 5654 页。

⑥ 《资治通鉴》卷一八一，隋炀帝大业七年十二月，第 5655—5656 页。

⑦ 《隋书》卷五四《李衍传》，第 1362 页。

⑧ 《隋书》卷六〇《崔仲方传》，第 1449 页。

⑨ 《隋书》卷四八《杨素传》，第 1282—1283 页。

应都是上乘，这样蜀地、荆楚、江淮等长江中下游地区的百姓课役负担必不会轻。因此在大业七年各地起义后，荆楚地区有萧铣领导的反隋起义，江淮有杜伏威领导的起义。

在连年的天灾及常年繁重的徭役面前，隋朝皇权却进一步压迫广大吏民。贝州人孙安祖在“家为水所漂，妻子馁死”的情况下，仍需自备干粮及兵器应征，走投无路刺杀漳南令失败后，在窦建德的帮助下起义。孙安祖的情况在当时绝不是特例，王薄、高士达等人都是在皇权的进一步压迫下开始反隋斗争的。因此无论是孙安祖还是王薄抑或窦建德，他们最终走上反隋的道路都是因隋朝皇权对吏民的剥削、压迫已经超过了他们所能承受的极限，令广大吏民无以为生，迫不得已之下，他们只能奋起反抗。

二、窦建德反隋斗争领导者、参加者的身份

弄清楚反隋斗争领导者、参加者的身份对我们理解斗争性质有重要作用。反隋斗争前期，领导者有窦建德、高士达。据《旧唐书》记载，我们可知窦建德“初，为里长……大业七年，募人讨高丽，本郡选勇敢尤异者以充小帅，遂补建德为二百人长……”[①]《通典》载：“隋文帝受禅，颁新令：五家为保，保五为闾，闾四为族，皆有正。畿外置里正，比闾正，党长比族正，以相检察。”[②]可见，里正为国家最基层管理人员。因此，窦建德的身份不仅仅为普通农民，而且曾是隋朝地方基层管理人员。以“农民”一词来概括窦建德的身份是不合适的。由于隋朝时期担任里正一职的人必须是国家的编户齐民，因此与其用“农民”一词不如用“吏民”一词说明其身份更为恰当。再看高士达的社会身份。《旧唐书》《新唐书》《资治通鉴》称其为“蓨人”，《北史》则称其为“渤海贼帅”[③]。“蓨人”一词说明他的身份为蓨县的编户齐民，“贼帅”则是统治者对叛乱分子的一贯称呼。因此，高士达也是国家的编户齐民，即吏民。

既然领导者的身份都是国家编户齐民，那么参加者身份又如何呢？

---

① 《旧唐书》卷五四《窦建德传》，第2235页。

② 〔唐〕杜佑撰，王文锦、王永兴等点校：《通典》卷三《食货三》，北京：中华书局，1988年，第63页。

③ 〔唐〕李延寿：《北史》卷七八《王辩传》，北京：中华书局，1974年，第2642页。

由史料可知，这一斗争期间窦建德获得了孙安祖、张金称遗留下来的反隋势力。《旧唐书》载："大业七年，窦建德召诱逃兵及无产业者，得数百人，令安祖率之，入泊中为群盗"。[①] 可见"逃兵及无产业者"是孙安祖反隋势力的主要组成人员。孙安祖此人与窦建德为同乡，"家为水所漂，妻子馁死。县以安祖骁勇，亦选在行中。安祖辞贫，白言漳南令，令怒笞之"[②]。由此可知孙安祖与窦建德身份一致，是国家编户齐民，即吏民。与孙安祖同时间段进行反隋斗争的张金称，《资治通鉴》中记为"鄃人"，《隋书》称其为"清河贼"，其社会身份与高士达相似，为国家编户齐民。再看"逃兵与无产业者"的身份。"逃兵"无疑也是隋朝的编户齐民，只是因残酷的战争而逃亡他乡，成为流民，但他们仍然是国家的编户齐民。《旧唐书·殷侑传》就记载殷侑为沧齐德观察使时，当地由于长年战乱，已"寂无人烟"，仅存空城。殷侑"攻苦食淡，与士卒同劳苦"，一年之后，"流民襁负而归"，殷侑又"上表请借耕牛三万，以给流民"，数年之后，"户口滋饶，仓廪盈积，人皆忘亡"。[③] 显然，此处"流民"是指因各种原因而逃亡的编户。那么"无产业者"又是何种身份呢？汉代东方朔在《非有先生论》中劝诫武帝振贫穷、均财富，"以予贫民无产业者"[④]，由此可知，"无产业者"指的是贫民，贫民无疑也属于国家编户齐民中的一员。

大业七年至大业十二年，窦建德、高士达领导的反隋斗争的组成人员，其社会身份本质上都是国家编户齐民，代表的也是广大吏民的利益。在进行长达五年的反隋斗争后，大业十二年，高士达为隋太仆卿杨义臣所杀，窦建德率百余人亡去，此后反隋斗争的范围不限于清河郡内，参加者的身份也逐渐多样。

直至武德元年（618）建立大夏国，反隋斗争的主要人员中增加了饶阳县长宋正本、信都郡司功书佐刘斌、景城县丞孔德绍、景城县户曹张玄素、河间郡丞王琮等人。他们原本都是隋朝皇权所派生出来的官僚，

---

① 《旧唐书》卷五四《窦建德传》，第2235页。

② 《旧唐书》卷五四《窦建德传》，第2235页。

③ 《旧唐书》卷一六五《殷侑传》，第4321页。

④ 〔汉〕班固撰，〔唐〕颜师古注：《汉书》卷六五《东方朔传》，北京：中华书局，1964年，第2872页。

属于隋朝皇权统治阶级阵营。因此，他们的社会地位不仅明显高于以往斗争队伍中普通的吏民，而且身份性质上已属于皇权阶级。那么他们又属于地主阶级中的哪一类呢？或许我们可从其官品及所享俸禄来分析。

宋正本，两《唐书》记为“饶阳县长”，《资治通鉴》则记为“饶阳县令”，《隋书·百官志》明确记载“县，置令”，《通典·职官十五》则载“隋县有令、有长”[①]，但对令和长并无具体区分。实际上县令、县长为一职，县长只是沿袭北朝称呼而已。[②] 由于隋炀帝改革郡县制时，并未明确按人口进行郡县等级划分，而是规定“诸县皆以所管闲剧及冲要以为等级”[③]，因而无法确定饶阳县属上县或中下县，但根据《隋书·百官志》记载，可知上县县令至下县县令的品级为从六品至从八品，俸禄为九十石至五十石。刘斌“官至信都郡司功书佐。窦建德署为中书舍人”。[④] 司功书佐又名司功参军，炀帝时罢州置郡，改司功参军为司功书佐。诸郡司功书佐，品级为从七至从八品，俸禄为六十石至五十石。孔德绍，官至景城县丞。县丞一职，官品为从八品至从九品。隋朝规定，从八品俸禄为五十石，九品无禄。因此，孔德绍最多得俸禄五十石。与孔德绍同样归附窦建德的张玄素，其身份为景城县户曹。由于隋炀帝时期“县尉为县正，寻改正为户曹、法曹”[⑤]，因此户曹实际上就是县尉。隋朝县尉品级由从九品上到流外无品三个等级，更无朝廷颁发的俸禄，属于低级胥吏一列。大业十三年，隋炀帝亡于江都，河间郡丞王琮归附窦建德。隋朝规定，郡丞品级为从七品至从八品，俸禄为七十石至五十石。

综上，我们可以看出宋正本、王琮等人的官品都不算高，俸禄也不过百石，实属小吏。小吏与一般吏民共同构成了狭义上的“吏民”这一概念，但又由于他们仍然是依附皇权的官僚地主，因此可称之为“皇权地主”。然而宋正本、王琮等人不处于隋朝皇权政治的中心，因此对于隋朝皇权的依附性较小，在时事面前容易归附其他势力，这也是宋正本等人加入窦建德的原因。

---

① 《通典》卷三三《职官十五》，第919页。

② 陈英哲：《隋代县令辑存》，陕西师范大学硕士学位论文，2008年。

③ 《隋书》卷二八《百官志下》，第802页。

④ 《隋书》卷七六《刘斌传》，第1749页。

⑤ 《隋书》卷二八《百官志下》，第802页。

总之，窦建德领导的反隋斗争中，既有高士达、窦建德等普通吏民，也有宋正本、王琮等仕隋官吏。既然有官吏的加入，就不能将其斗争以“农民战争”一概而论。尽管他们身处阶层不同，但本质上都是国家编户齐民，即吏民。因此与其用农民，不如用“吏民”这一涵盖多种身份的词更为准确，从而窦建德领导的反隋斗争应称为“吏民起义”。

三、窦建德反隋的矛头指向和政治目标

自大业七年王薄长白山起义之后，一时间山东、河北、江淮、荆楚纷纷爆发反隋斗争。在起义之后，他们的矛头无一不对准了隋朝地方官吏及山东士子，“初，群盗得隋官及山东士子皆杀之”①。在郡县长官将窦建德家人杀害之后，窦建德率二百人亡归，投奔高士达，势力逐渐增大。大业十二年，隋炀帝派涿郡通守郭绚将兵二十万讨高士达、窦建德，战败无果。后又派太仆卿杨义臣出兵。杨义臣杀高士达，认为窦建德不足为惧，故而没有赶尽杀绝。窦建德在高士达被杀后，带领余众继续进行斗争，这一过程中攻克饶阳，得饶阳县令宋正本归附。大业十三年，窦建德在乐寿称王后，隋政府派“右翊卫将军薛世雄率兵三万来讨之”，本战窦建德仅以一千人打败代表隋中央政府的薛世雄。此战后，窦建德势力大增，继续攻打河间郡，但久攻不下。由于城中食尽，炀帝被弑，河间丞王琮归附。这一时期，镇压者从地方官吏到中央大臣、由地方武装到中央精锐武装的转变，表明隋朝统治者已意识到窦建德等人领导的起义已经开始指向中央政权，威胁到统治。但不管窦建德等人的斗争对象是地方政府还是中央，斗争的矛头都指向隋朝皇权，窦建德等人的政治目标也是推翻隋朝的皇权统治。

然而随着起义队伍的逐渐扩大，人员鱼龙混杂，心思各异，同时隋朝统治逐渐瓦解，斗争的矛头和目标都有所转变。就窦建德本人而言，最初是迫不得已而进行反隋斗争，但在后来的发展中，他的目标则转为借隋末吏民的力量来建立自己的皇权统治。这一点，在高士达被杀之前就已表露出来。对于大业十二年杨义臣杀高士达之事，《资治通鉴》胡三

① 《旧唐书》卷五四《窦建德传》，第 2236—2237 页。

省注云："《考异》引《革命记》曰：高士达、高德政与宗族鸠集离散，得五万人，捺涡于四根柳树，入高鸡泊中。德政自号东海公，以建德为长史。俄而德政病死，即有高欓脱继立为东海公……贼之异姓皆欲建德为主，高氏一族不欲更立别人，遂分为两军，各相猜二。然高氏兵精强，建德恐被屠，乃诈分为官军，告高氏并力共击之。高氏无疑，即合军共斗，兵刃才交，建德自后击之，高氏兵大乱，建德两军拥略遣坐，简其骁勇及头首千余人，杀之，遂总统其众。"① 可见随着起义的不断发展，窦建德也不再满足于长史一职，借此时内部势力的分裂及外部杨义臣的围剿，趁机建立自己的势力，从而不断扩大斗争范围，以此得到更多吏民的力量。因此宋正本、孔德绍、张玄素等有才识之人的加入无疑为窦建德达到自己的政治目标添砖加瓦。在他们的助力下，大业十三年，窦建德正式向自己的政治目标前进一步——"筑坛场于河间乐寿界中，自称长乐王，年号丁丑，署置官属"②。武德元年，窦建德改年号为"五凤"，并在孔德绍的建议下建立"大夏国"，正式称帝。这一行为明确表明了他的野心，即建立取代隋朝的皇权统治。为达成这一目标，窦建德于武德二年杀宇文化及，迎萧皇后及隋朝旧臣，得到代表皇权统治的传国八玺，这就代表着窦建德建立的大夏政权此时已具有"最合法"的地位。为了进一步完善政权统治，窦建德招纳隋黄门侍郎裴矩、兵部侍郎崔君肃、少府令何稠等一干隋朝旧臣。黄门侍郎、兵部侍郎为正四品，俸禄三百石；少府令则为从四品，俸禄则为二百五十石。显然此等隋朝旧臣有别于宋正本等小吏的长吏一类，同时他们身处皇权统治的中心，相较而言更依附于皇权，是名副其实的"皇权地主"。他们往往有家学渊源，更具格局，相比宋正本若干人更具学识，对于建立正规政权统治更有助力。如裴矩就精通礼仪制度，"建德起自群盗，未有节文，矩为制定朝仪。旬月之间，宪章颇备，拟于王者，建德大悦，每咨访焉"③。然而也正是因为皇权地主的加入，使得斗争不再代表广大吏民的利益，反而完全转化为封建皇权统治，窦建德更是"遣使朝隋越王侗于洛阳"④，反

① 《资治通鉴》卷一八三，隋炀帝大业十二年十二月胡注，第 5714 页。
② 《旧唐书》卷五四《窦建德传》，第 2237 页。
③ 《隋书》卷六七《裴矩传》，第 1583—1584 页。
④ 《旧唐书》卷五四《窦建德传》，第 2239 页。

隋斗争已然失败。

自此之后，斗争的矛头指向同为割据政权的李唐政权、洛阳王世充政权。早在占据河北之后，窦建德就开始谋求自己的政治势力进入河南地区。武德二年，借㓨宇文化及之名，窦建德攻占魏县及洺州，并将都城南迁于此。此后，窦建德一路南下，相继攻占相州、卫州、滑州。攻占滑州，代表着其势力正式进入河南地区。武德三年，李世民攻打王世充，三足鼎立的局面有所动摇。王世充随即向窦建德求救，时中书侍郎刘斌劝说建德曰："今唐有关内，郑有河南，夏居河北，此鼎足相持之势也。闻唐兵悉众攻郑，首尾二年，郑势日蹙而唐兵不解。唐强郑弱，其势必破郑，郑破则夏有齿寒之忧。为大王计者，莫若救郑，郑拒其内，夏攻其外，破之必矣。若却唐全郑，此常保三分之势也。若唐军破后而郑可图，则因而灭之，总二国之众，乘唐军之败，长驱西入，京师可得而有，此太平之基也。"① 建德听从其建议，遣使诣世充，许以赴援。又遣礼部侍郎李大师等诣唐，请罢洛阳之兵。可见，窦建德之所以遣兵救王世充，除去唇亡齿寒的道理外，还有"鹬蚌相争，渔翁得利"之意，借此攻占长安，号令天下。因此，窦建德在营救王世充事件上显得并不积极，反而趁此机会继续攻占河南地区的曹州、戴州、元州、梁州、管州，最后屯兵荥阳，逼近东都。

从"长乐王政权"到"大夏国"，到接受传国八玺，再到谋求南下攻占洛阳、长安，这些无不表明窦建德起义的真正动机和目的——在隋末皇权与吏民的矛盾之下，借助吏民的力量，达成个人的政治目标。随着目标的转变，斗争的矛头也转向了李唐政权与王郑政权，而此时窦建德领导的斗争已不再代表广大低层吏民的利益，这也是窦建德武牢之败的重要原因。

四、窦建德反隋斗争的性质及隋末社会矛盾

上述论述中我们已分析窦建德反隋斗争发生的原因、领导者和参加者的身份以及斗争矛头和斗争目标，由此我们可确定窦建德反隋斗争的

① 《旧唐书》卷五四《窦建德传》，第 2240 页。

性质。窦建德反隋斗争的性质，并非传统所说的地主阶级残酷压迫农民而导致的农民起义，而是广大吏民在天灾人祸之下，受隋朝皇权统治进一步剥削、压迫，不堪重负，从而发起的武力反抗隋朝皇权统治的吏民抗争事件，其所反映的社会主要矛盾关系是吏民与皇权之间深刻而不可调和的矛盾。

窦建德的反隋斗争并非孤立事件，而是隋末反隋斗争的一个组成部分。窦建德等人起义之后，“自是所在群盗蜂起，不可胜数”[①]。“群盗蜂起”自然是在连年灾害与常年繁重的徭役面前，统治者的不作为以及进一步的压迫而导致的。窦建德等人的起义，斗争的对象无不是代表皇权统治的地方官吏乃至中央皇权本身，由此我们可以看出，当时社会的主要矛盾乃是皇权与吏民之间的矛盾和冲突。同时由皇权吏民矛盾引发的吏民反抗运动，也进一步激化了统治阶级内部的矛盾，加速了隋朝的灭亡。如隋虎贲郎将罗艺起兵反隋，时天下大乱，罗艺奉命留守涿郡，因镇压群盗有功而受同僚猜忌，“艺阴知之，将图为乱”，加上“城中仓库山积，制在留守之官，而无心济贫”[②]，以此引起民愤，聚众反隋。可见罗艺最初也并无反隋之心，而是在内部矛盾激化之后，借助留守官无心济贫之举动摇人心，并最终占据幽州，称霸一方。因此，其反隋的根本原因也是皇权与吏民的矛盾。

综上所述，将包括窦建德领导的反隋斗争在内的隋末吏民反抗运动简单地概括为“农民起义”是不准确的，无法准确说明其本身的性质。从窦建德领导的反隋斗争来看，领导者与参与者身份各异，既有普通吏民又有皇权地主，但不管身处哪一阶层，他们都是国家的编户齐民，即吏民；斗争前期参加者多是普通吏民，他们是在皇权与吏民矛盾进一步激化下进行反抗斗争，斗争对象都是代表隋朝皇权统治的官吏，斗争的目标也是推翻隋朝的统治，然而随着斗争范围的不断扩大，斗争队伍出现了依附皇权而生的皇权地主，斗争的政治目标转变为借助吏民的力量建立新的皇权统治，斗争的矛头也指向了其他割据政权。值得注意的是，后期政治目标和斗争矛头的转变是在社会主要矛盾为皇权与吏民的矛盾的前提之下进行的，因为只有这样，窦建德等人才能借助到广大吏民的力量。

---

① 《资治通鉴》卷一八一，隋炀帝大业七年十二月，第5657页。

② 《旧唐书》卷五六《罗艺传》，第2278页。

Recognition of Dou Jiande's Struggle against the Sui Dynasty

XIANG Yijun

Abstract: The anti-Sui struggle led by Dou Jiande was an integral part of the great uprising of official-civilians at the end of the Sui Dynasty. The anti-Sui struggle led by Dou Jiande occurred under the situation of heavy taxation, corvee labor and natural disasters for years. The excessive oppression and taxation of official-civilians by the imperial power of the Sui Dynasty were the fundamental reasons for the anti-Sui struggle. The leaders and participants of Dou Jiande' s anti-Sui struggle included both lower-level ordinary officials and people and officials originally of the Sui Dynasty, but the main force was household registers. In the early stage of Dou Jiande' s anti-Sui struggle, with the aim of it being to overthrow the imperial rule of the Sui Dynasty with local offcials as representatives, the nature of it was an uprising of official-civilians. With the development of the situation and the growing ranks of the uprising, especially when there appeared imperial landlords in the leadership and when Dou Jiande himself transferred to an imperial landlord, the nature of Dou Jiande' s anti-Sui struggle changed from a civil uprising to establishing an armed independent regime with himself as the new emperor. Therefore, simply defining the anti-Sui struggle led by Dou Jiande as a peasant uprising is inaccurate.

Keywords: Dou Jiande; imperial power; officials and people; social coflicts; nature

〔向伊君（1998— ），女，湖南怀化人，扬州大学社会发展学院中国古代史专业硕士研究生，研究方向为隋唐史〕

试论唐代“皇权-吏民社会”权力与经济的关系
——以唐皇朝的江南政策为例

曹淑希

（扬州大学社会发展学院）

摘　要：唐朝中央政府在安史之乱爆发前后针对江南东道采取的一系列政策，其目的都是调节和平衡皇权与吏民之间的矛盾，以维持统治的稳定。唐前期，唐政府推行以民为本、休养生息的政策，在全国实行均田制以鼓励百姓拓荒开垦，在实行租庸调制的基础上因地制宜地采用折变之举以减轻百姓赋税负担。安史之乱爆发以后，河朔、淮西等藩镇与中央貌合神离，国家财政面临巨大的缺口。中央政府对江南东道的管理方针是在保证政局稳定的基础上，以发展经济、保证财政供给为主要任务。具体举措是派遣朝官充任地方长官，打击宗教势力过度发展，以加强皇权对江南东道人力的掌控。黎虎先生《中国古史分期暨社会性质论纲》中提出的“权力掌控”“人力掌控”的理论，对解读唐政府在安史之乱爆发前后的江南政策，剖析中国古代“皇权-吏民社会”权力与经济之间的关系具有重要的方法论意义。

关键词：《中国古史分期暨社会性质论纲》；皇权-吏民社会；唐朝；经济政策；江南东道

“中国历史发展的关键有二，一是权力的掌控，二是人力的掌控。掌控了权力就掌控了一切，亦即掌控了这个时代的政治、经济、文化等一切社会资源。故权力是中国古代社会的主导者，这是中国历史特殊性的重要体现。"[①] 正如黎虎先生所言，执政者的治理方式决定了中国古代皇权-吏民社会的经济状况，而权力之所以法力无边，其关键又在于掌控了人力，如此就构成了中国古代皇权-吏民社会的一对主要矛盾关系——皇权与吏民的矛盾。皇权与吏民的矛盾作为“皇权-吏民社会”的主要社会矛盾关系，直接决定了社会的治乱兴衰，因此调节和平衡这对主要矛盾关系，就成为皇权政治的核心任务。为了保证皇权统治的顺利实施，就必须采取相应的政治、经济、文化政策以维持皇权与吏民矛盾关系的平衡。经济基础决定上层建筑，因此统治阶级在一定时期所采取的经济及行政措施，特别是经济政策与措施就在一定程度上反映了中国古代皇权-吏民社会中权力与经济之间的互动关系。安史之乱乃是唐代社会、政治局势的转折点，安史之乱以前，尽管江南地区自然条件更加优越，但由于北方生产力水平远高于南方地区，唐中央的粮食供应以及财赋供给主要仰赖于北方中原地区，“自唐以上，财赋所自出，皆取之豫、兖、冀、雍而已足，未尝求足于江、淮也”[②]。安史之乱以后，唐廷之前倚重的北方财源重地为藩镇所据，它们各霸一方与中央相对抗，严重影响了唐皇朝的政局稳定。江南东道地处东南沿海，受战乱影响较小，且政局相对稳定，成为安史之乱后唐皇朝的财政来源重地，“今天下以江淮为国命”[③]。对于安史之乱前后江南地区经济状况的变化及其与中央政治之间的互动关系，学界研究颇多，然而以“权力与经济关系”为切入点的研究则尚未之见。故本文拟以前揭黎虎先生《中国古史分期暨社会性质论纲》所提出的“权力掌控”“人力掌控”理论为指导，对唐政府安史之乱前后的江南政策及其变化进行考察，进而剖析中国古代“皇权-吏民社会”权力与经济之间的关系。

① 黎虎：《中国古史分期暨社会性质论纲——兼论中国传统社会的主要矛盾问题》，《文史哲》2020年第1期。

② 〔清〕王夫之：《读通鉴论》卷二三《肃宗》，北京：中华书局，1975年，第679页。

③ 〔唐〕杜牧：《樊川文集》卷一六《上宰相求杭州启》，上海：上海古籍出版社，2009年，第249页。

一、安史之乱前的江南政策

江南经济自东汉末年以来发展逐渐显著。西晋时期北方地区经济因八王之乱和五胡乱华而遭到严重破坏，众多北方移民涌入南方地区，促进了江南地区的经济增长。隋统一全国后，隋炀帝为加强中原与江南的联系而开凿大运河，但隋炀帝穷兵黩武、三征高丽，过度消耗了社会的人力物力，使百姓基本的生存条件无法得到满足，导致各地农民起义蜂起，可谓“至如大河南北，乱离永久，师旅荐兴，加之饥馑，百姓劳弊，此焉特甚”①。故唐朝建国之后，唐太宗借鉴隋朝的失败经验，实行以民为本、休养生息的政策。为刺激农业生产发展，在全国实行均田制以鼓励百姓拓荒开垦。为减轻百姓赋税负担，在实行租庸调制的基础上因地制宜地采用折变之举。

在农业生产上，唐朝首先解决的是土地问题。唐中央政府结束隋末农民大起义之后，在全国政局稳定的基础上重新颁布均田令。武德七年（624），唐高祖李渊颁布了自北魏以来的均田令，“武德七年，始定律令。以度田之制：五尺为步，步二百四十为亩，亩百为顷。丁男、中男给一顷，笃疾、废疾给四十亩，寡妻妾三十亩。若为户者加二十亩。所授之田，十分之二为世业，八为口分。世业之田，身死则承户者便授之；口分，则收入官，更以给人”。② 唐中央政府在保留隋代均田制基本框架的基础上，又依国情作出相应调整，在开元七年（719）以及开元二十五年进行了两次局部调整和完善，重新规定了成丁入老的年龄界限，调整了受田对象，制定了相对宽松的土地买卖制度。均田制是维系统治者和民众之间关系的纽带，农民从政府手中获得土地，成为国家编入户籍的吏民，这构成了中国古代社会的基层社会群体。当编入户籍的农民不断增加时，也意味着唐中央政府掌握了更多徭役和军事等维持皇权统治的人力资源。全国性地实行均田制，有利于促进江南地区耕地面积增加、粮食产量增产以及经济恢复。同时，对于南方广大的未开发地区，唐中央

① 〔宋〕宋敏求编：《唐大诏令集》卷一一一《简徭役诏》，北京：商务印书馆，1959 年，第 578 页。

② 〔后晋〕刘昫等：《旧唐书》卷四八《食货志上》，北京：中华书局，1975 年，第 2088 页。

政府亦下旨积极开垦，武德六年还颁布《简徭役诏》：“江淮之间，爰及岭外，涂路悬阻，土旷人稀，流寓者多，尤宜存恤。”① 这项政策使大批北方流民在江南地区定居附籍以投入农业生产，促进了江南地区的人口增长与南方地区的经济发展。

在赋税征收上，唐前期实行的是以均田制为前提的租庸调制。折变是对租庸调制的一项重要补充，是在财赋征收过程中对赋税物品的灵活变通。在唐朝之前，折变只被财赋征收的少数领域所采用。李唐立国之后，唐中央正式将折变这项措施纳入调控财赋征收的制度体系之中，故唐代税役征发过程中的折变现象极为常见。并且唐中央切实考虑到南方与北方地区的差异性，在南方地区实行符合南方特色的赋税征收。如在租的折变上，据《册府元龟》所载，从唐初开始就有经大运河从江南输米至北方的现象，“（武德二年）八月，扬州都督李靖，运江淮之米，以实洛阳。”② 开元二十五年，唐中央要求“江南诸州租，并回造纳布”③。这里的“回造”意即折纳，即将诸州田租折纳成布。《新唐书·食货志》也有以布折变的记述，“先是扬州租、调以钱，岭南以米，安南以丝，益州以罗、䌷、绫、绢供春彩。因诏江南亦以布代租”④。这种现象在天宝年间的江南东道十分普遍，“约百九十余万下江南郡县，折纳布约五百七十余万端”⑤。唐初实行的租庸调制忽略了南北地区的物产差异性，规定了全国统一的税物及税款，这给各地百姓的农业生产及生活施加了不小负担。因此在唐代前期，唐政府因时而变，在赋税征收上参考了江南地区的地域农业及手工业产出特色，对赋税征收物品进行灵活折变，一定程度上减轻了百姓的生活负担。总的来说，唐中央政府通过实行均田制、租庸调制将人口、土地以及赋税三者紧密结合，在以经济手段牢牢掌控编民的同时，也依靠编民征收维持国家机器运转的赋税。同时，唐中央政府还真切考虑到了地区间的物产差异性，采用灵活变通的折变制度，最大限度地提高了政府的财政收益，这有利于唐中央在保证吏民维持基

① 《唐大诏令集》卷一一一《简徭役诏》，第 578 页。

② 〔宋〕王钦若等：《册府元龟》卷四九八《邦计部·漕运》，南京：凤凰出版社，2006 年，第 5659 页。

③ 〔唐〕杜佑：《通典》卷六《食货六》，北京：中华书局，1983 年，第 107 页。

④ 〔宋〕欧阳修等：《新唐书》卷五一《食货一》，北京：中华书局，1975 年，第 1345 页。

⑤ 《通典》卷六《食货六》，第 110 页。

本生存条件的基础上最大限度地对吏民实行征敛，从而达到皇权统治的最佳状态。

二、安史之乱后的江南政策

安史之乱打破了原有的格局，形成北乱南定的局面，致使南方成为唐政府深为依赖的地区。唐中央为充分发挥江南东道的财赋作用，对江南东道的经营策略是在保障江南道军事稳定的基础上，以发展经济为主要任务。唐中央控制江南东道财赋所采取的措施，主要是派遣朝官充任地方长官，以保障江南东道的政治稳定，同时为了加强对江南东道的人力掌控，大力打击宗教淫祠。

安史之乱平定后，唐中央政府已无力统筹全局。为适应战乱后的形势需要，唐政府保留并重新设置了节度使，“方隅未宁，务先经略，则专委方伯以总统之，及兵革甫定，恩宏风化，则并命连帅以分理之”[①]，采取安抚和妥协的双重措施以保障社会秩序的稳定。唐太宗贞观元年（627），唐中央按照山河形便将全国划分为十道：一曰关内道，二曰河南道，三曰河东道，四曰河北道，五曰山南道，六曰陇右道，七曰淮南道，八曰江南道，九曰剑南道，十曰岭南道[②]。唐玄宗开元二十一年，在原有十道的基础上新增五道，江南道划分为江南东道以及江南西道。肃宗乾元元年（758），江南东道又析为浙西、浙东、宣歙、福建四道。安史之乱后，只有江南地区源源不断地向唐中央输送军资，唐廷才有能力使北方战事免于失利。因此唐中央政府格外注重对江南东道各镇长官的任免。“皇权时代的统治体制基本上就是‘天子’通过‘方伯’以统治‘吏民’”[③]，对吏民的掌控关键在于地方政府长官的任免，因此为加强对江东地区的掌控，唐中央派遣众多的朝官出任江南东道的节度使或观察使。现从《旧唐书》《新唐书》中摘录江南东道朝官充任地方长官的赴职情

---

① 〔唐〕白居易：《白居易集》卷五二《京兆尹卢士玫除检校左散骑常侍兼［御史］中丞、瀛漠二州观察等使制》，北京：中华书局，1979 年，第 1088 页。

② 《旧唐书》卷三八《志十八·地理一》，第 1384 页。

③ 黎虎：《中国古史分期暨社会性质论纲——兼论中国传统社会的主要矛盾问题》，《文史哲》2020 年第 1 期。

况，列表如下：

江南东道节度使赴任前官职统计表

藩镇	朝官	地方官	不详
浙西	李涵、王玮、李元素、李修、李德裕、丁公著、王璠、路随、李景让、敬晦、崔瑶、崔慎由、萧宾、杜审权、曹确、赵隐	韦陟、韦黄裳、颜真卿、侯令仪、季光琛、韦元甫、李栖筠、李道昌、韩滉、白志贞、李若初、李锜、韩皋、薛苹、窦易直、崔郾、卢商、卢简辞、郑朗、郑处诲、高骈、周宝	裴璩
浙东	李希言、李褒、沈询、王沨、郑处晦、丁公著、杨严、李绾、裴延鲁、孟简、高铢、柳韬、崔璆、李绅、郑祗德、李拭、郑裔绰、薛兼训	独孤峻、赵良弼、杜鸿渐、王玙、吕延之、陈少游、皇甫温、崔昭、韩滉、皇甫政、李若初、裴素、贾全、杨於陵、阎济美、薛苹、李逊、薛戎、元稹、陆亘、李道枢、萧俶、李师稷、元晦、杨汉公、李讷、王式、王龟、刘汉宏、董昌	
宣歙	郑灵之、崔昭、卢坦、王遂、于敖、崔郸、崔龟从、韦温、高元裕、裴谂、孔温业、崔玙、杨收、李璋	陈少游、刘赞、崔衍、穆赞、路应、房式、范傅正、窦易直、崔群、沈传师、裴谊、陆亘、王质、裴休、郑薰、崔铉、温璋、杜宣猷、李当、裴璩、王凝、裴虔余、窦潏、秦彦、赵鍠、杨行密、田頵、台濛、杨渥、王景仁	薛邕、崔准、崔瑄、赵鹭、独孤霖
福建	鲍防、孟皞、吴凑、王羽、裴次元、徐晦、张仲方、桂仲武、罗让、段伯伦、唐扶、卢贞、王镇、李瓒、李景温	李椅、常衮、卢惎、吴诜、郑叔则、李若初、柳冕、阎济美、元义方、薛謇、裴乂、韦岫、陈岩、范晖、王潮	李承昭、陆庶、元锡、崔于、李贻孙、杨发、杜宣猷、郑镒

由上表可得知，浙西镇由朝官出任为节度使或观察使占总任职官员的比例为41%，福建镇为38.5%，浙东镇为37.5%，宣歙镇为28.6%。整个江南东道地区由朝官出任为节度使或观察使占总任职官员的比例为43.4%。并且自乾元元年起至天祐四年（907）的149年间，浙西镇、浙东镇、宣歙镇以及福建镇更替节度使或观察使依次为39人、48人、49人以及39人，浙西镇、浙东镇、宣歙镇以及福建镇的节度使或观察使平均任期依次为3.8年、3.1年、3年以及3.8年，可见节度使或观察使调

任之频繁。江南东道的节度使或观察使是皇权体制掌控地方局势的重要喉舌，派遣众多朝官赴任以及频繁调任各镇长官，既能有效地限制藩帅在江南东道各镇培植个人势力，又能保证唐中央政府对江南东道的牢牢掌控，进而掌控唐中央政府发展所需的赋税、徭役以及兵源。

在取得政治上的基本稳定之后，发展经济成为江南地区的一项主要任务，其重中之重又在于对人力资源的掌控。将人口牢牢束缚在土地之上，是古代社会财富的基本来源，进而衍生出唐中央政府运行国家机器所需的财赋资源。但江南地区崇信宗教之风由来已久，若佛教势力持续扩大，寺庙将会控制大量人力及土地资源，严重影响国家税赋及徭役征收。唐穆宗长庆四年（824），徐州节度使王智兴在泗州置坛度僧，以僧侣资福来敛财。江南地区百姓前往徐州者不计其数，严重危害了江南经济的发展，“自闻泗州有坛，户有三丁必令一丁落发，意在规避王徭，影庇资产”[①]，可见借此“隐丁匿口”的百姓不胜枚举。同年，浙西观察使李德裕将此事上奏中央，“若不钤制，至降诞日方停，计两浙、福建当失六十万丁”[②]。故在李德裕主政浙西镇时，打击宗教寺庙的过度发展，便成为当时江南政策的重要内容之一。据《旧唐书》载：“德裕壮年得位，锐于布政，凡旧俗之害民者，悉革其弊。江、岭之间信巫祝，惑鬼怪，有父母兄弟厉疾者，举室弃之而去。德裕欲变其风择乡人之有识者，谕之以言，绳之以法，数年之间，弊风顿革。”[③] 浙东、宣歙以及福建毗邻浙西，李德裕主张的灭佛运动想必也影响到了江南东道其他地区。面对愈演愈烈的崇佛淫祠之风，唐武宗在中央连发三次灭佛诏，会昌五年（845）四月，“敕祠部检括天下寺及僧尼人数。大凡寺四千六百，兰若四万，僧尼二十六万五百”[④]，七月庚子，敕并省天下佛寺，八月“其天下所拆寺四千六百余所，还俗僧尼二十六万五百人，收充两税户，拆招提、兰若四万余所，收膏腴上田数千万顷，收奴婢为两税户十五万人”[⑤]。江南在这次全国性灭佛运动中销毁了大量寺院，加强了皇权统治对吏民的

---

① 《旧唐书》卷一七四《李德裕传》，第4514页。

② 〔宋〕司马光编著，〔元〕胡三省音注：《资治通鉴》卷二四三，穆宗长庆四年十二月，北京：中华书局，1956年，第7840页。

③ 《旧唐书》卷一七四《李德裕传》，第4511页。

④ 《旧唐书》卷一八〇上《武宗纪》，第604页。

⑤ 《旧唐书》卷一八〇上《武宗纪》，第606页。

人身控制。

总体而言，唐中央安史之乱前后的江南政策都是围绕着皇权与吏民这一对主要矛盾关系而展开的。唐前期，唐皇朝深切感受到因隋朝暴政而引发的吏民反抗的威力，于是采取了一系列发展江南经济的措施，如实行均田制、租庸调制以及采用折变之举以减轻吏民赋税劳役的压力，调节和平衡皇权与吏民这对主要矛盾关系。均田制以农民编入户籍为前提而授予土地，这使得国家能够掌握更多的徭役和军事等皇权统治所需的人力资源。奖励垦荒及采用折变之举，有利于唐中央在保证吏民维持基本生存条件的基础上最大限度地对吏民实行征敛，从而达到皇权统治的最佳状态。安史之乱后，河朔、淮西藩镇动乱繁多，中央财政面临巨大的困难，对于唐廷而言，江南东道的经济职能远大于政治职能。故唐王朝对江南东道的运营策略则是在保证政局稳定的基础上，以发展经济、保证财政供给为主要任务。皇权专制体制“在中央以听命于皇帝的宰相制度为辅佐，通过州郡县地方行政体系直至基层乡里，实现对于全国，全社会的直接掌控”①，江南东道的节度使或观察使为皇权体制伸向地方的重要一环，唐中央政府通过派遣朝官任职以及频繁更替藩帅以实现中央对江南东道的牢牢掌控。针对唐后期江南地区众多百姓欲通过出家入佛来达到“隐丁匿口”的现象，以李德裕为首的节度使和观察使大力打击淫祠之风，以保证政府对人口的牢牢掌控。正如马克思所言，“在一个专制国家内，政府的监督劳动和全面干预既包含各种大众的，由一切公社性质而生的事务的执行，也包含各种特殊的因政府和人民大众互相对立而起的职能”②，维护统治阶级的统治地位是唐朝政府的首要职能，其他一切职能皆从属于政治统治职能。安史之乱前后的江南经济政策，既是为了保证财赋供给的充足以维持国家机器的运转，也是一种调节和平衡皇权与吏民这对主要矛盾关系的手段。不同时期经济政策的转变也是主要矛盾关系斗争运动的动态体现，其目的都是加强对人力的掌控以及皇权的巩固。

---

① 黎虎：《中国古史分期暨社会性质论纲——兼论中国传统社会的主要矛盾问题》，《文史哲》2020安第1期，第60页。

② 〔德〕卡尔·马克思：《马克思恩格斯全集》卷25，北京：人民出版社，1974年，第432页。

On the Relationship between Power and Economy in "Imperial Power-Officials and People Society" in the Tang Dynasty: Take the Jiangnan Policy of the Tang Dynasty as an Example

CAO Shuxi

Abstract: The policies adopted by the Tang government before and after the An-Shi Rebellion were aimed at adjusting and balancing the major social contradictions between the imperial power and people, so as to maintain the stability of the imperial rule. In the early Tang Dynasty, the Tang government carried out the policy of "people first" and "rest and recreation", implementing the land equalization system in the whole country to encourage people to pioneer and reclaim land. On the basis of the rent regulation, the Tang government adopted some changes to reduce the tax burden of people. After the outbreak of the An-shi Rebellion, Heshuo, Huaixi and other vassal towns were estranged from the central government, resulting in a huge gap in the state finance. On the basis of ensuring political stability, the management policy of the central government to the Jiangnan East Circuits makes develop economy and ensure financial supply as the main tasks. In order to strengthen the imperial power' s control over the manpower of the Jiangnan East Circuits, the emperor dispatched officials as local governors and combated the excessive development of religious forces. Now, guided by the theory of "power control" and "manpower control" put forward by Li Hu in "An Outline of Periodization of Chinese Ancient History and Social Nature", the author of the paper will investigate the Jiangnan policy before and after An-Shi Rebellion of Tang Government and its changes and analyze the relationship between power and economy of "imperial power-officials and people society" in ancient China.

Keywords: *An Outline of Periodization of Chinese Ancient History and Social Nature*; imperial power-officials and people society; the Tang Dynasty; economic policy; Jiangnan East Circuits

〔曹淑希（1997— ），女，浙江宁波人，扬州大学社会发展学院中国古代史专业2020级硕士研究生，研究方向为隋唐史〕

阡能反唐斗争与社会主要矛盾

葛正龙

（扬州大学社会发展学院）

摘　要： 阡能所领导的反唐斗争，是唐末剑南地区吏民系列反抗斗争的一个组成部分，此次斗争是由唐朝皇权统治阶级对剑南地区吏民的剥削、压迫过度，打破了皇权吏民矛盾的平衡所引起。阡能反唐斗争的领导者、参加者的社会身份都是唐朝皇权统治之下的编户齐民，镇压者的社会身份都是唐朝皇权统治的代表和具体执行者。阡能反唐斗争的矛头直指唐朝政府，目标是推翻唐朝皇权在剑南地区的统治，最终失败是因为其政治举措并不符合广大吏民的利益和诉求。阡能反唐斗争本质上是一起吏民武力反抗皇权统治的斗争事件，其所反映的社会主要矛盾关系并非地主与农民之间的矛盾，乃是皇权与吏民之间的矛盾。

关键词： 阡能；皇权；吏民；社会主要矛盾

唐僖宗中和二年（882）三月，剑南地区发生以阡能为首的反唐斗争，同年十二月这次反唐斗争被官府平定。对于阡能发动和领导的这次反唐斗争，长期以来的主流观点都是将之视为农民起义，认为是由于唐王朝统治下的剑南地方官吏和地主阶级对农民实行残酷剥削和奴役，从而造成阶级矛盾空前激化，进而引起了农民起义①。然而，将阡能反唐斗

① 胡如雷、张泽咸等人持这种观点，详参胡如雷《唐末农民战争》，北京：中华书局，1979年；张泽咸《唐五代农民战争史料汇编》，北京：中华书局，1979年。

争简单地定性为“农民起义”的传统观点，其理论前提仍是地主阶级与农民阶级之间的阶级矛盾是社会主要矛盾，并无坚实的史料以为支撑。而就史料所显示的信息来看，阡能反唐斗争所反映的社会主要矛盾关系并不完全是地主与农民之间的阶级矛盾。因此，对于这次反唐斗争的性质仍有进一步讨论的空间。

阡能反唐斗争的性质究竟是什么？其所反映的社会主要矛盾关系又如何呢？如果我们仍然继续囿于传统的“农民起义”理论框架的束缚，自然不可能提出有关上述问题的新的认识。近读黎虎先生《中国古史分期暨社会性质论纲——兼论中国传统社会的主要矛盾问题》① 一文，笔者深感其中所提出的“皇权-吏民社会”的理论框架，对于我们重新认识和理解中国历史上所发生的众多“农民起义”的真相和本质，具有开拓视野、启迪思维的重要作用。实际上，欲准确认识阡能反唐斗争的性质及其所反映的社会主要矛盾关系，首先就要弄清楚如下问题：阡能反唐斗争何以发生？阡能反唐斗争的领导者、参加者和镇压者的社会身份是什么？阡能反唐斗争的政治举措、政治目标是什么？阡能反唐斗争何以失败、如何失败？诸如此类，这些问题弄清楚了，则阡能反唐斗争的性质也就清楚了。本文拟在黎虎先生“皇权-吏民社会”理论的指导下，试对上述问题进行回答。

关于阡能反唐斗争的始末原委，《新唐书》卷九《僖宗纪》、卷一八九《高仁厚传》以及《资治通鉴》卷二五四、卷二五五唐僖宗中和二年，皆有记述，事迹脉络清晰有致。兹录《资治通鉴》之叙事如下，以供后文分析。

> （中和二年三月，）陈敬瑄多遣人历县镇诇事，谓之寻事人，所至多所求取。有二人过资阳镇，独无所求。镇将谢弘让邀之，不至；自疑有罪，夜，亡入群盗中。明旦，二人去，弘让实无罪也。捕盗使杨迁诱弘让出首而执以送使，云讨击擒获，以求功。敬瑄不之问，杖弘让脊二十，钉于西城二七日，煎油泼之，又以胶麻制其疮，备极惨酷，见者冤之。又有邛州牙官阡能，因公事违期，避杖，亡命

① 黎虎：《中国古史分期暨社会性质论纲——兼论中国传统社会的主要矛盾问题》，《文史哲》2020年第1期。

为盗，杨迁复诱之。能方出首，闻弘让之冤，大骂杨迁，发愤为盗，驱掠良民，不从者举家杀之，逾月，众至万人，立部伍，署职级，横行邛、雅二州间，攻陷城邑，所过涂地。先是，蜀中少盗贼，自是纷纷竞起，州县不能制。敬瑄遣牙将杨行迁将三千人，胡洪略、莫匡时各将二千人以讨之。（卷254，8263—8264页）

（六月，）蜀人罗浑擎、句胡僧、罗夫子各聚众数千人以应阡能，杨行迁等与之战，数不利，求益兵；府中兵尽，陈敬瑄悉搜仓库门庭之卒以给之。是月，大战于乾溪，官军大败。行迁等恐无功获罪，多执村民为俘送府，日数十百人；敬瑄不问，悉斩之。其中亦有老弱及妇女，观者或问之，皆曰："我方治田绩麻，官军忽入村，系虏以来，竟不知何罪！"（卷255，第8272页）

（十一月，）阡能党愈炽，侵淫入蜀州境；陈敬瑄以杨行迁等久无功，以押牙高仁厚为都招讨指挥使，将兵五百人往代之。未发前一日，有鬻面者，自旦至午，出入营中数四，逻者疑之，执而讯之，果阡能之谍也。仁厚命释缚，温言问之，对曰："某村民，阡能囚其父母妻子于狱，云：'汝诇事归，得实则免汝家；不然，尽死。'某非愿尔也。"仁厚曰："诚知汝如是，我何忍杀汝！今纵汝归，救汝父母妻子，但语阡能云：'高尚书来日发，所将止五百人，无多兵也。'然我活汝一家，汝当为我潜语寨中人云：'仆射愍汝曹皆良人，为贼所制，情非得已。尚书欲拯救湔洗汝曹，尚书来，汝曹各投兵迎降，尚书当使人书汝背为归顺字，遣汝复旧业。所欲诛者，阡能、罗浑擎、句胡僧、罗夫子、韩求五人耳，必不使横及百姓也。'"谍曰："此皆百姓心上事，尚书尽知而赦之，其谁不舞跃听命！一口传百，百传千，川腾海沸，不可遏也。比尚书之至，百姓必尽奔赴如婴儿之见慈母，阡能孤居，立成擒矣！"

明日，仁厚引兵发，至双流，把截使白文现出迎；仁厚周视堑栅，怒曰："阡能役夫，其众皆耕民耳，竭一府之兵，岁余不能擒，今观堑栅重复牢密如此，宜其可以安眠饱食，养寇邀功也！"命引出斩之；监军力救，久之，乃得免。命悉平堑栅，才留五百兵守之，余兵悉以自随，又召诸寨兵，相继皆集。

阡能闻仁厚将至，遣罗浑擎立五寨于双流之西，伏兵千人于野桥箐以邀官军。仁厚诇知，引兵围之，下令勿杀，遣人释戎服入贼中告谕，如昨日所以语谍者。贼大喜，呼噪，争弃甲投兵请降，拜如摧山。仁厚悉抚谕，书其背，使归语寨中未降者，寨中余众争出降。浑擎狼狈逾堑走，其众执以诣仁厚，仁厚曰："此愚夫，不足与语。"械以送府。悉命焚五寨及其甲兵，惟留旗帜，所降凡四千人。

明旦，仁厚谓降者曰："始欲即遣汝归，而前涂诸寨百姓未知吾心，或有忧疑，借汝曹为我前行，过穿口、新津寨下，示以背字告谕之，比至延贡，可归矣。"乃取浑擎旗倒系之，每五十人为队，扬旗疾呼曰："罗浑擎已生擒，送使府，大军行至。汝曹居寨中者，速如我出降，立得为良人，无事矣！"至穿口，句胡僧置十一寨，寨中人争出降；胡僧大惊，拔剑遏之，众投瓦石击之，共擒以献仁厚，其众五千余人皆降。

又明旦，焚寨，使降者执旗先驱，一如双流。至新津，韩求置十三寨皆迎降。求自投深堑，其众钩出之，已死，斩首以献。将士欲焚寨，仁厚止之曰："降人皆未食。"使先运出资粮，然后焚之。新降者竞炊爨，与先降来告者共食之，语笑歌吹，终夜不绝。

明日，仁厚纵双流、穿口降者先归，使新津降者执旗先驱，且曰："入邛州境，亦可散归矣。"罗夫子置九寨于延贡，其众前夕望新津火光，已不眠矣。及新津人至，罗夫子脱身弃寨奔阡能，其众皆降。

明日，罗夫子至阡能寨，与之谋悉众决战；计未定，日向暮，延贡降者至，阡能、罗夫子走马巡寨，欲出兵，众皆不应。仁厚引兵连夜逼之，明旦，诸寨知大军已近，呼噪争出，执阡能，阡能窘急赴井，为众所擒，不死；又执罗夫子，罗夫子自刭。众挈罗夫子首，缚阡能，驱之前迎官军，见仁厚，拥马首大呼泣拜曰："百姓负冤日久，无所控诉。自谍者还，百姓引领，度顷刻如期年。今遇尚书，如出九泉睹白日，已死而复生矣。"欢呼不可止。贼寨在他所者，分遣诸将往降之。仁厚出军凡六日，五贼皆平。每下县镇，辄补镇遏使，使安集户口。

于是陈敬瑄枭韩求、罗夫子首于市，钉阡能、罗浑擎、句胡僧于城西，七日而冎之。阡能孔目官张荣，本安仁进士，屡举不中第，归于阡能，为之谋主，为草书檄，阡能败，以诗启求哀于仁厚，仁厚送府，钉于马市；自余不戮一人。

十二月，以仁厚为眉州防御使。

陈敬瑄榜邛州，凡阡能等亲党皆不问。未几，邛州刺史申捕获阡能叔父行全家三十五人系狱，请准法。敬瑄以问孔目官唐溪，对曰："公已有榜，令勿问，而刺史复捕之，此必有故。今若杀之，岂惟使明公失大信，窃恐阡能之党纷纷复起矣！"敬瑄从之，遣押牙牛晕往，集众于州门，破械而释之，因询其所以然，果行全有良田，刺史欲买之，不与，故恨之。敬瑄召刺史，将按其罪，刺史以忧死。他日，行全闻其家由（唐）溪以免，密饷溪蚀箔金百两。溪怒曰："此乃太师仁明，何预吾事，汝乃怀祸相饷乎？"还其金，斥逐使去。（卷 255，第 8278—8283 页）

一、阡能反唐斗争何以发生

根据上引《资治通鉴》的记事，可知阡能本为邛州地方官府的僚属，先是因为"公事违期"，担心受到"杖刑"惩治而"亡命为盗"，当时他这么做仅仅是为了逃避杖责，并没有生出反抗官府的想法。及至后来，在捕盗使杨迁的引诱欺骗之下，阡能出来"自首"，大概也是想重返官府任职，至少可以不再被追究责任。然而，就在阡能"自首"后，却听到了资阳镇将谢弘让被冤杀的事情，感觉自己受到了杨迁的诱骗，尤其是谢弘让所受到的酷刑，更是让他感到恐惧，担心自己很有可能步谢弘让后尘而丢了性命。于是，阡能"大骂杨迁"并再次"愤而为盗"，从而走上反抗官府的不归之路。由此可见，阡能作为邛州官府僚属，却最终走了反抗官府的道路，发动和领导了邛州地区反唐斗争，其初衷仅仅是为了自保。当然，走上反唐道路以后，阡能的想法开始发生变化，却又是另外一回事情了。

不过，对于阡能发动和领导反唐斗争的原因，我们的认识自不能止于以上，还必须将其置于唐末吏民反抗运动的时代背景下加以考察。阡能反唐斗争，正处于唐末王仙芝、黄巢所领导的大规模吏民起义期间，王仙芝、黄巢起义的活动范围虽然没有涉及剑南地区，但却对剑南地区产生了重大影响。唐僖宗广明元年（880）十二月，黄巢的前锋部队攻入长安，唐僖宗南走成都。随着朝廷迁入成都，巴蜀剑南地区的经济压力陡然增大，因为皇帝与中央官僚机构庞大的财政开支，主要都要由其提供。尽管各地的贡奉可以转运至成都，但一时之间却是远水救不了近火，主要还是依靠巴蜀剑南地区的赋税，可以说，随皇帝一行而来的大量吃穿用度，进一步加重了剑南地区全体吏民的负担。在这种情况下，唐朝皇权统治阶级本应该采取措施缓和与吏民的矛盾，然而，唐朝皇权统治阶级非但无暇采取有效措施，反而加大了征敛的力度，进一步激化了社会矛盾。“黄巢乱，僖宗幸奉天，（陈）敬瑄夜召监军梁处厚，号恸奉表迎帝，缮治行宫……”[①] 时任剑南西川节度使陈敬瑄为了安排唐僖宗入蜀，派人修缮行宫。沉重的负担必然导致吏民的骚动，于是陈敬瑄又派人到下属县镇刺探民情舆论，这一行动又加重了对吏民的征敛，此即上引《资治通鉴》所记述的“（中和二年）三月，……陈敬瑄多遣人历县镇诇事，谓之寻事人，所至多所求取”[②]。正是这些“寻事人”的“多所求取”也就是过度征敛的过程中，发生了资阳镇将谢弘让被冤杀的事情。谢弘让身为官府僚属，尚且横遭此无妄之灾，更何况那些毫无背景的普通吏民了。

因此，阡能发动反唐斗争，实为皇权与吏民矛盾的进一步激化所导致。试看西川部将杨行迁镇压反抗的手段：“行迁等恐无功获罪，多执村民为俘送府，日数十百人；敬瑄不问，悉斩之。其中亦有老弱及妇女，观者或问之，皆曰：‘我方治田绩麻，官军忽入村，俘虏以来，竟不知何罪！’”杨行迁因担心无功获罪，竟然抓捕普通民众作为俘虏送至成都府邀功，而刺史陈敬瑄不问是非，就下令将这些无辜百姓直接处死。陈敬瑄如此行事并非个人行为，而是代表皇权在实施统治，由此可见皇权与广大吏民之间的矛盾已尖锐到何种程度。在皇权与吏民矛盾进一步激化的情势下，普通吏民固然生活在水深火热之中，无可措手足，就是那些在官府任职的基层小吏，也随时都可能面临着灭顶之灾而朝不保夕。上述资阳镇将谢弘让的遭遇就是其缩影，阡能正是在耳闻目睹这个情况之

① 〔宋〕欧阳修等：《新唐书》卷二二四《陈敬瑄传》，北京：中华书局，1975 年，第 6406 页。

② 〔宋〕司马光编著，〔元〕胡三省音注：《资治通鉴》卷二五四，唐僖宗中和二年三月，北京：中华书局，1956 年，第 8263 页。

后，出于自保这才走上了亡命为盗进而反抗皇权的道路的。因此，造成阡能反唐斗争的根本原因，就在于当时唐朝皇权统治阶级与其治下的吏民之间的矛盾已经达到了不可调和的程度。换言之，阡能反唐斗争之所以发生，完全是由于唐朝皇权对剑南地区吏民的剥削、压迫已经超过了他们所能承受的极限，令广大吏民已经无以为生，迫不得已之下，他们只能奋起反抗。

二、阡能反唐斗争领导者、参加者及其镇压者的社会身份

首先，来看反唐斗争的发动者和领导者阡能的社会身份。据上引《资治通鉴》，可知阡能的身份有："邛州牙官""役夫"。同书胡三省注云："按《北梦琐言》，安仁土豪阡能。注云：《姓纂》无此，盖西南夷之种。今从之。"[①] 则阡能的身份另有："安仁土豪""西南夷之种"。《新唐书》也有关于阡能身份的记述："邛州蛮阡能叛"[②]"会邛州贼阡能众数万"[③]"讨定邛州首望阡能"[④]，据此则有"蛮""贼""首望"三种称呼。时人崔致远《贺处斩草贼阡能表》作"草贼"[⑤]，乐明龟《赐陈敬瑄太尉铁券文》注作"邛州首望"[⑥]，明冯梦龙《智囊补》作"邛州牙将"[⑦]。上述关于阡能身份的记述中，"蛮""西南夷之种"二者，表明阡能出身于西南少数民族；"贼""草贼"则是统治者对反政府叛乱者的习惯性叫法；"牙官""牙将"是指邛州地方官府下属低层武官；"役夫"则表明阡能是附于籍帐，可供国家征发徭役的编户民；"首望"即头等望族，表明阡能绝非贫苦农民，其家族在邛州地方应是望族大户，如《唐律疏议》有云："或有因官人之威，挟恃形势及乡闾首望、豪右之人，乞

① 《资治通鉴》卷二五四，唐僖宗中和二年三月胡注，第8264页。

② 《新唐书》卷九《僖宗纪》，第273页。

③ 《新唐书》卷一八九《高仁厚传》，第5471页。

④ 《新唐书》卷二二四《陈敬瑄传》，第6407页。

⑤ 〔新罗〕崔致远撰，党银平校注：《桂苑笔耕集校注》卷一《贺处斩草贼阡能表》，北京：中华书局，2007年，第18页。

⑥ 〔宋〕李昉等编：《文苑英华》卷四七二《赐陈敬瑄太尉铁券文》，北京：中华书局，1966年，第2412页。

⑦ 〔明〕冯梦龙辑：《智囊补》卷二一《兵智部·不战》，哈尔滨：黑龙江人民出版社，1987年，第587页。

索财物者，累倍所乞之财，坐赃论减一等。”[①] 可见在《唐律》中“首望”是与“豪右之人”并称的，其含义应是地方豪强，负有名望之人；“土豪”含义相近，即本土豪强之谓，表明阡能家族较为富裕，应该拥有数量不少的土地田产。这从斗争失败之后邛州刺史捕获阡能叔父阡行全事件中也可窥见，“因询其所以然，果行全有良田，刺史欲买之，不予，故恨之”，“他日，行全闻其家由溪以免，密饷溪蚀箔金百两”。[②] “有良田”“箔金百两”，这足以说明阡能家族的富裕程度。由此可知，作为这次反唐斗争的领导者，阡能的社会身份并不低，应是邛州地区家境颇为富裕的少数民族豪强，且曾任职于邛州地方官府，因此，阡能虽然仍属于需要承担国家徭役的编户民，但无论是从家庭资产还是从他曾任职官府的经历来看，其处境都优于普通农民，应该属于吏民中较为富裕者，而绝非来自社会底层的贫困农民。作为这次反唐斗争的发动者和领导者，阡能出身于西南边境地区家境颇为富足的少数民族“土豪”家族，因此其“农民”的身份是应当存疑的，那么由他所发动和领导的反唐斗争又岂可简单、武断地定性为“农民起义”？这次反唐斗争又如何能够代表广大农民特别是贫困农民的利益和诉求呢？

其次，再来看阡能反唐斗争参加者的身份。据上引《资治通鉴》的记载，阡能发动的反唐斗争中，多数是“良民”，即“（阡能）发愤为盗，驱略良民”[③]，“蜀人罗浑擎、句胡僧、罗夫子各聚众数千人以应阡能，……蜀人韩求聚众数千人应阡能”[④]。其中“蜀人”，亦即“蜀民”，也就是蜀地的编户民。由此可见，阡能反唐斗争的参加者，无论是主动参加，还是被动卷入者，他们绝大多数都是巴蜀地区的编户民。此外，在阡能反唐斗争被高仁厚平定之后，清算其领导层罪行时，有“阡能孔目官张荣，本安仁进士，屡举不中第，归于阡能，为之谋主，为草书檄”[⑤]，张荣的身份为知识分子无疑，他因为是阡能的“谋主”而被载诸史籍。其他类似张荣这样因为科举失利而对唐朝不满从而参加反抗斗争

---

① 〔唐〕长孙无忌等：《唐律疏议》卷一一《职制律》第一四八挟势乞索条，北京：中华书局，1983 年，第 228 页。

② 《资治通鉴》卷二五五，唐僖宗中和二年十二月，第 8282 页。

③ 《资治通鉴》卷二五四，唐僖宗中和二年三月，第 8264 页。

④ 《资治通鉴》卷二五五，唐僖宗中和二年六月，第 8272—8273 页。

⑤ 《资治通鉴》卷二五五，唐僖宗中和二年十一月，第 8282 页。

者，应该还有一些，因此，阡能反唐斗争参加者的身份并不能简单概括为普通农民。当然，张荣尽管是知识分子，与一般的民众有所区别，但其基本的社会身份仍然是编户齐民。

要言之，阡能反唐斗争的领导者和参加者，无论是出身西南少数民族还是汉族，无论是普通民众还是知识分子，无论是否曾担任唐朝地方州县的官吏，他们的社会身份性质都是一样的，全部都是唐朝皇权掌握的人口，唐朝皇权治下的编户齐民，亦即吏民。

接下来，看阡能反唐斗争的镇压者，同时也是反唐斗争的打击对象的社会身份。先后参与、领导和指挥镇压阡能反唐斗争的，无论文官还是武官，无论是来自中央还是剑南西川地方官府，也不论其职位高低，他们都属于唐朝皇权统治阶级的阵容，这一点是没有任何疑问的。这些来自唐朝皇权阵营的官员，他们既是阡能反唐斗争的镇压者，同时也是反唐斗争的打击对象。综合《新唐书》《资治通鉴》等相关记载来看，阡能起事之初，首先面对的是剑南西川节度使的部将杨行迁，并且将其击败，此时斗争矛头已经指向唐朝剑南西川地方政府。而后随着斗争形势的发展，阡能反唐队伍进一步壮大，唐朝政府加强了军事镇压的力度，时任剑南西川节度使陈敬瑄以高仁厚为都招讨指挥使，带兵前来镇压，才将这场斗争平定。无论是作为地方治理代表的刺史陈敬瑄，还是指挥军事行动的杨行迁、高仁厚，他们的社会身份性质也都是一样的，都是来自唐朝剑南西川地方政府的将帅，都是受朝廷派遣前来镇压反抗斗争的高级官员，都是唐朝皇权统治的具体执行者。当社会秩序稳定的时候，这些官员就代表唐朝皇权统治吏民，征派课役，维护社会秩序；而当社会发生动乱的时候，他们就代表唐朝皇权镇抚吏民，绥靖安抚或是武力镇压。无论是在什么情况之下，无论行使何种职权，这些官员都是唐朝皇权统治的代表，其最终目的都是维护唐朝皇权对广大吏民的统治。

因此，阡能等人的反抗斗争，表面上看是针对前来镇压的唐朝官员，实质上却是反抗唐朝官员所代表的唐朝皇权的统治。所以，这次反唐斗争所反映的社会主要矛盾关系并非农民与地主之间的阶级矛盾，而是广大吏民与唐朝皇权之间的矛盾。

三、阡能反唐斗争的政治目标及其失败

阡能反唐斗争的目标是什么？这也是需要回答的问题，直接关系到此次反唐斗争的性质问题。就上引《资治通鉴》的记述，并参考《新唐书》等其他史籍的记载来看，阡能反唐斗争似乎没有明确的政治目标。阡能起初并无反唐之想法，他当时之所以亡命于“群盗”，主要是因为他在办理官府“公事”的过程中出现了舛差，担心因此受到上级的责罚。后来，得到官员的承诺而出来“自首”，表明他还是想回归官府任职，至少可以回归正常的社会生活。然而，资阳镇将谢弘让无罪而被极刑处死的事例，却让刚刚“自首”而心怀疑惧的阡能大为不安，出于自身安危考虑，阡能遂再次入伙“群盗”，并作为头领而发起了对抗地方官府的武装斗争。尽管阡能起事后并没有提出明确的政治主张，也没有僭越称帝的行为，但是从“立部伍，署职级”可知，阡能反唐队伍还是有一套职位等级分明的组织架构的，而且其志并不在小，隐隐有建立政权、割据一方的想法。再看阡能起事后的行军路线，“横行邛、雅二州间，攻陷城邑”，“十一月，……侵淫入蜀州境”。据《元和郡县图志》载：“雅州东北至邛州一百七十里”[①]，“邛州东北至蜀州八十里”[②]，“蜀州东（北）至成都府一百五十里”[③]。由此可知，阡能的活动范围较为广阔，而且邛、雅、蜀三州皆位于成都府西南方向，与成都府的距离应当是蜀州最近、邛州其次、雅州最远，阡能起初是在邛、雅之间活动，然后再到蜀州，这个作战方向明显一步一步逼近唐朝皇权统治中枢临时驻地成都府，因此，不排除阡能的最终目标是进占成都，从而推翻唐朝皇权在剑南地区的统治。当然，受限于阡能等领导层的能力和水平，其所发动的反唐斗争不久之后即被平定，而未能进一步展示其斗争的目标。

阡能反唐斗争发动以后，不久就裹挟了数万之众，声势并不小，但却很快被镇压下去。而且从高仁厚平叛的过程来看，基本上可以说是兵

---

① 〔唐〕李吉甫撰，贺次君点校：《元和郡县图志》卷三二《剑南道中》，北京：中华书局，1983 年，第 803 页。

② 《元和郡县图志》卷三一《剑南道上》，第 780 页。

③ 《元和郡县图志》卷三一《剑南道上》，第 775 页。

不血刃，就将这场来势汹汹的反唐斗争消解于无形。何以然？根本原因并不在于唐朝官军的强大，因为高仁厚所率领的一线作战部队只有区区五百人而已。因此，探寻阡能反唐斗争失败的原因，还是应该从阡能反唐队伍本身着手。首先，我们看到，绝大多数参加者都是被动的，是被裹挟进去的，如高仁厚捕获阡能派出的间谍，温言以询，该间谍回答说："某村民，阡能囚其父母妻子于狱，云：'汝诇事归，得实则免汝家；不然，尽死。'某非愿尔也。"可见，他是被阡能所要挟强迫而不得不加入反叛队伍，因此所谓"（阡能）发愤为盗，驱掠良民，不从者举家杀之，逾月，众至万人"，大致就反映了当时的这个情况。其次，阡能起兵，虽然将打击矛头指向了唐朝官府，但也给广大无辜吏民造成了巨大伤害，所谓"横行邛、雅二州间，攻陷城邑，所过涂地"，如此涂炭生灵的行径，又如何能够赢得吏民的支持？复次，阡能反抗队伍在初期的迅速壮大，与唐朝地方官员养寇自重的做法也是有直接关系的。前引《资治通鉴》所载高仁厚引兵进至双流，把截使白文现出迎，高仁厚巡视堑栅之后，怒曰："阡能役夫，其众皆耕民耳，竭一府之兵，岁余不能擒，今观堑栅重复牢密如此，宜其可以安眠饱食，养寇邀功也！"由此可见，此前阡能反唐队伍之所以不断壮大，并非由于军事才能突出或是反唐武装英勇善战，而主要是因为唐朝官军的养寇自重。最后，从高仁厚的用兵策略来看，主要采取拉拢分化、安抚绥靖的方法，而这个方法之所以大有成效并最终毕其功于一役，又是因为阡能反唐队伍的绝大多数人原本都是国家编户齐民，他们多数都是被动卷入战争，从内心深处来讲，他们并没有想对抗官府。高仁厚的做法也是首恶必惩，除了阡能、罗浑擎、句胡僧、罗夫子、韩求和张荣等领导骨干外，包括阡能的叔父阡行全家三十五人在内的所有参加者，都全部宽恕无罪。此事清楚地表明，包括阡能族人在内的绝大多数吏民，其实都是反对战争的，至少是不赞同武装对抗官府的。这从一个方面说明了，阡能所发动和领导的反唐斗争，是不得人心的，因为他并不是站在吏民的立场上而行动的，他所发动和领导的反唐斗争，从起初的自保到后来的企图割据，都不能代表广大吏民的利益和诉求。这也正是这场反唐斗争迅速被压平的根本原因所在。

四、阡能反唐斗争的性质与社会主要矛盾关系

通过上述对阡能反唐斗争的起因、目标、失败原因以及反唐斗争领导者、参加者与镇压者社会身份的分析，我们已经可以确定阡能反唐斗争的性质了。阡能反唐斗争的性质，并非传统所说的地主阶级残酷压迫农民而导致的农民起义，而是剑南地区吏民因唐朝皇权统治阶级对其剥削、压迫已经超过了他们所能生存的最低标准，从而发起的武力反抗唐朝皇权统治的吏民抗争事件，其所反映的社会主要矛盾关系是吏民与皇权之间深刻而不可调和的矛盾。

阡能反唐斗争并非孤立事件，而是唐末剑南地区吏民系列反抗运动的一个组成部分，剑南地区多次发生吏民反抗运动，而反抗运动的打击对象无一不是代表唐朝皇权实施统治的地方官员。中和二年三月，阡能起事反唐，“先是，蜀中少盗贼，自是纷纷竞起，州县不能制”[①]。为什么自阡能反唐之后“盗贼纷纷竞起”呢？答案自然是广大吏民负担太过沉重，已经无法继续生存下去，唯有反抗才能求得生存。可见，吏民反抗之所以发生，完全是由于皇权对吏民的过度征敛与压迫超出了他们所能忍受的极限，从而引了吏民的反抗。由皇权吏民矛盾尖锐化所导致的吏民反抗运动，反过来又进一步刺激包括统治集团内部矛盾在内的诸多社会矛盾的恶化，从而引发了皇权统治集团内部的分裂。同年十月，同属剑南西川地区的涪州发生了韩秀昇、屈行从起兵反叛事件，至中和三年三月被平定。镇压者高仁厚曾问其为何造反，韩秀昇答：“自大中皇帝晏驾，天下无复公道，纽解纲绝。今日反者，岂惟秀昇！”[②] 韩秀昇本为涪州刺史，是代表唐朝皇权统治涪州地区的官员，他之所以起兵反叛，是因为他看到了“天下无复公道，纽解纲绝”，就连州刺史这样级别的官员最后都起来反抗唐朝皇权统治，该如何运用“地主与农民的矛盾”解释其原因？实际上，早在阡能反唐斗争发生之前，剑南西川地区就已经发生过多起地方官员起兵反叛事件，如：唐僖宗乾符二年（875）四月，成都府发生“突将作乱”，起因是“及高骈至，悉令纳牒。又托以蜀中屡遭

① 《资治通鉴》卷二五四，唐僖宗中和二年三月，第8264页。

② 《资治通鉴》卷二五五，唐僖宗中和三年三月，第8292页。

蛮寇，人未复业，停其禀给，突将皆忿怨"[①]。中和元年七月，西川黄头军将郭琪率所部作乱，起因是"初，车驾至成都，蜀军赏钱人三缗。田令孜为行在都指挥处置使，每四方供金帛，辄颁赐从驾诸军无虚日，不复及蜀军……蜀军与诸军同宿卫，而赏赉悬殊，颇有觖望"[②]。前者是因为时任剑南西川节度使高骈以"蛮寇"为借口夺去突将的职牒并停止优给，从而激化了士兵与节帅之间的矛盾并导致变乱；后者则是时任行在都指挥处置使田令孜，对蜀军和从驾诸军赏赐不公，激化了土客矛盾，进而造成变乱发生。然而，细析这两起发生在统治集团内部的变乱，根本原因还是由于皇权与吏民的矛盾尖锐化所导致的，因为这两次变乱都源于将士军人的"廪给""赏赉"不足或不公，而"廪给""赏赉"之所以不足或不公，既是由于这个地区"屡遭蛮寇，人未复业"，吏民备受压迫剥削以致经济凋敝，也是由于"四方供金帛，辄颁赐从驾诸军无虚日，不复及蜀军"，因为皇权统治者没有节制的赏赐造成了物资供应的不足。无论哪种情况所导致的物资供应不足，其实都反映了吏民备受征敛苛剥而无以为继的窘迫经济状况，以此言之，则发生在剑南西川地区的"突将作乱"或"蜀军造反"，其本质仍是皇权与吏民矛盾激化的表现，更何况这些"突将""蜀军"中的绝大多数人原本就来自这个地区的编户齐民。很显然，上述发生在皇权统治阶级内部的叛乱现象，只有在"皇权与吏民矛盾"的理论框架下，才有可能得到合理的诠释。

总之，将上述包括阡能反唐斗争在内的唐末剑南地区吏民系列反抗运动，简单地界定为"农民起义"是不妥当的，是无法准确反映当时社会主要矛盾关系的。无论领导者和参加者的社会身份如何，他们本质上都是唐朝皇权掌握的人口，都是唐朝皇权统治的编户齐民，也就是吏民，而镇压者和反唐斗争的打击对象，则是代表唐朝皇权行使统治职权的官员。因此，阡能反唐斗争只有定性为"皇权-吏民"矛盾激化背景下的吏民反抗运动才符合历史事实，这场反唐斗争所反映的社会主要矛盾问题是剑南地区吏民与唐朝皇权之间的矛盾和冲突，职此之故，阡能反唐斗争本质上反映了当时的社会主要矛盾并非地主与农民的矛盾，而是皇权与吏民的矛盾。

---

① 《资治通鉴》卷二五二，唐僖宗乾符二年四月，第 8177—8178 页。

② 《资治通鉴》卷二五四，唐僖宗中和元年七月，第 8254 页。

Qian Neng's Anti-Tang Struggle and the Principal Social Contradictions

GE Zhenglong

Abstract: The anti-Tang struggle led by Qian Neng was an integral part of the series of resistance struggles of officials and people in Jiannan area at the end of the Tang dynasty. This struggle was caused by the excessive exploitation and oppression of officials and people in Jiannan by the imperial ruling class of the Tang Dynasty, breaking the balance of the contradiction between imperial power and officials and people. The social identity of the leaders and participants in the struggle was the registered population under the imperial power of the Tang Dynasty, and the social identity of the suppressors was the representatives and specific executors of the imperial rule of the Tang Dynasty. The target of the struggle is the Tang government, and the political goal is also to overthrow the rule of the Tang Dynasty imperial power in Jiannan area. In the end, it failed because its political measures did not meet the interests and demands of the majority of officials and people. The anti-Tang struggle led by Qian Neng is essentially a struggle between officials and people in Jiannan aera against the imperial rule of the Tang Dynasty by force. The principal contradiction of the society reflected in it is not between the landlord and the peasants, but between the imperial power and officials and people.

Keywords: Qian Neng; imperial power; officials and people; principal social contradiction

〔葛正龙（1996— ），男，江苏扬州人，扬州大学社会发展学院中国古代史专业2021级硕士研究生，研究方向为隋唐史〕

古史专题

略论中唐以后扬州特色商业的壮大及其地位

李文才

（扬州大学社会发展学院）

摘　要： 唐朝中期以后，随着商业经济的进一步发展繁荣，扬州地区逐渐形成具有全国影响力而又富于地方特色的盐、茶、药诸色商品贸易行业。盐业作为扬州地区集聚程度最高的商业之一，自中唐以后地位日趋重要，在国家盐利收入中占有极大比重，从而形成全国盐业“根本在于江淮”，而江淮盐业中心在于扬州的局面。作为江淮地区茶叶的集散中心，扬州茶业经营所带来的巨额税赋收入，不仅给中唐以后的扬州带来巨大财富，也日渐成为国家财政收入的重要来源。扬州作为江淮地区的药材集散中心，不仅汇集了国内外各种药材，而且吸引了来自国内外的众多药商，从而成为全国最有影响的药材市场。扬州特色商业的发展壮大，进一步夯实了中唐以后扬州处于全国商业贸易中心的基础。

关键词： 唐朝中期；扬州；盐业；茶业；药材市场

隋唐五代时期的扬州，农、工、商业繁荣发达，特别是安史之乱以后，以扬州为中心的江淮地区逐渐成为支撑唐王朝的经济核心区域，唐朝国运兴衰在很大程度上仰赖于扬州的局面因此而形成。在“唐都长安仰赖江淮之米，运道险远更甚于今”[①] 的形势下，扬州地区的商业经济得

---

① 〔明〕陈子龙撰，孙启治校点：《安雅堂稿》卷一七《上元辅周相公书》，沈阳：辽宁教育出版社，2003 年，第 340 页。

到了进一步发展壮大的机会，并渐渐形成盐、茶、药等多个富于地方特色而又具有全国影响力的商品贸易行业。以盐、茶、药为代表的扬州地域性特色商业在中唐以后的发展壮大，进一步夯实了扬州处于全国商业贸易中心的基础。以下试对此略加述论。

一、“根本在于江淮”的扬州盐业

隋唐五代时期扬州商业高度繁荣的一个重要表现，就是扬州逐渐发展为全国性的商品集散地，不仅所经营的商品丰富多彩、门类齐全，而且商业资本雄厚、交易额巨大，其中一些行业的商品交易甚至直接影响到国计民生。食盐不仅是民众日常生活须臾不可离的食品，也是一个有着极高利润的行业，在国民经济活动中具有不可替代的作用，历朝历代均不同程度地实行盐铁专卖制度，其根本原因即在于此。以扬州为中心的淮南地区，在隋唐五代时期乃是最为重要的海盐产区，特别是到了安史之乱以后，随着淮南的盐业经营由以前的自产自销转而为国家专卖，盐利便成为唐朝国家财赋收入的重要来源之一。

唐代淮南盐业素来发达，可谓历史悠久，其中以扬、楚二州最为重要（楚州治今江苏淮安，唐代一直是扬州大都督府、淮南节度使下辖的重要州域）。早在唐朝前期，朝廷就明确规定：“负海州岁免租为盐二万斛以输司农，青、楚、海、沧、棣、杭、苏等州，以盐价市轻货，亦输司农。”[①] 从那个时候起，淮南的海盐便集聚于扬州，进而漕运至中原地区，“东都则水漕淮海，易资盐谷之蓄”[②]“引鱼盐于淮海”[③] 等说法，都是指此而言。不过，唐初的一百多年间，江淮地区的盐业经营方式还是以自由产销为主。及至安史之乱发生，唐朝财政来源逐渐仰赖于江淮地区，江淮地区的盐铁之利便日益成为国家开源的对象，并占据越来越重要的地位，于是唐朝政府开始实行食盐专卖，所谓“盐铁重务，根本在

---

① 〔宋〕欧阳修等：《新唐书》卷五四《食货志四》，北京：中华书局，1975年，第1377页。

② 〔清〕董诰等编：《全唐文》卷二四五（李峤）《百官请不从灵驾表》，北京：中华书局，1983年，第2482页。

③ 〔宋〕宋敏求编：《唐大诏令集》卷七九《行幸东都诏》，北京：中华书局，2008年，第451页。

于江淮”[①] 的局面遂因此而形成，以扬州为中心的江淮盐业终于成为唐朝财赋的重要支撑。为了加强对盐利的控制，确保国家财赋收入，唐朝政府在扬州设置盐铁使，专职负责食盐的专卖事宜，同时兼营铜、铁等矿的开采与冶炼，盐铁使多由淮南节度使兼任，长驻于扬州，扬州因此成为江淮地区食盐的集散地，盐商云集于扬州。

唐玄宗天宝（742—756）到唐肃宗至德（756—758）期间，由于淮南地区海盐大量运至中原地区，当时每斗食盐的价格只有十钱，可见淮南地区食盐产量之大。乾元元年（758）二月以后，第五琦出任盐铁铸钱使，“初变盐法，就山海井灶近利之地置监院，游民业盐者为亭户，免杂傜，盗鬻者论以法”[②]，第五琦变革盐法的核心，就是将原本那些自由经营盐业的人（包括非法的私盐贩卖者），变成“亭户”，又称“盐户”，即官府掌控的煮盐户，并实行官运官销的食盐专卖制度，盐价一举而登上每斗一百一十钱的高位，政府盐利收入陡然大增，却加重了普通民众的生活负担，对民生产生了较大戕害。及至刘晏任盐铁转运使，进一步改革盐法，将原来官运官销的食盐专卖改为“就场专卖”，即“于出盐之乡置盐官，收盐户所煮之盐，转鬻商人，在其所之”[③]，实际上是一种官督、民产而商销的经营方式。具体的操作方法是：盐户所生产的盐全部由官府统一收购，不准许私自卖给商人，“盐官”从盐户手中收购以后，就在盐场或盐监所在地卖给商人，商人从“盐官”所购得的盐，价格中已经包含税收，故商人在运销过程中，官府不再向其征税，商人向“盐官”交纳钱款以后，即可自由运销到各地，不再受到任何地域的局限。另外，对于那些距离产盐区较远的地区，则设置“常平盐”，也就是官府事先转运官盐贮存到那里，遇到“商绝盐贵”的情况，则减价出售，以保证人民日常生活不受影响，也使得“官获其利而民不乏盐”。刘晏对盐法所进行的改革，在解决了私盐泛滥无序以及由此所造成的社会治安问题的同时，也深受盐商的欢迎，盐的销量大增，既充分保障了民生，也

① 吴在庆：《杜牧集系年校注·樊川文集》卷一三《上盐铁裴侍郎书》，北京：中华书局，2008 年，第 889 页。

② 《新唐书》卷五十四《食货志》，第 1378 页。

③ 〔宋〕司马光编著，〔元〕胡三省音注：《资治通鉴》卷二二六，唐德宗建中元年七月，北京：中华书局，1956 年，第 7286 页。

增加了国家的盐利收入，史言“其始江淮盐利不过四十万缗，季年乃六百余万缗，由是国用充足而民不困弊”①。

刘晏改革盐法，直接推动了扬州盐业的发展，淮南地区很多游走于社会的流民因此成为官府管辖的煮盐户，煮盐业兴盛发达，唐诗“冶例开山铸，民多酌海煎”② 之句，就是淮南地区很多人以盐为业的生动写照。淮南节度使辖区拥有唐朝盐铁十监中最大两个盐监——海陵监、盐城监，其中海陵监早在唐玄宗开元元年就已经开设，每年“煮盐六十万石，而楚州盐城、浙西嘉兴、临平两监所出次焉，计每岁天下所收盐利，当租赋二分之一”③。盐城县，“在海中，洲上有盐亭百二十三所，每岁煮盐四十五万石”④。官督民产商销的经营方式效果很明显，“自淮北列置巡院，搜择能吏以主之，广牢盆以来商贾”⑤，扬州很快成为江淮盐业的集散、转运中心。江淮地区的食盐通过运河，源源不断地运往外地，日僧圆仁于唐文宗开成三年（838）来到唐朝巡礼求法，在他登陆后从延海村向扬州进发的途中，就目睹了运河上穿梭的盐运官船：七月廿一日“申（时）终，到延海乡延海村停宿，蚊虻甚多，辛苦罔极。半夜发行，官船积盐，或三、四船，或四、五船，双结编续，不绝数十例，相随而行”。⑥此外，圆仁还记述了他在如皋镇亲眼看到用水牛牵引运盐官船的情形。圆仁所目睹的这些运盐船只，其目的地皆为扬州，因为扬州是当时江淮地区海盐的集散中心，史载这个时期的“吴、越、扬、楚盐廪至数千，积盐二万余石”⑦。扬州作为江淮地区的海盐集散地，因此成为唐代盐商活动的中心，来自不同地区的盐商从扬州将海盐运销各地，唐穆宗长庆元年（821）三月，时任盐铁使王播奏请：“诸道盐院粜盐付商人，请每

① 《资治通鉴》卷二二六，唐德宗建中元年七月，第7286页。

② 〔清〕彭定求等编：《全唐诗》卷六〇三（许棠）《送李员外知扬子州留务》，北京：中华书局，1975年，第6964页。

③ 〔宋〕乐史撰，王文楚等点校：《太平寰宇记》卷一三〇《淮南道八》，北京：中华书局，2007年，第2565页。

④ 〔宋〕王应麟著，傅林祥点校：《通鉴地理通释》卷二《历代州域总叙中》“汉郡国盐铁官”条注引《（元和）郡县志》，北京：中华书局，2013年，第34—35页。

⑤ 〔后晋〕刘昫等：《旧唐书》卷四九《食货志下》，北京：中华书局，1975年，第2117页。

⑥ 〔日〕圆仁撰，顾承甫、何泉达点校：《入唐求法巡礼行记》卷一，上海：上海古籍出版社，1986年，第7页。

⑦ 《新唐书》卷五四《食货志四》，第1378页。

斗加五十，通旧三百文价；诸处煎盐停场，置小铺粜盐，每斗加二十文，通旧一百九十文价。”[①] 这样以扬州为中心的江淮地区海盐，被源源不断地运销各地：有直接运往首都长安所在地关中地区的，如刘晏任盐铁转运使时，“京师盐暴贵，诏取三万斛以赡关中，自扬州四旬至都，人以为神”。[②] 也有运往西江地区的，如白居易诗云：“盐商妇，多金帛，不事田农与蚕绩。南北东西不失家，风水为乡船作宅。本是扬州小家女，嫁得西江大商客。绿鬟富去金钗多，皓腕肥来银钏窄。前呼苍头后叱婢，问尔因何得如此。婿作盐商十五年，不属州县属天子。每年盐利入官时，少入官家多入私。官家利薄私家厚，盐铁尚书远不知……”[③] 这位衣着光鲜而富有的“扬州小家女”之所以能够呼奴唤婢，就是因为她嫁给了一位在扬州以贩盐为业的“西江大商客”，这位“西江大商客”的业务主要就是将盐从扬州贩运到西江销售。有运往长江中游荆襄地区的，如“蜀麻久不来，吴盐拥荆门”[④]，这是讲商人从扬州贩盐至长江中游荆襄一带进行销售。因为扬州运出的海盐数量巨大，影响到其他产盐地区的盐业经营，所以后来唐朝政府一度出台了限制性规定，对产自不同地区的食盐进行划区域销售：“自许、汝、郑、邓之西，皆食河东池盐，度支主之；汴、滑、唐、蔡之东，皆食海盐，（刘）晏主之。”[⑤] 明确规定淮南地区海盐的销售范围，这在唐朝还是第一次。至于江淮地区，所销售的当然就是本地所产的海盐了。

由于盐利丰厚，很多人都想得到经营海盐的权力，江淮地区的土著豪强更是通过“情愿把盐每年纳利”，亦即将盐利的大部分交纳给盐铁监院长官的办法，而获得经销的资格，从而成为合法经营的“土盐商”[⑥]。除了这些通过与扬州盐铁院使的特殊关系而获得海盐合法经营权的“土盐商”外，江淮地区还出现了许多“私市”“私贩”的非法盐商，为了

---

① 《旧唐书》卷四八《食货志上》，第2109页。

② 《新唐书》卷一四九《刘晏传》，第4796页。

③ 〔唐〕白居易著，朱金城笺校：《白居易集笺校》卷四《讽谕四·盐商妇》，上海：上海古籍出版社，1988年，第241页。

④ 萧涤非主编：《杜甫全集校注》卷一二《客居》，北京：人民文学出版社，2014年，第3505页。

⑤ 《资治通鉴》卷二二六，唐德宗建中元年七月，第7286页。

⑥ 《杜牧集系年校注·樊川文集》卷一三《上盐铁裴侍郎书》，第889页。

打击私盐贩子，保护合法经销商的利益，唐朝政府曾设置十三所巡院负责捕捉私盐贩子，其中仅淮南地区就置有扬州、庐寿、白沙三所巡院，但终究因为经销私盐利润巨大，很多人还是铤而走险，投身于私盐贩卖，这些私盐贩子还与本地的“富家大户”相互勾结，共同牟取丰厚的盐利，如唐文宗大和七年（833）八月的一道敕书中这样说：“江淮富家大户，纳利殊少，影庇至多，私贩茶盐，颇挠文法。”① 由此可见，江淮地区贩卖私盐活动之所以十分猖獗，与不法私盐商贩得到了本地豪强大族的庇护也有很大关系。江淮地区的私盐商贩不仅与当地富户强宗有密切联系，甚至还与盗匪勾结，如唐武宗时“江淮诸道，私盐贼盗多结群党，兼持兵仗，劫盗及贩卖私盐，因缘便为大劫”②。江淮地区私盐贩卖屡禁不止，这个情况所展示的是扬州盐业经营灰色地带的一面，但同时也是扬州盐业市场活跃的一种反映。总之，非法盐商与合法盐商并存，大小盐商汇聚于扬州，均直接反映出扬州作为江淮地区海盐集散中心的事实。

盐利的巨大收益不仅直接促进了扬州经济的繁荣，也大大增多了唐朝中央政府的财政收入。这是因为唐朝中后期以后盐利已经成为国家财赋收入的主要支柱，几占全国赋税收入的半壁江山。史言刘晏改革盐法之后，“天下之赋，盐利居半，宫闱服御、军饷、百官禄俸，皆仰给焉”③。而在居天下财赋之半的“盐利”收入中，以扬州为中心的江淮盐业无疑又占最大比例，以此言之，江淮地区盐业甚至已经成为支撑中唐以后国家经济命脉所系行业，是没有疑问的。

二、“舟车相继，所在山积”的扬州茶业

唐代淮南道的商业经营中，能够与盐业比肩的是茶业，特别是到安史之乱以后的唐代中晚期，江淮地区的榷茶税收不仅成为本地财赋收入的重要来源之一，甚至对于国家总体的财赋收入也有直接影响，盖因唐

---

① 〔宋〕王钦若等编：《册府元龟》卷五〇七《邦计部二十五·俸禄三》，北京：中华书局，1960年，第6090页。

② 〔宋〕李昉等编：《文苑英华》卷四二九《会昌五年正月三日南郊赦文》，北京：中华书局，1966年，第2175页。

③ 《新唐书》卷五四《食货志四》，第1378页。

代中晚期唐朝国家经济命脉之所系已经主要依靠以扬州为中心的江淮八道了。

中国饮茶史源远流长，时至魏晋南北朝，饮茶已然成为江南地区的社会风尚。就唐代饮茶风气而言，唐玄宗开元以前，北方人饮茶者尚不多见，大约从开元之后，流风所及，北方人茶饮之风渐浓。据《封氏闻见记》记载云：

> 茶早采者为茶，晚采者为茗。《本草》云："止渴，令人不眠。"南人好饮之，北人初不多饮。
>
> 开元中，泰山灵岩寺有降魔师大兴禅教，学禅务于不寐，又不夕食，皆许其饮茶。人自怀挟，到处煮饮，从此转相仿效，遂成风俗。自邹、齐、沧、棣，渐至京邑，城市多开店铺煎茶卖之，不问道俗，投钱取饮。其茶自江、淮而来，舟车相继，所在山积，色额甚多。
>
> 楚人陆鸿渐为《茶论》，说茶之功效并煎茶炙茶之法，造茶具二十四事以"都统笼"贮之。远近倾慕，好事者家藏一副。有常伯熊者，又因鸿渐之论广润色之，于是茶道大行，王公朝士无不饮者。[①]

饮茶习俗由南及北，一俟北方饮茶成为习俗，进而扩展至回纥、吐蕃等周边少数民族，从而造成茶叶的需求量越来越大。茶叶社会需求量的日益增大，反过来又促进了茶叶生产的进一步发展，茶叶的种植、采摘、制作、销售，以及遍布城乡的茶楼酒肆无不经营茶饮，使得茶之经营成为一项有丰厚利润可图的产业，许多商人竞相投身于茶业经营，最终引起朝廷的重视并开始榷茶，茶税遂因此成为唐朝中后期江淮地区一项重要的赋税来源。

中国的茶叶产地主要是在南方，陆羽《茶经》记述的茶叶产地有山南、淮南、浙西、浙东、剑南、黔中、江西、岭南八道，其中质量最好、产量最高者为淮南道，其次是浙西、浙东两道。作为江淮地区的中心城市，扬州自东晋时期起就已饮茶成风，喝茶因之成为扬州人民日常饮食

---

① 〔唐〕封演撰，赵贞信校注：《封氏闻见记校注》卷六《饮茶》，北京：中华书局，2005年，第51页。

生活中的一个习俗，因此在扬州城内经营茶肆、茶摊遂成谋生手段之一。据张君房《云笈七签》记述，晋元帝南渡之后，广陵城内有一茶姥“每持一器茗，往市鬻之，市人争买。自旦至暮，所卖极多，而器中茶常如新熟”①。扬州附近也出产茶叶，如蜀冈有茶园，“《图经》云，今禅智寺即隋之故宫，冈有茶园，其茶甘香，味如蒙顶”②。扬州蜀冈尽管也出产茶叶，且质量上佳，但从总体上来看，扬州本地所产茶叶数量并不多，亦未形成大规模的茶叶种植。因此，扬州茶业经营之发展为规模性产业，并非依靠扬州本地所产茶叶，而主要得益于其作为江淮地区的中心城市并成为江淮地区茶叶经营、销售的集散地，因为遍布江淮各地的茶园，所出产的茶叶多是首先运到扬州，然后再从扬州远销各地。

以扬州为集散中心的淮南道，茶叶交易十分活跃，茶叶市场因为中国南北饮茶风气的形成和兴盛而日益扩大，茶叶逐渐成为民众日常生活所不可或缺的饮品。如唐人李珏就说：“茶为食物，无异米盐，于人所资，远近同俗。既祛竭乏，难舍斯须，田闾之间，嗜好尤切。”③ 饮茶既成人民群众日常生活的必需品，茶业向商品化方向的发展便具备了社会基础，茶业市场的形成和新的赚钱商机便出现了。江淮地区不仅盛产茶叶，而且茶叶质量上乘，涌现出很多名茶，因此以扬州中心的淮南茶叶交易市场率先形成，出现了很多专门从事茶叶买卖的商人，他们将茶叶从产茶区贩运到扬州，然后再以扬州为集散地向其他地区贩运。如鄱阳人吕璜“以货茗为业，来往于淮浙间……时四方无事，广陵为歌钟之地，富商大贾动逾百数，璜明敏善酒律，多与群商游”④。显然，吕璜就是一个在扬州从事茶叶贩卖的专业茶商，因为买卖茶叶而往返于江淮与浙西、浙东等茶叶产地，并凭借经营茶叶而与扬州的许多富商都有交往。再如，敦煌文献中也有江淮地区茶叶贸易供需两旺的相关记述：茶商“将到市

① 〔宋〕张君房编，李永晟点校：《云笈七签》卷一一五《广陵茶姥传》，北京：中华书局，2003 年，第 2555 页。

② 《太平寰宇记》卷一二三《淮南道一》，第 2443 页。

③ 《旧唐书》卷一七三《李珏传》，第 4503—4504 页。

④ 〔宋〕李昉等编：《太平广记》卷二九〇《妖妄三》“吕用之”条引《妖乱志》，北京：中华书局，1961 年，第 2304 页。

廛，安排未毕，人来买之，钱财盈溢……言下便得富饶，不在明朝后日”[①]。这段文字透露的信息颇多，集中反映出江淮地区茶叶市场的兴旺发达，因为茶商刚一入市，还未来得及铺陈摊位，便有人争相购买，茶商因此从中获得丰厚利润，而且茶商根本不愁没有市场，今天卖不出去的茶叶，明天也会卖得出去，这就是文书中所说的“言下便得富饶，不在明朝后日”的真实含义。江淮茶叶市场以扬州为集散中心，汇聚于扬州的茶商，以大运河为主要通道，将茶叶源源不断地运往全国各地，沿运河而兴起的一些北方城市得益于漕运的便利，不仅很快发展为二级茶叶批发交易市场，而且也渐渐养成了饮茶的习俗，从而进一步拉动了茶叶的消费与销售，例如位于黄河之滨的汴州（今河南开封）就是如此。汴州凭借其处于运河与黄河交汇点的优越地理条件，不仅迅速发展成为北方中原地区的一个茶叶经销中心，而且也形成了饮茶的社会风习，汴州城内出现了不少通宵经营的茶市，这从王建“水门向晚茶商闹，桥市通宵酒客行”[②] 的诗句中，可以得到印证。

随着北方饮茶习俗的形成，茶叶成为在北方广大地区十分畅销的商品，从南方向北方运销茶叶也因此成为一项利润丰厚的新兴商贸活动，由于经营茶叶所获利润远远大于一些传统商品经营，于是一些商人便将原先经营的其他商品折换成茶叶，然后运往北方销售，以牟取更大利润。不仅商人热衷于向北方贩卖茶叶，就连那些长期活跃于长江流域、沿江抢劫的“江贼”，出于“洗白”赃物和牟取更多利润的想法，也每每将抢夺所得物品带到产茶山区，换购成茶叶，再四处贩卖。杜牧上书宰相李德裕说：“濠、亳、徐、泗、汴、宋州贼，多劫江西、淮南、宣润等道，许、蔡、申、光州贼，多劫荆襄、鄂岳等道，劫得财物，皆是博茶，北归本州货卖，循环往来，终而复始。更有江南土人，相为表里，校其多少，十居其半。”[③] 这些来自北方地区而在长江河道以抢劫为生的“江贼”，在抢到财物之后，并不急于销赃，而是将所劫物品运到产茶区换购为茶叶——“博茶”，然后再将茶叶运到北方各州货卖。“江贼”之所以

① 潘重规编：《敦煌变文集新书》卷七（王敷）《茶酒论一卷并序》，北京：文津出版社，1994 年，第 1170 页。

② 《全唐诗》卷三〇〇（王建）《寄汴州令狐相公》，第 3406 页。

③ 《杜牧集系年校注·樊川文集》卷一一《上李太尉论江贼书》，第 828 页。

如此大费周章，就是因为茶叶在南方产地比较便宜，而在北方却是价值不菲的畅销商品，从南方将茶叶运到北方销售可以获得更加丰厚的利润。由于贩运茶叶利润不菲，一些南方人也加入了“博茶”的行列，他们与“江贼”里外呼应、相互配合，共同牟取茶叶经销的利润。“江贼”劫掠以“博茶”的事实，一方面反映了唐末长江流域社会治安的混乱状况，另一方面也反映出江淮地区茶叶交易市场的活跃，以及茶叶交易中所蕴含的丰厚利润。唐朝政府即便对“江贼”危害社会治安的忧虑并不急切，但在面临严重经济压力的情势下，也自然要考虑“撷茶之饶，尽入公室”[①] 的问题——如何才能够将茶叶经营的利润变成国家财赋来源。茶叶经销所带来的丰厚利润，甚至还激发起地方长官的占有欲望，淮南地区的寿州（治今安徽寿县）茶业最盛，早在唐玄宗天宝年间就已经出现了私人经营、自产自销的“茶园”，后来随着茶叶成为畅销商品，专门种植和经营茶叶的“茶户”和官私经营的“茶园”越来越多，寿州茶业的商品化程度越来越高，茶叶所带来的利润也越来越丰厚，终于引起了地方长官的垂涎。最有代表性的事件，为淮西节度使吴少诚看到寿州茶业所产生的丰厚利润，于是就派兵抄掠寿州茶山，以充实军费。及至贞元十五年（799）八月，唐德宗下诏削夺吴少诚在身官爵，其中所指斥他的一大罪状就是“寿州茶园，辄纵凌夺”[②]。唐宪宗元和十一年（816）讨伐吴元济，唐朝政府特别下令“寿州以兵三千保其境内茶园”[③]。吴少诚抢掠茶园和唐政府派兵保护茶园，都是因为寿州茶业生产规模大，已经成为当地重要的税收来源。

唐朝全国境内的茶叶交易市场，具有决定性影响的就是以扬州为中心的江淮茶叶市场，唐朝政府从最初榷茶，到后来多次调节茶税，无论是新制定的茶税额度还是出台某项涉茶的政策，主要都是围绕江淮地区的茶叶市场而进行的。综合两《唐书·食货志》的记载，从初次榷茶，到唐朝亡国之时，曾先后七次调整茶税（包括首次榷茶在内）。唐朝的茶税征榷与政策调整，总体上看具有两个比较明显的特点：一是榷茶的税率不断提高，所征收的茶税总额呈持续上升之势，这说明茶叶的产量和

① 《杜牧集系年校注·樊川文集》卷一一《上李太尉论江贼书》，第 829 页。

② 《旧唐书》卷一三《德宗纪下》，第 391 页。

③ 《册府元龟》卷四九三《邦计部十一·山泽一》，第 5900 页。

交易量一直都在增加，预示着茶业作为商品交易行业中的新兴产业蕴藏着十分丰厚的利润，从而引起政府的日益重视；二是茶税调整多数情况下主要围绕江淮地区的茶业展开，表明江淮产茶区在全国茶叶生产中具有行业领导者的地位，江淮茶业所发生的起伏变化直接影响到全国茶叶的生产情况。兹略述唐代七次榷茶税率的调整变化情况如下：

（1）第一次开征茶税。唐德宗建中四年（783），时任户部侍郎赵赞提请奏议："税天下茶、漆、竹、木，十取一，以为常平本钱。"① 这是唐朝第一次开征茶税。除了榷茶，还同时对漆、竹、木等开征税收，主要是为了解决"常平本钱"不足的问题。但此次榷茶不久，"朱泚之乱"爆发，唐德宗仓皇之下出逃奉天（今陕西咸阳市乾县），不得已而下罪己诏，直接废除了茶税。

（2）第二次调整茶税。贞元八年，因发生较大规模水灾，朝廷下诏减免税收，从而导致国家财政吃紧。至贞元九年，盐铁使张滂上奏章，请求修订茶税政策，提出："出茶州县若山及商人要路，以三等定估，十税其一。自是岁得钱四十万缗，然水旱亦未尝拯之也。"② 这是唐朝第二次修订茶税政策，所制定的"十税其一"的税率，与第一次榷茶税率相同。

（3）第三次修订茶税。唐穆宗在位期间，盐铁转运使王播奏请增加茶税，背景是"穆宗即位，两镇用兵，帑藏空虚，禁中起百尺楼，费不可胜计"③。可见此次调整茶税，是在国库空虚的情况下进行的。时任盐铁转运使王播"图宠以自幸"，希望通过增收茶税以取悦唐穆宗，于是"乃增天下茶税，率百钱增五十。江淮、浙东西、岭南、福建、荆襄茶，（王）播自领之，两川以户部领之"④。王播不仅亲自主持江淮地区的茶税征收，还在征税过程中，制定新的"度量衡"制，规定"天下茶加斤至二十两"，也就是规定二十两为一斤，较以前的十六两为一斤，增加了25%。这固然反映了当时的茶叶流通量比较大，需要加大"度量衡"制，但王播的主要动机还是为了变相提高茶税，从而加大对茶农、茶商的盘

① 《新唐书》卷五四《食货志四》，第1381页。
② 《新唐书》卷五四《食货志四》，第1381—1382页。
③ 《新唐书》卷五四《食货志四》，第1382页。
④ 《新唐书》卷五四《食货志四》，第1382页。

剥力度，客观上打击了江淮地区的茶业经济。对于王播增加茶税的做法，右拾遗李珏明确表示反对，他提出了三个理由："榷率起于养兵，今边境无虞，而厚敛伤民，不可一也。茗饮，人之所资，重税则价必增，贫弱益困，不可二也。山泽之饶，其出不訾，论税以售多为利，价腾踊则市者稀，不可三也。"① 尽管李珏的反对理由很充分，但终究因为茶税直接增加政府财赋收入所带来的利益诱惑无法抗拒，所以皇帝并未采纳他的意见，也没有降低榷茶的税率。

（4）第四次调节茶税。唐文宗大和九年（835）九月，时任盐铁转运使王涯"奏请变江淮、岭南茶法，并请加税以赡邦计"②。此次茶税调整除了继续提高榷茶税率外，还积极推行官办茶场，"徙民茶树于官场，焚其旧积者"，结果造成"天下大怨"③ 的后果。同年十二月，令狐楚取代王涯担任盐铁转运使，同时兼任新设置的"榷茶使"，一身而兼二职。为了缓和民间怨诽和不满情绪，令狐楚奏请"一依旧法，不用新条，唯纳榷之时，须节级加价，商人转卖，必较稍贵，即是钱出万国，利归有司。既无害茶商，又不扰茶户"④。令狐楚奏议的核心问题，就是不再强迫百姓将茶树移栽于官府茶场，从而终止了官办茶场的做法，但实际上茶税并未较以前有所降低。

（5）第五次调整茶税。唐文宗在位期间，李石担任宰相后，将茶税征收的权力重新交给盐铁转运使，并"复贞元之制"，也就是恢复了贞元时期"三等定估，十税其一"的茶税，以期缓和由榷茶所造成的社会矛盾，这是第五次调整茶税。表面上看，将茶税恢复到"十税其一"的贞元旧制，政府的财税收入好像减少了，但实际上由于茶叶经营数额较以前有了巨大增长，因此，江淮地区的茶税收入仍然十分可观，如唐文宗开成二年（837）五月，武宁军节度使薛元赏，"奏泗口税场，先是一物货税，今请停去杂税，唯留税茶一色，以助供军"⑤。薛元赏奏请停止征收其他货物"杂税"，仅保留茶税一项，以补充军费，正说明茶税收入额

① 《新唐书》卷五四《食货志四》，第1382页。

② 《册府元龟》卷四九四《邦计部·山泽第二》，第5905页。

③ 《新唐书》卷五四《食货志》，第1382页。

④ 《册府元龟》卷四九四《邦计部·山泽第二》，第5905页。

⑤ 《册府元龟》卷五〇四《邦计部二十二·关市》，第6051页。

度大。薛元赏的请求并没有得到批准，但唐文宗下诏每年“以度支户部钱二万贯赐供本军及充驿料”[①]，补足了武宁军军费的差额。这就表明泗口税场每年所能征收到的茶税，应该至少有二万贯，薛元赏当初放弃泗口的其他“杂税”而单单保留茶税，原因即在于此。仅从泗口一个税场的茶税收入即可达每年二万贯可知，每年仅仅是“税场”的茶税收入就相当惊人了。

（6）第六次调整茶税。唐武宗即位以后，盐铁转运使崔珙奏请增加江淮地区的茶税，这是唐代第六次调整茶税。但是这次调整茶税的政策并不成功，官府在征收茶税的过程中，甚至伴有掠夺行为，史言“是时茶商所过州县有重税，或掠夺舟车，露积雨中，诸道置邸以收税，谓之‘拓地钱’，故私贩益起”[②]。这种带有抢劫性质的征税方式，不仅严重损害了茶商的利益，也直接摧残和破坏了江淮地区的茶业经济。茶商为了逃避苛重的税收，也为了避免遭到官府公开的抢夺，便将公开的茶叶贸易改为暗中进行，即所谓“私贩益起”。茶农与茶商的这些走私性贩卖茶叶的行为，实际上是对国家重税茶叶政策的变相反抗。

（7）第七次调整茶税。唐宣宗大中五年（851），裴休担任盐铁转运使，次年升任宰相，兼判盐铁转运使，针对日益严重的私贩型茶叶贸易，他着手修订茶税和茶法，这是唐代第七次修订茶税。“六年五月，又立税茶之法，凡十二条，陈奏，上大悦……尽可其奏。”[③] 裴休所主持的茶税和茶法修订具有改革的性质，首先是停止征收具有掠夺性质的“拓地钱”，即“诸道节度、观察使，置店停上茶商，每斤收拓地钱，并税经过商人，颇乖法理。今请厘革横税，以通舟船，商旅既安，课利自厚”[④]。其次，打击私贩，保护“正税茶商”，内容不仅涉及茶商的经营行为，还涉及茶叶交易中间商与保人的责任、茶农生产种植、茶叶运输过程的管理，以及茶园所在地区长官刺史、县令应承担的责任，明确规定：“私鬻三犯皆三百斤，乃论死；长行群旅，茶虽少皆死；雇载三犯至五百斤、居舍侩保四犯至千斤者，皆死；园户私鬻百斤以上，杖背，三犯，加重

① 《册府元龟》卷五〇四《邦计部二十二·关市》，第6051页。
② 《新唐书》卷五四《食货志四》，第1382页。
③ 《旧唐书》卷四九《食货志下》，第2122页。
④ 《旧唐书》卷四九《食货志下》，第2130页。

傜；伐园失业者，刺史、县令以纵私盐论。"[①] 明确规定，园户种植茶叶不准许私自售卖，只能卖给官府，实际上就是实行官府专卖，而辖区如果出现园户砍伐茶树造成茶业经营流失的情况，则所在地的刺史、县令以放纵私盐罪论处。之所以要实行茶叶政府专卖，自然是为了增加国家的财赋收入。与此同时，唐政府还针对庐州、寿州和淮南这三个最重要的产茶区，制定了三项专门政策，即：①"庐、寿、淮南皆加半税，私商给自首之帖"[②]，上述三个地区的茶税较其他地区增加一半，私营茶商可以通过向官府"自首"的方式，从官府领取合法经营的"帖子"，以获得茶叶经营的资格，从而加强对茶商的管制；②明确规定"江淮茶为大摸，一斤至五十两"[③]，王播担任盐铁转运使期间，曾规定二十两为一斤，而这时更增加至"一斤至五十两"的"大摸"，用以计量江淮地区的茶叶，这主要是因为江淮地区的茶叶产量巨大，为方便计算故而扩大了"度量衡制"；③调遣"强干官吏，先于出茶山口，及庐、寿、淮南界内，布置把捉，晓谕招收，量加半税，给陈首帖子，令其所在公行，从此通流，更无苛夺，所冀招恤穷困，下绝奸欺，使私贩者免犯法之忧，正税者无失利之叹"[④]，即政府派出精明强干的官吏，加强对庐、寿、淮南境内茶叶产区的管制，同时通过给茶叶私贩颁发合法经营"帖子"的方式，使他们能够光明正大地从事茶叶经营活动，在防止因为私贩茶叶而出现偷税漏税情况的同时，也有效保证了茶叶经营有序正常，使得原来的茶叶私贩免除了违法经营之风险，又有效保护了正常纳税商户的利益，从而确保国库茶税收入的稳定。之所以要对这三个地区出台专门的、针对性的政策，主要是因为这三个地区的茶叶产量巨大，茶叶经济所占比重大，只要将这三个地区的茶税如数征缴上来，则茶税的大部分就会变成国家稳定的财税来源了。

唐代中晚期淮南地区的茶税收入，在当地财税收入中所占比重较大，甚至可以直接影响到国家财政支出的稳定性。如唐宣宗大中六年四月，淮南节度使、天平军节度使与浙西观察使"皆奏军用困竭，伏乞且赐依

① 《新唐书》卷五四《食货志四》，第1382页。
② 《新唐书》卷五四《食货志四》，第1382页。
③ 《新唐书》卷五四《食货志四》，第1382页。
④ 《旧唐书》卷四九《食货志下》，第2130页。

旧税茶”，但朝廷下旨重申正月二十六日的敕令，也就是加强对淮南等地茶叶经营的管控[①]。上述淮南节度使治扬州、天平军治郸州即今山东东平、浙西观察使治昇州即今江苏南京，除天平军不在产茶区，淮南、浙西皆是著名的产茶区，它们一旦失去征收茶税的权力（收归中央），直接造成“军用困竭”的经济窘境，这充分表明地方财政对于茶商和茶税的严重依赖状况。至于天平军，所在区域不属于产茶区，本地茶税收入对其财政状况影响虽然并不明显，但其财税来源很可能依赖于其他产茶区的供应，否则它又为何同淮南、浙西一道上此奏章？扬州作为淮南节度使的首府，也是江淮地区茶叶的集散中心，大量茶商汇聚于此，将茶叶源源不断地运往全国各地，每年给扬州以及淮南节度使府所带来的赋税收入之多，是不难想象的。

扬州附近的运河、长江航道上，常年停泊或航行的运茶船，一方面将来自江淮各个产茶区的茶叶“舟车相继”地运到扬州贮藏，一方面又将这“所在山积”的茶叶络绎不绝地运往广大的北方乃至全国各地，从而给扬州带来巨大的财富收益，茶业经营显然已经成为唐代中期以后扬州重要的财富来源。

三、“喧喧卖药市”的扬州药材业

隋唐五代时期的扬州不仅是全国盐、茶的集散中心，同时也是十分重要的药材市场。扬州作为江淮地区首屈一指的药材集散中心，在唐诗中颇有反映。如皎然在《买药歌送杨山人》一诗中吟唱道：“华阴少年何所希，欲饵丹砂化骨飞。江南药少淮南有……片云无数是扬州。扬州喧喧卖药市，浮俗无由识仙子……”[②] 在华阴和江南等地无法买到的药材，在扬州的“药市”却可以买到。唐诗吟诵扬州药市之句还有一些，如“金鹅山中客，来到扬州市。买药床头一破颜，撇然便有上天意”[③]。

关于唐代扬州的药材市场与药材交易，除了唐诗有所反映外，唐代笔记小说中的记述更加多样化，充分反映出扬州作为全国药材集散地的

---

① 《旧唐书》卷四九《食货志下》，第2130页。
② 《全唐诗》卷八二一（皎然）《买药歌送杨山人》，第9260—9261页。
③ 《全唐诗》卷三八八（卢仝）《赠金鹅山人沈师鲁》，第4382页。

城市风貌。扬州城内不少财力雄厚的大药商、大药铺，如前揭《续玄怪录》记载，扬州六合园叟张老，曾让妻兄韦某持一顶席帽作为取钱凭证，前往扬州北邸王老家药铺取钱一千万。韦某持帽来到王家药铺，“王老者方当肆陈药”，经过验证后，王老即给付韦某一千万钱。王家药铺也有可能同时经营钱庄，但经营药铺应该是他的主业，他是通过贩卖药材、经营药铺而发财致富的，王老家药铺能够一次性拿出一千万钱，充分表明其药铺有着十分雄厚的财力。再如，裴谌依靠“市药于广陵”而挣得巨额财富，其在青园桥东置办宅院，“楼阁重复，花木鲜秀，似非人境，烟翠葱茏，景色妍媚……窗户栋梁，饰以异宝，屏帐皆画云鹤”①。再如，唐德宗贞元（785—805）初年，广陵人冯俊曾在扬州药市遇到一个道士购买药材，“置一囊，重百余斤，募能独负者当倍酬其直。俊乃请行，至六合，约酬一千文”②。再如，唐玄宗开元年间，张、李二生同在泰山学道，后来李生进入仕途，两人遂各分东西。李生于天宝末年官至大理寺丞，安史之乱发生以后，李生曾奉使扬州，并再遇张生，张生邀其到家做客，“既至，门庭宏壮，傧从璀璨，状若贵人”，张生设宴款待李生，席间问他：“君欲几多钱而遂其愿?”李生回答，若得三百千，即可将事情办妥。于是，张生便递给他一顶旧席帽，告诉他前往王老家药铺取钱。李生遂持此席帽前往王老家药铺，“王老令送帽问家人，审是张老帽否?其女云：‘前所缀绿线犹在。’李问张是何人，王云：‘是五十年前来茯苓主顾，今有二千余贯钱在药行中。’李领钱而回。”③ 从中可知，王老家药铺资本雄厚，同时兼营钱柜业，而且是一家经营时间很长的老字号药铺，而故事中的张生则是一位曾经靠贩卖茯苓等名贵药材而致富的大药商，五十年前曾经将一笔款项寄存于王老家药行。除了这些拥有雄厚资本的大药铺外，扬州城内还有许多小本经营的小药摊或小药铺，甚至还有游医走街串巷、沿街叫卖，如彭城人刘商免官后，“东游入广陵，于城街逢一道士，方卖药，聚众极多。所卖药，人言颇有灵效……翌日，又于城街访之，道士仍卖药，见商愈喜，复挈上酒楼，剧谈劝醉，出一小药囊

① 《太平广记》卷一七《神仙十七》“裴谌”条引《续玄怪录》，第 117 页。
② 《太平广记》卷二三《神仙二十三》“冯俊”条引《原仙记》，第 156—157 页。
③ 《太平广记》卷二三《神仙二十三》“张李二公”条引《广异记》，第 158 页。

赠商……”[①] 刘商在扬州城内所遇卖药道士，每天游走于扬州城内，沿街叫卖药品，类似这样流动性售卖药品的小药摊或游医，在扬州城内并非罕见的个例。以上这些故事尽管带有一些神话色彩，故事情节容有夸张传奇，但故事来源于现实生活，是唐代扬州城内大小药铺很多的写照。

扬州何以成为江淮地区乃至全国著名的药材市场呢？其中原因可能是多方面的，但主要应该与扬州经济繁荣、人口众多有直接关系。作为江淮地区的中心城市，扬州不仅本地土著人口众多而密集，而且南来北往、食宿于此的商旅客等流动性人口也十分繁多，像这样人口密集的大都市，一旦发生疾疫特别是传染性疾病，就很容易扩散蔓延，因此扬州本身对于药物就有着十分庞大的需求量。此外，扬州位于运河和长江交汇处，交通便利发达，有助于各种药材的汇入与转出，从而促进了扬州药市的集聚和繁荣。扬州市场上汇集了来自天南海北的各种药材，其中既有来自荆、益、闽、粤、青、冀、陕、晋等国产药材，也有来自南洋、西域等番邦海外的药材。史载唐玄宗天宝二年（743），扬州大明寺僧鉴真筹划东渡日本，临行前采购的众多物品中，就有很多种香药，如麝香、沉香、甲香、甘松香、龙脑、香胆、唐香、安息香、栈香、零陵香、青木香、熏陆香等[②]，扬州本地并不产香药，上述这些种类繁多的香药既有产自国内其他地区的，也有一些南洋、西域等域外地区的舶来品。汇集天下药材于一市的事实，生动地反映了隋唐五代时期扬州药材市场的活跃状况，以及扬州药市成为全国性药材集散地的事实。作为当时国际性的大都市，扬州的药市不仅汇聚了产自国内国外的各种药材，还吸引了来自海内外的药商，他们为了谋求商业利润，不远万里汇聚于扬州。唐代扬州既云集了来自国内各城的药商，也吸引了大量胡商的涌入，在数量众多的胡商中，也有一些专门经营各种药物的商人，其中又以日本、南洋、朝鲜半岛诸国以及西域的胡商居多。晚唐时期，日本人多治比安江曾受日本天皇委派，前来唐朝求取中国香药，唐僖宗乾符六年（879），多治比安江从扬州启程回国，带回去大批药物和其他物品。据学者研究，日本著名文物收藏机构正仓院所珍藏的六十多种古代药物中，有很大一

① 《太平广记》卷四六《神仙四十六》“刘商”条注引《续仙传》，第289页。

② 〔日〕真人元开著，汪向荣校注：《唐大和上东征传》，北京：中华书局，1979年，第47—48页。

部分就是从扬州买去的[①]。考虑到多治比安江是从扬州启程东返日本的，因此他从扬州药市购买大量药物，应该是可信的事实。

唐朝皇室奉道教为国教，故道教在唐代一直比较发达，信道者颇多。道教博取世人信任的一个重要方法，就是其拥有包括修炼长生术在内的众多方术，其中服食丹药则是实现长生不老的重要方法之一，唐朝皇帝中颇有迷信丹药者，由此导致炼制丹药在唐代较为兴盛。丹药炼制一方面确实是道教蛊惑和收拢人心的方法之一，但另一方面也有助于促进医药技术的提高。扬州药市作为唐朝全国性的药材集散中心，也出现了不少专门从事丹药炼制的人，其中既包括道士，也包括一些行医人员，有些人还凭借或利用所掌握的丹药炼制技术而博取统治者的欢心，或以此作为进身上层社会的手段或方法。这方面的例子可以举出一些，如崔万安以司农少卿之职分司广陵，“常病苦脾泄”，后来梦见一妇人给了他一个药方，“取青木香、肉豆蔻等，分枣肉为丸米，饮下二十丸”，于是崔万安照方抓药，“服之遂愈”[②]。再如，沧州景田里人张守一掌握了一些炼制丹药的技术，于晚唐五代之际辗转来到扬州，在追随杨行密之后，“请为诸将合太还丹”，试图借此获得杨行密的进一步重用[③]。再如前面所引用的皎然《买药歌送杨山人》一诗说道：“华阴少年何所希，欲饵丹砂化骨飞。江南药少淮南有，暂别胥门上京口。京口斜通江水流，斐回应上青山头。夜惊潮没鸬鹚堰，朝看日出芙蓉楼。摇荡春风乱帆影，片云无数是扬州。扬州喧喧卖药市，浮俗无由识仙子。河间姹女直千金，紫阳夫人服不死。吾于此道复何如，昨朝新得蓬莱书。”可见在扬州的“喧喧卖药市”中，兜售各种丹药的药铺、摊点，甚至是游方郎中都不在少数，在他们所叫卖的炼制丹药中，也一定会有宣称具有延年益寿甚至是长生不老功效者，而且这些炼制丹药甚至能够卖出“千金”的高价。丹药的流行，也是扬州药市繁荣及其作为江淮地区药材集散中心这一事实的反映。

---

① 朱江：《海上丝绸之路的著名港口——扬州》，北京：海洋出版社，1986年，第70页。

② 《太平广记》卷二七八《梦三》“崔万安”条引《稽神录》，第2214—2215页。

③ 《太平广记》卷二八九《妖妄二》“张守一”条引《妖乱志》，第2303页。

On the Expansion and Status of Trades with Yangzhou Characteristics after the Mid-Tang Dynasty

LI Wencai

Abstract: After the middle of the Tang Dynasty, further development and economic prosperity gradually formed Yangzhou as a national influence in salt, tea, and medicinal trade with local characteristics. As one of the most concentrated businesses in Yangzhou, the salt industry had become increasingly important since the Mid-Tang Dynasty, resulting in "Jianghuai area becoming the base of salt industry with Yangzhou as its center". Being the distribution center of tea in the Jianghuai area, Yangzhou' s tea industry not only brought great wealth in local revenue, but also gradually became an important source of national fiscal revenue after the Mid-Tang Dynasty. Yangzhou, as the entrepot of medicinal materials in the Jianghuai area, had collected medicinal materials and traders domestically and internationally, thus becoming the most influential medicinal material market in China. After the Mid-Tang dynasty, the foundation of Yangzhou as a national commercial trade center was further consolidated by the development and expansion of its characteristic trade.

Keywords: the Mid-Tang Dynasty; Yangzhou; salt industry; tea industry; medicinal materials market

〔李文才（1969— ），男，历史学博士，扬州大学社会发展学院教授，博士研究生导师，主要从事汉唐史研究，兼涉中国近代学术史研究〕

乾隆初年关于朱子《社仓事目》论争探略*

穆鉴臣　徐梓宸

（东北大学秦皇岛分校中国满学研究院）

摘　要：乾隆初政，继述祖志，意欲匡复“三代之治”，达到“养民”“足民”的为政目标。社仓积贮即为养民之政的重要一途。乾隆初年关于朱子《社仓事目》的大讨论是乾隆朝通行社仓过程中重要的“粮政事件”，成为观察十八世纪国家对社会控制抑或是社会管理能力及传统社会政府职权拓展的典型个案。

关键词：乾隆初政；朱子《社仓事目》；社仓积贮；养民

社仓一法，屡代遵行，迨至清朝，制度益加详备，为历代所不及，乾隆朝无疑是其重要的发展时期。但乾隆朝社仓体系的完善也不是一蹴而就的，而是在皇帝与地方封疆大吏不断地讨论、思考与实践中逐渐形成的。学者们对社仓有较为深入的研究①，但对乾隆初年关于朱子《社仓事目》的大讨论则措意无多，相关研究寥若凤毛。笔者不揣浅陋，通过对相关档案的梳理，并参酌其他文献记载，具体阐释这一“粮政事件”的政治过程，以期对十八世纪社仓积贮政略的研究有所助益。

---

* 本文为2020年度教育部人文社科项目“政以养民：十八世纪社仓积贮研究”（20YJA770009）和2023年河北省硕士在读研究生创新能力培养资助项目（CXZZSS2023209）阶段性成果。

① 有关社仓研究的情况可参阅拙文《近百年来社仓研究的回顾与展望》，《中国农史》2011年第3期。

一、朱子《社仓事目》讨论之前奏——社仓册籍如何完备之争

乾隆朝继承了康雍时期的社仓积贮政略，并作了一些政策调整，对举办社仓也展现出更为积极的姿态。诚如学者所论，这一民储社仓至“乾隆时又转而强化政府系统”[①]。乾隆元年（1736），通政司右通政李世倬呈请推广社仓之奏可视为乾隆年间讨论社仓积贮政略之滥觞。是年五月，李世倬折奏：

> 查社仓之春借秋还，立有社长主其出入，察其收放咸有章程。盖缘一乡一堡之中，其民家之贫富、业之有无、人之多寡，无不为社长之深知。是社长于寻常丰顺之年，知之无不井井，而猝遇歉收之岁，岂至遗忘无据耶？皆由有司不谙吏治，遂于民间之事漠不关心，亦大吏之未尝预为筹画也。诚使为有司者，于春借之时，社长具报之日，即备询其家业名口，而自注之于册，或虑家业之消长不时，人口之添退无定，则再于秋还之候、社长具报之日，复询其故而改注之。此不过有司一举笔之劳，不必假手于吏胥者也。自此一岁一周，既可察社长之公私，考民间之勤惰，觇邑中之肥瘠，而奖励由此可施，政治由此可省……一旦遇有水旱赈济之事，举前所自注之册，计其男妇大小名口共有若干，按多寡之数而赈给之，视贫富之等而酌量之，自无舛错遗漏……推一邑于一郡，推一郡于一省，将见各省皆可准也，而社仓之成效可收，闾阎之实惠可溥矣。[②]

为能让地方有司实力奉行，不致烦扰民间，李世倬奏请定例颁行于各省，以成规制。高宗亦认为此奏似属有理，但也清醒地认识到，社仓若想取得实效或者说李世倬的建议能付诸实施，“必有司善于奉行，方为有益；

① 高王凌：《活着的传统：十八世纪中国的经济发展和政府政策》，北京：北京大学出版社，2005 年，第 150 页。

② 中国第一历史档案馆藏：《宫中朱批奏折·财政类·仓储》，乾隆元年五月初八日，通政司右通政李世倬奏，档号：04-01-35-1102-041。按：本文所引《宫中朱批奏折》除特殊注明外，均为“一史馆”所藏档案，后文引注时，不复标注档案所藏之处。

否则纷扰闾阎，未见其益，先受其累矣”。所以，处理意见比较谨慎，“传谕各该督抚酌量地方情形，密饬有司留心酌办，倘该地方有难行处，亦不必勉强”[①]。

各省督抚接到谕旨后，反应不一。有的督抚胸无定见，只是遵旨转饬地方有司善为奉行，并没有提出异见。如乾隆元年六月，江西巡抚俞兆岳便谨遵谕旨，密饬布政使刁承祖晓谕地方官因地制宜，留心酌办，不得假手胥役，以防滋事扰民[②]。亦有封疆大吏于此大加赞赏，如山西巡抚石麟奏闻：“社仓粮石，原为小民缓急之需，春借秋还，久有定例。今于出借交还之时，即查询其家业名口，登记于册，以备查赈之用，诚为简便。”[③] 当然，李世倬的建议亦受到一些督抚的质疑，如河南巡抚富德即提出不同见解，认为各州县所属村庄，大小各异，远近不同，社仓亦未能遍设，且年岁收成不一、贫户迁徙无常，比户又非皆有册籍可凭，故“救荒之策，止凭社仓册籍，似尚未为尽善”[④]。

富德此奏还是颇具见地的，丝毫未见揣摩圣意、一味迎合之语，而是根据灾馑年间可能出现的情况分析只凭社仓册籍进行救荒之弊，进而质疑李世倬之议。无独有偶，是年七月，江南总督赵弘恩、安庆巡抚赵国麟、苏州巡抚顾琮等亦有类似观点，每县建立社仓不过数处，且不能遍设，“其实在穷民未必均为借户，册报借户未必名名实有其人”，偶遇旱涝灾祲，仅以社仓登注册籍为赈济之据，则“穷黎必多向隅之泣，是欲防遗漏恐遗漏尤多，欲杜浮冒而浮冒益甚，更可滋社长、蠹役之弊”，“况小民迁徙靡常，事难预定，或报灾之时，此处穷民移去，彼处穷黎迁来，户册不对，挠挠控诉，查核不清，愈至迟误，有司奉行不善，不徒有关政体，实有累于闾阎，此万难踵行之事也”。[⑤]

---

① 中国第一历史档案馆编：《乾隆朝上谕档》（第 1 册），乾隆元年五月初九日，北京：档案出版社，1991 年，第 57 页。

② 《宫中朱批奏折·财政类·仓储》，乾隆元年六月初九日，江西巡抚俞兆岳奏，档号：04-01-01-0003-026。

③ 《宫中朱批奏折·财政类·仓储》，乾隆元年六月十八日，山西巡抚石麟奏，档号：04-01-35-1103-005。

④ 《宫中朱批奏折·财政类·仓储》，乾隆元年六月初三日，河南巡抚富德奏，档号：04-01-35-1103-002。

⑤ 《宫中朱批奏折·财政类·仓储》，乾隆元年七月初五日，江南总督赵弘恩、安徽巡抚赵国麟、苏州巡抚顾琮等奏，档号：04-01-01-0002-032。

此奏既分析了社长在开报过程中可能甚至是不可避免的弊窦之处，又关照了小民生存实态，认为李世倬所奏断难践行。其实李世倬奏请推广社仓之举措是否得到各省督抚大员的一致赞同并不重要，问题的关键在于，正是源于此奏，高宗传谕各直省因地制宜，酌为办理。质言之，社仓积贮成为清廷仓储体系建设中不可或缺的部分。一定意义上讲，李世倬之奏可视为乾隆朝通行社仓政略的前奏，也拉开了有关朱子《社仓事目》大讨论的序幕。

二、关于朱子《社仓事目》的大讨论

乾隆四年七月，高宗谕内阁："从来养民之道，首重积贮，而积贮之道，必使百姓家有盖藏，能自为计，庶几缓急可恃，虽遇旱涝，可以自存，不至流离失所，若百姓毫无储蓄，事事仰给于官，无论常平等仓现在未能充足，即使充足矣，而以有限之谷，给无穷之民，所济能有几何。"① 乾隆帝还诏令内阁将此谕通寄各省督抚，悉心具奏足民之法。

各省督抚还未及陈奏完毕，是年十二月，山西道监察御史朱续晫便疏奏社仓事宜十一条，"伏愿皇上将《社仓事目》发交各督抚，悉心讲究，实力奉行，三年核其成效，如或以为不必行，而别有备预良策者，则亦令其条晰具奏，请旨遵行，要在核其实效，不徒为空文以塞责，则庶几储备广而缓急可恃，虽遇旱涝，不至复蹈前辙"②。朱续晫将朱子《社仓事目》节录，恭呈高宗阅览。在节录中，还加入按语，即其对一些条目的认识，高宗要求各省督抚悉心详议具奏。以此为标志，大清臣僚们掀起了一场关于南宋朱子《社仓事目》的大讨论。而撰其要者，争论主要集中于《事目》中的几条建议。

第一，"逐年十二月，分委诸部社首、保将正副旧保簿重行编排"一条，朱续晫认为"此条藏保甲之法在内"③，实系至善之法。甘肃巡抚元

---

① 《乾隆朝上谕档》（第1册），乾隆四年七月二十八日，第428—429页。

② 中国第一历史档案馆藏：《军机处录副奏折》，乾隆四年十二月初一日，山西道监察御史朱续晫奏，档号：03-0736-041。按：本文所引《军机处录副奏折》均为"一史馆"所藏档案，后文引注时，不复标注档案所藏之处。

③ 《军机处录副奏折》，乾隆四年十二月初一日，山西道监察御史朱续晫奏，档号：03-0736-041。

展成认为编排保簿，载明大小人口数目，“即可为赈贷之凭准，又可杜匪类之潜踪”①。闽浙总督德沛亦认为此条与保甲之法实相表里，如今保甲屡经地方官实力遵行，其甲排、甲册即《社仓事目》所载之保簿，所以，他建议“编甲排甲册应照现在条规遵行”②。于此条，云南总督庆复、巡抚张允随则有不同意见，认为社正副长于邻近村民无不周知，印簿内预编户口偶有存亡迁徙，或至参差不实，“若必候监官对簿支放，恐簿内预编户口偶有存亡迁徙或至参差不实。至细算人口，按数贷米，则贮积无多，不敷支放。且守候需时，未免拖延”③。江西巡抚岳濬亦提出不同看法，但所列原因却有别于庆复和张允随。他指出江西省所属州县，奉行保甲已久，每年冬季，饬令各保正造具各户清册，“该地方官照册给发门牌，各户悬挂门首。倘遇有赈借散给之事，核算人口、米数，查对门牌、烟册，便可一目了然”，“保簿既有保正、甲长编排，亦毋庸更令正、副社长编次”④。闽浙总督德沛、浙江巡抚卢焯认为即便遇到灾祲之岁，亦不便以社长所造清册赈济，若此徒滋弊窦，“浙省各属，毋论城乡，皆设十家牌，编排保甲，互相稽察，年年清查，册报具在。初不因社仓之簿未编，致保甲之法废弛。若荒歉赈济，又须印委各员亲历挨查，庶无遗冒，亦不便照社仓册簿之登载，遽为散给，似可不必另编保簿，致滋纷扰”⑤。他也认为此条毋庸再议。川陕总督鄂弥达、西安巡抚张楷具奏：“保甲系逐户挨编，无分贫富，社仓止贫者借谷，而富户不与焉。簿册原有不同，自难合而为一，似亦无庸更张，以免牵混滋扰。”⑥

第二，“丰年如遇人户请贷官米，即开两仓，存留一仓。若遇饥歉，

---

① 《宫中朱批奏折·财政类·仓储》，乾隆五年四月二十四日，甘肃巡抚元展成奏，档号：04-01-35-1113-026。

② 《宫中朱批奏折·财政类·仓储》，乾隆五年七月初一日，闽浙总督德沛奏，档号：04-01-35-1114-007。

③ 《宫中朱批奏折·财政类·仓储》，乾隆五年闰六月二十二日，云南总督庆复、云南巡抚张允随奏，档号：04-01-35-1114-004。

④ 《宫中朱批奏折·财政类·仓储》，乾隆五年七月初八日，江西巡抚岳濬奏，档号：04-01-35-1114-010。按：此奏亦见〔清〕岳濬：《议社仓与古异同疏》，《清经世文编》卷四十《户政十五·仓储下》。

⑤ 《宫中朱批奏折·财政类·仓储》，乾隆五年八月二十八日，闽浙总督德沛、浙江巡抚卢焯奏，档号：04-01-35-1114-022。

⑥ 《宫中朱批奏折·财政类·仓储》，乾隆五年三月二十二日，川陕总督鄂弥达、西安巡抚张楷奏，档号：04-01-35-1113-014。

则开第三仓专赈”一条，朱续晫认为开二留一的做法即“常平粜三存七之意”[1]，虽未置可否，但字里行间已流露出赞同之感。甘肃巡抚元展成虽也认为丰年开两仓、歉岁开第三仓之法即常平存七粜三，以备急需之意，“然宜核计社粮现存之数与请贷现需之数，斟酌变通，乃无掣肘”[2]。云南总督庆复、巡抚张允随与元展成的意见相似，“查社仓谷石，原为接济民间缓急，务视社本之盈缩，以定出借之多寡”[3]。江西巡抚岳濬奏闻：“江省社谷，每年出借，议定存六借四，是即存一开二之遗意也。设遇歉年，或尽数借贷，或尽行散赈，自应饬令有司酌量轻重，随时办理，毋庸再议。”[4] 闽浙总督德沛认为社谷支散不能拘泥留一之制，“查州县社谷有多寡之不同，户口亦有大小之各异，若定留一之制，如系人户稀少之处，自无不备，倘值生齿繁衍之地，转致不敷，实难画一，应请酌量年岁之丰歉，计算人口之多寡，随时呈报上司，斟酌举行，庶事无拘泥，而缓急有济”[5]。闽浙总督德沛、浙江巡抚卢焯认为灾祲之岁开第三仓专济深山穷谷耕田之民，但此非全部需赈之户，故应当权宜变通，“查请贷社谷，丰年须留有余，歉岁不妨多借，积贮多寡不同，办理亦难如一，浙省社仓现在权衡出借，似可无拘定数，且饥歉之岁，应贷户口，不尽深山穷谷之民，舍近贷远，更与定例未符”[6]。山东巡抚硕色奏称山东省社粮无几，惟有酌量借济，故先开两仓，存留一仓之处，“此时亦难遵循”[7]。

第三，关于社谷收息之法，争论较大。朱熹《社仓事目》虽未详细

---

① 《军机处录副奏折》，乾隆四年十二月初一日，山西道监察御史朱续晫奏，档号：03-0736-041。

② 《宫中朱批奏折·财政类·仓储》，乾隆五年四月二十四日，甘肃巡抚元展成奏，档号：04-01-35-1113-026。

③ 《宫中朱批奏折·财政类·仓储》，乾隆五年闰六月二十二日，云南总督庆复、云南巡抚张允随奏，档号：04-01-35-1114-004。

④ 《宫中朱批奏折·财政类·仓储》，乾隆五年七月初八日，江西巡抚岳濬奏，档号：04-01-35-1114-010。

⑤ 《宫中朱批奏折·财政类·仓储》，乾隆五年七月初一日，闽浙总督德沛奏，档号：04-01-35-1114-007。

⑥ 《宫中朱批奏折·财政类·仓储》，乾隆五年八月二十八日，浙江巡抚卢焯等奏，档号：04-01-35-1114-022。

⑦ 《宫中朱批奏折·财政类·仓储》，乾隆五年五月十八日，山东巡抚硕色奏，档号：04-01-35-1113-034。

述及收息办法，只是言及每石只收息谷三升，以备仓廒折阅、吏斗等人饭食之费。朱熹在奏本中详细阐述了社谷收息方法，“每石量息米二斗，自后逐年依此敛散。或遇小歉，即蠲其息之半；大饥，即尽蠲之”，元米全部纳还，则“依前敛散，更不收息，每石只收耗米三升”①。此可看作对《社仓事目》息谷征收之法的阐释与补充。所以，朱续晫才加如下按语：“朱子奏本内称置立社仓，州县量支常平米斛，每石收息二斗，收到息米十倍本米之后，即将原米还官，此后止收息米三升，其富民情愿出米作本者听便，息米及本米之数亦即拨还等语。目内所云不收息谷，为息米既多言也。其实加二之息，贵贷贱还，人所乐从，惟视仓内之粟，即遇地方全歉，亦且敷用，便永不收息米可也。”②

山东巡抚硕色根据社仓运营实际，即每石收取息谷一斗，事目所言收息办法万难于东省践行，乾隆五年五月十八日，其奏曰：“查东省社粮未裕，现遵定例，平时借谷者，每石收息谷一斗，歉年分别免息，自应仍循定例，其加二收息及止收三升之处均毋庸议。”③

甘肃巡抚元展成条奏《社仓事目》中言及甘省社谷“凡遇春夏借放，秋冬催完，每石加息十升，其收成在七分以下者，例不加息，亦既循行有年”④，言下之意，朱子社仓收息之法亦难惯行。

云南省社仓积贮虽已有成效，但地属边徼，如变通不合其宜，则百姓民食可虞，故对息谷十分重视。乾隆五年闰六月，云南总督庆复、巡抚张允随即奏请变通《社仓事目》事宜时指出，“其收息一项，定例社谷出借，每石年收息谷一斗。小歉借动者，免其取息，较之古制收息二斗者，已减其半，取息有限，民所乐从”，且云南省贮谷无多，尤赖收取息谷以充社本，故需循照旧例，相度办理，此时不便减免收息。至于社长经年办公费用“照例于每石收息一斗之外，另收耗谷三升，交社长收贮，

① 朱杰人、严佐之、刘永翔主编：《朱子全书·晦庵先生朱文公文集（五）》（第 25 册）卷九九《公移·社仓事目附敕命》，上海：上海古籍出版社、安徽教育出版社，2002 年，第 4601 页。

② 《军机处录副奏折》，乾隆四年十二月初一日，山西道监察御史朱续晫奏，档号：03-0736-041。

③ 《宫中朱批奏折·财政类·仓储》，乾隆五年五月十八日，山东巡抚硕色奏，档号：04-01-35-1113-034。

④ 《宫中朱批奏折·财政类·仓储》，乾隆五年四月二十四日，甘肃巡抚元展成奏，档号：04-01-35-1113-026。

以作纸笔饭食折耗之费"①。

乾隆五年七月，闽浙总督德沛悉心详议朱子《社仓事目》各条时言及，阖省息谷现准部咨议"丰岁收息谷一斗，歉岁免息，已经通饬，遵照在案，于仓谷、民生二便，其免二斗加三升之处，毋庸再议"②。

是年，江西巡抚岳濬奏议朱子社仓事目，疏言社仓与古异同之处，亦谈到社谷归仓收耗事宜，例当听民自便，"所收息谷，江省业已详议咨明，每借社谷一石，取息谷一斗，设遇歉收，免其加息，倘本年不能还偿，即缓至次年，免息交仓，民间称便，今应请仍照此例遵行"③。

同年八月，闽浙总督德沛、浙江巡抚卢焯奏称："收息之法，定例丰年每石收息十升，歉岁全免其息，已称尽善，毋庸再议。"④

综上大略可知，各省督抚虽论证角度不尽相同，但均认为朱子社仓加二收息之法不宜通行，应权宜变通，大多赞同取息谷十升予以完纳归仓之法。

第四，朱续晫认为事目中"收支米讫，逐日转上本县所给印簿。事毕日，具总数申府县照会"一条最为紧要，社仓谷石收支情形应当"每岁底一次造册申报督抚"⑤。

朱续晫的观点并未得到地方封疆大吏的一致认同，云南总督庆复、巡抚张允随认为此法"似属难行"，对朱续晫奏请于岁底造册申报督抚的提议也提出不同见解，因该省收成甚迟，米谷等岁底不能交收完全，难于造册申报，应请嗣后饬令地方官员"于未经收支时，预发空白印簿各二本，交该社长查收，将逐日收支实数，备登簿内。事毕，该社长将一本收存，以备稽查，照填一本，赍送本县查核，汇造总册，仍于次年春

① 《宫中朱批奏折·财政类·仓储》，乾隆五年闰六月二十二日，云南总督庆复、云南巡抚张允随奏，档号：04-01-35-1114-004。

② 《宫中朱批奏折·财政类·仓储》，乾隆五年七月初一日，闽浙总督德沛奏，档号：04-01-35-1114-007。

③ 〔清〕岳濬：《议社仓与古异同疏》，《清经世文编》卷四十《户政十五·仓储下》，北京：中华书局，1992 年，第 982 页。

④ 《宫中朱批奏折·财政类·仓储》，乾隆五年八月二十八日，浙江巡抚卢焯等奏，档号：04-01-35-1114-022。

⑤ 《军机处录副奏折》，乾隆四年十二月初一日，山西道监察御史朱续晫奏，档号：03-0736-041。

间，亲诣各社仓盘查实贮，出结申报督抚司道府衙门查考”①。

闽浙总督德沛、浙江巡抚卢焯也认为收支米簿逐日转上本县颁发印簿之法很难执行。乾隆五年八月，德沛、卢焯合奏：“查社仓多设乡间，离城穹远，若于出纳之时，逐日转县，仆仆道途，殊多未便。浙省现在给簿登填，缴县稽查，布政司于年底查明借还数目，造册通送督抚稽考，洵为详备。”② 当然，也有督抚赞同事目内所开收支米讫逐日转上本县所给印簿之法。闽浙总督德沛奏称：“查社仓谷石，岁有盘查，新旧交代俱有结报之例，自难亏缺，今再设印簿稽考，更为周备，亦当一体遵行，以重积储。”③ 此外，亦有直省社仓照此运作。江西巡抚岳濬折奏：“朱子所议收支米事毕，具总数散申府县照会一条，臣查江省各属捐贮社谷，现在每年岁底取具动存各数清册、管收除在四柱总册，送部查核，是事毕具总照会之意，业经奉行，毋庸另议。”④

以上四端是山西道监察御史朱续晫抄录朱子十一则《社仓事目》所加的按语，其余细目他在奏折中并未加以评说，但地方督抚在遵旨详议具奏时，对其他条目亦有所评论，而且与朱子社仓之法分歧很大，兹承上阐述如下。

第五，各直省督抚于“逐年五月下旬，新陈未接之际，预于四月上旬申府，乞依例给贷，仍乞选差本县清强官一员、人吏一名、斗子一名前来，与乡官同共支贷”一条议论颇多，大略均持否定意见。山东巡抚硕色便发起责难，“至所奏条目内新陈未接之际，四月上旬申府，依例给贷等语，但东省麦熟在于五月，今若四月申府给贷，未免太迟，应请因时变通，预详接济”⑤。硕色此奏仅对申府时间提出质疑，对该条目的后层意思则未加评说。云南总督庆复、巡抚张允随奏请变通《社仓事目》

---

① 《宫中朱批奏折·财政类·仓储》，乾隆五年闰六月二十二日，云南总督庆复、云南巡抚张允随奏，档号：04-01-35-1114-004。

② 《宫中朱批奏折·财政类·仓储》，乾隆五年八月二十八日，闽浙总督德沛、浙江巡抚卢焯奏，档号：04-01-35-1114-022。

③ 《宫中朱批奏折·财政类·仓储》，乾隆五年七月初一日，闽浙总督德沛奏，档号：04-01-35-1114-007。

④ 《宫中朱批奏折·财政类·仓储》，乾隆五年七月初八日，江西巡抚岳濬奏，档号：04-01-35-1114-010。

⑤ 《宫中朱批奏折·财政类·仓储》，乾隆五年五月十八日，山东巡抚硕色奏，档号：04-01-35-1113-034。

时，对“选差本县清强官一员、人吏一名、斗子一名前来，与乡官同共支贷”之法，论证较为详备，反驳较为深刻，“再查古制，于社首之外，复设乡官，滇省社长现今俱于绅士耆民中选充，尽足管理社仓事务，乡官名目可以不必另立”，“社谷出入，专责社长，不令官吏、斗子经手，所以期简便而杜派扰”，滇省各属分设社仓，多少不一，远近不等，“若委员随带吏役，逐渐监放，贫民有守候之累，官役有往来之烦，科派滋扰势所难免”①，故认为此条无庸再议。

闽浙总督德沛以另一个视角论述了此条不可通行的原因。他认为事目所开委员监贷实系担心乡官蒙混而定的监管之法，如果“查系立品端方，乡闾推重之人充为社长、社副，又经立有劝惩之条，有过即惩，有善即奖，是劝惩明而赏罚昭则支贷自必公平，如再另委员役，未免繁扰，况小县仅设一知、一典，更难分身遍为监贷”②。寻后，德沛又与卢焯合奏称，浙省社仓经营并无乡官名目，且“奉行无弊，毋庸更张”，至于共同支贷一条，“查例载社仓原系听从民便，州县止许稽查，不许干预出纳，若差官吏、斗子难免需索滋扰，况正佐等官，各有职守，难以分司，似应仍听社长经理，以符定例”③。

江西巡抚岳濬查据江省社仓支贷社谷的情况，肯定了此条的前部分，但对后部分仍提出异议：“江省出借社谷，每年于青黄不接之时，正副社长禀明州县，一面通报，一面即行借放，似于四月上旬申府给贷之法相仿，但并无差官同贷之事。查雍正二年，九卿条议，社仓谷石，任从民便，州县官止许稽查，毋许干预出纳，定例甚属周详，若又选差官吏斗子，公同支贷，诚恐转滋烦扰迟滞，似不若仍照定例，责令社长专任其事之为便也。”④

第六，各地督抚于“申府差官讫，一面出榜，排定日分，分都支散”

① 《宫中朱批奏折·财政类·仓储》，乾隆五年闰六月二十二日，云南总督庆复、云南巡抚张允随奏，档号：04-01-35-1114-004。

② 《宫中朱批奏折·财政类·仓储》，乾隆五年七月初一日，闽浙总督德沛奏，档号：04-01-35-1114-007。

③ 《宫中朱批奏折·财政类·仓储》，乾隆五年八月二十八日，闽浙总督德沛、浙江巡抚卢焯奏，档号：04-01-35-1114-022。

④ 《宫中朱批奏折·财政类·仓储》，乾隆五年七月初八日，江西巡抚岳濬奏，档号：04-01-35-1114-010。

一条争议较大。乾隆五年闰六月，云南总督庆复、巡抚张允随专折奏闻，滇省每岁社谷出纳就近开仓，挨次接济，已与“分村支散，先远后近之制”相符，至于取具保结，虽然事属应行，但是滇省村寨零星，居民散处，“若必拘定十人同保，势必使畸零艰苦之民，皆以取保缺额，不得借贷”，请嗣后支贷社谷，“查明实系力农贫民，备具借领，并取五人同保结状，社正副长收存，即先后远，依期借给”①。闽浙总督德沛亦觉此条难于践行，“查支放仓谷，若必排定日分，分都支散，先远后近，第恐小民有缓急之分，行期有先后之别，转致守候废时，似觉拘泥，不便遵行”②。江西巡抚岳濬于“朱子所议，出榜分都具结保一条”也有类似看法，乾隆五年七月，其奏称江西省请借社谷，穷黎取具领状，正副社长辨识明确后，即行照领借给。寻后，社长仍将借状、同保状呈送州县查核备案，历年循行，官民称便，“今若改照每年十名为一保，内有逃亡等情节，即令同保均赔，如取保不足十名之数者，不准支给，此固可以杜冒滥之弊，然取保必需十人，万一乡僻穷民，户不满十，因无同保之人，遂不得一例支贷，殊为未便，似不若仍着社长、社副在仓认识借给，倘有冒滥，惟社长是问”③。

闽浙总督德沛、巡抚卢焯也认为此法不宜举行。“查社仓谷石，原系同里之人捐贮，仍听同里之人借给。所居不远，不必定日先后。至于自有营运、衣食不缺者，例不借给，其借贷之户，既系同里而居，又与乡约熟识，更有保领请贷，春借秋还，民称便益，若必十名一保，逃亡责其赔补，未免拘迫。”④ 甘肃巡抚元展成亦指出，此条事目“固可免捏饰，亦不宜概累无辜”⑤。

第七，与支放社谷相似，亦有督抚于“申府差官讫，即一面出榜，

① 《宫中朱批奏折·财政类·仓储》，乾隆五年闰六月二十二日，云南总督庆复、云南巡抚张允随奏，档号：04-01-35-1114-004。

② 《宫中朱批奏折·财政类·仓储》，乾隆五年七月初一日，闽浙总督德沛奏，档号：04-01-35-1114-007。

③ 《宫中朱批奏折·财政类·仓储》，乾隆五年七月初八日，江西巡抚岳濬奏，档号：04-01-35-1114-010。

④ 《宫中朱批奏折·财政类·仓储》，乾隆五年八月二十八日，闽浙总督德沛、浙江巡抚卢焯奏，档号：04-01-35-1114-022。

⑤ 《宫中朱批奏折·财政类·仓储》，乾隆五年四月二十四日，甘肃巡抚元展成奏，档号：04-01-35-1113-026。

排定日分，分都交纳”一条提出质疑。云南总督庆复、巡抚张允随指出，交纳社谷，排定日期，分都交纳，先远后近，法非不善，他省或可照行，但云南省社仓分建于四乡，贮谷不多，邻近村寨借谷之贫民，可就近于社仓设立之处，分头完纳，顺便交仓，“似不须排定日期，分都交纳，致滋繁琐”，“倘同保之内，有一户未足，则各户俱不得交纳，于民情未便”，应令地方官于十月上旬，遵照旧例，出榜晓谕，令各借户按期各赴社仓交纳，“该社长正副，各须一到即收，毋致守候稽迟，如社长有阻抑多取，或经查出首告，将社长责革究追”[①]。

闽浙总督德沛详议朱子《社仓事目》时指出，借户完纳社谷，社长、社副须先期示知，“各户依限完纳，随到随收，似无等待勒索情弊，至私加耗赠，数外苛求等事，俱经该州县预期颁示仓前，许借户赴县禀明查究”[②]。江西巡抚岳濬于此条目也提出异议：“江省每年秋收后，社正社副催各借户纳谷还仓，俱系验明谷色，随到随收，毋许阻抑多取”，“及同保共为一状，倘有未足，即不得交纳，未免易滋刁掯之弊，似不若不论何都，听民随到随收，更为妥便，而出纳既总归社长经管，亦毋庸更差官役同收，致滋扰累。”[③] 闽浙总督德沛、浙江巡抚卢焯亦认为“如缴谷同保共为一状，未足不得交纳，恐民力不齐，转致花消，完纳不前”，为杜此弊，他建议社谷归仓时，“应仍照浙省成例。听各户各自完纳”[④]。

上述诸条目的论争实际上涉及社仓运营的各个环节。此外，有些督抚对其他各条亦有所讨论，如《社仓事目》所言及“社仓支贷交收米斛，合系社首、保正副告报队长、保长，队长、保长告报人户”一条，封疆大吏均持否定意见。云南总督庆复、巡抚张允随认为“队长、社首即今之社正副长也，滇省各属社仓，既选有正、副社长专司出纳等事，应请嗣后正社长缺令副社长顶补，副社长缺令乡地等，于附近绅士耆民中，

① 《宫中朱批奏折·财政类·仓储》，乾隆五年闰六月二十二日，云南总督庆复、云南巡抚张允随奏，档号：04-01-35-1114-004。

② 《宫中朱批奏折·财政类·仓储》，乾隆五年七月初一日，闽浙总督德沛奏，档号：04-01-35-1114-007。

③ 《宫中朱批奏折·财政类·仓储》，乾隆五年七月初八日，江西巡抚岳濬奏，档号：04-01-35-1114-010。

④ 《宫中朱批奏折·财政类·仓储》，乾隆五年八月二十八日，闽浙总督德沛、浙江巡抚卢焯奏，档号：04-01-35-1114-022。

选公正、殷实之人保充”[①]。江西巡抚岳濬奏称江省各属社正、社副缺出，即令地方乡约公择殷实老成之人充补，“现今奉行已久，是即尉长、尉司差补之意，虽名目不同，而法无互异，毋庸更设，以免纷更”[②]。

在探讨乾隆初年有关朱熹《社仓事目》大争论之时，有一点需要指明，有关朱子社仓之法的讨论实际上早在雍正二年（1724）就已经进行，只是清廷关注的程度、讨论的范围不及此次而已。乾隆五年三月二十二日，川陕总督鄂弥达、西安巡抚张楷奏称，“是社仓事目，从前雍正二年九卿原定社仓条例时已逐一查考采择，载入条例，通行各省，现在遵循”，“原例有未能详尽者，复经内阁及户部斟酌定例添补，现在已属周详完备，其御史朱续晫所请将社仓事目悉心讲究之处，似毋庸再议”[③]。同年五月十八日，山东巡抚硕色奏议酌办社仓事宜中提及社仓一事，自雍正二年间，“于积贮原以备荒案内，经九卿查照朱子《社仓事目》，参以河南前抚臣石文悼、山东前抚臣陈世倌等条议，斟酌损益，定为六条一曰劝捐输，二曰择社长，三曰收息多寡，四曰出入公平，五曰严簿之登记，六曰禁州县之挪借，既取法于先贤，复博采乎时论，条分缕晰，固已备极周详”[④]。这两份奏折透露出一个重要信息，即是雍正二年制定社仓规约时即取法朱子《社仓事目》，并根据各省民情土俗，因地制宜予以斟酌变通。

三、简要结语

乾隆初年关于南宋朱子《社仓事目》的大讨论其实是对以往社仓政策的反思，也是封疆大吏根据各地社仓运营的实际情况，对朱子《社仓事目》进行的权宜变革，以便更好地推行清廷社仓积贮之政略。据督抚

---

① 《宫中朱批奏折·财政类·仓储》，乾隆五年闰六月二十二日，云南总督庆复、云南巡抚张允随奏，档号：04-01-35-1114-004。

② 《宫中朱批奏折·财政类·仓储》，乾隆五年七月初八日，江西巡抚岳濬奏，档号：04-01-35-1114-010。

③ 《宫中朱批奏折·财政类·仓储》，乾隆五年三月二十二日，川陕总督鄂弥达、西安巡抚张楷奏，档号：04-01-35-1113-014。

④ 《宫中朱批奏折·财政类·仓储》，乾隆五年五月十八日，山东巡抚硕色奏，档号：04-01-35-1113-034。

奏议可知，清朝的社仓运行，既参以先贤朱熹之《社仓事目》，又虑时下惯行之定例，兼详审各地之风俗，可谓做到了因时因地制宜。由于文献遗失等因，笔者尚没有收集到各地督抚详议朱子《社仓事目》的全部档案，但据目前所掌握的材料大略可以看出，乾隆朝封疆大吏对国家社仓积贮的态度，用通盘考虑、实力奉行之语来形容当不为过。通过对这次大讨论的阐述我们认识到，社仓之法虽被奉为善政，但各朝各代均有变通立新之处。诚如甘肃巡抚元展成所论，“社仓之法，于民生缓急实大有裨益，惟是因地制宜，则易行而经久；狃于成法，则扞格而滋扰”①。据上述督抚奏议可知，朱子所列《社仓事目》在清朝各省有已行而宜仍其旧者，有未行而需权宜变通之后尚可行者，亦有难行而不可强行者。参古酌今、因地制宜实为各省督抚议奏的核心，亦是清廷践行朱子社仓之法的基本原则。关于朱子《社仓事目》的汇议实际上是乾隆初年粮政建设的重要组成部分，通过对这一事件的梳理，我们认识到对一项制度、政策不能作静态的描述，应将典型的历史人物、历史事件与制度作为一个整体，并将之放到历史的长河与具体的历史场景中作动态的考察。“因为单纯叙述规章制度，不管多详细，还是很抽象的，除非人们了解这些规章制度是如何在特定环境下具体应用的”②。唯其如此，才能“从国家与政府的行政作用出发，将国计民生等经济问题纳入政治史的视野中”，“让政治制度背后的‘人’走出来，成为制度史研究中的主角”③，才能全面、准确地反映出与之相关制度的实质与功用，最终达到“活的制度史”研究的学术旨趣。

---

① 《宫中朱批奏折·财政类·仓储》，乾隆五年四月二十四日，甘肃巡抚元展成奏，档号：04-01-35-1113-026。

② 〔法〕魏丕信著，徐建青译：《十八世纪中国的官僚制度与荒政》，南京：江苏人民出版社，2006年，第268页。

③ 参阅刘凤云：《观念与热点的转换：清前期政治史研究的道路与趋势》，《清史研究》2015年第2期。

A Study on Argument about Zhu Xi' s *Civil Storehouse System* in the Early Qianlong Reign

MU Yinchen　Xu Zichen

Abstract: In the early reign of Qianlong, he carried on ancestral traditions in order to realize ideal reigns and achieve the political goal of nourishing the people. Warehouse storage was an important political measure to nourish the people. The argument about Zhu Xi' s *Civil Storehouse System* in the early Qianlong reign period was an important political affair of grain policy. This event became a typical case that could reflect the state' s ability to control the society or manage social affairs as well as the development of the traditional social government authority in the eighteenth century.

Keywords: early Qianlong reign; *Civil Storehouse System*; warehouse storage; nourish the people

〔穆崟臣（1979— ），男，辽宁辽阳人，历史学博士，东北大学秦皇岛分校中国满学研究院教授，主要研究方向为清代社会经济史。徐梓宸（1998— ），女，河北秦皇岛人，东北大学民族学学院硕士研究生，研究方向为中国民族史〕

文史专题

汉代关内侯的群体特征研究*

师彬彬

（许昌学院魏晋文化研究所）

摘　要：与诸侯王、列侯和卿爵相比，汉代关内侯呈现阶段性、严格等级化、爵位变动性、结局复杂化与鲜明时代性的群体特征。两汉关内侯的群体特征取决于权力运行机制，关内侯的演变过程呈现阶段性的群体特征。汉代关内侯的经济权益、政治身份和社会等级地位低于列侯，呈现严格等级化的群体特征。两汉关内侯呈现爵位变动性的群体特征，以关内侯进爵列侯为主导，并以西汉部分关内侯免为庶人（或夺爵为士伍）作为补充形式。汉代关内侯呈现结局复杂化的群体特征，既反映了高爵群体的分化和重新组合，又体现了政局变迁与社会等级秩序调整。两汉关内侯在中国古代关内侯的演变过程中呈现承前启后的重要历史地位，呈现鲜明时代性的群体特征。

关键词：汉代；关内侯；群体特征

汉代关内侯是重要而活跃的政治群体，一直属于高爵阶层与统治集团上层，在社会等级结构中拥有重要地位。两汉关内侯是二十等爵制的重要组成部分，政治身份和社会等级地位较高、规模较大并享有比较丰厚的经济权益。汉代关内侯主要依附于政治权力（特别是皇权）而存在，

＊ 本文是 2021 年度国家社会科学基金后期资助一般项目“汉代关内侯问题研究”（项目编号：21FZSB027）的阶段性成果。

不仅成为统治集团成员拥有较高政治身份和社会等级地位的一项标志，而且可以代表家族的政治地位、社会荣誉，并与家庭成员的入仕状况密切相关。

群体特征是全面考察两汉关内侯问题的重要组成部分，反映了关内侯在统治集团与社会等级秩序中的政治身份演变和经济地位变迁。与诸侯王、列侯和卿爵相比，汉代关内侯呈现阶段性、严格等级化、爵位变动性、结局复杂化与鲜明时代性的群体特征。

学术界对两汉关内侯的群体特征考察较少，笔者拟在梳理史料与总结已有研究成果的基础上，在“爵-秩体制”[①] 下，运用品位与职位视角[②]，注重在“权力运作过程”中考察汉代关内侯的群体特征。探讨这一问题不仅有助于学术界全面理解两汉关内侯的政治身份与经济权益变动，而且可以深化我们对政局变迁、统治集团演变、官僚体制发展和社会等级秩序变动的认识。

一、阶段性

“爵首先是作为秩序结构的媒介而发挥其机能”[③]，两汉关内侯逐步由贵族爵向官爵转化。汉代关内侯的权益趋于减少，并由普遍享有食邑向大多不可拥有食邑转化[④]，爵位也由可以世袭向大多不可继承演变[⑤]。张荣强先生认为：“汉代的关内侯其实有两种身份，食邑者为贵族，无食邑权为平民”[⑥]，这一观点并不确切。两汉关内侯的食邑状况变动既反映了关内侯的分化与重新组合，又体现了皇权重视调整高爵群体的社会地位

① 学术界对汉代“爵-秩体制”的研究，参见阎步克：《从爵本位到官本位：秦汉官僚品位结构研究（增补本）》，北京：生活·读书·新知三联书店，2017 年，第 33—87 页。

② 参见阎步克：《品位与职位——传统官僚等级制研究的一个新视角》，《史学月刊》2001 年第 1 期；阎步克：《品位与职位：秦汉魏晋南北朝官阶制度研究》，北京：中华书局，2009 年，第 2—18 页；阎步克：《中国古代官阶制度引论》，北京：北京大学出版社，2010 年，第 9—25 页。

③ 〔日〕西嶋定生著，武尚清译：《中国古代帝国的形成与结构——二十等爵制研究》，北京：中华书局，2004 年，第 319 页。

④ 参见师彬彬：《两汉关内侯的食邑》，《许昌学院学报》2017 年第 4 期。

⑤ 参见师彬彬：《两汉关内侯的爵位继承》，《许昌学院学报》2015 年第 4 期。

⑥ 张荣强：《孙吴简中的户籍文书》，《历史研究》2006 年第 4 期，后收入张荣强：《汉唐籍帐制度研究》，北京：商务印书馆，2010 年，第 116 页。

和政治影响。

伴随政局变迁、统治集团演变、官僚体制发展、统治秩序变动与社会等级结构调整，汉代关内侯的演变过程呈现阶段性的群体特征。汉代关内侯的演变过程可以划分为西汉前期、西汉中后期、东汉前期、东汉中后期四个阶段，分别是关内侯的确立和兴盛时期、转折时期、复兴时期、衰落时期。

两汉前期的关内侯规模较小，并以功臣作为主要赐爵对象。例如，“孝文帝元年，举故吏士二千石从高皇帝者，悉以为关内侯，食邑二十四人，而申屠嘉食邑五百户”①。另如东汉光武帝建武十五年（39），“时董宪裨将屯兵于鲁，侵害百姓，乃拜（鲍）永为鲁郡太守，永到，击讨，大破之，降者数千人。帝嘉其略，封为关内侯”②。两汉前期关内侯的政治身份和社会等级地位较高，发挥的社会功能与政治影响亦较大。

然而两汉中后期的关内侯规模趋于扩大，并以外戚、帝师、宗室、宦官和列侯后代作为重要赐爵对象。如汉成帝建始元年（前32），“（成帝）赐舅王谭、（王）商、（王）立、（王）根、（王）逢时爵关内侯”③。另如，“成帝即位，征（东平内史张）禹、（博士郑）宽中，皆以师赐爵关内侯”④。再如平帝元始二年（2）夏四月，“赐故曲周侯郦商等后玄孙郦明友等百一十三人爵关内侯，食邑各有差”⑤。又如孺子婴居摄元年（6）四月，“（王）莽白太后下诏曰：‘惟（宗室刘）嘉父子兄弟，虽与（安众侯刘）崇有属，不敢阿私，或见萌牙，相率告之，及其祸成，同共仇之，应合古制，忠孝著焉。其以杜衍户千封嘉为师礼侯，嘉子七人皆赐爵关内侯。’”⑥ 另外东汉灵帝建宁元年（168），“（宦官）十一人皆为关内侯，岁食租二千斛”⑦。

---

① 〔汉〕司马迁：《史记》卷九六《张丞相列传》，北京：中华书局，2014年，第3251页。
② 〔南朝宋〕范晔：《后汉书》卷二九《鲍永传》，北京：中华书局，1965年，第1019页。
③ 〔汉〕班固：《汉书》卷一〇《成帝纪》，北京：中华书局，1962年，第304页。
④ 《汉书》卷八一《张禹传》，第3348页。
⑤ 《汉书》卷一二《平帝纪》，第353页。
⑥ 《汉书》卷九九上《王莽传上》，第4086页。
⑦ 《后汉书》卷七八《宦者列传·曹节传》，第2524页。

二、严格等级化

汉代关内侯的经济权益、政治身份和社会等级地位均低于列侯，呈现严格等级化的群体特征。这一政治现象不仅反映了有爵者社会等级地位与政治影响的差别，而且体现了“秩爵异级，贵贱殊等”[①] 的原则。

西汉初期，关内侯的田宅限额较高，可以依法占有不超过九十五顷的私田与不超过九十五处的宅基地。如《二年律令·户律》规定：“关内侯九十五顷，大庶长九十顷，驷车庶长八十八顷，大上造八十六顷，少上造八十四顷，右更八十二顷，中更八十顷，左更七十八顷，右庶长七十六顷，左庶长七十四顷，五大夫廿五顷，公乘廿顷，公大夫九顷，官大夫七顷，大夫五顷，不更四顷，簪裹三顷，上造二顷，公士一顷半顷，公卒、士五（伍）、庶人一顷，司寇、隐官各五十亩。”[②] 另如《二年律令·户律》曰：“宅之大方卅步。彻侯受百五宅，关内侯九十五宅，大庶长九十宅，驷车庶长八十八宅，大上造八十六宅，少上造八十四宅，右更八十二宅，中更八十宅，左更七十八宅，右庶长七十六宅，左庶长七十四宅，五大夫廿五宅，公乘廿宅，公大夫九宅，官大夫七宅，大夫五宅，不更四宅，簪裹三宅，上造二宅，公士一宅半宅，公卒、士五（伍）、庶人一宅，司寇、隐官半宅。”[③] 而西汉末期，关内侯的私田限额和奴婢限额均较低，只可拥有不超过三十顷的私田与三十名奴婢。成帝绥和二年（前7），哀帝即位，“丞相孔光、大司空何武奏请：‘诸侯王、列侯皆得名田国中。列侯在长安，公主名田县道，及关内侯、吏民名田，皆毋过三十顷。请侯王奴婢二百人，列侯、公主百人，关内侯、吏民三十人。期尽三年，犯者没入官。’”[④]

另外，西汉前期的关内侯社会等级地位较高，不必编入什伍与接受

① 《后汉书》卷三九《赵咨传》，第1314页。

② 彭浩、陈伟、〔日〕工藤元男主编：《二年律令与奏谳书——张家山二四七号汉墓出土法律文献释读》，上海：上海古籍出版社，2007年，第218页。

③ 《二年律令与奏谳书——张家山二四七号汉墓出土法律文献释读》，第218页。

④ 《汉书》卷二四上《食货志上》，第1142—1143页。

什伍连坐。如《二年律令·户律》规定："自五大夫以下，比地为伍，以辨券[①]为信。居处相察，出入相司。"[②] 而西汉中后期，关内侯要编入什伍并接受什伍连坐。昭帝时期，御史曰："故今自关内侯以下，比地于伍，居家相察，出入相司。"[③]

三、爵位变动性

爵位变动反映了社会成员经济权益、政治身份与社会等级地位的演变，汉代关内侯呈现爵位变动性的群体特征。两汉关内侯的爵位变动[④]以关内侯进爵列侯为主导，并以西汉部分关内侯免为庶人（或夺爵为士伍）作为补充形式。西汉关内侯的爵位变动表现频繁，而东汉关内侯的爵位变动相对较少并集中于献帝时期。

汉代关内侯大多因政治身份并与皇帝关系密切而因恩泽进爵列侯，主要作为皇权赐予统治集团成员的一种政治地位和社会等级待遇的象征而存在。如文帝后元二年（前162），"以御史大夫（关内侯申屠）嘉为丞相，因故邑封为故安侯"[⑤]。另如，"（宣帝）地节中，（宗正关内侯刘德）以亲亲行谨厚封为阳城侯"[⑥]。再如，"（成帝）河平二年，上悉封舅（关内侯王）谭为平阿侯，（关内侯王）商成都侯，（关内侯王）立红阳侯，（关内侯王）根曲阳侯，（关内侯王）逢时高平侯，五人同日封，故世谓之五侯"[⑦]。又如，"（东汉安帝）永初七年，邓太后复封（关内侯傅）昌子铁为高置亭侯"[⑧]。另外灵帝中平六年（189），"及董卓秉政，以（豫州牧关内侯董）琬名臣，征为司徒，迁太尉，更封阳泉乡侯"[⑨]。汉代关内侯因恩泽进爵列侯者集中于两汉中后期，不仅反映了统治集团变动与社会等级结构调整，而且体现了功臣集团趋于衰落和其他政治势

---

① "券"字为笔者所加。

② 《二年律令与奏谳书——张家山二四七号汉墓出土法律文献释读》，第215页。

③ 王利器：《盐铁论校注》卷一一《周秦》，北京：中华书局，2015年，第648页。

④ 参见师彬彬：《两汉关内侯的爵位变动》，《许昌学院学报》2017年第4期。

⑤ 《史记》卷九六《张丞相列传》，第3233页。

⑥ 《汉书》卷三六《楚元王刘交传》，第1927页。

⑦ 《汉书》卷九八《元后传》第4018页。

⑧ 《后汉书》卷二二《傅俊传》，第782页。

⑨ 《后汉书》卷六一《黄琬传》，第2041页。

力逐渐兴起。

汉代关内侯因功劳而进爵列侯可考者规模较小，不仅在社会上发挥了一定的功绩激励功能，而且成为笼络功臣集团、巩固政权基础、调整社会等级结构与增强统治集团凝聚力的一项措施。如汉高祖六年（前201）八月，“（关内侯鄂千秋）以谒者汉王三年初从，定诸侯，有功秩，举萧何，功侯，二千户”①。另如宣帝本始元年（前73）春正月，论定策功诏曰：“封御史大夫（关内侯田）广明为昌水侯，后将军（赵）充国为营平侯，大司农（田）延年为阳城侯，少府（史）乐成为爰氏侯，光禄大夫（王）迁为平丘侯。”② 再如平帝元始五年（5）诏曰：“太仆（关内侯）王恽等八人使行风俗，宣明德化，万国齐同。皆封为列侯。”③ 如东汉光武帝建武中元元年（56）夏四月丙辰，明帝诏曰：“太尉（关内侯赵）憙告谥南郊，司徒（李）䜣奉安梓宫，司空（关内侯冯）鲂将校复土。其封（赵）憙为节乡侯，（李）䜣为安乡侯，（冯）鲂为杨邑侯。”④ 又如献帝建安十三年（208），“（荡寇将军关内侯张辽）复别击荆州，定江夏诸县，还屯临颍，封都亭侯”⑤。汉代关内侯因功劳而进爵列侯经历了从皇帝主导到权臣支配的过程，并与政局演变、统治集团发展、社会等级结构调整密切相关。

西汉关内侯大多因犯罪或连坐而免为庶人（或夺爵为士伍），因政权更迭、得罪皇帝或权臣、政治斗争而失败者规模较小。如武帝元狩四年（前119），因失期罪，“右将军（关内侯赵食其）至，下吏，赎为庶人”⑥。另如元帝竟宁元年（前33），“（关内侯邴）显为吏至太仆，坐官秏乱，身及子男有奸赃，免为庶人”⑦。再如成帝时期，“（关内侯陈）汤上书言康居王侍子非王子也。按验，实王子也。（陈）汤下狱当死。太中大夫谷永上疏讼（陈）汤……书奏，天子出（陈）汤，夺爵为士伍”⑧。

① 《史记》卷一八《高祖功臣侯者年表》，第1098页。
② 《汉书》卷八《宣帝纪》，第240页。
③ 《汉书》卷一二《平帝纪》，第359页。
④ 《后汉书》卷二《显宗孝明帝纪》，第96页。
⑤ 〔晋〕陈寿：《三国志》卷一七《魏书·张辽传》，北京：中华书局，1982年，第518页。
⑥ 《史记》卷一一一《卫将军列传》，第3553页。
⑦ 《史记》卷九六《张丞相列传》，第3256页。
⑧ 《汉书》卷七〇《陈汤传》，第3020—3021页。

又如哀帝建平二年（前5），“（朱）博迁为丞相，复与御史大夫赵玄奏言：‘……（关内侯师）丹恶逆暴著，虽蒙赦令，不宜有爵邑，请免为庶人。’奏可”①。另外哀帝元寿二年（前1），“哀帝崩，大司徒孔光奏‘（中郎谒者关内侯张）由前诬告骨肉，（中太仆史）立陷人入大辟，为国家结怨于天下，以取秩迁，获爵邑，幸蒙赦令，请免为庶人，徙合浦’云”②。西汉关内侯免为庶人（或夺爵为士伍）可考者集中于西汉中后期，不仅经历了从皇帝主导到权臣支配的过程，而且体现了统治集团的政治矛盾与权力斗争趋于激化。

汉代关内侯呈现爵位变动性的群体特征，既反映了关内侯群体经济权益、政治身份与社会等级地位的演变，又体现了皇权对高爵阶层限制和利用并存的政策。汉代关内侯的爵位变动经历了从皇帝主导到权臣支配的过程，并在各个阶段呈现不同的社会功能。频繁的爵位变动成为两汉皇帝对关内侯群体实施政治管理和身份控制的一项措施，不仅有助于维持高爵阶层及统治集团的生命力，而且发挥了加强皇权、维护社会稳定、维持统治秩序、巩固政权基础、增强统治集团凝聚力与推动社会阶层流动的社会功能。

四、结局复杂化

汉代关内侯呈现结局复杂化的群体特征，既反映了高爵群体的分化和重新组合，又体现了政局变迁、统治秩序调整、统治集团发展与社会等级结构演变。两汉部分关内侯病逝于家中，或病逝于官职任上。例如，“（右曹典属国关内侯苏）武年八十余，（宣帝）神爵二年病卒”③。另如东汉光武帝建武三年（27），“（关内侯杨音）与徐宣俱归乡里，卒于家”。④ 再如光武帝时期，“（武都太守关内侯孔）奋以（弟孔）奇经明当仕，上病去官，守约乡闾，卒于家”⑤。又如，“（献帝）建安六年，（光

① 《汉书》卷八六《师丹传》，第3509页。
② 《汉书》卷九七下《外戚传下·孝元冯昭仪传》，第4007页。
③ 《汉书》卷五四《苏建传》，第2468页。
④ 《后汉书》卷一一《刘盆子传》，第486页。
⑤ 《后汉书》卷三一《孔奋传》，第1099页。

禄勋关内侯桓典）卒官”①。

另外，两汉部分关内侯因犯罪或政治斗争而失败者免为庶人（或夺爵为士伍）、徙边、施以死刑。这一政治现象不仅反映了汉代刑罚与权力斗争的严酷性，而且体现了统治矛盾斗争趋于激化。例如，“宣帝恶之。下（京兆尹关内侯）广汉廷尉狱，又坐贼杀不辜，鞠狱故不以实，擅斥除骑士乏军兴数罪。天子可其奏。……（赵）广汉竟坐要斩”②。另如哀帝元寿二年，因得罪大司马王莽，“孔乡侯傅晏、少府（关内侯）董恭等皆免官爵，徙合浦”③。再如哀帝元寿二年，“哀帝崩，大司徒孔光奏‘（中郎谒者关内侯张）由前诬告骨肉，（中太仆史）立陷人入大辟，为国家结怨于天下，以取秩迁，获爵邑，幸蒙赦令，请免为庶人，徙合浦’云”④。又如，“（东汉光武帝建武二十）夏四月庚辰，大司徒（关内侯）戴涉下狱死”，李贤注引《古今注》曰：“坐入故太仓令奚涉罪。”⑤

此外，西汉少数关内侯因权臣报复而死于非命。如武帝元狩五年（前118），“（郎中令关内侯李）敢从上雍，至甘泉宫猎。骠骑将军（霍）去病与青有亲，射杀敢”⑥。

五、鲜明时代性

中国古代关内侯的演变过程问题比较复杂，历时近千年之久。汉代关内侯从历史上可以追溯到西周时期的附庸⑦，作为一种爵位名称起源于

---

① 《后汉书》卷三七《桓荣传》，第1258页。

② 《汉书》卷七六《赵广汉传》，第3205页。

③ 《汉书》卷一二《平帝纪》，第347页。

④ 《汉书》卷九七下《外戚传下·孝元冯昭仪传》，第4007页。

⑤ 《后汉书》卷一下《光武帝纪下》，第72页。

⑥ 《史记》卷一一一《卫将军列传》，第3553页。

⑦ “不能五十里，不达于天子，附于诸侯曰附庸。”（〔汉〕赵岐注，〔宋〕孙奭疏：《孟子注疏》卷一〇《万章章句下》，收入〔清〕阮元校刻：《十三经注疏》，北京：中华书局，2009年，第219页。）

战国时期[①]。关内侯在秦代改称伦侯[②]，在西汉中前期改称关内侯。关内侯于西汉末年、新朝改称附城[③]，盛行于汉代，沿用至魏晋南朝[④]。

关内侯是秦汉二十等爵制中的第十九级爵位，其经济权益、政治身份和社会等级地位仅次于列侯。汉代关内侯具有鲜明的阶段性和时代特征，在中国古代关内侯演变过程中具有承上启下的重要历史地位。汉代关内侯不仅继承秦代伦侯并有所发展，而且对魏晋南朝关内侯的变迁产生了深远影响。朱绍侯先生认为："（汉代）军功爵制中的侯级爵（列侯、关内侯），则为以后历朝历代政权所沿用，其影响和作用不容低

---

① 如周赧王二十二年（前293），"对曰：'（魏昭）王不若与窦屡关内侯，而令赵。王重其行而厚奉之。'"（〔汉〕刘向集录，范祥雍笺证，范邦瑾协校：《战国策笺证》卷二二《魏策一·秦败东周与魏战于伊阙》，上海：上海古籍出版社，2006年，第1302页）另如《史记》卷九《吕太后本纪》集解引《风俗通义》曰："秦时六国未平，将帅皆家关中，故称关内侯。"（司马迁：《史记》卷九《吕太后本纪》，第515页）此外，《墨子间诂》卷一五《号令篇》、《韩非子集解》卷一九《显学》、《史记》卷七八《春申君列传》均出现"关内侯"这一爵位名称。

② 例如，"内侯为（轮侯）伦侯"。（陈伟主编：《里耶秦简校释》第一卷，武汉：武汉大学出版社，2012年，第156页）另如秦始皇二十八年（前219），琅邪石刻载："列侯武城侯王离、列侯通武侯王贲、伦侯建成侯赵亥、伦侯昌武侯成、伦侯武信侯冯毋择、丞相隗林、丞相王绾、卿李斯、卿王戊、五大夫赵婴、五大夫杨樛从，与议于海上。"（《史记》卷六《秦始皇本纪》，第316页）朱绍侯先生的《统一后秦帝国的二十级军功爵制》［收入《军功爵制考论（增订版）》，北京：商务印书馆，2017年版］认为从伦侯无封邑及地位低于彻侯的特点来考虑，伦侯是秦代关内侯的别称或正称，汉代才改称关内侯。侯彬先生的《秦"伦侯"爵考》（《陕西职业技术学院学报》2014年第3期），认为秦代二十等爵制中有侯爵三等，"伦侯"位处列侯之下、关内侯之上，爵列第十九级，有封邑。曹骥先生的《秦代爵位继承试探》（《陕西理工学院学报》2015年第3期）认为关内侯在最初产生时称内侯，至秦始皇统一六国之际改称伦侯（轮侯），至秦汉之际或汉代则被称为关内侯。学术界关于秦代伦侯与关内侯的关系尚存在一定争议，本课题采用朱绍侯先生的观点。

③ 如西汉孺子婴居摄三年（8），"当赐爵关内侯者更名曰附城"。（《汉书》卷九九上《王莽传上》，第4089页）另如《汉书》卷九九中《王莽传中》载新莽始建国四年（12），王莽下书曰："附城大者食邑九成，众户九百，土方三十里。自九以下，降杀以两，至于一成。"（第4128页）学术界关于新朝"附城"问题的研究，参见庄小霞：《释新莽"附城"爵称》，《历史研究》2006年第2期，后收入庄小霞：《释新莽"附城"爵称》，载孙家洲主编：《额济纳汉简释文校本》，北京：文物出版社，2007年，第207—209页。

④ 如唐代学者杜佑认为："魏，王、公、侯、伯、子、男，次县侯，次乡侯，次亭侯，次关内侯，凡九等。晋亦有王、公、侯、伯、子、男，又有开国郡公、县公、郡侯、县侯、伯、子、男及乡亭、关内等侯，凡十五等。"（〔唐〕杜佑撰，王文锦等点校：《通典》卷一九《职官一·封爵》，北京：中华书局，1988年，第487页）另如清代学者俞正燮认为："关内侯惟南朝有之，隋平陈，遂不用关内侯爵。"（〔清〕俞正燮撰，于石、马君骅、诸伟奇点校：《俞正燮全集》第一卷《癸巳类稿》卷一一《关内侯说》，合肥：黄山书社，2005年，第5页）

估。”[①] 伴随政局演变和社会等级结构调整，魏晋南朝关内侯的社会等级地位与政治影响均较低。如唐代学者杜佑认为：“魏，王、公、侯、伯、子、男，次县侯，次乡侯，次亭侯，次关内侯，凡九等。晋亦有王、公、侯、伯、子、男，又有开国郡公、县公、郡侯、县侯、伯、子、男及乡亭、关内等侯，凡十五等。”[②] 关内侯是汉代高爵群体与统治集团的重要组成部分，政治身份和社会等级地位较高、规模较大并享有比较丰厚的经济权益。两汉关内侯逐步由贵族爵向官爵转化，由普遍享有食邑向一般不可拥有食邑转化，爵位由可以世袭向大多不可继承转化。

结　语

综上所述，与诸侯王、列侯和卿爵相比，汉代关内侯呈现阶段性、严格等级化、爵位变动性、结局复杂化与鲜明时代性的群体特征。两汉关内侯的群体特征不仅反映了高爵阶层经济权益、社会等级地位和政治影响的演变，而且体现了政局变迁、统治秩序变动与社会等级结构调整。

汉代关内侯的群体特征取决于权力运行机制，关内侯的演变过程呈现阶段性的群体特征。汉代关内侯的演变过程可以划分为西汉前期、西汉中后期、东汉前期、东汉中后期四个阶段，分别是确立和兴盛时期、转折时期、复兴时期、衰落时期。在大规模战争频繁发生的两汉初期、汉武帝时期和东汉献帝时期，功臣成为赐爵关内侯的重要对象。而两汉中后期的宗室、外戚、宦官、帝师成为赐爵关内侯的重要对象，主要作为维护统治集团成员经济权益、社会等级地位与政治影响的工具而存在。

汉代关内侯的经济权益、政治身份和社会等级地位低于列侯，呈现严格等级化的群体特征。这一政治现象不仅反映了有爵者社会等级地位和政治影响的差别，而且体现了皇权重视维持统治秩序与调整社会等级结构。

汉代关内侯呈现爵位变动性的群体特征，以关内侯进爵列侯为主导，并以西汉部分关内侯免为庶人（或夺爵为士伍）作为补充形式。西汉关

① 朱绍侯：《后记》，《军功爵制考论（增订版）》，北京：商务印书馆，2017 年，第 507 页。

② 〔唐〕杜佑撰，王文锦等点校：《通典》卷一九《职官一・封爵》，北京：中华书局，1988 年，第 487 页。

内侯的爵位变动表现频繁，而东汉关内侯的爵位变动相对较少并集中于献帝时期。汉代关内侯呈现爵位变动性的群体特征，既反映了关内侯经济权益、社会等级地位与政治影响的演变，又体现了皇权对高爵群体限制和利用并存的政策。汉代关内侯的爵位变动经历了从皇帝主导到权臣支配的过程，并在各个阶段发挥了不同的社会功能。

两汉关内侯呈现结局复杂化的群体特征，既反映了高爵群体的分化和重新组合，又体现了政局变迁与社会等级秩序调整。汉代关内侯大多病逝于家中或官职任上，少数关内侯因犯罪、连坐、政权更迭或政治斗争而失败者免为庶人（或夺爵为士伍）、徙边、自杀或施以死刑，少数关内侯因权臣报复而死于非命。

两汉关内侯在中国古代关内侯的演变过程中呈现承前启后的重要历史地位，呈现鲜明时代性的群体特征。汉代关内侯不仅继承秦代伦侯并有所发展，而且对魏晋南朝关内侯的变迁产生了深远影响。关内侯是两汉社会等级结构的重要组成部分，政治身份和社会等级地位较高、规模较大并享有比较丰厚的经济权益。汉代关内侯由贵族爵向官爵转化，由普遍食邑向大多不可拥有食邑转变，爵位由可以世袭向大多不可继承转化。

A Study on the Group Characteristics of the Marquis of Guannei in the Han Dynasty

SHI Binbin

Abstract: Compared with Imperial Marquis, Adjunct Marquis and Chamberlains, the Marquis of Guannei was characterized by periodization, strict hierarchy, rank mobility and different endings in the Han dynasty. The group characteristics of the Marquis of Guannei, which evolved in stages, hinged on the power operation mechanism. The economic rights, political status and social rank status of Guannei Marquis in the Han Dynasty were lower than those of Adjunct Marquis, which proved the strict hierarchy. The rank of the Guannei Marquis could be changed, being promoted as Adjunct Marquis, reduced to common people or stripped as soldiers. The disparate endings of Han' s Marquis of Guannei reflected the differentiation and recombination of higher-rank officials and the political changes and readjustment of social hierarchy. During the evolution of the Guannei Marquis in ancient China, Han’ s Marquis of Guannei served as a link between past and future, showing its importance with distinct group characteristics of the times.

Keywords: the Han Dynasty; Marquis of Guannei; group characteristics

〔师彬彬（1986— ），男，河北邢台人，许昌学院魏晋文化研究所讲师，历史学博士，主要研究方向为秦汉三国史、颍川历史文化〕

辽朝竖世佛信仰探论*

鞠　贺

（东北大学秦皇岛分校马克思主义学院）

摘　要：辽人普遍崇奉佛教，但诸佛在辽朝的流行程度并不尽相同。在竖世诸佛中，释迦牟尼佛信仰最为流行，其次为定光佛，最后为弥勒佛。较能体现佛教时间观念的七佛信仰在辽朝也盛行一时。弥勒佛信仰虽影响微弱，但弥勒菩萨信仰在辽朝却较为流行。竖世佛信仰是辽朝佛教信仰的重要组成部分。

关键词：辽朝；竖世佛；释迦佛

辽朝的佛、菩萨崇拜与信仰同北朝、隋唐存在不同取向。佛教并非一神崇拜宗教。佛教虽由释迦牟尼佛创立，但在佛教信仰中，存在着诸多佛、菩萨形象，都是佛教信徒信奉的主要对象。辽朝佛教信徒的佛、菩萨崇拜对象众多，但诸佛的流行程度不尽相同。本文将以时间为主线存在的佛称为竖世佛。以时间为主线，娑婆世界曾存在毗婆尸佛、尸弃佛、毗舍浮佛、拘留孙佛、拘那含牟尼佛、迦叶佛等佛，与现在佛释迦牟尼佛合称七佛，未来世还会出现弥勒佛。诸佛得到了辽朝佛教信徒不同程度的信奉。

---

* 本文为辽宁省社会科学规划基金项目“10—13世纪辽宁地区佛教与民族共同体意识关系研究”（L21CMA002）阶段性研究成果。

一、七佛及定光佛

七佛及定光佛信仰集中体现了辽朝佛教信徒对过去诸佛及释迦牟尼佛的崇拜，但将释迦牟尼佛作为七佛的一部分，则可知七佛信仰更突出了对过去世诸佛的信仰与重视。

在辽朝的佛塔、佛教造像和出土碑刻中经常会有七佛的出现。谷赟指出“庆州白塔相轮樘内的 108 座木雕法舍利塔中，100 多座塔都是有七佛图像的木雕法舍利塔”[①]。此外，在辽宁易县奉国寺也存在七佛造像，有学者认为奉国寺“七佛像，高大庄严，端坐在须弥座上，合座高达八米以上，极为壮丽。虽经后代重妆，但塑像仍保持着权衡匀整、神态慈祥的风格，较大同华严寺薄伽教藏殿的辽塑略显柔逸”[②]。而在统和二年（984）《朝阳南塔定光佛舍利铭记》中，也体现出了七佛信仰的色彩。碑刻载“七佛垂福禄之恩”[③]，在撰写者看来，七佛可以带来福禄，蕴含了对七佛的崇拜和信仰。咸雍八年（1072）《创建静安寺碑铭》载“中其殿，则曼荼罗坛，洎过未七佛明□高僧之像存焉”[④]。大安八年（1092）《觉花岛海云寺空通山悟寂院塔记》载“觉花岛海云寺空通山悟寂院创建舍利塔，于地宫内安置八角石藏于上。并镌诸杂陀罗尼造塔功德经九圣八明王八塔各名，及偈一百二十贤圣五佛七佛名号”[⑤]，亦均有七佛之名号。大康四年（1078）文慧大师撰写《秦德昌墓志》，在墓志中提到秦德昌夫人李氏信奉佛教，“执志净行三十年，安居禁足三十夏”。碑文撰写者还曾“见夫人所造七佛石像”[⑥]。李氏夫人施财造七佛像，表明其信奉七佛。大安二年《觉相等建经幢记》中也有名为“七佛奴”[⑦]的信徒出现，以“七佛”命名，体现了对过去六佛及释迦牟尼佛的信奉。

---

① 谷赟：《辽塔研究》，中央美术学院博士学位论文，2013 年，第 63 页。

② 杜仙洲：《易县奉国寺大雄殿调查报告》，《文物》1961 年第 2 期。

③ 向南、张国庆、李宇峰辑注：《辽代石刻文续编》，沈阳：辽宁人民出版社，2010 年，第 22 页。

④ 向南：《辽代石刻文编》，石家庄：河北教育出版社，1995 年，第 361 页。

⑤ 《辽代石刻文编》，第 451 页。

⑥ 《辽代石刻文续编》，第 167 页。

⑦ 《辽代石刻文续编》，第 183 页。

定光佛又作锭光佛、燃灯佛，是过去六佛以外的过去世诸佛之一。《佛说太子瑞应本起经》记载定光佛曾为释迦佛授记，曰：“九十一劫，劫号为贤，汝当作佛，名释迦文。”[①] 定光佛得到释迦牟尼佛的敬重和供养，并预言释迦牟尼将在未来成佛。这也是辽朝佛教信徒尊奉定光佛的主要原因之一，即其曾于过去世为娑婆世界的现任教主释迦牟尼佛授记，且备受释迦牟尼佛的敬重。在出土辽碑中，也有辽朝佛教信徒对这一佛教典故的反映，如乾统三年（1103）《故花严法师刺血办义经碑》提到“降护明之神，契燃灯之记”[②]，突出了定光佛在佛教上的历史功绩。

辽朝佛教信徒对定光佛的崇拜，还表现在对定光佛舍利的供奉上。在辽朝，对定光佛舍利的崇拜风行一时。如统和二年《朝阳南塔定光佛舍利铭记》载信徒在南塔地宫中“藏释迦佛舍利一尊，定光佛舍利一十八粒”[③]。佛教信徒同时供奉释迦佛舍利和定光佛舍利。天庆二年（1112）《释迦定光二佛舍利塔记》载信徒“拆至十檐，获定光佛舍利六百余颗。至地宫内，获释迦佛舍利一千三百余颗”[④]。在同一塔内的不同位置同时发现释迦佛舍利和定光佛舍利。开泰二年（1013）《净光舍利塔经幢记》载其所藏舍利中，包括“定光佛舍利五尊”[⑤]。清宁二年（1056）《涿州超化寺诵法华经沙门法慈修建实录》载有“定光佛舍利塔一所，三檐八角”[⑥]。另有清宁四年《蓟县白塔石函记》载“中京留守兼侍中韩知白葬定光佛舍利一十四尊”[⑦]，表明韩知白崇奉定光佛，且单独供奉定光佛舍利。此外，从辽朝人的名字中也可以看出辽朝佛教信徒的定光佛信仰。如大安十年《耶律智先墓志》载耶律智先有姊妹“适奚王帐定光奴郎君”[⑧]。重熙十三年（1044）《沈阳塔湾无垢净光舍利塔石函记》中出现“定光女”和“定光奴”[⑨]。以上名字中均带有“定光”二

---

① 〔三国〕支谦译：《佛说太子瑞应本起经》（卷上），载《大正新修大藏经》（第 3 卷），东京：大正新修大藏经刊行会，昭和三十九年（1964），第 473 页。

② 《辽代石刻文编》，第 535 页。

③ 《辽代石刻文续编》，第 22 页。

④ 《辽代石刻文编》，第 628 页。

⑤ 《辽代石刻文续编》，第 54 页。

⑥ 《辽代石刻文编》，第 277 页。

⑦ 《辽代石刻文续编》，第 115 页。

⑧ 《辽代石刻文续编》，第 223 页。

⑨ 《辽代石刻文续编》，第 354、355 页。

字，显然是受到定光佛信仰的影响。

根据以上内容我们可以得知，定光佛为过去世诸佛之一，并曾经为释迦牟尼佛授记。因此，定光佛在辽朝有一定的信众基础。

二、释迦牟尼佛及弥勒佛

辽朝佛教信徒对释迦牟尼佛的信奉程度远远超过对定光佛的崇拜。释迦牟尼佛作为历史人物，首创佛教。正是因其创立了佛教，佛本生故事又经过佛教内部的不断调整和信徒的加工润色，才有了释迦牟尼佛前世的种种经历，包括接受定光佛的授记。释迦牟尼佛是辽朝佛教信徒最为尊奉的对象。

据《辽史·宗室传》载："时太祖问侍臣曰：'受命之君，当事天敬神。有大功德者，朕欲祀之，何先？'皆以佛对。太祖曰：'佛非中国教。'倍曰：'孔子大圣，万世所尊，宜先。'太祖大悦，即建孔子庙，诏皇太子春秋释奠。"① 史料中提到的佛即指代释迦牟尼佛，群臣认为释迦牟尼佛开创佛教，是有大功德者。因释迦牟尼佛为印度次大陆迦毗罗卫国人，故辽太祖以"非中国"为借口加以拒绝。但从这段史料中仍然可以看出，释迦牟尼佛在这次讨论中已经得到了多数人的认可，而这种认可正是基于对释迦牟尼佛的崇拜与信奉。同对定光佛的信奉形式具有一定的相似性，辽朝佛教信徒信奉释迦牟尼佛的表现形式之一就是舍利崇拜。辽朝佛教信徒中流行着对释迦牟尼佛舍利的崇拜。

天禄三年（949）《仙露寺葬舍利佛牙石匣记》载清珦曾获得"释迦舍利辟支佛牙"，"临迁化时，将舍利佛牙付仙露寺讲维摩经比丘尼定徽建窣堵波。寻具表奏闻，大辽皇帝降宣头一道，钱三百贯，以充资助"②。此次所藏为释迦牟尼佛佛牙舍利，得到了辽朝皇帝的支持。辽朝皇帝通过自己的实际行动，表达了对释迦牟尼佛的崇拜和信奉。重熙十八年《庆州白塔螭首造像建塔碑》载"南阎浮提大契丹国章圣皇太后特建。释迦佛舍利塔自重熙十六年二月十五日启土开撅地宫，四月十

① 〔元〕脱脱等：《辽史》卷七二《宗室传》，北京：中华书局，2016 年，第 1333—1334 页。
② 《辽代石刻文编》，第 4 页。

七日下葬舍利，积功至十八年六月十五日及第七级，并随级内葬讫舍利”[①]。章圣皇太后即辽兴宗之母钦哀皇后，刻意在庆州建白塔，安放释迦牟尼佛舍利。《辽史》载辽道宗也曾于咸雍八年“置佛骨于招仙浮图”[②]。由此可知，辽朝皇室对于释迦牟尼佛舍利的崇拜并不是偶然现象，而是跨时代的。

民间邑社也通过提炼舍利的方式，表达对释迦牟尼佛的信奉。如大安十年《靳信等邑众造塔记》载“今则我释迦佛舍利者，如来玄远隩义穷无不尽。天地而堪倚堪托，万类而悉皆从顺。实燕京析津府涿州范阳县任和乡永乐里螺钹邑众，先去大安三年二月十五，兴供养三昼夜。火灭已后，邑长靳信等收得舍利数颗”[③]。永乐里螺钹邑邑众提炼释迦牟尼佛舍利，历时三日，最终得到数颗舍利。提炼舍利的最终目的是供奉舍利，大抵是因为财力有限，此次提炼的释迦佛舍利并未得到及时妥善的安置。“至第三年，有当村念佛邑等二十余人，广备信心，累世层供养诸佛。各抽有限之财，同证无为之果。”[④] 同在永乐里，尚存在念佛邑。净土宗又称净土念佛宗，此念佛邑应是以持念阿弥陀佛名号为主并尊奉阿弥陀佛的净土宗邑社。可知，螺钹邑以信奉娑婆世界教主释迦牟尼佛为主，念佛邑则以信奉西方极乐世界阿弥陀佛为主。但是这并不影响念佛邑邑众信奉释迦牟尼佛。二者不可完全隔离，且存在主次之别，这也体现了辽朝佛教信徒多佛崇拜的特点。由此亦可见，信徒提炼或供奉释迦牟尼佛舍利的同时，常会得到其他邑社或个人的帮助，前文提到的念佛邑即是典型代表。再如乾统七年《沈阳崇寿寺塔地宫石函记》载佛教信徒“于州北三岐道侧寺前起建释迦佛生天舍利塔。”在石涵左侧刻有“生天塔邑众”的姓名，在石涵右侧则罗列了“钟楼邑众”的姓名[⑤]。这表明钟楼邑众亦参与了释迦佛生天舍利塔的修建。

这种以舍利崇拜为外在表现形式的释迦牟尼佛信仰在永乐村螺钹邑延续了下来。天庆十年《永乐村感应舍利石塔记》载永乐村“后辈螺钹

① 《辽代石刻文续编》，第 98 页。
② 《辽史》卷二二《道宗纪二》，第 307 页。
③ 《辽代石刻文编》，第 427 页。
④ 《辽代石刻文编》，第 427 页。
⑤ 《辽代石刻文续编》，第 256 页。

邑众韩师严等，欲继前风，以垂后善。天庆九年二月十五日，亦兴圆寂道场七昼夜，依前造像”①。永乐村韩师严等人传承了大安年间靳信造释迦牟尼佛像提炼舍利的方式，表明释迦牟尼佛信仰一直很兴盛。常峥嵘认为圆寂道场是指“于佛涅槃日，模拟佛陀涅槃及荼毗得舍利之场景，焚化画佛或纸佛而得舍利”②。此外，大安七年《慧峰寺供塔记》中也提到“即于其年二月望，就其□特建圆寂道场”，“于每年春仲白月满时，恒建如是道场，以备如是供养”③。碑刻中虽未提及办圆寂道场的具体内容和流程，推测应与永乐村所办道场相同，慧峰寺将每年二月兴办圆寂道场作为定式保留了下来。

除以上外，庆释迦牟尼佛诞辰在辽朝也很流行，体现了辽朝佛教信徒对这位信仰对象的重视。《辽史》载“二月八日为悉达太子生辰，京府及诸州雕木为像，仪仗、百戏导从，循城为乐。悉达太子者，西域净梵王子，姓瞿昙氏，名释迦牟尼。以其觉性，称之曰佛”④。从“京府及诸州雕木为像”来看，为释迦牟尼佛庆生应该是全国性的宗教及娱乐活动。另有应历十五年（965）《重修范阳白带山云居寺碑》载“风俗以四月八日，共庆佛生”⑤。乾统十年《云居寺供塔灯邑碑》载灯塔邑邑众“于佛诞之辰，炉香盘食，以供其所。花果并陈，螺梵交响，若缁若素，无不响应，郁郁纷纷，若斯之盛也”⑥。在辽朝燕京易州兴国寺甚至还存在“太子诞圣邑”。其邑长“常思诞圣之辰，拟兴供养一身。虽谨欲利多人，继年于四月八日，诵经于七处九会。或赍持于缯盖幢幡，或备其香花灯烛，或歌声赞呗”⑦，太子诞圣邑是与释迦牟尼佛诞辰直接相关的邑社，根据这段史料，也可推测太子诞圣邑的宗教活动应该只是在每年释迦牟

① 《辽代石刻文编》，第 679 页。
② 常峥嵘：《辽代圆寂道场述论》，《宗教学研究》2016 年第 3 期。
③ 《辽代石刻文编》，第 433、434 页。
④ 《辽史》卷五三《礼志六》，第 974 页。
⑤ 《辽代石刻文编》，第 33 页。
⑥ 《辽代石刻文编》，第 615 页。
⑦ 《辽代石刻文编》，第 486 页。

尼佛诞辰举行[①]，用鲜花香烛和歌声赞呗来供养释迦牟尼佛，此外，还集体诵经。

根据以上可知，辽朝佛教信徒会在释迦牟尼佛诞辰举办庆祝活动，这种庆祝活动往往集佛教的仪式性和娱乐性于一身，且参与者众多，很可能对非佛教信徒也有着强大的吸引力。根据“京府及诸州雕木为像”这样的记载来看，庆祝佛陀生辰似乎也充满了被官方承认的意味。

对释迦牟尼佛的崇拜与信仰还体现在辽碑中对其进行的赞美和歌颂上。如天庆六年《灵感寺释迦佛舍利塔碑铭》提到“得不生不灭者，唯释迦而已。故超然特立于群圣之上，可谓天人师者也”[②]。碑刻中认为释迦牟尼佛已经达到佛教最高的境界，其地位与贡献超越一切圣贤。大安七年《慧峰寺供塔记》则载“惟佛法身，本离名相，然其应物，无不现形。故我释迦文为度娑婆界，当其出现，则转彼法轮”[③]。释迦牟尼佛为度化娑婆世界大宣佛法，拯救愚妄众生。碑文对释迦牟尼佛进行直接赞美，暗示了释迦牟尼佛对整个世界的重大意义。

除了以上三个方面，辽朝遗存下来的应县木塔最能体现出辽朝的释迦牟尼佛信仰。“木塔的正名为释迦塔，所以上下五层所供养以释迦像为主”[④]。罗炤认为“这些佛像的种类和系统基本上反映了建塔之时以及后世维修时的主流信仰”[⑤]。根据以上几个方面，我们可以得知，作为佛教的创始人，释迦牟尼佛在辽朝拥有广泛的信众基础，在各方面都可以透视出信众对释迦牟尼佛开创佛教，并以佛法度化世人而产生的崇拜心理。

需要指出的是，作为释迦牟尼佛法身佛的毗卢遮那佛也是辽朝佛教

① 关于释迦牟尼佛的生辰，存在二月八日和四月八日两种不同说法。林荣贵指出：“中国佛生日之定于2月8日者，乃是对于印度佛生日吠舍佉月（2月）8日的照搬采用；定于4月8日者，则是古代中国人认为印度历立正与周历立正同，以建子11月为正月，4月8日实则相当于夏历2月8日。”“辽朝的既定佛庆必是两个生日兼行。”（林荣贵：《辽朝的佛庆制问题及北疆与中原的佛教关系》，载林荣贵：《中国古代疆域研究自选集》，北京：中国社会科学出版社，2015年，第192、193页）陈晓伟认为辽朝所谓二月初八佛诞日乃为元朝史官根据元朝二月初八于京城迎佛习俗臆改。（《试探辽朝佛诞二重体制说》，《世界宗教研究》2022年第9期）

② 《辽代石刻文编》，第661页。

③ 《辽代石刻文编》，第433页。

④ 梁思成：《山西应县佛宫寺辽释迦木塔》，《建筑创作》2006年第4期。

⑤ 罗炤：《应县木塔塑像的宗教崇拜体系》，载中山大学艺术研究中心编：《艺术史研究》（第12辑），广州：中山大学出版社，2010年，第189页。

信徒的崇拜对象之一。毗卢遮那佛，又称大日如来，作为密宗尊奉的主尊，被佛教信徒视为是佛法的化身。辽朝后期，密宗崛起，成为显赫一时的佛教宗派。辽朝佛教信徒对毗卢遮那佛的信奉可能因此而兴起。密宗经典，同时也是宣传毗卢遮那佛的经典《大毗卢遮那成佛神变加持经》，在辽后期因得到统治阶层的支持，而获得较大发展。道宗时，敕令密宗大师觉苑编纂《大毗卢遮那成佛神变加持经义释演密钞》，毗卢遮那佛因此得到进一步的推广和流布。此外，在辽后期，华严宗也在众多宗派中脱颖而出，出现大批有关于华严宗经典《华严经》的相关著述，就连辽道宗也著有不止一部关于《华严经》的著作[①]。因此，《华严经》在辽朝的流布范围相当广泛。而《华严经》中所谓的“华严三圣”为毗卢遮那佛、文殊及普贤二位菩萨。或可据此推测，依托于《大毗卢遮那成佛神变加持经义释演密钞》和《华严经》的流布，毗卢遮那佛信仰会争取到更多的信众。

在辽塔中也常会有毗卢遮那佛形象的出现。如锦州广济寺塔、崇兴寺西塔、义县广胜寺塔三例辽塔均在正面安置毗卢遮那佛像，另外七面雕刻毗卢遮那佛统摄的过去七佛像[②]。在辽宁朝阳北塔和山西应县木塔中，都有以毗卢遮那为中心的金刚界四方佛[③]的存在。四方佛或见于以塑像为形式的塔中，或见于以雕刻、绘画为形式的塔身。但无论是在朝阳北塔还是应县佛宫寺木塔，毗卢遮那均未与四方佛同时出现。对此，罗炤做出解释，“凡属汉传密教佛塔，其塔本身即代表毗卢遮那佛。因此应县木塔第三层无须，也不应当在坛的中央塑造毗卢遮那佛像”，“朝阳北塔的塔身上也没有毗卢遮那佛像，道理相同”[④]。可知，即使不见有毗卢遮那佛形象的存在，碑刻中也鲜有毗卢遮那佛的出现，但其影响力也不可忽视。

---

① 参见《辽史》卷二二《道宗纪二》及卷二三《道宗纪三》，第 303、312 页。

② 于博：《辽代七佛造像研究——以辽宁义县奉国寺大雄殿七佛为中心》，首都师范大学硕士学位论文，2013 年，第 38 页。

③ 金刚界四方佛为东方为阿閦佛、西方阿弥陀佛、南方宝生佛和北方为不空成就佛。其中宝生佛和不空成就佛不见单独出现。

④ 罗炤：《应县木塔塑像的宗教崇拜体系》，载中山大学艺术史研究中心编：《艺术史研究》（第 12 辑），广州：中山大学出版社，2010 年，第 196 页。

此外，刘达科、周齐等人还认为炽盛光佛信仰在辽朝也较为流行。[①]炽圣光为释迦牟尼佛的教令轮身[②]，也出现于辽碑和辽塔中。大康七年《义丰县卧如院碑记》载“备炽盛之九曜”[③]。《办集胜事碑》中也出现信徒念“炽盛光真言一千四百遍”[④]的记载。在山西应县木塔第四层中还有《佛说炽圣光降九曜星官房宿相》的出现[⑤]。可知，辽朝也存在炽盛光佛信仰。

以时间为主线的佛信仰，可以归为竖世佛信仰。即在释迦牟尼前，刻画出诸佛，一并加以崇拜和信奉。但毫无疑问，辽朝佛教信徒对于释迦牟尼佛悟道、成佛、涅槃等历史事实乃至于佛本生故事都是非常了解的。释迦牟尼佛又为当前娑婆世界的教主。因此，释迦牟尼佛备受辽朝佛教信徒的推崇，受信奉程度超越过去世诸佛，这一点从辽朝所办与释迦牟尼佛相关宗教活动的规模和频率上并不难看出。

在释迦牟尼佛之后，由弥勒作为释迦牟尼佛的后继者度化信众。但弥勒佛信仰在辽朝却始终处于衰弱状态。相比之下，弥勒菩萨信仰在辽朝则较为流行，尤其体现在民间信徒中[⑥]，弥勒菩萨崇拜与信仰同末法观念息息相关。在出土辽朝碑中，其他竖世佛出现频率也都高于弥勒佛。在辽朝佛教信徒崇拜的竖世诸佛中，弥勒佛并未占据优势地位。

结　语

竖世诸佛在辽朝流行程度不尽相同，也与北朝、隋唐等朝代存在较大差异，体现出了辽朝佛教信仰自身的特色。辽朝佛教信徒深受佛教时间观念影响，燃灯佛虽为过去佛且并非七佛之一，但在佛经的宣传中曾

---

① 刘达科：《佛禅与辽金文人》，《江苏大学学报（社会科学版）》2009年第6期。周齐：《邑社及辽代民间佛教信仰的社会生活化之浏览与反思》，《佛学研究》2014年总第23期。

② 本地之佛体，为自性轮身，现菩萨之身为正法轮身，现明王忿怒之相为教令轮身。（参见丁保福《佛学大辞典》）

③ 《辽代石刻文编》，第396页。

④ 《辽代石刻文续编》，第317页。

⑤ 李翎：《辽代佛造像的基本特征——以应县木塔所出佛像为例》，载温金玉主编：《释迦塔与中国佛教》，北京：宗教文化出版社，2009年，第326页。

⑥ 参见拙作《辽朝净土信仰研究》，载姜锡东主编：《宋史研究论丛》（第26辑），北京：科学出版社，2020年，第486页。

为释迦佛授记，因此得到信徒的追捧和信奉。弥勒佛则因是久远的未来世佛，加之并未受到辽朝统治阶层的支持，因此并不流行。而弥勒菩萨则拥有一批信众。佛、菩萨等偶像崇拜，是辽朝佛教信仰的主要表现形式之一，极大地丰富了辽朝人的精神世界，成为辽朝佛教信徒的主要精神寄托。在辽宁易县奉国寺及分布在中国北方各地的辽塔等均可见辽朝竖世佛信仰色彩。可以说，竖世佛信仰在满足信众精神需求的同时，也对辽朝的雕刻艺术产生了积极影响。

A Study on the Belief of Shushi Buddha in the Liao Dynasty

JU He

Abstract: People of the Liao Dynasty generally believed in Buddhism. Various Buddhas didn' t enjoy the same popularity, among which the Sakyamuni Buddha was the most popular Buddha, the second being Dingguang Buddha and the last Maitreya Buddha. The seven buddhas belief, which can reflect the time concept of Buddhist, was also popular in the Liao Dynasty. Although the Maitreya Buddha belief had a weak influence, the Maitreya Bodhisattva worship prevailed in the Liao Dynasty. The Shushi Buddha belief was an important component of the Buddhist belief in the Liao Dynasty.

Keywords: the Liao Dynasty; Shushi Buddha; Sakyamuni Buddha

〔鞠贺（1992— ），男，吉林公主岭人，东北大学秦皇岛分校讲师，历史学博士，研究方向为北方民族史〕

论10世纪契丹南下的战术与后勤*

洪　纬

（火箭军工程大学政治系）

摘　要：辽太宗时期，随着南下的频繁与汉军的加入，契丹军队在战术与后勤上开始朝着中原化的方向发展，这无疑帮助契丹在南下战事中占据更大的优势。但随着太宗后契丹战术革新的缓慢，以及后勤制度化的不彻底，原本具有战术优势的契丹军队，在面对刚刚经历统一战争的宋军时则未能再现太宗时期的雄风。

关键字：契丹；战术；后勤

辽太宗南灭石晋后，契丹长期的南下军事经略大多裹足不前。这一军事现象，除受南下目的的影响外，契丹军事战术与后勤的影响也是不容忽视的问题。目前学界对于这一问题的研究，主要集中在契丹战术训练与后勤结构，① 对契丹南下过程中战术、后勤的变化及对战争发展的影

* 本文为河北省高等学校人文社会科学研究项目“辽朝文化自信的构建途径及过程研究”（SQ2022190）及东北大学秦皇岛分校校级项目“民族共同体视角下辽朝诸京道佛教发展研究”阶段性研究成果。

① 参见孟广耀：《“打草谷”辨》，《社会科学辑刊》1981年第3期；罗继祖、刘庆：《“打草谷”辨》，《社会科学辑刊》1985年第5期；费国庆：《辽朝的打草谷问题》，载陈述主编：《辽金史论集》第1辑，上海：上海古籍出版社，1987年，第90—92页；关树东：《辽朝的兵役和装备给养述略》，载宋德金等主编：《纪念陈述先生逝世三周年论文集》，天津：天津古籍出版社，1997年，第89—96页；张国庆：《辽朝军队的军事训练和后勤制度述论》，《内蒙古大学学报》，1995年第4期；吴飞：《“行逐水草”与“打草谷”——辽朝初期契丹军队后勤补给方式再研究》，《宋史研究论丛》第25辑，北京：科学出版社，2020年。

响尚有补缺之处，因此本文略呈陋见，以求教于方家。

一、契丹南下的骑兵战术

战术，顾名思义就是战斗的技术。受“马逐水草，人仰湩酪，挽强射生，以给日用”[①]生活方式的影响，传统的游牧军队以骑兵为主，其最为常见的战术是骑射与冲击。[②]除以具体战斗技艺为主的战术外，在一场战役中，军队所采用的军事谋略，如伏击、包抄、突袭等等在战斗中使用军队的学问亦称为战术[③]。

（一）骑射与冲击

太祖时期契丹骑兵南下的战术主要以传统的战斗技艺——骑射、冲击为主，运用军队的战术表现并不佳。神册二年（917），在卢文进的诱导下，太祖首次南下进攻幽州城。晋王为救幽州命李嗣源为先锋率军三千先行。李嗣源军队在行军过程中“至山口，契丹以万余骑遮其前，嗣源以百余骑先进，免胄扬鞭，因跃马奋檛，三入其陈，斩契丹酋长一人。后军齐进，契丹兵却，晋兵始得出”[④]。从“契丹以万余骑遮其前”“后军齐进，契丹兵却，晋兵始得出”可知，契丹骑兵选择了冲击战术，并将李嗣源包围。尽管后军的增援暂解李嗣源被围，但兵力的悬殊让李存审决定“命步兵伐木为鹿角，人持一枝，止则成寨。契丹骑环寨而过，寨中发万弩射之，流矢蔽日，契丹人马死伤塞路”[⑤]。李存审命伐木为鹿角，是中原王朝传统的列阵作战之法，其目的是为了防御骑兵的冲击[⑥]。

① 〔元〕脱脱等：《辽史》卷五九《食货志》，北京：中华书局，2016 年，第 1025 页。

② 骑射，这一战术的特点就是在战马的不断运动中依靠弓箭远距离杀伤敌人，还能保证自身安全，并且依据战场情况进退，概言之就是“利则进，不利则退”，具有很强的灵活性。在马镫出现后，冲击亦成为骑兵的重要战术。这一战术依靠骑兵强大的冲击特性抵近肉搏，因此也需要更坚定的战斗意志。

③ 〔德〕卡尔·冯·克劳塞维茨，时殷弘译：《战争论》，北京，商务印书馆，2016 年版，第 134 页。

④ 《资治通鉴》卷二七〇，后梁贞明三年七月甲午条，北京：中华书局，2013 年，第 9053 页。

⑤ 《资治通鉴》卷二七〇，后梁贞明三年七月甲午条，第 9053 页。

⑥ 李锦绣：《方阵、精骑与陌刀——隋唐与突厥战术研究》，《晋阳学刊》2013 年第 4 期。

当晋军列阵后，契丹骑兵环骑而过，定然是对晋王军队发动骑射，然遇到具有更大杀伤力的弩时[①]，契丹骑兵的传统战术就难以奏效。

神册六年，太祖应张文礼之请再次率兵南下，在契丹前锋万余骑到达新城（今河北新城）北时，遭遇了晋王所率的五千骑兵。《旧五代史》载契丹骑兵未战先溃，“至新城北，半出桑林，契丹万余骑见之，惊走。晋王分军为二逐之，行数十里，获契丹主之子。时沙河桥狭冰薄，契丹陷溺死者甚众”[②]。此处记载有夸张之嫌。此战之前，未见有契丹遇敌便走的记录，且在此战之后亦有晋王“以亲军千骑先进，遇奚酋秃馁五千骑，为其所围”[③]之事，可见此处“惊走”并非契丹避战，应是契丹骑兵的骑射战术。从“半出桑林”可知，在地形上此处应是一片森林，并不利于骑兵冲击战术的发挥，契丹骑兵在遭遇晋王军队时，应是采取了骑射战术，边战边退，意图将晋王引至宜战之地，这一策略在太宗南下时亦有所见（详见下文）。然契丹骑兵在退至沙河之际，未能先做好战场侦察，在渡河时没能选择可行之道，而遭受溺水之祸，战后契丹退至望都。三天后晋王再“以亲军千骑先进”，若新城一战契丹先溃，为何晋王的五千铁骑变为“千骑”先行？说明此前的战事晋王亦遭受了损失，这更加证明所谓的契丹先溃，应是骑射战术的展开。

当晋王率领千骑先至望都后，为奚王秃馁五千骑所围。“晋王力战，出入数四，自午至申不解。李嗣昭闻之，引三百骑横击之，虏退，王乃得出。因纵兵奋击，契丹大败，逐北至易州。”[④]显然奚王采取了冲击战术，将晋王包围，但五千契丹骑兵却与千余沙陀骑兵陷入持久战，若不计勇气，恐怕更多的是武器装备上的差距所致。[⑤]最后沙陀骑兵用横击战术大败契丹，所谓横击就是侧面突击，可见契丹骑兵在作战之时亦不关

---

① 韩国玺：《弓弩杂谈之二——弓弩在冷兵器战场上的应用》，《现代兵器》2009年第8期。

② 《资治通鉴》卷二七一，后梁龙德二年正月甲午条，第9109页。

③ 《资治通鉴》卷二七一，后梁龙德二年正月戊戌条，第9110页。

④ 《资治通鉴》卷二七一，后梁龙德二年正月戊戌条，第9110页。

⑤ 游牧骑兵持有的近战武器多以刀剑为主，而中原骑兵在4世纪以后开始大量装备槊等长兵器，相对于刀剑而言，长兵器槊在冲击作战时不需挥舞，且通过“交”“合”战术能够在一定距离冲刺敌骑。而游牧民族所用的短兵器刀剑，就需要较槊更近的作战距离才能发挥杀伤力。参见李硕：《南北战争三百年：中国4—6世纪的军事与政权》，上海：上海人民出版社，2018年，第99—103页。五代时李晋骑兵持槊的将领颇多，如李存勖在与梁军作战时就曾“奋槊登山”，李晋军中亦有专门持槊作战的军队，如“银枪都将王建及被甲横槊进”。

注其侧翼安危，战阵漏洞颇多，此战后太祖再未南下。

通过以上战例可见，受制于传统战术思维的影响，太祖在南下作战过程中对契丹骑兵的运用，主要是骑兵传统战术上的进退，缺乏战场环境变化下的战术革新。另外对中原地理上的陌生，使太祖时期南下作战的骑兵未能采用包抄、横击等骑兵战术，也难以见到契丹骑兵在南下作战中关注自己的后方或是侧翼安全。显然契丹南下骑兵战术仍处于传统草原阶段，未能因势而变，这亦是太祖时期南下军事目的未能较早达到的原因之一。

到太宗时期，契丹南下骑兵战术进入了新的发展时期。天显十一年（936），太宗应石敬瑭之邀率军南下。九月，太宗至晋阳（今山西太原），阵于汾水北之虎北口，随后对后唐军队发起进攻。

> 张敬达、杨光远、安审琦以步兵陈于城西北山下，契丹遣轻骑三千，不被甲，直犯其陈。唐兵见其羸，争逐之，至汾曲，契丹涉水而去。唐兵循岸而进，契丹伏兵自东北起，冲唐兵断而为二，步兵在北者多为契丹所杀，骑兵在南者引归晋安寨。契丹纵兵乘之，唐兵大败，步兵死者近万人。[①]
>
> 会唐将高行周、符彦卿以兵来拒，遂勒兵阵于太原。及战，佯为之却。唐将张敬达、杨光远又陈于西，未成列，以兵薄之。而行周、彦卿为伏兵所断，首尾不相救。敬达、光远大败，弃仗如山，斩首数万级。[②]

前文已述，太祖神册二年南下时就已遭遇过中原军阵，彼时契丹军队战斗经验不足，采取环寨骑射的战术，受到了晋王军队强弩的攻击。张敬达应是据此经验，在太宗到来以后，主动列阵以待。然太宗吸收了太祖时期作战教训，并未环寨骑射，而是利用方阵的弱点，[③] 遣羸兵进

---

① 《资治通鉴》卷二八〇，后晋天福元年九月辛丑条，第 9394 页。

② 《辽史》卷三《太宗纪上》，第 40 页。

③ 阵形就是军队作战时的组织，因其有严密的组织形式，阵形的改变或进退都有着严格的规定。作战中一旦阵形出现混乱或松动，就难以再次组织起来，这就会给敌方可乘之机。历史上最著名的因阵形松动造成失败的战役莫过于淝水之战。关于军阵组织与战术作用，参见谷霁光：《古代战术中的主要阵形——方阵》，《江西社会科学》1982 年第 1 期，第 24—37 页。

攻，佯装失败将后唐军队引出军阵，并以水为界通过伏兵切断后唐步兵与骑兵的联系。当后唐步兵脱离军阵且失去了骑兵的掩护，就如待宰羔羊，在契丹骑兵的冲击下，“死者近万人”。

从战术角度而言，此战中太宗不仅吸取了太祖时期战败教训，更总结自身战术特点。在明知沙陀骑兵不可敌的情况下，将后唐步兵作为进攻目标，并能及时掌握战场环境，采用伏击的方式切断后唐步骑联系，进而发挥契丹骑兵的战术优势，不得不说太宗在骑兵运用的战术思维上，较其父更进一步，但这仍是在契丹骑兵传统战术上的调整。

（二）突阵

随着南下的不断深入，契丹军队作战经验得到极大丰富，获得燕云十六州后大量汉军的加入，使契丹骑兵开始充分吸取中原军队的战术经验，骑兵战术逐渐摆脱了草原传统阶段，开始朝着中原化方向发展。

首先是骑兵突阵战术的使用。会同七年（944），因后晋出帝背德违盟，太宗再次南下。在到达魏州（今河北大名）后，太宗初战试图以伏兵取胜。“契丹伪弃元城去，伏精骑于古顿丘城，以俟晋军与恒、定之兵合而击之。”[①] 但因大雨后晋放弃了追击，致太宗伏击失败，之后太宗决定直取黄河。然而后晋提前“将兵十余万陈于澶州城北，东西横掩城之两隅，登城望之，不见其际”[②]，列阵以待。面对后晋的军阵，太宗采取了不同于此前诱敌离阵的战术，而是先以“劲骑突其中军”，这一战术被称为“突阵”或“陷阵”。所谓“突阵”就是凭个人、集体在胆量上技巧上的特殊优势，压倒对方的某一部分兵力，打开敌军阵营的缺口，让己方军队从缺口进入敌阵，将敌人分割，从而导致敌军大败。[③] 这种陷阵之法是中原军队的传统战术，且以骑兵作为战术实施的主要对象。[④] 显然太宗在获燕云十六州后，受到了此种中原战术的影响。然太宗的突阵并未取得成功，毕竟太宗所突阵的中军亦是后晋的精锐，且此时后晋出帝

---

① 《资治通鉴》卷二八四，后晋开运元年二月甲子条，第 9513 页。

② 《资治通鉴》卷二八四，后晋开运元年二月甲子条，第 9513 页。

③ 参见谷霁光：《古代战术中的主要阵形——方阵》，《江西社会科学》1982 年第 1 期；苏小华：《论魏晋南北朝时期骑兵战术的新发展》，《浙江社会科学》2009 年第 10 期。

④ 参见李硕：《南北战争三百年：中国 4—6 世纪的军事与政权》第六章《古代步兵军政的战术特征与发展历程》，上海：上海人民出版社，2018 年，第 151—181 页。

亲自“出陈以待之”，这无疑鼓舞了后晋中军的战斗意志。

突阵失败后，太宗试图取太祖“环寨而过”的骑射战术，“以精骑左右略陈”，但遭到了同样的打击，“晋军不动，万弩齐发，飞矢蔽地，契丹稍却”①，传统的骑射战术对中原军阵并无作用，这使战局一度陷入僵局。未几“会有谍者言晋军东面数少，沿河城栅不固”，指出后晋军阵东面存在防御薄弱之处，于是太宗“乃急击其东偏，众皆奔溃”②。这仍是中原传统“陷阵”战术的体现，不过将传统的正面突阵，转向利用骑兵的机动性，从侧面或防御薄弱面进行突阵。此次突阵的成功大致确定了此后契丹骑兵应对中原军阵的战术选择。如会同九年中渡桥之战中，为攻破后晋军阵耶律沤里思曾“介马突阵，余军继之。”③

值得一提的是，太宗时期虽确立了面对中原军阵时的突阵战术，但仍有战术误判，被后晋以军阵大败的案例。会同八年，太宗再次南下，在泰州击败李守贞后，后晋军“结阵而南，至白团卫村，埋鹿角为行寨”，“复以步卒为方阵来拒”④。然此战太宗并未命骑兵寻其薄弱处突阵，反“命铁鹞四面下马，拔鹿角而入，奋短兵以击晋军，又顺风纵火扬尘以助其势”⑤，最终酿成大败。王曾瑜认为，契丹之败是因契丹骑兵一旦短兵相接，便丧失了优势。⑥ 契丹骑兵下马步战似成为契丹战败的主要原因，然此说有待商榷。

实际上游牧骑兵下马步战，并非太宗心血来潮，而是游牧民族长期的一种战术选择。早在后突厥汗国时期，突厥阙特勤在率军与相王李旦作战时，就曾下马步战且取得大胜。⑦ 在 11 世纪的《突厥语大词典》中，亦有突厥系民族在战斗中下马步战的记载。⑧ 而 13 世纪宋人彭大雅就曾见过蒙古骑兵根据战场形势而弃马步战的情况。⑨ 由此，草原骑兵下马步

① 《资治通鉴》卷二八四，后晋开运元年二月甲子条，第 9513 页。

② 《辽史》卷四《太宗纪下》，第 58 页。

③ 《辽史》卷七六《耶律沤里思传》，第 1380 页。

④ 《辽史》卷四《太宗纪下》，第 60 页。

⑤ 《资治通鉴》卷二八四，后晋开运二年三月癸亥条，第 9535 页。

⑥ 王曾瑜：《辽金军制》，保定：河北大学出版社，2011 年，第 117 页。

⑦ 耿世民：《古代突厥文碑铭研究》，北京：中央民族大学出版社，2005 年，第 129 页。

⑧ 麻赫默德·喀什噶里编：《突厥语大词典》第 1 册，北京：民族出版社，2002 年，第 138 页。

⑨ 〔宋〕彭大雅撰，徐霆疏证：《黑鞑事略》，上海：商务印书馆，1937 年，第 15 页。

战，是根据战场形势的需要所做的战术选择，是草原骑兵的战术传统，并不能证明契丹骑兵有短兵相接的劣势。

另从当时的战场环境来看，契丹骑兵下马步战的举动十分合理。《吴子兵法·治兵第三》言："将战之时，审候风所从来，风顺致呼而从之，风逆坚陈以待之。"① 契丹骑兵在包围后晋军后，正处于上风向，其顺风纵火已危及晋军存亡。彼时后晋"军士皆愤怒，大呼曰：'都招讨使何不用兵，令士卒徒死！'诸将请出战"，但因风向不利，"杜威曰：'俟风稍缓，徐观可否。'"② 在这一优势下，契丹军队定然乘势而进，但因鹿角限制了骑兵冲锋，根据战场的形势契丹骑兵下马短兵而进并无不妥，且在实际的战斗中，亦并未见步战的契丹骑兵在战斗中被后晋步兵击垮。

契丹之所以战败，完全是因为契丹骑兵短兵奋击之时，忽略了侧翼安全。当契丹骑兵在步战中冲入军阵之时，符彦卿等人"引精骑出西门击之，行寨之西门也"，绕到契丹后方，而"风从东北来，出西门接战，亦顺风势也"。也就是说此刻契丹军队从顺风变成了逆风，又"铁鹞既下马，仓皇不能复上"，契丹亦无兵种优势，战场局势在瞬间转换。符彦卿等趁机"拥万余骑横击契丹，呼声动天地，契丹大败而走，势如崩山"③。可见白团卫村的战败并非契丹骑兵战力或战术问题，完全是因为忽视了侧翼安全，致后晋有机可乘，此战后再未见契丹骑兵下马攻阵的记载。

（三）包抄

包抄作战即绕到敌人后方或侧面进行攻击的一种战术。包抄作战并非契丹习自中原的战术，传统草原作战中往往也会击敌军后方。然契丹在南下经略过程中，根据中原战场的特点将包抄战术进行了调整，将直接进攻敌阵后方的战术转为切断敌军饷道打乱敌军部署从而取胜，并在这之中吸收了中原心战的部分战术。如在会同九年的中渡桥之战中，"晋兵与契丹夹滹沱而军"，且开始"筑垒为持久之计"。契丹军队在正面"力战数日，不得进"④ 后，耶律图鲁窘根据敌我的军事特点，"彼步我

① 〔战国〕吴起著，邱崇丙译注：《吴子兵法》，北京：中国社会出版社，2005年，第86页。
② 《资治通鉴》卷二八四，后晋开运二年三月癸亥条，第9535页。
③ 《资治通鉴》卷二八四，后晋开运二年三月癸亥条，第9535页。
④ 《资治通鉴》卷二八五，后晋开运三年十一月甲寅条，第9561页。

骑，何虑不克。况汉人足力弱而行缓”，向太宗建议“选轻锐骑先绝其饷道”[①]，对后晋军队实行包抄作战。随后太宗“潜遣其将萧翰、通事刘重进将百骑及羸卒，并西山出晋军之后。樵采者遇之，尽为所掠；有逸归者，皆称虏众之盛，军中汹惧”[②]。包抄作战使契丹军队切断了后晋军队与后方的联系，造成了后晋朝廷的恐慌。且契丹军队在具体的包抄作战中，曾“获晋民，皆黥其面曰‘奉敕不杀’，纵之南走；运夫在道遇之，皆弃车惊溃”[③]。这种通过在面部刺字进行心理威慑的方法，显然是受中原军队的影响[④]，这亦表明契丹军队的战术革新就是源自中原军队。在中渡桥晋军被契丹切断与朝廷的联系后不久，后晋便投降契丹。

综上，在太祖时期，骑射与冲击等传统骑兵战术是契丹南下面对后唐时的主要战术，但在兼具中原战术特点的后唐沙陀骑兵面前并无优势。在燕云十六州并入后，契丹不仅仅获得了兵力上的增长，亦使契丹的骑兵战术逐渐实现了中原化。契丹骑兵充分吸收中原军队的战术特点，突阵、包抄等中原战术在契丹南下中发挥重要作用，且契丹军队还能在战斗中根据需要随时进行战术调整，这使得太宗时仍拥有沙陀骑兵的后晋军队，虽“并力御之”却难逃灭国的命运。传统草原战术在契丹的作战中虽仍继续使用，但对南下战事胜负影响越来越弱。自世宗至景宗末，契丹南下战事大多不顺，亦未见与中原军队发生大战，因此其骑兵战术的革新也较为缓慢。

二、契丹南下的后勤

传统北方草原民族战时的补给方式，主要是以自携牛羊等牲畜为主的随军补给。如 7 世纪突厥“逐水草为居室，以羊马为军粮，胜止求财，败无惭色。无警夜巡昼之劳，无构垒馈粮之费”[⑤]。13 世纪蒙古亦“出入

---

① 《辽史》卷七五《耶律图鲁窘传》，第 1370—1371 页。

② 《资治通鉴》卷二八五，后晋开运三年十一月甲寅条，第 9562 页。

③ 《资治通鉴》卷二八五，后晋开运三年十一月甲寅条，第 9562 页。

④ 如刘仁恭、刘守光掌幽州时曾将“奚、霫部落，皆刺面为义儿，伏燕军指使”。见《资治通鉴》卷二百七十三，后唐同光二年七月庚申条，第 9162 页。

⑤ 〔唐〕温大雅撰，李季平、李锡厚点校：《大唐创业起居注》卷一，上海：上海古籍出版社，1983 年，第 2 页。

止饮马乳，或宰羊为粮”[①]。契丹早期南下的粮草补给也以自携牛羊为主。如唐天祐二年（905），“安巴坚领部族三十万至云州，与武皇会于云州之东，握手甚欢，结为兄弟，旬日而去，留马千匹，牛羊万计”[②]。神册二年契丹南下之时“山谷之间，毡车毳幕，羊马弥漫”，“契丹三十万，马牛不知其数”[③]。这种自携羊马的随军补给方式，使契丹南下之时不需要庞大的辎重车队伴随，甚至不必保留后方供应基地，因而部队能行动迅速，占据先发优势。如神册二年契丹南下时，晋军将领就认为“虏无辎重，吾行必载粮食自随，若平原相遇，虏抄吾粮，吾不战自溃矣”[④]。虽未接战，但契丹已占据先机，这也是北方游牧民族能够长期南下袭扰的原因。

在太宗后的契丹南下中仍有以羊马为粮草补给的记录。如会同八年，“契丹入寇，方简帅众邀击，颇获其甲兵、牛马、军资”[⑤]。乾亨四年（982）五月，“契丹三万骑分道入寇：一袭雁门，潘美击破之，斩首三千级，逐北至其境，破垒三十六，俘老幼万余口，获牛马五万计；一攻府州，折御卿击破之新泽寨，斩首七百级，禽酋长百余人，获兵器羊马万计；一趋高阳关，崔彦进击破之唐兴口，斩首二千级，获兵器羊马数万”[⑥]。统和二年（984），北宋“丰州刺史王承美言契丹来寇，承美击败其众万余，追北百有余里，至青冢，斩首二千余级，降者三千帐，获羊马兵仗以万计”[⑦]。统和四年，河东土墱寨大战中，契丹大败被“擒其北大王之子一人，帐前舍利一人，斩首二千余级，俘五百余人，获马千余匹，车帐、牛羊、器甲甚众”[⑧]。统和二十二年，宋军“自火山军入契丹朔州界，前锋破大狼水寨，杀戮甚众，生擒四百余人，获马牛羊、铠甲

① 〔宋〕孟珙：《蒙鞑备录》，见《边疆史地文献初编：北部边疆》第 1 辑，北京：中央编译出版社，2011 年，第 50 页。

② 《旧五代史》卷二六《后唐武皇本纪下》，北京：中华书局，2015 年，第 412 页。

③ 《旧五代史》卷二八《后唐庄宗本纪第二》，第 444 页。

④ 《资治通鉴》卷二七〇，后梁贞明三年七月庚戌，第 9052 页。

⑤ 《资治通鉴》卷二八五，后晋开运三年二月戊午，第 9550 页。

⑥ 〔宋〕李焘：《续资治通鉴长编》卷二三，宋太宗太平兴国七年五月庚申条，北京：中华书局，2004 年，第 521 页。

⑦ 《续资治通鉴长编》卷二四，宋太宗太平兴国八年三月壬申条，第 540 页。

⑧ 《续资治通鉴长编》卷二七，宋太宗雍熙三年十二月丙午条，第 627 页。

数万计”[①]。在这些战役中被俘的契丹羊马，应当就是契丹军队的粮草补给。然而值得注意的是，将羊马牲畜作为补给物资，在太宗后主要出现在河东方向作战的契丹军队中，在河北方向并不常见。这主要是由牲畜补给的局限性与河北地区农业特点所决定的。[②]

燕云十六州并入契丹后，契丹南下军需补给逐渐发生变化。会同七年太宗南下时，“诏征诸道兵，仍戒敢有伤禾稼者以军法论”[③]，可见，太宗已意识到农业对契丹南下粮草补给的作用越来越大。随着世宗后契丹对幽燕地区控制的加强[④]，幽州地区的屯田所获开始供应契丹南境的戍边部族军队。在应历五年（955）所置的《北郑院邑人起建陀罗尼幢记》中，建幢施主之一刘彦钦的职官属衔即为“卢龙军随使押衙，兼衙前兵马使，充营田使”[⑤]，这是契丹史料中所见的最早关于幽州屯田的官员。应历九年后周北征前，穆宗曾下诏幽州萧思温言：“敌来，则与统军司并兵拒之。敌去，则务农作，勿劳士马。”[⑥] 南京统军司“掌契丹、渤海之兵，马军、步军，一掌汉兵”[⑦]。这说明此时屯驻在南京的契丹部族军也开始承担军屯任务。保宁九年（977），景宗“诏以粟二十万斛助汉”[⑧]，可见此时契丹谷物军储已达到了一定规模。张齐贤在北宋征服北汉后曾言：“自河东初降，臣即权知忻州，捕得契丹纳米典吏，皆云自山后转般以援河东。”北宋所捕得的“纳米典吏”应是契丹的军需官，而军需官的出现，表明契丹在军需供应上的制度化。因此张期贤后又断言：“以臣料，契丹能自备军食。”[⑨] 统和四年，圣宗南下前“诏休哥备器甲、储粟，

① 《续资治通鉴长编》卷五八，宋真宗景德元年十月甲申条，第1274页。

② 河东地区尤其是代北，自古以来草场资源就较河北丰富，易于放牧。而河北地区是传统的农业区，草场资源并不如河东丰富，因此太宗后羊马补给出现在河东而非河北就不难想见了。另一方面，羊肉所能提供的热量要远远低于谷物粮食，携带同量的粮草补给物资，谷物的补给效率远高于肉类，且契丹在河北方向的南下也较河东更为深入，作战时间更长，自然需要这种高效率的补给方式。

③ 《辽史》卷四《太宗纪下》，第59页。

④ 参见林鹄：《南望：辽前期政治史》，上海：上海三联书店，2018年，第169页。

⑤ 向南：《辽代石刻文编》，石家庄：河北教育出版社，1995年，第11页。

⑥ 《辽史》卷七八《萧思温传》，第1397页。

⑦ 〔宋〕余靖撰，黄志辉校笺：《武溪集校笺》卷一八《契丹官仪》，天津：天津古籍出版社，2000年，第540页。

⑧ 《辽史》卷九《景宗纪下》，第107页。

⑨ 《续资治通鉴长编》卷二一，太宗太平兴国五年十二月辛卯条，第484页。

待秋大举南征。"[①] 显然"储粟"就是以谷物为主的粮草军需，这再次证明了契丹在圣宗时期就已经将南下军需补给由自携羊马完全转为谷物供应。然契丹的农业毕竟有限，"幽燕地方不及三百里，无十万人一年之费"[②]。因此在将谷物作为主要粮草补给的同时，如前文所述也能偶见羊马作为南下时的补给物资。

值得一提的是，除传统的自携羊马或谷物作为南下粮草补给物资外，《辽史·兵卫志》尚载契丹南下"人马不给粮草，日遣打草谷骑四出抄掠以供之"[③]，似契丹以劫掠为其主要补给方式。然从前文所述可知，契丹无论是在草原作战还是南下作战，其粮草补给主要以羊马、谷物为主。孟广耀已考证，契丹并无打草谷骑，这一说法已成学界共识，然其亦认为这一称呼是中原人对太宗南下军队抄掠军食粮草行为的用语。[④] 但事实上，太宗灭晋后契丹军队的"打草谷"行为并非为劫掠粮草补给军需。

在太宗于中渡桥包围后晋军队的同时，后晋朝廷曾"诏发河北及滑、孟、泽、潞刍粮五十万诣军前"[⑤]，这批粮草不久便"为契丹所获"，且赵延寿在进入汴梁后明确提出"请给上国兵廪食"，可见此时契丹军队并不需要通过劫掠来补给粮草。那么太宗进入汴梁后为何又遣契丹骑兵四处劫掠呢?

前文已述，北方草原民族南下虽以牛羊牲畜作为粮草补给，但这一补给的来源多是自备，且游牧民族并无粮饷制度。部民应征虽是义务，然亦需要通过劫掠来弥补自己的损失与获得战争报酬，游牧君长也需要允许劫掠来鼓舞士气。正如蔡鸿生所论，游牧统治者要想使他们（部民）关心征战，就非瓜分战利品不可。[⑥] 因此突厥时"抄掠资财，皆入将士"[⑦]。太祖在镇压诸弟之乱时亦"尽以先所获资畜分赐将士"[⑧]。统和四年圣宗南下时，契丹军队"围固安城，统军使颇德先登，城遂破，大

---

① 《辽史》卷一一《圣宗纪二》，第131页。
② 《宋史》卷三二六《郭谘传》，北京：中华书局，1977年，第10531页。
③ 《辽史》卷三四《兵卫志上》，第451页。
④ 孟广耀：《"打草谷"辨》，《社会科学辑刊》1981年第3期，第114页。
⑤ 《资治通鉴》卷二八五，后晋开运三年十二月己未条，第9563页。
⑥ 蔡鸿生：《突厥汗国的军事组织和军事技术》，《学术研究》1963年第5期，第45页。
⑦ 《旧唐书》卷六二《郑元璹传》，北京：中华书局，1975年，第2380页。
⑧ 《辽史》卷一《太祖纪上》，第7页。

纵俘获。居民先被俘者，命以官物赎之。甲子，赏攻城将士有差”①。《宋会要辑稿》中亦载契丹南下“凡有所调发，先下令，使自办兵器、驼马、粮糗，故其钞略所得，不补所失”②。抄掠的目的就是为了补其战争所失。

在太宗消灭后晋之前，契丹已经“连岁入寇，中国疲于奔命，边民涂地；契丹人畜亦多死，国人厌苦之”③。因此普通士兵希望从中原获取财富，弥补自身损失。而太宗也希望给予契丹士兵奖励，以鼓舞士气。在太宗允许契丹骑兵打草谷前，就曾“谓判三司刘煦曰：‘契丹兵三十万，既平晋国，应有优赐，速宜营办。’”但“时府库空竭，煦不知所出，请括借都城士民钱帛，自将相以下皆不免。又分遣使者数十人诣诸州括借，皆迫以严诛，人不聊生”④。从“括借都城士民钱帛”可知，太宗要求给予契丹士兵的优赐并非粮草。然刘煦筹办速度不能满足太宗“速宜营办”的要求，因此才有太宗允许契丹军队“以牧马为名，分番剽掠”来满足契丹军队士兵获取财富弥补南下损失的要求。由此可知，太宗时期打草谷并非契丹军队的粮草补给方式，而是满足士兵获得财富需求、鼓舞士气的举动。

综上，契丹早期南下的粮草补给以自携羊马为主，获得燕云十六州后，契丹获得了大量的农业生产资料，契丹南下军需补给开始从自携羊马转为粮草补给。同时中原军队的军需补给制度也开始被契丹军队吸收，军需官的出现标志着契丹军队补给制度逐渐制度化，这势必对契丹军队南下作战产生重要影响。

三、契丹战术与后勤的发展对南下军事经略的影响

随着宋朝统一战争的结束，中原的形势发生了极大改变。契丹军队面对的不再是仅仅占据北方的五代各朝，而是一个历经十余年战火洗礼

---

① 《辽史》卷一一《圣宗纪二》，第130页。

② 〔清〕徐松：《宋会要辑稿·蕃夷二之四》，成都：四川大学出版社，2010年，第9738—9739页。

③ 《资治通鉴》卷二八四，后晋开运二年六月癸酉条，第9539页。

④ 《资治通鉴》卷二八六，后汉天福十二年正月乙卯条，第9581页。

的新的统一王朝。契丹军队在面对这支刚刚经历统一战争的宋军时，依然能够保持较大的军事优势，这不得不说是契丹军队战术与后勤不断革新的结果。

（一）契丹战术与后勤的发展对南下军事经略的积极影响

太宗时期契丹军队战术基本实现了中原化，突阵、包抄等战术逐渐成为契丹此后南下的主要战术。在整个契宋战争期间，契丹军队常利用突阵、包抄等战术取得战役胜利。如统和十七年，圣宗南下时，“宋将范庭召列方阵而待。时皇弟隆庆为先锋，问诸将佐谁敢尝者，柳曰：‘若得骏马，则愿为之先。’隆庆授以甲骑。柳揽辔，谓诸将曰：‘阵若动，诸君急攻。’遂驰而前，敌少却。隆庆席势攻之，南军遂乱”①。萧柳此举就是作为诸军前锋进行突阵。而宋人往往因“夷狄用兵，每弓骑暴集，偏攻大阵，一面捍御不及，则有奔突之患”②，进而调整军阵的配置。可见突阵是整个契宋战争期间契丹南下骑兵的主要战术，亦是契丹南下作战中取得军事突破的关键战术。

再如，包抄战术亦成为契丹南下中甚为常见的战术。宋琪在评价契丹骑兵战术时提到，“且用军之术，成列而不战，俟退而乘之，多伏兵断粮道，冒夜举火，土风曳柴，馈饷自赍，退败无耻，散而复聚，寒而益坚，此其所长也”③。在统和四年作战中，尽管契丹兵力处于劣势，耶律休哥仍“夜以轻骑出两军间，杀其单弱以胁余众；昼则以精锐张其势，使彼劳于防御，以疲其力。又设伏林莽，绝其粮道”④。宋真宗亦认为“敌又好遣骑兵，出阵后断粮道”，决定在阵后“别选将领数万骑殿后以备之”⑤。在之后的契丹南下军事经略中，包抄作战亦成为契丹骑兵的主要战术，通过包抄作战契丹军队往往能改变战场局势，这也让契丹军队对宋军产生了巨大威慑。

除战术外，契丹军需补给的内容变化及补给方式的制度化，也极大

---

① 《辽史》卷八五《萧柳传》，第 1449 页。

② ［宋］曾公亮、丁度：《武经总要前集》卷七《本朝常阵制》，《中国兵书集成》第 3 册，北京：解放军出版社、辽沈书社，1988 年，第 413 页。

③ 《宋史》卷二六四《宋琪传》，第 9126 页。

④ 《辽史》卷八三《耶律休哥传》，第 1432 页。

⑤ 《续资治通鉴长编》卷四九，宋真宗咸平四年六月戊辰条，第 1065 页。

提高了契丹军队南下作战效率。在契丹早期的南下经略中，尽管羊马补给使契丹军队无后顾之忧，但补给效率的低下造成契丹军队无法深入敌境且长期作战。如在神册二年的南下中，由于牲畜补给有限，未战几日契丹便“所食羊马过半，案巴坚责让卢文进，深悔其来”。虽以射猎来补充消耗，但也造成了“案巴坚帐前不满万人，宜夜出奇兵，掩其不备”①的战场漏洞。天赞二年（923）南下，“时值大雪，（契丹）野无所掠，马无刍草，冻死者相望于路”②。随军牛羊未及食用便大多冻死，而缺乏运输工具使死去的牛羊不能够再随军补充，面对后勤困境契丹军队并无处置之术，之后只能以“天未令我到此”为由“引众北去”③。且在这两次战事中契丹都仅仅至定州便撤军北返，足见早期契丹南下军需补给落后对战事的影响。

太宗以后军需补给逐渐制度化，未再见因粮草补给问题致“引众北去”的战例。同时契丹南下的时间越来越长，范围越来越广。如高梁河之战后，契丹军队即立刻在边境上对宋军发动了持久的全面进攻。在乾亨元年至乾亨四年的四年间，契丹军队几乎无岁不战，且南下作战范围从河北的满城、瓦桥关延伸到河东的代州、火山军。显然契丹军需补给效率的提高，为契丹长时段、全范围的南下军事活动提供了支撑。在统和二十二年的南下中，契丹连续作战三个月，军队在十二月更直接攻至黄河沿岸，对宋廷造成了极大震动。这无疑也是契丹军需补给效率提高的结果。

除具体作战外，契丹南下战术与后勤的发展，亦改变了五代以来中原对契丹的军事认知。神册二年太祖南下之时，面对万余契丹骑兵，李嗣源并不畏惧，仅以百余骑先进，并“免胄扬鞭，胡语谓契丹曰：‘汝无故犯我疆场，晋王命我将百万众直抵西楼，灭汝种族！’”④ 大同元年（947）太宗南下灭晋后，宋琪亦不认为这是契丹军事力量所致，因言“开运中晋军掎戎，不曾奔散。三四年间，虽德光为戎首，多计桀黠，而

① 《旧五代史》卷二八《后唐庄宗本纪二》，第444页。

② 《旧五代史》卷一三七《契丹传》，第2132页。

③ 《旧五代史》卷一三七《契丹传》，第2132页。

④ 《资治通鉴》卷二七〇，后梁贞明三年八月庚寅条，第9053页。

无胜晋军之处，盖并力御之。厥后以任人不当，为张彦泽所误”[①]。可见后晋以前，中原王朝并不畏惧契丹军队。

经过契宋战争以后，宋人对契丹的军事认识则与五代不同。宋祁认为“西北二敌所以能抗中国者，唯以多马而人习骑，此二敌之长也”[②]。何承矩认为契丹骑兵“以驰骋为容仪，以弋猎为耕钓。栉风沐雨，不以为劳；露宿草行，不以为苦。复恃骑战之利，故频年犯塞”[③]。宋人对契丹骑兵的认识与五代时人不同，这说明了契丹骑兵在宋时战术优势已远超宋军。在这一认识的基础上，富弼总结：“二敌所为，皆与中国等。而又劲兵骁将长于中国，中国所有，彼尽得之，彼之所长，中国不及。”[④]所谓彼之所长，即契丹在骑兵战术上对北宋的优势。也因之在宋初面对契丹的不断南下，宋廷弭兵求和之声不绝。这促使宋军在雍熙北伐后基本放弃了五代以来的野战取向，全面走向防御。[⑤] 同时契丹能够在澶渊议和中获得有利于契丹的条约内容，契丹对宋军的战术优势亦是重要的推动力量。

（二）契丹战术与后勤的发展对南下军事经略的消极影响

在太宗灭晋后，契丹南下军队战术与后勤未再能因时而变，这导致契丹虽仍保持着对宋的军事优势，但连年南下却再无任何可取的战果，亦未如后世金元般立足中原。

契丹骑兵战术实现中原化发展后，虽取得了数次胜利，但传统军事游寇思想，“利则进不利则退”“轻而不整，贪而无亲，胜不相让，败不相救”[⑥] 的战术意识并未彻底改变，且十分缺乏对相关战役的总结。如从景宗保宁二年（970）的石岭关之败到乾亨元年的白马岭之败，契丹在同

① 《续资治通鉴长编》卷二七，太宗雍熙三年正月戊寅条，第 607 页。

② 〔宋〕宋祁：《景文集》卷二九《论复河北广平两监澶郓两监奏》，影印文渊阁《四库全书》第 1088 册，北京：北京出版社，2012 年，第 248 页。

③ 《宋史》卷二七三《何承矩传》，第 9330 页。

④ 《续资治通鉴长编》卷一五九，仁宗庆历四年六月戊午条，第 2649 页。

⑤ 曾瑞龙：《经略幽燕——宋辽战争军事灾难的分析》，香港：香港中文大学出版社，2003 年，第 267 页。

⑥ 《宋史》卷二七三《何承矩传》，第 9330 页。

一战场上，因轻敌冒进一败再败[①]，致北汉为宋军所灭，足见契丹战术意识的落后。

除战术思维外，自圣宗后，契丹与宋军的战事延绵二十余年，其中亦不乏大战，但契丹军队整体的战术革新并不多。除前述相关战例所用之战术，再如统和四年，契丹骑兵对宋军米信部的作战仍是“围数重，矢下如雨”，未跳脱骑射战术的范畴。统和二十二年，在澶渊之役中，契丹面对宋军大阵采用“直犯大阵，围合三面，轻骑由西北隅突进”[②] 的战术进攻，显然是会同七年契丹南下战术重现。

而宋军在面对契丹时，不断针对敌我之战术优劣进行自我革新。从前文叙述可知，面对南下契丹军队，中原军队往往以军阵对抗。只要大阵不乱，则契丹骑兵难以取胜。至宋时，宋军完全吸收了五代对契丹的作战经验，面对契丹南下大军，宋军并不主动出击，往往列阵以待。且宋军军阵在太宗与真宗之时不断发展[③]，最著名的莫过于宋太宗向河北边地将领所授的“平戎万全阵”。虽学界对此批评颇多[④]，但若从战术角度而言，宋太宗制“平戎万全阵”的意图则十分合理。宋真宗亦曾出阵图示宰相，并言“北戎寇边，常遣精悍为前锋，若捍御不及，即有侵轶之患”[⑤]。显然宋军已熟知了契丹军队的战术并作出了针对性调整。此外，宋军还不断加强弩等相关军事技术的发展，先后出现了床子弩、神臂弩

---

① 白马岭位于石岭关南。《辽史·耶律沙传》载：“乾亨初，宋复北侵，沙将兵由间道至白马岭，阻大涧遇敌。沙与诸将欲待后军至而战，冀王敌烈、监军耶律抹只等以为急击之便，沙不能夺。敌烈等以先锋渡涧，未半，为宋人所击，兵溃。”可见此战大败完全是轻敌冒进。石岭关之战虽未见具体过程，但从“棣州防御使何继筠为石岭关部署，屯于阳曲”看，宋军亦是提前在石岭关做好了防御部署。而《宋史·孔守正传》的记载契丹“接战便退”说明，契丹军队也应是轻敌冒进遭遇了埋伏或是突袭。

② 《续资治通鉴长编》卷五八，宋真宗景德元年十一月甲戌条，第 1286 页。

③ 关于宋军军阵在辽宋战事中的作用与发展，参见吴晗：《阵图与宋辽战争》，《新建设》1959 年第 4 期，第 29—31 页；陈安迪：《北宋阵图再检讨》，《汉学研究》2019 年第 2 期，第 95—127 页。尽管吴晗与陈安迪的文章均抨击了宋军阵图对宋军作战的掣肘及其政治意义，但二人的相关论述中仍可见宋军军阵在战争中的发展，尤其陈安迪认识到宋军阵图的发展是战争条件下军事技术变革的结果。

④ 陈峰：《“平戎完全阵”与宋太宗》，《历史研究》2006 年第 6 期，第 180—184 页。

⑤ 《续资治通鉴长编》卷四九，宋真宗咸平四年六月戊辰条，北京：中华书局，2004 年，第 1065 页。

等新式武器。[①] 而针对宋廷相应的军事改革，契丹全无应对之策。澶渊之役中，面对宋军新式军阵与床子弩等新武器，契丹骑兵仍采50多年前太宗会同七年的南下战术，这焉能取胜？

另一方面，粮谷后勤虽提高了补给效率，但造成了严重的后勤负担。美国学者鲁惟一指出中原式的补给方式，每1万骑兵就需要1320辆大车运送一月的粮饷，还有360辆车运盐。1万匹战马的饲料运输需要1440辆车，即使备用马匹可以吃草原上的草，不需要运送饲料，那么补给车队也不会少于3000辆，这还没有算车夫和杂役。[②] 由于契丹后勤制度化并不彻底，南下军需负担常被置于地方。如景宗时宋军北征，幽州地失后，契丹朝廷仅“以山后诸州给兵”未见从他地调配军赋。而圣宗时契丹南下往往诏南京准备[③]，若契丹以十万大军南下，幽州所能提供的军需恐怕极其有限。即使契丹军需后勤能够提供如此规模的运输车队，那么维护交通线也十分重要。统和二十二年，契丹南下至澶渊，若无交通补给线之需要，何至于陷入进退两难之地？

除以上外，传统中原战术的运用需要严密的军事组织，无论是在作战抑或行军中，令行禁止是中原军队战术运用的最大特征。从世宗始契丹设置枢密院，逐渐加强了军事控制，开始在战时限制契丹士兵进行劫掠。如统和七年圣宗南下时“三卒出营劫掠，笞以徇众，以所获物分赐左右”[④]。统和十三年“武清县百余人入宋境剽掠，命诛之，还其所获人畜财物”[⑤]。但后勤制度化并不彻底，契丹仍有大批南下士兵需自备武器战马，而契丹未见有军饷制度，限制劫掠使契丹普通士兵“不补所失”，这就造成了契丹军队作战积极性并不高。[⑥]

---

① 参见陈乐保：《试论弩在唐宋间的军事地位变迁》，《史学月刊》2013年第9期，第32—40页。

② 〔英〕鲁惟一：《汉武帝的征伐》，载〔美〕费正清主编：《古代中国的战争之道》，北京：民主与建设出版社，2019年，第107页。

③ 如统和四年“发南京，诏休哥备器甲、储粟，待秋大举南征”。

④ 《辽史》卷一二《圣宗纪三》，第143页。

⑤ 《辽史》卷一三《圣宗纪四》，第158页。

⑥ 太宗时契丹战术的中原化刚刚建立，因而尚未立刻建立严密的军事组织，诸将南下尚有“入汴，取内帑珍异”的劫掠自由。因之耶律吼以“晋主石重贵表不称臣，辞多踞慢，吼言晋罪不可不伐”，耶律洼“天显末，帝援河东，洼为先锋，会同中，及伐晋，复为先锋”。而世宗以后军事纪律日趋严密，这类积极的南下作战已难见到。

从以上种种可见，契丹战术中原化与后勤制度化后，未能因战事的变化再次做出调整，使原本已获革新的战术与后勤，随着宋军战术的发展与战场环境的不同再次显得滞后。尽管契丹南下军队仍能在部分战役中取胜，但已不能改变战争的最终结果。这亦是契丹未能如后世金元立足中原的另一重要原因。

结　论

契丹战术的中原化与后勤的制度化为早期契丹南下的不断胜利奠定了基础。但由于契丹战术意识的落后，面对不断调整的中原军阵与战场环境，太宗以后的契丹军队未能因应时局做出相应的调整，这使圣宗时期的南下战局长期陷于僵持局面，契丹也最终未能如后世金、元一般入主中原。

On the Tactics and Logistics of Khitan's Going South in the 10th Century

HONG Wei

Abstract: During the reign of Emperor Taizong, with the frequent southward movement and the joining of the Han army, the Khitan army adjusted as armies in the central Plains in terms of tactics and logistics. This undoubtedly helped the Khitan to take a greater advantage in the southward war. However, with the slow tactical innovation after Taizong and the incomplete institutionalization of logistics, the Khitan army, originally having a tactical advantage, failed to reproduce the superiority of the Taizong period when facing the Song army, whom had just experienced the unification war.

Keywords: Khitan; tactics; logistics

〔洪纬（1993— ），男，陕西安康人，历史学博士，火箭军工程大学政治系讲师，研究方向为辽金史〕

一体化视野下辽朝时期辽东女真的国家认同*

刘　月

（大连大学马克思主义学院）

摘　要：辽东作为辽政权的边疆，是沟通中原陆地与海洋的交通要道，同时也是与高丽政权相接的军事要冲。辽朝在辽东设置曷苏馆路女直国大王府、鸭渌江女直大王府、南女直国大王府及北女直国大王府。辽东女真人服从及参与政治管理，承担朝贡与赋役制度，响应辽朝的军事征调等行为，表现出辽东女真人对辽朝的国家认同，推进了中华民族一体化的进程。

关键词：辽朝时期；女真；辽东地区；国家认同

辽东指辽河流域东部地区，北至铁岭，中经沈阳，南至辽东半岛。辽东作为中国东北地区南部边疆，是政治、军事上重要的通道与关隘，在经济上有鱼盐之利，为历代政权所重视。辽朝时期，辽东是沟通宋政权，防御高丽，牵制渤海故地的战略要地。契丹政权灭亡渤海国前后，大量女真人迁居此处，形成曷苏馆女真，鸭绿江女真，南、北女真等部，其对辽政权的认同行为与心理直接影响辽朝政权的稳固性与疆域的范围，

* 本文为辽宁省社会科学规划基金项目“辽海地区各民族的‘中国’认同研究（1368—1644）”（L21CMZ001）、大连市社科联项目“公元前3世纪—20世纪中国古代辽东半岛各民族的‘中国’认同研究”（2022dlskzd089）、河北省高等学校人文社会科学研究项目“辽朝文化自信的构建途径及过程研究”（SQ2022190）及东北大学秦皇岛分校科研启动项目“民族共同体视角下辽朝诸京道佛教发展研究”阶段性成果。

更影响着辽朝作为中国王朝中多民族政权的重要进程。前辈学者鲜少论及辽东女真对辽朝的国家认同问题。辽东女真人归附辽政权与朝贡、承担与服从辽朝行政管理、交纳赋役、参与军事征调等国家政治活动散见于辽朝女真人研究的论著中，但尚缺乏具体、系统论述。研究以上问题有助于了解辽东女真人对辽朝的国家认同行为与心理。聚居在辽东地区的女真人认同自称“中国”正统王朝的辽朝的统治，推进了中国一体化进程，是中华民族形成过程中的重要环节。本文以辽朝时期辽东女真人为研究主体，分析其国家认同行为与心理，请诸师友批评指正。

一、辽东女真对辽政权的归附及朝贡

契丹政权兴起后，迅速向东扩张，攻占渤海国，一部分依附渤海的女真或被迫迁徙或主动南下，进入辽东地区。辽朝时期，聚居在辽河以东的女真主要有曷苏馆女真、鸭绿江及南、北女真①，这些女真人被称为“熟女真”，是“系辽籍女真”的一部分。辽东女真归降辽朝以后，即向辽朝贡。“朝贡”制度除了起到辽中央政权与辽东女真属部物质交换的作用，更重要的是体现了辽东女真对辽朝国家权力的服从。自先秦始，朝贡制度就是一种非对等的，象征君臣尊卑关系的制度。② 辽东女真向辽政权朝贡，两者君臣关系得以确立，是女真对辽朝存在国家认同的重要标志。

曷苏馆女真是辽东女真群体中的重要部分，在文献中又称“合苏款”“合苏馆”“合苏衮”等。据《三朝北盟会编》记载，辽朝皇帝将女真人中的“强宗大姓”数千户迁移至“辽阳之南”，“以分其势，使不得相通。迁入辽阳著籍者，名曰合苏款，所谓熟女真是也”。③ 从“强宗大姓”可知曷苏馆女真本就是女真人中发展程度比较高的一支，都兴智认为曷苏馆女真是辽圣宗耶律隆绪统和年间征伐女真，被征服后内附或被

① 前辈学者对辽朝时期居住在辽东的女真及其驻地划分的研究颇多，主要有都兴智：《曷苏馆女真考略》，《辽宁师范大学学报》1986 年第 1 期；李自然、周传慧：《曷苏馆女真的几个问题》，《满族研究》2010 年第 4 期等。

② 李云泉：《五服制与先秦制度的起源》，《山东师范大学学报》2004 年第 1 期。

③ 〔宋〕徐梦莘：《三朝北盟会编》卷三《女真纪事》，上海：上海古籍出版社，1987 年。

俘的一部分“上层人物及其家属”。[①] 曷苏馆女真生活的位置学界多有讨论，基本确定是在今辽东盖州一带[②]。辽东女真归附以后，辽朝在赐予其官职的同时赐予印绶。辽道宗大康八年（1082）三月，“黄龙府女直部长术乃率部民内附，予官，赐印绶”[③]。《金史》中追溯完颜氏远祖与辽朝的关系时称：“辽主将刻印与之。景祖不肯系辽籍。辞曰：‘请俟他日。’辽主终欲与之，遣使来。景祖诡使部人扬言曰：‘主公若受印系籍，部人必杀之。’”[④] 金景祖不接受辽印绶，是为生女真。可见辽东女真首领皆接受辽印绶，成为辽朝的正式官员。

曷苏馆女真归附辽朝以后，和辽中央政权建立了比较紧密的联系，多次向辽帝朝贡。《辽史·兵卫志》记载：“辽属国可纪者五十有九，朝贡无常。”[⑤] 曷苏馆女真名列“五十有九”之中，这些属国的朝贡没有固定期限。《辽史》中详细记载曷苏馆女真朝贡辽帝的次数达八次之多，可见对辽有很高的国家认同心理。辽朝实行捺钵制度，“辽国尽有大漠，浸包长城之境，因宜为治。秋冬违寒，春夏避暑，随水草就畋渔，岁以为常。四时各有行在之所，谓之‘捺钵’”[⑥]。辽朝帝王四季渔猎，行营不断转移，没有固定地点，各部族需至捺钵地点朝贡，这就给辽东女真朝贡制造了难度。据《辽史》记载，自圣宗开泰元年（1012）至兴宗重熙十九年（1050），曷苏馆女真朝贡所至的捺钵地有：开泰元年至祠木叶山；开泰四年至沿柳湖；开泰八年五月至桦山、浅岭山、涅烈山、跋恩山，九月至土河川；太平六年（1026）十月至辽河浒，十二月至辽河；重熙十年至马孟山、中京[⑦]；重熙十九年至庆州。[⑧] 关于曷苏馆女真的贡品，《辽史》记载重熙十九年六月，曷苏馆与回跋、蒲卢毛朵部“各遣使贡马”。[⑨] 曷苏馆女真与阻卜、敌烈等部相比，进献辽朝的土产数量少且

① 都兴智：《曷苏馆女真考略》，《辽东师范大学学报》1986 年第 1 期。

② 张博泉、苏金源、董玉瑛：《东北历代疆域史》，长春：吉林人民出版社，1980 年。

③ 《辽史》卷二四《道宗纪四》，北京：中华书局，1974 年，第 287 页。

④ 《金史》卷一《世纪》，北京：中华书局，1975 年，第 5 页。

⑤ 《辽史》卷三六《兵卫志下》，第 429 页。

⑥ 《辽史》卷三二《营卫志中》，第 373 页。

⑦ 程妮娜：《女真与辽朝的朝贡关系》，《社会科学辑刊》2015 年第 4 期。

⑧ 《辽史》卷一五《圣宗六》，第 170、176 页；卷一六《圣宗七》，第 186 页；卷一七《圣宗八》，第 200、201 页；卷一九《兴宗纪二》，第 225 页；卷二〇《兴宗三》，第 241 页。

⑨ 《辽史》卷二〇《兴宗纪三》，第 241 页。

单一，或是由于曷苏馆女真被编入籍，承担一定的赋役的关系。

鸭绿江女真是由黑水靺鞨南迁并融入一部分渤海遗民①，活动于鸭绿江中下游地区的女真人，高丽称其为“西女真”。② 鸭绿江女真对辽朝的朝贡并不频繁，辽太宗时期鸭绿江女真曾两次朝贡，会同三年（940）二月“鸭渌江女直遣使来觐”③，会同四年十一月“鸭渌江女直来贡”④。鸭绿江女真人朝贡所进献的物品大多为鸭绿江沿岸的土产，《契丹国志》记载了五节度熟女真部族的特点，“东南至五节度熟女真部族。共一万余户，皆杂处山林，尤精弋猎。有屋舍，居舍门皆于山墙下辟之……所产人参、白附子、天南星、茯苓、松子、猪苓、白布等物。并系契丹枢密院所管，差契丹或渤海人充节度管押。其地南北七百余里，东西四百余里，西北至东京五百余里”⑤。据张博泉推断，五节度熟女真就是鸭绿江女真，向辽帝朝贡时所进献人参、白附子、天星南、茯苓、松子、猪苓、白布等土产。鸭绿江女真朝贡记录较少的原因，程妮娜认为是这一时期鸭绿江女真同时向北宋朝贡，且朝贡的记录混杂在没有记录部名的女真朝贡活动中。⑥

南、北女真由于南临海滨，北近渤海故地，东邻高丽，西通中原，有着极为重要的防御战略地位，辽朝对南、北女真的统治更加严密与直接。南女真所在范围《辽史》中有比较明确的记载，南女直汤河司管辖下有卢州（今辽东盖州熊岳）、镇海府（今大连庄河附近）、归州（今辽东盖州熊岳西南）、苏州（今辽东大连金州）、复州（今辽东大连瓦房店）。⑦ 南女真来源于辽攻打渤海，将依附渤海的女真人南迁至辽东半岛，还有迁回曾逃入高丽的女真人。南女真由于极其特殊的地理位置，一直为辽朝所重视。《辽史》中详细记述了归州人户的情况：“太祖平渤海，以降户置，后废。统和二十九年，伐高丽，以所俘渤海户复置。”⑧ 为了

① 刘子敏、金宪淑：《辽代鸭绿江女真的分布》，《东疆学刊》1998 年第 1 期。

② 见程妮娜：《女真与辽朝的朝贡关系》，《社会科学辑刊》2015 年第 4 期。

③ 《辽史》卷四《太宗纪下》，第 47 页。

④ 《辽史》卷四《太宗下纪》，第 50 页。

⑤ 〔宋〕叶隆礼撰，贾敬颜、林荣桂点校：《契丹国志》卷二二《州县载记》，上海，上海古籍出版社，2014 年，第 236—237 页。

⑥ 程妮娜：《女真与辽朝的朝贡关系》，《社会科学辑刊》2015 年第 4 期，第 103 页。

⑦ 《辽史》卷三八《地理志二》，第 460、473、475、476 页。

⑧ 《辽史》卷三八《地理志二》，第 475 页。

防止追回渤海人户与高丽联合，只有把所俘获的人户迁入监管最严密、最信任之地。可见南女真在辽严密的控制之下，且与辽朝中央政府关系密切，为辽所放心。

北女真是归附辽朝的女真人融合辽圣宗时期俘获的女真民户①。圣宗统和八年（990）“北女直国四部请内附”②，这次是规模较大的北女真人依附辽朝的记录。北女真活动范围大致在辽州（今辽宁新民东北辽河西岸辽滨塔）、祺州（今辽宁康平东南小塔子村古城）、韩州（今辽宁昌图县八面城）、双州（今辽宁铁岭西）、银州（今辽宁铁岭）、同州（辽宁开原中固镇）、咸州（今辽宁开原）、郢州（沈阳北）③、肃州（辽宁铁岭昌图县）、安州（今辽宁昌图县四面城）。文献中不见南、北女真朝贡记录，或是由于辽对南、北女真进行直接统治，以交纳赋税为主。④

由以上辽东女真归降辽朝的不同过程与朝贡的区别可以看出曷苏馆女真与辽朝的关系十分密切，多次至捺钵地朝贡，这也是曷苏馆女真成为辽东女真中地位最高的属国、属部的原因之一。鸭绿江女真归降辽朝以后，向辽帝朝贡土产，但是由于地理位置近高丽，受到辽军攻打后各部分散，朝贡记录或缺失或混入不记名女真属部。南、北女真由于特殊的战略地理位置为辽统治者所重视，采取直接统治的方式稳固其与中央政府的关系。辽东女真归降与接收辽帝授予印玺，成为系辽籍女真体现了对辽政权统治的认同，向辽帝朝贡强化了辽东女真人的归属感，是辽东女真国家认同意识的重要体现。

二、辽东女真接受及参与辽朝政治管理

疆域的安定是辽朝必须面对的重要问题，尤其是辽河以东地区，处于海洋、高丽、渤海故地及中原通道要冲，如何将辽东女真人纳入辽朝国家政治体制中，是辽朝政治制度设计的重要方面。东京道设立后，辽朝加强了对辽东地区女真人的管辖，按照《辽史》的记载，地方上的

---

① 程妮娜：《女真与辽朝的朝贡关系》，《社会科学辑刊》2015 年第 4 期，第 103 页。

② 《辽史》卷七〇《属国表》，第 1141 页。

③ 关于郢州地理位置一说在今长春市九台区，然长春市距离过远，似不可能在北女真管辖下。

④ 程妮娜：《女真与辽朝的朝贡关系》，《社会科学辑刊》2015 年第 4 期，第 103 页。

“属国、属部官，大者拟王封，小者准部使”，“命其酋长与契丹人区别而用”，辽人认为这种方式是“恩威兼制，得柔远之道”①。所谓“恩”是女真部族官长采用世袭制度，所谓“威”是由契丹等族官员进行监察，以达到长治久安的目的。辽朝在辽东地区设置曷苏馆路女直大王府、鸭渌江女直大王府、南女直大王府管理女真人户，其中女真官员与契丹等族官员掺杂，将辽东女真纳入辽政权的政治体系之中。辽东女真人接受辽朝政治体制管辖的同时也参与地方管理，辽朝与辽东女真人的双向互动，推动了辽朝与辽东女真人政治一体化的进程。

曷苏馆路女直大王府又称“合苏衮部女直王”“合素女直王”“苏馆都大王”，治所在盖县九寨乡五美房村②。曷苏馆路女直大王府的地位在辽东其他女直大王府之上，与辽东其他女直大王府相比，曷苏馆路女直大王府的官长更加积极地参与到辽朝的政治中去。辽圣宗太平六年十月曷苏馆诸部长朝见辽帝，十二月“乞建旗鼓”③，辽圣宗答应了这一请求。旗鼓乃兵权之象征，按辽朝制度，除却皇帝帐前立有天子旗鼓，还赐给臣僚旗鼓，“辽朝赐予臣僚旗鼓是一种奖赏或者授予兵权的象征”，“是皇帝赐予臣僚作为掌握兵权之象征”④。辽帝赐旗鼓与属国、属部并不常见，赐予曷苏馆女真旗鼓说明辽帝将其与辽朝直属部落同样看待，赋予很高的殊荣。曷苏馆女真向辽帝请求“建旗鼓”是承认“地方对中央的军政隶属关系”，对辽朝有极高的国家认同。这无疑也体现出曷苏馆路女直大王府地位要高于辽东其他女直大王府，“其行政级别比其他属国要高，有统摄他部的权威”⑤。《辽史·百官志》中曷苏馆路女直大王府“又曰苏馆都大王”，“都”字用来区别其他女真大王，曷苏馆都大王的地位在其他女真大王地位之上，代替辽朝在辽东监管其他女真大王，是辽朝稳定辽东女真的重要机构。

辽朝依托辽东女真自身加强统治，通过使女真部族上层参与到统治中，成为国家政治体系中的一部分，加强辽东女真对辽朝的国家认同。

① 《辽史》卷四六《百官志二》第754页。

② 董万军：《曷苏馆路之所考》，《北方文物》1992年第1期。

③ 《辽史》卷一七《圣宗八》，第200页。

④ 王凯：《辽朝礼制研究》，吉林大学博士学位论文，2017年，第73页。

⑤ 见李自然、周传慧：《曷苏馆女真的几个问题》，《满族研究》2010年第4期。

《辽史·百官志》中比较详细地记载了属国、属部的官职设置，属国职名有："某国大王。某国于越、某国左相、某国右相、某国惕隐（亦曰司徒）、某国太师、某国太保、某国司空（本名闼林）、某国某部节度使司、某国某部节度使、某国某部节度副使、某国详稳司、某国详稳、某国都监、某国将军、某国小将军。"[①] 从曷苏馆女真与辽朝的往来朝贡记录中可以见到的官职有曷苏馆大王曷里喜、曷苏馆惕隐阿不葛、宰相赛剌[②]，此外记载了兴宗重熙十年以女直太师台押为曷苏馆都大王[③]。辽圣宗统和六年十月"曷苏馆诸部长来朝"，十二月诸部长向辽帝乞建旗鼓[④]，可见曷苏馆路女直大王府治下有诸多属部，从诸部长可直接向辽帝朝贡来看，曷苏馆路女直大王府下的属部应属于相对较大的部，且地位很高。虽然属部官职不见于文献，但是从《辽史·百官志》中关于属部记载："大部职名：并同属国。诸部职名：并同部族。"[⑤] 可以推断曷苏馆路女直大王府治下诸部官职设置与属国相似。辽朝管理属国、属部"命其酋长与契丹人区别而用"[⑥]，从朝贡人员来看，曷苏馆女路女真大王及诸部长应是曷苏馆女真人。唯有一处较为特殊，兴宗十年以女直太师台押为曷苏馆都大王，此人非曷苏馆女真世袭王位，而是辽帝指明除授的"都大王"，可见辽帝以此人来监管辽东女真。台押原是"女直详稳"，兴宗重熙二年台押率部众向辽帝朝贡，虽然台押并非曷苏馆女真，但同属女真人，仍旧是以女真人管辖女真人，通过女真人自身的建设强化曷苏馆女真对辽政权的国家认同。

辽太宗会同三年、四年鸭绿江女真连续两年向辽帝朝贡，鸭渌江女直大王府或建于朝贡前后。鸭绿江女真聚居范围广阔，北邻长白山女真，南达辽东南部，本文所涉及的辽东女真人指的是辽河以东，现辽宁境内以南，鸭绿江西岸的女真人。辽朝多次出兵攻打鸭绿江女真，至辽圣宗时期彻底征服鸭绿江女真，建鸭渌江女直大王府，地理位置大约在今本

① 《辽史》卷四六《百官志二》，第755页。
② 《辽史》卷一六《圣宗纪七》，第186页。
③ 《辽史》卷一九《兴宗纪二》，第226页。
④ 《辽史》卷一七《圣宗纪八》，第200页
⑤ 《辽史》卷四六《百官志二》，第756页。
⑥ 《辽史》卷四六《百官志二》，第754页。

溪恒仁一带。[①] 鸭渌江女直大王府下有五节度熟女真部族，“并系契丹枢密院所管，差契丹或渤海人充节度管押”[②]。可以推知除逃入高丽等地的鸭绿江女真，余下的鸭绿江女真如五节度熟女真部族，成为辽朝政治机构下的一部分。

辽朝在辽东最南端建南女直国大王府，由于三面环海、北防高丽的特殊地理位置，南女直国大王府承担重要的军事职能，辽朝在南女真地设汤河详稳司，又称南女直汤河司[③]。《辽史·营卫志》中记载各部族“胜兵甲者即著军籍，分隶诸路详稳、统军、招讨司”[④]。汤河详稳司（女真汤河司）属辽朝北面边防官，军事地位十分重要，“东接高丽，南与梁、唐、晋、汉、周、宋六代为勍敌，北邻阻卜、术不姑，大国以十数；西制西夏、党项、吐浑、回鹘等，强国以百数。居四战之区，虎踞其间，莫敢与撄，制之有术故尔”[⑤]。汤河详稳司最高官员为详稳，大安元年（1085）十一月，辽任命南女直详稳萧袍里为北府宰相[⑥]，天祚帝天庆年间任命萧酬斡为南女直详稳[⑦]。南女直详稳多次出现，不见南女真大王至节度使的官职，杨若薇认为辽朝的“详稳”不是指某一固定的职官，而是对将军、长官的一种通称，“大王”即是“详稳”。[⑧] 由此可见，由于南女真所在独特的地理位置，南女直国大王府与军事机构汤河详稳司重叠，汤河详稳司详稳即南女直国大王府的“大王”，出现这种情况无疑与南女真重要的地理位置有关。南女直汤河司下有卢州玄德军刺史、镇海府防御史、归州观察使、苏州安夏军节度使、复州怀德军节度使。南女直汤河司官长有很大一部分契丹人，如国舅萧酬斡、萧袍里、“归州观察使萧和尚奴”[⑨]。南女真的重要地理位置决定了辽朝对其进行直接统治，甚至派出既为驸马又为国舅的萧酬斡担任南女真的最高官员，南女直国

① 程妮娜：《辽代女真属国、属部研究》，《史学集刊》2004 年第 2 期。

② 《契丹国志》卷二二《州县载记》，第 237 页。

③ 《辽史》卷四六《百官志二》，第 745 页。

④ 《辽史》卷三二《营卫志中》，第 377 页。

⑤ 《辽史》卷四六《百官二》，第 372 页。

⑥ 《辽史》卷二四《道宗四》，第 290 页。

⑦ 《辽史》卷一〇〇《萧酬斡传》，第 1429 页。

⑧ 杨若薇：《契丹王朝政治军事制度研究》，北京：中国社会科学出版社，1991 年，第 267、271 页。

⑨ 《辽史》卷二九《天祚帝三》，第 341 页。

大王府下女真人已经成为辽朝统治架构的一部分。

辽朝置北女直国大王府，其下至少有四个属部。兵事属北女直兵马司即咸州兵马详稳司[①]，治所在辽州。咸州兵马详稳司下“有知咸州路兵马事、同知咸州路兵马事、咸州紏将”[②]。北女真最高官职为详稳，辽兴宗重熙十五年四月“以北女直详稳萧高六为奚六部大王”[③]，北女直详稳即为知咸州路兵马事，同时也是北女直国大王。咸州兵马详稳司还有都统一职，据《契丹国志》记载辽朝分四路进攻女真，其中就有“复州节度使萧湜曷咸州都统”[④]，以复州节度使任咸州都统，都统一职与详稳同义。北女直兵马司治下有咸州安东军节度使、辽州始平军节度使、双州保安军节度使、祺州祐圣军刺史、韩州东平军刺史、银州富国军刺史、同州镇安军节度使、咸州安东军节度使、郢州彰圣军刺史、肃州信陵君刺史、安州刺史。北女直最高统帅大多是契丹人，如担任北女直详稳的萧高六、萧柳、耶律章奴。萧高六原为金吾卫，以北女直详稳迁奚六部大王[⑤]；萧柳是淳钦皇后弟阿古只五世孙，由四军兵马都指挥使迁北女直详稳[⑥]；耶律章奴由东北路统军副使改东北路统军副使[⑦]。北女真人十分认同辽朝官员的管辖，萧柳在担任北女直详稳之时，“政济宽猛，部民畏爱”，秩满后，百姓留任。[⑧] 相对低级的官员刺史与紏将也有契丹官员担任，如耶律术者由于监都统耶律斡里朵战，兵败，左迁为银州刺史，后又为咸州紏将[⑨]。管理北女真的还有奚族官员，如回离保是奚王忒邻之后，“天庆间，徙北女直详稳，兼知咸州路兵马事”[⑩]。同时也有汉人任职官，韩德让“超授辽州节度使”[⑪]，是极为特殊的例子，《契丹国志》以其契丹姓名耶律隆运入传。无论契丹官员、奚族官员或是汉人官员，明

① 张韬：《辽代道级行政区划研究》，吉林大学博士学位论文，2016 年，第 115 页。
② 《辽史》卷四六《百官志二》，第 745 页。
③ 《辽史》卷一九《兴宗纪二》，第 233 页。
④ 《契丹国志》卷一〇《天祚皇帝上》，第 116 页。
⑤ 《辽史》卷一九《兴宗纪二》，第 233 页。
⑥ 《辽史》卷八五《萧柳传》，第 1316 页。
⑦ 《辽史》卷一〇〇《耶律章奴传》，第 1430 页。
⑧ 《辽史》卷八五《萧柳传》，第 1316 页。
⑨ 《辽史》卷一〇《耶律章奴传》，第 143 页。
⑩ 《辽史》卷一一四《奚回离保传》，第 1516 页
⑪ 《契丹国志》卷一八《耶律隆运传》，第 197 页。

显都是辽帝的心腹，这也是由北女直特殊的地理位置决定的。

咸州详稳司（北女直兵马司）负责处理女真人的各种事务。金太祖完颜阿骨打吞并周边部族，赵三与阿鹘产大王拒不依附阿骨打，阿骨打掳掠二人家众，二人至咸州详稳司控诉，此事送至北枢密院审理。辽天祚帝令阿骨打至咸州对证，阿骨打托病不至。天庆三年（1113）阿骨打率领五百余骑兵至咸州详稳司，与赵三、阿鹘产等对证，阿骨打拒不承认其所作所为，一日后又带着骑兵离开，遣人到咸州详稳司言："意欲杀我，故不敢留。"咸州详稳司再次招阿骨打，阿骨打仍不至。咸州详稳司将此案送至北枢密院审理。① 由赵三、阿鹘产至咸州详稳司状告阿骨打，以及咸州详稳司审理阿骨打这一事件可看出，咸州详稳司有管理女真事务的职能，有审理女真属部酋长的权利，各属部女真人服从咸州详稳司管辖。如咸州详稳司无法处理，上报北枢密院。至辽朝末年，女真完颜阿骨打兴起，女真人渐不服从咸州详稳司的管辖。

值得注意的是，一些辽东女真人积极参与到辽朝中央政治体系中，如曷苏馆女真人完颜挞不野，出任辽朝太尉一职，完颜合住管理辰州、复州汉人及渤海人。② 辽东女真人进入辽朝政治机构中，加强了对辽朝政治的参与度，加强了国家认同心理。

三、履行纳赋制度与参与军事征调

系辽籍女真指的是编入辽朝户籍的女真人，辽政权可对其直接统治，又称"熟女真"。据《金史》记载："五代时，契丹尽取渤海地，而黑水靺鞨附属于契丹。其在南者籍契丹，号熟女直；其在北者不在契丹籍，号生女直。"③《契丹国志》记载："女真之种，有生、熟之分，居混同江之南者，谓之熟女真。"④ 辽东女真人皆是熟女真，即系辽籍女真。

辽东女真作为系辽籍女真，成为辽朝编户的一部分，需向辽朝交纳

① 《契丹国志》卷一〇《天祚皇帝纪》，第 113—114 页。

② 关树东：《辽代熟女真问题刍议》，田志光、李峰主编：《咏归集：李昌宪先生七十寿辰纪念文集》，北京：中国社会科学出版社，2018 年，第 132 页。

③ 《金史》卷一《世纪》，第 25 页。

④ 《契丹国志》卷九《道宗天福皇帝》，第 106 页。

赋税。辽东女真向辽朝交纳赋税意味着辽东女真完全进入辽朝的版籍，具有强烈的国家认同观念。辽圣宗开泰四年“曷苏馆部请括女直王殊只你户旧无籍者，会其丁入赋役，从之”①。曷苏馆女真主动上报需交纳赋役的人户，是对辽政权的认同。作为辽朝统治下的区域，遇到荒年辽朝免租赋税，且出粟赈济灾民。辽道宗大康八年二月，“岁饥，免武安州租税”②；大安二年七月“出粟振辽州贫民”③。寿昌五年（1099）十月，辽州饥，“振辽州饥，仍免租赋一年”④。辽朝免除租赋及赈济灾民的行为无疑也加强了辽东女真的国家认同，辽中央与辽东女真形成了认同的双向互动。

遇有战事，辽东女真积极响应辽朝的征调，维护了辽政权的统治秩序以及辽东地区的安定，强化了辽东女真与辽朝中央政府的关系，具有强烈的国家认同感。圣宗统和二十八年高丽西京留守康肇杀害高丽王诵，擅自立王诵的从兄王询。由于辽与高丽存在宗藩关系，辽圣宗“诏诸道缮甲兵，以备东征”。十月“女直进良马万匹，乞从征高丽”。辽圣宗攻打高丽前曾先攻打鸭绿江一带的女真，令其归附辽朝。从地理位置来看，统和二十八年贡马、从征的女真应是鸭绿江沿岸的鸭绿江女真。女真与辽军相配合，最终高丽王询“遣使上表请朝”⑤。辽东女真的从征协助辽朝维持了与高丽的宗藩关系，体现出了辽东女真认同辽朝政权的行为与意识。辽圣宗统和四年三月，北宋出雁门道袭击辽朝，多城陷落。辽圣宗出兵抵御宋兵，十月辽军已进入反攻阶段，“女直请以兵从征，许之”⑥。辽东女真毗邻中原，水路、陆路可直驱中原。辽东女真参与抵御宋兵，保卫了辽朝边境安定，巩固了辽政权的稳定性，是对辽存在国家认同的体现。

辽东女真与金朝政权统治者同属靺鞨，金太宗完颜阿骨打兴起，在辽朝与阿骨打的战争中，辽东女真也协助辽朝抵御阿骨打政权。辽天祚帝保大五年（1125），天祚帝“召宰相张琳吴庸付以东征事”，“以汉军

① 《辽史》卷一五《圣宗纪六》，第176页。
② 《辽史》卷二三《道宗纪三》，第273页。
③ 《辽史》卷二四《道宗纪五》，第292页。
④ 《辽史》卷二六《道宗纪六》，第312页。
⑤ 《辽史》卷一五《圣宗纪六》，第169页。
⑥ 《辽史》卷一一《圣宗纪三》，第125页.

二十万分路进讨，杂以番军分为四路”，番汉军指的是汉人与各属国、属部下各族的军队，讨伐完颜阿骨打。四路军其中就有“复州节度使萧湜曷咸州都统，将作监龚谊副之”[①]，复州、咸州领下女真人户参与讨伐阿骨打企图力挽辽朝的颓势，延续辽朝的统治，虽然最终失败，但迟滞了金朝的攻辽步伐，体现出了辽东女真对辽朝的国家认同。金朝建立者完颜阿骨打自兴起之时就强调与辽东女真的亲缘关系，《金史》中追溯金太祖先祖时称：“始祖居完颜部仆干水之涯，保活里居耶懒。其后胡十门以曷苏馆归太祖，自言其祖兄弟三人相别而去，盖自谓阿古乃之后。”[②] 此举目的是减弱辽东女真的抵抗，迅速占领辽东。然而进军辽东的过程中遇到辽军联合辽东女真的抵抗，至金太祖收国二年（1116），辽东女真基本归降金朝。[③] 可见，在抵御金朝的过程中，辽东女真发挥了重要作用，是国家认同的具体体现。

综上所述，辽东女真人归降辽朝后，向辽帝朝贡，表现出对辽朝的臣服。辽朝在辽东设置曷苏馆路女直国大王府、鸭渌江女直大王府、南女直国大王府及北女直国大王府，世袭女真官长与契丹等族官员掺杂管辖辽东女真人。曷苏馆女真与辽朝中央政府关系密切，大酋通过担任曷苏馆路女直大王府大王及诸部长，成为辽朝政治架构中的一部分，加强了对辽政权的认同。鸭渌江女直大王府及南、北女直国大王府官长由契丹等族官员担任，对其进行直接统治，加深了辽东女真人的国家意识。作为系辽籍女真，辽东女真除鸭渌江女真外需要履行纳税义务，赋税的交纳与遇到荒年辽朝的免租与赈济加强了辽东女真人的归属感。遇有战争，辽东女真积极参与辽朝的征调，是保境安民的重要体现，凸显出辽东女真强烈的国家认同。辽东女真的国家认同心理及行为推进了辽朝多民族政权的一体化进程，是中华民族形成史上重要的组成部分。

---

① 《契丹国志》卷一〇《天祚皇帝纪》，第116页。

② 《金史》卷一《世纪》，第2页。

③ 关树东：《辽代熟女真问题刍议》，田志光、李峰主编：《咏归集：李昌宪先生七十寿辰纪念文集》，第136页。

The National Identity of Liaodong Jurchen in the Liao Dynasty from the Perspective of Integration

LIU Yue

Abstract: Liaodong, as the frontier of Liao regime, was the main road of land and sea communication with the Central Plains, and also the military artery connected with the Goryeo regime. In Liaodong, the Liao Dynasty set up the Nizhi Grand Palace of Horsuguan Road, the Nizhi Grand Palace of Yalujiang, the Nizhi Grand Palace of the South and the Nizhi Grand Palace of the North. The Jurchen people of Liaodong followed and participated in the political management, assumed the system of tribute and service, and responded military conscription corresponding to the Liao Dynasty, which showed their national identity of the Liao Dynasty and promoted the process of the integration of the Chinese nation.

Keywords: the Liao Dynasty; Jurchen; Liaodong region; national identity

〔刘月（1988— ），女，辽宁大连人，大连大学马克思主义学院讲师，历史学博士，研究方向为北方民族史〕

林爽文事变时清廷“发现”六堆义民军考述与历史意义

——以《钦定平定台湾纪略》为中心*

张正田

（龙岩学院闽台客家研究院）

摘　要：《钦定平定台湾纪略》是清乾隆皇帝敕编关于平定“乾隆十全武功”之一的“台湾林爽文事件”之官方史料，其为“编年体”方式的“系年月日”之记载史册，由其可“按日索骥”爬梳出清廷官军与台湾泉州闽南人、台湾客家人、“熟番”等族群，一起平定以台湾漳州闽南人为主体的“林爽文事变”之过程。而今日六堆客家庄，当时尚称为“山猪毛粤庄”，因为其地理位置位于清代能实际有效统治台湾岛地区的“最东南角落”，使他们当林爽文事变之际，被迫与当地“山猪毛汛”官兵，一起沦为“敌后”的“大后方”之外之“孤军”，也使得朝廷长达约半年之久，都不知道有这批“孤军”在敌后坚守，且数次血战、坚决不降林爽文与庄大田势力。本文以《钦定平定台湾纪略》为史料中心，考述这段清廷在六堆义民军血战林爽文长达半年后才“发现”了他们的历史。值得注意的是，这批“六堆客家义民军”在康熙末年的“朱一贵事件”时曾大力报效过清廷，但“林爽文事件”时，朝廷已几乎忘了他们的存在，似可见朝廷在帝国边疆末梢已出现某种统治上的“神经末梢麻痹”。

* 本文为2018年国家社科基金项目“台湾林爽文事件及清廷‘褒忠’、‘旌义’历史意义研究”（18XZS015）阶段性研究成果。

关键词：台湾六堆客家；林爽文事变；《钦定平定台湾纪略》；客家义民军

位于今日台湾南部高雄市与屏东县的台湾屏东平原东侧“沿山地区”的六堆客家地区，由北而南，计有高雄市的美浓区、屏东县的高树乡（以上为“右堆”①）、屏东的长治乡、麟洛乡（以上为“前堆”）、同县的内埔乡（“后堆”）、同县的竹田乡（“先锋堆”）、同县的万峦乡（“先锋堆”）、同县的新埤乡、佳冬乡（以上为“左堆”）。

若以今日台湾地图来看，六堆客家乡镇区，系位于台湾岛内的正南方。但实则在发生于乾隆五十一年（1786）到乾隆五十三年间的台湾“林爽文事变”中，对当时清廷实际统治台湾的地域而言，六堆客家地区是相对比较偏东南方的“边区”，因为当时“台湾中央山脉地区”与“台湾东部地区”，包含紧邻六堆地区正东方的台湾中央山脉南半段，都尚非清廷所能实际统治之地区。所以除去台湾中央山脉与台湾东部后，实际上，当时六堆位于清廷实际统治地区之东南角较偏僻处，导致朝廷一开始尚未“发现”六堆地区已经在自动自发地抵御林爽文势力。若依清乾隆皇帝下令御制《钦定平定台湾纪略》之记载，在林爽文事变一开始，清廷鼓励台湾泉州籍与客家籍乃至“熟番”等“诸路”民间义民军，首先注意到的目标，大多仅局限在台湾府城所在的今台南市市区，以及当时凤山县治（今高雄市市区）、诸罗县治（今嘉义市、嘉义县一带）、彰化县治乃至邻近的鹿仔港一带（今彰化县城到同县鹿港镇）、淡水厅治（今新竹市、新竹县一带），乃至淡水厅北境的今大台北地区一带。而位于当时凤山县东境，紧邻“生番”的台湾山地少数民族地区之六堆客家，虽然一开始即自动自发抵抗林爽文势力入侵家园，但是朝廷竟没“发现”他们，要等到朝廷用兵至六堆所在的台湾屏东平原附近，加上六堆义民军坚守半年之久后也派军翻山越岭地找到清军大本营时，朝廷才知道有这股六堆义民军的存在。因此本文以《钦定平定台湾纪略》之记载，考述朝廷“发现”六堆客家抵御林爽文事变入侵家园的历史记载。

---

① 今日亦有记入今高雄市杉林区为“右堆”之一的，但本文暂从松崎仁三郎《呜呼忠义亭》（屏东县六堆文化研究学会复刻本，2011）（1935 原著）之旧说。

至于六堆客家历史的研究成果方面，除前引日据时代日本人的《鸣呼忠义亭》外，在我国两岸成果也较丰硕。在大陆方面早先有房学嘉《从高屏六堆民居看客家建筑文化的传衍与变异——以围龙屋建构为重点分析》一文，[①] 就客家围龙屋的建筑结构形式在台湾六堆的历史传承与变迁做过一探讨。又谢重光在2013年同时有《朱一贵事件与台湾客家、福佬关系的演变》《清代台湾客家六堆义民的评价问题》二文，[②] 对台湾六堆客家的民系属性与历史评价问题作过一深入探讨，对本文有所帮助。近年有黄志繁《多变的忠义亭：台湾客家族群认同的形成》一文，[③] 则是以六堆"忠义亭"为叙述角色，延续陈丽华《族群与国家：六堆客家认同的形成（一六八三至一九七三）》[④] 一书的研究成果，对古今六堆客家人的"认同"变化问题作一探讨。在台湾方面，关于六堆客家历史文化的研究成果相当繁多，前述陈丽华前引书也可算是台湾方面一研究成果。[⑤] 此外陈丽华又有《"客家"身份的建构——殖民体系下的香港新界与台湾六堆》[⑥] 一文，比较香港与台湾六堆客家在近现代的族群身份"建构"的问题。除此外台湾方面又有李文良、林正慧等许多人的丰硕成果，然限于篇幅，此处不一一征引。但按学界目前研究成果，可知在清代林爽文事变时，朝廷一开始"并不知道"六堆义民已经自动自发报国保乡，组织六堆义民军，却沦为敌后之"孤军"，自主自决拥朝廷力抗林爽文势力之事，学界似研究尚少，是为本文可发挥之处。

---

① 房学嘉：《从高屏六堆民居看客家建筑文化的传衍与变异——以围龙屋建构为重点分析》，《台湾研究集刊》2004年第2期。

② 谢重光：《朱一贵事件与台湾客家、福佬关系的演变》，《宁德师范学院学报》2013年第2期；《清代台湾客家六堆义民的评价问题》，《闽台文化研究》2013年3期。

③ 黄志繁：《多变的忠义亭：台湾客家族群认同的形成》，《读书》2017年第1期。

④ 陈丽华：《族群与国家：六堆客家认同的形成（一六八三至一九七三）》，台北：台湾大学出版中心，2015年。

⑤ 陈丽华是大陆学者，但在台湾的大学里任教，多研究台湾客家历史问题，前引该书也在台湾大学印行，故本文暂将之归为台湾学者。

⑥ 陈丽华：《"客家"身份的建构——殖民体系下的香港新界与台湾六堆》，《赣南师范学院学报》2011年第1期。

一、六堆客家为何称为“六堆”

六堆客家之所以称为六堆，其实就是与这次乾隆末年的林爽文事变有关。但是要谈这个问题，又不得不先谈到康熙六十年（1721）的台湾朱一贵事变。朱一贵事变中的台湾漳州籍朱一贵，自称“明朝后裔”，想“反清复明”，他发动的“漳泉闽南势力”与杜君英领导的“广东潮州势力”，原本合伙一起攻打台湾府城（今台南市区），但他们攻下台湾府城后，却因双方分赃不均而闹内讧。杜君英与他的潮州军团连忙出府城，并联合同样都是“广东籍”的今六堆客家人民团，一起对抗朱一贵的“漳泉军团”，于是后来局面演变成“闽粤大战”（漳＋泉 VS. 广东潮州人＋广东客家人）。不过例外的是福建闽西客家人，因为闽西客家与广东粤东客家都是腔调相近之客家话的同族群，[①] 所以他们也是站在同样为粤东的客家这边，而不是在朱一贵那边。是故实际上当时双方势力是“漳＋泉 VS. 潮州人＋广东客家＋闽西客家”。这是今六堆客家人在清代台湾历史上第一次当“义民军”之始，然而自此南台湾的“闽 VS. 客＋潮”的关系便不佳。

在朱一贵事变约六十五年后之林爽文事变，其性质虽是以“漳泉大战”为主，但漳州籍林爽文部队在对台湾泉州人大加屠戮之余，同样也有觊觎台湾客家庄的企图，再加上朱一贵事件的“历史经验”，自然引起今六堆客家人“不得不防”的无奈。所以今六堆客家人自动自发地组织义民民团，抵御林爽文势力趁机入侵家园。当时今六堆客家人尚被称为“山猪毛粤人”，而还未被称为“六堆客家人”，六堆客家人之所以被称

① 觉罗满保《题义民效力议效疏》，《重修凤山县志》卷一二上，台湾银行经济研究室台湾文献丛刊第146种，1962，第343—344页：“查台湾凤山县属之南路（下）淡水，历有漳、泉、汀、潮四府之人垦田居住。潮属之潮阳、海阳、揭阳、饶平数县，与漳、泉之人语言声气相通；而潮属之镇平、平远、程乡三县，则又有汀州之人自为守望，不与漳、泉之人同伙相杂。（康熙）六十年四月二十二日，贼犯杜君英等在南路（下）淡水槟榔林，招伙竖旗，抢劫新园，北渡（下）淡水溪，侵犯南路营，多系潮之三阳及漳、泉人同伙作乱。而镇平、程乡、平远三县之民，并无入伙……（并）誓不从贼，纠集十三大庄、六十四小庄，合镇平、程乡、平远、永定、武平、大埔、上杭各县之人，共一万二千余名于万丹社，拜叩天地竖旗，立大清旗号，供奉皇上万岁圣旨牌（，组成义民军反攻朱一贵势力）。”又可见张正田：《朱一贵事变之际汀州府客家人对台湾历史贡献》，《客家与海上丝绸之路》，北京：光明日报出版社，2016年，第268—274页。

为六堆，就是这次抵御林爽文事变时，“山猪毛客家人”将自己义民民团势力分为六个“堆”（六个“队”之音转）以布防，[①] 于是变成六堆客家人日后的“他称”与“自称”。

二、《钦定平定台湾纪略》中的“发现”六堆客家义民军

《钦定平定台湾纪略》[②]（以下简称《钦定纪略》）是乾隆皇帝敕编记录平定林爽文事变过程之官书，代表当时朝廷对林爽文事变的“官方看法”。它是按照时间先后顺序记事之“编年体”。《钦定纪略》内容总共四十五卷，而今六堆客家义民，当时被称为“山猪毛广东庄义民”，竟到第二十六卷才开始出现，可见在朝廷官方记录上，今六堆义民军很晚才被朝廷得知与“发现”。

《钦定纪略》前二十五卷记录的，大多是清廷官方在台湾岛上五个县级单位（台湾县、凤山县、诸罗县、彰化县、淡水厅）与若干“重要城镇”如盐水港（今台南市盐水区）、鹿仔港（今彰化县鹿港镇）、新庄（今新北市新庄区）、艋舺（今台北市万华区）等地与林爽文势力攻防过程，后者所谓“重要城镇”，大多也是清廷的“分县”、重要港口或一些重要“塘汛”所在地。因为朝廷在林爽文事变一开始尚未能从内地派大兵来台，所以是由台湾岛内的地方官兵，与岛内和台湾漳州人有嫌隙的台湾泉州人乃至客家人以及“熟番”，各自组成自己籍贯的义民军，来防

---

① 台湾银行经济研究室编《台案汇录·庚集》卷一，《兵部“为内阁抄出将军福康安等奏”移会》，台湾银行经济研究室台湾文献丛刊第200种，1964年，第100页：“山猪毛粤庄，该处系东港上游，粤民一百余庄，分为港东、港西两里。因康熙年间平定朱一贵之乱，号为‘怀忠里’，于适中之地建盖‘忠义亭’一所。前年逆匪林爽文、庄大田滋事不法……（山猪毛粤民）于十二月十九日齐集忠义亭，供奉万岁牌，同心堵御。挑选丁壮八千余名，分为中、左、右、前、后及前敌六堆，按照田亩公捐粮饷，举人曾中立总理其事，每堆每庄各设总理事、副理事分管义民，剿杀贼匪。”不过若依《福建通志台湾府·外记》记载则是“六队”而非“六堆”，见陈寿祺纂，台湾银行经济研究室编《福建通志台湾府·外记》，台湾银行经济研究室台湾文献丛刊第84种，1960年，第1009页：“凤山（县）所属‘山猪毛’系东港上游粤民一百余庄，分港东、港西两里，康熙间平朱一贵之乱，号‘怀忠里’，建‘忠义亭’。（林爽文事变时）俸满教授罗前荫等赴庄招集义民，适贼遣其党涂达元、张载柏到庄诱众，即斩二贼以徇，选壮丁八千余人，分为六队，计亩均饷，推（曾）中立总其事，领众攻小笃家庄、阿里港等处，牵缀贼势。”上引文中“六队”可能是《福建通志台湾府·外记》的误记，不过也间接证明“六堆”可能是“六队”的音转。

② 〔清〕高宗乾隆皇帝敕撰：《钦定平定台湾纪略》，台湾银行经济研究室，1961年。

止以漳州人为主的林爽文势力入侵自己地盘。譬如以下：

在《钦定纪略》卷一载：

> 至乾隆五十一年十一月，复有奸民林爽文纠众滋乱之事……（乾隆五十二年）正月初二日（辛未）……常青奏言：十二月十六日，复接到（台湾）镇、（台湾）道会禀：“有贼匪数千围攻彰化县城，于十一月二十八夜，将城攻陷。都司王宗武被害。即要来抢鹿仔港、笨港，一路直犯府城。……查贼匪（林爽文）系漳州人，诸、彰二邑，漳人甚多，到处附从，势甚猖獗。……”等情。……查逆首林爽文，系漳州人，其附从之徒，率皆籍隶漳属。①

这是朝廷一开始就掌握情报，知悉林爽文部队皆以台湾漳州人为主，其他籍贯如台湾泉州人等不愿意附从之事。而林爽文部队他们所攻打的“鹿仔港”（今彰化县鹿港镇）与“笨港”（今云林县北港镇），则正是以台湾泉州人为主的城镇地盘。所以同日条复记载：“淡水、鹿仔港等处，又有（以泉州人为主之）义民帮同守御”②。

又如《钦定纪略》卷二，“正月初八日（丁丑）条”记载向以泉州人为主的大城镇鹿港，此时还有广东客家义民来鹿港一带帮忙的乾隆御批史料：

> 鹿仔港等处有客民义民共相纠集，守护地方等语。该此商、民等，激发公义，保护地方，甚属可嘉！着该督抚俟事竣后，会同查明，分别奖励。③

根据学界研究，这批客家义民很可能是今台中市偏北侧一带的“北庄客家义民”，并非南部的今六堆客家义民，④ 因为道途太远，“远水不能救近

① 《钦定纪略》卷一，乾隆五十二年正月初二日（辛未）条，第107—108页。

② 《钦定纪略》卷二，乾隆五十二年正月初八日（丁丑）条，第118页。

③ 《钦定纪略》卷二，乾隆五十二年正月初八日（丁丑）条，第117页。

④ 张正田、翁汀辉：《台中神冈北庄客家“义民首”李安善事迹考》，《福建师范大学学报》2017年第4期。

火”使然。

《钦定纪略》卷三也有史料如下：

> 正月十五日（甲申），常青奏言：……（十一月）十八日，……贼匪谋犯鹿仔港，陈邦光传会泉、粤义民，预先埋伏，随合义民百余，诱贼至埋伏处所，两头夹攻，杀贼百余名。……又续据陈邦光禀称：“（十一月）二十三日林爽文党羽陈泮、吴领等，烧毁泉、粤民庄……”……再查漳匪作孽，泉、粤之人素与为仇，到处俱有义民共相抵御。①

由上引文可知林爽文事变性质，是至少由台湾的漳、泉、客三大籍贯组成之人民互战，且大致上是“泉＋客 VS. 漳”，而不是今日台湾人“闽客大战”之错误“历史记忆”。

不只是台湾中部的鹿港，北路的淡水厅竹堑、新庄、艋舺，南部的台南府城，亦间有客、泉的义民军。乃至在鹿港一带，还有迁台的兴化府（今莆田市）义民，一起抵御漳州林爽文势力以保家卫土报国，见《钦定纪略》卷二“正月初八日（丁丑）条”：

> 常青奏言：前派赴淡（水厅）官兵，因闻（厅治）竹堑已被贼踞，旋又据巡检王增錞禀报，于艋舺地方召募乡勇人等设守……同日徐嗣曾奏言：……连日接据蚶江通判陈惇、厦门同知刘嘉会禀报：查讯鹿仔港回棹商船，鹿仔港亦有泉州、兴化、广东客民各用布书写“义民”字样，“共相守护”等语。②

又续载：

> 常青奏言：……自十二月十八、十九至二十日等日，贼人往犯郡城，经柴大纪同澎湖游击蔡攀龙等，带兵打仗，屡加歼戮。（台湾府）城内聚集义民、乡勇，协同抵敌；义民并不受值，乡勇日给钱

① 《钦定纪略》卷三，乾隆五十二年正月十五日（甲申）条，第128页。

② 《钦定纪略》卷二，乾隆五十二年正月初八日（丁丑）条，第114—115页。

> 文，人心甚固，可保无虞。其鹿仔港一路，已据署守备陈邦光率同泉、粤义民杀退贼人，协力固守。又淡水、新庄之艋舺一带，亦经署都司易连召募义民，共相保护。①

到了同书卷五的二月初七日，乾隆还曾对台湾官兵特别是针对义民、乡勇表示嘉赏与奖励之意：

> 上命军机大臣传谕李侍尧、常青、黄仕简、任承恩曰：此次与贼打仗，文武官弁及兵民义勇人等，协力剿杀，奋勇得胜，保护郡城，实属可嘉！……所有义民、乡勇激发公义，协力剿贼，尤堪嘉奖！②

以上重要城镇的官兵与各籍贯台湾义民、乡勇联合作战，一起对抗以台湾漳州人为主的林爽文势力诸事，③ 相关史料篇幅极多，兹不一一举例。但此时台湾府城更南边的凤山县尚未收复，更遑论朝廷能“发现”六堆客家义民。

台湾南部的凤山县被林爽文势力中的庄大田兵力攻陷后，清廷曾经一度在乾隆五十二年二月二十一日收复，④ 又经过几次拉锯战的得而复失，使得再次收复凤山县城成为重要的任务。而随着朝廷南下布战，也才“发现”凤山县最东方紧邻山地“生番”而居的今六堆客家义民军（当时称为“山猪毛”粤庄义民），早已在林爽文事变初就自动自发组成义民民团。

三、朝廷“发现”六堆客家义民

《钦定纪略》中首见的“山猪毛”史料记载，只是指溪水地名，而

---

① 《钦定纪略》卷三，乾隆五十二年正月二十五日（甲午）条，第139—140页。

② 《钦定纪略》卷五，乾隆五十二年二月初七日（乙巳）条，第156页。

③ 北台湾淡水厅治一带的收复与当地泉、客家义民军事宜（特别是苗栗义民军），可详张正田：《被遗忘的大清与苗栗“英雄”：程峻、寿同春、钟瑞生与苗栗义民军》，《思与言：人文与社会科学杂志》，第51卷第3期，2013年9月，第1—34页。

④ 《钦定纪略》卷一〇，乾隆五十二年三月十三日（辛巳）条，第219页。

非专指今六堆客家，此条史料说到朝廷部队“自山猪毛被贼拦截，不能过溪”，而这史料纪事系年月日已在《钦定纪略》乾隆五十二年四月初四日[①]。再依《钦定纪略》系年月日，直到该年五月初八日，朝廷仍误会“山猪毛”一带还有林爽文势力“群贼占踞”[②]，不知道该处实际上有今六堆客家义民军正在力抗林爽文势力。而这条史料在《钦定纪略》中已经到了卷十六。

前已述朝廷军势“发现”今六堆一带实际上有客家义民军的存在，已到了《钦定纪略》的第二十六卷了，兹节引如下：

> （乾隆五十二年七月）二十日（乙酉），常青、恒瑞同奏言：……再，六月二十一日，据参将瑚图里、都司邵振纲禀：“（六月）二十日自山猪毛带兵六百余名、广东义民一千四百余名，由小路翻山至南潭攻剿贼匪，临时恳求接应”等语。臣等于二十二日黎明，派令革职参将那穆素里前往哨探……接应。……臣等查山猪毛汛与广东庄相连，贼人数次侵犯，俱被官兵、义民杀退。又官兵前经被困数月，并无粮饷，俱系广东义民助粮接济，实属义民可嘉！……至山猪毛汛，现有把总叶琪英带兵五百余名，同义民防守。奏入。[③]

这是朝廷军势“发现”六堆客家义民军的重要史料，其系年月日已在《钦定纪略》第二十六卷的“乾隆五十二年七月二十日条”，乃常青等大臣上奏给皇上说，他们终于得知在林爽文势力庄大田部队的后方，远在南台湾的东南端，还有这批台湾六堆客家义民军，在积极力抗林爽文势力。而实际上“发现”台湾六堆客家义民军的时间，应该是在一个月前的六月二十一日，当时若不是山猪毛汛官兵与六堆客家义民军跋山涉水冒险翻过山势向大本营“求援”，在六月二十一日找到清军主力之一部，则朝廷恐怕会更晚“发现”远在“敌后之外”，还有一批官军与六堆客

---

① 《钦定纪略》卷一二，乾隆五十二年四月初四日（辛丑）条，第 246 页。

② 《钦定纪略》卷一六，乾隆五十二年五月初八日（甲戌）条，第 295 页：“俟粤兵尽数前来，以及浙省兵齐到，臣即亲自总统官兵先往（台湾）南路，自大湖、大、小冈山、小店仔、排子头、茄藤各险要，以至相近内山之（下）淡水溪、山猪毛、水底寮群贼占踞之处，搜寻扑灭。”

③ 《钦定纪略》卷二六，乾隆五十二年七月二十日（乙酉）条，第 425—426 页。

家义民军，始终坚持“抗林”，保家卫土报国。

按，林爽文等众是在乾隆五十一年十一月起事，六堆客家义民很可能在该年末至晚到第二年初，就已经被庄大田势力围剿，如此，山猪毛汛的官兵与六堆客家义民军，坚决守土长达半年左右。这半年间，山猪毛汛官兵与六堆客家义民军，面对林爽文势力，是“敌众我寡”之窘局。而按上引文史料，林爽文的庄大田势力，还曾“数次侵犯”六堆地区，但都被山猪毛汛官兵与六堆客家义民英勇“杀退”。半年来，六堆客家人不知有多少壮烈的战事兵祸、血泪、家破人亡，但都被《钦定纪略》一语短短带过。

不特如此，山猪毛汛的官兵这半年被林爽文势力包围时所吃喝补给粮食，也全赖今六堆地区客家人供给接应，官兵才得以安心作战，所以六堆地区无论是义民军还是务农人民，都对山猪毛汛这一军事营区得以保全住大为有功。

又当常青等大臣将这些事情与处理事宜“奏入”朝廷后，乾隆皇帝对求援的六堆义民的过程并不满意，兹续引《钦定纪略》如下：

> 上命军机大臣传谕常青、李侍尧、蓝元枚、柴大纪曰：据常青、恒瑞奏，加派官兵应援诸罗一折，所办着着皆错。瑚图里等，前因凤山失事，被贼拦截，在山猪毛驻守数月，幸而贼匪无能，不致将山猪毛抢占。该将军等，因中间道路阻隔，无从知彼处信息，以致日久并未遣兵救援。①

这段史料清楚地说明六堆位于“敌后”的“大后方”，“道路阻隔”使得清廷主力部队无从得知六堆方面的消息，乾隆帝也责怪常青等大臣对这些求援的六堆义民处置失当，“所办着着皆错”。史料续曰：

> 且官兵前在山猪毛被困数月，既全借广东庄义民助粮接应，此次瑚图里等回至大营，其广东义民，自应令其留守本庄，自为捍卫。乃竟带同来至大营。伊等之意，不过为添千余义民，可以稍添兵力。

① 《钦定纪略》卷二六，乾隆五十二年七月二十日（乙酉）条，第425—426页。

> 但山猪毛仍须留兵防守，又岂若令义民在彼自为守御之得力也？今将伊等带回大营，令其随营往剿，该义民等既系恋室家，心悬两地，不能得力。且使贼匪闻知该义民等随营助剿，必心怀忿恨，将其村庄焚毁、家属杀戮，义民转致受累灰心。①

这是乾隆帝认为应当让六堆义民回到六堆才能安心保乡卫土之看法，所以《钦定纪略》又续载：

> 若见广东庄之义民投营出力，转致家属、房产被贼摧毁，是随同官兵打仗，只有吃亏，于彼无益。不但不能招徕鼓舞，转使义民等望而生畏，岂非驱之从贼？所关匪细；观之，实生愤懑！……着常青等即传旨，将现在山猪毛义民，俱令速回本庄，自行守护家属、田产。并晓谕义民等，现奉谕旨，以此事系该将军等办理错误，特令义民仍回本处自为守御。或仍令瑚图里亲自带领义民等回至山猪毛，并酌添兵护送，以安其心而资守御。……庶义民等无所瞻顾，踊跃从事，招徕更易，此为最要。②

结　论

以上以《钦定纪略》为史料中心，论述在林爽文事变之际，远在台湾岛最南部——在当时实际上是朝廷所能实际统治台湾范围内的“最东南”角落，“发现”了还有一批六堆客家义民与“山猪毛汛官兵”，远在“敌后”，一起孤军奋战力抗林爽文势力的历史记载。若非他们坚守长达半年之久，数次与林爽文势力之一的庄大田势力力战不降，又若非他们最后可能因为“孤军无援”，还冒死翻山越岭来到清军大本营，则朝廷还无法得知他们这批孤军的下落。至于在《钦定纪略》史料之外，这半年间，六堆客家义民如何数次血战林爽文势力，虽似非朝廷眼中重点而未载于《钦定纪略》，但按逻辑推论，其长达半年之久的“孤城坚守”壮

① 《钦定纪略》卷二六，乾隆五十二年七月二十日（乙酉）条，第426—427页。
② 《钦定纪略》卷二六，乾隆五十二年七月二十日（乙酉）条，第427—428页。

烈情形，恐也不下唐代之张巡、许远苦守睢阳之功。

值得注意的是，这批“六堆客家义民军”，在五六十年前的“朱一贵事件”时还曾经大力报效过清廷，但到了“林爽文事件”时，朝廷已几乎忘了他们的存在，似可见朝廷在帝国边疆末梢已出现某种统治上的“神经末梢麻痹”。这种“麻痹”似乎不能小觑，因为朝廷虽然平定了“林爽文事变”，但这是乾隆帝“十全武功”中唯一一次的边疆汉人起事，其历史意义可谓开启了嘉、道之后的大规模汉人起事如“巴楚教乱”等一系列内忧之始，故“林爽文事变”诚可谓是大清帝国之警钟，而帝国遗忘了康熙末年曾报效过国家的这股民间势力，就可谓别具某种历史意义。

至于以后六堆客家义民军如何在“林爽文事变”中实现官民合作，以及朝廷再派福康安大将军渡海来台，使得六堆客家义民军与官军陆续收复了台湾南路各要地，并荣获朝廷颁赐“褒忠”匾额给六堆客家——因为实际上林爽文事变平定后，朝廷要福康安将“褒忠”匾额颁给台湾客家庄，又将“旌义”匾额颁给台湾泉州闽南庄，以奖励台湾客家与泉州闽南人义民军的功劳。而其中乾隆帝交代福康安要亲自将“褒忠”匾额率先颁赐给六堆客家义民，以奖励他们的战功，则是后事，相关研究有许多，兹不累叙。

又，虽然日后因此兴起的北台湾义民爷信仰，是在台湾北部“桃竹苗客家区”的新竹县新埔镇的枋寮义民爷祭祀圈中才香火鼎盛，南部六堆客家区的则不然，乃至台湾北部“桃竹苗客家区”的“苗栗堡地区”（今苗栗县中南侧十乡镇）同样也香火不兴盛，① 但这些都是后话，学界已经有许多精彩考述与辩论，此处则不再详述。

① 张正田：《被遗忘的大清“忠魂”：清代苗栗堡客家义民信仰研究》，新北：花木兰文化出版社，2013 年。

The Study and Historical Significance of Liudui Yimin's Army "Discovered" by the Qing Court in the Lin Shuangwen Rebellion: Centered on *Qin-ding-ping-ding-Taiwan-ji-lüe*

ZHANG Zhengtian

Abstract: *Qin-ding-ping-ding-Taiwan-ji-lüe* is the official historical material of the "Taiwan Lin Shuangwen Rebellion", one of the Qing Emperor Qianlong' s essays on the "ten great campaigns". It is an annual of the "years and months" of the "chronological style". It can be used to "index by date" and to clarify the event of putting down the Lin Shuangwen rebellion with the Minan people as the main body by the Qing Dynasty officers and the Minan People, Taiwanese Hakkas, "rough savage" and other ethnic groups. Today' s Liudui Hakka village was called "Shan-Zhu-Mao Cantonese Village" at that time. Because its geographical location was in the "southeast corner" of the Qing Dynasty, which was helpful to rule the island of Taiwan, those groups were forced to join the local "Shan-Zhu-Mao Xun" officers and soldiers as the isolated army in the rear. The imperial court also did not know that these isolated soldiers were battling behind the enemy line, resolutely not surrender to Lin Shuangwen and Zhang Datian troops. This article, centered on *Qin-ding-ping-ding-Taiwan-ji-lüe*, is to investigate the discovery of "Liudui Hakka Yimin Army" after their six-month bloody battle in Lin Shuangwen Rebellion. It is noted that these Liudui Hakka Yimin army had effectively served the imperial court during the "Zhu Yigui Uprising" in late Kangxi period but it' s existence had almost been forgotten in Lin Shuangwen Rebellion. It seems that the Qing court was paralyzed in the imperial border.

Keywords: Taiwan' s Liudui Hakka; Lin Shuangwen rebellion; *Qin-ding-ping-ding-Taiwan-ji-lüe;* Hakka Yimin army

〔张正田（1971— ），男，台湾苗栗人，龙岩学院副教授，历史学博士，研究方向为唐宋史与两岸客家历史文化〕

清嘉庆年间张家湾改道与北运河治理*

曹金娜

（东北大学秦皇岛分校马克思主义学院）

摘　要：张家湾处于元明清河运、海运及陆运的要冲地带，是北京重要的商业和物资交流集散地与军事重镇。嘉庆年间，河道在张家湾与康家沟之间摆动，同时形成了康家沟的新、旧河道。人为堵筑康家沟旧河道之后，河水冲出康家沟新河道与张家湾河道的选择引起了朝臣的激烈争论。因官员对运道水情认识的差异性，出现不同治理结果，最终漕运行走康家沟。透过张家湾改道事件，进一步研究北运河的治理，为现今河流治理提供历史借鉴。

关键词：清代；张家湾；康家沟；河道治理

漕运事关国计民生，“朝祭之需，官之禄，士之廪，兵之饷，咸于漕”①。张家湾处于元明清时期河运、海运及陆运的要冲地带，是北京重要商业和物资交流的集散地与军事重镇。张家湾作为北运河上重要的码头，其运河段的畅通直接关系到漕运的完成情况，事关国家稳定与经济发展。嘉庆年间张家湾改道，直接影响到北运河治理。学术界对此多有研究，于德源《北京漕运与仓场》② 中叙述了张家湾改道康家沟的情况。

---

* 国家社科基金青年项目“清代河政与基层社会研究”（项目编号：17CZS022）阶段性成果。

① 董恂：《江北运程》，卷首，北京：线装书局，2004 年，第 1 页。

② 于德源：《北京漕运与仓场》，北京：同心出版社，2004 年。

陈喜波、韩光辉《明清北京通州运河水系变化与码头迁移研究》[①] 对张家湾河段内码头地理位置及变迁作了详细研究。吴文涛《北京水利史》[②] 深入论述张家湾改道的水利工程。赵珍《清代北运河漕运与张家湾改道》[③]运用档案资料对张家湾改道的史实进行了深入研究。前人多侧重张家湾河段及码头变迁的研究，而从治理角度深入研究，尚显薄弱。清代河道治理是国家治理的重要方面之一，而张家湾改道事件是北运河治理的缩影。透过张家湾改道事件的考述，进一步研究北运河的治理，可以为现今河流治理提供历史借鉴。在建设大运河文化带成为国家战略的背景下，深入研究北运河治理，有助于挖掘运河文化资源，加强运河文化传承和保护利用。文中如有不当之处，敬请方家指正。

一、张家湾码头及周边水情

明清两朝定鼎北京，经济则仰仗东南，通过漕运输运经济物资，对政府的政治稳定与经济发展有重要意义。明人蒋一葵称“国家定鼎北京，而以漕挽仰给东南，长河蜿蜒，势如游龙”[④]。北运河地处京杭运河最北端，漕帮船只六千余艘，每年运输四百余石粮食至北京，“漕艘栉比，廪粟云屯”[⑤]。张家湾位于北运河上游，漕运码头林立，“南北水陆要会，自潞河南至长店四十四里，水势环曲，官船客舫骈集于此，弦唱相闻，最称繁盛”[⑥]。张家湾历史悠久，可追溯到元初。《钦定日下旧闻考》称：“张家湾，在州南十五里。元万户张瑄督海运至此而名。”[⑦] 张瑄本是贩私盐海盗，后降元。于元至元二十二年（1285），负责海运，运输南粮至大都，官至江南行省右丞。后因贪污，于元大德六年（1302）被捕杀。张瑄因承办海运曾在此居住，这是张家湾得名的原因。

---

① 陈喜波、韩光辉：《明清北京通州运河水系变化与码头迁移研究》，《中国历史地理论丛》2013 年第 1 期。

② 吴文涛：《北京水利史》，北京：人民出版社，2013 年。

③ 赵珍：《清代北运河漕运与张家湾改道》，《史学月刊》，2018 年第 3 期。

④ 〔明〕蒋一葵：《长安客话》卷六《畿辅杂记》，北京：北京古籍出版社，1994 年，第 130 页。

⑤ 光绪《通州志》卷首《宸章》，清光绪五年刻本。

⑥ 《钦定日下旧闻考》卷一一〇《京畿·通州三》，影印文渊阁《四库全书》本。

⑦ 《钦定日下旧闻考》卷一一〇《京畿·通州三》，影印文渊阁《四库全书》本。

元初，南粮经过漕运由东南地区途经河西务至张家湾，再经陆路运入通州仓。此时，漕粮运输非常困难。“通州至大都，陆运官粮，岁若干万石，方秋霖雨，骡畜死者不可胜计。”① 至元二十九年，都水监郭守敬上奏请求开凿通惠河，政府采纳。郭守敬以玉泉山、白浮泉、昆明湖水为水源，将其引入大都积水潭。漕粮在刘家港装船，趁信风穿过黄海、渤海，入直沽，经过半个月到达张家湾。再经过新开凿之通惠河，漕船进入积水潭。可知，元代时漕运运输方式有河运与海运两种方式，张家湾则是河运与海运必经之处，是重要的物资集散地。元之后数百年间，张家湾在漕粮运输史上具有重要战略地位。

张家湾有如此重要地位，因其地处京杭大运河北端码头，周边有萧太后河、白河（潞河、北运河）、凉水河、通惠河等四水汇流的地理优势。辽代萧太后执政年间，从当时京城至张家湾挖了一条运粮河，两岸乡民称之为萧太后河。该河自大、小淀及平渊里一带，经过龙潭湖，向东南至老君堂，流经西直河至高力庄一线村庄，至张家湾入潞河。可知，张家湾在辽朝时已是萧太后河上的重要码头。《北游录》中记载：“张家湾属通州，即白河下流……有城以护漕。”② “沿河积沙如雪，故曰白河，值风而扬，不生草木。”③ “白河为漕运要津。”④ “河广水深为昔日漕运要路。”⑤ 张家湾坐落在白河下游，为重要漕运交通枢纽。凉水河“自北京市流至马驹桥入境，东流至高古庄折至东北，经张家湾折而南入港沟”⑥。通惠河分支入通州城，“由西水关入，迳通流闸，由东水关出，绕城南流，至南浦闸，泻水至张家湾，乃与白河会”⑦。张家湾河道是白河和通惠河合流之处，是北运河重要的河道，是漕船入京的必经之路。

张家湾上游有通州，四水汇流，所以称为泗河，“四水者，一即潞河，一即富河，一即通惠河，一自京城左安门外草桥流入南海子，东出

---

① 《元名臣事略》卷九《郭守敬传》，影印文渊阁《四库全书》本。

② 《北游录》，《清代笔记小说》（第32册），石家庄：河北教育出版社，1996年，第56页。

③ 《北游录》，《清代笔记小说》（第32册），第146页。

④ 《皇朝经世文编》卷一八〇《工政十四·直隶水中》，道光七年刻本。

⑤ 《通县志要》，台北：成文出版社，1941年，第26页。

⑥ 《通县志要》，第22页。

⑦ 《畿辅安澜志》，白河卷二，清《武英殿聚珍版丛书》本。

宏仁桥，由南新河至张家湾入白河”①。漕粮运至通州石坝与土坝两码头。“石坝在州城北关外。明嘉靖七年置，京粮由此盘入通惠河，由普济、平津、庆丰等闸递运至大通桥，以实京仓。”② 土坝“在州东南角，防御外河。通仓粮米就此起载”③。可见，张家湾、石坝和土坝是北运河上游的三个码头。漕船进入北运河逆流而上，先通过张家湾，再进入通州土坝与石坝码头。温榆河流经通州北门外，经过通州石坝楼前。此外还有潮白河一道，“即系北运河上游，惟温榆河上游。自乾隆三十八年山水涨发，河形东徙，与潮白河合流为一，下游遂致干涸。石坝起卸粮船全籍工部税局地方以上所蓄倒漾之水以济漕运”④。此时温榆河最易停淤，每年兴挑有增无减。温榆河上游久无来源，遂致干涸。通州河道纵横，由于河流改道，上游水源有限，河道易淤垫。由此可见，通州地区自然河流变迁对漕运码头影响很大。

政府虽多次费帑修治北运河，建闸修坝开引河挖浅，但突发自然灾害严重影响北运河水系，尤其是张家湾河段。嘉庆六年（1801），京畿地区由于连续强降雨，造成特大洪灾。通州河段水位上涨，“所有北运河一带军拨空重各船，猝遇涨溜冲逼，人力难施，船只星散”⑤。北运河上游“水势涨发，陡长丈余，……所有津关南北各数十里俱漫溢纤道，且闻低洼地方间有淹没之患”⑥。大水过后，北运河数段淤浅，张家湾河段尤其严重。嘉庆六年，张家湾一带水溜沙淤，漕运不能迅速，漕船改道康家沟。嘉庆十三年，连降暴雨，河水暴涨，河溜趋入康家沟。此时，张家湾河道再次淤浅，漕船只能再次改道康家沟。

张家湾是北运河上游重要码头，水利交通便利，是漕运入通州仓的必经之路。通州处在张家湾上游，有土坝和石坝两码头。因温榆河东徙，石坝起卸漕船全依靠工部税局地方以上所蓄倒漾之水。由此可见，自然

① 〔清〕高天凤：《通州志》卷一《封域》，清乾隆四十八年刻本。

② 《钦定日下旧闻考》卷一一〇《京畿·通州三》，影印文渊阁《四库全书》本。

③ 《天下郡国利病书》，第一册，清稿本，第53页。

④ 〔清〕周家楣、廖荃孙编纂：《光绪顺天府志》，《河渠志十·河工六》，北京：北京古籍出版社，1987年，第1649页。

⑤ 水利水电科学研究院编：《清代海河滦河洪涝档案史料》，达庆等奏，北京：中华书局，1981年，第264页。

⑥ 《清代海河滦河洪涝档案史料》，给事中周元良奏，第256页。

河流的迁徙直接影响到通州地区的漕运。政府对北运河进行积极治理，修筑闸坝，开引河，维持漕运。嘉庆六年，京畿地区连续强降雨，北运河一带漕运滞留，河道受损严重，尤其是张家湾地区极为严重，漕运改道康家沟。政府虽极力整治张家湾正河，但最终于嘉庆十三年，因张家湾正河复淤，河底高于康家沟，从此漕船不经张家湾，改道康家沟。

二、嘉庆年间张家湾改道

（一）嘉庆六年改道康家沟，北运河运道的首次尝试

北运河是漕运进京的最后一程，运道的畅通与否直接影响到漕运是否顺利完成。上文已提到嘉庆六年连降暴雨，张家湾受灾严重，漕运改道康家沟。漕运关系国计民生，清政府内官员就漕运改道事件展开长期争论。

北运河水量不是很稳定，每逢雨季河涨，易溃决；降水少时河易浅，漕运不济。所以，河流水势变化直接影响到漕运畅顺与否。清政府派人勘察河流上源，挑浚河道。乾隆年间，经阿里衮勘察奏明，凤河及一亩泉下游，均归张家湾运河，均需挑浚深宽。于是，政府发帑金及时挑浚治理。而河流下游归地方官修治，河流存在淤浅阻塞现象。上游政府虽发帑金修治，但下游任意淤浅，致使河流尾闾不畅，应该及时挑浚修治。清政府派遣方观承前往勘察，将河流淤浅之处及时挑浚修治，保证河流畅通。“寻奏凤河自南苑东南闸口起，经大兴、通州、东安、武清各境，自南宫寸至大清河口入北淀，下游一律深通。……自南苑东红门闸口起至张家湾入北运河，水盛时未能畅注。臣遵旨率同明习工程之员，逐段查勘。……一亩泉自闸口起，至张家湾运河，长六千九百二十七丈，河身本窄，兼有需裁湾取直之处。”[①] 由此可知，北运河水源不稳定，政府发帑派员勘察并疏通河道，张家湾河道因淤垫水盛时水流不畅，河身狭窄，兼有需裁湾取直之处。乾隆朝时发帑对北运河进行挑浚河道，疏浚水源。此时，张家湾河道易淤与弯曲等特性已突现，这是最终导致张家湾改道的地理因素。

---

① 乾隆《东华续录》卷六五，清光绪十年长沙王氏刻本。

嘉庆六年九月，京畿地区连降大雨，铁保奏称“张家湾一带水溜沙淤，漕运不能迅速”①。此时，张家湾大水冲刷深宽，正河仍能通行无阻。为保漕运按时顺利完成，铁保上奏有“超河一道，比正河较近，恳请疏浚改运”②。正值漕运时，嘉庆帝认为此时漕运改道，“恐有妨碍之处”。于是降旨令仓场侍郎和宁带同通永道邹炳泰前去该地进行勘察。经勘察后，奏称：“通州南八里许温家庄北，旧有旱河沟一道，本名康家沟，南北直冲，并无超河之名。该处水底高于正河三尺，若挑浚深过正河，则沟水夺溜直行，而张家湾必致淤浅，商贾水陆马头均属不便。”③ 经过实际勘察后，可知确实有旱河沟一道，称为康家沟并非超河。此时，张家湾正河已淤浅，不利于漕运畅通。康家沟“遇旱年，上挽逆流，重运转费周章。若逢雨潦水冲力猛，下游村庄必遭淹漫”④。对康家沟水性有了初步了解，对漕运、村庄影响作了初步估评。

为了更加直观展示所勘察情况，和宁等进呈了绘图帖说。绘图展示张家湾河道情形十分清晰。张家湾一带，“前人所开浚运道，故纡其途，本有深意”⑤。因张家湾地势北高南低，土质疏松，不适宜建闸设坝，全靠河道湾环，得以蓄水转运。如有溜势由北向南趋，恐不免一泻无余，这样对漕运无益。铁保虽前经过，但并未详细勘察地形水势，对张家湾一带水情了解不足。仅就当年降雨情况及河流溢涨情况来看，“重运偶可抄道行走，遂欲筹改旧制，实非经久无弊之策，其议断不可行”⑥。嘉庆六年，最终决定是：所有通州运道，“着照和宁等所请，仍旧办理，毋得轻议更张”⑦。嘉庆六年，通州连降暴雨，漕运船只受阻，铁保等上奏漕运改道康家沟；和宁等则反对改道，仍由张家湾正河运输。为慎重起见，嘉庆六年之重运漕船改道康家沟，而清政府规定漕运偶可抄道行走。之后挑浚张家湾正河，漕运仍照旧由张家湾正河运输。

---

① 光绪《顺天府志》卷四五《河渠志十》，清光绪十五年重印本。

② 《光绪顺天府志》，第 1651 页。

③ 《光绪顺天府志》，第 1651 页。

④ 光绪《顺天府志》卷四五《河渠志十》，清光绪十五年重印本。

⑤ 《清仁宗实录》卷八七，嘉庆六年九月丁亥条，北京：中华书局，2008 年，第 150 页。

⑥ 《清仁宗实录》卷八七，嘉庆六年九月丁亥条，第 150 页。

⑦〔清〕黎世序纂：《续行水金鉴》卷一〇六《运河水》，上海：商务印书馆，1912 年，第 2401 页。

嘉庆六年，张家湾正河淤阻，铁保提议转道康家沟，该年漕运由康家沟运输。这在朝廷内引起了一场争论：漕运河道是否改道康家沟。经过争论，嘉庆帝最终决定重运偶可抄道康家沟行走，而漕运照旧由张家湾正河通过。这是漕运由康家沟行走的初次尝试。铁保等人认为漕运抄道康家沟更有利于漕运；而和宁等人认为张家湾一带河道湾环，得以蓄水，这是能否作为运道的关键。此时，北运河河道变迁基本事实已定，而政府却无视其变化仍照挑浚正河由张家湾通行，对于河道更无裁湾取直的打算。

嘉庆六年后，政府发帑挑浚张家湾正河，漕船仍由该航道经过。嘉庆十一年，张家湾正河再次淤浅，漕船难以航行，严重影响到漕运。为维持漕运畅通，清政府作出次年漕运暂由康家沟通行的决定，同时也加紧挑浚张家湾河工。因此，嘉庆十二年，仓场侍郎秉明漕船暂由张家湾通行，仍照旧加紧挑浚张家湾河道。

（二）嘉庆十四年改道康家沟，北运河航道的最终选择

因张家湾淤浅严重，漕船再次取道康家沟，在朝廷内部却再次引起了激烈的争论。有的朝臣坚持由张家湾道行漕，坚决反对取道康家沟。为此，清政府派遣吏部右侍郎德文、仓场侍郎李钧简等查勘张家湾情况。经实地查勘之后，德文等上奏称："运河到处流沙，不能建设闸座，全赖河形弯曲蓄水济运。今康家沟水一直下注，北高南下。本年暂用济运，已多溜激坎阻。"① 由此可知，德文等经过实际勘察，所上奏内容与嘉庆六年时和宁上奏的基本一致，所以最终德文等奏请挑浚张家湾正河以复故道，堵住康家沟沙河，以资经久。

嘉庆十三年，清政府依据德文、李钧简奏报，谕令堵住康家沟，上谕直隶总督温承惠迅速委员勘估动工，务于年内赶快完工，新漕得以畅行无阻。清政府仍照旧挑浚张家湾正河，希望年内完工，来年新漕可畅通无阻。直隶总督温承惠迅速委员勘察康家沟河务。嘉庆十三年五月十三日，温承惠将康家沟坝工改筑堵闭后，正河通畅，漕运畅通无阻。但所派官员勘估工程未能妥善，"以致另筑坝基转多靡费，所有原坝工料银

① 《续行水金鉴》卷一一〇《运河水》，第2508页。

二千八百五十余两，及原办坝工估银一千九百余两，加半价银九百五十余两，均不能开销。着落原估原办之员认赔示儆。其续估改建添办及善后各工银一万五千五百余两，俱著准其报销”[①]。在康家沟改筑堵闭过程中，官员勘估河工另筑坝基靡费河银，不允许开销。六月十一日，康家沟新建坝工迤西土堰漫开三十余丈，水溜冲刷大坝，并且蛰陷五十余丈，正河水势深五六丈。六月十五日，上谕称：“本年春间经温承惠派员勘办，奏称修筑完固，何以此时有冲刷蛰陷之事。现在军船正在回空之时，而正河大溜归入康家沟一半有余，于运务大有妨碍。”[②] 此时，永定河道陈凤翔在永定河防汛不能兼顾此事，温承惠星速赶往查勘，迅速抢修。六月十九日，温承惠前往勘察河工，上谕：“查勘潮白河桥座有无冲刷漫溢，该督亲往勘明沿途桥道有应修整之处，早为筹办。”[③] 潮白河为张家湾上游，如今下游河水暴涨，上游水势势必大，于是上谕温承惠在查勘河务过程中，既要注意河流暴涨，更要注意桥座的整修，以保持路上交通畅通。

因连降暴雨，康家沟果渠村二处漫溢，因水势浩大未能施工。康家沟附近马家工东缕堤、小王家庄迤北缕堤亦漫溢十余丈。正当重空军船行走之时，政府派遣干员前往与温承惠共同赶紧抢修。经过勘察，张家湾正河淤浅，重空军船暂由康家沟抄路行走。而此时，康家沟河流直泻，不能久为容蓄。如若再水落沙停，军船可能搁浅，上谕：“趁康家沟水大之时，将空重粮船一律攒行，勿令一船浅阻。”[④] 北运河为第一要务，永定河道陈凤翔对直隶地区河道情形较为熟悉，飞饬檄调前来，“先将粮船起卸事宜会同设法办理。如有间设浅阻，随时挑挖疏通，务令昼夜攒行，赶紧抵坝”[⑤]。七月二十六日，温承惠勘得张家湾正河被大水冲刷，半成淤滩；而康家沟河面甚宽，旧坝两头无从生根。西岸温家庄地方还有老坎，东岸有河滩一处，可以筑堰作坝，但核计工段需银在十万两之外。不过，温承惠仍称：“康家沟抄道行船，不过一时权宜之计，将来总以修

① 《续行水金鉴》卷一一一《运河水》，第 2532 页。

② 《江北运程》卷二，北京：线装书局，2004 年，第 79 页。

③ 《江北运程》卷二，第 80 页。

④ 《续行水金鉴》卷一一一《运河水》，第 2537 页。

⑤ 《续行水金鉴》卷一一一《运河水》，第 2537 页。

复正河为是。”[①] 令陈凤翔等届时确勘情形，熟筹妥办，不但缺口应设法堵合，亟须勘定坝基，攒估工段，规定期限完成。“并将河身内认真挑挖，分外加深，总使水小之时，仍可蓄水行船，不致浅阻。水大之际，又可多为容纳，不致旁趋漫溢，以图一劳永逸之计，方为妥善。”[②] 温承惠虽称漕船行走康家沟是一时权宜之计，但在治理康家沟过程中，深挖河道，蓄水通运，待本年漕运完成之后，再治理张家湾。此时，清政府对张家湾河道治理态度已发生变化。

嘉庆十三年八月，达庆前往康家沟进行实地勘察，此时康家沟“已刷成大河，迥非从前分流沟港可比，数理之内有湾环四处。河水亦不虞直泻。现在河流深通，行走顺利等。而张家湾正河现已成高滩，计算水面河底，共高于康家沟一丈八尺及二丈一二尺不等，长至十数里，势难挑挖深通，与其修复正河多糜帑项，自不如就已成之新河顺势利导，俾粮船经行无误”[③]。由该奏报可知，康家沟已具备通航条件，而张家湾正河已淤积成高滩。吴璥上奏称：“来年粮船即由康家沟行走，如果试看一年，河身通畅，再行具奏。”[④]

嘉庆十四年六月，史祐仍旧上奏称康家沟河道难行，宜复张家湾故道。嘉庆帝遣温承惠前往勘察。七月，温承惠具奏称，康家沟地势高，漕船逆流而上，而溜势奔腾，大费牵挽。如遇干旱之年，河水恐一泻无余，漕行更为棘手，要求堵筑康家沟。挑浚张家湾正河，此关系漕务甚重。于是，再次派遣戴均元前去考察康家沟张家湾河道情况。嘉庆十四年七月三十日，戴均元亲自勘察后，上奏：“张家湾河头不但愈淤愈厚，坝基难立，计需土方工料银两为费不赀。而现在时日已迫，即加紧攒办，亦非五六个月不能竣工。转瞬漕运已来，河道未复，船行致有碍阻。是目前势不能办，亦只可仍在康家沟行走。”[⑤] 戴均元进过实地勘察后，得知张家湾正河已淤浅成高滩，有碍漕船运行，只能选择康家沟行走。

嘉庆十四年所上奏之康家沟，并非嘉庆六年时所奏之康家沟。这就

① 《续行水金鉴》卷一一一《运河水》，第 2537 页。
② 《续行水金鉴》卷一一一《运河水》，第 2537 页。
③ 《续行水金鉴》卷一一一《运河水》，第 2543 页。
④ 《续行水金鉴》卷一一一《运河水》，第 2543 页。
⑤ 《续行水金鉴》卷一一一《运河水》，第 2586 页。

需提及嘉庆十二年时，臣工上奏挑浚张家湾，堵筑康家沟；嘉庆十三年时堵筑康家沟，但因强降雨，所堵筑之康家沟“因涨水陡发，将康家沟新筑坝工全行坍陷，走失无存。另由康家沟迆东平地冲出河身一道，夺溜而行，即现运空重往来之路。自上年漫水淘刷之后，康家沟河势已成”①。

因暴雨水涨，嘉庆十四年漕运抄道康家沟，再次引起关于运道的争论。政府多次派官员前往进行实地考察，得知此时张家湾正河淤浅成高滩，影响回空漕务。朝中大臣有主张挑浚正河者，经“测量张家湾连年淤积，必大加挑挖始得深通。兹牵估挑工银十五万六千六百两，康家沟坝基约工料银八万九千两。惟防守非易，终恐虚掷。至众论多以挑复为便者，盖以张家湾三十里停泓蓄水，康家沟仅六里形势直泻”②。而此时康家沟已湾环四处，仍属曲折，便于漕运航行。嘉庆六年之后，漕运河道在张家湾与康家沟之间摆动，而最终选择康家沟行漕，更加便捷。面对北运河张家湾河段自然裁弯截直的情况，从实际情况出发，顺应自然水道变迁，最终决定改道康家沟。

漕运航道在张家湾与康家沟之间摆动，引起了嘉庆朝臣的激烈争论。张家湾是近百年来漕运海运必经之地，朝廷遣派官员前往进行实地勘察。因对水环境知识认知的差异性，所遣派官员呈报勘察情况有所差异，于是提出不同治理方案。部分朝臣希望漕船继续行走张家湾，政府发帑挑浚张家湾正河，堵筑康家沟。至嘉庆十三年，张家湾正河已淤浅成高地，漕运航道最终改道康家沟。就张家湾改道事件来看，嘉庆政府虽发帑挑浚河道，但最终顺应河流本身特质，遵循自然的选择。

三、北运河治理

每年漕船载粮三百余石通过北运河到达通州境内，卸粮回空，运道繁忙，为此政府设置官员专管河务，维护运道通畅，保障漕运顺畅。

漕运关系国计民生，运道通畅直接影响到漕运顺畅。为了实现区域

① 《钦定户部漕运全书》卷四五，《续修四库全书》第 837 册，上海：上海古籍出版社，2002 年，第 117 页。

② 《钦定户部漕运全书》卷四五，《续修四库全书》第 837 册，第 117 页。

河流长治久安，清政府设官营治，并随着河务实际情况作出调整，以提高河务治理能力。

（一）直隶河道总督的建置

清沿袭明制，设河道总督综理黄运两河事务。河道总督是处理全国河道事务最高长官，更是河务系统的最高长官，驻扎济宁。全国河务繁杂，河道总督难以总揽全局，康熙四十四年（1705），规定“直隶河道事务照河南例由该省巡抚就近料理”①。直隶地区河务关系紧要，雍正八年（1730），直隶地区设置河道总督一人，专责直隶地区河工事务，同时设置副总河一职，协助直隶河督治理河务。乾隆元年（1736），副总河被裁撤。乾隆十四年，直隶总督兼管直隶地区河务，直隶河道总督被裁撤。

每年伏秋大汛时，直隶总督常驻工次，动辄累月，地方应办之事件均由邮封寄达，地方属员有禀商公务，也需赴河工地谒见。畿辅重地，总督职务繁杂，邮寄地方事件难免迟误。嘉庆六年时，“永定河水漫溢时，差晟即因水阻，不能前赴工次，案牍文书更不能保无贻误”②。可见，每年大汛时，直隶总督赴河工处，有碍直隶地区事务的处理。因此嘉庆十二年，直隶总督虽兼理河务，每当伏汛之际，总督可酌情前往工次查勘。“所有直隶河道总督不必设为专缺，即于总督关防敕书内，添入兼理河道字样等因。”③ 此后，直隶总督可酌量前往工次，责成管河道常时督率工员妥为办理河工事务，需申报河督具奏。

（二）道、厅、汛的设置与调整

裁撤管河分司，设置管河道。顺治初年，设置通惠河分司，驻扎通州。康熙四十年，裁撤通惠河分司，归通永道管理。通永道管北运河、通惠河及蓟滦诸河。

通永道辖河厅三，分别为务关厅同知、杨村厅通判与通惠河漕运通判。管河厅下辖管河汛。“务关厅同知辖七汛，分别是州同一人、州判二

① 光绪《钦定大清会典事例》卷九〇一《工部·河工·河员职掌》，上海：上海古籍出版社，2002 年，第 681 页。

② 光绪《钦定大清会典事例》卷九〇一《工部·河工·河员职掌》，第 874 页。

③ 光绪《钦定大清会典事例》卷九〇一《工部·河工·河员职掌》，第 873 页。

人、主簿三人，巡检一人。杨村厅通判辖二汛，分别是县丞一人、主簿一人。通惠河漕运通判一人，所辖闸官二人。"[①]

北运河分区设置河官治理河务。雍正四年，直隶河道分为四局，其中运河分为一局，撤去分司，归通永道兼管，其管河州判等官悉归管辖。雍正二年，设直隶省北运河同知一人，通判一人。

通惠河为人工河，水源弱易淤垫，是北运河重点治理河道。为了保持通惠河畅通，修筑闸坝，设置专官管理。如雍正二年，直隶通州属普济等闸，大兴县所属庆丰等闸向设闸官，止司启闭，不能兼顾堤岸，添设通州吏目一人，大兴县主簿一人，专司河务。[②] 乾隆二十六年，准通惠河河工分设文武四汛，专令厅员管辖。[③] 乾隆二十八年，直隶省通惠河岁修抢修一切疏筑工程，改令漕运通判就近管理，其庆丰通流闸官，及上下汛外委河兵均令该通判管辖。乾隆四十一年，通惠河各闸工程，改归通永道管理，以专责成。"其修艌闸座添换闸板麻绳等项，仍照旧例，於坐粮厅税课项下支给，令该厅会同查验详报仓场侍郎察核。"[④]

北运河险工处增设职官。乾隆二年，直隶省天津府运河一带河工添设张家湾漕运通判一人，管理该段运河河务。乾隆六年，设子牙河通判，裁撤祁河通判。乾隆四十年，"直隶北运河之杨屯厅，险工林立工程倍于务关，其极北之王家铺一汛，长二十五里有奇，甚为紧要，改隶务关同知管理，以便修防"[⑤]。乾隆四十三年，"直隶省北运河吴家窑坝座河堤，改归耍儿渡县丞经管，并将王家务额外外委，拨归耍儿渡县丞汛内协力修防"[⑥]。乾隆五十四年，直隶省温榆疏浚工程，该归通永道管理。自新河口起至工部税局一带，责成漕运通判督率通州上汛外委管理。如有淤浅，报明该通判勘估详办。[⑦]

为维持北运河的畅通，政府组织开河引水补充水源，有效治理水患，保障漕运，安定社会秩序。对北运河的治理采取以下措施：

---

① 嘉庆《钦定大清会典事例》卷八八九《工部·河工·河员职掌》，第 5626—5627 页。
② 光绪《钦定大清会典事例》卷九〇一《工部·河工·河员职掌》，第 865 页。
③ 光绪《钦定大清会典事例》卷九〇一《工部·河工·河员职掌》，第 869 页。
④ 光绪《钦定大清会典事例》卷九〇一《工部·河工·河员职掌》，第 871 页。
⑤ 光绪《钦定大清会典事例》卷九〇一《工部·河工·河员职掌》，第 871 页。
⑥ 光绪《钦定大清会典事例》卷九〇一《工部·河工·河员职掌》，第 871 页。
⑦ 光绪《钦定大清会典事例》卷九〇一《工部·河工·河员职掌》，第 872 页。

1．疏浚河道

“北运河流沙，通塞无定。”[①] 政府每年雇夫测量水势，淤浅影响到漕运通行，则派官员前往查勘疏浚河道。如漕船抵达通州后，由潮白河驶入温榆河，直抵石坝楼前起卸。温榆河是漕船抵通的重要河段，也是北运河重要治理河段。温榆河故道，由果渠河东绕富河村，又折而西，湾环到达石坝前，南注于潮白河合流入北运河。温榆河水源有限，河身狭窄，与潮白河全籍倒漾之水济运，因水弱沙停，每年淤浅。乾隆三十八年，潮白河西徙，占温榆河，在富河村之南二水合而为一。嘉庆十二年，直隶仓场总督请求在潮白河、温榆河合流下游挑浚，并开浚温榆河上游，使温榆河上游直达石坝。嘉庆十二年十月二十八日，温承惠估勘挑挖温榆河，石坝前因下游常年“倒漾之水至坝济运，易致聚泥沙。今竟从温榆河上游，一律挑挖深通，直抵石坝。……全河一律深通”[②]。

2．筑堤与护堤

直隶地区河流支汊众多，堤岸的修筑与维护成为官员重要日常工作。《治河全书》载：“自白河与富河在通州城北石坝处河流四十里许，至张家湾而通惠、桑干诸河入焉。南流至天津卫交界止，计程三百四十二里。设有杨村通判一员管理河务。”[③] 北运河堤岸自龙潭口起至白浮圈下老堤头止，计长八百二十七丈，康熙三十三年发帑修筑。其中耍儿渡堤长一千九百一十丈，康熙三十四年六月内被水冲决，政府发帑由河官修筑[④]。

河堤由两岸河官分别管理。“北运河堤工长陵营下分东西两岸，香河县主簿分管自牛牧屯起至吴家旧窑止，长四十四里有奇，此东岸也。其西岸则自长陵营起至王家摆渡止，长二十七里有奇，为通州添设州判分管。自王家摆渡起至河西务天齐庙止，长三十二里有奇，为武清县主簿分管。”[⑤] 北运河堤较长，东西两岸分别由河官管理。

3．开引河

开引河疏导水流，缓解北运河水势压力。白河流入武清县东南境，

① 《江北运程》，第 77 页。

② 光绪《顺天府志》卷四五《河渠志十》，清光绪十五年重印本。

③ 《治河全书》卷三，上海：上海古籍出版社，2002 年，第 386 页。

④ 《治河全书》卷三，第 386 页。

⑤ 《江北运程》卷二，第 87 页。

分为二支，一是王家务引河，一是新引河。王家务引河疏导白河水流。雍正七年，“于河西务上流之青龙湾建坝四十丈，开引河而注之七里海，导七里海水而泄之北塘口，上下分消，区划尽善，运道民生均获宁谧”①。乾隆二十一年，直隶总督方观承勘查北岸堤工，引河上游归务关同知管理；引河下游堤长二十五里，由宝坻县临河村民自筹经费修理。乾隆四十三年，王家务至筐儿港六十里，河道弯曲，每当雨季河水暴涨，宣泄不畅。于是，在王家务上游吴家窑地方添建草坝一座，再开新引河斜接王家务减河，疏导白河雨季异涨之水。

北运河在漕运运程中占重要地位。清政府设置河官管理河务。清初北运河河务由河道总督综理；因河工险要，于雍正八年改由直隶河道总督总理；乾隆十四年，直隶总督兼理北运河务。直隶北运河由河道总督综理到地方职官直接管理，提高了河务治理效率。北运河厅汛河官设置细化。雍正朝之后，北运河河工险处林立，政府根据险工实际情况增设职官，根据河工实际情况规定具体职掌。

北运河流沙多淤浅，为维持运道通畅，政府派遣河官勘查，发帑挑浚。每当雨季，河流水涨易决口，因此堤岸的修筑与日常维持异常重要。北运河厅汛河官分段修护河堤，河堤可以由几个河官分管，如北运河堤岸分别由香河县主簿、通州州判及武清县主簿共同管理。为了缓解险工河段危险，开引河疏导水流，维护漕运通畅。

北运河设置河官，各职官职掌明晰。北运河各分汛地，每年额解挑浅银两，专司挑河挖浅。乾隆二十五年，在淤滞处令各管河厅汛置挑捞器具。政府设置河夫，昼夜巡防，漕船运近时，长夫逐日探量水势，插柳作标记，随时刨挖。“淤积无多之年，银数百或千余已敷挑挖，倘淤塞过甚，应于原定二千之外，酌增银两，以积淤厚薄，……逐段勘估。”②北运河淤浅情况并未改变。嘉庆八年，榆河淤浅，挑挖新淤五百四十丈。嘉庆九年，榆河复淤，又挑浚河道。本文第二部分中谈及张家湾河道浚而复淤，最终正河淤浅严重。刘天和总结北运河特质：“白河经密云诸山，全受浑、榆诸河之水。夏、秋暴涨，堤防不能御，漫散溜沙，深浅通塞不常，运行甚艰，……河广盛涨他必决，底皆淤沙，闸易损，且河

① 《直隶河渠志》，影印文渊阁《四库全书》本。

② 光绪《顺天府志》卷四五《河渠志十》，清光绪十五年重印本。

徙无定。”① 总之，北运河土质松散，善淤善徙，虽建闸束水，但因其特质闸易毁。清政府虽设置河官，发帑修治北运河，但取得效果有限。

总　　结

明清两朝定鼎北京，每年通过漕运载粮三百万石至京，漕运成为维持国家统治的生命线。漕粮经北运河后进入通州，对漕运交兑有重要意义。同时，张家湾是北运河上重要漕运码头，漕粮多数在此起卸。嘉庆六年，京畿地区连降暴雨，造成特大洪水。京畿地区受灾严重，张家湾河段尤受重创。该河段正河淤垫严重，河溜出康家沟抄河。此次漕船改道康家沟，是张家湾漕运改道的第一次尝试。该次事件引起了政府官员的激烈争论，仅嘉庆六年漕船行走康家沟，之后漕运是否仍行走张家湾。嘉庆十三年，京畿地区又连降强雨，张家湾正河淤垫严重，正值重运之际，漕运选择行走康家沟。该次事件再次引起官员的激烈争论。最终，因张家湾正河淤垫严重，而最终决定漕运行走康家湾。

嘉庆年间北运河张家湾改道事件，显示了清政府对水资源利用的认知程度及对水资源环境的勘察能力，更反映了政府对水运的依赖程度。该事件引起了朝廷内官员的激烈争论。从中可看出，清代官员对河道变迁的认知，从水环境变迁的实际情况出发，经过政府遣派官员多次勘察，最终决定漕船行走康家沟。

张家湾改道事件是政府治理北运河的缩影。清政府设置河官专门治理北运河。为了维持河道通畅，政府派遣河官勘察河道，挑浚淤垫河道，修护河堤，开通引河。因北运河本身特质，政府治理效果有限，并未改变其善淤善徙的特性。

① 光绪《顺天府志》卷四五《河渠志十》，清光绪十五年重印本。

Northern Canal River Channel Diversion in Zhangjiawan and Its Management in Jiaqing Period of Qing

CAO Jinna

Abstract: Zhangjiawan was located in an important area for river transportation, sea transportation and land transportation in the Yuan, Ming and Qing dynasties. Zhangjiawan was an important commercial and material exchange center and an important military town for Beijing. During the Jiaqing period, the river channel of Northern Canal oscillated between Zhangjiawan and Kangjiagou, forming the new and old channels of Kangjiagou at the same time. After the artificial blocking of the old Kangjiagou river, the choice between the new and Zhangjiawan rivers caused a heated debate among the courtiers. Due to the difference in officials´understanding of the water situation of the canal, different treatment results appeared, and finally the canal passed through Kangjiagou. Through the Zhangjiawan river channel diversion event, the management of the north canal can be further studied to provide historical reference for the current river management.

Keywords: the Qing Dynasty; Zhangjiawan; Kangjiagou; canal management

〔曹金娜（1982— ），女，山东聊城人，东北大学秦皇岛分校讲师，历史学博士，主要研究方向为社会史、政治制度史〕

历史文献

司马楚之形象的再造
——以其投北魏前史事为中心

刘晨亮　吴　伟

（西北民族大学历史文化学院）

摘　要：《资治通鉴》所载司马楚之降北魏前史事的叙事时间、顺序存在谬误。《通鉴》虽以《宋书·王镇恶传附弟康传》与《魏书·司马楚之传》为史料来源，但因错误地将“与司马顺明、道恭所在聚党”与流落颍洛间的司马宗室集团攻打金墉城视为两事，并将“与司马顺明、道恭所在聚党”与“收众据长社”视为攻打金墉城前的准备，导致了《通鉴》叙事时间、顺序的错误。《魏书·司马楚之传》存在刻意模糊“与司马顺明、道恭所在聚党”和“收众据长社”两个独立历史事件边界之现象，此现象为李彪、崔光《魏国史》“再造”司马楚之史事的痕迹。《魏国史》“再造”司马楚之史事的目的是掩盖司马楚之曾假意降魏等破坏司马家族现实政治利益的历史。

关键词：北魏；司马楚之；《资治通鉴》；《魏书》

司马楚之，字德秀，晋宣帝司马懿弟太常馗之八世孙。刘裕诛杀司马宗室时，司马楚之逃奔汝颍之间，后归降北魏，并在北魏对刘宋、仇池、蠕蠕的战争中屡立功勋，镇守北魏北疆。目前学界对司马楚之世系的研究较多，[①] 反而对司马楚之本人，尤其是对其降北魏前史事的研究较少。笔者认为司马楚之降魏前的史事，由于诸种史籍记载不尽一致，有予以澄清的必要，而澄清这些史事，也有助于还原司马楚之的真实形象。

一、《通鉴》《魏书》司马楚之史事异同考

《魏书·司马楚之传》与《通鉴》所载司马楚之降魏前史事之叙事顺序不同。《魏书·司马楚之传》之叙事顺序为：（1）“与司马顺明、道恭等所在聚党”；（2）“收众据长社”；（3）沐谦刺楚之；（4）“山阳公奚斤略地河南，楚之遣使请降”[②]。然《通鉴》之叙事顺序为：（1）“收众据长社”；（2）沐谦刺楚之；（3）流落颍洛间的司马宗室集团攻打金墉城；（4）“山阳公奚斤略地河南，楚之遣使降”[③]。

《通鉴》将（1）“收众据长社”；（2）“沐谦刺楚之”；（3）流落颍洛间的司马宗室集团攻打金墉城等事均系于元熙元年（419）。由《魏书·司马楚之传》“及刘裕自立，楚之规欲报复，收众据长社，归之者常万余人”[④]，《太平御览》卷二八〇《兵部十一》引《后汉［魏］书》

---

① 1965年司马楚之之子司马金龙夫妇墓出土墓志三块，分别为《司空金龙墓表》《司马金龙墓志铭》《姬辰墓铭》，参见山西省大同市博物馆、山西省文物工作委员会：《山西大同石家寨北魏司马金龙墓》，《文物》1972年第3期。围绕着此三块墓志与《司马显姿墓志》《司马悦墓志》《东魏司马昇墓志》，学界已有较为详尽之研究，主要有梁建波：《关于北魏司马金龙墓志的几个问题》，《河北北方学院学报》2015年第1期；程刚：《北魏初至北周中的司马楚之家族兴替》，《中南大学学报》2014年第3期；罗尔波、周香均：《〈东魏司马昇墓志〉墓主人身份考——兼考司马楚之的祖父》，《内江师范学院学报》2015年第11期；王浩淼：《两晋河内司马氏的结局——兼论刘裕“族诛”说》，《河南理工大学学报》2022年第5期。这些论著多侧重于考证司马楚之家族谱系，而未能对司马楚之的相关史事进行考辨。此外，还有考察司马楚之家族的政治、文化背景的研究，参见佐川英治：《北魏六镇史研究》，收入《中国中古史研究》编委会：《中国中古史研究（第五卷）》，上海：中西书局，2016年；范兆飞：《文本与形制的共生：北魏司马金龙墓表释证》，《复旦学报》2020年第4期；张学峰：《墓志所见北朝的民族融合——以司马金龙家族墓志为线索》，《许昌学院学报》2014年第3期；郭彩萍：《司马金龙墓屏风漆画反映的传统汉文化探析》，《兰台世界》2016年第24期。

② 参见〔北齐〕魏收：《魏书》卷三七《司马楚之传》，北京：中华书局，1974年，第855页。

③ 参见〔宋〕司马光：《资治通鉴》卷一一八《晋纪四十》恭帝元熙元年，卷一一九《宋纪一》武帝永初元年，北京：中华书局，2020年，第3788、3810页。

④ 《魏书》卷三七《司马楚之传》，第855页。

“及宋受禅，楚之规欲报复，收众据长社，归之者常万余人”[①] 两条可知，“收众据长社”之事当在刘裕受禅之后，即永初元年（420），《通鉴》叙事时间存在错误。为何良史之才司马光在编纂《通鉴》时会出现此错误呢？下文拟对此问题进行考察。

关于《通鉴》所载司马楚之降魏前史事的史料来源，《通鉴》“初，司马楚之奉父荣期之丧归建康，……遂委身事之，为之防御”[②] 一段以《魏书·司马楚之传》为基础。“王镇恶之死也。……康劝课农桑，百姓甚亲赖之”[③] 一段则以《宋书·王镇恶传附弟康传》[④] 为根柢。《魏书·司马楚之传》与《宋书·王镇恶传附弟康传》为《通鉴》勾勒司马楚之降魏前史事的史料基础。《通鉴》将“与司马顺明、道恭等所在聚党”与流落颍洛间的司马宗室集团攻打金墉城之事视为一事，并将此事置“收众据长社”与“沐谦刺楚之”之后，形成了“与司马顺明、道恭所在聚党→收众据长社→攻金墉城”的完整逻辑链。

《通鉴》并不是盲目地抄录《魏书·司马楚之传》，而是批判地继承，《通鉴》删去“及刘裕自立”“与司马顺明、道恭等所在聚党”两语就是明证。关于《通鉴》删去“及刘裕自立”之原因，是刘裕在晋宋禅让前实行霸府政治，仅凭此“刘裕自立”之语并不足以成为确定叙事时间的铁证[⑤]，且司马光等人未见《太平御览》卷二八〇《兵部十一》引《后魏书》“及宋受禅”之语，故司马光等人将《魏书·司马楚之传》中“无关宏旨”的“及刘裕自立”之语删去。

关于《通鉴》删去“与司马顺明、道恭等所在聚党”之原因，《魏

---

① 〔宋〕李昉等编：《太平御览》卷二八〇《兵部十一》，北京：中华书局，1995 年，第 1305 页。

② 《资治通鉴》卷一一八《晋纪四十》，第 3788 页。

③ 《资治通鉴》卷一一八《晋纪四十》，第 3788 页。

④ 〔南朝宋〕沈约：《宋书》卷四五《王镇恶传附弟康传》，北京：中华书局，1974 年，第 1371—1372 页。

⑤ 徐冲《“禅让”与“起元”：魏晋南北朝的王朝更替与国史书写》一文指出：“刘宋后期至唐代前期，尽管王朝更替表面上仍然继续行用‘禅让’，国史书写转而采用‘禅让前起元——开国群雄传’的联动装置，却透露出这一时期王朝皇帝权力起源在‘正当性’上所发生的巨大转换。”（《历史研究》2010 年第 3 期）“禅让前起元”与“开国群雄传”的缺失，说明了在刘宋时人的观念中，刘裕并不存在“自臣至君”的身份变化，受禅践阼亦并不与其权力起源挂钩，故“刘裕自立”可指刘裕起兵（元兴三年，404），也可指刘裕受封为宋公（义熙十二年，416），亦可指刘裕受禅之年（永初元年，420）。

书·司马楚之传》存在刻意模糊“与司马顺明、道恭所在聚党”和“收众据长社”两个独立历史事件的边界之嫌。《宋书·王镇恶传附弟康传》载“时有一人邵平，率部曲及并州乞活一千余户屯（洛阳）城南，迎亡命司马文荣为主。又有亡命司马道恭自东垣率三千人屯城西，亡命司马顺明五千人屯陵云台。顺明遣刺杀文荣，平复推顺明为主。又有司马楚之屯柏谷坞，索虏野坂戍主黑矟公游骑在芒上，攻逼交至，康坚守六旬”[①]。将《宋书·王镇恶传附弟康传》的记载与《通鉴》元熙元年的记载进行比照，可得出结论：《宋书·王镇恶传附弟康传》的记载就是《通鉴》元熙元年记载之所本，也可知《通鉴》元熙元年记载中的“平等皆散走”的“平”是指邵平，从而可知司马集团攻打金墉城发生在元熙元年。司马光等人撰写此条时，将“与司马顺明、道恭所在聚党”“收众据长社”视为攻打金墉城前的准备，从司马楚之位置的变化上来说，司马光等人“汝颍之间→长社→洛阳”之推测亦能逻辑自洽，故司马光等人删去了与“收众据长社”“重出”的“与司马顺明、道恭所在聚党”之语。

综上，司马光等人在撰写《通鉴》此条时，参考了《宋书·王镇恶传附弟康传》与《魏书·司马楚之传》，但是，因司马光等人将“与司马顺明、道恭所在聚党”与流落颍洛间的司马宗室集团攻打金墉城视为两事，并将“与司马顺明、道恭所在聚党”“收众据长社”视为攻打金墉城前的准备，故出现了叙事时间与顺序的错误。

根据上引《宋书·王镇恶传附弟康传》与《太平御览》卷二八〇《兵部十一》引《后魏书》，流落颍洛间的司马宗室集团攻打金墉城一事发生于元熙元年，“收众据长社”一事发生于“及宋受禅”（永初元年）后，司马楚之降魏前的活动当为：（1）流落颍洛间的司马宗室集团攻打金墉城；（2）“收众据长社”；（3）沐谦刺楚之；（4）“山阳公奚斤略地河南，楚之遣使降”。但是，不能仅仅依靠《太平御览》卷二八〇《兵部十一》引《后魏书》“及宋受禅”之记载确定流落颍洛间的司马宗室

① 《宋书》卷四五《王镇恶传附弟康传》，第1371—1372页。

集团攻打金墉城与“收众据长社”两事的时间先后。[①] 因《魏书·司马楚之传》“收众据长社”后有“归之者常万余人”之语，故若流落颍洛间的司马宗室集团攻打金墉城之事在“收众据长社”后，则此时楚之部的人数必已至万人以上，接下来，将对流落颍洛间的司马宗室集团攻打金墉城之事及此时楚之部的规模进行考察。

司马文荣、道恭、顺明、楚之攻打金墉城可视为司马宗室对刘裕欲行禅让的反抗，即“反宋复晋”运动。由《宋书·王镇恶传附弟康传》可知，司马楚之参与了此次“反宋复晋”运动。但楚之部的规模却不见诸史籍，笔者推测，此时楚之部应仅千余人。根据如下：首先，司马楚之屯驻的柏谷坞空间有限，无法容纳大部队，《水经注疏》卷一五《洛水》载：“洛水又东迳百谷坞北。戴延之《西征纪》曰：坞在川南，因原为坞，高一十余丈。”[②] 义熙十二年（416），刘裕伐后秦，后秦将姚洸遣部将赵玄“率精兵千余南守柏谷坞”[③]。虽柏谷坞为洛阳东方交通线上的重要据点，但此坞的规模并不大[④]，应该无法容纳万余人的楚之部。其次，司马文荣（城南）、顺明（陵云台）、道恭（城西）皆兵临金墉城下，司马楚之却屯驻于远离洛阳的柏谷坞。由诸部与洛阳的空间距离可知，楚之部并非主攻，似乎仅为侦侯，其部规模应不大。最后，《宋书·王镇恶传附弟康传》虽详细地记载了司马文荣（邵平）部“部曲及并州

---

① 《周大将军司马裔碑》载：“曾祖楚之……江淮志节之士，汝颍风尘之客，感激一言，咸多依附。既而云生伏龟，星出鲸鱼。太白经天，蚩尤映野。公乃收合余烬，泣血登埤，临武牢之关，据成皋之坂，拥众万家，归于魏室。”（严可均：《全后周文》卷十三，收入《全上古三代秦汉三国六朝文》，北京：中华书局，1985年，第3947页上栏）笔者认为，“收合余烬”应该就是“收众据长社”一事，因“太白经天”指“（元熙元年七月）己卯，月犯太微，太白昼见”（《宋书》卷二十五《天文志三》，第739页）之事，故“既而云生伏龟，星出鲸鱼。太白经天，蚩尤映野”可能暗指流落颍洛间的司马宗室集团攻打金墉城一事，由《周大将军司马裔碑》的叙事顺序可知，“收众据长社”当在流落颍洛间的司马宗室集团攻打金墉城一事之后。而且，《周大将军司马裔碑》以天象概念代替叙事，存在刻意回避司马楚之参与流落颍洛间的司马宗室集团攻打金墉城一事的现象，这与《魏书·司马楚之传》一致。因其余三部分之时间先后皆已确定，故“汝颍风尘之客，感激一言，咸多依附”当即《魏书·司马楚之传》中的“与司马顺明、道恭等所在聚党”一事。

② 〔北魏〕郦道元注，〔清〕杨守敬、熊会贞注疏，段熙仲点校，陈桥驿复校：《水经注疏》，南京：江苏古籍出版社，1989年，第1321页。

③ 〔唐〕房玄龄：《晋书》卷一一九《姚泓载记》，北京：中华书局，1974年，第3011页。

④ 理由有二：第一，若柏谷坞足以容纳万余人，赵玄安能仅以精兵千余人守备柏谷坞？第二，柏谷坞依原而建，高十余丈，形制上属于小而坚固的坞堡。

乞活一千余户”，道恭部“三千人”，顺明部“五千人”，然未载楚之部人数，或因楚之部的规模小于文荣、道恭、顺明部。综上，笔者认为，司马楚之“与司马顺明、道恭等所在聚党”时，其部绝无万余人，流落颍洛间的司马宗室集团攻打金墉城一事无疑当在“收众据长社，归之者常万余人”之前。

流落颍洛间的司马宗室集团仅坚持六旬便作鸟兽散，司马顺明、道恭奔魏。刘裕派军驰援金墉城则是流落颍洛间的司马宗室集团“反宋复晋”运动失败的主要外因。关于刘裕的援军，《宋书·王镇恶传附弟康传》载：“宋台建，除康宁朔将军、河东太守。遣龙骧将军姜□率军救之，诸亡命并各奔散。”[①] 今日已不可考龙骧将军姜□援军的人数，但可以确认，刘裕的援军给司马宗室集团成员带来了巨大的心理压力。与复祖宗基业这种虚无缥缈的大义相比，眼前的利益更为现实，流落颍洛间的司马宗室集团仅仅依靠着疏远的血缘关系、甚为模糊的家族记忆与共同的利益关系来维系脆弱的同盟关系。面对司马江山将要易代的紧张局面，流落颍洛间的司马宗室内部仍不团结，政治投机者邵平居其间，先迎立司马文荣为主，司马文荣被司马顺明暗杀后，又“推顺明为主”。司马宗室集团内部邵平一类谋求攀龙附凤的政治投机者绝非少数，其崩溃只是时间问题。刘裕援军迫近之日，因“反宋复晋”成功的可能性已微乎其微，司马宗室集团成员间的共同利益关系亦已灰飞烟灭，故核心成员司马顺明、道恭彻底抛弃了虚伪的大义，匆忙奔北投魏，腆颜事敌。

流落颍洛间的司马宗室集团攻打金墉城时，北魏命令“河内镇将于栗磾游骑在芒山上”，策应司马宗室集团。由此观之，流落颍洛间的司马宗室集团本就与北魏存在联络，或以北魏为后盾，或为他日事败后寻一退路。关于刘裕派军驰援金墉城后，司马宗室集团的动向，《魏书》与《通鉴》的记载不同。《魏书·太宗纪》载：“（泰常四年）三月癸丑……司马德文宁朔将军、平阳太守、匈奴护军薛辩及司马楚之、司马顺明、司马道恭，并遣使请降。”[②] 然《通鉴》仅载“司马顺明、司马道恭及平阳太守薛辩皆降于魏”，并无司马楚之。司马光等人以《宋书·索虏传》“初，亡命司马楚之等常藏窜陈留郡界，虏既南渡，驰相要结，驱扇疆

① 《宋书》卷四五《王镇恶传附弟康传》，第 1372 页。
② 《魏书》卷三《太宗纪》，第 59 页。

埸，大为民患”[①] 和《魏书·司马楚之传》“太宗末，山阳公奚斤略地河南，楚之遣使请降”[②] 为据，将司马楚之降魏之年定于永初三年。司马光等人或认为，元熙元年司马楚之虽遣使请降，但其并未与司马顺明、道恭一道降魏，即仅有“请降”之名，而无“来降”之实。司马光等人的看法是正确的。[③]

接下来，讨论司马楚之未与司马顺明、道恭一道降魏之原因。笔者认为，仅凭借流落颍洛间的司马宗室集团麾下的万余流民、乞活，必然无法实现“复晋”的目标，因此，其不得不依恃北魏的政治、军事力量。司马楚之深明过度依赖北魏的力量，必然会沦为北魏的傀儡，欲复晋室，必不可假手于人的道理。同时，流落颍洛间的司马宗室集团无一强有力之领导者，各自为战，甚至以彼此为寇仇。通过威迫他人出走，聚众转移至他处，既可摆脱北魏力量的束缚，还可使号令归于一，“收众据长社”中之“众”可能是司马顺明、道恭奔魏后，遗留在颍洛间的部曲、乞活，正因为如此，楚之部得以迅速发展至万余人。也就说，“遣使请降”可能是司马楚之为了促使司马顺明、道恭早日降魏摆出的虚假态度。

合并诸军后，楚之部力量得到了长足的发展，俨然成为晋末宋初颍洛间北魏、刘宋外的另一势力。此后至司马楚之降魏前的相关史事，诸书缺乏直接记载。由上引《宋书·索虏传》可知，楚之部似乎自长社转移至陈留。但是，《宋书·州郡志一》载“陈留郡领酸枣、小黄、雍丘、白马、襄邑、尉氏六县”[④]。尉氏与长社毗邻。因“郡界”一词存在“一郡之四境”与“一郡范围之内”两种含义，故若《索虏传》中之“郡界”为一郡边境之意，则楚之部在降魏前亦有可能一直处于长社，并未转移至陈留。这两种可能并非无关宏旨，洛阳为西晋旧都，一旦司马宗室攻克洛阳，必对刘宋政权之合法性产生极大冲击，这也就是为何司马

---

① 《宋书》卷四五《王镇恶传附弟康传》，第2323页。

② 《魏书》卷三七《司马楚之传》，第855页。

③ 《山西大同石家寨北魏司马金龙墓》一文以《魏书·太宗纪》“泰常四年三月癸丑”条为据，认为司马楚之于泰常四年降魏。(《文物》1972年第3期）程刚《北魏初至北周中的司马楚之家族兴替》与此相同。此说实误，据《通鉴》《宋书·索虏传》《魏书·司马楚之传》，“山阳公奚斤略地河南”时，司马楚之方降魏，此时为泰常七年（永初三年，422），非泰常四年（419）。《魏书·太宗纪》泰常四年司马楚之仅遣使降魏，并未真正降魏。

④ 《宋书》卷三五《州郡志一》，第1060页。

宗室多活动于颍洛间的直接原因。反观陈留，地处北魏、刘宋之间，并无独立武装施展拳脚的空间，若楚之部后自长社转移至陈留，则可能是司马楚之心理发生变化的结果：从最初满怀着对复祖宗基业热忱的宗室子弟，一转为待价而沽的割据军阀①，故有必要对《宋书》“郡界”一词之用例进行讨论。

《说文解字注·田部》载：“界，境也。段注曰：‘……乐曲尽为竟，引申为凡边竟之称。’”② 所谓郡界者，似乎为一郡之四境。但是，《宋书》中“郡界”之意，与此不全相同。如《宋书·州郡志一》：“南徐州刺史，晋永嘉大乱，幽、冀、青、并、兖州及徐州之淮北流民，相率过淮，亦有过江在晋陵郡界者。”③《宋书·州郡志三》：“宋文帝元嘉二十六年，割荆州之襄阳、南阳、新野、顺阳、随五郡为雍州，而侨郡县犹寄寓在诸郡界。”④《宋书·州郡志四》：“宋元令，《永初郡国》无，文帝元嘉九年，割南海、新会、新宁三郡界上新民立宋安、新熙、永昌、始成、招集五县。”⑤ 此三条中之“郡界”并不是一郡之四境的意思，而是一郡范围之内的意思。同时，《宋书·褚叔度传附侄湛之传》：“孝建元年，为中书令，丹阳尹。坐南郡王义宣诸子逃藏郡堺，建康令王兴之、江宁令沈道源下狱，湛之免官禁锢。”⑥ 据《宋书·武二王传》可知，建康令王兴之、江宁令沈道源因受“（刘）恢藏江宁民陈铣家”⑦“（刘）恺于尚书寺内，著妇人衣，乘问讯车，投临汝公孟诩。诩于妻室内为地窟

① 周一良先生《乞活考》一文指出，《通鉴》卷一一八《晋纪四十》省去《宋书·王镇恶传附弟康传》“并州”两字，“并州乞活一千余户”当是“陈武部众之余”。同时，周一良先生认为，《水经·濮水篇》又东至浚仪县条“迳梁王吹台东”注语中的“乞活台”，可能是陈午、陈川相继据守，桃豹、韩潜所分镇之处。（周一良：《魏晋南北朝史论集》，北京：商务印书馆，2020年，第 18—38 页）根据笔者之考证，转移之陈留的楚之部，当包含了司马道恭、顺明（文荣卒后，顺明被邵平推举为流落颍洛间的司马宗室集团的首领。此时，邵平率领的“并州乞活一千余户”当已转移至司马顺明麾下）残部。“并州乞活一千余户”可能在司马楚之“收众据长社”后，成为司马楚之的部曲。故楚之部自长社转移至陈留一事，可能亦有通过帅“并州乞活一千余户”进据浚仪乞活台，比附陈午（割据浚仪乞活台十余年）故事，以借乞活之余威的考量。

② 〔汉〕许慎撰，〔清〕段玉裁注：《说文解字注》卷二六《说文解字第十三篇注下》，杭州：浙江古籍出版社，2004 年，第 696 页下栏。

③ 《宋书》卷三五《州郡志一》，第 1038 页。

④ 《宋书》卷三七《州郡志三》，第 1135 页。

⑤ 《宋书》卷三八《州郡志四》，第 1198 页。

⑥ 《宋书》卷五二《褚叔度传附侄湛之传》，第 1506 页。

⑦ 《宋书》卷六八《武二王传》，第 1808 页。

藏之”[①]两事牵连下狱。江宁民陈铣家与临汝公孟诩家绝非丹阳尹一郡之四境，此处之“郡堺”，与后文之“湛之免官禁锢”（是时，褚湛之为丹阳尹）形成呼应。笔者认为，《宋书·褚叔度传附侄湛之传》“逃藏郡堺”与《宋书·索虏传》“常藏窜陈留郡界”句型相近，其中的“郡界”应为同义，即皆为一郡范围之内的意思，故楚之部在降魏前曾由长社转移至陈留。[②]

二、“再造”司马楚之形象的时间与原因

通过对流落颍洛间的司马宗室集团攻打金墉城后史事的考察，笔者认为，元熙元年，司马楚之虽有降魏之名，然无降魏之实，司马楚之摆出降魏的态度是为了引诱司马顺明、道恭降魏，借机将流落颍洛间的司马宗室集团整合为一部。《魏书·司马楚之传》通过压缩“与司马顺明、道恭所在聚党”，模糊“与司马顺明、道恭所在聚党”和“收众据长社”两个独立历史事件的边界，有意淡化流落颍洛间的司马宗室集团攻打金墉城一事，可能是为了隐去司马楚之曾在流落颍洛间的司马宗室集团攻打金墉城一事中假意降魏的痕迹。

（一）“再造”司马楚之形象的时间

魏收在撰写《司马楚之传》时，应直接誊写了《魏国史》的内容。周一良先生曾对北魏国史编纂的过程进行了详细的考察，他说：“考《魏国史》之撰述始于道武帝时，诏邓渊撰《国记》，记道武一代事，成十余卷。惟次年月起居行事而已，未有体例。逮明元帝时，废而不述。至太武帝神䴥二年（429）诏集诸文人撰录《国书》，而崔浩定为编年体，……成《国书》三十卷。”[③]至太武帝神䴥二年，北魏国史《魏国

① 《宋书》卷六八《武二王传》，第1808页。

② 根据笔者之考证，司马楚之在晋宋禅代之际，大致的活动轨迹为：汝颍之间→柏谷坞→长社→陈留。钱大昕《廿二史考异》卷二八《魏书一》“司马楚之传”条载“是时豫州治虎牢，楚之屯据汝、颍间，距南阳尚远，盖侨置也。”（〔清〕钱大昕著，方诗铭、周殿杰校点：《廿二史考异》，上海：上海古籍出版社，2018年，第477页）以《司马楚之传》中之南阳郡为侨置，其说是。然钱大昕未注意到司马楚之降魏时，已转移至陈留郡附近，并非“汝、颍间”。

③ 周一良：《魏晋南北朝史论集》，北京：商务印书馆，2020年，第303页。

史》体例皆为编年体，崔浩《国书》三十卷或与袁宏《后汉纪》体例类似（在事末系一人物小传），或存《司马楚之传》，不可考。崔浩在《国书》中，直书苻秦灭代与昭成帝收继其子献明帝妻贺兰氏（道武帝拓跋珪母）等史事，触怒天威，酿成国史大狱①。崔浩《国书》三十卷在“国史案”后，当一并被废，故发生严重政治错误的崔浩《国书》对魏收《魏书》产生影响的可能性较小。

北魏纪传体《魏国史》的撰写始于孝文帝太和十一年（487）十二月，《魏书·高祖纪下》载：“十有二月，诏秘书丞李彪、著作郎崔光改析国记，依纪传之体。”②“《国史》之体虽已区分改析，而辑录当代之事终未成书。”③ 聂溦萌指出，魏收以前的纪传体国史主要由李彪、崔光相承编纂，崔光以后事遂停废，崔光编纂的国史，内容至少应至宣武时期，系目以事类相从，魏收在崔光旧撰国史的基础上，参以家族传，撰成编排混乱的卷三七至卷四三诸降臣传④。北魏的国史存在“邓渊《国记》→崔浩《国书》→李彪、崔光《魏国史》→魏收《魏书》”的沿袭顺序。上文已基本排除了邓渊《国记》与崔浩《国书》“再造”司马楚之形象的可能性，笔者认为，魏收《魏书》亦不太可能“再造”司马楚之形象，根据如下：周一良先生指出：“卷三十七至三十八皆晋臣避刘裕而奔姚兴。复自姚兴来归者。”⑤ 卷三七为降臣传，事类相从，与《魏国史》体例相同。不仅《魏书》卷三七与《魏国史》体例相同，而且《魏书》

① 周一良《魏晋南北朝史札记》“崔浩国史之狱”条指出，崔浩《国书》记载了昭成帝收继贺兰氏与被苻秦俘虏等拓跋先世史事，导致“国史之狱”的爆发。虽崔鸿《十六国春秋》亦载拓跋先世史事，但却因“鲜卑贵族汉化已久……汉化之鲜卑贵族包括皇室在内，对于其远祖时事已淡然漠然”，免于罹难。（周一良：《魏晋南北朝史札记》，北京：中华书局，2007 年，第 342—350 页）田余庆《〈代歌〉、〈代记〉和北魏国史——国史之狱的史学史考察》一文指出，邓渊撰写的《代记》，以《真人代歌》（太武帝时，撮合拓跋部落诸史歌而成）为主要的史料来源。《真人代歌》以鲜卑语写成，在鲜卑语的环境下，拓跋先世历史并不值得羞耻，邓渊翻译后，《真人代歌》中的拓跋先世历史被“曝光”于汉语的环境下，就成了有悖人伦之道的隐晦历史。崔浩《国书》本着“一切惟‘务从实录’是崇”的原则，书中“道武纪及拓跋先人追叙部分以邓渊《代记》为蓝本而有所加工……邓渊死后道武纪所缺部分自然也由崔浩续成”。（《历史研究》2001 年第 1 期）

② 《魏书》卷七下《高祖纪下》，第 163 页。

③ 周一良：《魏晋南北朝史论集》，第 305 页。

④ 聂溦萌：《从国史到〈魏书〉：列传编纂的时代变迁》，《中华文史论丛》2014 年第 1 期。

⑤ 周一良：《魏晋南北朝史论集》，第 322 页。

卷三七各本传的篇幅规模相近(《司马楚之传》与同卷《司马休之传》字数相去未远)，由此观之，《魏书》卷三七当是在《魏国史》的基础上撰写的。同时，魏收在编纂《司马楚之传》时，可能并未大量利用家族传补充其文。首先，魏收没有采取家族传补充《司马楚之传》的动机，司马楚之曾孙司马裔，在大统三年（537）于温城起兵，投降西魏，这使遗留东魏的司马家族成员陷入了极为不利的处境，司马鸿（司马裔兄）就“坐与西贼交通赐死”[①]。魏收当不会利用东魏司马家族这种处于政治边缘家族的家族传，粉饰《司马楚之传》。其次，《魏书·司马楚之传》没有魏收大量利用家族传补充其文的痕迹，若魏收曾大量增补《魏国史·司马楚之传》，则必然造成此《传》规模远胜同卷他《传》，然今检《魏书》卷三七各本传长度，《司马楚之传》本身并未超过《司马休之传》太多。我们基本可以认为，《魏书·司马楚之传》的内容沿袭自《魏国史·司马楚之传》。但是，《司马楚之传》合子孙传后，内容几占卷三七一半，同时，《司马楚之传》附子孙传的部分史事，在李彪、崔光撰《魏国史》后，应属于魏收新撰之文。此部分之内容，是否出自司马家族的家族传，史料阙如，不可考。

综上，魏收在撰写《司马楚之传》时，必然参考甚至直接誊写了李彪、崔光《魏国史》原文，《魏书·司马楚之传》存在有意淡化流落颍洛间司马宗室集团攻打金墉城一事的现象出自李彪、崔光所撰《魏国史·司马楚之传》，故笔者认为，“再造”司马楚之形象当发生于李彪、崔光撰《魏国史》时，即孝文帝太和十一年后。

（二）司马家族成员对“再造”司马楚之形象的需求

接下来将分析司马楚之降魏前后的心态变化，以此为切入点，观察司马家族在降魏后的认同感归属与《魏国史》“再造”司马楚之史事的原因。程刚总结了司马楚之作为东晋宗室，却能受重任于北魏的原因，分别为：（1）司马楚之为刘宋政权的死敌；（2）司马楚之政治、军事才能出众，他在南方具有相当的号召力；（3）司马楚之部曲、士卒众多，据地广袤，可补充北魏的兵力和扩大疆域；（4）司马楚之等南来士人融

① 《魏书》卷三七《司马楚之传》，第858页。

入北魏政治、社会中，将较先进的思想文化带入北方，使南方不敢小觑北方[①]。其说是，笔者认为原因二对司马楚之的“复起”作用最大。司马楚之在“山阳公奚斤略地河南，楚之遣使降”后，因存在曾假意降魏的历史污点，故并未完全取得北魏统治者的信任。由“奚斤既平河南，以楚之所率户民分置汝南、南阳、南顿、新蔡四郡，以益豫州”[②] 可知，奚斤平定河南后，明元帝迅速解除楚之部武装，并将楚之部整合于郡县秩序。楚之部自长社至陈留后，其性质便发生了变化，楚之部成为司马楚之待价而沽的政治商品，故司马楚之在明元帝褫夺其部曲时，并无不满之举，甚至在太武帝即位后，司马楚之立刻“遣妻子内居于鄴，寻征入朝”[③]，谄媚新君。从抵触到接受，再到谄媚，自长社至陈留与降魏成为司马楚之心态变化的两个分水岭，司马楚之对北魏正统性也在这两个分水岭出现了从不认同到认同的关键转变。

通过解散部曲、委质入朝，司马楚之的身份发生了非纯臣到纯臣的重大转变。后为北魏南征北战，屡建功勋。司马家族借助楚之的“余烈”，频繁与北魏鲜卑“贵族”联姻，完成了家族的“贵族”化。随着时间的推移，司马家族成员“贵族”身份的确认，促使其权力来源的多元化，与北魏鲜卑“贵族”的姻戚关系，成为司马家族活跃于北魏政治舞台上的重要支撑。

田余庆先生在谈及北魏史风污染现象时，曾有“只是自邓渊、崔浩以来百余年中史风污染，当途者既求誉于国史，又畏国史之毁；既不能不标榜直笔实录，又吹毛求疵于直笔实录之中。风气积久，洗之愈难。不止是帝王干预修史，连权势之辈都想利用国史巩固家族地位，多求史官为先人作佳传”[④] 之评价。煊赫的家世与多元的政治权力来源使司马家族成员“再造”司马楚之史事成为可能。同时，司马家族身份、地位的特殊性迫切需求《魏国史》“再造”司马楚之形象。张学锋通过分析司马金龙（司马楚之子）家族墓志指出，北朝时期族群之间的交融，绝对

① 程刚：《北魏初至北周中的司马楚之家族兴替》，《中南大学学报》2014 年第 3 期。

② 《魏书》卷三七《司马楚之传》，第 865 页。

③ 《魏书》卷三七《司马楚之传》，第 855 页。

④ 田余庆：《〈代歌〉、〈代记〉 和北魏国史——国史之狱的史学史考察》，《历史研究》2001 年第 1 期。

不是单极的“汉化”，而是族群间的相互交融，即所谓的“民族融合”，司马楚之子（金龙）、孙（延宗、纂、悦）皆为汉、鲜卑混血[①]。汉、鲜卑混血的身份与“贵族”的地位使司马家族成员成功地融入了北魏社会，成为北魏既得利益集团的一分子，理所当然认同、拥护北魏的正统地位，故《魏国史》详尽地记述司马楚之降魏前的史事不仅无法成为家族政治权力的支撑，反而会损害家族成员的身份、地位认同与现实政治利益。因此，司马家族成员必须把司马楚之曾假意降魏等有损家族成员现实政治利益的“黑料”从国史中彻底剔除。

（三）北魏统治者对“再造”司马楚之形象的态度

司马家族成员想要影响李彪、崔光《魏国史》的内容，必须要得到北魏统治者的支持，至少是默许，唯有如此，司马家族成员才得以干预《魏国史》的部分内容。上文分析了司马楚之对北魏政权的认同转变，随着时间的推移，司马楚之亦获得了北魏统治者的信任。《魏书·王慧龙传》载：“刘义隆纵反间，云慧龙自以功高而位不至，欲引寇入边，因执安南大将军司马楚之以叛。世祖闻曰：‘此必不然，是齐人忌乐毅耳。’”[②] 此事发生于“刘义隆将到彦之、檀道济等频顿淮颍，大相侵掠”[③]，即元嘉八年（431）。由宋文帝“以王慧龙欲执司马楚之叛”离间北魏君臣关系可知，此先司马楚之与北魏统治者关系紧张一事，南朝君臣亦有所耳闻，但是，由太武帝不以此流言为然可知，太武帝对此前司马楚之“遣妻子内居于邺，寻征入朝”[④] 的举动颇为满意，完全不相信安南大将军司马楚之存在与王慧龙一并谋反的动机。之后，司马楚之屡立功勋，与其子金龙世“相继镇云中，朔土服其威德”[⑤]。北魏统治者许以方面之任，在司马楚之的努力下，司马家族获得了北魏统治者的完全信任。

《魏书·司马楚之传附子金龙传》载：“后娶沮渠氏，生徽亮，即河

---

① 张学锋：《墓志所见北朝的民族融合——以司马金龙家族墓志为线索》，《许昌学院学报》2014 年第 3 期。

② 《魏书》卷三八《王慧龙传》，第 876 页。

③ 《魏书》卷三八《王慧龙传》，第 876 页。

④ 《魏书》卷三七《司马楚之传》，第 855 页。

⑤ 《魏书》卷三七《司马楚之传》，第 860 页。

西王沮渠牧犍女，世祖妹武威公主所生也。有宠于文明太后，故以徽亮袭。例降为公。坐连穆泰罪失爵。”[①] 司马金龙尚河西王沮渠牧犍女，生司马徽亮，司马徽亮得宠于文明太后，文明太后崩于太和十四年（490），在李彪、崔光受诏撰写《魏国史》后，笔者以为，正是在司马徽亮等司马宗室成员的影响下，《魏国史》完成了对司马楚之形象的“再造”。太和二十年穆泰勾结平原王陆睿，密谋叛乱，事败伏诛，株连司马徽亮，此时《魏国史·司马楚之传》当已完成。

结　语

《资治通鉴》与《魏书·司马楚之传》所载的司马楚之降魏前史事之叙事时间、顺序不同。《通鉴》虽以《魏书·司马楚之传》《宋书·王镇恶传附弟康传》为史料来源，但却错误地将“与司马顺明、道恭等所在聚党”与流落颍洛间的司马宗室集团攻打金墉城视为两事，反将“与司马顺明、道恭等所在聚党”“收众据长社”视为一事，这两个错误导致了《通鉴》出现叙事时间、顺序的谬误。《魏书·司马楚之传》存在压缩“与司马顺明、道恭所在聚党”，模糊“与司马顺明、道恭所在聚党”“收众据长社”两个独立历史事件边界，有意淡化流落颍洛间的司马宗室集团攻打金墉城一事的现象，此事出自李彪、崔光所撰的《魏国史》，目的是掩盖司马楚之在参与流落颍洛间的司马宗室集团攻打金墉城时，曾假意降魏一事。随着时间的推移，司马家族成员获得了北魏统治者的信任与多元化的政治权力来源，这使司马家族成员干预《魏国史》部分内容的编纂成为可能。《魏国史》详尽地记述司马楚之降魏前的史事不仅无法成为家族政治权力的支撑，反而会损害家族成员的身份、地位认同与现实政治利益，故必须削除司马楚之曾假意降魏等破坏家族成员政治利益的历史。

① 《魏书》卷三七《司马楚之传附子金龙传》，第 857 页。

Reconstruction of Sima Chuzhi' s Image: Centered on the Historical Events Before His Surrender to the Northern Wei Dynasty

LIU Chenliang WU Wei

Abstract: There are fallacies in the narration of Sima Chuzhi in time and sequence before his surrender to the Northern Wei Dynasty in *Zizhi Tongjian*. Taking *Biography of Wang Zhen' e*, *Biography of Subordinate Kang*, and *Biography of Sima Chuzhi* in *Book of Wei* as resources, *Zizhi Tongjian* was still wrong to regard"gathering party with Sima Shunming and Dao Gong", "Sima imperial clan group in Yingluo attack Jinyong City" as two separate things, to regard "gathering party with Sima Shunming and Dao Gong"and "collecting the public according to the long society" as preparations before attacking Jinyong City, which led to its wrong narration in time and order. *Biography of Sima Chuzhi* in *Book of Wei* deliberately blurs the boundaries of two independent historical events, namely gathering party with Sima Shunming and Dao Gong and gathering people to occupy the long society. This story is the trace of Li Biao and Cui Guang' s reconstruction of Sima Chuzhi' s history in *History of Wei State*. The purpose of "recreating" Sima Chuzhi' s history in *History of Wei State* is to cover up the history of Sima Chuzhi' s false surrender to Wei and destroy the real political interests of Sima family.

Keywords: the Northern Wei Dynasty; Sima Chuzhi; *Zizhi Tongjian; Book of Wei*

〔刘晨亮（1996— ），男，宁夏银川人，西北民族大学历史文化学院硕士研究生，主要研究方向为东汉魏晋史。吴伟（1984— ），男，山东青州人，考古及博物馆学硕士，西北民族大学历史文化学院副教授，主要研究方向为先秦史〕

东魏北齐封王人物墓志的文本考论

——兼谈高润墓志的文本结构

杨浩烨

（首都师范大学历史学院　洛阳隋唐大运河文化博物馆）

摘　要： 墓志文本在南北朝时期基本定型，结构比较固定，但未被制度化为统一的类型，在具体撰写中还是略有差别。通过对东魏北齐封王人物的墓志文本进行对比，发现其文本结构基本固定，但在墓志的标题、享年位置、家族信息等细节上还富有变化；墓志字数与铭文字数并不成正比例关系，并非墓志越长，铭文就越长；墓志、铭辞的长短不受墓志出土地的影响。高润墓志文本大体符合东魏北齐封王人物墓志的文本结构，从其兄弟五人及东魏北齐封王人物的墓志文本对比来看，墓志文本在东魏北齐时期受到一定的制度约束，但也取决于葬家个人的行为意志。

关键词： 东魏北齐；封王人物；墓志；文本结构

墓志是古代墓葬中的重要随葬品，通常是用来标志墓主身份的。随着墓志的完善和发展，墓志不仅具有相对固定的外形形制，而且具备较为稳定的文本体例。墓志文本在南北朝时期基本形成定制，结构较为固定，但未被制度化为统一的类型，在具体撰写中还是略有差别。迄今河北、山西、河南等地出土有大量的北朝末期墓志，且多为高等级官员、贵族墓志，其文本一般遵循国家规制，能更好地反映此时期墓志文本的创作制度。本文以东魏北齐封王人物的墓志文本为研究对象，以期了解此时期此类墓志文本的具体制度特点，在此基础上以北齐皇室嫡亲冯翊王高润墓志文本为个案作进一步的探讨。

一、墓志文本的定型

关于墓志文本的基本定型时间，赵超认为在北魏孝文帝迁洛之后，墓志的文体基本定型，“在当时的文学作品中成为一类专门的实用文体”。[①] 日本学者窪添庆文亦指出“具有表题和铭辞的元弼墓志在499年制成，这一墓志的记载项目具备了追赠和葬日以外的所有项目，且记载顺序也与此后大多数墓志一致。总之可以认为，这一时期是北魏墓志进入完成化的阶段”[②]，将墓志的定型时间也确定在了孝文帝迁洛之后。孟国栋认为在南北朝时期墓志文体渐臻完善，指出：“后世墓志铭创作中的变化主要表现在具体内容的增减，体式方面则难以超出南北朝时期业已固化的墓志文体的范式。”[③] 学界一般认为在南北朝时期墓志文体基本固定。

墓志文本在基本定型后，必有其较为固定的体例。明代徐师曾指出墓志文的组成要素主要有“其人世系、名字、爵里、行治、寿年、卒葬年月，与其子孙之大略”[④]，王行认为：“凡墓志铭书法有例，其大要十有三事焉。曰讳，曰字，曰姓氏，曰乡邑，曰族出，曰行治，曰履历，曰卒日，曰寿年，曰妻，曰子，曰葬日，曰葬地。……其他虽序次或有先后，要不越此十余事而已。此正例也”[⑤]，王行关于墓志十三事的论断对墓志的写作内容、体例进行了总结。徐师曾、王行两人关于墓志文构成要素、体例的谈论涉及名讳、爵里、族出、行治、履历、寿年、卒日、葬日、葬地、家人等内容。但从墓志铭定型到徐师曾、王行

① 赵超：《古代墓志通论》，北京：紫禁城出版社，2003年，第52页。

② 〔日〕窪添庆文：《墓志的起源及其定型化》，《魏晋南北朝史研究：回顾与探索——中国魏晋南北朝史学会第九届年会论文集》，武汉：湖北教育出版社，2007年，第693页。

③ 孟国栋：《墓志的起源与墓志文体的成立》，《浙江大学学报（人文社会科学版）》2013年第5期。

④ 〔明〕徐师曾：《文体明辨序说·墓志铭》，罗根泽校点：《文章辨体序说 文体明辨序说》，北京：人民文学出版社，1998年，第148页。

⑤ 〔明〕王行：《墓铭举例》卷一，朱记荣辑：《金石全例》（上），北京：北京图书馆出版社，2008年，第257页。

归纳墓志铭写作程式，中间经过了很长的过程，此间墓志文体不断发展完善，北朝的墓志文体与之必有差异。窪添庆文在《墓志的起源及其定型化》一文中讨论了墓志的起源及定型化过程，认为北魏完成了墓志的定型化，其构成要素包括：讳、字、姓、本籍、家系、品行、以官历为中心的履历、卒日、享年、卒地、追赠、葬日或立碑日、葬地、铭辞①，与王行所总结的墓志体例相比，还是略有不同。窪添强调北魏墓志"虽然定型，但却未必表示收束为同一个类型"②，即墓志文本在此时期虽基本形成定制，结构较稳定，但未形成统一的类型，在具体创作中体现出了差异性。

二、东魏北齐封王人物墓志文本结构

东魏北齐制度多循北魏，东魏北齐墓志文体当由北魏墓志的脉络所派生，在此基础上有所发展。迄今在河北、河南、山西等地出土了大量的东魏北齐高级别身份人物的墓志，其墓志的撰写一般遵从国家规制，体现社会风尚。为了解其具体的情况及制度特点，本文搜罗此时期 21 方封王人物③的墓志文本④作比对。为方便对比，参照窪添氏所列北魏墓志文本的构成要素，将 21 人的墓志文本列表如下：

① 《墓志的起源及其定型化》，第 674—694 页。

② 《墓志的起源及其定型化》，第 694 页。

③ 宜阳王元宝建、华山王元鸷、西河王元悰、广阳王元湛、淮南王元显（东魏时改葬）、汝阳王元睟、吴郡王萧正表、上党王高涣、襄城王高淯、高阳王高湜、顺阳王厍狄回洛、彭城王高浟、乐陵王高百年、修成王高孝绪、武功王韩祖念、泉城王刘悦、东安王娄叡、武安王徐显秀、西阳王徐之才、扶风王可朱浑孝裕、冯翊王高润。

④ 赵超：《汉魏南北朝墓志汇编》，天津：天津古籍出版社，1992 年，第 340—344、352—354、356—360、368—369、378—381、408—411、414—416、420—421、441—442、445—447、455—459、471—473 页；王连龙：《新见北朝墓志集释》，北京：中国书籍出版社，2013 年，第 148 页；叶炜、刘秀峰：《墨香阁藏北朝墓志》，上海：上海古籍出版社，2016 年，第 186、250 页；赵文成、赵君平：《秦晋豫新出墓志搜佚》，北京：国家图书馆出版社，2012 年，第 66 页；太原市文物考古研究所：《太原北齐韩祖念墓》，北京：科学出版社，2020 年，第 58 页；罗新、叶炜：《新出魏晋南北朝墓志疏证》，北京：中华书局，2005 年，第 209—210 页。

表一　　东魏北齐封王人物墓志文本结构

墓主	标题	讳	字	姓	本籍	家系	品貌	履历	卒日	卒地	享年	追赠	葬日	葬地	铭辞	葬年
元宝建		2	3		4	1	5	6	7			8	9	10	11	541
元鸷	1	3	4		5	2	6	7	9	10	8	13	11	12	14	541
元悰		1	2		3	4	5	6	7			8	9	10	11	543
元湛	1	3	4		5	2	6	7	9	10	8	11	12	13	14	544
元显		2	3		4	1	5	6	7	8	9	10	11	12	13	544
元睟	1	2	3		4	5	6	7	9		8		10	11	12	545
萧正表	1	2	3	4	5	6	7	8	10	11	9	12	13	14	15	550
高涣		1	2		3	4	5	6	8	9	7	10	11	12	13	560
高淯		1	2		3	4	5	6	7	8	9	10	11	12	13	560
高湜		1	2		3	4	5	6	7	8	9	10	11	12	13	560
厍狄回洛		1	2		3	4	5	6	8	9	7	10	11	12	13	562
高湝	1	2	3		4	5	6	7	8	9	10	11			12	564
高百年	1		2		3	4	5	6	7	8			10	11	12	564
高孝绪		1	2		3	4	5	6	7	8	9	10	11	12	13	567
韩祖念		1	2		3	4	5	6	7	8	9	10	11	12	13	568
刘悦	1	2	3		4	5	6	7	8	9	10	11	12	13	14	570
娄叡		1	2		3	4	5	6	7			8	9	10	11	570
徐显秀		1	2		3	4	5	6	7	8	9	10	11	12	13	571
徐之才	1	2	3		4	5	6	7	8	9	10	11	12	13	14	572
可朱浑孝裕	1	2	3		4	5	6	7	8	9	10	11	12	13	14	576
高润		1	2		3	4	5	6	7	8	13	9	10	11	12	576

（标题、讳、字、本籍、家系、品貌、履历、卒日、卒地、享年、追赠、葬日、葬地等项下阿拉伯数字大小表示在墓志铭文中出现的顺序）

如上表所示，东魏北齐封王人物墓志的文本结构基本固定，墓志铭结构完整，皆由志文和铭文两个部分组成，前叙后铭。在具体叙述顺序上，除元宝建（家系第 1 位）、元鸷（家系第 2 位）、元湛（家系第 2 位）、元显（家系第 1 位）4 人墓志将家系置于前外，其他基本上按照标题、讳、字、本籍、家系、品貌、履历、卒日、卒地、享年、追赠、葬日、葬地、铭辞等次序进行叙述（享年的位置不固定）。可见东魏北齐时的封王人物墓志基本延续了北魏的墓志书写方式，但文本结构比北魏更加规范、全面。元宝建、元鸷、元湛、元显墓志皆属东魏时期，足见北齐封王人物墓志的文本结构与东魏相比更为统一。

东魏北齐封王人物墓志的文本结构在细节上还富有变化。上表21方（东魏7方，北齐14方）墓志，标题并非为固定要素，其中有标题者为元鸷“墓志铭”、元湛“铭”、元賥“墓志铭”、萧正表“铭”、高湝“墓铭”、高百年“墓志铭”、刘悦“墓志”、徐之才“志铭”、可朱浑孝裕“墓志铭”，共计9方，所占比例为42.86%，标题称呼并不统一，有“墓志铭”“铭”“墓铭”“墓志”“志铭”五种，所占数量分别为4、2、1、1、1，比例为44.44%、22.22%、11.11%、11.11%、11.11%。如此来看，墓志有标题者，当是使用“墓志铭”称呼的比较普遍，这也是墓志铭文体的演变趋势。21方墓志中，享年的位置并不统一。高润墓志文体的行文叙事顺序为讳、字、本籍、家系、品貌、履历、卒日、卒地、追赠、葬日、葬地、铭辞、享年，享年放在末尾，与东魏北齐墓志的创作常态有所差别。元宝建、元悰、高百年、娄叡4方墓志不记享年，其他16方（东魏5方，北齐11方）墓志，享年在墓志中的顺序组合为：Ⅰ．履历+享年+卒日，可见元鸷、元湛、元賥、萧正表、高涣、厍狄回洛；Ⅱ．卒地+享年+追赠，可见元显、高淯、高湜、高湝、高孝绪、韩祖念、刘悦、徐显秀、徐之才、可朱浑孝裕。其中Ⅰ类6方（东魏4方，北齐2方），Ⅱ类10方（东魏1方，北齐9方），Ⅰ类、Ⅱ类所占比例为37.5%、62.5%，Ⅱ类较多。Ⅰ类中东魏占据多数，其中北齐的两方墓志葬年皆在河清三年（564）之前。Ⅱ类中基本上皆属北齐，且在北齐墓志中河清三年前的只有高淯、高湜两方墓志。北齐河清三年武成帝颁行清河《令》[①]，《唐六典·尚书刑部》注曰：“北齐令赵郡王睿等撰《令》五十卷，取尚书二十八曹为其篇名”[②]，此《令》已亡佚，史籍对其记载十分简略，但其必有丧葬目涉及丧葬仪节，如《隋书·礼仪志三》载：“后齐定令，亲王、公主、太妃、妃及从三品已上丧者，借白鼓一面，丧毕进输。王、郡公主、太妃、仪同三司已上及令仆，皆听立凶门

① 〔唐〕李百药：《北齐书》卷七《武成帝纪》，北京：中华书局，1972年，第92页。

② 〔唐〕李林甫等撰，陈仲夫点校：《唐六典》卷六《尚书刑部》，北京：中华书局，1992年，第184页。

柏历……”[①] 北齐宗室高叡在河清四年“进拜太尉，监议五礼”[②]，袁聿修在天统（565—569）中被“诏与赵郡王睿等议定五礼”[③]。看来颁行的清河《令》和审议的“五礼”应是对墓葬礼仪有所规定，对于墓志的文本创作进行了规范，这体现在北齐封王人物墓志文本中即在清河三年之后均将享年放于卒地之后、追赠之前。整个东魏北齐封王人物的墓志中，只有萧正表一人墓志中出现了姓的记载，据窪添庆文统计的北魏迁都后至正始年间的墓志表[④]，其中信息较完整的36方男性墓志中，记姓的有18方，占比高达50%，据此推测，与北魏相比，东魏北齐封王人物的墓志文本创作中已不将姓作为必备要素。上表21方墓志中，将父母、妻子、兄弟、姐妹或子女记于墓志末尾的仅有东魏元宝建（妹、弟、妻、父在末尾）1人，很显然，东魏北齐封王人物墓志中基本不涉及家族子孙等人的相关信息。

表二　　东魏北齐封王人物墓志字数、铭辞字数对比

墓主	卒岁	铭辞句数	铭辞字数	葬年	墓志字数	出土地
元宝建	?	32	128	541	707	磁县
元鸷	69	76	312	541	1185	磁县
元倧	?	48	192	543	1102	磁县
元湛	35	56	224	544	1263	安阳
元显	44	48	192	544	764	安阳
元賥	38	40	160	545	601	磁县
萧正表	42	48	192	550	1592	磁县
高涣	26	40	160	560	920	临漳
高淯	16	56	224	560	799	磁县
高湜	23	48	192	560	727	磁县
库狄回洛	57	32	128	562	930	朔州
高湝	32	64	256	564	1238	磁县

① 〔唐〕魏徵等：《隋书》卷八《礼仪志三》，北京：中华书局，1973年，第155页。
② 《北齐书》卷一三《赵郡王琛附子叡传》，第172页。
③ 《北齐书》卷四二《袁聿修传》，第565页。
④ 《墓志的起源及其定型化》，第687—688页。

续表

墓主	卒岁	铭辞句数	铭辞字数	葬年	墓志字数	出土地
高百年	9	32	128	564	446	磁县
高孝绪	35	32	128	567	723	安阳
韩祖念	58	32	128	568	1028	太原
刘悦	53	20	80	570	942	安阳
娄叡	?	48	192	570	866	太原
徐显秀	70	38	152	571	873	太原
徐之才	68	80	320	572	2091	磁县
可朱浑孝裕	38	16	64	576	558	安阳
高润	33	48	192	576	1197	磁县

上表所列 21 方（东魏 7 方，北齐 14 方）墓志，其长度不一，超过 1500 字者有萧正表、徐之才，2 方（东魏 1 方，北齐 1 方），占比 9.52%；1000 至 1500 字者有元鸷、元悰、元湛、高湝、韩祖念、高润，6 方（东魏 3 方，北齐 3 方），占比 28.57%；500 至 1000 字者有元宝建、元显、元睟、高涣、高湝、高湜、库狄回洛、高孝绪、刘悦、娄叡、徐显秀、可朱浑孝裕，12 方（东魏 3 方，北齐 9 方），占比 57.14%，500 字以下者有高百年，1 方（北齐），占比 4.76%。东魏封王人物墓志中，字数在 1000 至 1500 者与 500 至 1000 者人数相同，较为普遍，无少于 500 字者。北齐封王人物墓志中，字数在 500 至 1000 者最多，1000 至 1500 字数者其次，其中 500 至 1000 字数者最为常态化，在北齐封王人物墓志中占比达 64.29%（9/14）。21 方墓志中，最长者为徐之才，2091 字；其次为萧正表，1592 字；最短者为高百年，446 字。这三方墓志不在上述墓志字数常态化之列，最为特殊，结合墓主生平略作分析。徐之才为南北朝时的名医，初仕南梁，被辟为丹阳主簿，“豫章王综出镇江都，除豫章王国右常侍，又转综镇北主簿”，豫章王梁综逃奔北魏，徐之才被征诏，北魏对其“礼遇甚优”。自北魏、东魏至北齐，其“历事诸帝，以戏狎得宠”①，曾任散骑常侍、秘书监、金紫光禄大夫、侍中、赵州刺史、中书监、越州刺史、左光禄大夫、尚书左仆射、尚书令、太子太师等职，

① 《北齐书》卷三三《徐之才传》，第 444—448 页。

逝世时六十八。[①] 墓志长的原因在于其仕历四朝，又年岁较长，且善医术，侍奉过多位帝王，十分受宠。萧正表原是南朝梁宗室，为梁武帝萧衍弟弟临川靖惠王萧宏之子，“为封山县开国侯，拜给事中，历东宫洗马、淮南晋安二郡太守，转轻车将军、北徐州刺史”，因反叛于武定七年（549）“送子为质，据州内属”东魏，“封兰陵郡开国公、吴郡王，食邑五千户。寻除侍中、车骑将军、特进、太子太保、开府仪同三司”，不仅封官拜爵，且“赏赉丰厚”[②]，但不久便去世，享年四十二。其墓志字数较多，原因之一是经历丰富，再者是受到东魏政府优宠而致。高百年为北齐孝昭帝高演之子，被群臣奏请而立为皇太子，高演为保护高百年，临终“遗诏传位于武成，并有手书，其末曰：‘百年无罪，汝可以乐处置之，勿学前人’”[③]，但高百年还是遭武成帝高湛虐杀，年仅九岁。其墓志字数较少，可能是因其年幼，生平简单，或是因卷入皇权斗争而非正常死亡，撰写者有意避讳这段史实。

北朝时期，墓志的铭文基本上皆为四言韵文写成，主要对志主的嘉言懿行进行赞美，讲究韵律。志文散体的叙述与铭文韵文的抒情相结合，可更好地抒发感情，衬托生者对死者的怀念与哀思。上表列出的东魏北齐墓志铭辞项中，除元鸷墓志铭文用四言韵文结合其他句式（由 72 句四言、2 句五言和 2 句七言句组成）外，其余的墓志铭文皆使用四言韵文。铭文的四言句数均为偶数，20 方墓志（元鸷除外）铭辞中，句数（四言一句）有相同的，具体数目可统计如下：

80 句者有 1 方：徐之才；64 句者有 1 方：高潋；56 句者有 2 方：元湛、高淯；48 句者有 6 方：元悰、元显、萧正表、高湜、娄叡、高润；40 句者有 2 方：元睟、高涣；38 句者有 1 方：徐显秀；32 句者有 5 方：元宝建、厍狄回洛、高百年、高孝绪、韩祖念；20 句者有 1 方：刘悦；16 句者有 1 方：可朱浑孝裕。以上按降序排列为：48 句者 6 方（东魏 3 方，北齐 3 方）、32 句者 5 方（东魏 1 方，北齐 4 方）、56 句者 2 方（东魏 1 方，北齐 1 方）、40 句者 2 方（东魏 1 方，北齐 1 方）、80 句者 1 方（北齐）、64 句者 1 方（北齐）、38 句者 1 方（北齐）、20 句者 1 方（北

① 《汉魏南北朝墓志汇编》，第 456—458 页。

② 〔北齐〕魏收：《魏书》卷五九《萧正表传》，北京：中华书局，1974 年，第 1326—1327 页。

③ 《北齐书》卷一二《孝昭六王·乐陵王百年传》，第 158 页。

齐）、16句者1方（北齐）。可见东魏封王人物墓志文使用48句铭辞的最多，北齐封王人物墓志文使用32句铭辞的较多，可视为此时期铭辞使用的常态。

从上表中墓志字数与铭文字数的比例关系来看，两者并不成正比例关系，并非墓志越长，铭文就越长。但墓志的长度对铭文的长度有一定影响，铭文比较长的5方墓志（元鸷、元湛、高湝、高湝、徐之才）中，除高湝墓志外，其他4方墓志也相对较长，均超过1100字。高湝当属特殊之例，“天保二年三月二日薨于晋阳，时年十六”[①]。由于早逝，墓志不长，799字，但铭文达56句，224字，主要因其身份使然，父为东魏实际掌权者、北齐政权奠基人高欢，母为高欢正妻娄昭君（娄太后）。乾明元年（560）高湝在邺城西北殡葬时，北齐政权的深刻影响者娄太后（501—562）还未去世，想必定会对其子进行特殊照顾。

经过观察发现，墓志的出土地与墓志、铭辞字数之间并无特别关系，墓志、铭辞的长短不受墓志出土地的影响。据上表统计，21方墓志的出土地有磁县（11方）、安阳（5方）、太原（3方）、朔州（1方）、临漳（1方），其中磁县、安阳、临漳属于东魏北齐的河北区域（17方），太原、朔州为东魏北齐的山西区域（4方），东魏北齐封王人物中葬于河北者占绝大多数，尤其集中于磁县（邺城西北，东魏北齐皇陵区所在）。上表中有些人物即便是逝于他处也要归葬于王都邺城附近，如元悰任青州刺史时去世，葬于“邺城西北十五里”[②]；高湝薨于晋阳，葬在“邺城西北廿八里”[③]；高孝绪“出行沧州事”，后“薨于第”[④]，葬在今磁县讲武城镇刘庄村西；可朱浑孝裕“薨于扬州之地”，“葬于邺城西廿里野马岗”，其“神骸不反，魂气空归”[⑤]，其墓葬应是衣冠冢[⑥]；高润任定州刺史，“薨于州馆”，后“迁定于邺城西北三十里滏水之阴”[⑦]。有学者指出磁县境内古墓颇多，东魏北齐元、高两家的坟冢居多，其次还有一些文

① 《汉魏南北朝墓志汇编》，第409页。
② 《汉魏南北朝墓志汇编》，第354页。
③ 《汉魏南北朝墓志汇编》，第409页。
④ 《秦晋豫新出墓志搜佚》，第66页。
⑤ 《墨香阁藏北朝墓志》，第186页。
⑥ 罗新：《跋北齐〈可朱浑孝裕墓志〉》，《北大史学》2001年。
⑦ 《汉魏南北朝墓志汇编》，第472页。

臣武将①，前文所述情况与此相符。

三、高润墓志文本结构

冯翊王高润（543—575）是北齐重要的皇室贵族，父高欢、兄高洋分别为北齐的奠基人和建立者，同时还是孝昭帝高演、武成帝高湛之弟，废帝高殷、后主高纬之叔，身份尊贵，其身后殡葬属于国家行为，必然执行国家礼仪制度。再者，高润在“武平六年八月六日遘疾，廿二日薨于州馆”，因病而死，属于正常死亡，殡葬礼仪应更符合制度规范，故选其墓志文本作为个案作进一步分析。

高润墓志稍有残泐，但内容完整，兹录文如下。

王讳润，字子泽，渤海蓨人，文穆皇帝之孙，高祖■神武皇帝之第十四子，■文襄、■文宣、■/孝昭、■武成四帝之爱弟，■皇帝之季父也。若夫长发滥觞之源，厥初绵瓞之绪，乘轩服衮/之华，握镜配天之业，固以详诸中汗，可得而略也。王德惟天纵，道实生知，体协黄中，思摽象/外，爰自髫剪，迄乎奇角，绰然有裕，卓尔无朋。陈王惭其七步，刘德愧其千里。及玄运告终，苍/精革命，率由文祖之事，式遵繁昌之典。爰命亲贤，利建侯服。封冯翊郡王，邑三千户。寻拜侍/中、开府仪同三司。唐侯故墟，鲜虞旧国，南望沙丘，北临易水，形胜之地，非亲勿居，阃外之重，/惟贤是属。乃除东北道行台尚书左仆射定州刺史。顷之，改授开府仪同三师，增邑二千户。/寻变三师为三司，仍为开府，加授都督定瀛幽南北营安平东燕八州诸军事，刺史如故。未/几，除尚书左仆射。枲酌元气，燮谐治本，万机斯缉，七政以齐。属鹤籥初启，雀窗伫训，膺兹审/谕，入辅少阳。除太子太师。寻兼并省录尚书事。三川都会，二周旧壤，关河设险，是称衿带，推/毂作镇，非亲则贤。除河阳道行台尚书令。坐制方面，事切分陕。被文德以来远，设多方以误/敌。威震南土，声骇西戎。就拜司空公，行台如故。俄迁司徒，录尚书事，

① 张子英、张利亚：《河北磁县北朝墓群研究》，《华夏考古》2003 年第 2 期。

仍拜太尉公。顷之，迁大/司马。入为司州牧。专席而坐，去节为治，道成日用，化行期月。城狐于是敛迹，稷蜂为之不起。/行马之外，豪右肃然。复兼录尚书大司马，州牧如故。食南青州干，别封文城郡开国公，邑一/千户。进位太保，复除河阳道行台录尚书事，寻迁太师，俄拜太宰，又出为定州刺史。惟王衿/神简令，风韵酋举。玉质金箱，凝脂点漆。烂如岩电，轩若朝霞。高则难逾，清非易挹，悬钟扣而/斯应，明镜照而不疲。规谟宏大，志托玄远。师文梦周，希颜慕舜，耻方管晏，羞道桓文。立言峻/于太山，吐论光于朝日。虽帝称予季，王曰叔父，海内所瞻，天下不贱，虚己尊贤，倾心下士，敬/爱无怠，握吐忘倦。焚林榜道之宾，指平台而结辙；谈天炙輠之客，望碣宫而投轸。无不侧席/虚右，拥彗先驱，礼重王前，恩逾隗始。所以富贵绝骄奢之期，膏粱无难正之弊。至于昏定晨/省，常以色养为先；冬温夏凊，耻用苦口为治。奉美献珍之日，惭见于先尝；量药节食之晨，愧/闻于后进。居家不严而治，行政肃以成风。仁孝自天而生，礼义由己而出。不授之于师傅，岂/假之于典模。所谓自家形国，由迩及远者也。至若出膺连率，入据冢司，外总六条，内参百揆，/任寄之重，亲贤莫二，巨川资其舟楫，神化伫其丹青。九德于焉可歌，三阶所以增耀。俄而，琼/瑰在梦，台骀作祸，翌日弗瘳，奄宾上帝。以武平六年八月六日遘疾，廿二日薨于州馆。哀结/市人，痛感宸极，赙给之数，率礼有加。■诏赠侍中、使持节、假黄钺、冀定沧瀛赵幽安平常朔/并肆十二州诸军事、左丞相、太师、录尚书事、冀州刺史，品爵如故，谥曰文昭，礼也。粤以武平/七年岁次丙申二月庚戌朔十一日庚申，迁窆于邺城西北三十里釜水之阴。虽香名将，兰/菊共远，盛德与岘山俱传，恐高岸之为谷，纪芳烈于幽泉。乃为铭曰：■■■■■■■■■■/上帝降灵，高门诞圣，河洛荐宝，神宗受命。世握玄珠，家传金镜，磐石惟永，本枝斯盛。爰禀正/气，是生哲人，不疾而速，知机其神。因心则孝，任己以仁，斯言无点，其德有邻。受兹分器，锡之/土宇，在汉犹仓，居周为鲁。出登方岳，入膺中辅，鼎味以和，衮阙斯补。承明时谒，驷马从梁，高/台芳树，衮衣绣裳。左右相照，道路生光，侍游西苑，陪骋北场。雅爱人伦，尤好儒者，臣称唐宋，/客曰枚马。菟园之上，荆台之下，缱绻游从，纵横文雅。川流不舍，人生若浮，遽随霄烛，奄□夜/舟。仙鹄叫垄，怪虎生丘，萧萧风月，秋非我秋。■■■■■王薨时年卅三。

（■表示空格，/表示另起列）

高润墓志在1975年随墓葬出土于今河北省邯郸市磁县。志盖呈覆斗形，顶书篆文“齐故侍中假黄钺左丞相文昭王墓志铭”16字。志石呈正方形，为青石质地石板，长、宽均为73.5厘米，满行35字，共35行。石面有界格，字径约2.1厘米，共计1197字。志盖散佚，志石现藏于中国磁州窑博物馆。高润墓志无衔题，直书其文，散体的叙述在前，韵语的铭文在后，全石不记撰文人及书丹者姓名。以“王讳润，字子泽，渤海蓨人”这种标准写法开头，涉及墓主的讳、字、本籍，接着叙述高润家系，“文穆皇帝之孙，高祖神武皇帝之第十四子，文襄、文宣、孝昭、武成四帝之爱弟，皇帝之季父也”，对于其家系的记载较为简单。然后介绍高润品貌“王德惟天纵，道实生知，体协黄中，思摽象外”，履历“封冯翊郡王，邑三千户……寻拜侍中、开府仪同三司……除东北道行台尚书左仆射定州刺史……改授开府仪同三师，增邑二千户……寻变三师为三司，仍为开府，加授都督定瀛幽南北营安平东燕八州诸军事，刺史如故……除尚书左仆射……除太子太师。寻兼并省录尚书事……除河阳道行台尚书令……拜司空公，行台如故。俄迁司徒，录尚书事，仍拜太尉公。顷之，迁大司马。入为司州牧……复兼录尚书大司马，州牧如故。食南青州干，别封文城郡开国公，邑一千户。进位太保，复除河阳道行台录尚书事，寻迁太师，俄拜太宰，又出为定州刺史”，再记载卒日、卒地“以武平六年八月六日遘疾，廿二日薨于州馆”，“诏赠侍中、使持节、假黄钺、冀定沧瀛赵幽安平常朔并肆十二州诸军事、左丞相、太师、录尚书事、冀州刺史，品爵如故，谥曰文昭”，志文的最后是葬日、葬地“以武平七年岁次丙申二月庚戌朔十一日庚申，迁窆于邺城西北三十里釜水之阴”。志文和铭文中间加词句“虽香名将，兰菊共远，盛德与岘山俱传，恐高岸之为谷，纪芳烈于幽泉。乃为铭曰”进行过渡，以加分辨，另指出立墓志的目的，旨在纪德。铭文部分为四字韵文短句，共计48句，192字，属于前文所述东魏北齐封王人物墓志铭辞使用的常态。志主的卒时岁数记于铭文文尾，即墓志篇末，这与前文所述东魏北齐封王人物墓志文本有较大差别，高润的享年是唯一一个置于墓志末的，似有可能为后来加上。高润墓志铭总字数为 1197 字，北齐封王人物墓志字数的常态为 500 至 1000 字，高润墓志不在此中。

高欢一生育有十五子，高润（母郑大车）排行十四，前文表中高湝（母大尔朱氏）、高涣（母韩智辉）、高淯（母娄昭君）、高湜（母游氏）同为高欢之子，排行分别为第五、第七、第八、第十一，几人身份等级一致，其墓志文本具有较大的可比性。关于五人墓志家系的记载：高湝为“文穆皇帝之孙，献武皇帝之子”①，高涣为“太祖献武皇帝之第七子”②，高淯为“太祖献武皇帝之第八子，世宗文襄皇帝之母弟”③，高湜为“太祖献武皇帝第十一子”④，高润（前文已述），皆较为简略，窪添庆文认为“刘宋、南齐时期关于家系、家族的记载过量，北魏迁都之后的墓志并不如此，家系记载一般较为淡薄，即使有具有家族记载的墓志，也只限于简单的记载”⑤，北齐当延续了北魏的这一做法。高湝墓志文本的叙述顺序为标题、讳、字、本籍、家系、品貌、履历、卒日、卒地、享年、追赠、铭辞，高涣为讳、字、本籍、家系、品貌、履历、享年、卒日、卒地、追赠、葬日、葬地、铭辞，高淯为讳、字、本籍、家系、品貌、履历、卒日、卒地、享年、追赠、葬日、葬地、铭辞，高湜与高淯同，高润为讳、字、本籍、家系、品貌、履历、卒日、卒地、追赠、葬日、葬地、铭辞、享年。比较而言，五人墓志文本结构的异同点在于除高湝外，其他四人墓志皆不加标题；高湝墓志无葬年、葬地，其他四人皆有；高湝与高淯、高湜墓志享年位置相同，高涣墓志享年在履历和卒日之间，高润墓志享年位置在末尾。其他大体相同。四人墓志铭的长度分别为高湝 1238 字、高涣 920 字、高淯 799 字、高湜 727 字、高润 1197 字，其中高湝墓志字数最多，高润、高涣、高淯、高湜墓志依次递降。铭文长度分别为：高湝 64 句 256 字、高涣 40 句 160 字、高淯 56 句

① 《墨香阁藏北朝墓志》，第 186 页。
② 《新见北朝墓志集释》，第 148 页。
③ 《汉魏南北朝墓志汇编》，第 408 页。
④ 《汉魏南北朝墓志汇编》，第 409 页。
⑤ 《墓志的起源及其定型化》，第 693 页。

224字、高湜48句192字、高润48句192字，高湝墓志铭辞最长，其次是高淯，再次是高湜和高润，最后是高涣。五人墓志的铭辞与墓志铭字数的比例关系为：高湝256/1238、高涣160/920、高淯224/799、高湜192/727、高润192/1197，铭文字数与墓志字数之间并无正比例关系。五人中，除高淯和高润是正常死亡外，其他三人皆被杀害；高淯为高欢正妻娄昭君所生，高淯殡葬时娄太后还在世，似乎墓志的长短与这些因素关联度不高。

综上所述，东魏北齐封王人物墓志的文本结构基本固定，但在墓志的标题、享年位置、家族信息等细节上还富有变化。通过具体考察还可得出以下几点认识：北齐封王人物墓志字数在500至1000间者最为常态化；东魏北齐封王人物墓志中，铭辞基本上为四言韵文，铭辞句数为偶数，其中使用48句和32句铭辞的墓志较多；墓志字数与铭文字数两者并不成正比例关系，并非墓志越长，铭文就越长。但墓志的长度对铭文的长度有一定影响，墓志比较长的，铭文也相对较长；墓志、铭辞的长短不受墓志出土地的影响。高润墓志文本大体符合东魏北齐封王人物墓志的文本结构，从其兄弟五人及东魏北齐封王人物墓志的文本对比来看，墓志文本在东魏北齐时期受到一定的制度约束，但也取决于葬家个人的行为意志。

A Discussion of the Texts of Granted Princes' Epitaph in the Eastern Wei Dynasty and Northern Qi Dynasty with the Text Structure of Gao Run's Epitaph

YANG Haoye

Abstract: The epitaph text was basically finalized during the Southern and Northern Dynasties with relatively fixed but not institutionalized structure. There are still slight differences in writing. By comparing the texts of the epitaphs of granted Princes of the Eastern Wei Dynasty and the Northern Qi Dynasty, it is found that the text structure is basically fixed, but there are still changes in the details of the epitaph' s title, age position, family information, etc. The number of epitaph characters is not proportional to the number of inscription characters. It is not that the longer the epitaph, the longer the inscription. The length of the epitaph and the inscription are not affected by the origin of the epitaph. The text of Gao Run' s Epitaph generally conforms to the text structure of the epitaph of granted Princes of the Eastern Wei and Northern Qi. Seeing from the comparison of the epitaph texts of his five brothers and the granted Princes of the Eastern Wei and Northern Qi, the epitaph text was subject to certain institutional constraints during the Eastern Wei and Northern Qi period and the will of the funeral family.

Keywords: the Eastern Wei Dynasty and the Northern Qi Dynasty; granted princes; epitaphs; text structure

〔杨浩烨（1988— ），女，河南洛阳人，首都师范大学历史学院博士研究生，洛阳隋唐大运河文化博物馆馆员，主要研究方向为中国典章制度史、魏晋南北朝隋唐史〕

辽朝官方通用语言文字探略*

孙国军

（赤峰学院学报编辑部）

摘　要：辽朝官方通用语言文字包括汉文与民族语言两类，其中又以汉文的使用最为广泛。汉字在辽朝的流行，为辽朝境内不同民族了解、吸收汉文化创造了便利条件，更是极大提升了辽朝整体的文化水平，对辽朝政治、经济和文化都产生了深远影响。从本质上讲，汉字、汉语在辽朝的流行，也体现了辽朝民众的汉文化认同心理，对辽朝境内不同民族起到了重要的凝聚作用。

关键词：辽朝；官方文字；汉字；契丹大、小字

辽朝的官方通用语言文字为汉字与契丹大字、契丹小字，但汉字的使用范围与推广程度在契丹文之上。如辽朝对外的公文国书、朝廷的诏令奏议文牒、给西夏高丽的国书，皆一律使用汉文。关于佛经的翻译、解释，也全部使用汉文，甚至还出现了大批汉文著作。至于一般士人研习的经书，更不必说都是汉文。甚至连契丹文学家的诗文集，大多亦用汉字写成。本文拟将辽朝官方通用语言文字与中华民族多元一体发展轨迹相结合，以期得出新认识，不足之处，敬请斧正。

* 本文为内蒙古社会科学基金2022年度重点项目“历代国家通用语言文字的推广与中华民族多元一体研究”（项目编号：2022BZ02）成果。

一、汉字在辽朝的流行及功能

辽朝建国后，十分重视引入汉文化，汉字作为传播汉文化的重要载体也得到了辽朝重视，并在辽朝的国家生活中发挥了重要作用。在辽朝诸多方面，汉字都被作为重要信息载体而使用。

如辽朝诏令方面。辽兴宗重熙十六年（高丽文宗元年，1047），辽朝册封高丽文宗的诏书为：

> 眷乃马韩之地，素称龙节之邦。代袭王封，品高人爵。分颁金鳌，表荣冠于诸侯。申锡彤旅，得颛征于四履。爰属杰时之器，允膺缵服之权。载历臧时，式均徽典……可特授开府仪同三司、守太保、兼侍中、上柱国，封高丽国王，食邑七千户，食实封一千户，兼赐匡时致理竭节功臣之号。[①]

诏书由汉文写成，通顺流畅，体现出契丹辽王朝较为高超的汉文化水平，同时也暗示了汉字在辽朝外交领域发挥的重要作用。类似诏书见于各类史书记载当中，辽史大家陈述先生在其整理的《全辽文》中曾专门加以辑录。

史书方面。早在辽太祖时期，就曾命耶律鲁不古“监修国史”。[②] 辽景宗乾亨初年，又命汉人室昉监修国史。辽圣宗时起，辽朝仿照五代和北宋的修史体例编修《实录》。辽圣宗统和九年（991）正月，室昉、邢抱朴等进所撰《实录》二十卷。[③] 辽兴宗重熙十三年六月，诏萧韩家奴、耶律庶成、耶律谷欲等，纂修遥辇可汗以来事迹，撰成《实录》二十卷进之。[④] 辽道宗大安元年（1085）十一月，史臣进太祖以下七帝《实录》。[⑤] 天祚帝乾统三年（1103）十一月，又召监修国史耶律俨修太祖诸

---

① 〔朝鲜〕郑麟趾等著，孙晓主编：《高丽史》卷七《文宗世家一》，重庆：西南师范大学出版社、人民出版社，2013 年，第 184—185 页。

② 〔元〕脱脱等：《辽史》卷七六《耶律鲁不古传》，北京：中华书局，2016 年，第 1375 页。

③ 《辽史》卷一三《圣宗本纪四》，第 153 页；《辽史》卷七十九《室昉传》，第 1402 页。

④ 《辽史》卷一九《兴宗本纪二》，第 263 页；《辽史》卷一〇三《萧韩家奴传》，第 1598 页。

⑤ 《辽史》卷二四《道宗本纪四》，第 329 页。

帝《实录》，修成《皇朝实录》七十卷，[①] 后人称之为耶律俨《实录》。杨军先生指出，统和九年修成的《实录》，包括太祖、太宗、世宗、穆宗、景宗五朝及圣宗朝早期。重熙十四年的《实录》，主要工作是补编遥辇可汗事迹，以及统和九年《实录》成书以后至重熙十三年的内容。大安元年成书的《实录》的编修重点应是圣宗、兴宗两朝，此前五朝大约一仍其旧，并未对重熙十四年《实录》的内容有所补充。而乾统三年的《实录》，也就是耶律俨所修《实录》，太祖至景宗五朝，主要依据成书于大安元年的《实录》，而后者又基本继承了重熙十四年的《实录》，同时续修了道宗的实录。[②] 毫无疑问的是，上述《实录》皆由汉文写成，包括本纪、志、传等部分，为今本《辽史》之基础。辽朝用汉字修史的传统，足以证明汉字在传承历史文化方面所受到的重视程度。

除《实录》外，辽圣宗时起，还撰写《日历》和《起居注》。辽圣宗统和二十一年三月，“诏修《日历》官毋书细事”。[③] 辽道宗大康二年（1076）十一月，辽道宗“欲观《起居注》”。[④]《日历》和《起居注》同样也由汉文写成。此外，记载辽朝史事的私人著述也多由汉文写成，流传至今的私修史书王鼎的《焚椒录》，同样是用汉文记述辽道宗朝耶律乙辛诬陷宣懿皇后一案的始末缘由，足可见汉字流布范围之广，影响力之大。

文学作品方面。辽朝受唐诗影响，亦有诗文传世，其中同样多由汉字写作而成。如辽朝初年，汉化较深的东丹王耶律倍曾作《海上诗》：“小山压大山，大山全无力。从此投外国，羞见故乡人。”[⑤] 又如“幼喜书翰，十岁能诗”的辽圣宗，曾作《传国玺诗》：“一时制美宝，千载助兴王。中原既失鹿，此宝归北方。子孙宜慎守，世业当永昌。”辽道宗同样也有不少诗赋流传至今，如《题李俨黄菊赋》：“昨日得卿黄菊赋，碎剪金英填作句。至今襟袖有余香，冷落秋风吹不去。”

辽朝除皇族以外，后族亦有汉文诗作传世。如辽朝末年，面对女真

---

① 《辽史》卷九八《耶律俨传》，第1558页。

② 杨军：《耶律俨〈皇朝实录〉与〈辽史〉》，《史学史研究》2011年第3期。

③ 《辽史》卷一四《圣宗本纪五》，第172页。

④ 《辽史》卷二三《道宗本纪三》，第316页。

⑤ 《辽史》卷七二《宗室·义宗倍传》，第1334—1335页。

人的步步紧逼，天祚帝不仅不奋发抵抗，反而依然纵情游猎，不恤国事。于是天祚帝的文妃萧瑟瑟作《讽谏诗》与《咏史诗》。《讽谏诗》曰："勿嗟塞上兮暗红尘，勿伤多难兮畏夷人；不如塞奸邪之路兮，选取贤臣。直须卧薪尝胆兮，激壮士之捐身；可以朝清漠北兮，夕枕燕云。"《咏史诗》曰："丞相来朝兮剑佩鸣，千官侧目兮寂无声。养成外患兮嗟何及，祸尽忠臣兮罚不明。亲戚并居兮藩屏位，私门潜畜兮爪牙兵。可怜往代兮秦天子，犹向宫中兮望太平。"① 诗中反映了辽末的政局黑暗与时局动荡，表现出萧瑟瑟忧国忧民的思想情感。以上均是文人运用汉字对内心的多重复杂情感进行表达和抒发。

除皇族与后族外，辽朝亦有普通民众的民歌与诗句传世。如《天祚时谚》："五个翁翁四百岁，南面北面顿瞌睡。自己精神管不得，有甚精神管女直。"又如《臻蓬蓬歌》："臻蓬蓬，外头花花里头空，但看明年正二月，满城不见主人翁。"两首民歌体现出了对辽朝末年政治黑暗、女真见侵局面的悲愤和无奈。《使者歌》："百尺竿头望九州，前人田土后人收。后人收得休欢喜，更有收人在后头。"由此可见，辽代诗歌、民谣多由汉文写成，无论是契丹皇族、后族，还是普通民众，皆有汉文诗赋传世，体现出汉语作为通用语言文字在辽朝的广泛推广。

除此之外，辽朝在推广通用语言汉文时，还有音韵文字学巨著《龙龛手鉴》传世。《龙龛手鉴》的作者为燕京僧人行均，俗姓于，字广济。《龙龛手鉴》写成于辽圣宗统和十五年，是一部通俗的汉字字书。《龙龛手鉴》继承唐朝颜元孙《干禄字书》，共辑录汉字 26430 余字，注解共计 163170 余字，全书共计 189610 余字。书中凡部首之字，以平、上、去、入为序，各部之字复用四声列之于后。每字之下必详列正、俗、今、古及或作诸体。《龙龛手鉴》的创新之处在于不拒旧例，收集了当时民间流行的一些简体字、俗体字。《龙龛手鉴》传入宋朝后，沈括、李焘等人对此大加赞赏，影响深远。《龙龛手鉴》的出现，标志着汉字作为通用语言文字在辽朝的传播、推广与发展。并且，也再次体现了汉字在辽朝的重要地位。

在辽朝也存在大量的汉字碑刻，甚至刻在经幢上的经文也是用汉字

① 《辽史》卷七一《天祚文妃萧氏传》，第 1328 页。

表示原始发音，汉字碑刻遍及辽朝五京道内，可知汉字在辽朝的流布并非仅仅局限在汉人所处的农耕区，而是被不同地区的不同民族所接受。

二、契丹大、小字的出现及流行

除汉字外，辽朝另一官方通用语言文字便是契丹大、小字。契丹大、小字的创制是契丹文化发展的创举，在契丹族的历史上具有划时代的意义。据宋人王溥撰写的《五代会要》记载："契丹本无文记，唯刻木为信，汉人陷番者以隶书之半，就加增减，撰为胡书。"欧阳修撰写的《新五代史》亦载："至阿保机，稍并服旁诸小国，而多用汉人，汉人教之以隶书之半增损之，作文字数千，以代刻木之约。"[①] 契丹大、小字的出现对契丹本民族文化的发展产生了极为重要的推动作用。

契丹人本无文字，耶律阿保机继位后，于神册五年（920）正月，始制契丹大字。同年九月，大字成，诏颁行之。[②] 由史书记载可知，契丹大字是"增损隶书之半"而制成的，契丹大字与汉字的关系非常密切，汉字是契丹大字创制的直接之"源"，契丹文字的创制，本身就是契丹族人长期熟悉和借用汉字的结果，同样是汉字作为通用语言文字推广的结果。契丹大字直接脱胎于汉字，带有很深的汉字痕迹，同时还保留了汉字的"方块"字形。如果我们进一步将汉字和契丹大字进行比较，可以看出契丹大字的创制者至少是在对汉字进行增减笔画的基础上制成契丹大字的。据清格尔泰、刘凤翥等先生总结，契丹大字借用汉字体现在以下几点：①直接借用汉字的形、音、义；②借用汉字的形和义；③借用汉字的字形；④其他与汉字字形不同的契丹大字，也是改造汉字而制成的。契丹大字不可避免地受到了汉字的影响，体现出了汉字在辽朝的深远影响。

汉字在长期使用的过程中所形成的特点与汉语相吻合，而契丹语与汉语不同，完全用依照汉字制作出来的契丹大字来表达契丹语，会带来许多问题，且使用起来不方便，为了更好地发展文化、传达政令，契丹小字便应运而生。辽太祖耶律阿保机天赞年间，阿保机之弟耶律迭剌创制契丹小字。据《辽史》记载："回鹘使至，无能通其语者，太后谓太祖

---

① 〔宋〕欧阳修撰，〔宋〕徐无党注：《新五代史》卷七二《契丹传》，第1004页。

② 《辽史》卷一二《太祖本纪下》，第18页。

曰：'迭剌聪敏可使。'遣迓之。相从二旬，能习其言与书，因制契丹小字。"[①] 契丹小字虽然是仿照回鹘文制造而成的，但从笔画和字体上看，无疑也参照了汉字和契丹大字，是对汉字和契丹大字的字形进行改造，使之更加拼音化的结果。再就文字发展的一般规律来看，总是表意文字在前，拼音文字在后。契丹两种文字之所以被称为大字和小字，并不是指字体的大小，而是指两种不同类型文字创制的先后。先创制者为大字，后创制者为小字。用小字来记录契丹语，比契丹大字表达得更加准确和系统，契丹小字成为辽朝通用文字之一。

据《辽史》记载，契丹小字的特点为"数少而该贯"。[②] 辽道宗大安六年（1090）的《郑恪墓志》有"君少敏达，博学世俗事。通契丹语，识小简字"之语。[③] 由此可知，契丹小字具有三大特点：一曰"数少"，二曰"该贯"，三曰"简"。

关于契丹小字的"数少"特点，学界基本已达成共识，契丹小字用少数几个基本读写单位就可以组成大量的字（词）。契丹小字基本是由一至七个不等的基本读写单位所组成，这种基本读写单位，学界称之为"原字"。原字是在进一步减少汉字和契丹大字的笔画，改造其字形的基础上制成的。其中与汉字字形完全相同的也不少，但是这些原字大部分都与汉字的音、义不同。原字中也有用汉字俗体字造成的；有的原字是改造汉字而成，取原汉字的近似字形和字音。在契丹小字的原字中，字形与契丹大字相同的也不少，但字音和字义则不一定相同。

关于原字的数量，1985年清格尔泰、刘凤翥等先生撰写的《契丹小字研究》厘定的契丹小字原字共计378个，2014年出版的刘浦江、康鹏主编的《契丹小字词汇索引》已确认原字409个，30年来，增加原字31个。但是，据统计到目前为止出土的契丹小字字数已达4万个左右，这一数量已是20世纪80年代以前出土的契丹小字总数的3倍之多。但是契丹小字字数增加近3万个，原字却仅增加31个，知每增加一件新文物，虽有新的单词出现，而原字却增加不了几个，甚至一个也不增加。由此可知，资料的成倍增长并没有对契丹小字"数少"的特征产生影响。

---

① 《辽史》卷六四《皇子表》，第1070—1071页。

② 《辽史》卷六四《皇子表》，第1071页。

③ 向南：《辽代石刻文编》，石家庄：河北教育出版社，1995年，第428页。

关于契丹小字的“该贯”（一作“赅贯”）特点，清格尔泰、刘凤翥等先生指出，据《龙龛手鉴》记载，“该”为“皆”“悉”“咸”等意；据《康熙字典》，“赅”为“非常”之意；“贯”即“贯通”之意。“数少而该贯”，指的是契丹小字原字虽少，却能把契丹语全部贯通，一语道出契丹小字的特点即为由原字反复排列组合而成，更方便被记忆和书写。

至于契丹小字的“简”特点，则包含有两层意思：一方面是指笔画简单，另一方面是指学习和使用起来方便。总之，两个层面的“简”是相互贯通的。契丹小字字形中笔画最多者有十画，并不常用。契丹小字常用原字多不超过六画。而契丹大字的笔画明显较契丹小字繁多。同时，契丹语属阿尔泰语系，具有单例多音节和用粘着词尾表示语法的现象。对于这种语言，用拼音文字表达比用表意文字要简便得多。拼音文字便于粘着词尾，更符合契丹语的语音、语法实际，因而无论是学习还是使用起来都会更加简便。同时，也体现了辽朝文化的多样性。

契丹大字与契丹小字创制后，与汉字同时在辽朝境内通行，不仅用于诗文写作、书籍翻译等，亦广泛应用于外交文书、旗帜符牌、哀册墓志等方面。但与汉字的普及性相比，契丹文字在当时便是一门专门的学问，并不能为一般人所掌握，故在《辽史》列传中，凡是能通习契丹文字者，《辽史》皆加以介绍，但即便如此，辽朝通晓契丹文者，仅耶律倍、耶律庶成、萧韩家奴、耶律大石等十多人，可知契丹文的使用范围十分有限。因此，汉文在辽代的通用与普及程度凌驾于契丹文之上，发挥了不可替代的作用。

由于契丹文在辽朝的使用范围本来就不广泛，加之辽朝对书籍的控制非常严格，辽末又连年战火不断，至今竟未发现一本用契丹文字写成的典籍。仅仅在元人王易的《燕北录》一书中收录了刻有五个契丹字的牌子和印有一个契丹字的旗帜，具有一定的参考价值。至于刻在武则天墓前无字碑上的《郎君行记》，该碑虽然一直伫立在那里，且为明清以来的一些重要金石学著作所著录，但由于谁也不知道上面刻的就是契丹字，所以虽有也近于无，并无太多意义。除《燕北录》中收录的六个契丹字外，所有的契丹文字资料都是在 20 至 21 世纪出土和发现的。到目前为止，出土的契丹小字石刻已多达30 余种，契丹大字石刻也有10 余种。然而由于自金朝明昌二年（1191），契丹文字被明令停止使用，后逐渐埋没无闻，加之与汉字对译的资料很少，又没有发现契丹文字的字典，所以释读工作十分困难，成为研究辽史者必须面临的难题之一。

至于辽代契丹人的语言材料，保存下来的就更为有限。《辽史》中的《国语解》收词二百条左右，属于契丹民族语言的基本词汇有："女古"（金）、"孤稳"（玉）、"阿斯"（宽大）、"监母"（遗留）、"耶鲁盌"（兴旺）、"陶里"（兔）、"捏褐"（犬）、"爪"（百）、"达剌干"（县官）、"斡鲁朵"（宫帐）等。《国语解》收录词条虽有二百条之多，但相较于精深复杂的契丹语言，也只能称得上是只言片语。

北宋刘攽在《中山诗话》中记录有"两使契丹，亲益亲习，能北语"的宋朝使臣余靖以契丹语和汉语交杂戏作的一首诗（该诗又收入《契丹国志》中，个别字有出入）。诗曰："夜宴设逻（厚盛也）臣拜洗（受赐），两朝厥荷（通好）情感动（厚重）。微臣雅鲁（拜舞）祝若统（福祐），圣寿铁摆（嵩高）俱可忒（无极）。"余靖将契丹语和汉语相混合，作诗应对契丹君臣，获得了契丹君臣的好感。沈括在《梦溪笔谈》中也记载了一首北宋使臣刁约类似的戏作诗（该诗也收入《契丹国志》，注释略有出入）："押燕移离毕，看房贺跋支。饯行三匹裂，密赐十貔狸。"诗末注云："移离毕，官名，如中国执政官；贺跋支，如执衣、防阁；匹裂，似小木罂，以色绫木为之，如黄漆；貔狸，形如鼠而大，穴居食谷粱，嗜肉，狄人为珍膳，味如纯子而脆。"这两首诗，对于语言材料非常匮乏的契丹语来说弥足珍贵，但也只是体现出了契丹语的冰山一角。

关于契丹语的表达方式，宋人洪迈在《夷坚志》中有一段记载："契丹小儿，初读书，先以俗语颠倒其文句而习之，至有一字用两三字者。顷奉使金国时，接伴副使秘书少监王补每为予言以为笑。如'鸟宿池中树，僧敲月下门'两句，其读时则曰'月明里和尚门子打，水底里树上老鸦坐'，大率如此。补锦州人，亦一契丹也。"这恐怕是古籍中对于契丹语法习惯的独一无二的写实材料了，也表明契丹语语序和汉语语序并不相同。

契丹文诗作至今未见传世作品，但元代耶律楚材的《湛然居士集》中收有辽代寺公大师的《醉义歌》一首，是从契丹文原文翻译而来。耶律楚材在自序中写道："辽朝寺公大师者，一时豪俊也。贤而能文，尤长于诗歌，其志趣高远，不类世间语，可与苏、黄并驱争先耳。有《醉义歌》，乃寺公绝唱也。昔先人文献公尝译之。先人早逝，予恨不得一见。及大朝西征也，遇西辽前郡王李世昌于西域，予学辽字于李公，期岁颇习，不揆狂斐，乃译是歌，庶几形容其万一云。”[①]《醉义歌》是已知辽朝最长的诗篇，可惜契丹文原文未能流传下来。

契丹大字和小字的制成，都是以汉字作为创制的基础，这不仅说明契丹族与汉族之间密切的文化交往，同时亦体现出10至13世纪作为通用语言文字的汉字在汉族与边疆民族间的广泛传播，无论是契丹大字还是契丹小字，都是契丹族与汉族共同智慧的结晶，也是民族交往和融合的重要见证。

三、通用语言文字教育及其意义

辽朝十分重视通用语言文字教育，并在各地区设有学校来推广、普及教育，使辽朝的文化面貌发生了巨大变化。

如在辽代节镇内部即存在州学，这在出土辽朝碑刻中有着清晰的反映。重熙十三年《沈阳塔湾无垢净光舍利塔石函记》中有“前川州官学李定方”的题名便是明证。[②] 此外，统和二十六年《常遵化墓志》载，应历十年（960），常遵化担任“霸州文学参军”。[③] 霸州彰武军，是时尚未升为兴中府。据《新唐书·百官志四下》载，唐制，上州有“文学一人，从八品下”。又载“武德初，置经学博士、助教、学生。德宗即位，改博士曰文学”。知文学即博士，辽朝在节镇中设置官学，由文学（参军）负责教授官学课程。

正是由于辽朝在中国北疆民族地区大规模普及教育，才使得如白霫人郑恪能够进士及第。据《郑恪墓志》记载：“君讳恪，世为白霫北原人……少敏捷，博学世俗事。通契丹语，识小简字。生二十九年，以属文

① 〔辽〕耶律楚材：《湛然居士文集》卷八《醉义歌》，北京：商务印书馆，1939年，第109页。

② 向南、张国庆、李宇峰辑注：《辽代石刻文续编》，沈阳：辽宁人民出版社，2010年，第352页。

③ 《辽代石刻文编》，第127页。

举进士，中第三甲。选授秘书省校书郎……（郑恪）长（子）企望，次（子）企荣，皆隶进士业。”北疆游牧民族士人已具备参加科举考试并进士及第的能力，可见辽朝成功将汉语作为通用语言文字推广至中国北疆游牧民族地区。不断扩展汉字的使用范围，使得汉语成为辽朝全境的通用语言文字，使得各族交流、交往有了相同的文字及表述方式，为各族的交融与认同奠定了坚实的文化基础。

辽朝为不同民族的学生提供了大致相同的学习内容，培养了学生们类似的思路，更有利于学生形成相似的伦理道德观念，促进各民族间产生心理认同。对于辽朝知识分子而言，其学习的内容皆为儒家经典，包括《易》《诗》《书》《春秋》《礼记》《周礼》《仪礼》《国语》等。辽朝从立国之初就确立了孔子神圣的地位，孔子在辽太祖心目中的地位要超越佛陀，辽朝的科举考试也主要从经、传、子、史内出题。辽代科举考试的常态内容为五经及相关内容，偶有超出“经传子史”范围的“即兴”或“时政”策试内容。① 科举制度为辽朝培养了一批优秀人才。科举考试对读书人的学习导向作用无须多言，如辽穆宗时期入仕的王裕“涉猎四经”；② 太平十一年（1031）进士杨皙，“幼通《五经大义》”；③ 清宁五年（1059）进士王鼎，“幼好学，居太宁山数年，博通经史”；④ 辽道宗清宁五年登甲科的梁援，“五岁诵《孝经》《论语》《尔雅》，十一通《五经大义》”。⑤ 契丹人中，如耶律琮读书废寝忘食，《耶律琮神道碑》称其“讨六经而修德”。⑥ 辽景宗的外孙女秦晋国妃，自幼好学，其墓志曰：“妃幼而聪警，明晤若神。博览经史，聚书数千卷。……每商榷今古，谈论兴亡，坐者耸听。又好品藻人物，月旦雌黄，鉴别臧否，言亦屡中。治家严肃，童仆侧目。僻嗜书传，晚节尤甚。历观载籍，虽古之名妃贤御，校其梗概，则未有学识该洽、襟量宏廓如斯之比也。”⑦ 诸如此类的例子不胜枚举，由此可见汉文经典在辽朝境内的广泛流传。辽

① 高福顺：《科举与辽代社会》，北京：中国社会科学出版社，2015 年，第 79—81 页。

② 《辽代石刻文编》，第 63 页。

③ 《辽史》卷八九《杨皙传》，第 1487 页。

④ 《辽史》卷一〇四《王鼎传》，第 1601 页。

⑤ 《辽代石刻文编》，第 520 页。

⑥ 盖之庸编著：《内蒙古辽代石刻文研究》，呼和浩特：内蒙古大学出版社，2002 年，第 46 页。

⑦ 《辽代石刻文编》，第 341 页。

人亦常征引经典之句。孟广耀考索辽人引证儒家经书，列举和分析了辽人文章中所引《周易》《尚书》《诗经》《三礼》《左传》《论语》《孝经》《孟子》等书，[①] 从侧面反映出了辽朝的文化发展水平。

综上所述，辽朝通用语言文字的推广与发展，其背后体现出的正是中华民族多元一体格局形成的历史逻辑。正如韩愈所言："孔子之作《春秋》也，诸侯用夷礼则夷之，夷而进于中国则中国之。"[②] 皇甫湜同样提出，"所以为中国者，以礼义也，所谓夷狄者，无礼义也，岂系于地哉?"[③] 陈黯作《华心》一文，称"苟以地言之，则有华夷也；以教言，亦有华夷乎？夫华夷者，辨在乎心，辨心在察其趣向。有生于中州而行戾乎礼义，是形华而心夷也；生于夷域而行合乎礼义，是形夷而心华也"。[④] 程晏也作《内夷檄》一文，称四夷之民"虽身出异域，能驰心于华，吾不谓之夷矣。中国之民……忘弃仁义忠信，虽身出于华，反窜心于夷，吾不谓之华矣……弃仁义忠信于中国者，即为中国之夷矣……四夷内向，乐我仁义忠信，愿为人伦齿者，岂不为四夷之华乎?"[⑤] 皆认为若以礼（文化）来进行区分，没有华、夷之别。懂礼的夷狄同样是中国，而不懂礼的华夏同样为夷狄。而汉字正是"礼"的载体，懂礼义、知礼节，其基础正是识汉字、懂汉语。故《松漠纪闻》记载："大辽道宗朝，有汉人讲《论语》，……至'夷狄之有君'，疾读不敢讲，（道宗）则又曰：'上世獯鬻猃狁荡无礼法，故谓之夷，吾修文物彬彬，不异中华（中国），何嫌之有?'卒令讲之。"[⑥] 正是由于汉字在辽朝作为通用语言文字的推广与发展，使得辽朝文化已不异于中华，故辽道宗认为，契丹同样也是"中国"，无须避讳。

---

① 孟广耀：《儒家文化——辽皇朝之魂》，哈尔滨：哈尔滨出版社，1994年，第229—241页。

② 〔唐〕韩愈著，刘真伦、岳珍校注：《韩愈文集汇校笺注》卷一《原道》，北京：中华书局，2010年，第3页。

③ 〔唐〕皇甫湜：《皇甫持正集》卷二《东晋元魏正闰论》，景印文渊阁《四库全书》第一〇七八册，台北：台湾商务印书馆，1986年，第73页。

④ 〔唐〕陈黯：《华心》，〔清〕董诰等编：《全唐文》卷七六七，北京：中华书局，1983年，第7986页。另见〔宋〕李昉等编：《文苑英华》卷三六四《杂文十四·辩论二》，北京：中华书局，1966年，第1868页。

⑤ 〔唐〕程晏：《内夷檄》，〔清〕董诰等编：《全唐文》卷八二一，第8650页。

⑥ 〔宋〕洪皓：《松漠纪闻》，赵永春辑注：《奉使辽金行程录》（增订本），北京：商务印书馆，2017年，第318页。

结 束 语

在中华民族多元一体的发展轨迹中，以汉语言文字为代表和载体的汉文化在强化不同民族彼此间的认同心理方面，发挥了重要作用。10 至 12 世纪，辽朝亦将汉语推广至边疆地区，扩大了汉语作为通用语言文字的使用范围。随着汉族与边疆各民族皆学习儒家经典，学习内容的一致性使其获得了相同的历史认同与心理认同，加之《三字经》《百家姓》《蒙求》等基础教育课本的推广与使用，使得占人口绝大多数的农民与市民阶层的识字率与文化水平得到极大提高，《蒙求》等蒙学课本中所蕴含的最浅显的人生哲理，成为各民族人民的生活准则与行为规范，为各民族的交往、交流、交融奠定了最广泛的群众基础。最后，随着各民族语言文字与汉文经典翻译活动的展开，使得契丹民族文字与汉语进一步得到交融，在翻译的过程中，契丹民族文字背后所蕴含的思想与内涵进一步与汉文趋同，各民族间的认同不断得到增强。从通用语言文字上看，中华民族多元一体格局中的“多元”，即民族语言文字，“一体”即汉语，正是在汉语与民族文字的推广与交融之中，最终实现了汉族与边疆民族间的交往、交流、交融，使得古代“中国”无论在“大一统”时期，还是分裂割据时期，在中华民族多元一体的旗帜下，始终保持同一性和一体性特征，成为中华民族生生不息的根本动力所在。

On the Official Language and Characters of the Liao Dynasty

SUN Guojun

Abstract: The official languages of the Liao Dynasty included Chinese and national languages, of which Chinese was the most widely used. The prevalence of Chinese characters in the Liao Dynasty created convenient conditions for different ethnic groups in the Liao Dynasty to understand and absorb Han culture, greatly improved the overall cultural level of the Liao Dynasty, and had a profound impact on the politics, economy and culture of the Liao Dynasty. In essence, the popularity of Chinese characters and Chinese in the Liao Dynasty also reflected the people' s identification with Han culture in the Liao Dynasty, which played an important role in uniting different ethnic groups in the Liao Dynasty.

Keywords: the Liao Dynasty; official language; Chinese characters; Khitan large and small characters

〔孙国军（1963— ），男，内蒙古赤峰人，赤峰学院教授，研究方向为北方民族史〕

《大越史记全书》对蒙元三征越南陈朝的历史书写

彭崇超

（广东省社会科学院）

摘　要：围绕后黎朝史官吴士连所纂《大越史记全书》中蒙元三征陈朝的历史书写，考察相较于中国史书而言越南官方史书对中越战争历史的记载差异。三次中越交战中，《大越史记全书》总会略写越方的前期溃败而详写后期的反攻，进而呈现出越南国家战无不胜的光荣形象。吴士连身处越南后黎朝鼎盛的黎圣宗时代，国家与民族意识的增强是其不顾事实地书写中越战争历史的根本原因。探明《大越史记全书》的这一书写特点，无疑会为蒙元史的研究提供一种源于域外的不同视角。

关键词：《大越史记全书》；蒙元；越南陈朝；历史书写

13 世纪蒙元军队横扫欧亚大陆是世界历史上的重大事件。蒙元曾三次用兵越南陈朝，但均以失败告终。吴士连在《大越史记全书》中叙述了蒙元与越南陈朝三次交兵的战事始末。检讨这一部分记载不仅可以获得中越关系的重要史料，也可以透过这些史料了解古代越南对这场战争的认识，从而窥见古代中越关系的历史。以往的研究集中于对蒙越战争史实的梳理与考证，很少利用双方史籍记载的差异探讨越南史籍的书写问题。[①] 倘若我们究明越南史籍对蒙元史事的书写特点，不仅可以提供一只考察蒙元史的“异域之眼”，还能揭示出在中越两国处于敌对关系时越南民族对中国的独特心理。基于此，本文试图在前人研究的基础上，从历史书写的角度，以《大越史记全书》为中心，考察代表官方意识形态的越南史家对蒙越三次交战历史的具体认知，并对影响这种历史书写的政治文化和民族心理略作探讨。

一、吴士连与《大越史记全书》的编纂意图

越南古称安南，是以中国为中心的汉文化圈的重要成员，历史上的文物制度多效法中国。越南古代之史学亦是在中国传统史学的深刻影响下产生并成长的。[②] 随着本民族的政治、经济和文化的发展，越南史学也逐渐形成了自身的主体意识，其中《大越史记全书》应该是越南史学史上具备这种自主意识的典范代表。《大越史记全书》十五卷本成书于后黎朝黎圣宗洪德十年（1479），是作者吴士连模仿《通鉴》与《春秋》编纂而成的编年体本国通史。[③] 有关该书的编纂意图，我们可通过吴士连所作《大越史记外纪全书序》窥其斑豹，其曰：“史以记事也，而事之得失，为将来之鉴戒。古者列国各有史，如鲁之《春秋》、晋之《梼杌》、楚之《乘》是已。大越居五岭之南，乃天限南北也。其始祖出于神农氏之后，乃天启真主也，所以能与北朝各帝一方焉。奈史籍阙于纪载，而事实出于传闻，文涉怪诞，事或遗忘，以至誊写之失真，纪录之繁冗，

① 相关研究参看：〔日〕山本达郎著，毕世鸿、瞿亮、李秋燕译：《安南史研究Ⅰ：元明两朝的安南征略》“第一编、元的安南征伐”，商务印书馆2020年版；吕士朋：《元代之中越关系》，《东海学报》1967年第1期；张笑梅、郭振铎：《试析十三世纪元朝入侵越南的若干史实》，《东南亚纵横》1994年第1期；竺天：《十三世纪末安南与元帝国之间的若干历史问题》，《周口师专学报》1995年第S1期；竹天：《元朝与安南陈朝关系的几个方面》，《东南亚纵横》1995年第3期；王英：《元朝与安南之关系》，暨南大学硕士学位论文，2000年；黄飞：《论忽必烈朝对安南的征伐》，《齐齐哈尔师范高等专科学校学报》2010年第2期；李腾飞：《元朝和安南·占城交涉初期相关问题研究》，南京大学硕士学位论文，2017年。

② 朱云影：《中国文化对日韩越的影响》，桂林：广西师范大学出版社，2007年，第18—20页。

③ 有关该书的编纂经过可参看彭崇超《越南古代史学的发生与发展——以〈大越史记全书〉为中心的考察》，《理论与史学》第8辑。

徒为嵬目，将何鉴焉。”① 从中可见，第一，吴士连具备以史为鉴的精神，认为史书记载史事之得失，目的在于为后人提供鉴戒，换言之便是强调史书的经世致用价值，无论《春秋》还是《梼杌》莫不如此，此乃史书之公例。第二，吴士连认为越南与中国血脉同源，其始祖均为神农氏之后，为“天启真主”，地位一点也不逊于中国。所谓“能与北朝各帝一方”，乃是跟中国分庭抗礼之意。也就是从始祖开始，越南就应该跟中国平起平坐，而不是北朝中国的附庸。第三，在吴士连看来，尽管越南自古以来自帝一国，但后来各朝史籍却只据传闻，“文涉怪诞”，记载失真，即使留下的记录不少，也只是摆设，“徒为嵬目”，于事无补，焉能作为后世鉴戒！因此他要一改前史谬误，重新撰写一部能为后世鉴戒的真正史书。

深具“鉴戒”意识的吴士连，为了彰显越南能够比肩于中国的“独立自主”观念而编纂了《大越史记全书》。由是之故，书中凡是跟中国相涉的史事，总会反映出越南的自主独立意识。战争是国与国之间矛盾的最高表现形式，针对《大越史记全书》里中越两国交战的史事，吴士连皆是以本国为中心展开书写，而其中的蒙元三征陈朝的历史，正是一个极具典型的案例。蒙元曾三次用兵越南陈朝，皆未使其屈服。根据吕士朋等人的研究可知，三次交战的经过皆可分为前后两阶段：前一阶段蒙古军队一路势如破竹，攻陷陈朝首都升龙（今河内），陈朝军队兵败如山倒；后一阶段因气候或粮草等问题，蒙古被迫撤军还国，陈朝军队趁势反败为胜。②《安南志略》③《元史》和《大越史记全书》等中越史籍对这三次蒙越交战的来龙去脉均有记述。与成书于元代的《安南志略》和明初的《元史》等中方史籍相比，《大越史记全书》的字里行间无不透露出作者追求本国独立自主的强烈意识。以下我们将主要以中方史籍为参照，具体地针对《大越史记全书》在书写蒙元三征陈朝历史时的取舍、选择与建构进行分析。

---

① 〔越〕吴士连：《大越史记外纪全书序》，孙晓主编：《大越史记全书》，重庆：西南师范大学出版社2016年版，第7页。

② 战事的具体经过可参看吕士朋《元代之中越关系》，《东海学报》1967年第1期。

③ 《安南志略》是有关越南古代历史文化的志书，作者黎崱，原为安南彰宪侯陈键的幕僚，于蒙元第二次征讨越南陈朝的战争中被俘至中国。黎崱晚年定居汉阳，因归化元朝，故以中国立场编纂该书。参见武尚清：《安南志略校注序》，《史学史研究》1993年第4期。

二、兀良合台征讨越南陈朝

蒙古宪宗三年（1253），出于灭亡南宋的目的，忽必烈率大军穿过藏彝走廊攻灭大理国，形成对南宋的包抄之势。忽必烈在征服大理国后北返，留兀良合台经略云南。宪宗七年十一月，兀良合台率部自云南途经安南边邑，意图北上广西、湖南，合蒙古大兵于湖北，以征讨南宋。[①] 蒙古对越南陈朝的首次军事行动，实为经略云南的延伸，目的是让陈朝归附，并无兼并之意。据《元史·安南传》载，兀良合台先是派了两名使者往谕安南，不返，继而“遣彻彻都等各将千人，分道进兵，抵安南京北洮江上，复遣其子阿朮往为之援，并觇其虚实”[②]。陈朝亦派兵沿江布防，阿朮遣军将前线的情况还报。兀良合台收到情报后倍道兼进，令彻彻都为先锋，阿朮殿后。十二月，蒙古军集结于江边。阿朮大败陈朝水军，“虏战舰以还”[③]。兀良合台亦破其陆军，后又与阿朮合击，大败之。彻彻都则因未按兀良合台事先之部署，致使安南国王陈煚逃脱，窜入海岛。兀良合台率部进入陈朝首都升龙后，“得前所遣使于狱中，以破竹束体入肤，比释缚，一使死，因屠其城。国兵留九日，以气候郁热，乃班师”[④]。

与中方史籍所见蒙古首次用兵越南陈朝的战事经过相比，《大越史记全书》的叙述取向显得颇为不同。其曰：

> （宪宗七年）十二月十二日，元将兀良合解犯平厉源。帝自将督战，前冒矢石。官军少却，帝顾左右，惟黎辅陈即黎秦。单骑出入贼阵，颜色自若。时有劝帝驻驿视战者。辅陈力谏曰：“今陛下特一孤注耳，宜避之，岂可轻信人言哉。”帝于是退次泸江，辅陈为殿，贼兵乱射。辅陈以舟板翼之，得免。虏势甚盛，又退保天幕江。从

① 〔元〕黎崱著，武尚清点校：《安南志略》卷四《征讨运饷》，北京：中华书局，2000年，第85页。

② 〔明〕宋濂等：《元史》卷二〇九《安南传》，北京：中华书局，1976年，第4633页。

③ 《元史》卷二〇九《安南传》，第4633页。

④ 《元史》卷二〇九《安南传》，第4634页。

帝议及机密，人鲜有知之者。帝御小舟，就太尉日皎船问计。日皎方靠船，坐不能起，惟以手指点水，写“入宋”二字于船舷。帝问星罡军何在，星罡，日皎所领军，对曰：“征不至矣。”帝即移舟问太师陈守度。对曰：“臣首未至地，陛下无烦他虑。”

史臣吴士连曰：日皎同姓大臣，寇至怯慄，无扞御之策，又导其君以出寓之方，将焉用彼相哉。

二十四日，帝及太子御楼船，进军东步头逆战，大破之。元军遁归，至归化寨。寨主何倅招集蛮人袭击，又大破之。①

从中可知：第一，在抵抗蒙古军以及掩护国君陈太宗败退的叙事中，《大越史记全书》对陈军具体的战败经过叙述简略，只以“官军少却”“虏势甚盛”等片语简单带过，却将叙述重点放在黎辅陈忠勇行为的刻画上。在战败的叙事中，塑造一位忠君报国不怕牺牲的人臣形象，很容易让读者有种“南国有人”的感觉，此处有关黎辅陈的叙事情节无疑是吴士连的有意编排。第二，《大越史记全书》随即写到陈太宗就兵败的形势，分别问计于太尉陈日皎与太师陈守度，得到了正好相反的回答。日皎主张弃国投奔南宋，守度主张誓死抗蒙，吴士连在评论中批评了日皎的怯懦无用。这一叙事情节恐怕是吴士连的虚构，目的是运用对比的手法突出彼时国家形势的危急以及主战派抗战到底的决心，进而为后文安南陈军击败蒙古军队的叙事做好铺垫。第三，在以上《大越史记全书》涉及的人物中，无论是黎辅陈还是陈日皎、陈守度均运用了语言描写。吴士连通过虚构历史人物的语言，生动地展现出其性格特征，进而渲染出安南精英维护民族独立自主的爱国精神。第四，《大越史记全书》写到：在十二月二十四日，蒙古军队在东步头遭遇由陈太宗父子率领的陈朝水军的进攻，大败而遁归。在溃退的过程中，蒙军又于归化寨被寨主何倅率人阻击，最终狼狈撤出安南。但回看《元史》则只有“国兵留九日，以气候郁热，乃班师”的记载，并无蒙古军队战败的叙述。另据当时被南宋朝廷派往广西筹划边防事宜的湖南安抚使李曾伯言：“录到安南国伪尚书

① 《大越史记全书》本纪卷五《陈纪·太宗皇帝》，第 272 页。

等公牒……其公牒不言敌兵之败，乃言交兵之溃”[①]，“见得敌兵虽犯彼国，十二月末已自退遁”[②]。可见，蒙古很快撤军主要是因越南炎热的气候，绝非军事上的失败；在撤退的过程中，蒙军也并未遭遇过任何实质性的军事挫败。显然，以上蒙军被陈朝军队击败的情节可信性不大。

宪宗八年春，迫于蒙古军队的强大威胁，安南国王陈太宗陈煚主动派遣使节请求内附。[③] 中统二年（1261），忽必烈应陈煚之请封其为安南国王，准其三年一贡。为了进一步加强对陈朝的政治控制，至元四年（1267），蒙古诏谕安南以“六事”。[④] 面对蒙古的要求，陈朝方面总是虚与委蛇。事实上，自宪宗八年陈氏“内附”后，蒙古就致力于平灭南宋，根本无暇顾及越南问题。

三、脱欢首次征讨越南陈朝

至元十六年平宋后，忽必烈将目光投向海外诸蕃。至元十九年，占城新王“负固弗服”，忽必烈命唆都为将跨海远征占城。[⑤] 但唆都的征占部队旋即失利，而派出的海路援军又屡遭挫败，忽必烈遂命镇南王脱欢发兵经由安南再征占城，并令安南助军给粮。而安南陈王则以“其国至占城，水陆非便”为由拒绝，还“调兵拒守丘温、丘急岭隘路”地方。[⑥] 元朝与陈朝第二次交兵的序幕就此拉开。《大越史记全书》将元朝此次出兵说成“元帝遣太子镇南王脱驩、平章阿剌及阿里海牙等领兵，托以假道征占城，分道入寇”[⑦]。显然，吴士连认为元朝的“假道征占”只是借口，“入寇”越南才是实情，可见以吴士连为代表的越南精英对中原王朝的猜忌和警惕心理。

元越第二次交兵的前一阶段，元朝军队节节胜利，成书最早的《安

---

① 〔宋〕李曾伯：《可斋续稿后》卷五《备广西经司报安南事奏》，四川大学古籍整理研究所编《宋集珍本丛刊》第84册，北京：线装书局，2004年，第586页。

② 《可斋续稿后》卷五《至静江回宣谕》，第588页。

③ 《安南志略》卷四《征讨运饷》，第85页。

④ 《元史》卷二〇九《安南传》，第4635页。

⑤ 《元史》卷二一〇《占城传》，第4660页。

⑥ 《元史》卷二〇九《安南传》，第4642页。

⑦ 《大越史记全书》本纪卷五《陈纪·仁宗皇帝》，第291页。

南志略》对这一阶段的战事经过记载最详。镇南王脱欢于至元二十一年十二月二十一日，率军次于安南边界，分兵东西两路以进。尽管安南兴道王陈国峻事先已在各军事要地部署以待，但元军势如破竹，陈军却不断败退。[①] 至元二十二年正月十三日，脱欢率军攻入陈朝首都升龙，陈朝君臣撤至各地继续抵抗。[②]《元史·安南传》中除了叙述这一元胜陈败的战事经过外，还穿插了元陈之间的多次"移书"，元朝提醒陈氏此次出兵的目标是占城，敦促其能"借道助粮"，但陈氏君臣不为所动。[③] 元军攻入陈朝首都后，进一步了解了越南陈朝的国情，例如"上皇制"、陈氏对元用兵的态度和皇宫规制等。[④]

再看《大越史记全书》对此的叙述，吴士连对交战经过只用"官军与战不利""官军失利"和"官军溃奔""获我军……杀之甚重"等寥寥数语一笔带过。[⑤] 显然陈军战败的史实不是吴士连关注的重点。在对战败经过的简单叙述中，吴士连插入了一段杜克终出使元营的情节。元军至东步头时，陈仁宗想派使节前往元营打探虚实，祗候局首杜克终毛遂自荐。吴士连花费颇多笔墨详细交代了杜克终与元将乌马儿之间的对话。面对乌马儿的指责刁难与恐吓威胁，杜克终不卑不亢地以理应对。杜克终走后，乌马儿对元军诸将盛赞此人，还发出"彼国有人，未意图也"的慨叹。[⑥] 吴士连通过虚构杜克终与乌马儿的对话，展现了杜克终的人物性格。但中方史籍中除了有过几次元陈之间"移书"往来的记载外，并未有过任何所谓杜克终出使元营的史迹。[⑦]

显然，杜克终出使元营的这一情节应是吴士连的"后来之笔"，目的是想展现越南精英在面对元时睿智忠勇的形象，以彰显"南国有人"。《大越史记全书》接着写到正月"十三日卯时，克终自元军回。贼蹑至，与官军相敌"。[⑧] 十三日这一天正是《安南志略》中所载元军攻占安南首

---

① 《安南志略》卷四《征讨运饷》，第87页。

② 《安南志略》卷四《征讨运饷》，第88页。

③ 《元史》卷二〇九《安南传》，第4643页。

④ 《元史》卷二〇九《安南传》，第4644页。

⑤ 《大越史记全书》本纪卷五《陈纪·仁宗皇帝》，第292页。

⑥ 《大越史记全书》本纪卷五《陈纪·仁宗皇帝》，第293页。

⑦ 参见《元史》卷二〇九《安南传》，第4643页。

⑧ 《大越史记全书》本纪卷五《陈纪·仁宗皇帝》，第293页。

都升龙的日子，而吴士连只用“与官军相敌”简单带过，根本没有提及本国首都失陷的事。《元史·安南传》中所述元军进入升龙后的诸多细节，吴士连更是只字未提。想必首都失陷这等并不光彩的事，吴士连干脆对其进行“遗忘”处理。

元军占领陈朝首都后，继续追击流窜于各地的陈家势力，时“日烜（陈圣宗）引宗族官吏于天长、长安屯聚，兴道王、范殿前领兵船复聚万劫江口，阮盝驻西路永平，行省整军以备追袭”[①]。正月二十一日，元军“破天汉隘，斩其将保义侯”[②]，继而“右丞宽彻引万户忙古䚟、孛罗哈答儿由陆路，李左丞引乌马儿拔都都由水路，败日烜兵船，禽其建德侯陈仲。日烜逃去，追至胶海口，不知所往”[③]。与此同时，元廷下诏远在占城的唆都部北上，与脱欢部夹击安南陈军。唆都部“自入其境，大小七战，取地二千余里、王宫四所”[④]，“清化、义安悉降”[⑤]。其间陈朝军队屡战屡败，陈王播迁不定，投降元人者为数甚多。三月九日，“唐古戴舟师入海，围世子（陈圣宗）于三峙，几获之”，十五日，“国弟昭国王陈益稷率其属来附。唆都复入清化，招来附者”[⑥]。

针对中方史籍中陈氏丢失首都后被元军追击而四处流窜的经过，《大越史记全书》依然略写战事，而将书写的重点放在这一过程中表现各异的南国人物身上。保义王陈平仲于天幕地方战败被擒，元人便以王爵诱其降，陈平仲在大义凛然地说出“宁为南鬼，不为北王”后英勇就义[⑦]。这位保义王很可能就是《安南志略》中提及的保义侯，但他是否如《大越史记全书》所写这般慷慨赴死，则是很令人怀疑的。在叙述到挈家投降元朝的昭国王陈益稷时，吴士连还为其作了小传。[⑧] 他说陈益稷曾通过云屯商人招引蒙古大军南下以成全其政治野心，还说蒙古惨败后他因心怀愧疚而客死中国。然而，据《安南志略》载，陈益稷去世于元文宗天

① 《元史》卷二〇九《安南传》，第4644页。
② 《安南志略》卷四《征讨运饷》，第88页。
③ 《元史》卷二〇九《安南传》，第4645页。
④ 《元史》卷二〇九《安南传》，第4644页。
⑤ 《安南志略》卷四《征讨运饷》，第88页。
⑥ 《安南志略》卷四《征讨运饷》，第88页。
⑦ 《大越史记全书》本纪卷五《陈纪·仁宗皇帝》，第293页。
⑧ 《大越史记全书》本纪卷五《陈纪·仁宗皇帝》，第294页。

历二年（1329），享年七十六岁，距离他投降元朝已经过去了四十余年，很难想象是因愧疚而死[①]。可见，吴士连对叛国者陈益稷充满了敌意。总之，吴士连对于陈朝战败叙事中的南国人物书写，可分为正反两类：一是在抗敌过程中立有功勋的人；一是临阵倒戈的投降派。但无论正派反派，吴士连书写的终极目的只有一个，即彰显越南国家自主独立之不可撼动。

从至元二十二年四月起，战争进入后一阶段，局势发生逆转。安南军兵“虽数败散，然增兵转多”，而元军则“困乏，死伤亦众，蒙古军马亦不能施其技”[②]。越南地处亚热带，从四月开始气候转热，元方“军士疾作，涨潦冒营”[③]。在此形势下，陈朝军队发起了战略反攻，元军无奈败归回国。中方史籍对这一阶段的战事记载相对简略，而《大越史记全书》却要详细得多，两相对比，值得注意的有几点：

其一，关于陈朝军队收复首都升龙及附近。对此，《安南志略》仅载“夏四月，安南乘势攻复罗城（首都）。五月五日丁丑，咬奇与万户囊弩伏兵其宫，击散。乃渡泸江，会镇南王，翌日班师”，对具体的战事细节并未多言。[④] 另据《经世大典》载“四月，交兵大起，其兴道王攻万户刘世英于阿鲁堡，忠诚王攻千户马荣于江口，皆杀退。既而水陆来攻大营，城围数匝，虽多死，增兵转众。官军朝暮鏖战困乏，器械皆尽，遂弃其京城，渡江屯驻，寻班师”[⑤]。可见，元军是在安南陈军全力围攻之下被迫退出安南首都的。而《元史·安南传》则载“官军聚诸将议……遂弃其京城，渡江北岸，决议退兵屯思明州。镇南王然之，乃领军还。是日，刘世英与兴道王、兴宁王兵二万余人力战。又官军至如月江，日烜遣怀文侯来战”[⑥]。不难发现，与前两部史籍不同，较晚成书的《元史》将元军从陈朝首都撤出说成是主动为之，而对随后与陈军的交战亦未言其胜负。再看《大越史记全书》则有“自贼处逃赴御营奏报云：上

① 《安南志略》卷十三《内附诸王》，第318页。

② 《元史》卷二〇九《安南传》，第4645页。

③ 〔元〕姚燧：《牧庵集》卷一二《李公家庙碑》，元代史料丛刊编委会主编《元代史料丛刊初编·元人文集》上卷第14册，合肥：黄山书社，2012年，第432页。

④ 《安南志略》卷四《征讨运饷》，第88页。

⑤ 《国朝文类》卷四一《经世大典序录·政典·安南》，元至正二年西湖书院刊本，第26页。

⑥ 《元史》卷二〇九《安南传》，第4645页。

相光启、怀文侯国瓒及陈聪、阮可腊与弟阮传率诸路民兵败贼于京城、章阳等处。贼军大溃。太子脱驩、平章阿剌等奔过泸江”的记载①。此处吴士连只是通过奏报的形式提及了元陈两军于京城、章阳等处的战况，却并未具体叙述交战的细节，或是因不便透露首都升龙早被元军占领的事实。

其二，关于咸子关之战。此战役不见于中方史籍，但《大越史记全书》却将其重点载述，如下：

> 唆都元帅领兵五十万，由云南经老挝，直至占城，与元人会于乌里州，寻寇驩、爱，进驻西结，期以三年削平我国。帝与群臣议曰：“贼众积年远行，万里辎重，势必疲弊。以逸待劳，先夺其气，破之必矣。”夏四月，帝命昭成王〈缺名〉、怀文侯国瓒、将军阮蒯等，领捷兵迎战于西结步头。官军与元人交战于咸子关，诸军咸在。惟昭文王日熽军有宋人，衣宋衣执弓矢以战。上皇恐诸军或不能辨，使人谕之曰：“此昭文鞑也，当审识之。”盖宋与鞑声音衣服相似，元人见之，皆惊曰：“有宋人来助！”因此败北。初，宋亡，其人归我。日熽纳之，有赵忠者为家将。故败元之功，日熽居多。②

查《元史·唆都传》可知，唆都部征占城本是从海路进发③，此处吴士连却言其“由云南经老挝，直至占城，与元人会于乌里州，寻寇驩、爱，进驻西结”，但这条路线道远且路阻，根本不适合行军。元陈两军交战于咸子关（距离河内东南方向不足20千米的红河东岸咸子洲），陈朝军队大胜，吴士连特意强调了流寓安南的宋人在这一过程中所起到的决定作用。而其中运用的语言描写则可透露出此乃吴士连于事后建构的文本。综合来看，吴士连所述的这段咸子关之战，虚构的色彩明显，可信度值得怀疑。但流寓安南的宋人在此次战争中发挥了一定作用应是事实。

其三，关于脱欢部撤军回国的经过。镇南王脱欢决定班师后，安南陈军对其展开追击。《安南志略》载“安南兵追至南册江。右丞李恒殿击

① 《大越史记全书》本纪卷五《陈纪·仁宗皇帝》，第295页。

② 《大越史记全书》本纪卷五《陈纪·仁宗皇帝》，第295页。

③ 《元史》卷一二九《唆都传》，第3152页。

退之，斩兴道王义勇陈绍”[①]。又据《元史·安南传》载“行至册江，系浮桥渡江，左丞唐兀等军未及渡而林内伏发，官军多溺死，力战始得出境”[②]。另据《元史·李恒传》载“蛮兵追败后军，王乃改命恒殿后，且战且行。毒矢贯恒膝，一卒负恒而趋。至思明州，毒发，卒，年五十”[③]。可见，脱欢部是在陈朝兴道王部追击之下狼狈撤军回国的；其中李恒为了掩护脱欢，不幸中了安南兵的毒箭，回到广西思明府后毒发身亡。再看《大越史记全书》的对应记载：“兴道王又与脱驩、李恒战于万劫，败之，溺死甚众。李恒以兵卫脱驩还思明，我军以药矢射中恒左膝死。裨将李瓘收余卒五万人，以铜器匿脱驩其中，北遁至思明。兴武王追之，以药矢射中李瓘死，元兵大溃。”[④] 与中方记载相比，有几处值得注意：一是李恒中毒箭后并非回国而是立刻死去，接替他的裨将李瓘收拾残兵继续作战；二是李瓘将脱欢藏匿于铜器中偷运回广西思明；三是殿后的李瓘又被前来追击的安南兴武王以毒箭射死，元军大溃。这三处与中方史籍颇有出入的桥段，强化了在战败撤退时元兵狼狈与凄惨的形象。

其四，关于唆都部几近全军覆没的过程。据《元史·唆都传》和《安南志略》可知，唆都部在得知脱欢部班师后，亦图北上返国，但终因陈朝军队的阻击而几近全军覆没，唯有乌马儿、刘珪驾小船得以逃脱免死。[⑤] 再看《大越史记全书》对唆都部的记载：

> （五月）七日，谍报云唆都自清化来……十七日，唆都与乌马儿自海再来犯天幕江，欲会兵京师，相为援。游兵至扶宁县，本县辅导子何特上峙山固守。贼屯巨陀洞。特以竹编作大人形，衣以衣，暮夜引出入，又钻大树，取大箭插入其中，使贼疑射力之贯。贼惧，不敢与战。我军遂奋击破之。特追战至阿腊，为浮桥渡江，酣战死之。弟彰为贼所获，盗得贼旗帜、衣服逃回，以之上进，请用彼旗假为贼军，就贼营。贼不意我军，遂大破之。

① 《安南志略》卷四《征讨运饷》，第 88 页。
② 《元史》卷一二九《唆都传》，第 3159 页。
③ 《元史》卷二〇九《安南传》，第 4646 页。
④ 《大越史记全书》本纪卷五《陈纪·仁宗皇帝》，第 296 页。
⑤ 参见《元史》卷一二九《唆都传》第 3153 页；《安南志略》卷四《征讨运饷》，第 89 页。

> 二十日，帝进次大忙步，元总管张显降。是日，败贼于西结，杀伤甚聚，斩元帅唆都首。夜半，乌马儿遁过清化江口。二帝追之不及，获其余党五万余以归。乌马儿仅以单舸，驾海得脱。[①]

第一段史料中有唆都与乌马儿的军队进至扶宁县后被何氏兄弟施计打败的情节，但在《安南志略》与《元史》中找不到对应的记载。何氏兄弟所用计谋之真实性令人生疑，不消说何特迷惑敌人的手法过于儿戏荒诞，何彰被元军俘虏后竟然能轻易盗取元军旗帜与衣服逃回，最终还能利用元军旗帜深入元营大破之，这些情节未免过于戏剧化。另外，扶宁县今属越南富寿省，位于首都河内的西北部，而唆都部“自海再来犯天幕江”的天幕江属兴安省，位于河内的东南部，两地风马牛不相及，足见“游兵至扶宁县”的情节甚为无稽。总之，这一段文本恐怕亦是吴士连的建构之作。第二段史料的记载与中方所述大致契合，“元总管张显”应该就是《安南志略》中的“礼脚张”，至于唆都于何地以及何种方式战死则两方史籍记载不一，尚难定论。

在以上关于越南陈朝军队进行战略反攻的叙事中，《大越史记全书》将战事的具体经过作为书写的重点，与前一阶段战事被动时以人物为主体的书写特征颇为不同。为了凸显陈朝军队的光荣战绩，吴士连在叙述的过程中有选择地书写史事或将某些史实夸大，甚至还虚构了一些不实的情节。

四、脱欢再次征讨越南陈朝

至元二十二年元朝军队在安南的惨败使得忽必烈极为恼怒。在休整了一年多之后，至元二十四年正月，忽必烈下令再征安南，“置征交趾行尚书省，奥鲁赤平章政事，乌马儿、樊楫参知政事总之，并受镇南王节制”[②]。此次元朝用兵越南陈朝的决心、规模与力度都远超前两次。

对于元越之间第三次交兵的经过，与前两次大同小异。对比中越两方史籍关于此次战事的记载，可以得出几点认识：

---

① 《大越史记全书》本纪卷五《陈纪·仁宗皇帝》，第295页。

② 《元史》卷二〇九《安南传》，第4647页。

首先，吴士连将至元二十四年最后两个月的战况描绘成陈朝军队获得优势的画面。据《安南志略》《元史》可知，至元二十四年十一月，镇南王脱欢率领大军进攻安南陈朝。大军分海路、广西陆路、云南陆路三面，其中广西陆路又分东、西两道。广西东路由脱欢亲自统领，经过可利隘（今陆南江流域），破女儿关（又称婴儿关，今属谅山省）至万劫（今海阳省至灵县万安）；广西西路由程鹏飞等率领，经老鼠关（又称支凌隘，今谅山省南端）一路过关斩将，十七战皆获大捷，至万劫后与脱欢部会师[①]；云南陆路由爱鲁率领，破木兀门（今山西省白鹤县附近），直捣升龙[②]；海路由乌马儿等带领，舟师进至万宁水口，大败仁德侯于浪山，陈军溺死数百人，获船数十艘。乌马儿急功轻进，不顾居后之张文虎粮船，致使粮陷。[③] 十一月二十七日，脱欢“次万劫，诸军毕会”[④]，十二月三日脱欢部至四十原，因粮船不至，遂派乌马儿督其兵四处掠粮。二十三日，脱欢统领水陆两军进击陈朝首都升龙，月底，陈朝君臣弃城而去，升龙落入元军之手。[⑤]

再看《大越史记全书》对至元二十四年最后两个月的叙述，其内容包括两点：一是兴道王陈国峻就元军来犯的两次发言，吴士连利用对兴道王两段简短精练的语言描写，生动地展现出陈朝统治阶层在维护国族独立自主时的决心。二是吴士连重点叙述了陈军击败元军的四次战役：兴德侯率领的禁军以毒箭射杀元兵甚众进而大败元军的“冷泾关之战”（位于支凌隘西南方向）；仁德侯败元朝水军，致使元兵溺亡甚多并获四十俘虏及舟船马匹兵器的“多某湾之战”；兴道王与统领圣翊勇义军的阮识击败元兵的“大滩口之战”（今北宁省嘉平县东部）；仁惠王陈庆余击败元军运粮水军并缴获无数军粮器械的“云屯海战”（今广宁省云吞县）。其中与前三次获胜的战役只是简单交代不同，针对仁惠王领导的云屯海战吴士连叙述最详，而且还特别强调了此战对整个战局的决定意义。不过有关陈朝军队失利的记载却只有短短两处：“元朝太子先锋阿台与乌

① 《元史》卷二〇九《安南传》，第 4647 页。
② 《元史》卷一二二《爱鲁传》，第 3013 页。
③ 《安南志略》卷四《征讨运饷》，第 90 页。
④ 《元史》卷一四《世祖本纪》，第 302 页。
⑤ 《安南志略》卷四《征讨运饷》，第 91 页。

马儿会兵三十万进犯万劫，既而顺流东下，巴点、旁河人皆降”；元朝水军进犯云屯，云屯副将仁惠王“庆余接战失利”[①]。不难发现，《大越史记全书》对至元二十四年最后两个月的战事记载颇有问题，本来是陈朝节节败退最终丢失首都的战况，却被吴士连选择性地书写建构成一幅陈军接连取胜的画面，丝毫看不出陈氏不断溃败的事实。其书写的四次获胜战役中，恐怕只有仁惠王陈庆余袭击元朝运粮船一役真实性更大，但也有夸张的成分。张文虎部粮船在至元二十四年十一月因乌马儿贪功冒进，居后失援，遂于十二月次云屯，在此遭遇了陈庆余部的攻击。但双方交战的结局并非如《大越史记全书》所载“击败之，获虏军粮器械不可胜计，俘虏亦甚多”[②]。事实是，张文虎在料想不能取胜的情况下，为尽快摆脱不利局面，而将部分粮食沉于海底，并没有便宜陈军。而摆脱陈军攻击后的三艘元朝粮船最终先后集合于琼州，与总共十七万石的粮草相比，损失的部分不算多[③]。但经此一役，被切断粮食补给的元朝军队不得不面对师老粮尽、天气渐热的不利局面。

其次，吴士连对至元二十五年一、二月战事的篡改。是年正月，夺取陈朝首都后的元朝军队继续追击安南陈王。同时，脱欢“命乌马儿将水兵由大滂口迓张文虎等粮船”，又命奥鲁赤、阿八赤等分道入山求粮，进而击破了安南的多个军寨。[④] 十一日，乌马儿“与彼战于多鱼口，潮落而散。张文虎先遇敌于安邦口，粮陷，乘单舸走还钦州”[⑤]。二月，脱欢引军回驻万劫，“乌马儿由大滂口趋塔山，遇贼船千余，击破之；至安邦口，不见张文虎船，复还万劫，得米四万余石”。因张文虎等粮船不至，且天气转热，诸将恐怕“粮尽师老，无以支久，为朝廷羞，宜全师而还”，于是脱欢决定班师。[⑥] 二月底，命乌马儿、樊楫将水兵先还，程鹏飞等护送脱欢由陆路还。

再看《大越史记全书》关于至元二十五年一、二月的记载：“正月，乌马儿进犯龙兴府；初八日，安南陈军又于大滂海外与元军会战，俘获

① 《大越史记全书》本纪卷五《陈纪·仁宗皇帝》，第 298 页。
② 《大越史记全书》本纪卷五《陈纪·仁宗皇帝》，第 299 页。
③ 《元史》卷二〇九《安南传》，第 4648 页。
④ 《元史》卷二〇九《安南传》，第 4648 页。
⑤ 《安南志略》卷四《征讨运饷》，第 91 页。
⑥ 《元史》卷二〇九《安南传》，第 4648 页。

元方哨船三百艘、首级十颗，元兵多有溺死者”；“二月十九日，乌马儿又进犯安兴寨”。[①] 两相比对可知：乌马儿确曾率水军试图于大滂海处迎张文虎部粮船，随后也有为了解决粮食危机而攻略诸寨的军事行动，但中方史籍中并未有任何元军战败的叙述。是年正月初，元军的势头正猛，如果真有吴士连所谓的大滂海外元陈之间会战的话，元军败北的可能性不大。因此我们认为，大滂海之战与前述陈军获得的四次胜仗相同，均出自吴士连的事后建构，真实性存疑。

再次，吴士连对元朝军队败退叙事的建构。至元二十五年三月，元朝军队班师，对于其在班师途中被陈朝军队攻击惨败回国的过程，《大越史记全书》如此叙述道：

> 三月八日，元军会白藤江，迎张文虎等粮船，不遇。兴道王击败之。先是，王已植桩于白藤，覆丛草其上。是日乘潮涨时挑战佯北，贼众来追。我军力战。水落，贼船尽胶。阮蒯领圣翊勇义军与贼战，擒平章奥鲁赤。二帝将军继至，纵兵大战。元人溺死不可胜计，江水为之尽赤。及文虎至，两岸伏兵奋击。又败之。潮退甚急，文虎粮船阁桩上，倾覆殆尽。元溺死甚众，获哨船四百余艘。内明字杜衡获乌马儿、昔戾基玉，献于上皇。上皇命引登御舶，同坐与语，欢饮卮酒。脱驩及阿台领众遁归思明，土官黄诣擒之以献。二帝驾回龙兴府。十七日，俘贼将昔戾基玉，元帅乌马儿，参政岑段、樊楫田、元帅、万户、千户献捷于昭陵。[②]

吴士连的书写中值得注意处颇多：乌马儿军至白藤江处并非在迎接张文虎的粮船，而是班师回国途经至此。元朝水军确实中了陈军的诡计，乌马儿部全军覆没，乌马儿本人也的确被俘。[③] 但由上文可知，张文虎部于至元二十四年底漂流至琼州后，至元二十五年正月第二次运粮至安邦海口，不幸的是仍未得到乌马儿的接应且在遇敌后再次粮陷，文虎仅“乘单舸走还钦州”。此后中方史籍再未有张文虎部运粮至安南的记载，所以

① 《大越史记全书》本纪卷五《陈纪·仁宗皇帝》，第 299 页。

② 《大越史记全书》本纪卷五《陈纪·仁宗皇帝》，第 300 页。

③ 《元史》卷一六六《樊楫传》，第 3909 页；《安南志略》卷四《征讨运饷》，第 92 页。

上引文本有关张文虎部参与了白藤江之战的叙事恐怕是吴士连的错置。平章奥鲁赤是蒙元陆军将领，跟随脱欢由陆路返国，不可能在白藤江海战中被阮蒯所擒；[①] 所谓昔戾基玉其人，在中方史籍中只有昔都儿可与之对应，而昔都儿也是跟随脱欢返国的陆军将领。[②] 脱欢率领的陆路诸军尽管在撤退过程中受到阻击，损失惨重，来阿八赤还以先锋的身份苦战而死。[③] 但在昔都儿的奋战掩护下，脱欢最终得以间道安全地返回思明。忽必烈则因脱欢两伐安南无功，辱国丧师，惩罚他终身不得觐见。[④] 中方史籍并没有任何元军陆路将领被俘虏的记录，而《大越史记全书》却道"脱驩及阿台领众遁归思明，土官黄诣擒之以献"。如果脱欢等人真被俘虏的话，在随后安南献俘昭陵的纪念活动中不会只言乌马儿等人而不言元军最高统帅脱欢。总之，在书写元朝军队班师回国，陈朝趁势反攻的文本中，吴士连篡改或增添了不少情节，使文本呈现出一幅远比事实浮夸的元败陈胜的画面。

结　语

综上所述，当蒙元处于攻势而越南处于劣势时，《大越史记全书》会略写战事经过而重点书写陈朝的各色历史人物，甚至还会罔顾史实以掩盖自身的溃败。这样的历史书写策略可以凸显越南陈朝面对蒙元入侵时的不屈不挠，以及维护国家独立自主的不懈努力；当蒙元撤军回国而陈朝处于战略反攻时，《大越史记全书》则重点叙述陈军攻击元军进而反败为胜的战事经过，其中不乏运用夸张、改篡的书写策略来渲染陈朝军民的英勇无畏与蒙元军队的狼狈不堪。历史文本产生于社会情境之中，是社会情境的折射。《大越史记全书》对蒙元三征越南陈朝历史的书写之所以体现出上述特征，与作者吴士连所处之后黎朝的政治情境密切相关。

后黎朝建于反明独立战争之后，一方面接受了明朝以程朱理学立国的文教政策，全面认同文化中国；另一方面在国族自立意识的激发下努

---

① 《元史》卷二〇九《安南传》，第4649页。

② 《元史》卷一三三《昔都儿传》，第3239页。

③ 《元史》卷一二九《来阿八赤传》，第3143页。

④ 柯劭忞：《新元史》卷一一四《脱欢传》，上海：上海古籍出版社，2017年，第520页。

力学习明朝的官僚君主制，以此抗衡政治中国。① 黎圣宗统治时期，越南封建制度的发展达于鼎盛，文化上力争与中国同源平等，政治上强调与中国区分并立的国族主义主张，更是成为黎圣宗时代越南精英念念不忘的情意结。② 吴士连所说“大越居五岭之南，乃天限南北也。其始祖出于神农氏之后，乃天启真主也，所以能与北朝各帝一方焉”正是这种心态的折射。而《大越史记全书》中以本国利益为中心，始终坚持并维护本国的立场与尊严来书写蒙元与陈朝的三次战争，也恰是由吴士连的此种心态决定的。

国史是官方理性与意识形态的集中体现，吴士连深知史书的“鉴戒”功能对于现实政治的作用。在根据越南国家与民族“独立自主”意识编纂《大越史记全书》时，吴士连面对涉及国族利益的历史势必会牺牲原本史家应该坚持的史学“求真”精神，这就提醒我们在处理涉及中越两国的史事时，要跳出一国史的窠臼与羁绊，采取综合全面的视角考察，方才可能接近历史的本来面目。

本文写作得到内蒙古社科院翟禹老师的指点，特此致谢！

The Historical Writing of Three Invasions by the Mongolian Empire and the Yuan Dynasty of the Chen Dynasty in Vietnam in *Dai Viet Su Ky Toan Thu*

PENG Chongchao

Abstract: Focusing on the historical writing of the three invasions of the Chen Dynasty by the Mongolian Empire and the Yuan Dynasty in *Dai Viet Su Ky Toan Thu* by Wu Shilian, a historian of the Le Dynasty, this paper investigates the differences between the official history books of Vietnam and the history of the Sino-Vietnam war in the Chinese history books. In the three Sino-Vietnam wars, *Dai Viet Su Ky Toan Thu* always wrote a little about the early defeat of the Vietnamese but detailed the late counterattack, thus presenting the glorious image of the

① 〔美〕墨菲著，林震译：《东亚史》，北京：世界图书出版公司北京公司，2012年，第251页。

② 郭振铎、张笑梅主编：《越南通史》，北京：中国人民大学出版社，2001年，第454页。

invincible Vietnamese country. Wu Shilian was in the era of Li Shengzong in the heyday of the Le Dynasty in Vietnam. The expansion of state and national consciousness were the fundamental reasons for his writing of the history of the Sino-Vietnam war regardless of the facts. A different perspective from overseas would be provided by studying the writing of *Dai Viet Su Ky Toan Thu.*

Keywords: *Dai Viet Su Ky Toan Thu;* Mongolian Empire and Yuan Dynasty; Vietnam' s Chen Dynasty; historical writing

〔彭崇超（1990— ），男，辽宁海城人，南开大学中国史专业博士研究生，研究方向为中国史学史〕

清朝官方刊修辽史述论*

武文君

（北京师范大学史学研究中心）

摘　要：清朝官方刊修辽史最重要的成果在于《辽史》《钦定辽史国语解》《钦定重订契丹国志》等史籍。武英殿本《辽史》未经擅改，具有重要的校勘版本价值。而经史臣改译后的四库本《辽史》、道光武英殿本《辽史》与《钦定重订契丹国志》，因其考证内容征引部分今已不存史料，同时又包含史臣校刊考订的成果，亦值得重视。而《钦定辽史国语解》虽对历史语言学毫无裨益，但作为官方意识形态，对有清一代《辽史》研究的影响贯穿清朝官、私治史的始终。

关键词：清朝；《辽史》；《钦定重订契丹国志》；《钦定辽史国语解》

作为北方民族建立的政权，清朝在统治“中国”之时，往往强调其合法政权的继承性。在统治者从将自己定位为入主“中国”，到指出东夷等皆是华夏后裔，表达我本“中国”之意的过程中，史学发挥了重要作用。正因如此，与在明朝不被重视或被鄙夷相比较，民族史学，特别是曾入主中原的北方民族政权的史学，在清朝取得了更突出的成就。清朝官方刊修辽史最重要的成果在于《辽史》，以及《钦定辽史国语解》与《钦定重订契丹国志》等史籍。目前关于清朝官方刊修辽史并无专门研

* 本文为教育部人文社会科学青年基金项目“辽朝驻防体系研究”（22YJC770025）、河北省高等学校人文社会科学研究项目“辽朝文化自信的构建途径及过程研究”（SQ2022190）及东北大学秦皇岛分校校级项目“民族共同体视角下辽朝诸京道佛教发展研究”阶段性成果。

究，仅暴鸿昌《清代的辽金史学》一文，对辽金史学作了简要概述，且侧重于私人刊修辽史。[①] 因而，本文拟探讨清朝官方刊修的辽史内容，以呈现清朝皇帝和史臣的辽朝观，进而考察其所反映的清朝的历史映像。

一

乾隆皇帝即位之初，便曾指出辽、金、元三史纂修不精的问题。乾隆四年（1739）刊刻的武英殿本是清代最重要同时也最有影响的《辽史》版本，共八册，一百一十六卷，卷首有目录、进史表，书边刻有“乾隆四年校刊”字样。武英殿本《辽史》据明万历三十四年（1606）北京国子监本翻刻，相较于北监本以及明嘉靖八年（1529）的南京国子监本，武英殿本校改大量南、北国子监本中的错误，并在每卷末附有若干条“考证”。虽然按照今天的标准来看，乾隆殿本的校勘很不严谨，多有肆意妄改之处，但在当时已是《辽史》最为精良的版本，且卷末“考证”的体例，为此后四库本《辽史》、道光武英殿本《辽史》所继承。

乾隆四年的武英殿本《辽史》，其中的人名、地名、职官名尚未修改。最直接体现在每卷卷首作“元中书右丞相总裁脱脱等修”，而此后“脱脱”均改作“托克托”。造成这一转变的原因始于乾隆三十六年。是年，乾隆皇帝对包含《辽史》在内的辽、金、元三史修订做出具体的工作指示，下令编撰《辽金元三史国语解》。乾隆三十六年十二月，上谕：“前以批阅《通鉴辑览》，见前史所载辽、金、元人地官名，率多承讹袭谬，展转失真。又复诠解附会，支离无当，甚于对音中曲寓褒贬，尤为鄙陋可笑。盖由章句迂生，既不能深通译语，兼且逞其私智，高下其手，讹以传讹……每因摘文评史，推阐及之。并命馆臣就辽、金、元史《国语解》内人、地、职官、氏族及一切名物、象数，详晰厘正，每条兼系以国书，证以《三合切韵》，俾一字一音，咸归吻合，并为分类笺释，各从本来意义，以次进呈，朕为亲加裁定，期于折衷至是。”[②] 正式决定编修辽、金、元三史《国语解》的内容。

---

① 暴鸿昌：《清代的辽金史学》，《史学集刊》2000 年第 4 期。

② 《清高宗实录》卷八九八，乾隆三十六年十二月戊寅条，中华书局影印本，第 19 册，北京：中华书局，2008 年，第 20167 页。

乾隆四十三年四月，上谕："前以辽、金、元三史内人名字义，多未妥协，因命编纂诸臣遵照《同文韵统》所载，详加更正。盖缘辽、金、元入主中国时，其人既未必尽晓汉文，以致音同误用，而后此之为史者，因非本国之人，甚至借不雅之字，以寓其诋毁之私。是三史人名，不可不亟为厘定，而示大公之本意也。"[①] 再次制定编修《国语解》的参考文献及内容。《钦定辽金元三史国语解》的编纂原则为"以索伦语正《辽史》""以满洲语正《金史》""以蒙古语正《元史》"。[②] 乾隆四十七年二月，军机大臣"遵旨将各馆纂办书籍已、未完竣及曾否刊刻、写入《四库全书》"的情况向乾隆皇帝汇报，其中在"纂办全竣现在缮写、刊刻各书单"内，列有"辽金元三史"和"辽金元国语解"，可知《钦定辽金元三史国语解》应于是年编纂完成。[③]

《钦定辽史国语解》即来自《钦定辽金元三史国语解》，主要是对人名、地名、职官、氏族等的校证。并且在《钦定辽金元三史国语解》书成后，乾隆皇帝下令参照其勘订改正《四库全书》中有关辽金元著作中的人、地、官名等。这当中首选《辽史》为第一修改对象，其他如《金史》《契丹国志》等记载辽朝相关内容者，皆被删改。故文渊阁《四库全书》本《辽史》《金史》《契丹国志》等卷前皆题为"乾隆四十九年十一月恭校上"。[④] 此后，撰述辽史者，亦参照修改后的《辽史》，如李有棠《辽史纪事本末》等皆以此为底本。而《钦定辽金元三史国语解》在译正《辽史》《金史》《元史》《契丹国志》的过程中，又进一步修改完善，最终定稿时间应在乾隆五十年以后，甚至迟至文渊阁《四库全书》本《钦定辽金元三史国语解》卷前所题"乾隆五十四年二月"。[⑤]

---

① 中国第一历史档案馆编：《纂修四库全书档案》，上海：上海古籍出版社，1997年，第810页。

② 乾隆四十七年奉敕撰：《钦定辽金元三史国语解·提要》，景印文渊阁《四库全书》第二九六册，台北：台湾商务印书馆，1986年，第2页。

③ 王重民辑：《办理四库全书档案》上册，国立北平图书馆排印本，1934年，第82—83页。

④ 〔元〕脱脱等：《辽史》卷前，景印文渊阁《四库全书》第二八九册，台北：台湾商务印书馆，1986年，第21页；〔元〕脱脱等：《金史》卷前，景印文渊阁《四库全书》第二九〇册，台北：台湾商务印书馆，1986年，第27页；〔宋〕叶隆礼撰：《钦定重订契丹国志》卷前，景印文渊阁《四库全书》第三八三册，台北：台湾商务印书馆，1986年，第661页。

⑤ 乾隆四十七年奉敕撰：《钦定辽金元三史国语解·提要》，景印文渊阁《四库全书》第二九六册，第3页。

然而，由于《钦定辽金元三史国语解》对于古籍的改译极为随意和敷衍，所谓“以索伦语正《辽史》”，不过是一个幌子和一种说法而已，实际操作中，究竟依据什么语言来改译契丹语，完全取决于编纂者自身的语言知识。于是在《钦定辽史国语解》中，出现了以十八世纪的满洲语和蒙古语去改译十至十二世纪的契丹语，甚至将属于汉藏语系的唐古特语和属于印欧语系的梵语，也作为改译契丹语的依据等问题。[①]《钦定辽史国语解》一书的荒谬之处不胜枚举，极大降低了依据其改译后的《辽史》《契丹国志》等书的史料价值。

需要指出的是，不能仅仅因为四库馆臣依照《钦定辽金元三史国语解》改译辽金元三史，便据此无视四库本辽金元三史的价值。四库馆臣对辽金元三史的整理，并非仅停留在校正名词的层面上，而是作了不同程度的精心整理和修订。其中特别是《辽史》，馆臣校以当时尚存的《永乐大典》，写成大量有价值的“考证”。[②] 如《辽史》卷四“考证”：（会同）四年二月丙午，丙午原本作丙子，按上正月书丙子，则二月不得复有丙子，以上甲辰下丁巳计之，应系丙午，今据《永乐大典》改。秋七月，尼固察奏晋遣使至朔令降，原本晋讹请，今据《永乐大典》改。（会同）九年十一月，先锋候骑报晋兵至，先锋原本作先遣，据《永乐大典》改。太妃安氏，原本缺“太”字、“安”字，今据《永乐大典》增等。[③] 由于《辽史》之祖本元刻本的初刻本已佚，现存数种元末明初翻刻本和明钞本。明杨士奇《文渊阁书目》卷二登录了四部《辽史》，其中三部为二十册，一部为十五册，明初朝廷应藏有较早刻本的完整《辽史》，《永乐大典》即据以录入，因此《大典》所载《辽史》实可视为一种早期版本。清修《四库全书》时，《大典》大部尚存，馆臣用以校勘之成果，在《大典》大部已佚之今日是十分可贵的。[④] 此外，四库馆臣还参照五代、宋、金等官私史书校订《辽史》，皆以附录的形式附于每卷的最

---

① 刘浦江：《从〈辽史·国语解〉到〈钦定辽史语解〉——契丹语言资料的源流》，余太山主编：《欧亚学刊》第4辑，北京：中华书局，2004年，第149—158页。

② 李伟国、尹小林：《重审〈文渊阁四库全书〉中“二十四史”之价值》，《学术月刊》2013年第1期。

③ 《辽史》卷四“考证”，景印文渊阁《四库全书》第二八九册，第58—59页。

④ 李伟国、尹小林：《重审〈文渊阁四库全书〉中“二十四史”之价值》，《学术月刊》2013年第1期。

后，对于《辽史》校勘具有重要意义。

四库本《辽史》共二十册，一百一十六卷，卷首有乾隆御制改译辽金元三史序，进史表、目录，纪昀等提要。除在每卷后附“考证”外，四库馆臣在其他部分亦发表对于《辽史》体例、内容等方面的看法。如在卷前提要中，四库馆臣指出，因辽朝书禁甚严，元朝史臣在纂修《辽史》时存在巧妇难为无米之炊的困境：“考辽制书禁甚严，凡国人著述，惟听刊行于境内，有传于邻境者罪至死。盖国之虚实不以示敌，用意至深。然以此不流播于天下。迨五京兵燹之后，遂至旧章散失，澌灭无遗。观袁桷《修三史议》、苏天爵《三史质疑》，知辽代载籍可备修史之质者，寥寥无几，故当时所据惟耶律俨、陈大任二家之书，见闻既隘，又蒇功于一载之内，无暇旁搜，潦草成编，实多疏略。其间左支右绌，痕迹灼然。”

由于辽朝史料匮乏，故元朝史臣在修史之时，只得通过重出、拆分等方式，以保证《辽史》卷数丰盈：“如每年游幸，既具书于《本纪》矣，复为《游幸表》一卷；部族之分合，既详述于《营卫志》矣，复为《部族表》一卷；属国之贡使，亦具见于本纪矣，复为《属国表》一卷；义宗之奔唐，章肃之争国，既屡见于纪、志、表矣，复累书于列传；文学仅六人，而分为两卷；伶官、宦官本无可纪载，而强缀三人。此其重复琐碎，在史臣非不自知，特以无米之炊，足穷巧妇，故不得已而缕割分隶，以求卷帙之盈，势使之然，不足怪也。”

但四库馆臣同时也指出，《辽史》修纂不精也存在元朝史臣的个人原因。“然辽典虽不足征，宋籍非无可考。”其中对于辽道宗“寿昌（寿隆）”年号的考证最见馆臣用功之深：“《文献通考》称辽道宗改元寿昌，洪遵《泉志》引李季兴《东北诸蕃枢要》云，契丹主天祐年号寿昌，又引《北辽通书》云，天祚即位，寿昌七年改为乾统，而此书作寿隆，殊不思圣宗讳隆绪，道宗为圣宗之孙，何至纪元而犯祖讳。考今兴中故城东南七十里柏山有《安德州灵岩寺碑》，称‘寿昌初元，岁次乙亥’；又有《玉石观音像唱和诗碑》，称‘寿昌五年九月’；又易州有《兴国寺太子诞圣邑碑》，称‘寿昌四年七月’，均与洪遵所引合。”①

① 《辽史》卷前，景印文渊阁《四库全书》第二八九册，台北：台湾商务印书馆，1986 年，第 19—21 页。

四库馆臣此处对于道宗“寿隆”“寿昌”年号的辨证，吸收了乾嘉史学巨擘钱大昕的观点。[①] 四库馆臣在援引钱大昕观点的基础上，又增加了《玉石观音像唱和诗碑》《兴国寺太子诞圣邑碑》等佐证，明确指出“寿隆”年号为误，鉴于四库本《辽史》的官修地位，此后“寿昌”之说逐渐成为学界的主流观点，四库本《辽史》对于辽史研究的影响由此可见一斑。当然，凡事皆具有两面性，同样由于四库本《辽史》作为官修史书的影响力，其对于姓名、地名、职官等内容的篡改，又在一定程度上降低了其后依据四库本《辽史》纂修的史书的文本价值。

继四库本《辽史》之后，道光四年（1824）在乾隆武英殿本《辽史》的基础上，重新刊刻新版武英殿本《辽史》，共二十八册，一百一十五卷，卷首有进史表、陈浩等校跋、目录，书边刻“道光四年校刊本”。虽然辽代人名、官名、地名等皆已据四库本《辽史》及《钦定辽金元三史国语解》改译，但考证部分较之乾隆殿本与四库本又有所进展，考证内容进一步增加。同时道光武英殿本《辽史》亦依据《永乐大典》本《辽史》进行版本校对，部分条目所引《永乐大典》今已不存，此为道光殿本中最有价值的内容。[②]

二

乾隆皇帝设四库馆刊修《辽史》，成书后又有馆臣所修《辽史提要》。不过，实际上呈阅至皇帝的《辽史提要》代表的是统治阶层的史评和史观，与参修史官的理念和认识是有差异的。在乾隆朝入四库馆主持

---

① 钱大昕在撰于乾隆三十六年的《潜研堂金石文跋尾》中写道：“按洪遵《泉志》有寿昌元宝钱，引李季兴《东北诸蕃枢要》云：‘契丹主天祐年号寿昌’。又引《北辽通书》云：‘天祚即位寿昌七年改为乾统’。今《辽史》作‘寿隆’，不云‘寿昌’，或疑《泉志》之误。予见辽时石刻，称‘寿昌’者多矣，无有云‘寿隆’者。《东都事略》《文献通考》皆宋人之书也，亦称‘寿昌’。其以为‘寿隆’者，《辽史》之误也。辽人谨于避讳，光禄卿之改崇禄，避太宗讳也；改女真为女直，避兴宗讳也；追称重熙为重和，避天祚嫌名也。凡石刻遇光字，皆缺画，或作尧，此碑（指钱大昕家藏辽《安德州创建灵岩寺碑》拓本）亦然。道宗者，圣宗之孙，而以‘寿隆’纪元犯圣宗之讳，此理之必无者矣。”钱大昕：《潜研堂金石文跋尾》卷十七“辽”，“安德州创建灵岩寺碑”，陈文和主编：《嘉定钱大昕全集》（增订本），南京：凤凰出版社，2016 年，第 414—415 页。

② 关于乾隆殿本与道光殿本，详见《点校本辽史修订前言》，第 15—16 页。

《四库全书》史部编纂工作的邵晋涵即是如此。

邵晋涵为乾隆三十六年进士，入《四库全书》馆任编修，史部之书多由其最后校定，提要也多出其手，包括《史记提要》《汉书提要》《后汉书提要》《晋书提要》《辽史提要》等。然而，经过对比可以发现，存于邵晋涵著《南江文钞》卷十二的《辽史提要》，与文渊阁《四库全书》本《辽史》卷前提要存在差异，前者保留了邵晋涵对《辽史》最初拟订的评论，及其对于《辽史》一书的看法与认识。

邵晋涵《辽史提要》与文渊阁《四库全书》本《辽史》卷前提要对照表

《南江文钞》卷十二《辽史提要》①	文渊阁《四库全书》本《辽史》提要②
《辽史》一百十六卷，元托克托等撰。	《辽史》一百十五卷，元托克托等奉敕撰。
为《本纪》三十卷、《志》三十一卷、《列传》四十六卷、《国语解》一卷。	为《本纪》三十卷、《志》三十一卷、《列传》四十五卷。
无	考辽制书禁甚严，凡国人著述，惟听刊行于境内，有传于邻境者罪至死（见沈括《梦溪笔谈》僧行均《龙龛手鉴》条下）。盖国之虚实不以示敌，用意至深。然以此不流播于天下。迨五京兵燹之后，遂至旧章散失，澌灭无遗。
考袁桷《修三史议》、苏天爵《三史质疑》，知辽代载籍可备修史之质者本少，此书所据者，耶律俨、陈大任之书也。	观袁桷《修三史议》、苏天爵《三史质疑》，知辽代载籍可备修史之质者，寥寥无几，故当时所据惟耶律俨、陈大任二家之书。
当日史臣见闻既隘，又迫限时日，无暇旁搜，而局于三史并行之议，敷衍成文，取盈卷帙。观诸《志》叙例，惟取其门类相配，而不顾其事迹之有无，其张皇补苴之心亦良苦矣。	见闻既隘，又蒇功于一载之内，无暇旁搜，潦草成编，实多疏略。其间左支右绌，痕迹灼然。
今总核其书，前后每年游幸，……伶官、宦官本无可纪载也，而强缀三人为一卷。此其重复琐碎之病，在史臣非不自知，特以事迹寂寥，唯恐卷数之隘，难以配《宋》《金》二史，不得已而为此重见叠出、瓜分缕割也。	如每年游幸，……伶官、宦官本无可纪载，而强缀三人。此其重复琐碎，在史臣非不自知，特以无米之炊，足穷巧妇，故不得已而缕割分隶，以求卷帙之盈，势使之然，不足怪也。
然辽之遗事，非竟无可考也。	然辽典虽不足征，宋籍非无可考。
无	考重熙十六年《释迦佛舍利铁塔记》，石刻今尚在古尔板苏巴尔汉，其文称维大契丹国兴中府重熙十五年丙戌岁十一月丁丑朔云云，与王偁所记合。

① 〔清〕邵晋涵著，李嘉翼、祝鸿杰点校：《南江文钞》卷一二《辽史提要》，《邵晋涵集》第 7 册，杭州：浙江古籍出版社，2016 年，第 2066—2067 页。

② 《辽史》卷前，景印文渊阁《四库全书》第二八九册，第 19—21 页。

续表

《南江文钞》卷十二《辽史提要》	文渊阁《四库全书》本《辽史》提要
必不至纪元而直犯祖讳者。	何至纪元而犯祖讳。
无	考今兴中故城（即古尔板苏巴尔，汉译言三塔也，故土人亦称三座塔云）东南七十里柏山有《安德州灵岩寺碑》，称“寿昌初元，岁次乙亥”；又有《玉石观音像唱和诗碑》，称“寿昌五年九月”，又易州有《兴国寺太子诞圣邑碑》，称“寿昌四年七月”，均与洪遵所引合。
无	考兴中故城铁塔记旁有天庆二年《释迦定光二佛舍利塔记》，称“重和十五年铸铁塔”，与陆游所记亦合。
而此书不载，是其于改元之典章多舛漏也。	而此书均不载，是其于改元之典章多舛漏也。
南面官有散官，有宪官，有试秩，有勋，有爵，有赐，有食邑，而《百官志》不载；商税、曲务分设官以莅之，而《食货志》不载。是其于官爵征榷之制有遗阙也。	《潜研堂金石文跋尾》又称据《太子诞圣邑碑》诸人结衔，知辽制有知军州事、通判军事、知县事之名，而《百官志》亦不载，是其于制度有遗阙也。
韩德让之专政、刘四端之乐队，《纪》《传》俱不详其文，是其于政务多所掩没也。使当日能博采遗闻，则朝章国故必有可补《实录》所未备者，何至重复琐碎以取盈卷帙哉？观王郁、赵延寿、萧翰诸《传》，于事见《通鉴》及叶隆礼《契丹国志》者，尚不暇取证，匆遽成书，固难责其博采旧闻矣。	至厉鹗《辽史拾遗》所摭，尤不可更仆数。此则考证未详，不得委之文献无征矣。
然此书以《实录》为凭，无所粉饰，如《宋史》“太平兴国七年，战于丰州”，据此书则宋使请和；《宋史·忠义传》有康保裔，据此书则保裔被擒而降，后为昭顺军节度使。审其事势，《辽史》较可征信。此三史所由并行而不可偏废欤。	然其书以《实录》为凭，无所粉饰，如《宋史》载太平兴国七年战于丰州，据此书则云，保裔被擒而降，后为昭顺军节度使，审其事势，《辽史》较可征信。此三史所由并行而不可偏废欤。

由上表可知，邵晋涵《辽史提要》较之文渊阁《四库全书》本《辽史》卷前提要，相同之处在于邵晋涵的基本思想得以保留，其对于《辽史》前后内容重复、重要内容缺失的批评，以及对于《辽史》依据《实录》编成，具有重要史料价值的肯定等观点，均为修改后的《辽史》卷前提要所吸收。

不同之处在于，其一，邵晋涵对于《辽史》的批评更为严厉。如邵晋涵指责元朝史臣“特以事迹寂寥，唯恐卷数之隘，难以配《宋》《金》二史，不得已而为此重见叠出、瓜分缕割也”。修改后为“特以无米之炊，足穷巧妇，故不得已而缕割分隶，以求卷帙之盈，势使之然，不足怪也”。修改后的《辽史》卷前提要，将邵晋涵所言元朝史臣内容重出、体例混乱以凑卷数、字数的行为，称为“巧妇难为无米之炊”，不得已而为之的行为，认为无须责怪。又如邵晋涵指责元朝史臣“敷衍成文”，修改后的《辽史》卷前提要，则增加“辽制书禁甚严，凡国人著述，惟听刊行于境内，有传于邻境者罪至死”等语，认为辽朝此举“盖国之虚实不以示敌，用意至深”，对于国家安全具有重要意义。而战火过后，书籍无传，文献无征，此为辽朝政策带来的负面影响，从而导致修史时资料匮乏，同样是为元修《辽史》开脱。

其二，修改后的《辽史》卷前提要，压缩邵晋涵批评元修《辽史》内容，通过增加史料论证，以保证提要内容充实。如邵晋涵指责“元修《辽史》韩德让之专政、刘四端之乐队，《纪》《传》俱不详其文，是其于政务多所掩没也。使当日能博采遗闻，则朝章国故必有可补《实录》所未备者，何至重复琐碎以取盈卷帙哉？观王郁、赵延寿、萧翰诸《传》，于事见《通鉴》及叶隆礼《契丹国志》者，尚不暇取证，匆遽成书，固难责其博采旧闻矣”。修改后仅以一句“至厉鹗《辽史拾遗》所摭，尤不可更仆数。此则考证未详，不得委之文献无征矣”带过。相反，增《释迦佛舍利铁塔记》以证辽朝国号更替，增《安德州灵岩寺碑》《玉石观音像唱和诗碑》《兴国寺太子诞圣邑碑》以证辽道宗“寿隆”年号为“寿昌”之误等。

其三，修改后的《辽史》卷前提要较之邵晋涵原文，在两个细节上存在不足。邵晋涵引钱大昕言“南面官有散官，有宪官，有试秩，有勋，有爵，有赐，有食邑，而《百官志》不载；商税、曲务分设官以莅之，而《食货志》不载。是其于官爵征榷之制有遗阙也”。[①] 修改后改为“《潜研堂金石文跋尾》又称据《太子诞圣邑碑》诸人结衔，知辽制有知军州事、通判军事、知县事之名，而《百官志》亦不载，是其于制度有遗阙也”。辽朝的南面官结衔包括功臣号、职、阶、官、散官（检校官）、

① 钱大昕原文为“此所载结衔有散官、有检校官、有宪官、有试秩、有勋、有爵、有赐、有食邑，皆史所未详。至商税麹务都监、同监麹务及麹务判官之设，《百官》、《食货》两志俱遗之，所宜特书以补正史之缺漏也”。[《潜研堂金石文跋尾》卷一七“辽”，陈文和主编：《嘉定钱大昕全集》（增订本），南京：凤凰出版社，2016 年，第 410—411 页]

宪、勋、爵、邑（封）、赐。[1] 邵晋涵引钱大昕所言，敏锐地抓住辽朝南面官的官制特点，而知军州事、通判军事、知县事皆为“职”，修改后的内容反而掩盖了辽朝南面官的官制特点。另一处便是修改后的《辽史》卷前提要云“其书以《实录》为凭，无所粉饰，如《宋史》载太平兴国七年战于丰州，据此书则云，保裔被擒而降，后为昭顺军节度使，审其事势，《辽史》较可征信”，读起来使人不知所云。对照邵晋涵原文后可知，应为“如《宋史》‘太平兴国七年，战于丰州’，据此书则宋使请和；《宋史·忠义传》有康保裔，据此书则保裔被擒而降，后为昭顺军节度使”。实为两件事，《提要》在修改过程中出现阙文，由此引发读者误解。

邵晋涵本为四库馆臣，负责史书提要的书写，而四库本《辽史提要》与邵晋涵《辽史提要》的内容却存在差异，删去了批评内容，且存在错误。这体现出至乾隆朝统治时期，在大一统思想之下，官方对于辽史在内的北方民族史的肯定倾向。

三

作为除《辽史》外唯一一部记载有辽一代历史的纪传体断代史著作《契丹国志》，乾隆皇帝也下诏进行了修订。

一方面，《契丹国志》中的辽代人名、地名、职官等名词，皆按照《钦定辽史国语解》内容进行修改，并在最后附《译改国语解》加以说明。如穆尔穆稜，“地名。蒙古语，穆尔，踪迹也；穆稜，江也。原作也里没里，今改正”。托果斯穆稜，“蒙古语，托果斯，孔雀也；穆稜，江也。原作陶猥思没里，今改正”。[2] 另一方面，乾隆四十六年十月，乾隆皇帝指出《契丹国志》“体例书法讹谬”的问题：“大书辽帝纪元于上，而以宋祖建隆等年号分注于下，尤为纰缪。夫梁、唐、晋、汉、周僭乱之主，享国日浅，且或称臣、称儿、称孙于辽，分注纪元尚可。若北宋则中原一统，岂得以《春秋》分国之例，概予分注于北辽之下？”[3]《契

① 杨军：《辽朝南面官研究——以碑刻资料为中心》，《史学集刊》2013 年第 3 期。

② 〔宋〕叶隆礼：《钦定重订契丹国志》卷二八《译改国语解》，第 797 页。

③ 《钦定重订契丹国志·乾隆四十六年十月十六日奉上谕》，第 655 页。

丹国志》的帝纪部分，原以辽朝纪年为纲，而将五代、北宋年号分注其下，乾隆皇帝认为，此种史例用于五代尚可接受，但宋朝建立后，正统在宋，岂能将宋朝年号系于辽朝之下，故对《契丹国志》的原有体例极为不满，于是命馆臣将《契丹国志》一书重新加以改纂。修改后的《契丹国志》，仅以辽朝纪年系年，将五代、北宋纪年全部删去，借以符合乾隆皇帝对于辽、宋正统的认识。

同时，乾隆皇帝指出："其说（指《契丹国志》）采摘《通鉴》《长编》及诸说部书，按年胪载，抄撮成文。中间体例混淆，书法讹舛，不一而足。如书既名《契丹国志》，自应以辽为主，乃卷首《年谱》既标太祖、太宗等帝，而事实内或称辽帝，或称国主，岂非自乱其例?"[①] 基于此，四库馆臣在统一书中字词、修订语句的基础上，对内容亦详加考证。如卷首《契丹国初兴本末》，四库馆臣"案，叶隆礼原书称'契丹之始，简册不载，无得而详'，今考《辽史·世表》载辽先世、传国源流颇具，不得云无可考见，今据改正"。因而四库馆臣依照《辽史·世表》内容，增加"契丹本炎帝之后，先世保鲜卑山以居，号鲜卑氏，为慕容燕所破，析其部曰宇文，曰库莫奚，曰契丹。契丹之名，昉见于此"。[②] 在《契丹九帝年谱》中，四库馆臣将辽太宗的在位时间修正为二十一年。"案原书云在位二十二年，盖误以太宗即位在天显元年也。今核实改正"。[③] 在卷一《太祖大圣大明神烈天皇帝》中，因"隆礼原书不载太祖姓氏及德祖之谥"，故据《辽史》补"太祖皇帝姓耶律氏，讳亿，字安巴坚，德祖长子也"。[④] 类似的考证与补充比比皆是，不一而足。

经过上述对《契丹国志》的修订、调整与补充，最终形成《钦定重订契丹国志》一书。由于四库馆臣随意修改文字、增补内容，大大降低了重修后的《契丹国志》在内容上的史料价值，反而是四库馆臣的考订与注释，较之正文具有重要的校勘与研究价值。

综上，清代官修《辽史》中，乾隆武英殿本由于未经擅改，具有重要的校勘版本价值。而经史臣改译后的四库本《辽史》、道光武英殿本

① 《钦定重订契丹国志·乾隆四十六年十月十六日奉》，第 655 页。

② 《钦定重订契丹国志》卷首《契丹国初兴本末》，第 661 页。

③ 《钦定重订契丹国志》卷首《契丹九帝年谱》，第 663 页。

④ 《钦定重订契丹国志》卷一《太祖大圣大明神烈天皇帝》，第 665 页。

《辽史》与《钦定重订契丹国志》，虽失去校勘上的版本价值，但因其考证内容征引部分今已不存史料（如《永乐大典》），同时包含史臣校读《辽史》《契丹国志》时所发现的与《宋史》《续资治通鉴长编》等史书之异同，同样值得重视。而《钦定辽史国语解》虽既无史料价值，对历史语言学亦毫无裨益，但作为乾隆皇帝钦定，作为官方意识形态，其对有清一代《辽史》研究的影响贯穿清朝始终，无论是官修史书还是私家修史，《钦定辽史国语解》的影响随处可见。

A Study of Liao History in the Official Journal of the Qing Dynasty

WU Wenjun

Abstract: The most important achievement of the official publication in the Qing Dynasty was *Liao Shi*, *Qinding Chongding Qidanguozhi*, and *Qinding Liaoshi Guoyujie*. Wuyingdian version of *Liao Shi* has not been corrected without permission, so it has important collation value. However, the retranslation of *Liao Shi* and the Wuyingdian version of *Liao Shi and Qinding Chongding Qidanguozhi* should be attached importance because they are the textual researches of the historian ministers and there is no original works of the quotes. *Qinding Liaoshi Guoyujie*, as the officials ideology, impacts on the study of *Liao Shi among* officials and civilians of the Qing Dynasty although it is not helpful for historical linguistics.

Keywords: the Qing Dynasty; *Liao Shi; Qinding Chongding Qidanguozhi; Qinding Liaoshi Guoyujie*

〔武文君（1991— ），女，河北石家庄人，北京师范大学史学研究中心博士后、助理研究员，研究方向为中国史学史与史学理论〕

从高濂《燕闲清赏笺》观晚明尚“闲”的美学观

李兆玥

（北京林业大学）

摘　要：晚明文人对于日常生活中审美意趣的营造极为关注，他们注重古董器物中的文化内涵，追慕古代道隐之士的审美趣味，并将其与日常生活联系在一起，构成一种清心乐志的尚“闲”的审美观。《燕闲清赏笺》是晚明时期代表性的鉴赏类著作，亦是晚明时期文人闲赏活动的缩影，其中不仅有历代名品之著录，更有品评赏鉴、辨别真伪、养护花草等诸多细节。本文以“闲”为出发点，聚焦高濂《燕闲清赏笺》，并结合晚明文人的鉴藏活动，从“闲与遵生”“闲与忘我”“闲与得趣”三个方面，解析晚明时期尚“闲”的美学观。

关键词：闲；遵生；忘我；得趣

明代高濂（1499—1603）所著《遵生八笺》是非常重要的晚明美学文献，而《燕闲清赏笺》是其中尤为重要的一笺。《四库全书》对此书提要云：“皆论赏鉴清玩之事”，“书中所载，专以供闲适消遣之事”。[①]这两句说明了鉴赏清玩的功用在于闲适消遣，如高濂所云：“闲可以养性，可以悦心，可以怡生养寿。”[②]《燕闲清赏笺》全书共分为上中下三

① 毛文芳：《晚明闲赏美学》，台北：台湾学生书局，2000 年，第 31 页。

② 〔明〕高濂著，李嘉言点校：《燕闲清赏笺》，杭州：浙江人民美术出版社，2012 年，第 1 页。

卷，分别从艺术欣赏、性情陶冶等诸方面论养生调心之道。其所作内容上承袭了宋代赵希鹄《洞天清录集》的赏鉴内容，下成为后世文人所著鉴赏著作的底本。所论含古物鉴赏、古铜器、玉器、藏书、书画、香、琴、花的种植养护等诸多方面，几乎涵盖了晚明文人闲赏生活的全部范围，体现了晚明时期文人以“闲”来修身养性的审美风尚。

一、“闲”之释义

本文所指的“闲”字，繁体应写作“閒”，《说文解字》解释为“隙也”，清代段玉裁注云：“閒者，稍暇也，故曰閒暇。”① 因而，闲的本义即为闲暇。受先秦道家思想影响，中国古代文人历来就有崇尚“闲”的传统。其所尚之“闲”更多强调“心闲”之义，是不存在任何目的性的精神上的自由、无为之态，是一种心无所扰的澄明之境。南朝梁时刘勰在《文心雕龙》中言：“入兴贵闲”，意指“闲”与“情”关联，超越于一般消遣之上。南宋赵希鹄在《洞天清录集》中亦写道：“人生世间，如白驹之过隙，而风雨忧愁，辄三之二，其间得闲者，才十之一耳。况知之能享者，又百之一二。于百一之中，又多以声色为乐，不知吾辈自有乐地。悦目之初不在色，盈耳初不在声。明窗净几，焚香其中，佳客玉立相映，取古人妙迹图画，以观鸟篆蜗书，奇峰远水，摩挲钟鼎，亲见商周。端砚涌岩泉，焦桐鸣佩玉，不知身居尘世，所谓受用清福，孰有逾此者乎?”② 以上诸多论述皆可表明，“闲”实际上是一种“避俗”。这里的“避”并不是逃避，而是一种超脱，是一种在心灵自适的状态下实现对现实事务的暂时性的疏离，从而将自己投入一种自我营造的审美情境之中，是一种离开现实生活的“他性”。“闲”作为一种文化形态，以种种形式、姿态构筑文人的心灵世界，并由此内化为根性，成为历代文人的一种生活方式。

高濂在《燕闲清赏笺》中对“闲”做了这样的阐释：“心无驰猎之劳，身无牵臂之役，避俗逃名，顺时安处，世称曰闲。而闲者匪徒尸居肉食，无所事事之谓。俾闲而博弈樗蒲，又岂君子之所贵哉？孰知闲可

① 〔清〕段玉裁：《说文解字注》，南京：凤凰出版社，2007 年，第 1023 页。

② 《燕闲清赏笺》，第 2 页。

以养性，可以悦心，可以怡生安寿，斯得其闲矣。”① 可见，高濂崇尚的“闲”在其本义上，指向了怡情养性、修养身心的方面，实现了“身闲”与“心闲”的完美契合。至此，晚明文人所尚之“闲”在其本义上，产生了新的美学意味。

接下来，本文将聚焦高濂《燕闲清赏笺》，并结合晚明文人的鉴藏活动，解析高濂所代表的晚明文人所崇尚之“闲”的美学意义。具体将从“闲与遵生”“闲与忘我”“闲与得趣”三个方面展开。

二、“闲”与“遵生”

“遵生”即为尊生、养生，晚明文人普遍关心身在俗世中的生命状况，对于尊生、养生等方面尤为重视。而晚明文人所言的“遵生”并非崇异的修行方式，而是一种以精神愉悦为主的调养方式。

高濂在《遵生八笺·自叙》中先解释了何以为“遵生”？所尊之“生”为何？他写道：“自天地有生之始，以至我生，其机灵自我而不灭。吾人演生生之机，俾继我后，亦灵自我而长存。是运天地不息之神灵，造化无疆之窍，二人生我之功，吾人自任之重，义亦大矣。故尊生者，尊天地父母生我自古，后世继我自今，匪徒自尊，直尊此道耳。不知生所当尊，是轻生矣。轻生者，是天地父母罪人乎！何以生为哉？故余《八笺》之作，无问穷通，贵在自得，所重知足，以生自尊。”② 由此可知，高濂所尊之“生”首先是天地万物生生不息的生命精神。其次，“遵生”贵在自得，以生自尊，并以感恩敬畏之心与之进行交流。高濂在自叙中进而说明，“遵生”无关富贵还是贫穷，“彼生于富贵者，宜享荣茂之尊矣，而贫贱者，可忘闲寂之尊哉？”③ 贫穷者通过闲赏花草与富贵者通过鉴赏古董器物所达到的“闲”只是方式不同，所进入的心闲之境是一致的。

由此可见，高濂所提倡的“遵生”首先是养精神，其次是身体层面的养护。如此的“遵生”是建立在中国传统生命观之上的，重在营造一

① 《燕闲清赏笺》，第1页。

② 《燕闲清赏笺》，第254页。

③ 《燕闲清赏笺》，第254页。

种蕴含万物生气的起居环境，以和其性灵，悦其心志，从而达到外适内和的目的。此种“遵生”的方式是以重视感官享受为特征，旨在为人的身体生命营造出一种理想的、完美的现实世界。在此情境中，情性不为外物所扰，不以得失役吾心，不以荣辱劳吾形，浮沉自如，乐天知命，如此安所遇而遵所生。

高濂在《燕闲清赏笺·上卷序》中曾生动描绘过如何在富有审美意趣的居室环境中借古滋养生命的情境：“时乎坐陈钟鼎，几列琴书，拓帖松窗之下，展图兰室之中，帘栊香霭，栏槛花妍，虽咽水餐云，亦足以忘饥永日，冰玉吾斋，一洗人间氛垢矣，清心乐志，孰过于此。”① 并在此笺《论哥器窑器》一篇中言：“故余每得一睹，心目爽朗，神魂为之飞动，顿令腹饱。”② 又在《起居安乐笺》的《论书斋》一篇中说到：“书斋宜明净，不可太敞。明净可爽心神，宏敞则伤目力。窗外四壁，薜萝满墙，中列松桧盆景，或建兰一二，绕砌种以翠云草令遍，茂则青葱郁然……书斋中当置者。画卷旧人山水、人物、花鸟、或名贤墨迹，各若干轴，用以充架。斋中永日据席，长夜篝灯，无事扰心，阅此自乐，逍遥余岁，以终天年。”③ 高濂认为，以古董器物来装饰点缀的起居环境，自然含有天地间生生不息的生命精神。抽象的古代情境与历史感透过现存的古董书画器物传达而来，以古来滋养生命和心性。文人在赏鉴的过程之中，首先感受到了视觉、知觉上的美感享受，继而与内心中对古典典范的追慕之情契合，如此将自己投射进一种富有古典意蕴的审美情境之中，实现物我合一。如文震亨所言：“挹古今清华美妙之气于耳目之前，供我呼吸；罗天地琐杂碎细之物于几席之上，听我指挥；挟日用寒不可衣、饥不可食之器，尊逾拱璧，享轻千金，以寄我之慷慨不平，非有真韵、真才与真情以胜之，其调弗同也。”④

董其昌更在《骨董十三说》中直言古董有祛病延年的实用功效：“骨董非草草可玩也。宜先治幽轩邃室，虽在城市，有山林之致，于风月晴

① 《燕闲清赏笺》，第1页。

② 《燕闲清赏笺》，第40页。

③ 〔明〕高濂著，赵立勋校注：《遵生八笺校注》，北京：人民卫生出版社，1993年，第226页。

④ 〔明〕沈春泽：《长物志·序》，杭州：浙江人民美术出版社，2011年，第21页。

和之际，扫地焚香，烹泉速客，与达人雅士谈艺论道；于花月竹柏间，盘桓久之，饭余晏坐，别设净几，铺以丹罽，袭以文锦，次第出其所藏，列而玩之。”① 如此“可解郁结之气”，“可敛放纵之习”。

在晚明文人心中，一个细心营造的具有古典意蕴的审美环境是天地间生生不息之气的化身，是尊养生命、怡心养性的前提，是将自己投入一个属于自己而不属于世俗的空间之中，如此避俗逃名，寄情于物，俯仰之间，一洗人间尘垢，心朗气清，物我两忘，身心俱安。如同东晋王羲之在《兰亭集序》中所言：“夫人之相与俯仰一世，或取诸怀抱，晤言一室之内；或因寄所托，放浪形骸之外。虽趣舍万殊，静躁不同，当其欣于所遇，暂得于己，快然自足，不知老之将至。”

三、“闲”与“忘我”

身心，既是养生也是审美的主体，身心的全方位投入是入古人之境的基本条件，即得“闲”的基础。自先秦时期，庄子便提出“心斋”“坐忘”“游心于物之处”，以“游”的方式观照世间万物，摒除杂念，复归本根，在感性自由中实现对物质生活的超越，从而入澄明之境。魏晋以来，文人在山川之间、江河之上乘物游心、澄怀观道，将身心寄于天地大美之中，以寻求一种生命静守的心灵本在。

在阳明心学和李贽、公安派对人的本性和情感欲望的肯定的影响下，在仕途上不得志的晚明文人并未选择如道家修行般，摒弃一切声色之欲，畅游于山川之中，而是选择在日常生活中营造美感经验，将自身情感寄于古器文物之中。屠隆在《遵生八笺叙》中提出：“人心之体，本来虚空，奈何物态纷拿，汩没已久，一旦欲扫而空之，无所栖泊。”所谓“心有所寄，庶不外驰，亦清净之本也。”② 他认为人心中的物欲一旦被清除，便会陷入无所依托的境地，所以心必须有所依托。而心寄于何处？高濂给出了明确的回答，即将心寄于青铜钟鼎、书画碑帖、香方花插、笔墨书砚等清供物品之上。

高濂在此笺中毫不吝啬地表达自己对古物的倾慕之情和忘我的投入，

---

① 〔明〕董其昌：《骨董十三说》，南京：江苏古籍出版社，1976 年，第 184 页。

② 《燕闲清赏笺》，第 251 页。

称：“余嗜闲雅好古稽古之学，唐虞之训，好古敏求，宣尼之教也。好之，稽之，敏以求之。”又言：“余自闲日，遍考钟鼎卣彝，书画法帖，窑玉古玩，文房器具，纤细究心。更校古今鉴藻，是非辩证，悉为取裁。若耳目所及，真知确见，每事参订补遗，似得慧眼观法。他如焚香鼓琴，栽花种竹，靡不授正方家，考成老圃，备注条列，用助清欢。”① 古玩文房器具成为晚明文人闲赏活动中的主要审美对象，尚古之风盛行。清代伍绍棠在《长物志跋》中写道：“有明中叶，士大夫以儒雅相尚，若评书、品画、论茗、焚香、弹琴、选石等事，无一不精。”②

董其昌在《骨董十三说》中提出，闲赏古董器物如同面见古人，是将自我全身心地投入其中与之进行交流。“文士之精神存于翰墨，玩礼乐之器可以进德，玩墨迹旧刻可以精艺。居今之世，可与古人相见，在此也。”③ 对晚明文人来说，古董器物带给人的审美感受不仅仅是在外形的优美上，更重要的是古董器物中所蕴含的具有古典意蕴的审美情境，通过古董器物与审美主体进行跨时空的交流，进而从中汲取养分来涵养品鉴者自身。高濂在《燕闲清赏笺·上卷序》的开篇就已说明，古董器物是“先王之精义存焉者也，岂直剔异搜奇，为耳目玩好寄哉?”④ 鉴赏古董器物的过程亦是追慕先人精义神采的过程。高濂曾言：“余向曾见《开皇兰亭》一拓，有周文矩画《萧翼赚兰亭图》；定武肥瘦二本并褚河南《玉枕兰亭》四帖。宝玩终日，恍入兰亭社中，饮山阴流觞水，一洗半生俗肠，顿令心目爽朗。”⑤ 又言：“长日深更，沉潜玩索，恍对圣贤面谈，千古悦心快目，何乐可胜。”⑥

高濂为了能“时时观览，并濯胸次俗气”，于是将古董器物融入日常生活之中。他在《燕闲清赏笺·论古铜器具取用》一节中，详论古铜器具如何在当时的日常生活中加以取用。例如把古鼎作焚香之具来用，并有大小两用，大者陈于厅堂，小者置于斋室。再如觚、尊、兕等酒器，

① 《燕闲清赏笺》，第 1 页。

② 〔明〕文震亨著，陈植校注：《长物志校注》，南京：江苏科学技术出版社，1984 年，第 423 页。

③ 《骨董十三说》，第 184 页。

④ 《燕闲清赏笺》，第 1 页。

⑤ 《燕闲清赏笺》，第 59 页。

⑥ 《燕闲清赏笺》，第 47 页。

皆可插花。如此，可在日常生活情境中赋予古铜器新的生机意象，也为日常生活注入古人的生命意趣，以涤尘世之俗气。

高濂在《燕闲清赏笺》中提出了自己鉴赏古董器物的标准。他认为，越久远之物，越具有经历过淘洗的历史感，价值则越高，只有历经三代（夏、商、周）之物才具备令人可以忘我、可以寄以悦生的风格气味，称今之制式，往往取巧而反失精采。他在《论新旧铜器辨正》中言："秦汉之物不及三代，唐宋之物不及秦汉也，然秦汉不及三代，唐宋不及秦汉者，非人力不到，而质料不精。但秦汉之匠拙，而不善模三代之精工，唐宋之匠巧，而欲变三代之程序，所谓世代不及，伤拙伤巧故也。孰知愈巧愈拙，愈工愈失，敦朴古雅，三代之不可及也。"① 并对以古董器物标榜身份的"好事者"提出批判，他认为鉴赏家应"天资高明，多阅传录，或自能画，或深知画意，每得一图，终日宝玩，如对古人，声色之奉不能夺也，名曰真赏"②，与"好事者"自是两等。

晚明文人在鉴赏古董器物的过程之中，静观物我，认取性灵，放情宇宙之外，自足怀抱之中，此种与古董器物的共通感，是晚明文人共具的审美品味。晚明文人将自我情感寄于古物，以抒自己郁郁不得志之怀，是以一种悬置功利的心态介入日常生活之中，从而获得愉悦的审美体验。

四、"闲"与"得趣"

"趣"一直是中国美学重要的审美范畴之一，在明之前，关于"趣"的讨论一直与"道德的崇高"脱不开联系。在明代李贽、袁宏道等人"心学"及"性灵""情教"的思想影响下，"趣"由道德属性走向了娱乐属性，更加注重身体感官的享受。

晚明文人所提倡的"趣"并非脱离审美的维度，其所尚之"趣"是绝俗的，是本真的，非人人可得。袁宏道曾言："世间所难得者，唯趣，趣如山上之色，水中之味，花中之光，女中之态，虽善说者，不能下一语，唯会心者知之。"他进而又言："今之人，慕趣之名，求趣之似，于是有辩说书画、涉猎古董以为清，寄意玄虚、脱迹尘纷以为远，又其下

① 《燕闲清赏笺》，第 23 页。

② 《燕闲清赏笺》，第 77 页。

则有如苏州之烧香煮茶者。此等皆趣之皮毛，何关神情?”[①] 依袁宏道所言，只有深入事物之骨髓，才可以得真趣，仅求感官上的自由放纵的俗趣，皆趣之皮毛，只得其形，未得其神。并且袁宏道将“趣”分为三种，其一为童子之趣，不知有趣，乃人生至乐也；其二为居山林者之趣，无拘无束，虽不知有趣而趣近之；其三为愚、不肖者，乃纵情娱乐之趣，与趣近，也可视为一种趣。他认为“夫趣者得之自然者深，得之学问者浅”，即入理愈深，而趣愈远，趣贵在天然。此观点与高濂在《燕闲清赏笺》中对书画的品评相一致，皆以天趣为高。其言：“余所论画，以天趣、人趣、物趣取之。天趣者，神是也；人趣者，生是也；物趣者，形似是也。夫神在形似以外，而形在神气之中。形不生动，则失其板；生外形似，其失则疏。故求神气于形似之外，取生意于形似之中。”[②] 又言：“若不以天生活泼者为法，徒窃纸上形似，三趣无一得也，终为俗品。”[③]

可见，高濂所言的“天趣”“尊生”及对古董器物“忘我”的投入实质上都是崇尚回归自然本性。“趣”发生的基础正是在于心灵的释放和解脱，即得闲。以自然识趣的童心去观照世间万物，无须勉力求“趣”，万事万物皆可生“趣”。如同李日华所言：“随意作应酬文，不受古人徽索，洒洒我成其我，此数者，皆以不经意得胜趣，天下事，何贵力求?”[④] 又如陈继儒言：“信手写《汉书》几行，随意观古画数幅，心目间觉洒空灵，面上尘当亦扑去三寸。”[⑤] 晚明文人所尚之“趣”是基于现实感性生命的，由心而发，得之自然，皆为任情而发之趣。正所谓：“率真则性灵现，性灵现则趣生。”[⑥]

高濂对“天趣”的追求不仅体现在对书画的品评之中，在日常居室的陈设中也需“得天趣”。《燕闲清赏笺》中的《瓶花之宜》论道：“折花需择大枝，或上茸下瘦，或左高右低，右高左低，或两蟠台接，偃丫

---

① 〔明〕袁宏道著，钱伯城点校：《袁宏道集笺校》卷一〇《叙陈正甫会心集》，上海：上海古籍出版社，1987 年，第 463 页。

② 《燕闲清赏笺》，第 72 页。

③ 《燕闲清赏笺》，第 83 页。

④ 〔明〕李日华著，郁震宏、李保阳点校：《六研斋笔记》，南京：凤凰出版社，2010 年，第 84 页。

⑤ 〔明〕陈继儒著，陈桥生评注：《小窗幽记》，北京：中华书局，2008 年，第 128 页。

⑥ 〔明〕丁允和、陆云龙：《皇明十六家小品》下册《叙袁中郎先生小品》，北京：北京图书馆出版社，1997 年，第 1879 页。

偏曲，或挺露一干中出，上簇下蕃，铺盖瓶口，令俯仰高下，疏密斜正，各具意态，得画家写生折枝之妙，方有天趣。”[①] 并且高濂认为在插花的选材上也无需名贵，野花野草皆可入瓶，以供清玩，也不需拘泥于成规的插法，随心而放，才得自然生意之趣。此外，高濂认为在艺术创作中“天趣”的产生有赖于创作环境和创作主体心境的相宜。他认为弹琴时应“临水弹琴，需对轩窗池沼，荷香扑人，或竹边林下清漪芳，俾微风洒然，游鱼出声，自多尘外风致”[②]。又言：“焚香鼓琴，唯宜香清烟细，如水沉生香之类，则清馥韵雅，若他合和艳香，不入琴供。”[③] 作画时也应“明窗净几，描写景物，或睹佳山水处，胸中便生景象，布置笔端，自有天趣”[④]。由此，所作皆是以主体身心所感的天地自然之灵气，转化为笔下、弦上生机盎然的生命运动，是将天地间生生不息之精神内化而又再现的过程，故自有“天趣”。

在晚明文人的趣味审美观之中，人工的痕迹远不如天然之物本身，认为室内陈设“贵其精而便、简而裁、巧而自然也”，并认为室庐之制“居山水间者为上，均以自然为上，自然方得天趣”。在日常生活中器具的使用上也是更加欣赏自然天成、无斧凿痕迹的用具，高濂在《论文房器具》中写道：“余见友人有一老树根枝，蟠曲万伏，长止七寸，宛若行龙，鳞甲爪牙悉备，摩弄如玉，此诚天生笔。”[⑤] 并认为“不假斧凿”可称作奇物，而工致精巧之物不入清赏。

晚明文人以对“天趣”的标榜来对抗世俗的享乐生活，其对“趣”的追寻亦是对“真”的追寻。无论是书画鉴赏还是日常陈设之中，皆以“天趣”为高，试图在自然生趣的日常生活中回归自我性灵的自然本初，实现“身闲”与“心闲”的完美契合。

结　　语

“闲”是古代文人一直追寻的理想生活状态，自宋代赵希鹄始，便将

---

① 《燕闲清赏笺》，第 157 页。
② 《燕闲清赏笺》，第 152 页。
③ 《燕闲清赏笺》，第 151 页。
④ 《燕闲清赏笺》，第 83 页。
⑤ 《燕闲清赏笺》，第 112 页。

文人闲情逸致的抒发寄托于赏古、鉴古之上，以古物所营造的气氛滋养情性。至晚明时期，高濂、文震亨等人将视线转移至日常生活之中，更加注重营造一种俗世生活之美。他们将闲赏的范畴拓宽，在赏古、鉴古之外，焚香、种花、饮茶等闲事皆可成为文人抒发心志的所寄之物，以营造一种古雅、闲适之境修养身心，形成了一种清心乐志的尚“闲”的审美观。

晚明文人之“闲”较前代更具有雅俗共赏之韵味，既入世又归隐，是在动荡的社会环境下寻找一种文化归属，是一种与世俗对抗的无力，反而转向于对超尘绝俗之境的营造，借助鉴赏古董器物等闲事来追慕先贤古人之情怀，以凸显自我与世俗的不同，以此来慰藉其不得志之情怀，回归心灵的宁静。晚明文人一方面注重日常生活中的感官享受，对审美物象高度关注并寄情于其中，另一方面又要以不滞于物的心志脱离于现实生活，此种矛盾的心态将“闲”引向了新的美学意味。

晚明文人所尚之“闲”重在以审美的态度看待休闲，以自然从容、轻松愉悦的心境面对日常生活。无论面对何物、何事，以“闲”心介入日常生活之中，皆可得到愉悦的审美感受。正所谓“会心处正不在远，若能实具一段闲情，一双慧眼，过目之物，尽是图画，入耳之声，无非诗料”①。这种以日常生活为对象的审美活动，无须像传统审美活动那样静观欣赏，更不单单是物质的享乐，漫步街头、品茶饮酒，甚至闲坐在家均可获得愉快的审美体验，是自我精神世界的富足与发展，亦是一种人生与审美的境界。

① 〔清〕李渔撰，沈勇译注：《闲情偶寄》，北京：中国社会出版社，2005 年，第 192 页。

The Aesthetics of "Leisure" in the Late Ming Dynasty Viewed from Gao Lian's *Leisure and Appreciation Notes*

LI Zhaoyue

Abstract: Scholars in the late Ming Dynasty paid great attention to the establishment of aesthetic interest in daily life. They valued highly the cultural connotations of antique artifacts, sought after the aesthetic interest of ancient Taoist hermits, and applied it in daily life, forming a kind of "leisure" aesthetics in pursuit of a pure and happy mind. *Leisure and Appreciation Notes* is a representative art evaluation work in that period and an epitome of the leisure appreciation activities of scholars in the late Ming Dynasty. It presents not only the detailed records of famous articles in the past dynasties, but also delicate descriptions about the activities of art evaluation and appreciation, identification of authenticity as well as flora maintenance. Oriented with the aesthetics of "leisure", this paper makes a close reading of Gao Lian's *Leisure and Appreciation Notes*, in combination with the collection and evaluation activities of the late Ming literati, to probe into the aesthetic concept of "leisure" in the late Ming Dynasty from three aspects, leisure and respect to life, leisure and self-obliviousness, as well as leisure and enjoyment.

Keywords: leisure; respect to life; indulgence; enjoyment

〔李兆玥（1994— ），女，河北秦皇岛人，北京林业大学美术学硕士研究生，研究方向为中国美术史、中国美学〕

近代史专题

民国职业女性生育困境原因及根源探析

王　蕊

（山东社会科学院历史研究所）

摘　要： 民国时期职业女性作为备受社会瞩目的群体，她们面临的生育困境如因生育失去工作、因承担双重角色导致过度劳累以及育儿过程中的孤立无援等，也成为社会的公共议题。从社会经济文化的变迁而言，职业女性陷入生育困境的直接原因主要包括四个方面：民国经济转型导致传统育儿模式的改变、育儿天职论与女性独立论的并立、小家庭制度的出现以及托幼机构等幼儿早期教育资源的匮乏。从社会结构层面而言，近代父权制的形成则是生育困境产生的根源。

关键词： 民国；女性；生育；父权制

民国女性的生育问题关系到国家和民族的兴盛、家庭的和睦以及女性自身的发展，[①] 是近代妇女史研究一个不可忽视的问题。民国时期随着越来越多的女性从事社会职业，传统社会中由女性来承担的妊娠、分娩和抚养、教育孩子的责任开始与女性的职业发生冲突，导致职业女性在婚后开始陷入生育困境，当前学界尚未有学者就民国职业女性生育困境

---

① 费孝通认为生育包括生殖和抚育，抚育又有生理性抚育和社会性抚育，指出幼儿“在断乳之后，生理上虽则可以说已经长成独立的个体，但是还要一个更长的时期去学习在社会中生活所需的一套行为方式。”笔者把这一过程表述为妊娠与分娩、抚养与教育。参见费孝通《生育制度》，北京：商务印书馆，1999 年，第 49—51 页。

的原因及根源展开相关的研究。[①] 不同于以往历史上失语的女性群体，民国时期一些女性已经有了为自己发声的意识、能力和机会，她们留下较多的关于家庭生活的随笔、日记等文献资料，借助这些女性自己书写的资料以及其他相关文献，笔者试从社会性别的视角对职业女性的生育困境及生存经验进行考察，并进一步从民国时期社会转型和近代父权制内涵的变化中去探析生育困境产生的原因及根源。

一、民国职业女性的生育困境

1920年代初，妇女运动的先驱向警予已经指出："但有儿童牵累的女子，绝对不能解放，已解放的女子，绝对没时候去养育儿童。"[②] 1930年代，女性在职业发展中遇到的生育困境已成为社会的公共议题。知识女性开始向社会呼吁，"爱孩子"和"担负起社会使命"之间的"极大的矛盾""何时才能解决啊"[③]！"妇人们在社会上和一切的劳动更接近一步，则在她们自身便跟着增大了母性和职业两种义务间的矛盾。"[④] 对于民国职业女性面临的生育困境，可以从以下三个方面来阐述。

生育困境之一：职业女性因承担母职而被用人单位辞退或"禁用"，从而被迫中止职业发展。

民国时期，许多已婚职业女性被迫辞职，这种现象在学校中尤为突出：

> 听见过好几个女教员的辞职原因了，校长先生怕她婚后怀孕妨碍教务，明讥暗讽地要她自动辞职。她虽则想要继续工作……她虽说明愿意节制生育，愿意到临产时请人代庖，当局者还是怕有万一

① 余华林和李扬认识到民国时期女性已经面临家庭与职业之间的选择，但是均未认识到这实际上是民国时期职业女性这一群体所遭遇到的生育困境，目前学界对于职业女性生育困境产生的原因与根源尚缺少必要的探讨。（参见余华林：《民国时期妇女对职业与家事的两难抉择》，《中州学刊》2014年第12期，第143—147页；李扬：《歧路纷出，何处是归程？——民国时期知识女性在事业与家庭上的两难选择》，《北京社会科学》2016年第6期，第112—118页）

② 向警予：《女子解放与改造的商榷》，《少年中国》1920年第2卷第2期，第34页。

③ 潘咏流：《母亲的日记》，《家庭杂志》（上海）1934年第1卷第2期，第7页。

④ 碧城：《职业与母性》，《东方杂志》1933年第30卷第9号，第5—6页。

的危险，以为不如请一个没有生育可能的教员好些。[①]

从上文可以看出，女教师被迫辞职的原因就是“当局者”认为已婚女性需要履行母职，会耽误工作。“不延聘已婚女教师”的做法在民国是一种普遍现象[②]。1934 年的一份调查报告显示，浙江、江苏、安徽、山东、福建、河北、河南、广东八省八十县的女教师人数占总数的 23%，其中已婚女教师 36 人，未婚女教师 92 人，“女教师已婚者仅占百分之二十八”[③]，已婚女教师远远少于未婚女教师，虽然不能排除因其他原因婚后辞职者，但结合相关文献来看，女性因怀孕生子而被迫辞职当是主要原因。1948 年，这种情况丝毫没有改观，一位女教师“因为有了孕，改不动课卷，就被学校当局以工作不力而辞退，且有的学校根本就不请结过婚的女教师”[④]。

辞退或禁用已婚或怀孕女性的事情不只发生在学校，在其他行业也很常见。国民政府“邮政总局”曾发文禁用已婚女职员，规定邮局女职员人数不能超过总数的“百分之五”，“已嫁之女性，不得报考，其入局后结婚者，则于将届结婚时予以裁退”[⑤]。不仅如此，在“由女人主持并以谋求妇女解放为职志的妇女机关，亦时常有排斥已婚妇女的倾向。所以有好些时候，结婚与职业会成为势不两立的对垒”[⑥]。从引文所言“当局者”“邮政总局”等辞退女性的主体来看，女性尤其是已婚女性在职业中受到的性别歧视不是某一单位负责人的个人行为，而是由国家权力机关认可的一种普遍现象。

从民国时期的女教师来看，她们在学校中承担着同男教师一样的工作，“每周担任一千七八百分钟的教课”，也就是每天上课达 4 个小时左右，此外还要备课，批改各种作业，“平均每天得改上百来本本子”。只是她们在辛苦的工作之外，每天回家后“还要带小孩子，烧饭，洗衣，

---

① 蔡慕晖：《职业与家务》，《东方杂志》1932 年第 29 卷第 7 号，第 19 页。
② 王观荣：《已婚女子应否担任小学教员》，《女子月刊》1936 年第 4 卷第 11 期，第 42 页。
③ 张钟元：《小学教师生活调查》，《教育杂志》1935 年第 25 卷第 7 号，第 178 页。
④ 江明：《女教师谈生活难》，《现代妇女》1948 年第 12 卷第 3 期，第 25 页。
⑤ 华堂：《我们反对邮局禁用女职员》，《中美周刊》1939 年第 1 卷第 5 期，第 2 页。
⑥ 蔡慕晖：《职业与家务》，《东方杂志》1932 年第 29 卷第 7 号，第 19 页。

稍有空暇，还得缝补孩子的鞋袜，编织毛绳衣衫”[①]。职业女性需要牺牲自己的休息和娱乐的时间，付出比男性更多的精力来完成工作以及生育的双重责任，但是对于女性来说不公平的是，她们承担的生育责任不仅得不到支持和理解，反而因此被认为在工作上不能“恪尽职守”[②]，从而失去工作的机会或是职业前途。也可以说，这就是女性在职场上遭遇的母职惩罚。

生育困境之二：承担育儿和工作双重责任的职业女性，经常因过度劳累严重伤害自己的身体。

民国职业女性已有很强的独立意识，一些职业女性十分认同所承担的母亲角色与社会角色的双重身份。职业女性陈国英曾发文表示：“我的理想，一方面固然希望能够组织家庭，一方面更希望能够同时供职社会。”[③] 已有两个孩子的职业女性易若芸也认为：“孕育是已婚妇女不能避免的天职，工作是每个人民应尽的责任。”[④] 试图实现育儿和工作兼顾的女性，如果没有来自保姆或家人的协助，很难不顾此失彼，长期的劳累经常给身体带来严重的伤害。

民国职业女性薇，因工作原因，需要从重庆转到一个县城生活一段时间。当时的境况是，两个孩子年龄尚小，一个还不会走路，另一个刚出生一个月，她的母亲还摔伤了脚不能行动。但是她依然决定离开丈夫，自己带着两个孩子和母亲去县城赴任。她之所以这样选择，“一则由于对工作的责任心，二则绝不让人家在背后说一句：‘女人到底是女人，不能离开丈夫，做了母亲更没办法！’”[⑤] 但是赴任后，工作环境恶劣，每天需要在外奔波五六个小时不能回家，一时间雇不到奶妈，孩子无法妥善安置。这种环境下，孩子生病，自己也累得病倒，“差一点送了性命”[⑥]。在既雇不到奶妈，母亲一时又无法帮忙的情况下，她的丈夫并未意识到要承担育儿责任，她自己也没想到要让丈夫分担，只是认为“国家需要我

① 刘恒：《女子职业与职业女子》，《东方杂志》1936 年第 33 卷第 3 号，第 109 页。
② 刘恒：《女子职业与职业女子》，《东方杂志》1936 年第 33 卷第 3 号，第 109 页。
③ 陈国英：《我没有将这颗谋生的心毁灭》，《女子月刊》1935 年第 3 卷第 10 期，第 5132 页。
④ 易若芸：《生活在职业家事与母爱的茅盾中》，《现代妇女》1944 年第 4 卷第 2 期，第 21 页。
⑤ 一株：《妈妈办公，孩子受罪！》，《现代妇女》1945 年第 5 卷第 5 期，第 20 页。
⑥ 一株：《妈妈办公，孩子受罪！》，《现代妇女》1945 年第 5 卷第 5 期，第 21 页。

工作”，希望国家能“普设托儿所”解决育儿问题[①]。

幼稚师范毕业的雨青成为一名幼稚园老师，自己一人教着八九十个幼稚园的小朋友，工作任务繁重，但是她认为“妇女也是应尽国民责任的”，并把“教书定为终身职业，对于教书总是十二分努力”。结婚后两年生下两个孩子，虽然雇着奶妈，但是养育孩子的责任也不轻松，雨青整天累得“透不过气来”[②]。民国时期知识女性担任教师的较多，尤其是小学教师和幼稚园教师，工作累，工资低，但是她们在繁忙的工作之外还要把其余的时间几乎都用来陪伴和照顾孩子，长期的紧张和劳累必然对她们的心理和身体带来一定的伤害。

典型的事例就是在双重压力下劳累而死的《女子月刊》主编黄心勉。1932 年，黄心勉和丈夫姚名达一起创办女子书店出版女性作品，创办《女子月刊》启蒙女性思想。《女子月刊》创办之初，所有的事情都是她一个人来干，家庭琐事，养育孩子，全都亲力亲为。事业上她殚精竭虑，经常“自朝至暮，工作不休”，“常常在印刷校改错字，到晚上十二点钟才回家”；家庭中“还要抚养一群小孩子，管理一家琐屑”，双重压力让黄心勉焦头烂额，筋疲力尽。[③] 尽管夫妻二人相濡以沫，如姚名达所言“她助我写稿，我助她育儿”[④]，奈何她生育过繁，婚后“十六年之中，生产已六次，怀孕一次”[⑤]，严重损害身体健康，加之“洗衣烧饭，不雇娘姨。育儿哺乳，不雇乳妈”[⑥]。繁重的育儿工作和《女子月刊》、女子书店的社会工作最终压垮了她的身体，三十三岁便离开人世。由此可见，双重角色压力下的女性，如果不寻求亲人或保姆的帮忙，生育会成为职业女性不能承受之重。

生育困境之三：民国女性在育儿过程中，容易陷入独立无援的困境。

民国时期，男性一般认为养育、教育儿童以及家庭事务与自己无关。郁达夫即持这种观念，认为“若一小家庭的主妇，不顾家庭而跑了出去，

① 一株：《妈妈办公，孩子受罪！》，《现代妇女》1945 年第 5 卷第 5 期，第 21 页。
② 雨青：《家事和校务压着我》，《女子月刊》1935 年第 3 卷第 10 期，第 5129—5130 页。
③ 姚名达：《黄心勉女士传》，《女子月刊》1935 年第 3 卷第 6 期，第 4437 页。
④ 姚名达：《黄心勉女士传》，《女子月刊》1935 年第 3 卷第 6 期，第 4433 页。
⑤ 上官公仆：《悼黄心勉女士联想到节育》，《女子月刊》1935 年第 3 卷第 7 期，第 4595 页。
⑥ 姚名达：《黄心勉女士传》，《女子月刊》1935 年第 3 卷第 6 期，第 4433 页。

致使男人不得不受育儿治家之累，岂非将见笑于封建的遗孽”[①]。在因怀孕生子而退守家庭的知识女性陈红藻的自述中可以看到，无论是教育孩子还是照料孩子的饮食起居，都未见其丈夫的身影，抚养、教育四个幼小孩子的重担都由她独立承担。云霨也是一位为了孩子辞职回家的知识女性，抚育四个孩子的事情并不轻松，但是她的丈夫也从未分担育儿责任和家庭事务，如她所云：“对于家庭，向来除他可能取得的薪俸的大部分交我作家用外，和一般男子一样，绝对不理家事的。”[②] 胡映霞的丈夫每天在家的时间也很少，早晨出去，晚上一两点钟才回来，以至于她认为：“我真是怀疑我没有这个丈夫一样”[③]。这种生育困境正如有的知识分子所言：“男子沿习治外，家庭内务，尤以儿童抚育，似应完全由主妇负责，至少负指挥之责；男子并不稍为帮助”[④]，由此可见，民国时期女性无论工作与否，丈夫基本上都不会分担育儿的责任。

二、民国职业女性陷入生育困境的原因

生育是种族绵延的保障，其重要性不言而喻，但是生育又是“损己利人”的[⑤]，是一项长期的、无偿的劳动付出。民国职业女性陷入以上生育困境，其原因主要在于民国时期社会经济文化的转型和家庭制度的变革。

首先，社会经济转型开始改变传统的育儿模式。

民国时期是自然经济向商品经济、农业社会向工业社会转型的时期。家庭开始从具有双重功能的生产经营和经济消费单位，逐渐变成单一的经济消费单位。尤其随着家庭手工业的破产，传统农业社会中女性在家从事家庭手工业的同时可以兼顾孩子的模式被打破。对于个体家庭而言，“如果单靠男子来维持一家的经济生活，迨为事势所难”，农村“妇女不

---

① 郁达夫：《中国妇女应上那儿跑》，《妇女旬刊》1935 年第 19 卷第 1 号，第 2 页。

② 云霨：《我的家庭生活》，《现代妇女》1945 年第 2、3 期，第 28 页。

③ 胡映霞：《我们的家庭生活》，《主妇之友》1937 年第 1 卷第 3 期，第 40 页。

④ 王叔铭：《妇女职业与婚姻——中国妇女职业问题之三》，《女子月刊》1937 年第 5 卷第 3 期，第 10 页。

⑤ 费孝通：《生育制度》，北京：商务印书馆，1999 年，第 53 页。

得已离乡别井去找寻职业，以维持自己和一个家庭的生存”[①]。妇女需要离开家庭以谋求生存的情形成为大势所趋。民国时期家庭经济窘迫的情况，不只限于农工家庭，加之抗日战争时期，物资匮乏，物价上涨，“单靠丈夫的收入，是不足以维持家庭生活的。这在穷苦的工农群众中，固然是特别的明显；就是一般的智识分子自由职业者当中，也大部分逐渐沦于这种悲惨的境地”[②]。经济困难的妇女，迫于生存，不从事职业为生活所不许，育儿事务又无佣工代劳，“只得抛弃儿女，碌碌于困苦的工作，终日不得片刻的休息”[③]，她们无法给予年幼的孩子以更好的抚养和教育。

第二，女性育儿天职论和女性独立论并立。

民国时期，特别强调妇女的“母性”，在家庭劳动性别分工中，孕育、抚养和教育子女都被看作是母亲的天职，父亲则可以远离生育活动。女性育儿天职论者一般从生物学、心理学的角度来阐述女性与男性的不同，认为生儿育女是女性天赋的责任，“她们的生命力大半耗费于新生命的培育，而且她们天赋的慈祥忍耐、细心温柔的种种特性，最合宜此种工作”[④]。瑞典学者爱伦凯的母性论为民国时期的女性育儿天职论提供了理论依据。爱伦凯认为“母性”是自然赋予女性的一种能力，“这种能力，不仅产生生命，且从而护育之，爱恋之，抚养之，训育之”[⑤]。换言之，女人的“母性”更重要的是对孩子抚养和教育的一种天赋能力。无论爱伦凯的初衷如何，她的母性论传入中国后，迎合了中国传统的“男主外，女主内”的思想观念，在中国知识阶层中产生很大影响，“母性”一词开始成为社会的公共议题[⑥]。从相关文献来看，民国时期知识分子包括知识女性大多接受育儿天职论，如“教养儿童是妇人的天职”“生育儿

① 刘恒：《女子职业与职业女子》，《东方杂志》1936 年第 33 卷第 3 号，第 103 页。

② 静漪：《妇女职业与育儿问题》，《妇女共鸣》1934 年第 3 卷第 4 期，第 22 页。

③ 王叔铭：《妇女职业与婚姻——中国妇女职业问题之三》，《女子月刊》1937 年第 5 卷第 3 期，第 10 页。

④ 陈立夫：《中国妇女应上那儿跑·一二》，《妇女旬刊》1935 年第 19 卷第 2 号，第 18 页。

⑤ 〔瑞典〕爱伦凯：《母性复兴论》，黄石译，上海：民智书局，1927 年再版，第 69 页。

⑥ 参见沈雁冰：《爱伦凯的母性论》，《东方杂志》1920 年第 17 卷第 17 号；黄石：《爱伦凯的母性教育论》，《妇女杂志》（上海）1924 年第 10 卷第 5 号；陈碧云：《论妇女职业与爱伦凯的母性复兴》，《女青年月刊》1933 年第 12 卷第 9 期；梦云：《爱伦凯与母性论》，《新东方》1941 年第 2 卷第 6 期。

女是女子的天职”“生育是妇女们最伟大的天职”。[①] 可以看出，尽管他们赞同女人同男人一样都有从事职业的权利，但是与其他职业相比，生养和教育儿女才是女人更为重要的使命。

民国时期，育儿天职论者“重视女子的‘母性’和‘母职’，而轻视女子的‘人性’和‘人职’”[②]，认为“母性当然是妇女最重要的事，妇女最大的职务”[③]。对于母职，特别强调母亲在教育方面的重要性，认为作为母亲，不仅要满足子女在物质方面的需要，更要满足他们在精神方面的需要；不仅要养活他们，更要教育他们；不仅要使他们有健全的身体，更要使他们有健全的头脑[④]。家庭其他琐事可以雇人帮忙，但是对于“子女的教养，则绝对不宜委诸第三者之手”，只有母亲“才能站在爱的基础上施行她所应做的工作”[⑤]。

与育儿天职论同时存在的还有女性独立论。清末以来，女性开始有机会接受学校教育，至民国时期这部分知识女性开始自觉地走向社会，谋取独立生活。加之五四新文化运动以来，男女平等、人格独立等西方思潮的涌入，影响了人们的思想观念，当时的知识分子认为“一个人，如果丧失了自己的独立，完全去依靠他人生活，为他人所豢养，所驱使，所玩弄，这还能算是有人格，有灵魂的人吗？……职业妇女呢，她们能够生产，至少是相当地能够独立生活，不完全依靠男人，在这点上，她们是要比那些单纯的家庭妇女伟大得多的”[⑥]。这种能够独立的职业妇女比家庭妇女“伟大”的观念得到很多女性的认同，推动了女性对职业的追求。

强调母性重要，又认为女性需要从事社会工作以谋求独立，这种相互矛盾的思想观念的并存加剧了民国职业女性的生育困境。

第三，小家庭制度的发展进一步加重了女性的生育困境。

① 参见镜影：《妇女在家庭中的任务》，《妇女杂志》（上海）1929 年第 15 卷第 10 号，第 30 页；刘恒：《女子职业与职业女子》，《东方杂志》1936 年第 33 卷第 3 号，第 106 页；黄素秋：《职业妇女的生育问题》，《广西妇女》1941 年第 19、20 期，第 20 页。

② 黄石：《妇女果不适于职业么》，《妇女杂志》（上海）1924 年第 10 卷第 2 号，第 876 页。

③ 蓬洲：《妇女就职与母性问题》，《妇女杂志》（上海）1927 年第 13 卷第 2 号，第 5 页。

④ 绿荷女士：《母职的重要》，《现代家庭》1939 年第 2 卷第 8 期，第 10 页。

⑤ 沈美镇：《新女性与幼稚教育》，《妇女杂志》（上海）1929 年第 15 卷第 11 号，第 6 页。

⑥ 少问：《家庭妇女与职业妇女》，《女声》（上海）1934 年第 2 卷第 20、21 期，第 2 页。

民国时期，中国家庭平均人口并不算多。1920 年代，金陵大学卜凯教授对 7 省 16 处 2640 个农家进行调查，得出中国北部每家平均 5.78 人、中东部每家平均 5.53 人的结论。[①] 这一时期关于人口的调查很多，虽然得出的数字与此并不完全相同，但是家庭平均人口的数量基本都在 5 至 6 人。[②] 传统数十人一起同居的大家庭已经很少见。可以说，民国时期大家庭制度渐趋崩溃，小家庭制度日渐发展。从世代来看，小家庭成员主要是家长和未婚子女，或是家长和鳏父或寡母一起生活。[③] 由此导致小家庭中的主妇不容易得到来自母亲或婆婆等女性亲属在抚养孩子、处理家务等方面的帮助，只能独立承担起育儿的责任。尤其“在抗战期中，由于生活的流动，大家庭多半拆散，要想有长辈代为照理家庭，都不可得”[④]。于是，迫于生存压力或追求人格独立出去工作的女性，便面临着生育之困境。

第四，民国时期，知识阶层开始提倡“生育节制”和“儿童公育”，但就生育状况的实际情形来看，收效甚微。

一是生育节制远未普及。1922 年，美国节育运动的创始人桑格夫人（Margaret Sanger）访华，并发表生育节制的演讲。[⑤] 当时的期刊《家庭研究》在 1922 年 11 月不仅刊登了桑格夫人的演讲，同时出版了“产儿制限号”专刊，组织了 21 篇文章来讨论生育节制问题，自此中国知识分子开始接受生育节制的思想。他们在当时的报纸杂志相继发表了一系列讨论生育节制的文章，认为生育节制不仅有利于优生优育、控制人口，还有利于减轻妇女的生育重担，促进妇女解放。1930 年代，北平妇婴保健会和上海节育研究社等一些团体和研究会成立，它们积极推广生育节制的办法。但是，即便是处于风气之先的上海，知识阶层也很少实行生育节制，如前文所述，《女子月刊》的主编黄心勉于“十六年之中，生产已

---

① 张履鸾：《江宁县四百八十一家人口调查的研究》，载中国社会学社编：《中国人口问题》，上海：世界书局，1932 年，第 303 页。

② 乔启明：《山西清源县一百四十三农家人口调查之研究》，载中国社会学社编：《中国人口问题》，上海：世界书局，1932 年，第 272 页。

③ 张折桂：《定县大王耨村人口调查》，《社会学界》1931 年第 5 卷，第 97 页。

④ 戈音：《职业妇女绊脚石——育儿问题》，1942 年第 4 卷第 4 期，第 147 页。

⑤ 〔美〕山额夫人：《生育制裁的什么与怎样》，胡适之翻译，《家庭研究》1922 年第 2 卷第 2 期，第 221—234 页。

六次，怀孕一次”[①]，不可谓不频繁。因此，民国时期，时人认为“女子的一生，对于生育的负担，实在太重了。通常一生生育十次以上的女子，是很普遍的一回事”[②]，尽管每个女子“生育十次以上”应当不是经过调查得到的数字，但是民国女性生育十分频繁，当是不争的事实。[③]

二是托幼机构的建立远远不能满足育儿的需要。1920年代，李大钊、向警予、恽代英、沈兼士等人提出“儿童公育”的想法，认为应当把儿童交给公共育儿机构去抚育。在“儿童公育”思想以及苏联、英、美等国家的影响下，1930年代中期，上海、南京等城市开始陆续成立托儿所。就上海而言，1948年上海共成立托儿所20所，容纳儿童千余人，但是与上海450万人口相比，托儿所的数量和容纳量距离实际需要依然相差很远。[④] 作为大都市的上海尚且如此，更不必说其他地方了。1947年，上海全国邮务总工会编辑发行的《绿讯》发表的《我需要托儿所》一文，描述了由于托儿所太少，邮政女工渴盼成立“邮工托儿所”的情形。[⑤] 由此可见，1930、1940年代托儿所的数量远远不能满足职业女性的迫切需求。

三、民国职业女性生育困境产生的根源

民国时期，女性从事社会职业已经成为社会经济文化发展的需要和女性自身的追求，但是女性在劳动分工中由内而外的变化，并未根本改变男外女内的劳动性别分工模式，女性因母亲身份仍然承担着孩子的妊娠、分娩、抚养、教育等一切生育活动。面对女性的生育困境，从社会结构层面分析困境产生的根源，才能找到真正破解的路径。

女性生育困境产生的根源其实在于近代父权制的形成，与传统父权制相比，其内涵发生了诸多变化。传统农业社会中女性在家庭中既从事

---

① 上官公仆：《悼黄心勉女士联想到节育》，《女子月刊》1935年第3卷第7期，第4595页。

② 上官公仆：《悼黄心勉女士联想到节育》，《女子月刊》1935年第3卷第7期，第4595页。

③ 此处民国女性生育频繁似与前文所述民国出现小家庭相互矛盾，实则不然。原因在于民国时期生育虽然频繁，但是儿童成活率却不高。学者在对汉口工人家庭进行的调查中发现，出生的第一个孩子的死亡率最低，为38%，第九个最高，为78.2%，平均死亡率为55.9%。（参见陈华寅：《我国各种职业之差别生育率》，《统计月报》1931年第11、12期合刊，第45—46页）

④ 马彬、李石君：《上海托儿所》1948年第25期，第48页。

⑤ 敏行：《我需要托儿所》，《绿讯》1947年第1期，第16页。

生产又从事育儿及家务劳动，即女性既是生产者又是再生产者，公私领域的界限不是那么清晰。进入近代工业社会之后，女性的生产和再生产分离，公共领域和私人领域有了比较明确的划分。近代父权制开始从原来家庭中父亲、丈夫对妻子、儿女的权利向国家与社会中的男性权力转变；家庭中的劳动性别分工也成为现代社会的劳动性别分工。可以说，社会变迁虽然改变了女性工作的场域，但并未改变父权制的意识形态。

就民国时期的具体情况而言，近代父权制的社会结构主要表现在以下两个方面：一是女性的劳动价值被认为不如男性的劳动价值高，出现性别劳动分工的等级化和职业的性别隔离；二是“父权制的家庭意识形态将男性的要求合法化并使女性的自我牺牲正当化”①，所以女性在面临选择时，总是以家庭利益为主。

（一）女性工作价值被低估

在近代父权制的意识形态下，女性的工作价值常常被低估，女性的职业选择和雇用人数受到限制。正如有的学者所言：“父权制本身作为一种具有强大力量的权力，已广泛渗透于所有社会领域和社会体制之中，甚至某种意义上，国家也成为一种父权制的工具。”② 在职业选择上，只有一些被认为适合女性的少数职位可以供女性选择，一般都是薪水较低的小学女教师、医院的护士以及其他服务性行业③。从女性受雇于公务员的人数来看，国民政府机关中虽然有女公务员，但是人数很少。1933 年，“中央府院部会及直辖机关的女公务员数，……仅占总数百分之二强”④。这种职业的性别隔离使家庭内男女之间经济收入差距增大，即便女性能够在外参加工作，也很难获得与男性同等的经济地位。

男女同工不同酬的情况十分普遍，“妇女工作后的酬报问题，无论何种职业，妇女的工资，总低于男子”⑤，虽然说得有些绝对，但也反映了

---

① 张李玺主编：《中国女性社会学：本土知识建构》，北京：中国社会科学出版社，2013 年，第 334 页。

② 宋建丽：《正义与关怀：女性主义的视角》，厦门：厦门大学出版社，2018 年，第 108 页。

③ 王汉威：《妇女的职业》，《妇女月刊》（天津）1927 年第 1 卷第 4 号，第 14 页；文娜：《妇女的职业问题》，《民国日报 · 妇女周报》1926 年第 87 期，第 7 页。

④ 记者：《女公务员人数统计：二十二年度》，《妇女共鸣》1934 年第 3 卷第 12 期，第 38 页。

⑤ 顾绮仲：《妇女与职业的关系》，《妇女杂志》（上海）1926 年第 12 卷第 12 号，第 6 页。

女性普遍比男性工资低的事实。就女工与男工而言，“上海男工平均每月可得工资二十四元四角八分，而女工只不过十元三角六分”①，男女工资差距相当大。

可以说，并不是女性能够出去工作就实现了男女在职业上的平等，实际上职业选择范围和职业报酬的不平等普遍存在。这种不平等使职业女性在怀孕生子后不得不选择回家育儿，让经济收入高的丈夫专心工作来维持家庭生活，由此女性又重新陷入经济上的依附地位。

（二）“母性”神圣化

自五四新文化运动以来，在国家兴亡和民族复兴的时代背景下，“母性”逐渐被神圣化，这也是近代父权制的一个重要特点。五四时期，叶绍钧认为女性“他那生育的事实，应知道并不是替男子生儿女，乃是替社会增新分子。这也是一种很重要很神圣的事业”②。爱伦凯则把母性提高到与太阳一样的地位，认为“母性是无限的；母性的本质是施予、牺牲、慈爱、温柔，如太阳之和煦，如大海之汹涌”③。此后民国时期知识阶层所论“母性”，开始特别强调女性的付出和牺牲：

> 任何一个家庭，到了最艰危的时候，总是由母亲在极辛劳刻苦地去维持。……负着“承先启后”的责任，牺牲一切，教养子女，以求家庭之复兴。她们没有自己只有家，这种精神处处可以看得到。④

认为牺牲精神是中国母性的伟大所在。职业女性自己也认为只要把最艰难的生育儿女的时期挺过去，完成生育这个“天赋的责任”，就会“达到母性的神圣”；⑤ 认为“教养儿童”是“高尚荣誉”和“妇女之天职”，

① 刘恒：《女子职业与职业女子》，《东方杂志》1936 年第 33 卷第 3 号，第 109 页。
② 叶绍钧：《女子人格问题》，《新潮》1919 年第 1 卷第 2 号，第 258 页。
③ 《母性复兴论》，第 70 页。
④ 潜夫：《伟大的中国母性》，《新力》1938 年第 14 期，第 1 页。
⑤ 陈国英：《我没有将这颗谋生的心毁灭》，《女子月刊》1935 年第 3 卷第 10 期，第 5132 页。

也是“神圣的女权”。[①] 民国时期，母性神圣说认为女子牺牲自己成全子女和家庭的“母性”关乎着民族和国家的未来，女子“除和丈夫共同负起造成一个快乐的家庭以外，还应负起教养子女的大责任，使他们成为下一代的民族健将，造福于民族和全世界的人类”，[②] 如果妇女们舍本逐末，置相夫教子的天职不顾，“则将至影响社会的组织，而使国家有灭亡的危险”。[③]

为什么会出现“母性”神圣化？马克思主义女性主义学者上野千鹤子认为“给‘爱’和‘母性’赋予象征性的价值并将其推向神坛，实际上是长久以来榨取女性劳动的意识形态机制”，目的是引发女性的“自我献身和牺牲精神”[④]。美国心理学家彼得·格利克和苏珊·费斯克亦指出性别歧视“表现为赞美而不是贬损，它们就更容易被从属群体接受，甚至被她们内化，以致她们真的自以为与生俱来就拥有这些特点”[⑤]。善意的性别歧视与敌意的性别歧视相比，确实更容易为女性接受并内化为自己的要求。

结　论

民国时期，生育不仅是职业女性自身的问题，还关系到国家和民族的未来；职业不仅是女性的生存需要，还是她们能否实现人格独立的前提。当社会认为女性应当从事职业，也应当担负起育儿的责任时，职业女性就陷入了生育困境。民国时期社会经济文化的转型以及家庭制度的变革成为职业女性陷入生育困境的直接原因，究其根源，则是近代父权制在公共领域和私人领域发生的变化激化了女性生育与职业之间的冲突与矛盾。可以说，民国时期育儿天职论与母性神圣化进一步固化了女性

① 赵复素：《妇女职业运动与儿童家庭教育》，《山西省立民众教育馆月刊》1935 年第 2 卷第 2 期，第 8 页。

② 田和卿：《从生物学的观上说到新贤妻良母主义》，《新女性》1935 年创刊号，第 6 页。

③ 椒园：《妇女职业与家庭问题》，《女青年月刊》1935 年第 14 卷第 5 期，第 1 页。

④ 〔日〕上野千鹤子：《父权制与资本主义》，邹韵、薛梅译，杭州：浙江大学出版社，2020 年，第 32 页。

⑤ 〔英〕塔比·杰克逊·吉、〔英〕弗雷亚·罗斯：《女性主义有什么用》，吴庆宏译，南京：译林出版社，2021 年，第 32 页。

的刻板印象和劳动性别分工，使已婚的职业女性一旦面临生育问题就陷入困境，不得不退守家庭专心育儿或者承担起双重角色，以牺牲自己的职业前途或休息娱乐的时间来实现家庭经济利益的最大化。如何化解职业女性的生育困境，使女性不因生育影响个人的发展，这亦是历史遗留给今人的一个急需解决的问题。

The Cause and Origin of the Fertility Dilemma of Working Women in the Republic of China

WANG Rui

Abstract: In the period of the Republic of China, working women attracted the social attention but faced fertility dilemmas. Working women's losing jobs due to childbirth, overtiredness under dual roles, and parenting alone became public issues. In terms of social economic and cultural changes, the direct reasons for working women's fertility dilemmas are as follows: change of traditional parenting mode as a result of the economic transition, the combination of parenting duty and being independent women, the emergence of nuclear family, and the lack of early childhood education resources such as nursery institutions. From the perspective of social structure, the origin of the fertility dilemma is the formation of modern patriarchy.

Keywords: the Republic of China; women; fertility; patriarchy

〔王蕊，山东郓城人，山东社会科学院历史研究所副研究员，历史学博士，研究方向为妇女/性别史、社会史〕

民国时期滏阳河水运与衡水码头经济的发展[①]

蔡禹龙

（东北大学秦皇岛分校马克思主义学院）

摘　要：滏阳河历史悠久。明清以来，尤其是在民国时期，该河是贯穿河北、天津之间重要的水路通道，沿河地区分布着众多码头城市与市镇，其中，衡水是滏阳河沿岸最重要的一座码头县城。上自磁州、下至天津的各种物资在此停留、转运或交易，促成了衡水码头经济的繁荣。货运、客运的发展催生了码头工人、船民等主要职业群体的产生，他们的生产生活状态体现出滏阳河对沿河群众的重要性。

关键词：滏阳河；衡水；码头经济；民国时期

在传统农业社会，水是最重要的生产、生活资源。邻近稳定可靠的水源，是人口聚居和维持农业生产的必备条件。在很多地区，水在很大程度上影响甚至决定着聚落的选址、规模、结构和形态。河流沿岸、海岸、湖岸都是人类聚落形成的有利地区，渡口、要津多是水陆运输的交接点，影响着人类聚落的形成和发展。衡水曾是滏阳河沿岸的重要码头，滏阳河水运促进了衡水码头经济的发展。

---

① 本文为2021年国家社科基金年度一般项目“近代海河水运与沿河城镇社会经济变迁研究”（21BZS109）阶段性成果。

一、滏阳河及其水运概况

滏阳河历史悠久，为《禹贡》所称九河之一，初名“滏水”。“滏阳”原为县名（今磁县）。据《元和郡县志》载：滏阳县，“本汉武安县之地，魏黄初三年分武安，立临水县，属广平郡，以城临滏水，故曰临水；以城在滏水之阳，亦曰滏阳”①。此处的“滏水”乃指滏阳河。滏水北源出自釜山，《淮南子》载：“釜出景”，“釜”即今滏阳河，“景”是景山，即釜山。“景山在邯郸西南，釜水所出，南流入漳，其原浪沸涌，正势如釜中汤，故曰釜。”② 滏阳河发源于邯郸市峰峰矿区，其源有二：北源出自磁州西北境 40 里的滏山（古时称“鼓山”，也叫“石鼓山”）；南源出自磁州西四十里神麕山下的龙泉洞。两支汇于临水镇，经东武仕水库后流向东南，绕经磁县城南，而后流经邯郸、永年、曲周、鸡泽、平乡，经任县大陆泽，再过隆尧县流入宁晋泊。自宁晋县艾辛庄闸流经新河县境后，从冀县境内耿家庄流入故城县境，流经码头李、灵藏口、范家庄，由衡尚营、东兴村流入衡水县境，又经武邑、武强至献县枢纽的桥头村附近与滹沱河汇合，汇合后的河段被称为“子牙河”，向北流至天津，汇于大清河，向东流入渤海。③

滏阳河属海河流域子牙河水系。滏阳河自南而北沿途汇入的支流有洺河、沙河、七里河、白马河、泜河、午河、槐河等十余条河流。各支流均发源于太行山东坡，形成扇形水系。由于坡陡流急，是暴雨发生的中心区，故该区易发洪水。沿途的永年洼、大陆泽、宁晋泊等自然大洼，发挥着缓洪、调洪的作用。滏阳流经河北省 19 个县（市、区），河长 413 千米，流域面积 21737 平方千米，其中，衡水段全长 135.7 千米，④ 流经冀州区的码头李镇、门家庄乡、小寨乡、官道李镇、西王庄，流经桃城区的赵家圈镇、郑家河沿镇、何庄乡、河东办事处、河西办事处，流经高新区的大麻森乡、苏正

① 《元和郡县志》，景印文渊阁《四库全书》本，台北：台湾商务印书馆，1986 年，第 354 页。

② 张双棣：《淮南子校释》（上），北京：北京大学出版社，1997 年，第 503 页。

③ 河北省冀县地方志编纂委员会编：《冀县志》，北京：中国科学技术出版社，1993 年，第 84 页。

④ 衡水市地方志编纂委员会编：《衡水年鉴》，石家庄：河北人民出版社，2018 年，第 56 页。

办事处，流经武邑县的赵桥镇、圈头乡、龙店镇，流经武强县的豆村乡、开发区、武强镇等县（市、区）及其所辖乡（镇、街道）。[①]

滏阳河被水利工作者誉为“河北平原上典型的地下型河流”。该河水质清澈，无泥沙淤淀，河槽深度一般距地平面 5 米以上。除汛期两岸互有少量泥沙冲刷和填补外，泥沙含量并无太大变动。在滏阳河正常流淌的年代里，该河水面宽 40—50 米，水深 5—7 米，可航行 50—100 吨的木帆船，是衡水上达邯郸下至天津的水路交通要道。因其河槽深、落差小，遂多在五、六月份出现断流之现象。其余时间，该河基本上常年有水，既可用于灌溉农田，又是鱼蟹繁殖生息之所。一年之中，有九十个月的通航时间。丰水季节，百吨以上的大木船畅行无阻。即便是在枯水期，河面上也能通行渔船和小型驳船。

古代，滏阳河四季水流不断。明朝万历年间，政府在河上修建了州西、马头、罗城头、柳林、苏里等拦河闸，节制水流以灌溉两岸农田。新中国成立前，该河可灌溉沿岸 6. 4 万公顷的土地。

滏阳河是一条水运航道，从明朝起，它就是贯穿河北、天津之间重要的水路通道。《邯郸县志》载：“成化十一年，慈县判官张珵导水北流，自邯郸东过广平，通直沽河。十八年，知县张梦辅令民疏之，以通舟楫。滏阳河之有舟始此。”[②] 明朝永乐年间，为修京都（北京），在今武强县马头乡东厂、西厂两村建立两个皇窑厂，以供用砖。所需贡砖大部分由滏阳河运至京都。嘉靖年间，明世宗朱厚熜修建皇宫，所需部分木材也由滏阳河转运。当时，相较陆路运输而言，仅深州、冀州及邻近五县，每年利用滏阳河水运可节约人力 63000 名，节约银子 64390 两。清朝，武强县内的交通运输仍以滏阳河为主，北可达天津，南可通邯郸。人们所需日用百货、缸瓦瓷器及粮、煤等，以及武强县本地产品的运进、运出全靠滏阳河。[③]

清朝乾隆十二年（1747）以后，滏阳河南徙，从新河县葫芦湾流至冀州

---

① 《衡水市市级总河湖长、河长湖长调整名单及主要河湖名录》，《衡水日报》2022 年 2 月 23 日，第 A3 版。

② 《邯郸县志》，《中国方志丛书 · 华北地方》第 188 号，台北：成文出版社，1969 年，第 180 页。

③ 河北省武强县地方志编纂委员会编：《武强县志》，北京：方志出版社，1996 年，第 280 页。

耿家庄，再向东北经南顾城、码头李、灵藏口至增家庄，又向东北流至焦汪村，与滹沱河故道相汇。从此，滏阳河承担起水路联系与交通运输之功能。每年，从惊蛰后开航至大雪止，滏阳河的通航时间可达280多天。

民国时期，随着造船技术的进步及水路航线的开辟，滏阳河水运进一步发展。民国以前，河北省内河的货物运转，仅赖帆船，并无轮船行驶。到1915年，滏阳河上始有轮船拖带客货木帆船航行。1915年夏，津磁航线开辟。此线为南北干线之一，指由天津至河北磁县之间的子牙河——滏阳河航线。下游航行于子牙河，上游航行于滏阳河，原定由天津起至磁县止。因上游水量缺少，仅行驶子牙河，行至河间县属沙河桥，共长约330华里。“该河航线绵亘数百里，河流畅旺，颇利行轮，且沿河码头鳞次栉比，旅客络绎，货物充轫。”① 1915年5月6日，“河达”“安澜”二轮船正式投入载客运营。先是由天津上行到河间县刘各庄桥，又到献县臧桥。最远时，经献县、武强、武邑、衡水，到冀县李家庄。此后，轮船增加到3艘，每轮配拖客船1艘，每月可往返20个航次，按实际客票收入推算，津磁线每年的客运量有5万—7万人次。津磁线沿途经过的主要停靠码头是天津、杨柳青、高庄子、独流镇、霸台、王口、子牙、姚马渡、南台埠、白洋桥、双摆渡、刘各庄桥、沙河桥、康宁屯、沙窝桥、臧侨、贾庄桥、范屯桥、小范镇、赵桥，龙店、圈头、衡水、范庄、岭闸口、李家庄等。② 据统计，1936年3月、4月、5月，津磁线共运客24389人；1937年3月、4月、5月，津磁线共运客25047人。③

1937年7月30日，天津沦陷，河北省内河航运局被日本侵略军强行接管，所有船舶，除被日本侵略军炸毁和没收的外，均被征作“军用”，滏阳河水运中断。④

1948年，人民政府为加强航运和防洪，在衡水境内兴办了直弯、清淤、复堤三项工程，调直了东滏阳、夏家村两个大的河湾，疏浚了衡水

① 《直隶军务巡按使朱家宝为津磁航路事饬直隶内河行轮局》（1915年4月26日），天津市档案馆编：《北洋军阀天津档案史料选编》，天津：天津古籍出版社，1990年，第435页。

② 王树才主编：《河北省航运史》，北京：人民交通出版社，1988年，第134—135页。

③ 《河北省内河航运局关于营业收入报告事项》（1937年4月），天津市档案馆藏，档号：106-1-978。

④ 河北省地方志编纂委员会编：《河北省志》（第39卷），石家庄：河北人民出版社，1992年，第246页。

石桥下及南北淤淀，加高加固了堤防和迎水坝，使河运更加畅通。每到夏秋，载货船只，来往如梭。直到衡水县解放初期，衡水地区的主要运输工具仍以滏阳河的大木船为主，也有雇佣畜力从陆路运输。① 新中国成立后，航运部门多次整治河道，改建桥梁、码头等，开展水运。但是，随着陆路交通的发展，滏阳河航道地位开始下降。再加上受华北气候变化的影响，滏阳河道发生了大的变化。昔日千帆竞运、百舸争流的景象，逐步消失。但水运功能仍在发挥。到20世纪五六十年代，河中仍有小型货船往返。很多船户和渔民，每到大雪节气以后要在衡水“打冻”休养和修补船只。由于上游工农业用水急剧增加，河流水量大幅减少，河道淤积萎缩，除汛期外，时有断流发生。1966年，实施海河工程，开挖滏阳新河、滏东排河，造成上游水源断绝，滏阳河水运受到严重影响。② 20世纪80年代以后，滏阳河河道常年干涸，全线断航。③

二、滏阳河水运促进码头经济的发展

滏阳河水运是冀省的重要水路航线，沿河码头如张庄桥、柳林桥、苏会桥、冯村桥等镇设有煤炭转运货栈，磁县之炭，武安、大成、富兴之煤，皆由滏阳河运销至曲周、鸡泽、宁晋、冀县等处。④ “各煤矿增加生产，有赖于水运的配合，因为煤炭等原料物资，若利用铁道作长距离的运输，是不经济的。像磁县、六河沟的煤炭便可经滏阳河至塘沽，焦作、晋城的煤炭，也可取道黄河、卫河运往济南、天津，供给沿线的需要。”⑤ 滏阳河水运之货物“大多数为磁土窑所产之煤，彭城之磁盆水瓮等，及邯郸之麦粉，运销下游各地。故沿滏阳河之村镇，作饭多碎煤，而不用柴草。船最远仅抵平乡之油召与尹村。于伏汛大水时，可直达天津”⑥。

① 刘群山、耿宝元：《解放战争时期衡水县发展城市经济情况概述》，中国人民政治协商会议河北省衡水市委员会编：《衡水市文史资料》（第6辑），1992年，第34页。

② 冀州市志编纂委员会：《冀州市志》上册，北京：方志出版社，2012年，第219页。

③ 《中国河湖大典》编纂委员会：《中国河湖大典·海河卷》，北京：中国水利水电出版社，2013年，第146页。

④ 《邯郸县志》，第185页。

⑤ 余家洵：《运渠工程学》，上海：商务印书馆，1953年，第8页。

⑥ 刘以信：《滏阳随笔》，《北洋理工季刊》1937年第2期，第131页。

每值春天，河水解冻，滏阳河上过往的船只逐渐增多，既有小渔船，也有载货百吨的对槽船。有的货船从上游邯郸等地驶来，载满了陶瓷、煤炭、缸瓦、山货；有的货船从下游天津驶来，载满了布匹、绸缎、煤油、百货。多年的客货运输，促成了衡水码头经济的发展。

衡水，是滏阳河自天津上溯六百余里的第一个县城，也是千里滏阳河上一座重要的码头城市。人们把滏阳河比为衡水的“母亲河”，它像一条玉带贯穿市区，曾以发达的水路货运造就了码头市镇的兴盛。①

内河水运曾是衡水沟通南北经济的大动脉。历史上，以水旱码头著称的衡水县是滏阳河沿岸的码头重镇。清朝末期，衡水码头十分繁荣。从春天河面解冻到结冰以前，来往船只络绎不绝。滏阳河“上自临水（磁州），下达津沽，来往商船，帆樯如林”，城区“街市宏敞，贸易繁多。彭城之缸碗，清河之竹器，山东西部之绢帛铁类，天津之洋货，唐山开平之烟煤，无不荟萃于此，以供枣、冀、深、武等地区取求”②。当水运季节到来之时，上游的煤、缸瓦、瓷器、史料、山货，下游的食品杂货、五金、煤油、卷烟、布匹、木材、芦苇等纷纷运抵衡水码头。当地的粮食、油料、烧酒、蔬菜等，又出港运到天津、邯郸等城市或港口。凡是来往衡水码头的船只，都装满了货物，绝无空返之现象。曾几何时，产自邯郸的瓷器、缸瓦、煤炭、柿子沿滏阳河顺流而下，滋养了衡水人的生活。旧时，每到秋季，来自邯郸西部山区的柿子，堆满了衡水城外的滏阳河码头，红彤彤一片，煞是壮观，堪称西关一景。③

通过水路进出衡水的人，大多汇集在安济桥码头。这里，分布着烧饼、果子（油条）、米面煎饼、面片馄饨、老豆腐、水饺、大饼、杂面条、馒头、饼子、兔肉、烧鸡、羊头肉等特色食品摊点。他们为船民和码头工人服务，更为行人、过客、商店掌柜所青睐。“二魔”的杂面、“槐林”的包子、“魏大王八（绰号）”的扁食（水饺）、“李三振”的羊头羊肚、“香利”的卤煮鸡等名噪一时。每到夜晚，远远望去，石桥上灯

① 《衡水水里有文化》，《衡水日报》2018年12月27日，第A2版。

② 耿宝元：《滏阳河衡水码头话旧》，衡水市政协文史委员会编：《衡水经济史料》，石家庄：河北人民出版社，2002年，第24页。

③ 赵云旺：《云旺走笔：衡水人文掬萃》（上），石家庄：河北人民出版社，2015年，第47页。

光闪烁，叫买叫卖声不绝于耳，市场气息颇为壮观。[①] 有的商人在附近的德源涌、恒兴等酒坊豪饮，来了兴致就结伴去河边的书馆听书，到附近的戏楼去看戏。小吃夜市一直持续到深夜。如果是个月夜，橙色的月光照着河上星星点点的渔火，泊船上偶尔传来一阵悠扬的笛声，伴着石桥上的灯火和叫卖声，形成了一幅令人陶醉的衡水月夜图。[②]

民国时期，衡水县城西关的繁荣更是得益于滏阳河水运之利。西门外的东隆庆、西隆庆、北仁街、南华街、集贤街以及河西的问津街、观澜街统称"西关"。据载："县城西关，为齐晋及畿南诸郡通衢。车马辐辏，商贾云集，而滏阳一流，贯穿南北，上自临水，下达津沽，来往商船，帆樯如林。"[③]

全面抗战爆发前，衡水县城的商业极为发达，商号达到 309 家。据衡水老工商业者和老搬运工人回忆，抗战前，衡水码头十分繁荣。春天河水解冻以后，特别是七月份汛期到来以后直到封冻以前，来往船运十分繁忙。许多货物吞吐量大的商号专门选择亲仁、问津、阜丰、集贤、西隆庆等沿河和距码头较近的地点设店。为装卸方便，大多专辟直通码头的后门。如早年的德源涌酒店、义庆隆酒店、诚兴酒店、庆畲增酒店、增庆裕煤炭缸瓦杂货店、裕记煤油庄、双盛号杂货庄等较大商号，都选在河两岸和距河很近的地方设店。[④]

1939 年，日本侵略军占领衡水，衡水县城的商号全部停业。1945 年 12 月，中国共产党领导下的八路军解除伪军武装，成立民主政府，着手工商业经济的恢复，滏阳河水运也随之复活。内地货物经过滏阳河可直达天津，五十多只航船终日往来衡水、天津之间。[⑤] 1946 年 4 月 1 日，《冀南日报》载：从衡水至天津的船只，络绎不绝，大批粮食与土产品、油类、土布等能够出口，外来的铁器、纸张、火纸、杂货运到衡水。建立了城关交易所，城内各处打扫街道，拆除残破炮楼，修理门面，划分市场，城市日见繁荣，特别每逢二、七、五、十集上，河东河西各街来

---

① 政协衡水市桃城区委员会：《桃城史话》，石家庄：花山文艺出版社，2016 年，第 131 页。

② 《云旺走笔：衡水人文掬萃》（下），第 90—91 页。

③ 《滏阳河衡水码头话旧》，第 24 页。

④ 《滏阳河衡水码头话旧》，第 24 页。

⑤ 《冀南衡水益繁荣，工商业超过战前》，《冀南日报》1946 年 6 月 25 日，第 2 版。

往行人非常拥挤。商民老百姓的谈笑声中洋溢着和平民主的新气象。[①] 由于船少货多，整个航运业利市三倍。当时，从邯郸到衡水，水路至多用一个月。船主们喜笑颜开，每年跑四五趟就可赚一百多万，可购买一条新船。[②]

1947年1月的《人民日报》载，靠滏阳河西岸，新辟一条大街，席棚里每天满摊商货，他们互通冀中、冀南之有无。停泊在滏阳河的大船与渔船，每当炊烟四起的时候，宛如一条长的村落，横在滏阳河上面。[③] 足见衡水码头之繁荣。

三、滏阳河水运为码头工人、船民提供了谋生途径

发达的滏阳河水运承担着物资转运的功能，码头工人、船民是物资转运的主要劳动力，他们的生活状况是水运经济的直接反映。

（一）码头工人生活状况

旧时，船舶沿河堤停靠，货物由码头工人人抬、肩扛。码头工人装卸货物全靠人力。劳动工具极其简陋，除了跳板、箩筐和少量大小车辆外，工人还要带搭肩布、杠棒和绳子。上千斤重的货物也靠“脚行”人力搬运，劳动条件十分恶劣。从事这种行业者多是城镇中的贫苦市民和失去土地的农民。

衡水码头的脚行，形成“河下”和“旱市”两个团体。“河下”主要是为各商号服务，以装卸船只货物为主。“旱市”主要是在粮食市场上为粮栈、酒店扛口袋为生。这两个团体各成体系，互不干扰，各有自己的头领。当头领的人，从众人中收取提成。脚行工人每人自备一块苫巾，干起活来缠在腰中或披在肩上，用来擦汗拂尘。搬运货物时，有双人抬或单人扛。装卸煤炭、石灰、瓷器等一般都是双人抬。所用工具仅是一根杠子和一个红荆条编的筐。双人抬的货物重量在100公斤以上。单人抬，每件粮袋也在100公斤左右。站大石桥头向下一望，人们会注意到一队队忙碌的码头工人从大船上沿着颤悠悠的木跳板踏上河岸，再顺着

① 《衡水工商业日趋繁荣，坐商增到三百四十九家》，《冀南日报》1946年4月11日，第3版。

② 李庄：《今日的滏阳河》，《人民日报》1946年6月14日，第2版。

③ 《衡水解放一年，商业繁荣两倍》，《人民日报》1947年1月1日，第2版。

弯弯曲曲的小道爬上陡峭的河坡，在一个平台上堆起大方垛。还有些码头工人，每两人抬着一只满装货物的大箩筐，在河畔上上下下忙个不停。仅东明街、西明街和南华街就有码头工人数十名。工人装卸、搬运的价格由领头和顾主协商。繁忙季节每人每天可收入 40 吊铜钱，折合银元五元左右。① 在战前的旧社会里，码头工人亦遭受着大商与工头的额外剥削，如每逢一年三节，工人要给工头送礼钱等。

对于一般百姓而言，在码头做搬运工，也不失为一个不错的选择。然而，日伪统治时期，衡水有五百码头工人，他们全都处于失业状态。抗日战争胜利后，中国共产党民主政府对船只航运采取了保护措施，也非常关心码头工人的生活和劳动，建立了码头工会。工会把各路搬运工人组织起来，统一安排劳动场所，统一定价收费，扣除很低的管理费用，一天一分账，虽然还没有脱离旧的分配形式，但在工会的领导、组织、教育下，码头工人常年收入有了保障，工作有了秩序。衡水码头苦力工人，增加了工资，组织了水脚、旱脚总工会，保证了工人利益，每天每个工人平均可以分到十五至二十斤小米，河西街有位工人全家五口，不但能维持生活，每天已能余小米十斤，失业顾虑在他们已成过去，码头工人全部复业。② 1947 年 1 月 1 日，《人民日报》介绍了衡水码头工人的生活状况：每个脚行工人每年能收入七万元，家中可有多余之粮米二千斤至三千斤。衡水码头二百零二个水号工人，连同家属老幼八百三十四口，今年丰衣足食。某蒋姓工人说，现在和过去比，足是天堂地狱。日本侵略者在时，三天中，有二天挨饿。自成立扛脚工会，多时，每天能挣一千二百元。今年，挣的钱买了三亩好地。他笑着说："老爹壮了，老婆孩子也胖了，半辈子也没过过这样的好日子了。"接着说："蒋介石进攻解放区以来，我已经动员好几十个工人走上了前线，拼命也得保卫住这翻身的好光景。"③

（二）船民生活状况

抗战以前，瓷器、煤炭、熏枣、山货、鸡蛋等沿滏阳可从上游运至下游，再把海盐、杂货等从下游运至上游。俗语说："百里不运粗"，粗

---

① 《桃城史话》，第 131—132 页。

② 《民主政府扶导下劳资融洽，济宁衡水工商业繁荣》，《人民日报》1946 年 6 月 21 日，第 2 版。

③ 《衡水解放一年，商业繁荣两倍》，《人民日报》1947 年 1 月 1 日，第 2 版。

笨的东西走水路，运费比火车贱得多。数万人靠着滏阳河生活，沿河居民也靠着它购买比较便宜的货物。那时候，船民极为清苦，但还能勉强维持最低的生活。一个掌船的除了吃饭，每年还可拿一百多块钱，其他水手也可以拿到几十元。①

衡水沦陷后，日本人“征用”了大部分船只，把船拆了盖房子。当时，河路不靖，船主船夫都不敢冒险运输。往日据以为生的船只，那时都成了累赘。船主在敌人未及“征用”以前，有的忍痛把船毁了烧火，有的偷着沉在水里，等待着打捞的那一天。几年之间，滏阳河中看不见船的影子。据当时的船户张旺说：“象我们这些使船的，苦熬一辈子，不过是想弄一条船。就是赚些钱入个股也好。日本人在的时候，这么好的东西，都白白的糟踏了。”②

1945 年 12 月，在中国共产党领导的民主政府对船只航运的保护下，船民运输环境与生活条件大大改善，船民都获得了巨大的利润。天津船只亦纷纷来滏阳河运货，五十多支运船，整日来往衡水和天津间，数百里的滏阳河上，到处可以听到船夫们“痛快的日子到来了”的歌声。1947 年 3 月 6 日，《东北日报》报道了二家船户的状况。张曹中一家四口从事船运，三个月内每人赚洋八万多元。崔玉泉一家七口依靠一只七丈长的小船运货，一年赚二十余万，他说：“我像庄户人分了地一样翻身了。”当时，开载重八万斤的大船，将货物从衡水运往冀中地区，每斤脚力为四元，一趟即可赚三十二万。③

民国时期，码头工人与船民虽受剥削之苦，却得滏阳河水运之利，维持生计。中国共产党领导的民主政府实施了保护政策，改善了码头工人与船民的谋生环境。

结　语

民国时期，滏阳河水运促进了衡水社会经济的发展。凭借水运之利，

① 李庄：《今日的滏阳河》，《人民日报》1946 年 6 月 14 日，第 2 版。

② 李庄：《今日的滏阳河》，《人民日报》1946 年 6 月 14 日，第 2 版。

③ 《田免灾粮食增产，冀南治河成绩卓著，衡水滏阳河运空前发展》，《东北日报》1947 年 3 月 6 日，第 3 版。

上自磁州、下至天津的各种物资在衡水停留、转运或交易，促成了衡水码头经济的繁荣，尤以安济桥、西关最具典型。这里，车马辐辏，商贾云集，店铺林立。货运、客运的发展催生了码头工人、船民等主要职业群体，他们的生产生活状态体现出滏阳河对沿河群众的重要性。

衡水，因水而生，因水而兴，因水而灵。纵横交错的水系与衡水的历史演进深度交融，为衡水带来了便利的交通、发达的商贸、多元的文化。河湖资源及水运影响下形成的生存环境宛若一个巨大的生活磁场。这里，汇集渔民、船工、商人等不同社会群体，他们长期与水共存，在对水资源的开发与利用中促成了生活方式的变化。

曾几何时，河流由溶溶碧波变成涓涓细流，甚至干涸。穿梭于河面上的舟楫早已隐踪匿影，渔船鸭鹅也随之销声隐迹，只留下空荡的河床与巍峨的大堤。但是，随着历史的发展、时间的推移，人们越来越深刻地认识到河流所蕴藏的精神价值和文化意义。

Fuyang River Transportation and Wharf Economy Development of Hengshui County in the Republic of China

CAI Yulong

Abstract: Fuyang River has a long history, which is an important waterway passage running through Hebei and Tianjin since the Ming and Qing dynasties, especially in the Republic of China period. There are many dock cities and towns distributed along the river, of which Hengshui is the most important dock county along the Fuyang River. Various materials from Cizhou to Tianjin stopped, transshipped or traded here, contributing to the prosperity of the Hengshui wharf economy. The development of freight and passenger transport had spawned the emergence of major occupational groups such as dock workers and boat people, and their production and living conditions reflected the importance of the Fuyang River to the masses along the river.

Keywords: Fuyang River; Hengshui county; wharf economy; the Republic of China

〔蔡禹龙（1979— ），男，吉林洮南人，历史学博士，东北大学秦皇岛分校马克思主义学院副教授，研究方向为中国近代城镇社会经济史〕

民国旅滇游记探析*

——游记的史料价值判断

杨志强　柴　冰

（东北大学秦皇岛分校民族学学院）

摘　要：民国时期的旅滇游记山川名物、时政问题、地理民俗无不述及，且多为作者亲历，内容真实，可补史阙。本文选取其中代表性著作，尝试对不同类型的游记进行分类，分析云南地区在民国时期社会各层面的嬗变。最后，选取三部典型的旅滇游记，进一步补充说明游记所具备的史料价值。

关键词：云南；游记；史料价值；民国

清末民初，随着各种救亡、革命运动的兴起，中国社会格局发生了巨大变化。内地也出现了如铁路、航空等新的交通手段，游山玩水不再是文人雅士独有，普通百姓也开始参与进来。在这批先后来到云南旅游的游客中，不仅有从事植物矿产等资源考察开发的外国人，还有爱国意识觉醒的政府公务人员。自此涌现出一大批出自文人、学者之手的边疆游记，对这类游记的研究也逐渐展开。

* 本文为中国博士后科学基金项目《同文之治：清代多语种文献译传的政治文化意义探究——以〈楞严经〉的译制与颁发为中心》（2020M680961）成果。

一、民国时期旅滇游记的分类

历史文献的价值应从两个方面来评判：一是史料形成的原因和动机，二是史料本身的真实性和史料所述信息的可信性。各类史料在本质上可分成两大类，即“遗留性史料”和“记述性史料”[①]。游记作为记录作者亲游、亲历的材料，本身就具有一定的史料价值。以亲历材料为主体的游记在考察所述区域的发展状况时，能最大限度地给我们展现出一幅栩栩如生而又具体的历史画面。尽管从民族学“他者”的视角来看，游记作者并不能理解那些画面的内因及外因，但那些客观描述却能还原关于那个时代的真实细节。同时当地人眼中那些熟悉的、漠不关心的东西，也会引起外来旅行家的注意。因此，游记所承载的历史信息，从某方面来说可能会超过地方史料的记录。

相较于古代居于“正统”地位的风景观光型游记，民国时期的游记在内容上更加丰富多元。伴随着这一时期社会各层面所发生的急剧变化，游记作家在这一时空中的写作意识也产生了很强的针对性，写作重心从对沿途风景的描写转移到对时政、教育和社会性问题的关注上来，使得这一批游记的内容在深度和广度上都得到了拓展。按照创造主体的不同，这一时期的游记作品大致可划分为官方纪事型游记和社会大众型游记。在这批官方纪事的游记中，官员出游是为了视察民情、巡逻边防和处理其他公务相关的调查工作，所以游记中所载的云南政治状况，在内容上有很高的纪实性。

民国时期的传媒报刊业已初具规模，一些短篇游记发表于报纸杂志上，时效性是这类游记的一大特点，大到政局形势、小到地方新闻都有记载，这类记者报道型的游记作为新闻报道，本身就能体现所载内容的真实客观。最后，在一些学者写作的游记中，对地理、民俗方面的考察，相较其他游记而言也更为深入。

因此结合作者身份和记载内容，游记可进一步细分为以下四类：记者报道型游记、官员考察型游记、风景观光型游记、学者调研型游记。

---

① 乌云毕力格：《史料的二分法及其意义——以所谓的“赵城之战”的相关史料为例》，《清史研究》2002 年第 1 期。

二、民国旅滇游记内容概述

（一）土司制度、边防问题的描写

云南地区土司制度与边界勘定的问题是这一时期旅滇游记作品中谈及最多的内容，其次便是云南地方政府在涉及边防问题时所颁布的政策法律等。这些通过作者本人实地调查得出的一手材料，更能真实反映当时云南地区的政局形势，成为官修正史之补充。

民国初期，随着近代政治体制的逐渐完善，这种存续多年的封建土司制度，成为制约民族民主化的重要因素。土司制度虽不合时势，但它的稳定存在还是有原因的。在民国中后期旅滇游记文献中，就出现过大量描述，例如严德一在《云南边疆地理》中对云南地方土司制度的权力组织结构作了详细的描述："宣慰之下，为各'猛'土司，是为最大行政分区之长官，土司均由宣慰分封其同袍昆仲及近族赴任，但必得地方民意；土司衙门亦有类似之议事庭，由当地耆老组织之。土司之下，则由严密之乡村组织，有'老叭'，相当于现行之乡长，有'大叭'，相当于保长，'二叭'尔之，下设'老鲊'，'老线'分管全乡各村寨之地方事宜。"[①] 严密稳固的组织结构和封建时代的传承正是土司制度得以存续的一大原因。

滇缅北部边境的"片马"问题、"江心坡"问题，滇缅地区南部的"班洪"问题和"滇越铁路"问题等，也是当时云南地区的几大领土安全问题。陷于这种内忧外患之国情使得稳定边疆成为当务之急。《云南游记》中便记载了当时云南地区的边界勘定问题，详细描述了英人入侵的真相及中英两国的谈判情况。"准此以谭，片马问题，为中英两国外交上二十余年悬案。自滇缅界务发生以来订约者数次，勘界者数次，情形复杂。片马问题，冀得适当解决，外交固不可忽视，内政亦不可偏废。故策片马者，必举外交内政以立言，则庶乎其不差矣。"[②] 一战之后，英国忙于欧洲战争，无暇顾及远东，于是将滇西的驻军全部撤回到了印度、缅甸，双方的谈判就此中断。欧战后，英人又出兵于此，将该地纳入缅

① 严德一：《云南边疆地理》，上海：商务印书馆，1946 年，第 29 页。

② 谢彬：《云南游记》，昆明：云南人民出版社，2019 年，第 189 页。

甸领土。1922 年 12 月 22 日，云南省省长唐继尧与滇英总领事商谈，并于 28 日发出通电，要求全体国民团结一致，争取片马，申明英国入侵。国会议员何畏提出一系列挽救片马的建议。[①] 这些细节和电文，都已被记录在游记中，成为研究片马谈判问题的可靠史料。

（二）反映传媒报刊与教育事业的发展

报纸、杂志等是传播文明的工具，其发行数量的多少往往可以反映一个地区的文化发展水平。文缉熙对这一时期的各类出版刊物做了详细调查，如下表所示，云南地区的各类刊物齐全，同时设有一些专题刊物。

表一　　1923 年云南地区各出版物情况[②]

刊物类别	刊物名称
日报	《民治日报》《云南公报》《金碧日刊》《义声报》《商报》
间日报	《滇市新报》
半周刊	《微言报》
周刊	《警钟》《瀛流一勺》《明星》《滇潮》《昆明市教育周报》《昆明通俗周刊》《光明》
旬刊	《清真旬刊》《翠湖之友》
月刊	《民治》《实业公报》《教育公报》《电声》《云南自治月刊》《市政月刊》
季刊	《市立小学季刊》《实业改进会季刊》
校刊	《成德中学校刊》《省立第一中学校刊》
不定期刊	《成德学生》《早婚劝诫会会刊》《云南青年》《昆明市通俗讲坛刊》《昆明市天足会汇刊》

民国初期，云南地区政府积极开拓发展文化教育事业的新局面，虽面临教育资金的短缺，但云南地区的教育事业仍取得了一定的成绩。1923 年 10 月 10 日，云南教育厅在昆明独立主办了全国第九届教育联合会。在会上就曾讨论过教育改革问题："本司该组伊始，一切内部组织，均照教育部颁发各省教育厅组织大纲办理；惟此种制度，仍嫌独裁专断，特于本司内附设教育委员会，兼采合议制精神，凡教育上重要事项，如

① 《云南游记》，第 186 页。
② 文缉熙：《滇越游记》，1924 年，第 72—73 页。

学校之变更废止，单行法令规章之颁布，教育上之大计书等，均提付研议，由司按照案执行，成立以后，所得成绩，尚属满意。至县教育行政机关，自前届联合会议决改组教育局后，即拟照案改革，嗣因本省有改革县制之计书，遂暂缓实行，俟将来县制改革案实施，则各县改教育局，亦与之同时更新矣”[①]。另外，在文缉熙的《滇越游记》中还有这一会议的议决草案，议案总共有 30 项，教育行政类问题占 20 案，其余 10 案为非教育行政类。

郑子健的《滇游一月记》对云南地区的各种学校发展情况做了相关考察。1932 年，云南省地方教育政府机构以原省属中师各校为本，并综合考虑各县的自然地理、历史、交通条件，将全省分为楚雄、丽江、开化、普洱等十一个中学区划。[②] 1935 年，全省再次进行了中等学校的改革，为了平衡、合理地分布，促进边疆的教育，把全省的学校分成了二十八个学区。云南省 1934 年的中学的情况，如下表所示：

表二　　1934 年云南省中学情况

<table>
<tr><th colspan="2">各级中学</th><th>数量</th><th>教职员</th><th>学级</th><th>学生</th><th>经费（元）</th></tr>
<tr><td rowspan="2">省立</td><td>高级中学</td><td>八</td><td rowspan="2">三百五十八</td><td rowspan="2">九十七</td><td rowspan="2">五千二百十九</td><td rowspan="2">三十四万二千四百十三</td></tr>
<tr><td>初级中学</td><td>八</td></tr>
<tr><td colspan="2">县级私立初中</td><td>四十</td><td>六百三十三</td><td>一百零九</td><td>五千二百五十八</td><td>二十万一千六百三十八</td></tr>
</table>

上述记录与文献资料相结合，全面地反映了当时云南地区的办学状况，为我们更好地了解和研究民国时期云南教育问题提供了丰富的史料。

（三）记载文物与遗迹

民国时期，有关云南的游记文献中，对文物遗迹之类也进行了大量记载。罗莘田就在大理悉檀寺找到了嘉靖二十四年杨慎所著的《木氏宦谱》。“前有嘉靖二十四年杨慎所作序文，记录山悉檀寺的木氏宦谱。底下自第一世……此谱修至第二十四世木钟，时当雍正间。”[③] 民国时期

① 《滇越游记》，第 68 页。

② 郑子健：《滇游一月记》，上海：中华书局，1937 年，第 55 页。

③ 罗莘田：《苍洱之间》，上海：独立出版社，1947 年，第 109 页。

《木氏宦谱》的编撰出现了多种版本，有的内容记录相同，有些差别很大。罗莘田还在书中引用陶云达四种不同的木氏宗谱做对比，在四个谱系中，他提出："杨氏的谱系没有图象，而且年代也不一样，这四种谱系中，自然以前者的历史价值最大。"① 同时，谱中记载的"父子连名制"也是一个值得研究的问题。

昆明西山各寺庙、大理鸡足山各寺庙的碑刻材料中所蕴含的史料价值，在这一时期也逐步得到人们的重视。其中以滇中碑帖最为出名。文缉熙在《滇越游记》中说："阮文达只称大爨碑为滇中第一石，其实小爨字体古茂，与汉隶尚未书漓也，大爨则一份无有也。"② 罗莘田根据自己的爱好，在他的游记中，记载了很多关于鸡足山寺庙的石刻，比如"嘉庆十三年，吴光祖重建古林水阁"。书中也详载了《崇圣塔寺碑》是由李源道撰刻的，以表彰大理段氏功绩；城西观音市，有"元世祖平云南碑"，是元翰林学士程文海所著。③ 这些内容在云南地方志书和金石文献中却没有记载，虽不明其因，但可以证实大理的历史演变，不可忽视。

关于民国时期旅滇的游记著作颇为丰富，上述仅选取几大主要方面进行概述。除此之外，游记所载内容是否还有其他层面的史料价值？下面选取《云南游记》《丁格尔步行中国游记》和《滇边散忆》三部游记来具体分析，比较它们各自的特点，试从游记的史料价值理论层面进行探讨。

三、三部游记所反映的史料价值

《云南游记》，衡阳谢彬著，铅印本约二十余万字，中华书局民国十三年（1924）初印，民国二十年印第六版④。该书以日记的形式，详细记录了作者自上海至云南沿途的所见所闻，描写了云南及其周边地区的政治、文化教育、社会生活、自然景色等方面内容，在研究云南社会、历史、文化等方面极具史料价值。作者此行赴滇是为参加民国十二年在昆

① 《苍洱之间》，第 110 页。
② 《滇越游记》，第 74 页。
③ 《苍洱之间》，第 10 页。
④ 文中参考的是 2019 年云南人民出版社的一版。

明召开的全国教育会联合会，所以书中关注较多的便是云南地区的教育问题。作者认为近代教育是在辛亥革命后才获得较大发展的，云南地处西南边陲地区，远离中央，加之交通不便，导致教育事业起步较晚，各行各业的发展也均落后于内地。书中对云南地区的各种中等学校、小学做了详细的划分和探讨，这些学校作者基本上都亲身参观过，作者详细记叙了它们的建校地址、校史、教育经费、学生情况等。针对现实情况，也尖锐地指出在发展地方教育过程中应注意的问题。

《丁格尔步行中国游记》[①] 的作者是身兼传教士、记者、出版商等多重身份的英国人埃德温·约翰·丁格尔（Edwin John Dingle）。1909年2月22日至次年12月26日，英国人丁格尔从新加坡出发，经西贡、香港、上海，沿江经汉口、沙市、宜昌直抵重庆，再由叙州、昭通、东川、昆明、大理、澜沧江、腾越、新街，最后到达缅甸，全长6756英里。《丁格尔步行中国游记》记载了沿途的地理、政治、军事、经济、民族、民俗、风景名胜、宗教文化等方面内容。值得一提的是，作者在旅居云南的同时也随身携带大量先进设备，如打字机、摄像机等，所以再版的书中增加了他拍摄的大量百年前中国乡村的珍贵图片，给人更加直观的感受。

《滇边散忆》为陈碧笙所著，是一篇典型的学者调研型游记，1977年再版，初版不明。[②] 此书系作者深入到西南地区考察的研究性游记，书中对“滇边”涉及的区域进行界定：“腾龙、顺镇、澜沧、思普各沿边区，包含数百数十个肥沃而平坦的河谷和盆地，气候炎燠，水流畅旺，土壤肥沃，农产繁殖，荒地估计可千百数万亩为今日西南最有望的农垦区域。”[③] 书中详细介绍了云南边境的民族、地理、边政、历史、经济、文化、社会风俗等状况。因作者在来滇之前，就已对云南的社会和历史有了深刻的认识和研究，所以书中反复论证的“治边思想”，对今天西南边疆地区的建设发展仍有许多启发。

从内容来看，三篇游记的共同点是都含有叙事性的历史资料和抒发

---

① 此处参考的为2013年陈易之译的再版《徒步穿越中国》，但文中的名称仍沿用初版名称《丁格尔步行中国游记》。

② 朱端强、徐燕：《云南史料笔记随录（一）》，《昆明大学学报》2001年第1期。

③ 陈碧笙：《滇边散忆》，北京：商务印书馆，1941年，第4页。

情感、思想的相关材料，根据游览路线和考察对象不同而有所侧重。除去前文所提到的边防、教育等方面内容外，三篇游记所展现的史料价值还体现在以下几个方面。

（一）对滇区山川名物的记载

《滇边散忆》中有《大理山水论》篇，作者称："中国城市之美无有胜于大理者，中国以美丽著称的城市如北平、青岛、杭州、桂林灵巧秀丽处则有之，但都赶不上大理伟大而自然。"① 书中有大量对苍山洱海的赞美之词，但在称赞苍山的同时也评价其缺点："苍山的最大缺陷，在于近城一带林木摧毁殆尽，童山濯濯，毫无美态。"其次，"就是道路崎岖，崖壁险阻，有许多天然的奇景，每为人迹所不能至"②，这也反映出民国时期，在政治、经济等条件的限制下，旅游景区的发展和管理还不够完善。

《丁格尔步行中国游记》以外国记者的视角折射出中西方文化风俗习惯的差异、地理环境的不同、外国人在当地的权力行使、统治者与人民之间的关系等等。在丁格尔的笔下，中国西南边疆的自然风景独具特色，拥有不为人知的秀美山水。他称赞西南地区自然景观具有独特的魅力，"偏远地区最能吸引她的崇拜者：寒冷丛林中，高峰山顶上，远离尘世处，峡谷裂缝间……以及一切感情淡薄的伪追求者都无法参悟她真谛的地方"，"那些信奉自然与人性的人，可以仅仅因为美景而在中国内陆获得快乐"③。在丁格尔看来，西南地区如同一个疗养院，其山川景色让人流连忘返。

（二）保存社会民俗资料和对社会问题的关注

《云南游记》中也有对于山水景色的大量描述，但更值得关注的还是作者对民间风俗的看法，他倡导男女平等。"婚嫁男女之事，尤多陋俗，男女至不平等"，"粤中对于女子最不人道之事，莫如瞽姬。有种贱妇，常卖贫家小女，教之歌唱，而已药水刺瞎其双眼，供人奸宿，任人玩弄。

---

① 《滇边散忆》，第 73 页。

② 《滇边散忆》，第 74 页。

③ 〔英〕丁乐梅著，陈易之译：《徒步穿越中国》，北京：光明日报出版社，2013 年，第 43 页。

而大人先生不第不加禁止，且以此为娱乐品。近且议援花捐之列，对謍姬亦抽捐税，此为最堪浩叹之事”①。可见，谢彬在革命新思潮的影响下，积极提倡男女平权，反对买卖妇女等封建婚姻陋习。

丁格尔关注到了这一时期的中国社会问题，如公共卫生较差、烟毒横行、个人隐私意识淡薄和迷信思想严重等。他在游记中谈到旅店的住宿环境，表现作者出对云南地区卫生问题的担忧：“那真是间令人胆寒的兽舍，无论人畜都挤在一团杂乱如麻、臭不可闻的污秽之中。”②“成年的男女都急切地想看看别人没穿衣服的样子，所以他们专门跑来捅破窗户纸，如饥似渴的偷窥着。”③ 深处边陲地区的人民，部分未能接受革命新潮的冲刷，暴露出个人隐私意识淡薄等问题。

（三）国家治理、民族问题的叙述

《滇边散忆》是一部具有鲜明的民族思想的著作，作者在书中谈到，中国云南边境地区所存在的民族问题，根源在于云南多民族的差异：一是云南地区少数民族的多样性和复杂性；二是云南地区少数民族的分布尤其复杂、分散；三是云南各少数民族的地域条件十分孤立，互不连通；四是云南地区以汉族为中心，以“合化”为主体。因此，云南大多数的边疆民族都已与汉族同化，少部分仍在被同化，所谓“民族问题”，其实就是一种特殊的现象，并不能发展到国家的对立面。④ 书中还提出了建设“大西南”和“国际大通道”的设想。他认为：“在建设大西南当中，云南占着一个特殊重要的地位。这是因为：第一，云南蕴藏着甲于全国的金属矿产；第二，云南在地势上足以控制长江和西江的上游，比较感不到敌人的威胁；第三，西南各省的物资必定要经过云南才能够找到安全而便捷的出海口。”⑤作者在抗战早期就提出把建设云南边疆视为支持抗战的重要举措，并慨然呼吁：“如果我们还担负不起这种最低限度的工作，非但对不起前线浴血奋战的将士，也对不起后一代中华民族的儿孙!”

---

① 《云南游记》，第12页。

② 《徒步穿越中国》，第59页。

③ 《徒步穿越中国》，第40页。

④ 《滇边散忆》，第131—135页。

⑤ 《滇边散忆》，第27页。

结　语

民国时期赴滇的游记别具特色，不仅对沿途的山川地理、险要关隘等作了详尽的记录，还涉及了这一地区的历史文化和社会风俗，保存了许多珍贵的史料，值得后人参考。由于其中部分旅滇游记文献具有较高的可信度，许多内容也被云南省志采纳，如省志中“地理志”“旅游志”“地名志”等主要是从游记中摘录的。

综上，民国时期云南地区的游记著作，绝大多数的记载都是足以被证实的，由此呈现出在游记作者个体视角下的中国社会状况。他们的旅行记录了当地的政治、经济和社会状况，帮助我们发掘出有价值的讯息。游记中所蕴含的史料，更能从不同的视角展现出民国时期云南社会的近代化发展和旅行者的边疆观念，当代学者应关注和利用。

Analysis of Travel Notes in Yunnan During the Republic of China: Values as Historical Works

YANG Zhiqiang　CHAI Bing

Abstract: In the travel notes of Yunnan during the Republic of China, there are many records of mountains and rivers, current politics, geography and folk customs etc. Because most records are the experiences of the authors, they are true and can correct the historical faults. By selecting relevant representative works, this paper attempts to classify different types of travel notes and analyze the evolution of Yunnan region in all social aspects during the Republic of China. Finally, three typical Yunnan travel notes are selected to further explain their values as historical works.

Keywords: Yunnan; travel notes; value as historical works; the Republic of China

〔杨志强（1999— ），男，安徽阜阳人，东北大学民族学学院硕士研究生，主要研究方向为中国民族史。柴冰（1986— ），女，甘肃酒泉人，东北大学民族学学院副教授，硕士生导师，研究方向为中国民族史、满蒙藏文文献学、国家治理〕

顾振年谱

张　阳

（东北大学秦皇岛分校外国语言文化学院）

摘　要：顾振，江苏无锡人，1914 年因庚款资助赴美国康奈尔大学学习，很早参与中国科学社、中国工程学会，第一批资助《独立评论》创刊会员。回国后顾振从路政界进入开滦矿务总局工作，后任该局首任华人总经理，与英国总经理共同为最高领导。开滦工作期间顾振加入南京国民政府国防设计委员会，并于 1936 年以资源委员会代表团主任身份访德，签订《中德信用贷款合同》，1938 年意外逝世。顾振作为典型人物，完整履历资料阙如，通过整合可见资料形成此年谱，希裨益于民国人物研究。

关键词：顾振；庚款留美；民国；开滦矿务总局；资源委员会；《独立评论》

顾振年谱

时间	事件	资料出处
1894 年 12 月 20 日	出生于江苏无锡，父亲顾信成，母亲华氏	顾振在康奈尔大学档案表格，顾振外孙女蔡缨女士藏
约 1906 年	成为京师译学馆丁级学生	京师译学馆：《京师译学馆校友录》，1925 年，第 78 页
1910 年 7 月 21 日至 7 月 29 日	参加清游美学务处组织的第二届庚款游美生考试	李玉海：《第二批庚款留美学生考选经过及相关问题》，《中国科技史杂志》2009 年第 30 卷第 4 期，第 485 页

续表

顾振年谱		
时间	事件	资料出处
1910 年 7 月	被游美肄业馆录取，成为清华学堂第一批学生	《政治官报》1910 年，7 月告白 1—2 页
1911 年	进入清华学堂高等科学习	清华大学校史研究室编：《清华大学史料选编第四卷　解放战争时期的清华大学（1946—1948)》，清华大学出版社 1994 年版，第 638 页
1913 年	于清华留美预备部毕业	同上
1914 年	赴美国康奈尔大学机械工程专业学习	胡光麃：《大世纪观变集（第 3 册）世纪交遇两千人物记》，联经出版事业有限公司 1992 年版，第 196 页
1915 年 6 月 7 日	在康奈尔大学参加中国科学社，社员号码 76	林丽成、章立言、张剑编注：《中国科学社档案整理与研究发展历程史料》，上海科学技术出版社 2015 年版，第 18 页
1916 年	在《科学》杂志发表论文《旋体》	《科学》，1916 年第 2 卷第 2 期，第 176—184 页。
1918 年	参加康奈尔大学校辩论队，入选 1918 届康奈尔年鉴	*The Cornellian Class and Yearbook*，1918，138，416，417，421 蔡缨女士所藏档案照片
1918 年 8 月 30 日至 9 月 2 日	参加中国科学社和中国工程学会联合年会，针对中国教育发表演讲，认为：“（一）中国教员程度太低，（二）中国学生缺保存秩序与自治两德，（三）大学生当有世界的知识。”并宣读论文《电话》	杨铨：《中国科学社中国工程学会联合年会记事》，《科学》1918 年第 4 卷第 5 期，第 499—501 页
1918—1919 年	从康奈尔大学获工程学硕士学位后在美国西方电气公司实习工厂管理近两年	*Cornell Alumni News*，Vol. 26，November 16，196；17th Jan，1924 蔡缨女士所藏档案照片
1919 年 12 月	回国，就职于上海中国电气公司，任产品工程师	同上
1920 年 5 月	从中国电气公司辞职后任株钦（株洲—钦州）铁路秘书，后入职交通部，任科长，主外事	同上； 胡光麃：《大世纪观变集（第 2 册）中国现代化的历程》，联经出版事业公司 1992 年版，第 244 页；军事委员会资源委员会调查处编：《全国专门人才调查报告》，1937 年，第 55 页
	兼任允元实业公司驻北京代表	胡光麃：《近代中国史料丛刊续编第 62 辑波逐六十年》，文海出版社 1979 年版，第 220 页；屠鹤云主编，广州市政协学习和文史资料委员会编：《广州文史》第 56 辑《天地存肝胆——广州市民主党派史料专辑》，广东人民出版社 1999 年版，第 63 页

续表

顾振年谱		
时间	事件	资料出处
1921—1931 年	参与“南满铁路”支路即“南满铁路平行线”的修建	胡光麃：《大世纪观变集（第 3 册）世纪交遇两千人物记》，联经出版事业公司 1992 年版，第 113—114 页
1922 年 11 月 28 日	作为胶济铁路移交及接收中方委员，参与胶济铁路从日本接收	《昨日又续议胶济路问题》，《晨报》，1922 年 11 月 29 日，第 2 版；《时事新报（上海）》，1922 年 12 月 29 日，第 5 版
1923 年 9 月 15 日	在胶济铁路管理局材料处处长职位请辞，据称因为与局长刘堃意见相左，刘排除异己	训令第一二一一号，《铁路公报：胶济线》，1923 年第 11 期，第 8—9 页；《时事新报（上海）》，1923 年 9 月 14 日，第 5 版
1923 年 9 月 17 日	调任交通部	《交通部令第五二三号》《铁路公报：胶济线》，1923 年第 11 期，第 8—9 页
1923 年 11 月 10 日	受交通部委任查材料账目则例及格式等	《交通公报部令第三百九十九号》，1923 年 11 月 16 日
1925 年 4 月	受交通部委任监视津浦铁路废料开标	《交通公报　部令　委任令第三七号》，《交通公报》，1925 年第 870 期，第 2 页
1926 年 6 月	受交通部任命担任秘书	《铁路公报　胶济线》，1926 年第 111 期，第 2 页
1926 年底	担任中国科学社理事	张剑：《赛先生在中国——中国科学社研究》，上海科学技术出版社 2018 年版，第 156 页
1927 年 7 月	在京奉铁路总务处长的职位上经交通次长常荫槐批示，代理副局长职务	《交通部令第七十一号》，《交通公报》，1927 年第 1641 期，第 2 页
1927 年 8 月	参加交通部整理路政会议	《盛京时报》，1927 年 8 月 1 日，第 1 版
1927 年 9 月	给京奉铁路机务处技术员学会复信	京奉铁路机务处技术员学会：《京奉铁路机务处技术员学会会刊　技术》第一号，1927 年 9 月
1927 年 10 月	被委任为中比庚款委员会委员	《盛京时报》，1927 年 10 月 29 日，第 2 版
1927 年 11 月 30 日	由津进京	《益世报》，1927 年 12 月 2 日，第 12 版
1927 年 12 月 1 日	由京来津	《益世报》，1927 年 12 月 3 日，第 12 版
1927 年 12 月 25 日	由津进京	《益世报》，1927 年 12 月 27 日，第 12 版
	在北京参加在骑河楼新会所举办的清华同学会，以次多数票数第一当选为董事	《益世报》，1927 年 12 月 28 日，第 7 版

续表

顾振年谱		
时间	事件	资料出处
1928 年 3 月	参加关税自主委员会第一次例会	《盛京时报》，1928 年 3 月 16 日，第 2 版
1928 年 3 月—4 月	以京奉铁路代理局长的身份接受交通部委派，出任中义庚款委员会交通部代表	《交部中义庚款委员》，《晨报》1928 年 3 月 27 日第 7 版；《中义庚款委员》，《晨报》1928 年 4 月 15 日第 2 版；《交内两部派定中义庚款委员》，《益世报》1928 年 4 月 15 日，第 3 版
1928 年 11 月	与京铁道部商洽后，平奉之间恢复通车	《时事新报（上海）》，1928 年 11 月 14 日，第 5 版
1928 年 11 月 21 日	由京奉路局局长调任中东铁路局理事	《东省铁路人员调动情形》，《河北民国日报》，1928 年 11 月 23 日，第 3 版
1928 年 12 月	与津局局长协商后，在奉天至天津增开小票车，方便入关小工	《盛京时报》，1928 年 12 月 24 日，第 2 版
1929 年 1 月 15 日	作为“杨常事件”嫌疑犯被严讯	《盛京时报》，1929 年 1 月 15 日，第 4 版
1929 年 1 月 17 日	“杨常事件”后被张学良关押，于 17 日释放	《顾振已释放》，《大公报》民国 18 年 1 月 19 日，第一张第 3 版；《盛京时报》，1929 年 1 月 19 日，第 4 版
1929 年 5 月 8 日	由北平入津	《益世报（天津）》，1929 年 5 月 10 日，第 12 版
1929 年 6 月	入职开滦	开滦矿务局史志办公室编：《开滦煤矿志》第五卷，新华出版社 1998 年版，第 325 页
1929 年	撰写《开滦包工制度》，并提出废除包工制度的主张	《开滦煤矿志》第三卷，新华出版社 2007 年版，第 247—248 页。
1929 年 8 月	撰写《关于“开滦矿务局工会”的报告》	《开滦工运史资料汇编第二辑》，第 97—105 页
1929 年 11 月 13 日	应上海交通大学铁道管理学院邀请演讲，内容是“中国铁路材料管理问题”，听众达 200 余人	王宗光：《上海交通大学记事》上海交通大学出版社 2006 年版，第 208 页
1930 年 7 月	被选举为中国工商管理协会事务组正主席	《时事新报（上海）》，1930 年 7 月 15 日，第 9 版
1931 年 8 月 3 日	由上海调至开滦秦皇岛经理处任副经理	秦皇岛港藏开滦外文档案2－13－4419
1931 年冬	位列钱昌照拟定的国民政府国防设计机构委员名单	钱昌照：《钱昌照回忆录》，中国文史出版社 2013 年版，第 49 页

续表

顾振年谱		
时间	事件	资料出处
1932 年 3 月 1 日	调回开滦矿务总局总经理处	秦皇岛港藏开滦外文档案 2 －13 －4419
1932 年 5 月	作为《独立评论》主要资助人之一助该刊创刊，此后每月捐薪俸的百分之五即 520 元，捐资近两年	罗尔纲：《读〈闲话胡适〉》，《社会科学战线》，1993 年第 6 期
1932 年 5 月	以“湛然”为名，在《独立评论》创刊号发表《中国的包工制》	《独立评论》，1932 年 5 月 22 日第 1 期，第 13—16 页
1932 年 8 月	参加全国矿业联合会理事会	《时事新报（上海）》，1932 年 8 月 13 日，第 9 版
1932 年	以“湛然”为名，在《独立评论》第 25 期发表《日煤倾销的情形》一文，回应翁文灏的文章《中国煤矿业的厄运》	《独立评论》，1932 年第 25 期，第 18—19 页
1932 年 11 月 17 日	母亲在北京去世	顾澄、顾洵、顾振之母　华太夫人　哀启　孔夫子旧书网拍品（http：//book. kongfz. com/1504/115277406/? force_ pc =1，2020 －03 －15）
1932 年	在钱昌照引荐下与蒋介石见面或为蒋介石讲学	《钱昌照回忆录》，第 49 页
1932 年 11 月—1934 年 4 月	加入国防设计委员会，负责铁路交通运输方面	《钱昌照回忆录》，第 53 页
1933 年	担任泰山保险公司监察人	中国保险年鉴编辑所编：《保险年鉴 1935》，中华人寿保险协进社 1935 年，第 262、730 页
1933—1934 年	为南开大学捐煤若干次	龚克主编，王文俊、梁吉生、周利成副主编：《张伯苓全集第 6 卷公文、函电（三）》，南开大学出版社 2015 年版，第 278、285 页，第 357—358 页
1933 年 8 月 17 日	由开滦上海经理处经理升任开滦副总经理	开滦矿务局档案处：《开滦史鉴》，内部资料，1996 年第 8 期，第 1 页
1933 年 12 月	接受《民报》记者采访，因已被内定为全国矿业统制委员会会长，谈“该会并非要将矿业收归国营，且因当时中国几乎只有煤矿，故只能就煤矿业加以扶助。具体事宜还有待与全国经济委员会宋子文常委商议”	《顾湛然谈矿统会任务并不收归国营》，《民报》，1933 年 12 月 16 日，第 2 张第 4 版

续表

顾振年谱		
时间	事件	资料出处
	被内定为全国经济委员会矿业统制会主任委员	《时事新报（上海）》，1933 年 12 月 17 日，第 5 版
	被聘为全国矿冶地质展览会筹备委员	《时事新报（上海）》，1933 年 12 月 29 日，第 5 版
1934 年 1 月	担任全国矿冶地质联合展览会筹备委员会委员	实业部、教育部全国矿冶地质联合展览会编：《全国矿业要览》，全国矿冶地质联合展览会及国立北洋工学院刊 1936 年，第 905 页
	接受《益世报》采访，谈开滦马家沟煤矿罢工	《益世报（天津版）》，1934 年 1 月 19 日，第 5 版
1934 年 3 月	赴唐山调处工人组织联治总工会	《青岛时报》，1934 年 3 月 25 日，第 2 版
1934 年 4 月	与国民党河北省党部民众运动指导委员会主任许惠东密谈，提出："开滦与国民党（河北省党部）应合作，双方一致地维护开滦工人的安定，避免工潮的发生，不给日本人制造干涉开滦的借口。"	王守谦主编：《唐山工人运动史 1878—1949》，中央文献出版社 1993 年版，第 254 页
	与开滦英人总经理那森代表开滦与财政部税务署商议征税法	《时事新报（上海）》，1934 年 4 月 20 日，第 9 版
1934 年 9 月 15 日	任开滦矿务总局中方总经理	开滦矿务局史志办公室编：《开滦煤矿志（第五卷）》，新华出版社 1998 年版，第 325 页
1934 年 10 月 19 日	任开滦议董	开滦矿务局史志办公室编：《开滦煤矿大事记（1878—1948）》，内部资料，第 90 页
1934 年 10 月 27 日	滦州矿务有限公司与顾振订立开滦矿务总局两总理之一，任期五年之合同。从 1934 年 4 月 15 日起，任期内由滦州矿务有限公司付给每年薪金 7000 英镑	同上
1934 年末	委托秘书张冠儒到矿区调查中外员司接受包工贿赂的情况，并于 1935 年 1 月总局组成调查委员会。调查结果，接受包工贿赂的中外籍高级员司共 30 人	同上，第 91 页

续表

顾振年谱		
时间	事件	资料出处
1935 年 1 月	在行政院与刘鸿生接受汪精卫接见	《时事新报（上海）》，1935 年 1 月 22 日，第 9 版
1935 年 6 月	参加全国矿业联合会代表大会，当选为理事	《时事新报（上海）》，1935 年 6 月 30 日，第 9 版
1935 年 8 月	批准秘书张冠儒的请示，对受贿案的揭发人及见证人（多系包工大柜司账及差役，因协助揭发，多已失业）建议局方应在被革外籍员司诉讼结束前，给每人每月付与一笔津贴（40 元），以防他们会经常找到局里要求补偿，更可能离去，以致进行诉讼时不能作证	李志龙主编：《开滦史鉴撷萃（上）》，河北人民出版社 2011 年版，第 171 页
	受聘担任实业部矿业金融调剂委员会委员	《时事新报（上海）》，1935 年 8 月 24 日，第 3 版
1935 年 10 月 9 日	签订《开滦矿务总局向金城等三银行借款合同》	蒙秀芳、黑广菊主编：《金城银行档案史料选编》，天津人民出版社 2010 年版，586 页
1936 年 1 月 21 日	中国赴德代表团正式组成。“代表团以地理学家、资源委员会委员、开滦矿务局总经理顾振为主任，团员包括资源委员会专员、军事工业专家、著名学者王守竞，中央信托局副经理凌宪扬，训练总监部军事教育处处长封悌及行政院秘书兼翻译齐焌”	马振犊、胡德坤编著：《反法西斯战争时期的中国与世界研究（第 9 卷）战时德国对华政策》，武汉大学出版社 2010 年版，第 259 页
1936 年 2 月初	访德。“代表团由上海出发，于 23 日上午抵达柏林，德方接洽专员、德国国防经济厅厅长托马思前往车站迎接，并一同前往代表团下榻的布列斯德饭店，商订日程安排”。	同上

续表

顾振年谱		
时间	事件	资料出处
1936 年 2 月 25 日	代表团在德国国防部与托马思举行晤谈。托马思表示:“德国政府希望尽快达成最后协议，并已组织一国营公司（笔者按，其实是将克兰之合步楼公司收归国营），专司中德合作事宜……凡我（中）国所需物品，嘱即开单，俾德方早日筹备。”其后代表团先后与德国国防部长柏龙白、经济部长沙赫特及该二部其他官员举行了会谈	同上
1936 年 2 月 26 日	德国国防经济厅厅长托马斯会见代表团	陈仁霞:《中德日三角关系研究 1936—1938》，生活·读书·新知三联书店 2003 年版，第 80 页
1936 年 2 月 27 日	受到德国总理的接见	《反法西斯战争时期的中国与世界研究（第 9 卷）战时德国对华政策》，第 259 页
1936 年 6 月 13 日	见翁文灏等	《翁文灏日记》，第 54 页
1936 年 6 月 14 日	与翁文灏谈德国国防政策。午餐与翁文灏、钱乙藜、凌宪扬、王守竞、朱中道、成二律，在荷院茶社	同上
1936 年 6 月 15 日	与翁文灏等一起向蒋介石呈递德方致蒋介石函，并报告交涉中德易货经过	李学通：《翁文灏年谱》，山东教育出版社 2005 年版，第 115 页
1936 年 6 月 26 日	出席中央钢铁公司筹备委员会会议，被推举为常务委员	同上，第 116 页
1936 年 6 月 27 日	当选国民经济建设总会委员；见翁文灏谈合作事	《西北文化日报》，1936 年 6 月 28 日第 2 版；《翁文灏日记》，第 58 页
1936 年 7 月	参加全国煤矿业联合事务所筹备会议	《时事新报（上海）》，1936 年 7 月 6 日，第 9 版
1936 年 9 月 8 日	与翁文灏、钱乙藜、程中石商谈筹办钢铁厂办法	《翁文灏日记》，第 77 页
1936 年 9 月 9 日	与翁文灏谈钢铁厂事，拟分为会计、运输、营业三部，钢铁厂、焦厂、铁矿、煤矿各矿	同上，第 78 页

续表

顾振年谱		
时间	事件	资料出处
1936 年 10 月 14 日	与 Ado Nolte（delegate of Fa Krupp G. Essen，Vice-President China P Hamberg）、项雄宵、张静愚、阮鸿仪、杨能深（重庆钢铁筹委）等受翁文灏接见	同上，第 86 页
1936 年 10 月 18 日	与程中石、严冶之、刘兴亚与翁文灏谈钢铁厂职员名目及待遇等级。与翁文灏和钱乙藜游紫金山前之音乐堂及玄武湖	同上，第 87 页
1936 年 10 月 29 日	与翁文灏、Colclongh、吴达诠等晚餐，谈宜拟定意见，请蒋核定	同上，第 89 页
1937 年 1 月 9 日	函送杨毅函，愿办钢铁厂事，函送钱乙藜	同上，第 109 页
1937 年	去香港、青岛等地采购物资	《钱昌照回忆录》，第 151 页
1938 年 1 月 31 日	在天津意外身亡，终年 43 岁	《开滦总经理顾振一跌千古》，《警察日刊》第 2 版，1938 年 2 月 7 日；《开滦总经理顾振摔死记》，《晶报》第 2 版，1938 年 2 月 20 日

（该文完整展现顾振生平事略，对近代工业史、教育史等方面研究具有独特参考价值，曾在《秦皇岛港藏民国时期开滦英文人事档案整理与研究》一书中部分刊出，此后数年作者又不断查证新见资料给予丰富细化，庶几可视为顾振年谱最为全面的一篇。本集刊拟全文收录，以飨学界研究者，相关支撑史料全编待下一辑刊载——主编按。）

A Chronology of Chen Ku's Life

ZHANG Yang

Abstract: Chen Ku was born in Wuxi, Jiangsu province in China. He went to study at Cornell University under the support of Boxer Indemnity remission. He participated Science Society of China, Chinese Society of Engineering at their start-up stage and sponsored the start publication of *Independent Review*. Returning home from abroad, Ku worked for transportation then in Kailan Mining Administration, later being the Chinese Chief Manager of Kailan, first counterpart of the English Chief Manager. Ku also joined National Defense Planning Committee, later visited Germany as the chief delegate of the National Resources Commission and signed Credit Loan Contract. Ku died in 1938 in an accident. This chronicle is the first compilation of Chen Ku.

Keywords: Chen Ku; Boxer-Indemnity-funded education; Republic of China; Kailan Mining Administration; National Resources Commission; *Independent Review*

〔张阳（1980— ），女，黑龙江绥化人，东北大学秦皇岛分校外国语言文化学院讲师，文学硕士，研究方向为文化史〕

中国共产党历史

新时代高校党史育人的现状分析及路径选择*

于春玲　孙嘉卉　李晓悦

（东北大学马克思主义学院）

摘　要：在新的历史时期，作为高校促进人才培养、推进改革创新的时代课题，党史育人既成为落实高校人才培养理念的有力支撑和推动高校“新思政”建设的重要生长点，也成为培养“德智体美劳”全面发展的时代新人的重要举措。本文以高校党史育人为研究对象，以立德树人为根本，以增强新时代高校思想政治教育实效性为目的，通过辨明在当前新的时代背景下高校党史育人存在的现实问题，分析其产生的内在原因，拾遗补阙，进而探寻新时代高校党史育人最合时宜的发展路径，从横纵双向、正反两面为新时代高校党史育人实践工作的前进发展提供有益借鉴。

关键词：党史育人；新时代；高校；现状；路径

随着各高校越来越重视党史文化建设，新时代高校党史育人的理念被日益理解和接受。党中央对高校党史育人的高度重视和国家层面的制度推进，为新时代高校党史育人工作作出顶层设计，提供制度保障。与此同时，社会层面整合各类文化、教育资源，拓宽高校党史育人教育渠道，打通青年学生党史学习的现实路径，为新时代高校党史育人工作高效开展提供了重要保障，不断提升青年学生的政治认同感，不断引导新

---

* 本文为2022年度辽宁省社会科学规划基金重大委托项目“新时代斗争精神的理论意蕴及践行路径研究”阶段性研究成果。

时代青年坚定理想信念，增强政治素养。实践已经充分证明，新时代高校党史育人工作已经取得了较大突破，育人效果得以显现。然而，不容忽视的是，正是当前全球化的大背景，使得国内外环境愈发复杂而深刻。因此，有必要辨明新时代高校党史育人当前存在的现实问题，分析其产生的内在原因，拾遗补阙，才能真正探寻最符合时代发展要求的高校党史育人发展路径，进而推进新时代高校党史育人前进发展。

一、新时代高校党史育人存在的问题

改革开放以来，随着全球化不断深入，我国经济社会大跨越式发展，对意识形态领域的工作也提出了更高要求。然而，波诡云谲的世界形势、飞速发展的互联网络，使得正处于社会转型期的国内思想领域多元碰撞，各类价值观互动融合，历史虚无主义等不良思潮渗透冲击，给新时代高校党史育人的有效推进带来不少阻碍。开诚布公而言，现阶段，高校党史育人工作虽已体系初成、渐趋完善，但面对新形势下对高校意识形态领域的高标准、严要求，现阶段的高校党史育人工作仍存在着育人方式单一、育人效果不佳、育人合力不足等实质性问题亟待解决。

（一）党史育人方式单一

当前，部分高校仍将理论课堂作为党史育人的唯一渠道，单纯课堂讲授、理论灌输，而忽视实践教学的育人功能、网络新媒体的渗透影响。高校党史育人方式的单一，仍是当下高校党史育人工作存在的首要问题。

就目前来看，高校党史教育仍多采用一种单向度的政治思想理论的传授方式。学生或是只在课堂接受理论知识的灌输，未能采用青年学生喜闻乐见的形式，也没有身临其境、切身体验，效果只会适得其反，党史知识无法真正地入脑、入心，学生无法产生情感共鸣，进而无法加深对中国共产党的崇敬与热爱、向往与追随。抑或是仅有实践体验，而未能及时向学生传授理论知识，这样的党史教育更容易浮于表面，学生无法形成对党的理性认识，无法提升青年学生的党性修养。由此可见，高校党史教育理论与实践的脱节，成为新时代高校党史育人推进的一大阻碍。

此外，新时代高校党史教育效果的持久性不强也是此项工作面临的一大问题。党史教育并非一朝一夕的事，青年学生对于党史教育学习渗透的效果不一，多为短暂记忆，对党的重大历史时间、重要时间节点和关键历史人物并不能熟练掌握。部分高校忽视了网络新媒体这一重要育人渠道，未能利用好碎片化时间加深学生记忆。这与高校党史育人形式单一，没有理论与实践相结合强化学生记忆、形成根源意识也有一定关系。

（二）党史育人效果不佳

当前，部分高校仍存在党史课堂“零互动”“零抬头”，党史教育、党史主题活动流于形式，学生对党史存在误解、缺乏学习热情和原动力等现象，高校党史育人预期效果不佳仍是目前高校党史育人亟需改善的关键问题。除育人方式单一的本质问题外，国外历史虚无主义、价值多元化等思潮也引发了解释难题。

随着改革开放的逐步深入，中国与世界的联系更加紧密，交流日益增多。借时代之便，以美国为首的西方资本主义国家加紧对我国进行意识形态领域的渗透，大肆推进历史虚无主义、新自由主义等错误思潮在我国的传播力度。国内外反动势力相互勾结，党内意志动摇的贪腐分子里应外合，编造历史谎言，利用民众猎奇心理散布不实消息，公然曲解党的历史，抹黑党的领导人，否定中国共产党、中国革命的历史功绩，推进和平演变，妄图令苏共亡党、苏联解体的历史悲剧在我国重演，从根本上就是想要推翻中国共产党和中国特色社会主义制度。青年学生还未形成科学成熟的历史观，好奇心与猎奇心理以及辨别是非能力的不足致使其易受错误思潮的腐蚀，对党史产生认识误区，影响高校党史育人效果。

此外，世界正处于多种价值观相互碰撞交流的时代，信息网络的高速发展，令这种价值多元化的意识形态环境越来越被青年学生所关注。一方面，价值多元化的文化环境会给青年学生制造一种“似乎可以选择”的假象，错误的价值观和社会思潮对青年学生思想的腐蚀，十分不利于青年学生政治认同感的搭建。我国特有的主流价值，必然与西方资本主义国家的价值观念存在着巨大差异。这种显著差异的存在，加之历史虚无主义的侵蚀，令“三观”尚未成熟的青年学生在未完全接受正确的思想政治教育引导的情况下，极易陷入某种似乎“客观”的政治立场，保持着看似“理性中立”的政治态度。青年学生尚未能正确认清主流价值是经济社会发展的产物，从而进入西方资本主义恶意打造的历史虚无主义的陷阱，使青年学生在接受党史学习教育时容易陷入“选择”困境，这对高校党史育人效果的达成产生了一定阻碍。另一方面，全媒体时代，青年学生接收信息的渠道较多，除去在高校接受系统教育之外，也受到社会价值环境的巨大影响。当前社会的主流价值必然是以宣传红色文化为主，但是受到价值多元化环境的影响，存在着与主流价值相悖甚至对立的价值观念，势必对新时代高校党史育人效果产生不良影响。

（三）党史育人合力不足

由于教育内容的特殊性，新时代高校党史育人主体不仅仅是授课教师和听课学生，而是更具多元化特征。育人主体包括高校各级党委、行政部门的领导者，高校党史文化建设的管理部门，直接教授党史知识的任课教师和高校党史育人的目标对象青年学生，几乎涵盖了高校各类人群。除去育人主体，高校基础设施建设、社会文化教育环境等都与高校党史育人工作息息相关。然而，这些影响新时代高校党史育人的主客体因素目前却仍存在整体合力不足的情况，未能达到“1 +1 >2”的预想效果。

针对高校领导层来说，因高校党委书记、校长等领导者长期从事行政工作，大多数领导者不是专业从事哲学社会科学领域研究的，对党史育人的认识不同，对新时代高校党史育人工作的教育理念、整体规划、办学思想等方面存在主观差异，对其效果的发挥必然存在部分影响；对于高校管理部门来说，目前高校党史育人工作多为各高校党委宣传部门牵头组织，各部门、二级学院协助推进，鲜少成立专门的党史工作部门。各部门、各学院多按照自身理解开展工作，总体规划存在不足，各单位自身建设水平也存在差异，使得高校党史育人工作开展得较为分散，缺乏系统性、整体性，整体合力明显不足。

从任课教师层面来说，承担高校党史教育任务的教师多为高校思想政治理论课教师，按照国家要求的师生比例来看，高校思政课教师队伍本就急需扩充，专任思政课教师大多承担着较重的教学任务，加之科研要求，使得高校思政课教师的教学科研压力过大；从学生层面来看，青年学生作为新时代高校党史育人的对象，也是此项工作的重要主体。但目前，青年学生在党史育人工作的主体地位未得到重视，在党史教育中仍然主要作为“被教育者”被动接受党史理论教育，被动参与党史文化活动，而未能充分发挥主体作用，积极主动地参与到高校党史育人工作中来。

二、新时代高校党史育人存在问题的原因

新时代高校党史育人在一定历史条件下开展，必然会受到经济社会发展和内外部环境等客观因素及实践主体的思想观念和实践水平等主观因素的阻碍与制约。唯有认清新时代高校党史育人存在的现实问题，明晰其产生的原因，才能采取必要措施加以改进弥补，进而扫清障碍，全面推进。

（一）理论教育与实践育人脱节

当前的高校党史育人仍将理论课堂作为教育主渠道，然而，光有课堂理论教学是不够的，目前高校党史育人实践机制的不完善，理论教育与实践育人出现脱节，对学生实践能力、自学能力培养的忽视，仍是党史育人方式单一、阻碍新时代高校党史育人向前推进的重要原因。

实践教学是新时代高校党史育人工作的实践活动“主阵地”。然而，当前高校仍多为“灌输式”党史理论教学，缺乏实践锻炼，青年学生在党史育人过程中主体地位极度弱化，被动吸收导致主动性丧失，很大程度上导致了“高分低能”现象的存在，这种模式下接受的理论知识也只是暂时性记忆，并不能真正消化理解；即使学生本身具备一定的实践意识，也会因为实践机制的不健全，没有给学生提供发挥和尝试的实践平台，从而消减了学生党史学习的热情和积极性，继而减弱学生的实践意识。

除去高校党史教学形式的问题之外，一些客观因素也导致了高校理论教育与实践育人脱节。部分高校积极响应国家号召，有为学生开辟党史学习教育实践基地、开展党史学习教育实践活动的想法，但因缺少实

践场地、启动资金不足、实践过程中学生安全得不到保障、疫情防控期间外出活动受限等各方面因素导致教学实践最终无法顺利开展，实践方案未能达到预期效果。学生虽吸收了丰富的党史知识，理论思维得以提升，却缺乏实践经验，难以发挥新时代高校党史育人工作的实践价值。

（二）党史育人内容建设不完善

习近平总书记曾一针见血地指出："古人说：'灭人之国，必先去其史。'国内外敌对势力往往就是拿中国革命史、新中国历史来做文章，竭尽攻击、丑化、污蔑之能事，根本目的就是要搞乱人心，煽动推翻中国共产党的领导和我国社会主义制度。"① 在新的历史发展阶段，高校党史育人内容建设的不完善，严重阻碍了新时代高校党史育人工作的推进步伐。其原因必然是多方面的，但究其根本，是人们对社会历史的根本观点发生了偏离，未能从唯物史观的立场出发，用历史的逻辑、育人的目的优化党史育人内容，因而受到历史虚无主义、不良信息环境的负面冲击。

一方面，高校党史育人内容建设的不完善令历史虚无主义钻了空子。一部分"有心之人"打着"解放思想"的旗号，曲解解放思想、实事求是思想路线的真实含义，轻视宏观研究视角而过分执着于考据历史细节，存在猎奇主义倾向。少部分人考据历史细节而不去在意史料真正的历史价值，不从宏观、总体上把握历史，而是存在极大的主观因素，管中窥豹，未能认清历史全貌，令历史唯心主义钻了空子。从"纠正"社会主义到全盘否定毛泽东同志的历史功绩和毛泽东思想的价值意义，从否定中国革命到妖魔化中国共产党的领导，历史虚无主义凭借着简单化、绝对化的主观臆断，贬低、否定中国的进步和发展。正是高校党史育人内容建设的不完善，令历史虚无主义钻了空子，严重影响了新时代高校党史育人的整体效果。

另一方面，高校党史育人内容的不健全导致未能阻挡不良信息环境的恶性冲击。求同存异、开放包容是中华民族的优良传统，对文化多样性的尊重和包容却令不良文化信息和价值观念钻了空子。西方资本主义

① 习近平：《论中国共产党历史》，北京：中央文献出版社，2021 年，第 5 页。

国家趁我国网络文化产业高速发展之际，利用信息环境监管范围广、难度大的特点，趁机将错误思潮和不良文化渗透进来，青年学生易受到不良信息环境影响，对价值观形成和新时代高校党史育人的实效性产生极大的负面影响。近年来，随着网络文化产品逐渐增多，历史虚无主义等错误思潮混入青年学生易于接受的视听作品中，在我国渗透蔓延。一些篡改党史、恶搞经典、丑化英雄的行为，披着娱乐消遣的外衣，实质上腐蚀党史育人的精神内核，在青少年嬉笑随意的状态下淡化了党史育人的精神引领作用，严重无视了党史教育的严肃性、政治性，是在“解构中国特色社会主义道路的历史逻辑和理论基础”①，若不及时制止，任其滋生泛滥，“必然会消弭人们的民族意识、国家认同，冲击社会主义意识形态”②。

（三）党史育人未形成完备机制

新时代高校党史育人想要得到长足发展，势必需要高校党史育人主体、内容、方式、机制、外部环境等各个要素之间协调统一、相互配合，形成统一完备的整体育人机制。

常言道，理论是行动的先导。但从目前国内高校的实际来看，还是普遍存在着对高校党史育人工作重视程度不够的情况，育人者的教育理念存在一定偏颇。就当前中国高校现状而言，整体教育规划重在专业建设，培养应用型人才，部分学校将更多的精力放在学生的专业成绩和未来职业发展规划上，理工科和应用型专业具有更多的实习、实践机会，并通过压缩人文课程学时为专业技能训练争取更多的时间。这种偏实用主义、较为功利性的教育理念很大程度上制约了青年学生人文素养的提升，容易导致“有才无德”的情况出现，难以提升当代青年的思想政治素养，势必对新时代高校党史育人的实际效果产生影响。

除此之外，部分高校虽响应国家号召，开展党史学习类课程，但是多为形式化教育，对文科生要求较高，而对理工科学生放宽要求，并未在全校范围内全面开展。党史育人流于形式，并未融入高校整体办学方向，未在学生培养目标中有所体现，加之目前高校专任教师多为科研型

---

① 吴晶晶：《当前我国意识形态领域的七大错误思潮及其应对》，《内蒙古师范大学学报》2019年第48期。

② 《尊崇英雄烈士守护精神家园》，《人民日报》2018年4月5日第1版。

或教学与科研并重型，在繁重的科研压力下难免忽略高校党史育人的教育意义，未能认清新时代高校党史育人的宝贵价值。若教育者未能从根本上重视高校党史教育工作，高校党史育人的全面推进只会步履维艰。

三、新时代高校党史育人的路径选择

对新时代高校党史育人现存问题及原因的分析，最终目的是探寻新时代高校党史育人的现实路径，从横纵双向、正反两面为新时代高校党史育人的前进发展提供有益借鉴。

（一）优化新时代高校党史育人内容

在新的历史时期，将高校党史育人传统与“大思政”育人格局有机结合，利用丰富的高校党史育人渠道和多样化的党史育人方法，充分优化新时代高校党史育人内容，以历史的逻辑陈述党史，在党史育人教育内容设置中注重把握党的历史发展主线、总结党的历史发展经验、感悟党的革命斗争精神，努力做到新时代党史育人的知识性与价值性相统一，从而达到最佳的育人效果。

如何陈述党史、讲好党史，把握好党的历史发展主线，明晰党的历史发展脉络，必然是新时代高校党史育人内容优化、效果提升的第一步。新时代高校党史育人，应该坚决站在唯物史观的立场上，依托中国共产党建党百年来的伟大征程，用大量的历史资料和鲜活的人物故事，把党的历史事件讲得清楚透彻，真实、客观地反映历史人物，使青年学生对党和国家的发展史形成系统性认知。在育人内容设置中应始终坚持唯物史观的科学立场，与历史虚无主义的错误思想作斗争，始终坚持从唯物主义的科学立场出发陈述党的历史，讲清社会存在与社会意识的辩证关系，让青年学生充分认识到中国共产党对社会生产力发展的积极推动作用；讲明人民是社会历史的主体的根本立场，诠释中国共产党与人民群众的紧密联系。同时，应始终坚持实事求是的历史评价原则，以开阔的党史评价视野，将党史事件及党史人物置于党和国家乃至世界发展进程当中，把握历史发展主线，深刻认识到中国共产党对于中华民族伟大复兴的历史贡献；建立明确科学的党史评价标准，教育青年学生认清党史的时代性，引导青年学生以特定的历史条件评价过去的党史事件与人物，进而消除青年学生的党史认识误区，把握党的历史发展的主流主线，坚定中国特色社会主义的信仰，得到世界观、历史观、价值观上的有效提升，进而达到育人效果。

其次，要讲好党史故事，在党史内容学习中总结党的历史发展经验。新时代高校党史育人内容诠释上坚持将党史细节与情节紧密结合，以红色故事为着力点，将宏观历史背景与微观细节刻画相结合，赋予党史故事以现场感、真实感、体验感，挖掘党史深度，讲好党史故事，从而有效提升党史课程的吸引力、亲和力，令青年学生可以置身于历史大背景之中，感受特定历史时期下的历史处境，切身体会、总结党的历史发展经验，充分发挥党史育人的实际效用。一方面，从内容设置上应将党史知识与当前时代背景和热点问题紧密结合，激发学生兴趣的同时增加学生的参与感、认同感、归属感，营造活跃的、充满求知欲的课堂氛围。另一方面，应以铸魂育人为根本，明确学习目标，激发青年学生的党史“学习自觉”，自觉总结领悟党的发展经验教训。从而加深对马克思主义理论、马克思主义中国化等理论成果的认识，总结党的历史发展经验教训，感悟思想伟力，进而提升青年学生的理论修养和历史思维，鼓励青年学生将党史学习中的理解感悟转化为努力学习、积极投身实践的行动力。

再次，要将理想与信念紧密结合，引导青年学生感悟党史，体会党的伟大革命斗争精神，努力激发青年学生的党史学习自觉，用信仰传递信仰，以灵魂唤醒灵魂，用理想激发梦想，激起青年一代勇立时代潮头、勇担民族重任的历史责任感与使命感。感悟党的革命斗争精神，在内容设置上应以理想信念为关键，凝练教育内容，激励青年学生做到“精神自觉”。党史自身就兼具知识性、思想性与价值性，具有极强的教化育人作用。新时代高校党史育人应在内容上对丰富的党史资源库进行精选凝练，激励引导青年学生做到“精神自觉”，自觉感悟共产党人的理想信念、精神意志、百折不挠的革命斗争精神，自觉学习伟大建党精神、延安精神、西柏坡精神、抗疫精神等民族精神。只有自觉将党史故事与“中国共产党人的精神谱系”① 有机结合，才能更加坚定自身的理想信念，

① 习近平：《在党史学习教育动员大会上的讲话》，北京：人民出版社，2021 年，第 19 页。

将自身的前途命运与国家的发展紧密相连，从而激励青年学生不断提升自身的科学文化素养和思想政治素养，增强历史责任感与使命感，将党史学习感悟内化于心、外化于行，积极投身于党和国家建设发展的新的时代浪潮之中，切实发挥新时代高校党史育人的实际效果。

（二）拓展新时代高校党史育人渠道

新时代高校党史育人是依托新时代中国特色社会主义大学先进的办学模式来达到良好的育人效果，是多角度、全方位、形式多样地存在于实践教学当中，通过特定的育人渠道使学生在耳濡目染中达到心理认同。因而，课堂教学、媒体宣传、网络互动、实践研学、校园活动等都是经过实践检验后行之有效的新时代高校党史育人渠道与载体。

首先，要用好课堂教学主渠道。开展党史课堂教学，一是要利用好高校思政课这一渠道，打造思政“金课”，在思想政治理论课讲授过程中积极融入党史教育环节，并根据时局发展和党的动态变化实时更新课堂内容，通过梳理党的发展脉络、总结党的实践道路、学习共产党员的优秀品格，把爱党爱国教育与价值观教育有机结合，提升高校党史育人的实效性和针对性。二是通过人文素养类通识选修课深入党史育人。高校可有针对性地鼓励党史研究领域的教师团队开设党史类通识选修课程，选编优质教材，面向全校开设，可根据学生取向更加细腻、更有针对性地讲党史，并结合学科特征深入挖掘其育人功能。三是通过“课程思政”强化党史育人，全方位加深青年学生对党史的认识和对社会责任的认知能力。在育人过程中牢筑理想信念，在人才培养过程中发挥浸润作用，这对于高校坚持社会主义办学方向，培养“六有”时代新人具有重要实践意义。

其次，要用活网络新媒体平台。新时代开展高校党史育人必须重视网络平台的搭建，用活网络新媒体平台，充分利用“互联网 +”思维模式构筑新时代高校党史育人新形式。一是正确引导高校网络舆论，有效打击不良思潮的网络蔓延。高校应强化校园网络舆情监管，充分利用校园网、官方网站、官方微博、微信、抖音自媒体、贴吧等网络新媒体平台，讲述真实党史，及时辟谣，宣传革命先烈的英雄事迹，挖掘校园内的红色资源，传承民族精神，占领校园网络阵地。二是充分利用高校技术优势，搭建党史育人网络新平台。随着网络技术手段的飞速发展，高校应充分利用科研技术优势，利用 VR 虚拟现实、3D 打印、全息成像等高新技术，还原中国共产党重大历史场景，青年学生可进入虚拟空间实践实时交互，身临其境感受党的百年峥嵘，切实体会到自己作为社会主义建设者和接班人的伟大使命；同时，可以创建网上党史学习交流平台，与其他高校师生开展线上探讨，利用好智慧教室，选用优质慕课资源，汇总党史学习资料，让学生充分感受到党史的魅力和无穷力量。

再次，要拓宽实践研学新路径。我国育人工作始终重视理论课堂与实践体验有机结合，实践研学，以行促学，在耳濡目染、躬身实践中铸造中华民族的民族气节和精神品格。具体到新时代高校党史育人工作上来，一是要在校园内大力开展各类党史文化教育体验活动。高校应充分利用好校史馆、党员活动室、校园文化展等校园文化场所，鼓励青年学生响应国家“三走”倡议，在走下网络、走出宿舍的同时，更多地参与到党史文化体验活动中，邀请英雄老兵进校园、劳动模范进课堂等，引导青年学生将高校党史教育自觉自愿地与劳动实践、志愿服务相结合，在亲身实践中增长才干，增强对中国共产党的政治认同。二是各高校应重视发挥党史育人中青年学生的主体作用，鼓励引导各支部、班级、学生组织、学生社团，以党史教育为主题，自觉自愿自发开展党史教育实践活动。青年学生自主策划、筹备、体验，采用青年人喜闻乐见的形式，使青年学生在党史育人中参与感更强，更有利于学生对党史文化的理解与感悟。

最后，要营造校园红色新氛围。高校党史红色校园氛围的创设应做到“软”“硬”兼施、“虚”“实”相间。一方面，一手抓“软环境”，高度重视校园内校风、教风、学风建设，将党史红色文化融入到校园文化建设的方方面面，随处可见、随时可看；高校内教职工与学生党员充分发挥先锋模范作用，做好本职工作，积极为同学服务，令学生充分感受到党的向心力、凝聚力和先进性。另一方面，一手抓“硬环境”。在校园基础设施建设中积极融入党史育人理念，在注重美学的同时融入党史红色文化教育元素，在校园中创设党史展览板、党史故事角等，完善校史馆中的党史教育元素，努力彰显中国共产党的精神之魂，充分体现党的精神追求。

（三）创新新时代高校党史育人方法

列宁在《哲学笔记》一文中曾经引用黑格尔的话来诠释方法作为主客体相联系的桥梁作用：“在探索的认识中，方法也就是工具，是在主体方面的某个手段，主体通过这个手段和客体相联系。”① 新时代高校党史育人因其长期性、渗透性的特点，除日常知识灌输法之外，更多应采用隐性教育方式，重视言传身教的重要作用，结合新的时代背景大胆创新。

首先，应采用党史宣传教育法。一方面，新时代，高校宣传教育首要工作是唱响主旋律，高校各级党团组织宣传部门及时宣传报道党和国家发展大事，第一时间组织师生学习领会党的重要会议精神和党的领导人重要讲话精神，正确阐释党的最新理论成果及大政方针，准确传达党和国家对于高校工作的决策部署，在校园范围内引导正确的主流思想舆论。另一方面，要充分利用好校史宣传促进党史育人，积极找寻校史与党史脉络的契合点，在校史宣传中积极融入党史教育元素，进而提升高校师生的参与感和认同感，更为有效地激励青年学生自强不息，开拓进取；同时，应重视榜样教育，加大对校内优秀共产党员的宣传力度，形成头雁效应，让青年学生切实感受到榜样的力量，从而通过典型引路的育人方法将学习优秀共产党员的精神品质转化为高校师生的自觉行动，更易令广大师生关注和接受。

其次，应采用经典品读教学法。新时代高校党史育人的全面推进，必须重视对经典著作的品读解析，将前人的思想精华作为新时代青年党性修养、家国情怀的理性依托。首要是选好经典，各高校应根据自身的学校定位、专业特色、地域优势和人才培养目标，放眼世界政党历史教育和世界一流大学建设方式，根据党中央对高校党史育人工作的顶层设计和战略布局要求，经过专家论证、教师探讨、学生座谈等途径，科学选择适用于新时代高校党史育人开展的经典著作；同时，将马克思、恩格斯经典著作以及毛泽东、邓小平、习近平等党和国家领导人关于建党治国理政的经典论著作为必读书目推荐给学生。高校尽可能拓展经典品读渠道，改革教学模式，将经典品读作为党史教育的重要环节，让学生

① 《列宁全集》第55卷，第189页。

接受系统完整的经典教育；同时，通过书单推荐、经典图书漂流、经典品读座谈会等方式，激励青年学生致敬经典，与信仰对话。

再次，应采用对谈研讨启发法。在新时代高校党史育人工作中有效使用对谈研讨启发法，以教师为主导，同时使学生的主体性得到充分的体现，一是需要任课教师对党史有丰富的理论储备及哲学思考。任课教师通过提出既与党史相关又能引发学生强烈兴趣、具有持续性的互动话题，在探讨中引导学生产生正向的思考与感悟。二是需要任课教师拥有科学的教学策略和灵活的应变能力。对谈研讨的过程充满未知，就需要任课教师在对谈研讨过程中随时观察、迅速分析，及时调整思路，引导学生多层次、全方位地思考问题。在对谈研讨过程中，尽可能创设一种民主、和谐、平等、互相尊重的氛围，围绕着党史内容有主题、有规范、有深度地展开，师生、生生之间互相倾听，相互讨论，以日常生活为切入点，启发学生在对话交流中拥有独立思考的能力，掌握真正的党史知识，发掘其中蕴含着的精神宝藏，实现思想政治观念上的启迪。

最后，应采用英模榜样示范法。一是要强化对英模榜样的宣传力度，开展形式多样的党员模范宣传活动，不断强化宣传的质量和频率，提升青年学生的心理认同。通过党史课堂讲述、党史人物专栏、党史看板展示等形式，举办相关征文比赛、演讲比赛、话剧等可以让学生参与其中的学习教育活动，令青年学生可以在学校内随时随处学典型、找差距，激发青年学生的学习自觉，进而最大限度地实现党史育人效果。二是教育者要注重将言传与身教相结合。教师通过润物无声的日常教化使学生在潜移默化中自觉学习党史知识，教师以身作则对优秀共产党员的学习会让学生也自觉效仿，达到见贤思齐的教育效果。

（四）完善新时代高校党史育人机制

新时代高校党史育人作为中国特色社会主义大学建设中一项极为重要的系统工程，因其不分学科、不限专业、不限年龄及身份的普遍性教育特点，必然需要在高校内建立完善长效的党史育人工作机制，以保障育人效果的充分实现。

首先，要完善组织领导机制形成整体合力，做好顶层设计和战略布局。一方面，要完善上级党委、政府对高校的领导机制，营造良好的外部环境。政府管理部门应在党委领导下做好顶层设计，对高校党史育人工作进行整体部署，加大对高校党史育人的资金扶持和政策保障力度，开放红色革命旧址、党史博物馆等红色文化场所为高校进入社会开展党史教育实践活动提供便利；同时，明确职责范围，严格推行“放、管、服”教育管理模式，不直接干涉高校党史教育活动的部署安排，给各高校更多的教育自主权，更有助于中国特色社会主义大学建设及高校党史育人有序推进。另一方面，要健全高校自身对于党史育人工作的组织领导机制。高校党委及行政管理部门应积极响应上级党委及政府的决策部署，科学施策，以学校党委书记和校长为第一负责人成立高校党史育人工作领导小组，对该项工作进行整体规划；聘请党史研究领域专家学者成立高校党史育人专家组，为党史教育活动的开展提供理论支撑和科学建议；由高校党委宣传部门统筹牵头，联合高校各直属部门及二级学院，结合时代特色和学校优势，策划一批党史学习教育活动，形成部门联动。最终在高校内形成“党委领导、行政实施、部门配合、师生参与、监督评价”的高校党史育人模式，将新时代高校党史育人模式落到实处。

其次，要完善运行保障机制提供运行支撑，为党史育人工作的推进提供人力、物力、财力等各方面的物质保障及科研支撑。一方面，各高校应根据自身实际制定切实可行的党史育人工作运行制度，加大政策扶持力度，将高校党史育人相关内容纳入学校人才培养方案，明确党史课程设立标准，对教学内容严格审核，关注学生对党史课程的意见反馈，营造充分合理的党史育人制度环境。同时，高校应加大资金投入保障党史育人活动高效开展，设立高校党史育人工作专项经费，完善党史教育相关软硬件设施建设；在校园内设置党史学习看板、展厅，不断丰富图书馆内党史相关图书资料；成立高校党史育人相关研究组织，设立专项科研经费，鼓励党史相关课题立项，通过理论研究总结新时代高校党史育人工作经验，提升高校党史育人领域理论与实践成果。另一方面，要加强监管力度。对于党史相关课程、讲座、论坛、报告等，必须要提前备案，严格审核内容，严防错误思想入侵校园。与此同时，应加强校园网络管理，严格审核校园媒体发布党史相关内容，对校园网络舆情实时监控，积极弘扬党员正能量和党史文化的精神实质，坚守好高校意识形态阵地，确保新时代高校党史育人工作健康有序开展。

再次，要完善效果评价机制促进改善提升。一方面，应制定新时代高校党史育人的评价指标体系，作为高校党史育人效果的评价考核依据。对于指标点的设定，应尽量细化，考核内容涵盖党史育人工作的方方面面；表述通俗易懂，分级论点，各级指标指向明确，方便量化打分；注重评价指标的实践导向，以推进新时代高校党史育人工作纵深发展为评价目的。由于高校党史育人是一个长期的过程，评价评估工作可每学期或每学年开展一次，面向高校全体师生，也可开展高校内各学院之间、各高校之间互相评价。评价结果和反馈意见将作为接下来一个阶段高校党史育人工作改进的重点和提升的方向。另一方面，还应重视日常考核工作，以此鞭策新时代高校党史育人工作落到实处。在高校各级党委的领导监督下，将党史育人工作的落实情况纳入相关部门的年度考核和教师绩效当中，对教师党史授课情况、部门工作落实情况有一定的质量要求，以此督促相关部门、领导干部、任课教师重视高校党史育人工作的开展。每学年高校应组织党史育人工作年度大会，总结工作经验，表彰党史育人工作先进集体与先进个人，在交流互鉴中促使新时代高校党史育人工作更上新台阶。

Status Quo and Methods of Education People by Party History in the New Era

YU Chunling　SUN Jiahui　LI Xiaoyue

Abstract: In the new historical period, as an era topic for colleges and universities to promote personnel training and reform and innovation, educating people through Party history has not only become a powerful support for implementing the concept of personnel training in colleges and universities and an important growing point for promoting the construction of "new ideological and political education" in colleges and universities, but also an important measure for cultivating new people with all-round development of morality, intelligence, physique, beauty and labor. This paper takes the education of Party history in colleges and universities as the research object, taking moral education as the foundation, with the aim of enhancing the effectiveness of ideological and political education in colleges and universities in the new era. By identifying the practical problems existing in the education of Party history in colleges and universities under the current new era background, analyzing the internal causes, and then exploring the most timely development path of the education of Party history in colleges and universities in the new era, it provides useful reference for the forward development of the practice of educating Party history in colleges and universities in the new era from both obverse and reverse sides.

Keywords: educating people by Party History; the new eta; colleges and universities; status quo; methods

〔于春玲（1976— ），女，辽宁本溪人，东北大学马克思主义学院副院长，教授，博士生导师，研究方向为马克思主义与思想政治教育。孙嘉卉（1996— ），女，山东烟台人，东北大学马克思主义学院硕士生，法学硕士，研究方向为思想政治教育。李晓悦（1978— ），女，吉林柳河人，中共柳河县委党校讲师，研究方向为党性教育〕

学术史视域下东北解放区农村反奸清算运动研究

彭　博

（辽宁大学马克思主义学院）

摘　要：抗战胜利后，东北解放区的农民即在中国共产党的领导下开展起了轰轰烈烈的反奸清算运动。国内外关于这个问题的研究呈现不同态势，国内视域下，资料丰富但研究成果呈碎片化；国际视域下，农村革命史研究不断深入但需要辩证看待。总体而言，关于东北解放区农村反奸清算运动的研究成果颇多，但研究内容有待进一步加深、拓宽，尚需系统的耕深之作。

关键词：学术史；东北解放区；农村；反奸清算运动

解放战争史一直是中国近现代史研究的一个重要领域，其中关于各解放区的农民与土地的研究更是国内外学者关注的重点。农村反奸清算是抗战胜利后中国共产党在各解放区领导农民开展的一场以政治上反奸除霸、经济上清算分配为主要内容的群众运动。一方面，回顾和梳理国内关于东北解放区农村反奸清算运动的资料及主要观点，以深化、推进关于东北解放区农村反奸清算运动的研究；另一方面，总结学界关于全国其他地区反奸清算运动的研究方法及视角等，用于学习与借鉴，以拓宽研究视域。

一、国内视域下，资料丰富但研究成果呈碎片化

农村反奸清算运动是抗战胜利后中国共产党在解放区领导的重要的农民群众运动之一，学界关于这个问题的研究没有局限于东北解放区，而是涉及全国各解放区。

（一）东北解放区农村反奸清算运动的研究

东北地区在解放战争时期具有极其重要的战略地位。改革开放后，东北解放战争史的研究开始起步并快速发展。反奸清算作为初期解放和建设东北解放区的重要运动之一，与其相关的资料与论著颇多。按照研究问题的种类划分，主要集中于以下几个方面：

1．对东北解放区农村反奸清算运动相关资料的梳理

解放战争时期，东北是较早开展反奸清算运动的地区之一，并且在中国共产党的领导下，群众性的反奸清算运动在广大的东北农村地区取得了较好的成绩，为接续的土地改革运动奠定了良好的基础，在东北解放区后方根据地建设、支援正面战场等方面都起到了十分重要的作用。因此，从中央到地方，关于东北解放区反奸清算运动的指示文件及相关史料记载较为丰富。与此相关的中央一级的文件多收录于《中共中央文件选集》《建党以来重要文献选编（1921—1949）》等中；东北局各分局及省市级文件包括《中共中央东北局辽东分局档案文件汇集（1946 年—1948 年）》《中共西满分局资料汇编 1945 年 12 月—1947 年 9 月》《中国共产党吉林省委员会重要文件汇编　第 1 册（1945 年—1949 年）》《吉林省政府文件》等。东北地区县志、土地志、农业志等志书及党史、文史资料等数量也较多，这些书中有大量的数据及回忆录等，对各地区解放战争期间农村反奸清算运动进行了较为详细的记述。

除了各级文件汇编、志书等，解放战争时期的报纸也记载了大量与反奸清算运动相关的史实，其中以《东北日报》为最显著代表。与此同时，《安东日报》《西满日报》《合江日报》等地区报亦有大量的关于该地区农村反奸清算运动的报道。此外，关于农村反奸清算运动的资料部分整编于土改资料和财政资料内，如《解放战争时期土地改革文件选编

(1945—1949 年)》《东北解放区财政经济史资料选编》《土地改革运动 1945. 9—1949. 10》等。

综合而言，关于东北解放区反奸清算运动的资料丰富多样，基本形成了“中央—省级—市县”三级资料体系。在中央一级有对东北解放区做出开展反奸清算运动的总体指示类文件；东北局及其分局、省委一级有关于东北地区开展反奸清算运动部署类文件及工作总结等；地委文件、市县一级的方志、党史文史资料等中有关于各地区农村反奸清算运动开展的详细情况。以上资料基本涵盖了东北解放区开展反奸清算运动从顶层设计到基层实践的整个过程。同时，还有当时的报纸及土改财政资料互为补充。

2. 关于东北解放区农村反奸清算运动历史背景的研究

国内关于东北解放区开展反奸清算运动历史背景的研究，大体从经济与政治两个方面入手，经济方面主要聚焦于日伪占领时期东北的土地占有关系及农村经济状况，政治方面主要关注国共两党对东北地区的争夺、解放区农村根据地建设等。

从经济上来看，学者们一致认为，解放前，东北农村的土地占有状况极不合理。东北地区地广人稀，但大部分是山林和未开发的土地，可耕种的土地高度集中于日伪政府及少数大地主的手中，农民大多沦为雇农和佃农。石雅贞将解放前东北农村的土地所有制划分为三种形式：日本帝国主义占有制（包括满拓地、开拓地、关东军用地和日本私地等）、中国封建阶级土地占有制（包括汉奸地主、一般地主）、农民小土地所有制。她通过数据分析得出，在东北农村地区，中国封建阶级占有制是主要形式，土地主要集中在地主富农手中。[①] 日伪时期，东北农村土地制度一个显著的特点是“国有地”和“公有地”较多，这类土地主要指日本移民所占据的“开拓地”及“满拓地”。移民来的日本人将这部分土地又转租于中国人或雇佣中国人耕种，刘洁等将他们称为“靠剥削土著农民为生的外国殖民地主阶级”，并认为他们在东北地区建立了广泛的“殖民地土地占有关系”。[②] 徐美娜等申明，半殖民地半封建社会制度下必然

① 石雅贞：《略论东北解放区土地改革的经济依据》，《东北师大学报》1984 年第 3 期。

② 刘洁、衣保中：《东北解放区的土地改革与新民主主义土地关系的建立》，《中共党史研究》1998 年第 3 期。

催生这种土地占有关系，主要特征是剥削，甚至解放初期，东北地区的土地性质仍然“带有浓厚的殖民主义残留色彩”。[①] 刘洁指出，在这样不合理的土地制度下，东北本土及移民来的“无地农户”，深受日伪殖民剥削和“二地主”的中间压榨。[②] 基于以上，陈婷婷认为东北农民对拥有土地的渴望是非常强烈的。[③]

从政治上来看，对东北的争夺，是日本投降后国共两党斗争的中心，关乎整个解放战争的局势。朱建华指出，中国共产党进驻东北后，国民党一方面加紧派遣部队进驻东北，一方面出动特务在解放区笼络敌伪残余势力、土匪及大地主等，破坏中国共产党后方根据地建设，企图里应外合消灭东北解放区。[④] 针对这种情况，党的战略部署即是远离国民党势力中心，到城郊及广大的乡村地区，通过发动农民斗争来建立和巩固东北后方根据地，以支援正面战场。戴茂林等将东北解放区的反奸清算运动与根据地建设相联系，认为反奸清算运动开展的好坏直接关系到能否放手发动群众，能否使共产党及其领导的军队在东北站稳脚跟。[⑤]

3. 关于整个东北解放区农村反奸清算运动的研究

抗战胜利后，东北是较早开展反奸清算运动的地区之一，初期运动的顺序是由南至北的，首先在南满辽宁省的本溪、抚顺、辽阳、鞍山及安东省安东市等开展起来，相继发展到以哈尔滨、齐齐哈尔为中心的北满各大城市。[⑥] 随着“让开大路，占领两厢”战略的制定，东北的反奸清算运动也由大城市发展到中小城市和乡村地区。

上文提及，日伪统治时期，东北农村土地制度一个显著的特点是敌伪“公地”较多。因此，日本投降后，东北解放区农村反奸清算运动的一个工作重点即是对敌伪“公地”的没收与分配。高乐才等对此展开研究，展现了各方利益博弈下，“公地”收缴分配过程中的复杂性与困难

① 徐美娜、薛金艳：《东北解放区土地改革背景与过程》，《黑龙江史志》2015年第11期。
② 刘洁：《论解放前后东北土地占有关系的变革及其积极作用》，《史学集刊》2008年第3期。
③ 陈婷婷：《解放战争时期东北土地改革研究》，沈阳师范大学硕士学位论文，2016年。
④ 朱建华：《东北解放战争史》，哈尔滨：黑龙江人民出版社，1987年。
⑤ 戴茂林、李波：《中共中央东北局 1945—1954》，沈阳：辽宁人民出版社，2017年。
⑥ 常城：《现代东北史》，哈尔滨：黑龙江教育出版社，1986年。

性。[①] 薛金艳等指出，对敌伪地的分配“深刻地改变了东北农村阶级的力量对比”。[②] 尽管如此，刘洁等认为，对“公地”的分配并没有从根本上改变东北地区封建半封建的土地所有制。[③]

东北解放区的反奸清算运动与土地改革运动接续相连，绝大部分学者习惯将反奸清算运动作为土改运动的初期阶段，如于振武等提出“土地改革运动开始也称清算分地运动”。[④] 因此，对反奸清算的评价也基本与土地改革相关。刘洁等认为，反奸清算初步触动了东北的封建、半封建土地关系。[⑤] 陈婷婷提出，反奸清算斗争为土地改革运动的顺利实施扫清了思想和现实上的障碍。[⑥] 王智博等总结，反奸清算为土地改革提供了可靠的社会基础[⑦]，为实现彻底的土地改革创造了先决条件[⑧]。

东北解放区农村反奸清算运动的研究归属历史领域，对历史问题的研究，需要听取不同的声音，进行辩证分析，以求全面、客观地还原历史的本相。如上可见，大部分学者对运动本身及其结果持积极态度，但亦有少部分学者看到了其消极的一面。如赵玲指出，在清算分地的过程中，由于中国共产党对东北乡村社会现实及农民心理把握不足，导致出现农村各阶级斗争偏差，农民发动不彻底等一系列的问题。[⑨] 台湾学者陈逸达认为，中共在东北解放区开展的反奸清算及土地改革运动，为争取更多农民的支持走阶级路线，主观扩大打击面，是一场暴力斗争。[⑩] 李德刚对东北农村在反奸清算中存在的严重“左”倾问题进行分析，并从政

---

① 高乐才、王友兴：《解放战争时期东北的日本移民用地的土地改革》，《黑龙江社会科学》2008 年第 5 期。

② 薛金艳、窦可欣：《东北解放区的土地改革论析》，《长春师范大学学报》2020 年第 7 期。

③ 刘洁、衣保中：《东北解放区的土地改革与新民主主义土地关系的建立》，《中共党史研究》1998 年第 3 期。

④ 于振武、杨琪：《张闻天在合江》，《社会科学战线》1991 年第 1 期。

⑤ 刘洁、衣保中：《东北解放区的土地改革与新民主主义土地关系的建立》，《中共党史研究》1998 年第 3 期。

⑥ 陈婷婷：《解放战争时期东北土地改革研究》，沈阳师范大学硕士学位论文，2016 年。

⑦ 王智博、曲洪波：《东北解放区农村土地改革的历史意义与启示研究》，《哈尔滨市委党校学报》2020 年第 1 期。

⑧ 张占斌：《“五四指示”与东北土改》，《求是学刊》1987 年第 4 期。

⑨ 赵玲：《中国共产党的土改政策对东北乡村社会变迁的影响》，东北师范大学硕士学位论文，2015 年。

⑩ 陈逸达：《暴风骤雨：中共东北土地改革 1945—1948》，台湾大学硕士学位论文，2005 年。

策的决策与执行两方面寻找原因。[①]

4. 关于东北各地区农村反奸清算运动的研究

日本投降后，辽宁是最先开展反奸清算运动的地区之一。程兆申对解放初期辽宁各地区开展反奸清算和减租减息运动的先后顺序进行排列，指出辽宁的反奸清算运动最先在大连、安东、抚顺、本溪等大城市以及海城、宽甸、赛马、海龙、梅河等县城开展，此后减租减息运动又发展到辽源、新宾、凤城、庄河、桓仁等县城。到 1946 年 2 月，运动普及至整个辽宁解放区。[②] 穆忠德重点关注辽西省委和西满分局管辖范围内的农村反奸清算工作，并以辽吉五地委、辽东三地委、热东和热辽两地委的工作团为中心，研究各地区反奸清算的具体做法及成效。[③] 孙高杰将解放后的大连称为苏军军管下、中共实际领导下的“特殊解放区”，并对该区内的反奸清算斗争展开研究。[④] 反奸清算运动的开展具有一定的政治军事意义。杨国东等指出南满地区的反奸清算斗争是作为创建根据地的一项重要任务而提出的。[⑤] 黄淑贤认为解放初期在辽吉地区开展的反奸清算及减租减息以建立第一道军事防线为主要目的。[⑥] 由于战局紧张，敌我拉锯，张占斌提到，如盘山、辽阳等地及部分新解放区周边，曾出现反把倒算的情况。[⑦]

今天吉林省的辖区涵盖解放战争时期吉林省和安东省、辽北省、松江省、嫩江省的部分地区，所跨省份较多，各地区农村反奸清算的情况也较为复杂。石雅贞等将解放战争时期吉林省划分为老区、半老区和新区，并指出吉林农村区别于东北其他地区的特点为佃贫农多、公地多和朝鲜族多。[⑧] 赵刚等综合分析认为，吉林省的朝鲜族人多聚居于东部的延边地区，由于政治、历史原因，日伪汉奸走狗等经常挑起汉族和朝鲜族的矛盾，更甚者制造“海兰大血案”。抗战胜利后，朝鲜族民众在中国共

---

① 李德刚：《应时与问题：“五四指示”与东北土地改革》，《学习与探索》2012 年第 5 期。

② 程兆申：《解放战争时期辽宁地区的土地改革运动》，《兰台世界》1998 年第 11 期。

③ 穆忠德：《解放战争时期的辽宁土改》，《党史纵横》2013 年第 2 期。

④ 孙高杰：《试论“特殊解放区”时期大连党组织的惠民之举》，《兰台世界》2014 年第 4 期。

⑤ 杨国东、王生杰：《解放战争初期南满根据地的创建及其意义》，《沈阳师范学院学报》1995 年第 2 期。

⑥ 黄淑贤：《东北解放战争时期辽吉前沿地区的土地斗争》，《社会科学辑刊》1994 年第 3 期。

⑦ 张占斌：《东北新区土改初探》，《党史纵横》1988 年第 3 期。

⑧ 石雅贞、宋光文：《吉林省土地改革运动初探》，《东北师大学报》1991 年第 2 期。

产党的支持下对这些汉奸、特务进行了彻底的清算。① 高明指出，开展反奸和清算走狗的运动，“彻底铲除了延边地区反动势力的社会基础”。② 关于民族矛盾问题，申艺琴认为，延边光复后对公地的分配是解决朝汉民族关系问题的关键环节。③ 白城作为西满根据地的中心、辽吉省委的驻地，也受到学者的广泛关注。郭葳对白城各县的反奸清算运动展开研究，总结提出反奸清算调动了农民积极性，加强了群众对党的信任，分配日伪土地加深了党与群众的联系，激发了农民的革命热情。④

1945 年 11 月 16 日，中共中央北满分局在哈尔滨成立。分局成立后很快便在黑龙江的广大农村地区开展了反奸清算工作。相比于其他地区，黑龙江反奸清算运动开展的时间较长，斗争较彻底，成果丰硕。因此，与其相关的资料较为丰富，研究成果也颇多。中国封建社会延续上千年，想要彻底发动农民自觉地对地主进行清算斗争，需要对农民进行深入的教育引导。邵美艳认为，教育农民正确认识土地制度和政策，打破传统道德观念和奴性思想，提升阶级觉悟，才能推动清算斗争的顺利进行。⑤ 王新革对黑龙江地区反奸清算的具体斗争策略进行研究，提出“剥笋政策”，即先搞大的封建地主堡垒，把大地主恶霸作为斗争对象。⑥ 曲晓溪对黑龙江农村反奸清算的工作方法做出总结，即在领导上创造典型加以推广，在路线上坚持群众路线，在方式上运用经济斗争与武装斗争相结合的方法。⑦ 刘文健等对北满根据地建立初期开展的反奸清算、减租减息与分配敌伪地的运动展开研究，认为中国共产党通过这些运动改造了北满农民的思想观念，并以此得到了他们对中国共产党的政治认同与信任，为后来的土地改革运动奠定了意识形态方面的基础，也加强了中国共产党的政权合法性。⑧ 各地区情况不同，开展反奸清算运动的斗争策略也有

---

① 赵刚、金亨煜：《延边地区土地改革述论》，《党史文苑》2013 年第 12 期。

② 高明：《解放战争时期延边革命根据地研究》，延边大学硕士学位论文，2008 年。

③ 申艺琴：《论解放战争时期延边地区的土地改革》，延边大学硕士学位论文，2015 年。

④ 郭葳：《解放战争时期白城土地改革实践研究》，长春理工大学硕士学位论文，2019 年。

⑤ 邵美艳：《北满解放区土改教育研究（1946—1948）》，哈尔滨工业大学硕士学位论文，2015 年。

⑥ 王新革：《解放战争时期黑龙江地区根据地的建设》，《学术交流》1985 年第 2 期。

⑦ 曲晓溪：《解放战争时期党领导的黑龙江土地改革》，《世纪桥》2011 年第 22 期。

⑧ 刘文健、刘景岚：《北满根据地建设初期中国共产党获取农民政治信任研究》，《史学集刊》2020 年第 6 期。

所不同。王德明等指出巴彦县反奸清算斗争与解决土地问题相结合，最终实现土地还家的目的。[①] 李茂喜认为，抚远县由于开展反奸清算的时间较晚，具有较好的政治环境，工作队前期在其他地区亦积累了丰富的清算经验，且抚远县有别于传统农耕区，是一个渔业区，因此反奸清算没有经过激烈的斗争，而是采取比较和平的方式。[②] 对于黑龙江省反奸清算及土改的作用和意义，贾诚先认为，除扩大农业生产、巩固根据地建设外，最突出的在于动员农民参军参战，从人员上有力地支援了解放战争。[③]

除论文外，东北三省各市、县的史书中涉及解放战争时期的部分，也有许多关于反奸清算运动的内容。如《中共黑龙江历史　第1卷（1921—1949）》《中国共产党吉林历史　第1卷（1921—1949）》《中国共产党辽宁历史　第1卷（1919—1949）》等地方史书数量众多。这些史书结合各地开展反奸清算运动的具体实例，对运动的细节进行了较为详尽的阐述，包括各地反奸清算的具体工作方法，过程中遇到的困难及对策，取得的成就和对失误的反思等。基本反映出了东北各解放区农村反奸清算工作的复杂和曲折。

5．关于东北解放区农村反奸清算与群众的研究

抗战胜利后，东北解放区开展的反奸清算运动，从本质上讲，就是中国共产党领导下的一场广泛的群众解放运动。对东北解放区农村反奸清算运动与群众相关的研究内容进行总结，基本归纳为三方面，即运动从群众的需要出发，运动依靠群众的力量，运动对群众的影响。

运动从群众的需要出发。解放前，广大东北人民深处日伪殖民统治之中，生活极其穷苦。基于此，常城等指出，解放后，东北反奸清算的主要对象即是敌伪统治时期，欺压群众，为非作歹，为群众所痛恨的伪官吏、汉奸、特务、恶霸分子。[④] 通过对这部分人的斗争清算，一方面解放了群众，使群众摆脱压迫，另一方面使群众得到一些实际利益。东北局各主要领导人十分重视农民对土地的需求。闻婧指出，张闻天在指导

---

① 王德明、梁心健：《巴彦县土地改革运动》，《世纪桥》2012年第4期。

② 李茂喜：《试述抚远县土地改革运动》，《龙江党史》1994年第Z1期。

③ 贾诚先：《黑龙江地区土地改革的历史意义》，《奋斗》2018年第6期。

④ 常城、李鸿文、朱建华：《现代东北史》，哈尔滨：黑龙江教育出版社，1986年。

敌伪土地分配的过程中，始终坚持“耕者有其田”的政策。① 朱佳木在回忆陈云领导东北根据地创建工作时提到，他在分配敌伪土地的过程中，制定了切合农民需求的口号和政策，很快将农民群众发动起来。②

运动依靠群众的力量。孙志成认为，清算、分地、减租减息等工作，“最根本的是抓住发动农民群众这一关键环节”。③ 富宏博指出，在张闻天主持下的反奸清算及土改工作始终坚持发动群众，走群众路线。④ 孙宁对陈云的讲话指示等内容进行总结，认为陈云利用“经济—武装—再经济”的农民斗争公式，通过开展剿匪、反奸清算、分配敌伪地、土地改革等运动，从经济上解放农民，以发动群众建立广大的农村革命根据地。⑤ 邹若维认为，张闻天提出的团结中农政策，使合江地区的清算分地工作得以稳妥地推进。⑥

运动对群众的影响。孙舒悦认为，张闻天领导的合江地区反奸清算运动取得了很大的成绩，提高了人民群众的思想水平和政治觉悟。⑦ 王智博等指出，反奸清算在改善农民生产生活环境、树立党及军队在群众中的威信等方面具有重要作用。⑧ 台湾学者罗久蓉单从“反奸”的角度入手，认为抗战胜利后中共将惩审汉奸作为发动群众运动的先声，惩奸具有“组织群众、武装群众、加强群众与中共政权的相互依存关系的功能”。⑨

---

① 闻婧：《为了农民的彻底解放——张闻天的土地革命思想》，《党史纵横》2000 年第 11 期。

② 朱佳木：《陈云领导中共北满分局期间的主要贡献及其工作作风和工作方法》，《世纪桥》2017 年第 4 期。

③ 孙志成：《陈云对东北解放战争的贡献》，《锦州师院学报》1989 年第 4 期。

④ 富宏博：《张闻天同志主持合江省委工作期间的理论贡献（上）》，《黑龙江史志》2013 年第 20 期。

⑤ 孙宁：《陈云东北根据地建设思想研究》，大连理工大学硕士学位论文，2013 年。

⑥ 邹若维：《浅谈张闻天在合江地区土改与保护工商业中的策略》，《佳木斯大学社会科学学报》2012 年第 4 期。

⑦ 孙舒悦：《解放战争时期张闻天在合江地区的土改工作》，《长春教育学院学报》2018 年第 4 期。

⑧ 王智博、曲洪波：《东北解放区农村土地改革的历史意义与启示研究》，《哈尔滨市委党校学报》2020 年第 1 期。

⑨ 罗久蓉：《抗战胜利后中共惩审汉奸初探》，《中央研究院近代史研究所集刊》1994 年第 23 期。

（二）全国其他地区反奸清算运动的研究

抗战胜利后，全国各解放区在中国共产党的领导下，相继开展反奸清算运动。因与土地改革运动接续相连，故只专注研究反奸清算运动的成果较少，更多的是将其作为组成部分，归并入土改运动中。

反奸清算运动分农村和城市两条线展开。目前专题研究农村反奸清算的有张明①和郭俊强②的硕士毕业论文及唐致卿③的期刊论文。其中，张明和郭俊强的硕士毕业论文都是从反奸清算的历史背景、运动过程及评价三个方面展开论述。对背景和过程的研究各具地方特色，最后，张明将评价磁县反奸清算运动的重点放在了群众问题上，郭俊强则重在总结翼县反奸清算运动的特点。唐致卿从清算汉奸地主的角度入手，对山东解放区的反奸清算、减租减息政策展开研究。专题研究城市反奸清算的论文较少，仅见王晓霞的硕士毕业论文。她对解放初期邯郸市反奸清算运动的五月高潮和八月高潮展开详细论述，并从成绩、不足及启示三个方面进行评价。④ 刘诗古以“工商业兼地主”为研究对象，这部分人在城市从事工商业经营且在农村拥有土地，兼具城市与农村反奸清算两个部分。刘诗古认为，解放战争时期中国共产党未能协调好土改中的革命要求和工商业保护之间的矛盾，损害了部分“工商业兼地主”在城市的利益。⑤ 对上述论文进行总结可以发现，城市和农村的反奸清算运动在政治上发动群众斗争日伪汉奸、特务、恶霸地主、店主等方面具有共通之处。同时，二者也各具特点。在经济上，农村反奸清算以土地为中心，进行减租、减息、分配敌伪地等；城市反奸清算以工商业为中心，进行增资、清账、没收逆产等。

在对反奸清算运动整体研究的基础上，学者们又从妇女、农会、农民心态、干部整改等多个角度对反奸清算展开更深入、细化的研究。如

---

① 张明：《1945 年—1946 年磁县反奸清算运动研究》，河北师范大学硕士学位论文，2015 年。

② 郭俊强：《翼城县反奸清算运动研究》，山西师范大学硕士学位论文，2018 年。

③ 唐致卿：《山东解放区的反奸清算运动述论》，《聊城师范学院学报》2000 年第 5 期。

④ 王晓霞：《解放战争初期中共城市反奸清算运动研究——以晋冀鲁豫解放区邯郸市为例》，河北师范大学硕士学位论文，2010 年。

⑤ 刘诗古：《国家、农民与“工商业兼地主”：南昌县土改中的“清算”斗争》，上海交通大学硕士学位论文，2011 年。

魏红伟指出，在晋察冀地区青壮年男子大部分上前线参加战争的情况下，妇女在后方的反奸清算和减租减息运动中起到了先锋模范的作用。[①] 李志发重点关注反奸清算斗争中成立的农会，研究其在组织和发动农民反奸诉苦、减租减息等方面的重要作用。[②] 李金铮运用跨学科研究的方式，从心理学的角度看待历史问题，研究视角下移，关注斗争地主、清算分地过程中农民心态的复杂变化。[③] 黄道炫则透过反奸清算及土改中农村基层干部的整改来考察解放战争时期中共的领导力和控制力。[④]

日本投降后，台湾情况虽与大陆不同，但同一时期也开展了相似的"历史清算"工作。台湾学者陈翠莲提出战后初期台湾的"历史清算"以"去殖民"为目标，主要通过追究加害者、表彰抵抗者、驱逐协力者于公领域之外，重建国族主义，确立主体性等各种作为，以清理日本殖民统治遗绪、标举是非功过，达到重建社会价值的目标。但由于官方手段严厉，造成社会恐慌，最终导致民间历史清算工作失败。[⑤] 虽然两者清算的侧重点不同，大陆地区以经济清算为主，聚焦于农民与资财的重新配置；台湾地区以政治清算为主，专注于思想观念与精神文化的重构，但在肃清日本残余势力、实现制度体制的变革与社会意识形态的转换等方面是共通的，并且大陆与台湾的清算运动都是以发动群众为主。

总体而言，国内专题研究反奸清算运动的论著并不丰富，研究视角也有待进一步开发，需要学者们多加努力。专题研究东北解放区农村反奸清算的论著暂未得见，但与东北解放区农村反奸清算运动有关的资料丰富多样，论著数量颇多，且内容翔实。结合发表时间与研究内容，可以发现，有关东北解放区农村反奸清算运动的奠基之作多集中于20世纪八九十年代，这时期学者们偏向于整体、基础性的研究。进入21世纪之后，学者们多是在前人的基础上，对反奸清算运动的各方面进行细化研

① 魏红伟：《解放战争时期晋察冀边区土地改革中妇女运动探析》，河北师范大学硕士学位论文，2007年。

② 李志发：《土地改革运动中的农会（1946—1949）——以华北地区为中心的考察》，中共中央党校硕士学位论文，2014年。

③ 李金铮：《土地改革中的农民心态：以1937—1949年的华北乡村为中心》，《近代史研究》2006年第4期。

④ 黄道炫：《洗脸——1946年至1948年农村土改中的干部整改》，《历史研究》2007年第4期。

⑤ 陈翠莲：《台湾战后初期的"历史清算"（1945—1947）》，《台大历史学报》2016年第58期。

究，如反奸清算的背景、过程、成效及作用、启示等，更注重区域性、专业性的研究，也具有一定的深度。但也存在些许不足之处，如在反奸清算运动的对象、内容等方面还需要进一步扩充。综合全国各地区及与东北反奸清算有关的论著发现，既往学者多是将农村反奸清算运动作为土地改革的一个阶段，与土改运动合并研究，只看到了两个运动的共性与接续性，却忽视了反奸清算运动自身的特点与独立性，对东北解放区反奸清算运动缺乏宏观梳理和整体认识，研究成果呈碎片化，未来亟待系统、整体的研究。

二、国际视域下，农村革命史研究不断深入但需要辩证看待

由于东北解放区农村反奸清算运动是一个具体的区域历史事件，在国内研究成果较少的情况下，囿于语言和资料，与此相关的国外研究成果亦较为稀少，因此，需要放大至农村革命史研究领域进行综述研究。关于国外对中国农村革命史的研究，早期西方国家由于政治、语言等原因，比较注重从宏观叙事的角度对其进行整体的、长时段的研究；而日本、韩国、俄罗斯等国家由于与中国毗邻，受历史、地缘的影响，且获取资料较方便，多注重对其进行区域的、短时段的微观研究。但 20 世纪 80 年代后，西方国家也逐渐缩小研究范围，区域史研究成为主流。基于此，笔者拟从整体史和区域史两个角度对与本文研究相关的国外研究成果进行阐述。

（一）整体史研究视域下的中国农村革命研究

将农村革命史放在长时段的中国革命史中，从大历史观的视角进行重新审视，是国外学者研究内战时期中国农村革命的路径之一。谈到研究中国革命史的国外权威学者，一定要提到费正清，他在《伟大的中国革命（1800—1985）》中提出，内战时期，共产党通过农村动员的方式控制东北地区，又在华北农村的农民群众中汲取武装力量。[①] 西德尼·克莱因的《1928—1958 年中国共产党的土地改革政策：一个简要的经济分

① John King Fairbank. The Great Chinese Revolution 1800-1985. New York: Harper & Row, 1986.

析》用数据解读1928年到1958年中共的土改政策，从长时段来看，1946年前期的土改政策是较为理性、调和的，1946年后期至1949年土改的重点逐渐从农业增产转至土地分配方面。[①] 山本秀夫等编著的《中国农村革命的展开》既着眼于20世纪20年代到60年代中国农村革命的整个过程，又始终把握中国革命的基本过程。书中第四章指出，战后开展的反奸清算是中国人民进行民主主义制度建设的必然，也是不可缺少的条件。[②] 克里斯蒂安·索拉斯等合著的《从毛泽东到习近平的中国共产党政治观》研究时段跨度较大，重在探讨从毛泽东到习近平的中共政治观的发展，其中谈到“工作队”，书中指出，从土改第一次大规模部署农村工作队开始，基层工作队至今仍是中国共产党执政武器库中最重要的武器之一。此外，书中还提到了“诉苦”，指出这是共产党动员农民进行土改的主要手段，它成功创造了一种大众政治模式，如今这种模式被运用到反腐败工作之中。[③]

国外学者还注重比较研究，在比较中他们总结出的中共内战胜利的成功之道基本相似，即在农村进行革命以获得广大农民的支持。帕佛欧森斯基等的《共产党人为什么赢或输？俄罗斯、芬兰、西班牙和中国革命内战的比较分析》将俄罗斯、芬兰、西班牙和中国进行对比，重新审视各国内战中的农民政治动员，指出共产主义组织在以农村为主的社会中运作，农民就是他们独特的社会盟友。[④] 马克·奥本的《中国、马来亚和越南的人民战争》对比中国、马来西亚和越南的人民战争，得出内战中中国共产党胜利的关键原因在于通过反奸、清算、土改等在农村地区建立了广泛的政治联盟，获得了民众的稳固支持。[⑤]

除宏观叙事外，对土改的具体研究也是国外学者解读内战时期中共

---

① Sidney Klein. “The Land Reform Policies of the Chinese Communist Party, 1928－1958: A Brief Economic Analysis”. Agricultural History, Vol. 35, No. 2 (April 1961), pp. 59－64.

② 山本秀夫，野間清.『中国農村革命の展開』，東京：アジア経済研究所，1972.

③ Christian Sorace, Ivan Franceschini, Nicholas Loubere. Afterlives of Chinese Communism Political Concepts from Mao to Xi. Canberra: ANU Press, 2019.

④ Pavel Osinsky, Jari Eloranta. “Why Did the Communists Win or Lose a Comparative Analysis of the Revolutionary Civil Wars in Russia, Finland, Spain, and China”. Sociological Forum, Vol. 29, No. 2 (June 2014), pp. 318－341.

⑤ Marc Opper. People' s Wars in China, Malaya, and Vietnam. Michigan: University of Michigan Press, 2020.

农村革命的重要切入口。田中恭子发表的《战后中共土地改革的急剧演变：一九四七年〈土地法大纲〉》① 和《内战时期中共土地改革中“左倾偏向”的纠正过程 -1 -》②、《内战时期中共土地改革中“左倾偏向”的纠正过程 -2 -》③ 等，在指出内战时期中共土改中出现的问题后，又对土改纠偏展开研究。小竹一彰的《国共内战初期土地改革中的群众运动》在研究土改中群众运动的过程中，着重强调基层干部在农村革命中的重要作用。④

（二）区域史中的反奸清算和土地改革的研究

关于日本学界对国共内战时期中国各解放区反奸清算运动的研究成果，有内田知行的论文《反奸清算运动与减租减息运动——对晋冀鲁豫边区土地改革前期的一个考察》⑤ 及专著《抗日战争与民众运动》⑥，其研究区域都是晋冀鲁豫解放区。内田知行在论文的基础上，进一步于专著的第四章中以反奸清算向减租清算的转向为分析媒介，对该区域的反奸清算运动和减租减息运动展开了深入的研究。三品英宪的论文《战后内战时期中国共产党的革命工作与华北农村社会：五四指示的再思考》，其研究区域是华北农村，初期该区域反奸清算运动的斗争对象是汉奸，《五四指示》的颁布将地主也列为清算斗争的对象，使反奸清算运动具有了“削减封建”的性质。⑦ 与国内相同，专题研究反奸清算运动的论著较少，大部分国外学者将反奸清算运动作为土地改革运动的其中一个阶段，进行归并研究。因此，国外学者所研究的土地改革基本涵盖了反奸清算

---

① 田中恭子.「戦後中共土地改革の急進化：一九四七年土地法大綱について」,『社会経済史学』46（2），1980.

② 田中恭子.「内戦期の中共土地改革における左傾偏向の是正過程 -1 -」,『アジア経済』22（3），1981.

③ 田中恭子.「内戦期の中共土地改革における左傾偏向の是正過程 -2 -」,『アジア経済』22（4），1981.

④ 小竹一彰.「国共内戦初期の土地改革における大衆運動」，東京：アジア政経学会，1983.

⑤ 内田知行.「反漢奸運動と減租減息運動——晋冀鲁予辺区における土地改革前史についての一考察」,『歴史學研究』（473），1979.

⑥ 内田知行.『抗日戦争と民衆運動』，東京：創土社，2002.

⑦ 三品英憲.「戦後内戦期における中国共産党の革命工作と華北農村社会：五四指示の再検討」,『史学雑誌』112（12），2003.

的过程。中井明的《关于华北农村土地改革的实施单位——行政村单位实施情况的再思考（1946—1949）》一文分别研究了华北地区“自然村”和“行政村”的土改情况，以此来探讨中共土改政策在制定、执行和变更中面临的现实性问题。[①] 荒武达朗的《“斗争的果实”与农村经济：1945 −47 年山东省东南部》[②] 和《战火中的土地改革：1945 −48 年山东省滨海区地域社会的变动》[③] 研究区域都是国共内战时期的山东省东南部地区，他的研究重点在“反特斗争”和土改中的成果分配，即从粮食、现金的分配到土地、日用品的分配，及这些“成果”的分配对当地农村社会的影响。受地缘和历史的影响，除晋冀鲁豫解放区外，日本学界对东北解放区的关注也较多。其中，阿赖耶顺宏在剖析周立波的东北土改小说《暴风骤雨》的过程中，对东北解放区农村土地改革的背景和过程也进行了简要的叙述，他认为这部小说是对中共阶级斗争理论的宣传和对群众运动的赞美，但回避了土改中负面的、消极的部分。[④] 塚濑进的《满洲的社会转型与地区秩序：从明代到中华人民共和国的成立》第 11 章对国共内战时期中共在东北解放区的财政经济政策展开研究，他指出东北解放区的农村土地改革与扩充党员队伍同时并举，认为中共虽然通过土改的方式获得农民的支持，但并没有改变前期军事上处于劣势的局势，这些都对东北财政经济政策的制定产生了影响。[⑤] 除土改运动本身之外，日本学者还对其进行了拓展研究，如门间理良的《中共在国共内战时期东北的新兵动员工作》[⑥] 和角崎信也的《新兵动员与土地改革——以国共内战时期东北解放区为例》[⑦] 对解放战争时期东北解放区土改与新兵

---

① 中井明.「華北農村における土地改革の実施単位について：行政村単位の実施状況の再検討（1946～1949 年）」,『立命館経済学』66（3）, 2017.

② 荒武達朗.「“闘争の果実”と農村経済：1945 −47 年山東省南東部」,『中国研究月報』71（10）, 2017.

③ 荒武達朗.「戦火の土地改革：1945 −48 年山東省濱海区地域社会の変動」,『人間社会文化研究』（25）, 2017.

④ 阿頼耶順宏.「周立波とその作品：東北土地改革と暴風驟雨」,『追手門学院大学文学部紀要』（22）, 1988.

⑤ 塚瀬進.『マンチュリアの社会変容と地域秩序：明代から中華人民共和国の成立まで』, 中央大学, 2014.

⑥ 門間理良.「国共内戦期の東北における中共の新兵動員工作」,『史境』（35）, 1997.

⑦ 角崎信也.「新兵動員と土地改革——国共内戦期東北解放区を事例として」,『近きに在りて』（57）, 2010.

动员之间的关系展开研究。中国国内普遍认为中共进行土改的目的之一是保证农业生产，为解放战争提供充足的粮食供应。但角崎信也在《土地改革与农业生产——土地改革对北满农业形态的解体及其影响》一文中持相反态度，他认为北满地区土改后，土地从大规模经营变成小规模生产，反而导致了农业生产力的下降。① 随后角崎信也又在高桥伸夫编著的《救国、动员、秩序——转型时期中国的政治与社会》一书中提出，从粮食征收的角度看，土改更像是一个从“阶级敌人”那里大量没收粮食的手段和过程。②

由于与中国吉林延边地区毗邻，因此，韩朝学界对中国延边朝鲜族地区的反奸清算和土地改革关注较多。廉仁镐的《中国延边反奸清算斗争与土地改革（1946）》较为关注1946年中国延边地区的朝鲜族人社会生活变化，并且对这时期延边地区进行的反奸清算斗争和土地改革进行了研究。③ 李元俊的《中国共产党对延边朝鲜人社会的掌握过程及其意义——以国共内战时期土地改革与政权建设为中心》论述了中共在延边朝鲜族基层社会中权力渗透的过程，指出中共通过土地再分配运动动员了群众，在延边建立了基层党组织，加强了对延边社会的控制力。④

除亚洲外，西方国家的学者对国共内战时期中国各解放区的反奸清算和土地改革也有所研究。史蒂文·莱文的《胜利之基：1945—1948年满洲的共产主义革命》⑤ 是国外研究东北解放区土改的经典之作，被许多学者引用。该书第六章对解放战争时期东北农村的革命进行了详细的阐述，史蒂文·莱文基于东北地区地广人稀的历史地理特征，认为东北农民缺乏强烈的土地改革欲望，而中共通过政治斗争和经济斗争相结合的方式，进行反复斗争，成功实现了动员农民的目的，史蒂文·莱文将其

---

① 角崎信也.「土地改革と農業生産——土地改革による北満型農業形態の解体とその影響」,『国際情勢』(80), 2010.

② 高桥伸夫.『救国、動員、秩序：変革期中国の政治と社会』, 東京：慶應義塾大学出版会, 2010.

③ 廉仁鎬.「中國延邊의‘反奸清算鬪爭’과土地改革（1946）」,『歷史教育』(99), 2006.

④ 李元俊.「중국공산당의 延邊 朝鮮人 사회 장악과정과 그 의의- 국공내전기 토지개혁과 建政 공작을 중심으로」,『東洋史學研究』(131), 2015.

⑤ Steven I. Levine. Anvil of Victory: The Communist Revolution in Manchuria, 1945－1948. New York: Columbia University Press, 1987.

称为一场组织良好的政治运动。哈罗德·坦纳的《蒋介石失去中国的地方：1948 年辽沈战役》在论及北满根据地建设时，重点研究了北满地区土改中存在的各种冲突与矛盾，包括阶级之间、家族之间、村庄之间、农村与城市之间的矛盾，以及中共中央东北局的应对办法。[①] 马金斯坦尼斯拉夫维塔利耶维奇的《1947—1949 年中国共产党在内蒙古实施土地改革的特点》主要研究内蒙古地区的土改，文中研究的区域包含少部分东北地区，由于内蒙古与东北相邻，因此在谈到富农问题时指出了内蒙古和东北地区共同存在的政策失误。[②]

对上述国外研究成果进行总结，从宏观的角度看，关于解放战争时期中国农村革命的研究多集中在农民动员与土改问题上，注重对整个革命形势和国家的影响。从微观的角度看，学者们更关注基层，对反奸清算和土地改革运动的研究切入口较小，研究的问题较为具体。此外，上述国外研究成果中或多或少地都曾出现“暴力革命”“混乱”等具有政治色彩的词汇。一方面是由早期冷战时期不同意识形态对立导致的，冷战结束后学者们也逐渐避免政治影响，趋于客观；另一方面是由于资料的匮乏，只看到了基层工作中产生偏差的一面，没有看到中国共产党对问题的及时纠正与弥补。总的来看，国外研究方法多样，视角广阔，内容细致，分析较具体，拓宽了关于反奸清算运动的研究视域，值得学习和借鉴，但对于其中具有政治偏向或不准确的部分也需要辩证地看待。

三、总体而言，农村反奸清算运动研究有待进一步系统加深与扩宽

综合国内外研究成果，可以发现国内外学者对反奸清算运动的研究涉及多个方面，宏观研究与微观研究相结合，整体与区域相结合，方法视角较为多样。但国内外研究的侧重点有一些不同，具体而言，国内的

---

① Harold M. Tanner. Where Chiang Kai-shek Lost China: The Liao-Shen Campaign, 1948. Bloomington: Indiana University Press, 2015.

② Мажинский Станислав Витальевич. Особенности проведения аграрных преобразований коммунистической партией Китая во Внутренней Монголии в период с 1947 по 1949 г. Вестник Томского государственного университета. История, 2013. №6 (26).

研究对象集中在反奸清算运动背景、运动过程、运动中的“人”（包括运动主体及领导者）等方面，对其进行模块研究，国外则较为注重对反奸清算运动过程中的细节展开研究，如反奸清算对象和地域的范围、清算成果分配问题等。另外，国内学者更关注运动本身的研究，国外学者对运动的外延较为感兴趣。

但总的来看，无论是国内还是国外，对东北解放区农村反奸清算运动的关注不够，研究呈碎片化，散落于各种土改研究中，关于这个问题的研究成果有待进一步丰富，且需要进行更宽领域、更深入的挖掘。尤其是在现下“告别革命论”和“历史虚无主义”思潮泛滥的情况下，辩证地汲取国内外研究成果，对东北解放区农村反奸清算运动展开客观、详细、深入的研究，是对其有力的回击和驳正。

Research on the Anti Enemy and Traitor Liquidation Movement in Northeast Liberated Rural Areas from the Perspective of Academic History

PENG Bo

Abstract: After the victory of War of Resistance Against Japanese Aggression, the peasants in the Northeast liberated area launched a vigorous anti-enemy and traitor liquidation movement under the leadership of the Communist Party of China (CPC). The research on this issue at home and abroad presents different trends. From the domestic perspective, the data is abundant but the research results are fragmented; from the international perspective, the research on the history of rural revolution is deepening, but it needs to be treated dialectically. Generally speaking, there are a lot of research achievements on the anti-enemy and traitor liquidation movement in northeast liberated rural areas, but the research contents need to be further deepened and broadened, and systematic cultivation is still needed.

Keywords: academic history; northeast liberated area; countryside; anti-enemy and traitor liquidation movement

〔彭博（1994— ），女，汉族，辽宁抚顺人，辽宁大学马克思主义学院讲师，主要研究方向为东北党史〕

“二七”纪念与中国共产党革命话语*

——以党报党刊为例

卢　鹏　俞祖华

（鲁东大学历史文化学院）

摘　要：“二七”在整个民主革命过程中是最初形态，中国共产党通过“二七”纪念，建构了中国革命的话语。中共借助“二七”纪念，明确了中国革命的对象是帝国主义和封建主义，中国革命的任务始终是反帝反封建；阐释了中国革命是由工人阶级以及政党中国共产党领导的，中国革命的动力是统一战线；揭示了中国革命的斗争的形式是武装斗争，中国革命的斗争精神是牺牲精神和团结精神；说明了中国革命的步骤与前途是建立新民主主义的新中国，从而过渡到社会主义。

关键词：中国共产党；“二七”纪念；中国革命话语；建构

“二七”是中共成立初期领导的空前规模的反帝反封建革命运动，在中国工人运动和人民革命史上具有深远的意义，标志着工人运动发展到新的阶段。“革命动员需要建构有解释力、感染力的革命话语，才能形成革命的集体意识，进而促使各方面力量认同、支持和参与革命。”① 凭借“二七”纪念的宣传与社会动员作用，中国共产党明确了中国革命的对象

* 本文为国家社会科学基金学术社团主题学术活动项目“文本、诠释与传播：百年来中国共产党人的中华民族复兴话语研究（1921—2021）”（20STA032）阶段性研究成果。

① 陈金龙：《五四纪念与中国共产党革命话语的建构》，《湖北大学学报》2019 年第 5 期。

和任务，阐释了中国革命的领导与动力，揭示了中国革命斗争的形式与精神，说明了中国革命的步骤与前途。“二七”纪念话语为中国共产党革命话语的建构提供了丰富的素材。目前学界对于“二七”纪念的研究相对较少，主要集中在大革命失败前中共早期领导人对于“二七”纪念的著述，近代中国革命与“二七”这一政治符号的联系方面，缺乏将“二七”纪念与中国革命话语建构相联系的研究。

一、明确了中国革命的对象和任务

自鸦片战争以来，中国人民遭受帝国主义和封建主义两座大山的压迫，因此，帝国主义与封建主义是中国革命的两大对象，反帝反封建是中国革命的基本任务。“‘二七’是中国工人阶级以雄伟革命的姿态登上中国政治舞台的日子，是中国工人阶级与帝国主义封建军阀进行直接战斗的日子，是为民族独立民主自由而奋斗的日子。”[①] 依靠“二七”纪念，中国共产党更进一步地明确并重申了中国革命的对象及任务，使人民在反帝反封建问题上的共识进一步深化，为中国革命的对象及任务的合理性提供了历史证明。

1925 年，陈独秀指出，“中国国民革命之敌人——帝国主义者军阀及其走狗”，“现在摆在我们眼前的事实是：压迫中国人民阻碍中国人民发展的帝国主义者与军阀，非革命是不能使他们屈服的”。[②] 1926 年 2 月 10 日，瞿秋白指出：“‘二七’之后不到几个月，各地工人响应‘二七’京汉工人的斗争，提出和‘二七’同样的口号和要求——打倒帝国主义，打倒军阀。”[③] 因此，中国共产党借助“二七”纪念，明确了国民革命时期，帝国主义和封建军阀是革命的两大对象，革命的主要任务是反帝反封建。

1932 年 2 月 3 日，周恩来在纪念“二七”的文章中指出：“目前革命的中心任务是要以‘革命战争消灭帝国主义战争’、‘变帝国主义瓜分中

---

① 邓发：《发挥“二七”精神反对反共投降亲日派》，《新中华报》1941 年 2 月 9 日，第 4 版。

② 陈独秀：《中国国民革命运动中工人的力量》，《向导》1925 年第 101 期。

③ 瞿秋白：《中国职工运动战士大追悼周之意义》，《向导》1926 年第 145 期。

国的战争为反帝反国民党的民族革命战争’的口号动员群众，号召全中国群众自动武装起来，打倒投降帝国主义的国民党各派政府，夺取国民党军阀资产阶级的武装，直接对日作战，赶走日美及一切帝国主义出中国!”[①] 土地革命战争时期，中国共产党通过对“二七”的纪念，明确了日美帝国主义以及代表大地主阶级的国民党反动军阀是革命的两大对象，革命的任务仍然是反帝反封建。

1938年2月7日，《新华日报》在“二七”纪念日发表社论指出，“二七”斗争“打倒了北洋军阀的反动统治，然而却没有真正完成反帝反封建的基本革命任务，帝国主义与封建残余仍然统治着中国，尤其是凶恶的日本强盗正以疯狂的侵略战争想要灭亡中国，同时现在平津等地组织傀儡政权的国贼汉奸又大半是过去北洋军阀余孽，所以现在的抗日救国正是以新的斗争方式来完成‘二七’以来的历史任务。”[②] 1940年2月2日，董必武在纪念“二七”时指出当前中国工人的任务之一是“展开反汪派汉奸运动，打击投降妥协分子”[③]。1940年2月28日，《新中华报》刊登了邓发在“二七”纪念大会上的报告，报告指出，“‘二七’教训了我们中国工人阶级，要获得解放只有推翻封建势力及帝国主义的统治，因为在半殖民地半封建的国家，工人阶级要进行解放斗争必然会遭遇到帝国主义的阻力及封建势力之反抗”，“中国工人阶级的解放同民族解放一样要推翻帝国主义统治与封建势力，否则中国工人谈不到解放，民族也谈不到独立，人民也就谈不到自由，所以中国革命的历史完全证明了这一点：中国革命现阶段之任务即反帝反封建”。[④] 同日，《新中华报》还刊登了吴玉章“二七”纪念大会上的讲话，他指出“中国工人阶级开始斗争就是反军阀反帝国主义的”，“这样的事件我们要纪念他，就是因为他是反帝反军阀的革命斗争”。[⑤] 1943年2月7日，《解放日报》刊登了邓发的代论，他指出，“在沦陷区那里只有野蛮而无自由，只有屠杀而无人权，要完全实现烈士们的理想，唯有将日本帝国主义打到鸭绿

① 周恩来：《今年的“二七”纪念与中国工人阶级的中心任务》，《红色中华》1932年2月3日，第2版。

② 《纪念二七要争取抗战胜利》，《新华日报》1938年2月7日，第1版。

③ 《纪念“二七”十七周年》，《新华日报》1940年2月8日，第2版。

④ 《邓发同志在“二七”纪念大会上的报告》，《新中华报》1940年2月28日，第5、6版。

⑤ 《吴玉章同志“二七”纪念大会上讲话》，《新中华报》1940年2月28日，第4版。

江边”，“没有民族的完全独立，一切自由人权，是无从获得的，要取得民族完全独立，不打倒日本帝国主义，也将成为空话”。[①] 全面抗战时期，中国共产党通过“二七”纪念，指出了日本帝国主义成为革命过程中最大的敌人，反帝成为中国革命最大的任务，但同时，也说明了投降日寇的汉奸卖国贼、亲日派也是我们革命的对象，他们代表了封建残余势力，反帝的同时依旧不能忘记反封建。

1947 年 2 月 7 日，《解放日报》第一版刊登纪念“二七”的社论指出，“今天我们祖国最迫切的问题，是从美帝国主义魔掌中解放出来。中国人民，包括工人阶级在内，今天最迫切的任务，就是建立和巩固反对美国帝国主义及其走狗的民族统一战线”，“保证反对中国人民的主要敌人——美帝国主义及其走狗的共同行动”，“向美帝国主义与封建买办官僚资本作决死的斗争”。[②] 同日，《新华日报》在第二版刊登社论指出，“‘二七’斗争的对象不是别的，正是当时的直系封建军阀曹锟、吴佩孚和他们的后台老板英美帝国主义”，同时也指出，“横梗在中国人民前进的道路上，却有两座大山，一座是帝国主义，另一座是封建势力，它从百年以来，一直企图阻挡住中国人民，拼死不让中国人民得到翻身的日子”。[③] 解放战争时期，中国共产党利用“二七”纪念，明确了革命的对象始终是帝国主义、封建主义，革命的任务始终是反帝反封建，同时也说明了，在此具体时期美帝国主义及其走狗国民党是最大的敌人。

二、阐释了中国革命的领导与动力

中国共产党通过“二七”纪念，向民众阐明了中国工人阶级才是中国革命的领导力量。1925 年，彭述之指出，“二七”斗争“是最进步的最革命的工人阶级在中国阶级史上之第一次的表现”，“是中国民族革命之唯一先锋军，领导者”，所以“担负中国一切革命事业——由民族革命到无产阶级革命——的只有中国的工人阶级”。[④] 陈独秀也指出，“工人阶

① 邓发：《响应生产号召开展赵占魁运动》，《解放日报》1943 年 2 月 7 日，第 1 版。
② 《中国工人阶级今天的任务》，《解放日报》1947 年 2 月 7 日，第 1 版。
③ 《“二七”书感》，《新华日报》1947 年 2 月 7 日，第 2 版。
④ 彭述之：《二七斗争之意义与教训》，《向导》1925 年第 101 期。

级是最革命的阶级”，“工人群众的思想与行动终究是革命的，不是妥协的”，“这一不妥协的工人阶级，不仍在决战的心理上是不妥协的革命者，并且在客观上也负有能够革命的力量”，“中国国民革命运动中，若没有工人阶级有力的参加奋斗，决没有得到胜利的可能”，“中国国民革命运动，必须他们起来参加才足以制敌人的死命”。① 1932 年 2 月 3 日，周恩来在纪念“二七”时指出，“‘二七’纪念将要唤起全中国工人阶级对于这一革命领导权的注意和加强，将要引起全中国被压迫群众齐集在工人阶级领导之下，走上革命的胜利”，“要使工人阶级在一切群众斗争和各种运动中都成为领导的力量”。② 1938 年 2 月 7 日，《新华日报》指出，“二七”是“中国劳动者第一次在政治斗争中愿当雄伟的头角”，表示了他们是“争取民族独立，民权自由，和民生幸福的战斗中实最勇敢，最有力，最可靠的队伍”。③ 1940 年 2 月 28 日，《新中华报》刊登了吴玉章在“二七”大会上的讲话，指出，“‘二七’事件中很明显的证明了我们工人阶级在革命运动中是一个崭新的阶级是最有力的阶级”，“在革命中是起着领导的作用”。④ 在不同的时段，中共借助“二七”纪念诠释工人在中国革命过程中不可替代的作用，使工人明白历史赋予他们的职责。

中国共产党通过“二七”纪念，向民众阐明了中国革命只有在中国共产党的领导下才能获得成功。1932 年 2 月 3 日，项英在纪念“二七”时指出，“二七”工人“在中国共产党领导之下，开始从各地组织工会，来反抗资本家的压迫和剥削，来为本身利益而斗争”⑤。1940 年 2 月 7 日，《新华日报》刊登了吴敏的纪念文章，指出“在‘二七’事件中，我国工人所以能表现出伟大的力量，正是因为他的觉悟程度与组织有了相当的提高，因为中共在工人中已经开始活动，进行了革命工作”，“工人的觉悟和组织并不是自然来到的”，“要完成这任务，就必须有共产党的领导，共产党把全世界最前进最科学的革命理论——马列主义的理论与工

① 陈独秀：《中国国民革命运动中工人的力量》，《向导》1925 年第 101 期。

② 周恩来：《今年的“二七”纪念与中国工人阶级的中心任务》，《红色中华》1932 年 2 月 3 日，第 2 版。

③ 《二七——民族解放的前哨站》，《新华日报》1938 年 2 月 7 日，第 4 版。

④ 《吴玉章同志“二七”纪念大会上讲话》，《新中华报》1940 年 2 月 28 日，第 4 版。

⑤ 项英：《“二七”事略》，《红色中华》1932 年 2 月 3 日，第 1、2 版。

人运动的实际斗争，联系起来”。[①] 1941 年 2 月 9 日，邓发指出“为要使中国新民主主义革命能够彻底完成，中华民族能得到彻底解放，中国工人阶级能获得最后的解放，则必须拥护中国共产党”[②]。中共通过“二七”纪念，向工人及民众表明了中共在中国革命进程中发挥的领导作用。

同时，中国共产党借助“二七”纪念，向民众阐释了中国革命的动力是统一战线，也就是以工农联盟为基础、各革命阶级联合的统一战线。1924 年 2 月 20 日，陈独秀指出，全国民众应“与革命的先锋工人联成统一的战线，促进国民革命的发展，实现国民革命政府的成功”[③]。1925 年 2 月 7 日，瞿秋白指出，“中国共产党主张召集一切民主派的联合会议”，从而建立“反帝国主义的联合战线”。[④] 1925 年 2 月 7 日，郑超麟指出，中国职工运动应“与国际职工运动革命潮流联合起来，与先进国无产阶级遥相呼应”[⑤]。1932 年 2 月 3 日，周恩来指出，“要巩固工农的联盟”，同时还“必须联合全世界的无产阶级尤其是无产阶级的国家——苏联才能根本推翻帝国主义强盗及其走狗国民党的统治”。[⑥] 1939 年 2 月 7 日，张浩指出要形成“以工农劳苦大众为基础”的统一战线，“巩固和扩大民族统一战线”，“赞助与拥护以国际无产阶级统一战线为基础的反战反法西斯蒂的和平战线，以便共同反对共同的敌人——日本帝国主义及国际法西斯军阀”。[⑦] 张浩还指出了“国际无产阶级革命运动与殖民地半殖民地被压迫民族的解放运动的联合战线”之间“是分不开的两个连环”，在“二七”时“就已打下了他的基础”，“共产国际与赤色职工国际曾为‘二七’事变发出宣言”，并且“海参崴工团总会和日本朝鲜无产阶级者同盟亦拍电声援”，所以中国的抗战“能够获得各国劳苦大众及爱好和平人士之伟大同情与赞助”。[⑧] 吴敏还指出，“工人与农民小资产者联合的基

① 吴敏：《“二七”事件与中国工人》，《新华日报》1940 年 2 月 7 日，第 4 版。

② 邓发：《发挥“二七”精神反对反共投降亲日派》，《新中华报》1941 年 2 月 9 日，第 4 版。

③ 为人：《为“二七”纪念告国人》，《向导》1924 年第 53、54 期。

④ 瞿秋白：《一九二三年之二七与一九二五之二七》，《向导》1925 年第 101 期。

⑤ 郑超麟：《二七纪念与国际职工运动》，《向导》1925 年第 101 期。

⑥ 周恩来：《今年的“二七”纪念与中国工人阶级的中心任务》，《红色中华》1932 年 2 月 3 日，第 2 版。

⑦ 张浩：《“二七”与抗战》，《新中华报》1939 年 2 月 7 日，第 2、3 版。

⑧ 张浩：《“二七”与抗战》，《新中华报》1939 年 2 月 7 日，第 2、3 版。

础"，"是完成反帝反封建残余的任务，完成今天的反日反汉奸反投降，坚持抗战的任务的主要条件"，"只有这种联合，才能使我国人民发生伟大的力量"，"只有这种联合，才能以工人的彻底性、坚决性，克服小资产者的散漫性，和富有者的妥协性"，"只有这种联合，才能把我国人民从目前的民族的和社会的痛苦中，解放出来，使我国的民族解放与社会解放走上成功的道路"。[①] 统一战线是中国革命的"三大法宝"之一，中共借助"二七"纪念更加深化了统一战线在中国革命中的作用。

三、揭示了中国革命斗争的形式与精神

中国共产党通过"二七"纪念，揭示了中国革命斗争的形式是"武装斗争"。在大革命失败之前，中共没有给予武装斗争足够的重视，在"二七"纪念中也没有提到武装斗争，对武装斗争认识不足。但在大革命失败之后，中共通过总结经验教训，渐渐明白了武装斗争的重要性，在之后的"二七"纪念中，武装斗争成为中国革命斗争的形式。1932 年 2 月 3 日，周恩来指出，应"动员全中国群众，号召全中国群众自动武装起来"[②]。1933 年 2 月 7 日，《红色中华》刊登纪念文章，指出"目前我们是要集中一切力量为了战争，在扩大红军的运动中，我们必须特别加紧对于工人群众的动员，吸引大批的工人到红军中去"[③]。1940 年 2 月 28 日，《新中华报》刊登了邓发同志在"二七"纪念大会上的讲话，在讲到"二七"历史的时候提到，"吴佩孚以武力镇压罢工工人"，所以导致了"二七京汉路工人斗争的失败"，因此，工人需要有自己的武装来保护自己以及领导革命，同时指出"在抗战中平汉路同津浦路正太路等工人，为反抗日本帝国主义，继续了过去精神加入游击队，破坏交通同日本帝国主义进行坚决的斗争"，他们"始终是站在前卫战士的岗位上"。[④] 1944 年 2 月 5 日，《新华日报》指出了目前工人在各地正举行武装起义，

---

① 吴敏：《"二七"事件与中国工人》，《新华日报》1940 年 2 月 7 日，第 4 版。

② 周恩来：《今年的"二七"纪念与中国工人阶级的中心任务》，《红色中华》1932 年 2 月 3 日，第 2 版。

③ 《纪念"二七"与我们的中心任务》，《红色中华》1933 年 2 月 7 日，第 1 版。

④ 《邓发同志在"二七"纪念大会上的报告》，《新中华报》1940 年 2 月 28 日，第 5、6 版。

建立了“平汉路工人游击队”“榆太游击支队”“同蒲路铁工自卫队”“太原工人自卫队”和“淄益博矿工武装队”等等抗日武装，呼吁“工友们到抗日武装中去”。[①] 武装斗争是中国革命的“三大法宝”，借助“二七”纪念说明了武装斗争对取得革命胜利的重要性。

投身革命难免会遇到许许多多的困难险阻，所以革命需要精神来支撑，“二七”斗争孕育了牺牲精神和团结精神，中国共产党想通过“二七”纪念，发扬“二七”精神，鼓舞广大工人及民众献身革命，成为中国革命的重要精神支柱。“二七”形成了伟大的牺牲精神。1925年2月7日，彭述之发文指出，“二七”斗争“充分地表现了中国工人阶级之最勇猛的奋斗精神和伟大的牺牲精神”[②]。1938年2月7日，《新华日报》刊载社论，指出“现在的神圣抗战”需要“继续并发扬‘二七’的斗争与牺牲精神”。[③] 1940年2月7日，《新华日报》刊登了吴敏的纪念文章，指出“从工人的优秀代表，林祥谦烈士的口中，叫出‘头可短工不可复’的悲壮口号”，“这口号可以表现出中国工人的精神，表现出它在完成自己的历史任务所具有的勇气和决心”，“工人们在顽强反抗反动军阀的迫害中，表现出无比的战斗热情和牺牲精神”。[④] 1942年2月7日，《解放日报》刊登社论指出：“‘二七’罢工斗争所产生之阶级英雄，如林祥谦、施洋等，‘头可断工不可复’的伟大义勇行为，至死不屈的英雄气概，不仅在中国职工运动群众时代，起着教育锻炼工人的作用，而且激励了中国工人阶级在革命斗争中奋往直前。林祥谦、施洋同志的英雄行动已成为我们每个共产党人奋斗到底的模范，每个共产党人应当学习的。”[⑤] 同日，《新华日报》刊登纪念文章指出：“中国工人为争取民族自由而奋斗的自我牺牲精神，至今犹深印在中国人民心里而永不能忘。我们缅怀当时烈士的壮志成仁，目睹今日中国工人在民族战争中的巨大作用，使我们充满着中国独立自由前途光明的信心。”[⑥] 团结精神也是“二七”精神之一。1925年2月7日，《向导》主编彭述之指出，“二七”斗

① 一鸣：《华北工友继承了“二七”传统》，《新华日报》1944年2月5日，第4版。

② 彭述之：《二七斗争之意义与教训》，《向导》1925年第101期。

③ 《纪念二七要争取抗战胜利》，《新华日报》1938年2月7日，第1版。

④ 吴敏：《“二七”事件与中国工人》，《新华日报》1940年2月7日，第4版。

⑤ 《“二七”对于中国职工运动的经验教训》，《解放日报》1942年2月7日，第1版。

⑥ 《“二七”纪念》，《新华日报》1942年2月7日，第3版。

争"充分地表现了中国工人阶级之伟大的团结与一致的精神"①。1936 年 2 月 6 日，雷经天指出，"二七"罢工"命令一下，全体都动员起来，好像一支有训练的军队作战时一样"，"充分表现无产阶级的组织和团结一致的精神"。② 1939 年 2 月 7 日，张浩指出，"在'二七'事变的斗争中，全中国工人阶级在行动上，在斗争上已很明显的表现一致的团结了"，"'二七'事变以来的经验，教训了中国的工人阶级，必须团结统一，才能形成自己的力量，才能提高自己的社会地位，才能有力量为阶级为民族的解放而斗争"。③ 同日，《新中华报》还刊登了吴玉章在"二七"大会上的讲话，指出，"工人团结一致斗争永远是站在革命的最前线，居于领导地位"④。同日，《新中华报》还刊载了邓发在"二七"纪念大会上的报告，他指出："'二七'不但在行动组织上表现了一致，并且思想上表现了一致。所以工人阶级应该团结，应该像共产党宣言上所说的：全世界无产阶级团结起来！统一意志进行英勇斗争。"⑤ 中共借助"二七"纪念向民众揭示了"二七"所蕴含的牺牲精神和团结精神，彰显出"二七"的时代价值。

四、说明了中国革命的步骤与前途

中国革命话语，不能缺少的一部分就是中国革命的步骤及前途。向大众说明中国革命的前途，才能够使民众参与革命的热情激发出来，从而吸收更多的民众以及社会各方面力量投身于革命事业。

1926 年 2 月 10 日，罗章龙在纪念"二七"时指出，第二次全国铁路代表大会所规定的政治主张之一就是"要求一个保护工农利益的国民革命政府"⑥。这一政治主张，最先表示了工人希望建立一个自身权益受保障的国家。

---

① 彭述之：《二七斗争之意义与教训》，《向导》1925 年第 101 期。

② 雷经天：《"二七"纪念事略》，《红色中华》1936 年 2 月 6 日，第 2 版。

③ 张浩：《"二七"与抗战》，《新中华报》1939 年 2 月 7 日，第 2、3 版。

④ 《吴玉章同志"二七"纪念大会上讲话》，《新中华报》1940 年 2 月 28 日，第 4 版。

⑤ 《邓发同志在"二七"纪念大会上的报告》，《新中华报》1940 年 2 月 28 日，第 5、6 版。

⑥ 罗章龙：《"二七"三周年纪念日追溯一年来中国铁路工会运动的发展》，《向导》1926 年第 145 期。

1932 年 2 月 3 日，周恩来在纪念“二七”时指出中国工人阶级的中心任务是“争取苏维埃革命在全中国的胜利”①。同年 2 月 10 日，《红色中华》发文纪念“二七”时指出：“只有在苏维埃的政权下，才能从层层压迫下解放出来，只有苏维埃才是我们解放唯一的旗帜。”② 因此，共产党在苏区时期，通过“二七”纪念，向大众说明中国革命的前途及出路是在全国范围建立一个红色的苏维埃政权。

1938 年 2 月 7 日，《新华日报》发表社论指出，全国民众应“为贯彻抗战到底争取最后胜利，创立独立自由幸福的新中国而奋斗”③。1938 年 2 月 10 日，陕甘宁边区总工会为纪念“二七”发布宣言，号召全国工人及民众要“在抗日救国和共同创造民族独立民主自由民生幸福的新中国的共同目标之下”，“从行动上组织上统一起来”。④ 1940 年 2 月 28 日，《新中华报》刊登了吴玉章同志在“二七”纪念大会上的讲话指出，“不但要完成目前资产阶级民主革命，并要走到无产阶级社会”，“只有彻底地完成资产阶级民主革命以进到社会主义社会，共产主义社会才有可能”。⑤ 1943 年 2 月 6 日，《新华中报》刊登“二七”纪念文章指出，“全中国老百姓都希望把中国改造一下，要一个人权有保障，民权自由的新中国”。中国共产党通过“二七”纪念，构建出一个独立、自由、民主、幸福的新民主主义国家，进而实现社会主义社会，从而说明了中国革命的步骤与前途。

1947 年 2 月 7 日，《新华日报》为纪念“二七”刊登社论指出：“百年以来，尤其是近二十多年来，中国人民斗争的道路，一直是为着争得一个独立、自由、民主、和平、幸福而繁荣的新中国，在这个新中国的土地上，人民的一切权利，能得到充分的保障，再不过那种饥饿、痛苦、流浪和煎熬的生活，广大的中国人民，不管是工人、农民、学生、知识

① 周恩来：《今年的“二七”纪念与中国工人阶级的中心任务》，《红色中华》1932 年 2 月 3 日，第 2 版。

② 《“二七”纪念盛况》，《红色中华》1933 年 2 月 10 日，第 3 版。

③ 《纪念二七要争取抗战胜利》，《新华日报》1938 年 2 月 7 日，第 1 版。

④ 《陕甘宁边区总工会为“二七”十五周年纪念宣言》，《新中华报》1938 年 2 月 10 日，第 1 版。

⑤ 《吴玉章同志“二七”纪念大会上讲话》，《新中华报》1940 年 2 月 28 日，第 4 版。

分子、民族资本家，多少年来都在用各种劳动，为这一目标苦斗。”① 在中国革命即将获得胜利的重要关头，中国共产党利用“二七”纪念说明了新中国的建立宗旨以及新中国为谁而建。

结　语

民主革命时期，中国共产党几乎每年都会通过党报党刊对“二七”进行纪念，随着“二七”纪念的延续，其所蕴藏的革命意义被逐渐挖掘出来，作为中国共产党革命话语构建的历史依据以及思想源泉。“二七”斗争是民主革命的一部分及最初形态，是“工人阶级”首次独立发起的反帝反封建斗争，因此，通过“二七”纪念，中国共产党向大众明确中国革命的对象和任务、阐释中国革命的领导与动力、揭示中国革命斗争的形式与精神和说明中国革命的步骤与前途的时候更具有信服力与威信力。当然，中国共产党革命话语建构过程中，还有许许多多的方式方法，采取各种各样的形式，通过各色各样的媒介载体等，“二七”纪念就是其中之一。

“February 7th” Memorial and the Revolutionary Discourse of the Communist Party of China: Take the Party Newspapers and Magazines as Examples

LU Peng　YU Zuhua

Abstract: “February 7th” was the initial form in the whole process of democratic revolution. The Communist Party of China had constructed the discourse of the Chinese revolution through the commemoration of “February 7th”. With the help of the “February 7th” commemoration, the Communist Party of China made it clear that the objects of the Chinese revolution was imperialism and feudalism, and that the task of the Chinese revolution was always to fight imperialism and feudalism, which was led by the working class and the Communist Party of China with United Front as its motive; the form of the struggle of the Chinese revolution was

① 《“二七”书感》，《新华日报》1947 年 2 月 7 日，第 2 版。

armed struggle; the struggle spirit of the Chinese revolution was the spirit of sacrifice and unity; the steps and prospects of the Chinese revolution were to establish a new democratic China and thus transiting to socialism.

Keywords: the Communist Party of China; “February 7th” commemoration; Chinese revolutionary discourse; construction

〔卢鹏（1999— ），男，山东莒县人，鲁东大学硕士研究生，主要研究方向为中共党史。俞祖华（1964— ），男，浙江永康人，鲁东大学教授，历史学博士，博士生导师，国家“万人计划”哲学社会科学领军人才，主要研究方向为中国近现代思想史〕

党史人物日记专栏

《王恩茂日记》所见全面抗日战争时期八路军士兵情感动态[*]

王西祥　王莲英

（东北大学秦皇岛分校马克思主义学院）

摘　要：革命信念是战士情感的集中体现，行为是战士情感的外化表现。全面抗日战争爆发后，在时代背景、外部环境与个人经历等多重因素的交织下，士兵的情感呈现信念坚定与内心迷茫交织的特点。《王恩茂日记》全面展现了全面抗日战争时期八路军基层士兵的情感状态。通过梳理《王恩茂日记》可以看到，全面抗日战争爆发后，一部分士兵信念坚定艰苦奋斗；同时，部分士兵因外部蛊惑等因素而对抗战前途感到迷茫，从而出现逃跑、叛变革命等行为。为了巩固和发展抗日民族统一战线，团结一切力量进行抗战，保证党对军队的绝对领导，就必须聚焦官兵情感变化，把握官兵情感动态，加强思想建设，强化革命理想。

关键词：《王恩茂日记》；士兵情感；全面抗日战争时期

全面抗日战争爆发后，红军改编为国民革命军，“组织的更变，干部的调动，连队的充实等，都与过去不同”①。面对新情况，王恩茂认为新阶段军队政治教育的基本任务为“教育战士为民族解放奋斗到底”和

---

* 本文为秦皇岛市社会科学重点应用性课题“《王恩茂日记》所见中国共产党政治建军工作路径研究（1937—1945）”（项目编号：2022LX027）成果。

① 王恩茂：《王恩茂日记——抗日战争（上）》，北京：中央文献出版社，1995年，第35页。

“教育战士保持十年来革命斗争的光荣传统”。[①] 1938年11月，为了适应全面抗日战争的新形势，加强军队建设，罗瑞卿在毛泽东的指导下，完成《抗日军队中的政治工作》一书，系统地总结了人民军队的政治工作经验。在书中罗瑞卿提出：“人是一个高级的动物而不是简单的机器，他是有一定的思想上的能动作用，就是所谓精神状态的。”[②] 在复杂多变的战争环境下，通过外部环境与内部思想多重因素的交织作用，士兵的情感也随之波动，这种情绪上的波动又外化到士兵的行为之中。革命信念是战士情感的集中体现，加强军队政治工作的目的就在于坚定官兵理想信念，克服不良倾向。

日记是士兵抒发感情的重要载体，是研究抗战时期人民军队士兵情感的重要史料。近年来抗战时期的战士情感受到了学界广泛关注。[③] 黄道炫曾以日记为主要史料从心灵史的角度讨论了整风运动对于士兵内心世界的改造。[④] 王恩茂在全面抗日战争时期主要担任三五九旅政治部副主任等职，主要负责部队的政治教育工作。作为基层军队政治工作人员，王恩茂在工作中时刻关注士兵的情感变化，有针对性地开展政治工作。在长期的抗战过程中，王恩茂始终坚持写日记，从而为研究抗战时期的士兵情感留下了宝贵的史料。通过梳理《王恩茂日记》[⑤] 中的相关记述可以窥见全面抗日战争时期士兵的情感动态。

一、外部蛊惑与内部困境：影响士兵情感变动的因素

“部队的政治情绪，亦即部队的精神状态的健旺，这是战斗胜利的重

① 《王恩茂日记——抗日战争（上）》，第35页。

② 罗瑞卿：《抗日军队中的政治工作》，上海：生活书店，1939年，第153页。

③ 相关研究有：黄道炫《“二八五团”下的心灵史——战时中共干部的婚恋管控》（《近代史研究》2019年第1期），王赟鹏《抗战时期中国共产党军队思想政治工作研究——以八路军三五九旅为中心》（《思想政治研究》2018年第3期），石俊燕、董劭伟《从〈徐光耀日记〉看战时中国共产党军队思想政治工作》（《社会科学动态》2020年第5期）等。

④ 黄道炫：《整风运动的心灵史》，《近代史研究》2020年第2期。

⑤ 《王恩茂日记》收录了王恩茂从1934年10月23日至1949年11月30日的日记，是王恩茂参加革命战争实践活动的集中反映和真实记录。1995年由中央文献出版社整理出版，全书分为《红军长征到“七七”事变前夕》《抗日战争（上）》《抗日战争（下）》《南征北战》和《解放战争》五册。本文主要以《抗日战争（上）》《抗日战争（下）》和《南征北战》为主体史料，探讨全面抗日战争时期八路军士兵情感世界。

要保证。"[①] 卢沟桥事变后，抗日战争全面爆发，民族矛盾日益尖锐，阶级矛盾趋于缓和。中国共产党通电全国号召"全中国同胞，政府，与军队，团结起来，筑成民族统一战线的坚固长城，抵抗日寇的侵掠!"[②] 王恩茂认为"这个通电指出了日本对华的'新认识''和平外交'，完全是日本准备进攻的烟幕弹。卢沟桥事变已经把这种烟幕弹揭破了，我们只有对日抗战，才是出路"。[③] 抗日民族统一战线建立以后，中国共产党可以公开合法地开展活动，"但公开合法的结果，阶级立场容易模糊，警惕性容易降低，民族敌人与阶级敌人从政治上、思想上、社会舆论方面，利用公开合法展开对我们的进攻，并通过各种线索利用各种形式从内部外部进行引诱与破坏"[④]。在新的抗战背景下，士兵的情感受到内外因素的双重影响而对战争局势产生困惑，处在抉择的"路口"。

（一）外部蛊惑：士兵情感变化的外在引力

王恩茂在日记中提到："民族的和阶级的敌人，想尽各种办法来破坏八路军，特别是打入到我们部队的组织中进行破坏与瓦解工作。"[⑤] 在全面抗日战争时期，外部势力在军队中进行蛊惑主要通过汉奸、日寇及国民党顽固分子三个方面。他们采取"散布抗战失败的情绪""制造和平救国的空气""广播白军的怀柔政策""扩大八路军的生活困难""再要实行剿共的恐吓""宣传国军的生活优裕"等形式在军队中散布谣言，蛊惑军心。[⑥]

汉奸在军队中的渗透。汉奸在我军扩军时通过"冒充受日寇摧残的难民""冒充破产的贫苦工农""冒充友军落伍掉队的士兵""冒充进步的青年学生"等方式趁机混入军队中，刺探情况。[⑦] 在日记中，王恩茂也多次提及汉奸在我军中的活动。1938 年 7 月 14 日，肖子昌给王恩茂的信

---

① 《抗日军队中的政治工作》，第 83 页。

② 《中国共产党为日军进攻卢沟桥通电》（1937 年 7 月 8 日），中央档案馆编：《中共中央文件选集》第 11 册，北京：中共中央党校出版社，1989 年，第 275 页。

③ 《王恩茂日记——抗日战争（上）》，第 5 页。

④ 总政治部：《政治工作总结》（1940 年），总政治部办公厅编：《中国人民解放军政治工作历史资料选编》第 5 册，北京：解放军出版社，2002 年，第 654 页。

⑤ 《王恩茂日记——抗日战争（下）》，第 133 页。

⑥ 《政治工作总结》（1940 年），第 725 页。

⑦ 《政治工作总结》（1940 年）第 724 页。

中提到了部队中存在汉奸的事情。他在信中说道："他们在沙泉扩大的两个新战士逃跑了，同时今天发觉了一个改名换姓自愿参加八路军的人，询问后，他说：'是汉奸的自卫队派来侦探消息的。'所以估计沙泉这两个逃跑的也是侦探，以后扩大部队须防止敌人侦探混入。"① 1938 年 7 月 20 日，王恩茂起草了两个罪状书：一个是汉奸王永年（南村村长）；另一个是侦探韩振威（南村人），他三次帮助日寇侦探我军消息。② 23 日，王恩茂在上白羊组织临时法庭，开展公审大会，公开处决汉奸王永年、侦探韩振威。王永年受伪广灵县政府委任，充当南村村长，执行伪政府一切法令，压迫群众修汽车路，派粮、派款、派民夫给日本鬼子，威胁群众当日本鬼子来时不要逃跑，庇护敌探，破坏抗日工作，忠实敌寇。"处决后，群众都很痛快。"③ 马文华曾在白军中当兵，在中央苏区被红军俘虏，后即在红军工作，经过长征，到华北抗日，做地方工作。结果被汉奸张培基勾引煽动，离开革命。"汉奸张培基拿二十块钱、几百斤莜面给他老婆家里，买动他回我们部队中进行阴谋破坏工作。他即遵照张汉奸的指示，跑到我们部队中来了，做了许多汉奸工作。"④ 这是一个很大的教训，"说明了敌人企图打进我们部队中进行破坏工作的严重"⑤。为此王恩茂专门起草了一个训令，号召全体指战员提高警惕性，与隐藏在我们部队中的敌人作残酷的斗争。

敌军的欺骗宣传。敌人进攻晋察冀边区后，散布了许多政治欺骗的宣传品，主要内容为"破坏国共合作，破坏民族统一战线""破坏抗日军队团结""破坏国际抗日统一战线""瓦解抗日军""欺骗群众回家""散布武汉快要失守，动摇我国抗战决心"等。⑥ 敌人造谣说"傅作义、何柱国指挥的晋绥军已经开始讨伐八路军，岢岚两军之第一线已开始激战，第八路军溃走……"，以此来破坏抗日军队团结。⑦ 敌人到处张贴布告，什么"快回家来"，又说什么"本军出动之目的原为扫荡八路军及土匪、

① 《王恩茂日记——抗日战争（上）》，第 213 页。
② 《王恩茂日记——抗日战争（上）》，第 221 页。
③ 《王恩茂日记——抗日战争（上）》，第 224—225 页。
④ 《王恩茂日记——抗日战争（上）》，第 255 页。
⑤ 《王恩茂日记——抗日战争（上）》，第 255 页。
⑥ 《王恩茂日记——抗日战争（上）》，第 295—296 页。
⑦ 《王恩茂日记——抗日战争（上）》，第 295 页。

兵匪，而扑灭共产运动，对于良民不动秋毫无犯而且必加保护”，并给散发糖果，等等。[①] 敌人到上野窝打死老百姓一个驴子赔40元，并说：“八路军到哪里吃哪里，我们来了，不仅自己带东西来吃，而且发东西给你们。”以此迷惑群众，动摇人民抗日信心。[②] 王恩茂在日记中写道：“敌人欺骗宣传的许多新的材料，但不管他欺骗的花样如何新，而都是‘倒蒋’‘反共’以及他的‘敌军工作’。”[③] 大营区维持会副会长李茂枝向王恩茂报告了日寇占领大营的经过。在大营区敌军曾经召集过两次老百姓说话，日本的警备司令说：“我们是同种同文（并把帽子脱下，给老百姓看）。我们都是黑头发、黄脸色，是兄弟国。中国赤化，我们不能坐视，所以我们出兵来打共产党，打走共产党，老百姓才能安逸”等。[④]

国民党顽固分子的破坏。舒同提出：“在统一战线中，存在阶级的矛盾，资产阶级一开始即企图从思想上、政治上、组织上来消灭我们党的独立性。”[⑤] 抗日民族统一战线建立后，国民党顽固分子仍然不放弃对抗日民族统一战线的破坏，对中国共产党进行恶意抹黑。1939年1月10日，王恩茂接到政治情报，国民党中央已开除汪精卫的党籍，国民党内部发生抗日派与亲日派的剧烈斗争，在斗争中已分化出去的以汪为代表的亲日分子变为汉奸，抗日民族统一战线当进一步地巩固与发展，但同时国民党并未放弃其“防共”与“限共”的政策，如：“无理由地要交出八路军和新四军”“交出陕甘宁边区”“限制共产党和八路军的活动”“不准共产党信仰共产主义”“只准一党存在，拒绝共产党加入国民党的提议”等，因此必须提高我们的警觉性。[⑥] 1939年10月，三五九旅入驻警备区后，受到群众的欢迎，同时也受到顽固分子的反对。“他们不敢公开反对，而主要的采取造谣破坏，如造谣说我们‘没有命令，不听指挥’、‘打败仗下来的’、‘消灭专署的’、‘陈司令员部队好，王旅长部队

---

① 《王恩茂日记——抗日战争（上）》，第295页。

② 《王恩茂日记——抗日战争（上）》，第296页。

③ 《王恩茂日记——抗日战争（上）》，第307页。

④ 《王恩茂日记——抗日战争（上）》，第320页。

⑤ 舒同：《晋察冀军区建军中建党工作的经验》（1940年12月3日），总政治部办公厅编：《中国人民解放军政治工作历史资料选编》第5册，北京：解放军出版社，2002年，第592页。

⑥ 《王恩茂日记——抗日战争（上）》，第381页。

不好’等。”[①] 1939 年底，三五九旅与保安团一起筹备新年会，在审议口号时，“我们添进去了坚持抗战、反对投降的口号；在他们提出‘国民党万岁’的口号下面，要添一个‘共产党万岁’，他们不赞成，表现了他们对于共产党的反对”。[②] 1940 年 2 月 15 日，王恩茂得知顽固分子何绍南由西安秘密地回到绥德来的消息后起草了反何的标语：“何绍南是中华民族可耻的败类”“何绍南是破坏抗战、破坏团结的罪人”“反对贪污枉法的何绍南”等。[③] 标语贴满了街道，获得了广大群众的拥护，而顽固分子则表示反对。顽固分子可耻地提出：“何绍南是陕北人民的救星，是西北的长城，党国的座石，反对故意摩擦，加强团结，力行抗战，反对剥削民众，反对破坏社会秩序，拥护何绍南抗战到底，反对枪口对内”等等。[④] 王恩茂组织宣传队开展了反击，提出了新的口号，如“要抗战，要团结，就要反对破坏团结的何绍南”等，并把何绍南贪污枉法、贩卖鸦片、破坏八路军行动的许多照片在群众中公布。[⑤]

（二）内部困境：士兵情感变化的内在推力

全面抗日战争时期，八路军面临着物资供应严重匮乏和高强度的行军状态等困难。艰苦的生活条件和高强度的行军状态无疑是对战士信念的磨砺。同时，红军改编后军队中仍然存在大量的军阀残余，“军阀主义是个人英雄主义、个人发财主义。有的军阀是为当英雄，有的是为发财。有的是为当英雄又为发财。因此，军阀军队必须金钱拉拢才能搞好”。[⑥] 军阀残余的存在极大地破坏了军队的团结。

物资严重匮乏。全面抗日战争初期，八路军的供给来源主要有三：一是国民党政府根据国共协议每月拨给八路军的部分抗战经费；二是国内外民主进步人士和山西省广大人民群众的慰劳捐献；三是部队自筹的

---

① 《王恩茂日记——抗日战争（下）》，第 31 页。
② 《王恩茂日记——抗日战争（下）》，第 63 页。
③ 《王恩茂日记——抗日战争（下）》，第 86 页。
④ 《王恩茂日记——抗日战争（下）》，第 86 页。
⑤ 《王恩茂日记——抗日战争（下）》，第 86 页。
⑥ 《王恩茂日记——抗日战争（下）》，第 292 页。

一部分粮款。[①] 1937 年红军改编为国民革命军八路军后，全军的人员薪饷和武器装备等统一由国民党政府供应。但是在具体的实施过程中，国民政府非常苛待共产党军队，多方限制我军发展。“在抗战初期的四年中，国民政府每月一直是按 1937 年他们批准我军的总部和三个师（六个团）的编制及其规定的师团人员定额计发薪饷的。”[②] 四年抗战过程中，共产党军队不断发展壮大，人员成倍增长，但这人员均不在国民政府所发薪饷的范围内。在粮食供应紧张的情况下，以何绍南为首的顽固分子故意在粮食供应上刁难三五九旅，舍近求远地给我军派粮，要三五九旅去距驻地百里远的子洲县、子长县运粮。“当时运粮全靠人背，一人背几十斤，往返一次要走三四天，除了路上吃用外，回到驻地吃不了几天，又要去背。常因雨雪路滑，发生断粮的情况，部队只好吃喂马的黑豆。”[③] 1940 年 10 月 6 日，王恩茂在日记中提到目前军队的困难：“7、8、9 三个月的经费只发 20000 元，本来每月要发 15 万元才够用，故三个月共欠我们经费 43 万元。原决定发我们棉衣费 16 万元（全留守兵团只发 30 万元），现只发 4 万元。”[④] 物资的严重匮乏引起了官兵的不满，1943 年 3 月 1 日，王恩茂在翻阅营训班的反省笔记时，发现了士兵对物质生活的不满，说“大家补充了被子、毯子，为什么不给我补充？不给我补充，准我请假到家里去拿”，“不给我制一件皮大衣，我做长工也可以赚到一件皮大衣”，“我在 ×团工作四五年，临走时给我制一个被子都不制”，“我盖着一个破被子没有补充，心里想起就难过” 等。[⑤] 王恩茂强调：“不要斤斤计较生活待遇，而要追求政治上的进步，不以物质生活为爱护干部的主要表现，而要以政治教育决定这个问题。”[⑥]

高强度的行军。在长期的斗争中行军生活占据了王恩茂的大部分时间。高强度长距离的行军不仅仅是对体力的考验，更是对士兵意志的磨砺。1944 年 4 月，中共中央确立了向南发展的战略，意图打通华北、华

① 山西省史志研究院编：《山西通志　第三十六卷　军事志》，北京：中华书局，1997 年，第 258 页。

② 马玉书：《三五九旅光辉战斗历程》，乌鲁木齐：新疆人民出版社，1992 年，第 16 页。

③ 《三五九旅光辉战斗历程》，第 12 页。

④ 《王恩茂日记——抗日战争（下）》，第 196 页。

⑤ 《王恩茂日记——抗日战争（下）》，第 308—309 页。

⑥ 《王恩茂日记——抗日战争（下）》，第 312 页。

中与华南的战略通道。1944 年 11 月，八路军抽调三五九旅主力组成八路军第一游击支队执行这一任务。王恩茂在日记中保持记录行军地点和行军路程的习惯，因此通过梳理日记便可直观地看出王恩茂的行军里程。通过对日记中行军数据的统计分析可以看出王恩茂所在部队的行军特点：一是行军里程长。在 1944 年 11 月到 1945 年 8 月之间，王恩茂的行军里程便长达 9380 里，跨越陕西、山西、河南、湖北、湖南、江西、广东等七个省份。二是行军速度快。在 1944 年 11 月到 1945 年 8 月平均每月行程为 938 里，平均每日行军 31.80 里，其中有 9 天日行军在 100 里以上，有 40 天日行军达 50 里，有 21 天日行军达到 60 里，16 天日行军达 70 里，其行军速度可见一斑。1944 年 12 月 26 日，日行军长达 180 里，以至于"部队一等，许多同志就席地而坐和打瞌睡了"[①]。三是行军时间长。在 1944 年 11 月 19 日到 1945 年 8 月 31 日的 296 天中行军天数为 179 天，占到总天数的 60.47%。1945 年 5 月、8 月每月行军天数高达 26 天，仅休息 5 天。1945 年 4 月 25 日到 5 月 8 日，军队连续 14 天行军，行程 600 余里，突破了敌顽的堵截。四是行军条件恶劣。一方面，自然条件恶劣，在长期行军过程中，王恩茂经历了酷暑、寒冬、狂风、沙尘等恶劣天气。1945 年 1 月 11 日，为了避免敌顽的袭击和堵击，南下支队决定夜行军。"零时出发，没有月亮，只有星光，地上积雪很深，路不好走，有的地方高低不平，妨碍行动，遇到障碍，等得很久，夜风呼啸，寒冷砭骨。通过障碍之后，又猛烈跑步，身上时冷时热，很不好过，特别是跑过之后，出了一身汗又停下来，北风吹来，冷得要命。"[②] 19 日，"过铁路后，已入深夜，天降大霜，各人须发衣帽变成白色，异常寒冷。因通宵未眠，十分想睡，禁不住地打瞌睡，边走边打盹，常常踩到前面同志脚鞋，碰到背包等。寒冷、打瞌睡、饥饿、疲劳，部队不少同志掉队，实在不能走了"。[③] 23 日，在横渡淮河时，"淮河有桥，但不牢固，过了一部人就垮了，因此部队全部脱掉裤子过河，冬寒水冰，冷彻骨肉"[④]。7 月 14

① 《王恩茂日记——南征北战》，第 52 页。
② 《王恩茂日记——南征北战》，第 65 页。
③ 《王恩茂日记——南征北战》，第 72 页。
④ 《王恩茂日记——南征北战》，第 74 页。

日，“因天气炎热，病员沿途发生，有的热倒地下，牺牲了性命”[①]。另一方面，行军供给严重不足。在兴县行军时，士兵“从早晨吃饭到晚上，走了80多里，爬了七个山，肚子饿了，要闾长帮我们找粮食、找菜……，都很难找到。这是这几天行军最困难的一天”[②]。王恩茂随南下支队到毕家庄宿营时“看到宿营的部队缺少房子住，背着大捆大捆的谷草放在房子门口，架起很小的锅，在外面烧火，没有柴火烧，自己用斧头在外面砍柴火，三五成群的人员，往来穿插着背粮食、炒面，表现了我们行军紧张与艰苦的生活”。[③] 长时间高强度的行军极大地磨炼了官兵的意志，不少官兵因意志不坚定而逃跑，而更多的官兵在长期的行军中更加坚定了自己的理想信念，如“在文英负伤的二支队六连连长林才干因没有担架，自己捧着伤口咬紧牙关走着，一个排长一个手重伤也是自己走。这种情景，心里感到难过，尤其感到国民党反动派的可恶”[④]。

表一　　八路军第一游击支队月行军里程统计表

（1944年11月19日—1945年8月31日）

月份	行军天数（天）	驻军天数（天）	行军里程（里）	备注
1944年11月	9	13	715	
1944年12月	20	11	1370	
1945年1月	17	12	1070	16日、20日在战斗。
1945年2月	13	15	730	
1945年3月	10	18	470	29日、30日在战斗，12日未写日记。
1945年4月	18	12	690	
1945年5月	26	5	1135	
1945年6月	21	8	865	6日未写日记。
1945年7月	19	11	855	12日未写日记。
1945年8月	26	5	1480	
总计	179	110	9380	

资料来源：根据《王恩茂日记——南征北战》整理

① 《王恩茂日记——南征北战》，第154页。

② 《王恩茂日记——抗日战争（下）》，第120页。

③ 《王恩茂日记——南征北战》，第51页。

④ 《王恩茂日记——南征北战》，第177页。

在红军改编为国民革命军后，军队仍然存在许多军阀残余现象。1938年8月6日，三五九旅召集教导营排长、支部书记以上的干部会议，反对军阀残余。王恩茂批判了五队队长、指导员，一排排长，一班班长、事务长，三班班长、事务长，二队二排排长军阀残余的实质，指出了他们的原因："认为红军改名为国民革命军，可以打人，可是他们没有了解就是国民革命军，现在抗战也是反对打人的"，"企图以打人代替政治教育"，"企图以打人代替正确地执行纪律"等，从而在军队中造成了"破坏了红军的光荣传统""表现了内部的不团结""不能建立干部的威信和信仰"等坏影响。[①] 针对军阀残余，王恩茂提出"各队抓住以五队一班为代表，开展反军阀残余的斗争"，"加紧耐心艰苦的说服教育"，"正确地执行纪律"等措施，特别强调"反军阀残余不仅在口头上，而且在实际上切实纠正这一现象"。[②] 王恩茂"在鉴定中更加了解，凡是在旧的军队干过事的，都还存在军阀军队的习气。这种军阀的习气反映到我们部队中来，必须以斗争去防范"[③]。1939年2月15日，王恩茂在七一八团2月份上半月教育工作总结会上指出了七一八团存在的军阀残余现象，如"十连政指王学芳贪污八十多元，六连事务长贪污十八元"，"十连还发生打人的现象"等。[④] 安靖宇"不愿学习，不愿吃苦，假装有病，偷东西，卖东西，破坏组织纪律，自由行动"。[⑤] 这些军阀残余势力的存在极大地破坏了军队的凝聚力和战斗力，对战士的情绪产生了消极影响。

二、信念坚定与内心迷茫：日记所见士兵情感博弈

王恩茂在日记中提到："我们的党员坚定、忠实、勇敢、刻苦耐劳，具备了为民族解放与社会解放顽强斗争的精神。"[⑥] 全面抗日战争爆发后，面对日寇的残暴行为，大部分官兵意志坚定，誓为抗战到底。但在物质条件匮乏、长期高强度行军、外界蛊惑的条件下，部分官兵内心动摇，

① 《王恩茂日记——抗日战争（上）》，第236页。
② 《王恩茂日记——抗日战争（上）》，第236页。
③ 《王恩茂日记——抗日战争（上）》，第239页。
④ 《王恩茂日记——抗日战争（上）》，第413—415页。
⑤ 《王恩茂日记——抗日战争（下）》，第186页。
⑥ 《王恩茂日记——抗日战争（上）》，第238页。

对抗战前途产生怀疑，甚至叛变革命。官兵情感是衡量军队凝聚力战斗力的重要指标之一，战争不仅仅是军事上的斗争，同样也是情感上的博弈。在内外部多重因素的影响下，王恩茂所在的三五九旅士兵情感同样也呈现出信念坚定与内心迷茫的双重特点。

（一）信念坚定：对革命胜利的坚定信心

1937 年 9 月 2 日，贺龙在红二方面军抗日誓师大会上说："过去因为国民党叛变革命，今天为了抗日，我们戴国民革命军帽子没有关系，只要是为民族解放的事，老子穿花裤子都可以的。"[①] 9 月 18 日，山西省工人委员会、军政训练处、牺牲救国同盟会派人慰问军队，送来慰问书和中秋节月饼，"大家都说，吃了群众慰劳的月饼，杀日本鬼子要特别努力，以回答群众"。[②] 1938 年 2 月，尹邦云同志在南社壮烈牺牲，王恩茂"亲眼看见了他壮烈牺牲的脸孔，涌起了万分悲愤的心情，要以消灭日本强盗的胜利，来回答他和其他同志的光荣牺牲"。[③] 1938 年 5 月 13 日，王恩茂从龙宫沿长会前进时，一路看见许多群众运伤员到轩岗去，"受伤的战士情绪很好，表现了为抗日救国负伤光荣的精神"。[④] 9 月 27 日，王恩茂到松岳口参观模范病室时，慰问了伤员，"他们的情绪很好，非常关心前方消息，都说：'好了，到前方去再打日寇！'"[⑤] 彭清云在邵家庄打死敌人常冈宽治旅团长战斗中光荣负伤，"由于负伤时没有很好地施行手术，以致负伤的右手失血过多（人体只 6000cc 血，他流了 3000cc），锯了右手，现在经过一个多月的医疗，已经痊愈，又返前方工作，精神和以前差不多，不是共产党员是很难这样的"。[⑥] 可见彭清云同志坚定的革命信仰。刘子奇曾受伤七次，贝特兰称赞为"由理性所赋与的勇敢依旧是一种美德：这种勇敢是难得的，而且是现代大都是革命的"。[⑦] 王恩茂

① 《王恩茂日记——抗日战争（上）》，第 43 页。
② 《王恩茂日记——抗日战争（上）》，第 54 页。
③ 《王恩茂日记——抗日战争（上）》，第 106 页。
④ 《王恩茂日记——抗日战争（上）》，第 167 页。
⑤ 《王恩茂日记——抗日战争（上）》，第 274 页。
⑥ 《王恩茂日记——抗日战争（上）》，第 401 页。
⑦ 〔英〕詹姆斯·贝特兰著，林淡秋等译：《华北前线》，北京：新华出版社，1986 年，第 265 页。

曾问七一七团宋宝栓怎样来当八路军的。宋保栓回答道：“日本鬼子打来了，庄稼也不能种，人不能被他杀死，也要被他拉去当兵，与其给他拉去当兵来打中国人，不如早日去当中国抗日军去打日本鬼子。”[①] 在大家欢送他去当兵时，宋保栓却说“当兵是每个人的责任，还要什么欢迎”。[②] 政治部有个老同志45岁了，“可是听到42岁以上要退伍，他说只有30几岁，不愿退伍，他的工作非常努力，人家到临真驮粮一天去、一天回，而他只要一天就能往回，工作非常负责，喂马没有死过马，经常说‘打倒日本再回家’”。[③] 在抗日战争中，三五九旅官兵意志坚定，坚信革命必将胜利，保持高昂的革命状态，不断取得抗战胜利。1938年夏，七一九团奉命挺进冀西，与津南自卫军合编。七一九团的不少干部降职使用，但是干部们坚决服从组织的安排，积极开展合编工作。贺庆积回忆道：“我们作为共产党员，作为共产党领导的军队，必须以个人服从组织，局部利益服从整体利益，没有讨价还价的余地。想到这里，我和陈政委（陈文彬）表示了决心，一定服从命令，服从大局，搞好这次合编。”[④]

在抗日战争中，群众也表现出了极其高昂的斗争精神。在运输伤员的队伍中“有七八十岁的老汉，也有十六七岁的青年，他们四个人抬运一个伤员，现出愉快的颜容，表示非常乐意帮助抗日军”。[⑤] 王恩茂在与崞县城内送东西的两个群众谈话时，说到了“日寇去年攻陷崞县城时，屠杀群众二千多人的残酷情形和其中一个群众的父亲被杀。他俩不禁眼泪欲流，义愤填膺，表示对日寇的万分仇恨，愿以一切力量帮助抗日，誓死不屈服在日寇的淫威之下做亡国顺民”。[⑥] 1938年12月9日，敌军轰炸蔡家峪，“原本很热闹的蔡家峪，现在变成凄惨的景气，卖东西的跑了，老百姓躲了，哭的在哭，收拾敌人轰炸的破房子……大家都痛恨日本强盗的残暴”。[⑦] “敌人的残暴野蛮以及许多非人的禽兽行为，这些摆在我们面前许多血淋淋的残酷的事实，大大地教育了我们全中国的人民。

① 《王恩茂日记——抗日战争（下）》，第184页。
② 《王恩茂日记——抗日战争（下）》，第184页。
③ 《王恩茂日记——抗日战争（下）》，第311页。
④ 贺庆积：《贺庆积回忆录》，沈阳：白云出版社，1994年，第77—78页。
⑤ 《王恩茂日记——抗日战争（上）》，第167页。
⑥ 《王恩茂日记——抗日战争（上）》，第167页。
⑦ 《王恩茂日记——抗日战争（上）》，第349页。

尤其教育了我们所有前线上的军队。他们亲眼看到了敌人欠下我们那样多的血债，给予我们那样许多的践踏与侮辱，大大提高了、坚定了他们对于敌人的同仇敌忾、雪耻报仇的决心与勇气。"① 除了群众高昂的斗争精神，国际社会对中国抗日提供了人道主义关怀，表达了对中国抗战胜利的信心。1938 年 9 月 25 日，在军区司令部欢迎晚会上白求恩报告说"我们全世界爱好和平的人士一致帮助中国，不仅不让日寇再占领一寸土地，而且要把失掉的土地收回来"。② 官兵的斗争信念、群众的斗争精神与国际人道主义精神相辅相成，相互影响，凝聚成精神力量，为抗战胜利奠定了情感基础。王震在与英国记者詹姆斯·贝特兰交谈时特别强调："因为本旅有一种坚强的革命理论，因为长官和士兵都有高度的政治意识，所以我们能在极端困难的处境下发展革命的精神，克服一切障碍。"③

（二）内心迷茫：对抗战前途的错误认识

罗瑞卿特别提到："当我军战斗遭受暂时的不利，或者友军战斗失利之情报传入部队的时候，在这种情况下最容易产生灰心、消沉的情绪。"④ 王赟鹏同样认为："在缺乏理性认识的前提下，士兵亲身经历的感性体验和道听途说的消息，使他们片面夸大中日军队国家之间的差距，对抗战前途感到悲观迷茫。"⑤

1938 年 10 月 26 日，武汉失守，战士们对抗战形势产生了怀疑，内心迷茫。王恩茂在日记中写道："广州 21 日失守，武汉又于昨天放弃，抗战形势严重，许多同志苦闷。"⑥ 三五九旅召开会议进行讨论，强调"我军自动退出武汉绝对不是我国抗战的失败，抗战是长期的，一城一地的得失不能解决抗战的胜败问题"。⑦ 王恩茂发出号召："我全体军民要紧急动员起来，打破太平观念和悲观失望的情绪，积极进行战斗准备。"⑧

---

① 《抗日军队中的政治工作》，第 95 页。

② 《王恩茂日记——抗日战争（上）》，第 272 页。

③ 《华北前线》，第 255 页。

④ 《抗日军队中的政治工作》，第 88 页。

⑤ 王赟鹏：《抗战时期中国共产党军队思想政治工作研究——以八路军三五九旅为中心》，《思想教育研究》2018 年第 3 期。

⑥ 《王恩茂日记——抗日战争（上）》，第 300 页。

⑦ 《王恩茂日记——抗日战争（上）》，第 301 页。

⑧ 《王恩茂日记——抗日战争（上）》，第 302 页。

王恩茂在准备11月份的政治教育计划时，着重提出“反倾向斗争，防止因武汉失守而产生悲观失望情绪，及因艰苦环境而产生不满情绪等”。[①]但是还是有许多士兵对革命前途感到迷茫。孙宋库看到武汉失守，又看到敌人进攻边区悲观动摇，同时他的哥哥在蓝队当队长领导全队逃跑，所以他也开了小差。贾洁清也是蓝队来的，在三队学习，请假不干，要回家去，借口“教导营在龙王池时与敌遭遇，三队文件箱子丢掉了，内有三队全队学员履历表，怕敌人看了，他家里受害，回家去把家移开”。[②]此外，1939年11月4日，“旅部、七一七团、七一八团的几个司号长，今天同时拖枪逃跑。他们都是江西、湖南人，为什么逃跑呢？主要的是因为他们当八路军十来年了，政治上落后，还是当司号长等工作，表示对自己的前途没有希望”。[③] 周冯远和何远久两人要求回家。周冯远说：“现在不是无产阶级革命，而是知识分子革命，识得字才有用，我们没有用了，白革了十几年命。”[④] 何远久则因为组织取消了他的马心生不满，说：“革了十几年命，连马都骑不到一个。”[⑤] 伍子清说：“要多吃一点东西，人家说就说，我不愿做这个鸟事”，“抗完日后回家”，“犯错误好介绍到延安去训练一二年回家” 等。[⑥] 言语之间透露出对抗战前途的迷茫之情。

对抗战前途的迷茫，意志不坚定也在官兵的行为中体现出来。由于官兵意志不坚定导致军队中开小差、逃跑现象频发。在改编动员中“个别政治干部不愿做政治工作，要求做军事工作”，“要求去学习，说自己能力不够没有工作做”，“说改编要分阶级，懒得干” 等。[⑦] 王震在七一八团、七一九团排以上干部会议中“特别尖锐地指出了我们部队中个别同志违反党的策略路线，贪污腐化，失掉自己阶级立场等严重的现象”。[⑧]1938年5月17日，王恩茂到七一八团三营去检查工作，“三营这一时期

① 《王恩茂日记——抗日战争（上）》，第316页。
② 《王恩茂日记——抗日战争（上）》，第330页。
③ 《王恩茂日记——抗日战争（下）》，第37页。
④ 《王恩茂日记——抗日战争（上）》，第398页。
⑤ 《王恩茂日记——抗日战争（上）》，第399页。
⑥ 《王恩茂日记——抗日战争（上）》，第387页。
⑦ 《王恩茂日记——抗日战争（上）》，第22页。
⑧ 《王恩茂日记——抗日战争（上）》，第81—82页。

开小差严重，半个月开小差20多个，主要原因是神池归队来的逃兵在战斗时动摇，同时管理不严密造成的结果”。[①] 1938年10月16日，王恩茂在总结河北扩大部队的工作时提到“扩兵的新战士有大批开小差的，如新城、雄县扩大的一连一百七八十个，后来开小差只剩到七十来个”[②]，主要原因没有经过深入地艰苦地说服解释，新兵对于革命前途认识不足，内心迷茫。

结　语

情感是政治建军工作关注的重要内容。抗战斗争不仅仅是物质上军事上的比拼，也是精神上的博弈。在长期的革命斗争中，王恩茂以身作则，不断地在革命斗争中磨砺自己，坚定理想信念，为革命事业而奋斗。外部因素影响官兵内心世界，官兵内心情感通过其行为表现出来。为了破坏抗日民族统一战线，日军、汉奸、国民党顽固分子等多方势力对官兵进行蛊惑，从而导致违纪现象频发。物资的严重匮乏和艰苦的行军条件是对官兵信念的极大考验，部分官兵因为意志不坚定而对抗战前途产生迷茫。从士兵情感这一角度来看，抗战时期军队政治工作最重要的任务之一就是把握士兵情感动态，夯实士兵理想信念，克服士兵不良倾向。因此，在巩固与发展抗日民族统一战线的情况下，中国共产党不断加强政治建军工作，坚持中国共产党在军队中的绝对领导，坚定官兵理想信念，从而为夺取抗战胜利夯实了基础。

---

① 《王恩茂日记——抗日战争（上）》，第169页。

② 《王恩茂日记——抗日战争（上）》，第291页。

The Emotional Dynamics of Soldiers in the Eighth Route Army during the All-out Anti-Japanese War in *Diary of Wang Enmao*

WANG Xixiang　WANG Lianying

Abstract: Revolutionary belief is the concentrated embodiment of soldier emotion, behavior being the externalization. After the outbreak of the war of resistance against Japanese aggression, under the interweaving of multiple factors such as the historical background, external environment and personal experience, soldiers' emotions showed the characteristics of firm faith and inner confusion. *The Diary of Wang Enmao* fully shows the emotional state of the grass-roots soldiers of the Eighth Route Army during the all-out war of resistance against Japanese aggression. Through *The Diary of Wang Enmao*, we can see that in the face of the outbreak of the all-out war of resistance against Japanese aggression, some soldiers were firm in their faith and worked hard. However, some soldiers felt confused about the future of the war because of external influences, and thus ran away or mutinied. In order to consolidate and develop the anti-Japanese national united front, unite all forces in the war of resistance, and ensure the Party's absolute leadership over the army, we must focus on the emotional changes of officers and soldiers, grasp the emotional dynamics of officers and soldiers, strengthen ideological construction, and strengthen the revolutionary ideal.

Keywords: *Diary of Wang Enmao*; feelings of soldiers; the total war of resistance against Japan

〔王西祥（1997— ），男，山东寿光人，东北大学马克思主义理论专业硕士研究生，主要研究方向为中共党史。王莲英（1980— ），女，河北抚宁人，东北大学秦皇岛分校马克思主义学院特聘研究员，副教授，历史学博士，主要研究方向为中国近现代史基本问题、中共党史〕

土改中乡村社会秩序的重塑（1945—1948）*

——以《高鲁日记》为考察中心

高　丹　董劭伟

（东北大学秦皇岛分校马克思主义学院）

摘　要：解放战争时期，中共领导的土地改革运动在改变乡村生产关系与终结传统旧的乡村秩序上都发挥了重要作用。从《高鲁日记》所记载的雁北地区土改实践来看，解放区刚建立之时乡村依旧延续原有的土地关系和政权组织，这时，中国共产党将土地改革运动与整党整干相结合，逐渐实现党的权力下移并构建完整的系统的多元化政治组织结构，实现了中共权力和乡村社会的直接互动，重塑了乡村社会秩序，为当今现代化乡村治理提供规律性经验和启示。

关键词：《高鲁日记》；土地改革；乡村社会

土地改革不仅在经济上废除两千多年的封建土地制度使农民翻了身，而且在政治上形成以“贫雇农”为主体的政权组织架构，打破传统乡绅宗族等地方势力对基层的控制，完成了中共意志下行。清末民初，随着现代化组织机关和学校的设立，地方权力也不断扩张，从而促使旧的国家与乡村社会的关系发生松动，北洋政府和南京国民政府相继以自治之名对乡村社会进行国家控制，但只有中国共产党通过土地改革等运动式

---

* 本文为秦皇岛市社会科学发展研究课题“从秦基伟日记看解放战争时期农村社会治理”（项目编号：2022LX026）成果。

治理，[①] 对农民进行思想和物质层面的动员，才真正使得中共中央权力下移，与乡村社会发生直接互动。解放战争时期土地改革历来是学者关注的重点，现有研究多立足于土地改革中的群众动员策略及效果等经济视角的考察[②]，但透过土改亲历者的日记记录来了解当时中共中央、基层干部和农民互动关系，研究中共组织与动员的细节尚有空间。

高鲁，原名王铿铎，满族，出生于武汉的一个小职员家庭。1936 年 8 月在武汉参加抗日救亡活动，1937 年 6 月到山西参加牺盟会决死队，1938 年辗转到延安鲁迅艺术学院学习并任文化系秘书，1939 年 7 月到华北联合大学文学系学习，1940 年到八路军一二〇师政治部战斗剧社、战斗报社任演员、记者、编辑，1945 年后在山西左云县、右玉县，内蒙古凉城县任民政科长、秘书等职。他以一个普通的职业革命者的身份记录了抗日战争和解放战争。其日记中，解放战争时期的内容最为丰富，日记不仅记录了山西左云、右玉等雁北地区在解放战争时期各村的农民和基层村干部生活和工作的真实状况，同时也多处记录了中共对农村土地改革、支援前线的动员政策及措施，真实地还原了中国共产党一步步加强对基层政权的绝对领导。

一、多种成分：土改前旧势力控制的乡村社会

以左云县、右玉县为主的雁北地区位于山西省北端，北与内蒙古自治区凉城毗连，东起汾河，西至黄河。[③] 雁北地域广阔，丘陵起伏，沟壑纵横，地下煤炭储量丰富，地理位置特殊，造成交通闭塞，经济与文化相较于晋南地区稍有落后，加之经历日本侵略者血腥统治 8 年之久，传统封建主义色彩更为浓厚。在 1945 年 9 月，雁北数县得以解放，高鲁随雁门、绥蒙区党、政、军领导机关进驻左云县城，并任左云县民政科长

① 参见李里峰：《运动式治理：一项关于土改的政治学分析》，《福建论坛》2014 年第 4 期。

② 李巧宁：《建国初期山区土改中的群众动员——以陕南土改为例》，《当代中国史研究》2007 年第 4 期；陈文胜：《话语中的土改：解放战争时期〈人民日报〉中的土改宣传与社会动员》，《党史研究与教学》2018 年第 2 期；李甜甜：《聊城地区土地改革运动中的社会动员研究》，南京师范大学硕士学位论文，2017 年。

③ 中共山西省左云县委党史研究室：《中共左云历史大事记述（1937. 1—1949. 9）》，太原：山西人民出版社，1994 年，第 7 页。

一职。其日记详尽记述雁北区在土改前乡村依旧残留旧的组织体制，农民受地主恶霸、伪职汉奸在政治和经济上的多重压迫，使国家意志难以下行。

在传统社会里，政治权力往往与经济实力相挂钩，占有土地多的且经济实力雄厚的地主在村中居于绝对的统治地位，税收、司法、武装和行政等基层政权大多掌握在地主与宗族势力手中，地主和宗族势力成为乡村代理人。[①] 中国经济史学家章有义先生曾在20世纪30年代对西北各省进行调查，认为经济落后的地区的地主身兼军政官吏的居多。[②] 此现象在中共建政中更是由来已久。抗战时期的一份《晋西北群众工作总结》指出："在领导机关中富农地主占着相当大数量，而中农占的数量更大。"[③] 其报告中分析，文化水平低的干部往往不易培养与进步，因而上级更倾向文化程度较高的干部，但在村中一般只有地主富农阶层才有能力受教育，这就造成这一历史局面。试以下表说明：[④]

山西偏关县青年干部成分表

干部总数		文化程度				成分				
县级	区级	中学	高小	初小	粗通文字	地主	富农	中农	贫农	商人
三六	一二三	一二	九十	四二	四	二	二十	七五	五五	七
备考		文化程度有一人不详								

来源：《晋绥根据地资料选编》

上表对山西晋西北的偏关县县级与区级干部成分与文化程度进行粗略统计，可知县区干部159人中，中农成分所占比例最大，贫农次之，占总人数的35%，不到总人数一半。其中，干部的文化水平与阶级成分成正比，据表格计算，不识字的干部仅10人，完成高小学历的干部占总人数的一半，初小学历的干部次之。可见，在中共地方建政初期，更倾

① 〔美〕黄宗智：《华北的小农经济与社会变迁》，北京：中华书局，1986年，第247—250页。

② 章有义：《中国近代农业史资料》（第二辑），北京：生活·读书·新知三联书店，1957年，第324—325页。

③ 中共吕梁地委党史资料征集办公室：《晋绥根据地资料选编》（第三集），中共吕梁地委党史资料征集办公室，1984年，第85页。

④ 《晋绥根据地资料选编》（第三集），第85页。

向于有文化的干部，但文化往往又与地主富农阶层挂钩。当然，也有为适应反攻局势，应党中央“三三制”① 原则要求，“以团结各阶层人士在政府的周围，来巩固我抗日民主政权”②。

抗战结束后，为进一步改造由日伪控制的地区，中共中央便派知识分子干部对其进行接管和建立民主政权，高鲁亦是其中一员。1945 年 9 月高鲁被调任至山西省左云县③，在此地指导区村干部开展基层政治和群众工作。左云县作为新区④，在民主政权未立足之时，中共沿用旧有的行政人员可迅速进入农村，但其副作用甚大。1945 年 9 月 5 日高鲁与右玉三区区长交谈后得知，村政权中的干部成员良莠不齐，“郝小峰村郝德忠，过去是教员，给敌人当甲长，很坏，贪污多。因村长病了才代理村长。如代家沟中队长徐玉顺曾是伪青年队长，打过群众。南旱井村长张丕公包庇坏人，有个抗属被敌人抢了，也不报告”。⑤ 28 日，高鲁组织召开二区村长会议，并对各村干部情况进行了解，其中潘家窑村的农秘“当过雇员”，马道透村村长刘胜文“当过伪甲长”，民兵中队队长连弼“当过伪雇员”，向阳寨村村长“当过伪甲长”。⑥ 时任雁北区浑源县一区抗联会主任的杨天才，回忆 1945 年日本投降后在浑源新区做工作时东辛庄村“工作基础较差，但掌握伪村政权的村长，他既不拥护共产党，也不坚决反对共产党”，⑦ 能够继续担任村长职务，执行政策。从其描述，沿用伪职人员继续担任村干部不在少数，在享受伪职干部所带来的开展群众工作便利的同时，而不得不承受其工作执行之粗糙的风险。一些负面情况，中共也尽收眼底，高鲁在日记中写道：“我们要选新干部，洗刷

① “三三制”是中国抗日战争时期在根据地建立抗日民主政权在人员组成上采取的制度。据“三三制”规定，在政权机构和民意机关的人员名额分配上，代表工人阶级和贫农的共产党员、代表和联系广大小资产阶级、开明绅士的中间分子各占三分之一。

② 《晋绥根据地资料选编》（第三集），第 164 页。

③ 晋绥分局雁门区党委所在地，晋绥雁门区包括左云、右玉、平鲁、朔县、怀仁、大同等晋北地区。

④ 1945 年 8 月日本投降的时刻，各解放区军民向日伪军开展了全面反攻，收复和解放了许多地方，这些地区当时被称为新解放区（1948 年以后又称为半老区）。

⑤ 理红、理京整理：《高鲁日记》，呼和浩特：内蒙古大学出版社，2004 年，第 583 页。

⑥ 《高鲁日记》，第 592 页。

⑦ 杨天才等整理：《浑源县新解放区减租减息和反奸清算斗争回顾》，《雁北党史》1986 年 1 期。

这些人。”[①] 待时机成熟，转而进行深入改造。宗族势力零落在基层政权中也同样阻碍国家权力与乡村社会的互动。12 月 1 日高鲁在日记中记录左云县木代村村干部情况：“村代表张登敖是村里的旗杆，群众说他是恶霸。自八路来后当代表。”[②] 高鲁发现木代村宗族势力浓厚，“张姓占三分之一的人口，但势力很大，政府让富户准备公粮，张登敖将全村的粮食给了张登宝和张生兰……张生华是第三恶霸，他至少是中农，但没有负担公粮”。[③] 从中可知，新解放区的一些村政权仍受宗族势力的控制影响，宗族易成利益共同体，上级一旦做出不利于本族的政策法令，宗族选出的代表就会选择维护本族利益而对上级指示进行干扰，农民尚未接纳新政权体系，从而国家权力难以触探到乡村。为了解决此问题，中共在解放区实施村选运动，但因新区现实条件限制，选村干部易流于形式。高鲁于 12 月 19 日在日记中写道：“现在的形势不允许我们有步骤地培养干部，只能先这样选。待今后政权牢固了，再选拔和培养好的干部。”[④] 故新区的基层政权中干部成分相较复杂，也为后来的整党整干运动埋下伏笔。其中，还不乏一些地主富农成分的干部。1946 年 5 月 13 日，高鲁注意到左云县二区建政问题，“小京庄村长张静熬，成分为经营地主。伪政权时当了 4 年村长。区长开会从来不去，更不用说下乡，什么法令都不知道”[⑤]，“马道头村长刘尚文是富农，当了五年伪甲长不宣传法令政策”[⑥]，“酸刺河村长胡秀军（破落地主），在征购中弄了账目没查清”[⑦]。从其文字间，不仅可以发现地主在抗日时期的伪政权中担任职务，而且在中共的民主政权中依旧延续其职务，工作懒散而作风不端，这也意味着以地主为主的村干部难以贯彻群众路线，更与国家意志相违背。1947 年 8 月刘少奇根据各地汇报针对地主富农出身的干部问题指出：“他们主要利用我们各种组织形式保护自己，压迫群众。”[⑧] 毛泽东在晋绥干部会

① 《高鲁日记》，第 583 页。

② 《高鲁日记》，第 614 页。

③ 《高鲁日记》，第 614 页。

④ 《高鲁日记》，第 620 页。

⑤ 《高鲁日记》，第 681 页。

⑥ 《高鲁日记》，第 682 页。

⑦ 《高鲁日记》，第 682 页。

⑧ 中央档案馆编：《解放战争时期土地改革土改文件选辑》，北京：中共中央党校出版社，1981 年，第 73 页。

议上的讲话也提到："在我们的党和政府的组织内，过去存在着某种程度上的成分不纯或者作风不纯的严重现象，许多坏分子混入了我们党和政府的组织内，许多人发展了官僚主义的作风，仗势欺人，用强迫命令的方法去完成工作任务，因而引起群众不满，或者犯了贪污罪，或者侵占了群众的利益。"① 由此可见，地主富农在情感上和行动上达成阶级认同，对于上级关于清算地主债务的指令也是敷衍了事，以保护本阶级的利益，加剧了新解放区行政人员成分的复杂性。

其旧势力延续的政权组织主要与两个因素密切相关。一是新区政治环境脆弱，致使中共政府对村干部改选无暇顾及。新区政权尚不牢固，加之国民党军队袭扰不断，民众对生存环境甚是担忧。日本投降后，阎锡山派他的第八集团军副总司令楚溪春率三十八军开进大同，并在同年10月向大同已降的日军指挥官板本公然申明：请其派兵警卫同蒲路北段及雁北各城，以此来进行蚕食进攻。同月，基于左云县周边局部战争，高鲁对当前局势作了分析："在绥远，敌人打我大青山之部队。阎锡山则打我在吕梁山之部队。这些情况充分说明，蒋介石就是要内战。"② 11月8日，在左云城召开的庆祝苏联十月革命28周年大会上，各界纷纷揭露控诉国民党蒋介石、阎锡山破坏《双十协定》，大举进攻解放区的罪行。③ 20日，高鲁给村干部们讲形势时也十分警觉，"内战不仅可能全面发生，而且规模可能前所未有的"。④ 局势如各界所担忧的一样，国共双方虽在1946年1月5日签订《停战协议》，但在1月15日大同阎军步、骑兵千余人就进犯左云城，大肆掠夺五日。⑤ 对此，曾任雁门区党委书记的高克林回忆道："此时，美、蒋又实施假和平伎俩……同时，蒋介石在停战令生效的前夕，密令所部'迅速秘密抢占要点'。"⑥ 2月11日，高鲁在日记中记录国民党派特务潜入左云各区并"派人来左云城里招兵，准备在

---

① 毛泽东：《毛泽东选集》（第四卷），北京：人民出版社，1991年，第1306页。

② 《高鲁日记》，第593页。

③ 中共朔州市委党史研究室：《中国共产党朔州历史大事记（1921年—2012年）》，北京：中共党史出版社，2013年，第80页。

④ 《高鲁日记》，第608页。

⑤ 刘海清：《抗日战争和解放战争时期的雁北战场》，山西省大同市委员会文史资料研究委员会编：《大同文史资料》第15辑，大同：政协大同市委员会文史处出版，1988年，第12页。

⑥ 江长录整理：《高克林回忆录》，呼和浩特：内蒙古大学出版社，1987年，第147页。

城内暴动”，敌人在二区“派出特务，挑拨工人和我们的关系”，在三区发现“有三四个人一伙的棒子队，还有政治土匪，在猪儿洼绑走我们一个通讯员”，[①] 通过各区特务情况，高鲁十分警惕并认为：“今后斗争更复杂，要组织民兵，加紧站岗放哨查店。”[②] 同年5月中旬，果不其然，阎锡山为配合蒋介石进攻中原解放区的行动，在北同蒲线路悍然发动对晋西北地区的进攻。[③] 以上皆可鉴证国民党违背人民欲休养生息、和平建国之意志，加剧时局动荡，阻碍中共政策的执行。

二是新区群众基础较薄弱。新解放区的民众在这样的时局转向中，既有真切欢迎，亦有人云亦云，总体呈现“保守”的小农生产者心态，体现为胆小怯懦、不敢回应减租反霸运动，阻碍政策执行进程。1945年9月5日，高鲁约见右玉三区区长李克效，了解到群众想清算敌伪的账，“但群众又怕国民党回来”，[④] 加之敌伪人员散布“八路在不住”[⑤] 的谣言，即使农民有迫切清算要求，但出于对现实时局的考虑，最后演变为“群众明减暗不减，变工队、合作社也只能是形式的空洞的东西”[⑥]。相似的斗争问题，高鲁多次记载，12月19日，清算左云县范家寺村地主后，高鲁与两名群众交谈，了解到群众想算账却又“怕变天”，甚至一些较富裕的人也怕算账，认为“今天算了，明天政府又来要东西怎么办”？[⑦] 亲历山西张庄土改的工作队成员韩丁在《翻身》中记录道：“那些犹豫不决和胆小怕事的人总是担心‘变天’，担心共产党、八路军和民兵没有力量保卫他们的胜利。”[⑧] 从中感受到农民对中国共产党的前途没有信心，害怕“变天”之后地主恶霸又起来反击，群众动员得不深入并有所顾虑。

面对内忧外患的时局纷扰，中共欲进一步深入乡村，必须有纯洁的组织推进，并有丰富的乡村资源，还有民众的全力配合，这也是中共下一步部署所需考虑的问题，而土地改革运动恰恰是抵御外敌、稳固政权

① 《高鲁日记》，第642页。
② 《高鲁日记》，第643页。
③ 参见山西史志研究院编：《解放战争与山西》，北京：中央文献出版社，2004年，第86页。
④ 《高鲁日记》，第583页。
⑤ 《高鲁日记》，第583页。
⑥ 中共中央文献编辑委员会：《刘少奇选集》上，北京：人民出版社，1981年，第351页。
⑦ 《高鲁日记》，第619页。
⑧ 韩丁：《翻身》，北京：北京出版社，1980年，第118页。

最重要的法宝，是国家权力下行的关键环节。

二、多元化治理主体：土改中的基层组织建设

通过土地改革转变贫雇农土地占有状况，颠覆传统以地主豪绅为中心的基层权力。中共以这种方式重塑了国家与村庄的关系，构建以贫雇农为核心的多元化治理主体的基层权力结构，形成了中共意志与乡村群众意志相统一的局面。

刘少奇在 1946 年 5 月为中央起草了《关于土地问题的指示》[①]，晋绥分局就此事项于 6 月在兴县召开高干会议，传达其指示精神，[②] 会后，各县予以贯彻。高鲁所在的右玉县为了更好执行相关土地政策，县委于 7 月决定在一区小蒋屯村进行土地试点，“发动群众斗了恶霸地主赵有英，斗出了土地 880 亩，牛骡 5 头，羊 32 只，白洋 3028 元，分给贫雇农及部分中农”。[③] 雁北各区在反奸清算的基础上通过减租减息逐步实现“耕者有其田”。但随着内战局势的演变，农民平分土地的愿望愈发强烈，而“五四”指示不再满足需求，进而需要新的土地政策取而代之，中共敏锐察觉之，并于 1947 年 10 月颁布《中国土地法大纲》来废除封建土地所有制。高鲁以此大纲为依据，解决其在 11 月 29 日日记中所提及的“没有把整个地主阶级、整个封建制度当成人民大众的敌人”[④] 的问题。此时，右玉全县深入开展土改的“自然村为 330 个（占总数的 4/5）、人口 5 万（占全县总人数的 80%）”。[⑤] 年底，土改颇有成效。高鲁于 12 月 5 日在日记中记载“右玉各自然村群众状况”，并记录高墙框村“全村人都

---

① 《五四指示》宣布：“批准农民已经获得和正在获得分土地”，“坚决拥护群众从反奸清算减租减息、退租退息等斗争中，从地主手中获得土地，实现耕者有其田”。[《关于土地问题的指示》(1946 年 5 月 4 日)，中共中央文献编辑委员会：《刘少奇选集》上，北京：人民出版社，1981 年，第 377 页。]

② 甘肃省人大常委办公厅编：《怀念李登瀛同志》，兰州：甘肃省人大常委办公厅，1998 年，第 71 页。

③ 中共山西省右玉县委党史研究室编：《中共右玉县历史大事记述》，太原：山西人民出版社，1995 年，第 106 页。

④ 《高鲁日记》，第 774 页。

⑤ 中共朔州市委党史研究室：《中国共产党朔州历史》，北京：中共党史出版社，2014 年，第 412 页。

有地，地框大者60亩，小者30亩”。[①] 在1948年3月，雁北各县土地改革运动基本结束，据统计，雁北有449600余名贫苦农民分到了212万亩土地。[②] 在土改过程中，雁北的怀仁“各区村建立以贫雇农为骨干的代表会，而且涌现出大批干部和积极分子，全县经代表审查选举，提拔的行政村及区和受训干部一百四十多名，产生了将近一千县区村农民代表”。[③] 可见，土地改革在促进农民物质上“翻身”的同时，使之政治上也翻了身。当然，土地改革运动远非只言片语即可了事，在实践中不免出现一些组织上的偏差，但正因这些问题，中共在自我批评中不断成长。毛泽东强调应在土改中整编党的队伍，“这个任务如果不解决，我们在农村中就不能前进”。[④] 因之，土改的开展与政治上的努力相连接，需乡村各方力量相协调，不断刷洗基层政权中的异己分子，在土改中重塑了中共基层政权。

如果说土地改革是中共在解放区中群众工作所做的经济努力，那么改造基层政权则从政治方面作为连接中共政策与农民参与的纽带。在基层乡村社会里，有多种力量通力合作完成土改运动，大致可分为代表中共意志的工作队、代表乡村社会意志的以贫雇农为核心的群众组织和代表个人意志的积极分子。

一是代表中共意志的工作队。中共中央《五四指示》文件下达后，1946年底，晋绥绥蒙区派往各县经专业培训后的土改工作队，要求其“充分发动群众，依靠贫雇农，团结中农，打击地主”。[⑤] 派往右玉县的工作队首要任务是在南旱井试点进行为期8天的棉衣发放工作，时任右玉县民政科长的高鲁，于12月12日收到右南工作组来信，信里“详细介绍了他们在南旱井的工作过程及经验”。[⑥] 15日后晌，高鲁“研究了专署的文件和右南工作组经验，对工作进行分工”，根据实际情况又“修改了一些办法”。[⑦] 表明中央政策往往通过工作队在个别村试点再进行经验推

① 《高鲁日记》，第786页。

② 刘福斌：《晋绥雁北根据地大事记》，大同：中共雁北地委，1991年，第218页。

③ 《怀仁召开县农代会总结全县土改运动》，《晋绥日报》1948年4月8日。

④ 《毛泽东选集》（第四卷），第1253页。

⑤ 《高克林回忆录》，第151页。

⑥ 《高鲁日记》，第695页。

⑦ 《高鲁日记》，第697页。

广，因而，工作队是国家与农村社会的纽带，是国家意志表达者。1947 年 4 月，刘少奇沿途经过晋西北并询问土改状况，发现此地工作零碎，未成系统。于是，刘少奇写信建议晋绥边区的工作团要彻底发动全县群众，“此时工作团应将原来一切机构拿到手中，发出各种号召和办法，给群众撑腰，鼓励群众，给地主及自私自利的投机分子以打击”，[①] 必要时可跨过村政权直接行使权力。7 月 15 日，高鲁在日记中对一年以来右玉土改工作中所出现的实际情况进行总结反思，其中，关于组织群众挖地主底财状况，写道：“有则弄，无则不弄，在工作团的地方进行。”[②] 可见，工作团在乡村中具有政治地位，并领导着民众有序进行土地改革。但中央所赋予的权力，如不稍加注意，易走极端。高鲁于 7 月 22 日土改总结会议后，在日记中写道：“现在有些人认为靠工作团和干部们的包办代替就能彻底消灭地主。”[③] 但高鲁认为，“工作团是上级派出的组织，不了解情况就要依靠评议员和村干部”，[④] 不能孤雁出群。

二是代表乡村社会意志的农会。农会的发展由来已久，中共向来把建立农会看作颠覆传统权力结构的重要一击。抗战胜利后，雁北各解放区陆续建立农会组织，[⑤] 1946 年 1 月《抗战日报》报道雁北左云县农会成立景象：“各人谈论自己穷苦的经过与原因，又选取生动典型做了一天的总结，让大家认识到敲诈重租与重利是穷根子。”[⑥] 农会在反奸清算斗争中发挥着相当大的作用，但直至土地改革运动，其职能发挥到极致。1947 年 3 月 23 日，高鲁在日记中记录群众在地主家中挖粮食后，就分配问题，“农会经过研究，让刘占出 20 石粮食借给群众，但也要留下自己的口粮和籽种”，晚上高鲁又与“农会委员晋财子”总结当天情况。[⑦] 从高鲁的描述可见，作为县委干部，他经常与农会商量研讨，农会在乡村政权中的地位突出。但彻底改变农会在乡村的政权地位的是《中国土地

---

① 晋绥边区财政经济史编写组：《晋绥边区财政经济史资料选编》（农业编），太原：山西人民出版社，1986 年，第 361 页。

② 《高鲁日记》，第 729 页。

③ 《高鲁日记》，第 733 页。

④ 《高鲁日记》，第 756 页。

⑤ 《中国共产党朔州历史大事记（1921 年—2012 年）》，第 79 页。

⑥ 《左云县农会正式成立》，《抗战日报》1946 年 1 月 23 日。

⑦ 《高鲁日记》，第 708 页。

法大纲》的颁布，《大纲》明确规定贫雇农小组及其委员会是土改的合法机关。[①] 7 月，晋绥分局召开县、团以上主要干部土改整党工作会议，并决定用贫农团取代党支部，[②] 这预示着农会地位前所未有地提升。高鲁于 7 月 20 日的日记中认为雁北地区党内情况十分复杂，不利于土改进行，要想解决此问题，农会必须“监督党员、干部、行政团体、民兵等，应在土改中改造他们，使之发展”。[③] 可知农会是保障农民民主权利的体现，在土改中改造村干部。其中，为巩固以贫雇农为中心的民主政权，农会内部往往由贫农团或贫雇农小组组成，[④] 就二者之间的联系，高鲁于 7 月 15 日谈到：“贫雇农小组会来审查党员，农会是最高权利机关，是参议会，可检查村公所的问题交行政处理，可检查行政村的账目，在经济上是互助的团体，是统一战线的组织。贫雇农小组成立后再成立领导机关。”[⑤] 文字间透露，相比农会更具核心地位的是贫雇农小组，一切基层机关都由它产生，贫雇农在乡村里实质代表了大多农民的利益，对村政权起制约作用，防止职权滥用。中央于 11 月再次强调，只有贫雇农在农会中发挥领导作用，“才能实现农民的民主要求，才能监督政府，保障与巩固农民既得利益”[⑥]。

三是代表个人意志的积极分子。积极分子是贫雇农想要从政治边缘走向政治中心的捷径，也是土改运动的重要推动者。毛泽东在《关于领导方法的若干问题》上指出：“故领导者必须善于团结少数积极分子作为领导的骨干，并凭借这批骨干去提高中间分子，争取落后分子。”[⑦] 高鲁于 1946 年 12 月 12 日在日记中记录右南地区分物资的全过程：首先工作队下榻村中，根据政策“选择几个真正公正的积极分子”，分成三个小组，“深入群众调查”各村情况，两日后，“召开积极分子会议”，据调查情况确定发放物资名单，再三日后，“召开群众大会”公布名单，最

① 河北省档案馆：《河北土地改革档案史料选编》，石家庄：河北人民出版社，1990 年，第 6 页。

② 《中国共产党朔州历史大事记》（1921 年—2012 年），第 95 页。

③ 《高鲁日记》，第 735 页。

④ 参见李里峰：《华北农村变迁》，南京：江苏人民出版社，2010 年，第 201 页。

⑤ 《高鲁日记》，第 731 页。

⑥ 中共中央文献研究室、中央档案馆：《建党以来重要文献选编》（第 24 册），北京：中央文献出版社，2011 年，第 481 页。

⑦ 《毛泽东选集》（第三卷），北京：人民出版社，1991 年，第 897 页。

后，“召开积极分子干部会，搜集群众反映”。[①] 从高鲁叙述的整个发放物资过程看，工作队若想政策深入群众，则离不开积极分子的协助，土改工作队通过扎根串连的方法发动群众，其中的“根”就是积极分子，实际上是以点带面的形式，即工作队到积极分子再到其他群众。高鲁认为，这样“群众的骨干分子觉悟就会提高，就会替我们说服群众执行政策”。[②] 不仅拉近了农民与中共的距离，增加了农民对中共的政治认同感，而且利于巩固贫雇农的利益。除此之外，还给积极分子们物质和精神的奖励，这些荣誉在他们的乡村政治生活中有重要的分量，逐渐使他们以新的姿态登上政治舞台，[③] 在乡村现代化治理的过程中发挥关键作用。

在土地改革中形成的互动协作的多元化治理主体格局，相互配合、相互制约，完成中共权力与乡村社会的连接。中共以工作队为其“代理人”，以基层党政机关组织为乡村社会的“反馈者”，从而拉近中央与基层之间距离，最终形成自上而下与自下而上相结合的群众路线。

三、多重效果：土改中乡村社会秩序变化

在中共权力向乡村社会延伸的过程中，传统社会难免与理性制度相碰撞，随着多元化治理主体的乡村权力组织的初步构建，乡村社会中的各角色也随之发生变化。因此，新的权力结构的组成也意味着传统封建社会的变迁。

（一）新面貌：改善农村生产生活条件

土改期间，贫雇农虽分得土地，但生产工具匮乏，组织生产较为困难。1947 年 4 月，华北财政经济会议报告指出：“如果我们不能够在土地改革中间鼓励农民生产发家；如果我们不能帮助贫苦农民，解决由于土地更加分散，和缺乏耕畜农具所引起的困难，那么生产不但不能迅速发

① 《高鲁日记》，第 695 页。

② 《高鲁日记》，第 708 页。

③ 参见吴博：《传统、转型与革命——20 世纪 30、40 年代晋西北乡村权力结构的变迁》，《史志学刊》2008 年第 5 期。

展，还有可能暂时减退。"[①] 高鲁于7月15日的日记中也认为在土改中欲改变群众一些落后思想，必须解决"他们需要解决的口粮、籽种、牛犋、肥料"，并反思"彻底消灭封建就要解决群众困难"。[②] 接下来的两个月雁北各区集中解决农民分青苗、布匹等工作，高鲁于8月7日详细记录干部分青苗步骤："1. 以地主为单位，了解各户的庄户有多少。2. 以地主为单位，了解各种庄户的产量多少。3. 了解分配青苗钱的账目。"[③] 直至8月25日，分青苗工作暂时告一段落，高鲁在日记中反思村干部"在分青苗时，防止压低或提高产量"[④]。26日，高鲁与各村评议员"讨论分衣服"，并认为分衣服时，应"将门户分成等，按人口分"，经讨论决定"参考过去分衣服的清单"，"照顾条件是看劳动力、成分、现在是否有棉衣等"。[⑤] 从高鲁这几个月的日记看，区、村各干部配合良好，以群众路线为原则，有序进行物资分配。在12月3日，右玉县完成冬季布匹发放工作后，高鲁在日记中记载群众言论："芦草湾郭金科母亲说：'自从八路军来后，我们算是活到天堂了，春天种不进地，公家帮忙种地，这数九天给咱衣穿，真好！'青阳沟高全小说：'我领的布真不少，高兴。秋天可以少借贷了。'有人说：'共产党对咱老百姓是尽了心了。'"[⑥] 据统计，1946年至1947年两年间，晋绥边区发放棉衣数"不下十一至十二万人，牲口每年平均在六、七千头之间，人畜大增"。[⑦] 因而，中共中央通过乡村权力组织统一调配和供给乡村物质资源来改善农民生活，实质上是对乡村社会的进一步控制治理，以物质奖励来增强农民对中共的认同感，同时改变农民生活面貌。

（二）新思潮：激发农民革命意识

农村文化思潮也随之发生翻天覆地的变化，文化娱乐方面的变革使中共进一步加强在乡村的权力建设。土改初期，中共中央向各解放区指

① 《晋绥边区财政经济史资料选编》（总论编），第668页。

② 《高鲁日记》，第729页。

③ 《高鲁日记》，第747页。

④ 《高鲁日记》，第752页。

⑤ 《高鲁日记》，第753页。

⑥ 《高鲁日记》，第777页。

⑦ 《晋绥边区财政经济史资料选编》（财政编），第545页。

示："各地报纸应尽量揭露汉奸、恶霸、豪绅的罪恶，申诉农民的冤苦。各地报纸应多找类如白毛女这样的故事，不断予以登载。"[①] 要以科学民主代替封建迷信，过去农村的戏曲娱乐内容以地主高高在上对贫苦农民进行谩骂鞭打为主，多体现等级专制，现在则多宣传阶级斗争，颠覆"生死有命，富贵在天"的传统道德伦理，激发农民的革命意识。其间，由晋绥边区新华书店发行的《人民画报》是以 19 单张套色的形式，发放至各个解放区，用于中心任务的宣传工作。其编辑人员苏光回忆道："《人民画报》第三期发表我画的一套《穷人翻身》的连环画，就是根据减租工作团所提供的材料创作的"。[②] 高鲁于 1946 年 3 月 14 日的日记中也有宣传工作相关记载："约有五六个节目，内容有防奸的。"[③] 从中可知，乡村文化生活与政治的一致性，不仅丰富农民生活，而且有助于进一步加强农民的阶级斗争意识，激发革命斗志。

在思想上，中国共产党通过"依靠贫雇农，团结中农"方针引导，农民逐步摒弃地方宗族思想和以家庭为单位的小农思想，形成"天下农民是一家"的集体主义思想。1946 年 10 月 26 日，晋绥分局关于如何分配物质资源时"强调'天下农民一家人'思想，教育农民互助互让，好商好量"。[④] 根据政策，同年 12 月，高鲁分配棉布时认为应该"启发有布的人不再要布，要互相谦让，树立'天下农民是一家'的思想，要鼓励互助的典型人物"[⑤]。1947 年 3 月 23 日，高鲁与农会组织农民挖地主底财后，就如何分配问题，有群众提出建议："银金子说：'天下农民是一家，我们吃饱了也不能让人家（指刘占）饿着，咱们要种子，也得给人家留一点。'"[⑥] 从其日记记载看，"天下农民是一家"的思想是由干部主导到群众主动接收的发展过程，农民逐渐在阶级斗争中走向团结，个人不多占生产资料，农民间互相帮助，其实质是树立无产阶级思想。当然，仍要分清敌友，高鲁于 1947 年 11 月 29 日的日记中写道："地主不受苦、不

---

① 《建党以来重要文献选编》（第 23 册），第 256 页。

② 苏光：《晋绥〈人民画报〉及其他》，《山西文史资料》第 32 辑，太原：山西省委员会文史资料研究委员会，1999 年，第 716 页。

③ 《高鲁日记》，第 649 页。

④ 《晋绥边区财政经济史资料选编》（农业编），第 349 页。

⑤ 《高鲁日记》，第 697 页。

⑥ 《高鲁日记》，第 708 页。

劳动就不是农民，与我们不是一家人。地主的底财是斗不完的，再分太多，他们还是地主。”[①] 其文字透露，贫雇农与地主划清界限，贫雇农团结成更大的力量，点燃革命热情，形成革命思想。

（三）新气象：农村社会恶习的剔除

20 世纪二三十年代，山西境内大烟种植泛滥，部分农民精神涣散，染上二流子习气，随之中共改造乡村社会，使之呈现一派新气象。1946 年 5 月，根据晋绥边区行政公署发布的关于重申禁烟、禁毒政策布告，各县在新解放区的村庄普遍开始禁烟禁毒活动。各县政府派出干部，广泛宣传中共禁烟政策，严令各村禁止种植和吸食鸦片。[②] 5 月 2 日，高鲁走访左云县各村时发现“秀女村有 25 户吃大烟的，有 40 盏灯”，[③] 吸食大烟人数庞大。9 日，高鲁一众在群众会上讨论“吃洋烟的事”，高鲁认为应该“先说服后戒，戒了不受苦当长工”，农民听后“把洋烟灯从盖窝里拿出来，下决心不抽了，变成了好人，分了粮和地”。[④] 从其文字可知基层干部执行戒毒政策时的具体奖惩方法。在其执行过程，一些村干部“不吃大烟”了，“工作还积极”。[⑤] 5 月 18 日绥蒙区的凉城县通过清算斗争，“社会恶习有了很大改变，清除、改造二流子，开展戒烟（禁吸鸦片）、禁止赌博、卖淫灯工作，使社会面貌起了很大改变”。[⑥] 6 月 28 日，中共中央汇报了时局近况：“解决了或正在解决土地问题，农村面目改观，根据地巩固，干部信心提高。”[⑦] 伴随土改的深入开展，中共重视二流子生产问题，高鲁于 1947 年 8 月 7 日在日记中警戒道：“有人有二流子思想，今朝有酒今朝醉。”[⑧] 但从整体看，解放区内的二流子问题大为好转，8 月 27 日，董必武作《土地改革后农村的生产问题》报告并指出：“过去不事生产的二流子，土地改革后有的分得了土地，有一部分会转入

---

① 《高鲁日记》，第 774 页。

② 《中国共产党朔州历史大事记（1921 年—2012 年）》，第 86 页。

③ 《高鲁日记》，第 676 页。

④ 《高鲁日记》，第 678 页。

⑤ 《高鲁日记》，第 686 页。

⑥ 安超、哈达巴舍：《老区凉城》，呼和浩特：内蒙古人民出版社，2003 年，第 83 页。

⑦ 《建党以来重要文献选编》（第 23 册），第 324 页。

⑧ 《高鲁日记》，第 686 页。

生产。”① 这体现土地改革运动从社会问题着手，通过改造乡村恶习，以追求政治治理的全覆盖，也折射出中共所向往的社会秩序在农民的日常和情感中已构建起来。

结　语

解放战争时期，随着中国共产党在解放区基层政权的建立，新解放区的乡村社会发生激烈的社会变动，这一变动是前半个世纪国家权力向乡村社会扩张的延续，同时又带有鲜明的时代特征和阶级色彩，既反映了中国社会近代以来从传统乡村权力结构向现代化权力结构的转型，同时也反映了传统乡村旧秩序与现代化新秩序的交替，在土改运动中自上而下地发动群众，把农民意志纳入基层政权结构，使其充分理解国家政策，其中需要中国共产党领导的基层干部以顽强的革命精神，贯彻落实中央政策，以经济改造达到社会改造的目的，以此提高了农民政治觉悟、孕育了时代民族精神。这对于今天提高基层乡村社会现代化治理能力和完善现代化治理体系依然有重要的启示和借鉴经验。

Reconstruction of Rural Social Order in Land Reform (1945－1948): Centering on *Gao Lu Diary*

GAO Dan　DONG Shaowei

Abstract: During the War of Liberation, the land reform movement led by the Communist Party of China not only changed rural production relations, but also played an important role in ending the traditional old rural order and promoting rural modernization. According to the practice of land reform in Yanbei area recorded in *Gao Lu Diary*, when the liberated area was just established, the old land relations and political power organizations in the past were still continued in the countryside. By combining the land reform movement with the rectification of the party and cadres, the Communist Party of China had gradually realized the downward transfer of state power and built a complete and systematic diversified political organization structure, realized the

① 《建党以来重要文献选编》（第24册），第304页。

direct interaction between state power and rural society, reshaped the rural social order, and provided regular experience and enlightenment for today' s modern rural governance.

Keywords: *Gao Lu Diary*; land reform; rural society

〔高丹（1995— ），女，山西大同人，东北大学马克思主义理论专业硕士研究生，主要研究方向为中共党史。董劭伟（1979— ），男，河北鹿泉人，历史学博士，东北大学秦皇岛分校马克思主义学院教授，主要研究方向为中国近现代基本问题、中共党史〕

从秦基伟日记看解放战争时期豫西肃清土顽工作*

刘林林　董劭伟

（东北大学秦皇岛分校马克思主义学院）

摘　要：解放战争时期，以地主恶霸和国民党反动官吏组织当地土匪、保甲、会道门等反动顽固势力形成的土顽把控着豫西广大县城乡镇地区的基层政权，阻碍中国人民解放军夺取中原、争取解放战争主动权的战略部署。面对这一情况，中国共产党从中央到地方都将肃清土顽作为做好群众工作、建立地方政权与地方武装、巩固发展中原解放区的基础以及发起战略进攻、夺取解放战争胜利的重要一环。晋冀鲁豫野战军第九纵队司令员秦基伟深入豫西，广泛发动群众，将军事措施和政治建设相结合，迅速完成清剿土顽，推进豫西基层人民民主政权和豫西根据地建设的任务，为战略决战创造了稳定的补给基地和群众环境，也为新中国成立前后大规模剿匪反霸运动积累了经验教训。

关键词：解放战争；豫西土顽；剿匪反霸；建政

解放战争时期，为巩固基层统治、填补兵力空缺和对抗共产党政权，国民党有计划地派遣特务广泛吸纳地方反动势力，采取“招安加封”政策，扶持利用大批地方武装与土匪恶霸地主组建县区政权与保甲武装。

＊ 本文为秦皇岛市社会科学重点应用性课题“从秦基伟日记看解放战争时期农村社会治理”（2022LX026）成果。

因“国民党消极抗日，积极反共，被人们称为顽固派，其军队被称为顽固军、顽匪”[①]，这些势力则被共产党称为土顽，又称土蒋、土杂顽等。土顽以“蒋匪乡以上各级政权，党务系统及其所属团队”组成支柱和骨干[②]，政治性相对浓厚，笼络组织“土匪、乡保丁、在乡军人、国民党员、三青团员”作为爪牙架构合为一体[③]，活跃在广大县城乡镇村寨等国家权力辐射不到的空心地区，主事抢掠后方物资，暗杀共产党村干、积极分子，威胁控制群众以破坏社会秩序。土顽相对于正规军队一般战术和装备落后、人员构成复杂，反动思想根深蒂固，对革命极端仇恨，但因在当地具有一定势力且熟悉当地环境，极难被处理和消灭，给中原全境的解放和人民政权巩固发展造成了重重阻碍。邓小平在挺进大别山后，将肃清土顽工作摆在军队工作首位，在《中原局关于进入大别山后地方工作的指示》中强调“某些部队，还没有把消灭土顽，看成最严重的政治任务。缺乏进攻精神与想办法。……而地主，正利用乡保武装，威胁群众和工作干部”。[④] 新中国成立前后，随着多次大规模的剿匪反霸运动开展和各县区人民民主政权的建立巩固，土顽或被歼灭或接受改造，顽患问题得到了解决。

关于土顽的记载以文史资料和回忆纪实为主，学术界利用这些史料在关于顽匪的匪祸成因、类型特征、社会影响、匪患治理等方面都取得了丰富的成果，拓宽了土匪史研究的视角和范式。本文则在学界已有研究成果的基础上，从秦基伟日记视角出发集中于豫西土顽展开专门性研究，考察解放战争时期新解放区的剿匪和建政工作。作为当时事件的真实记录和反映，《本色：秦基伟战争日记》记载了秦基伟率领晋冀鲁豫野战军第九纵队从1947年8月挺进豫西至1948年10月中原解放期间以全纵兵力肃清土顽、解放县城乡村、建立起豫西根据地的史实。从秦基伟

---

① 总装备部《陈赓军事文选》编辑组编：《陈赓军事文选》，北京：解放军出版社，2007年，第350页。

② 中共河南省委党史工作委员会编：《河南的剿匪斗争》，郑州：河南人民出版社，1991年，第140页。

③ 卢氏县老区建设促进会办公室编：《卢氏县革命史》，郑州：河南人民出版社，1998年，第364页。

④ 中央档案馆编：《中共中央文件选集》（第16册），北京：中共中央党校出版社，1992年，第60页。

这一纵队首长的视角出发研究解放战争时期中国人民解放军如何在中央统一领导部署下因地制宜因时而动，迅速完成清除匪患和根据地建设任务，动员起广大群众建立人民政权，既是对中国共产党军队组织体系和政治建设能力的探究，亦是对中共中央以一元化领导推进新解放区巩固稳定和政权建设工作的考察，实现从个体到一般，从个性到共性的跨越。

一、豫西开展肃顽工作的背景

1947年7月中共中央确定了解放军由战略防御转入战略进攻，将战争引向国民党统治区的正确方针，决定中原地区为战略进攻首要突击方向，制定了“两翼钳制、中央突破、三军配合、夺取中原”的作战部署。在夺取中原的战略部署之下，中央军委决定将陈赓、谢富治率领的晋冀鲁豫野战军第四纵队、秦基伟指挥的太行纵队以及三十八军共七万余人组成陈谢兵团挺进豫西，策应西北野战军作战和协助刘邓野战军“经略中原”。为完成战略目标，秦基伟所率太行支队接中央局电令，组成晋冀鲁豫野战军第九纵队，接受陈谢指挥，出征豫西。[①] 在南渡黄河挺进豫西后，中央军委下达《关于陈谢兵团作战区域与原则的指示》，指出陈谢兵团作战原则为“着重点放在调动敌人打运动战及占领广大乡村，消灭反动武装，发动群众，必须准备经过一个困难时期逐步建立根据地”[②]。

豫西地处河南省西部豫、陕、晋三省交会之处，主要包括现在的洛阳、三门峡、平顶山及南阳部分地区[③]，战略地位重要。陇海路、同蒲路、平汉路自豫西而过，是连接西安与郑州的唯一交通线，作为战略纵深的大动脉承担着机动兵力和运输物资的任务，在此作战不但可以对国民党军队造成沉重打击，截断国民党西北与中原的联系，亦可以使中原解放区与黄河以

---

① 根据太行军区命令，1947年8月15日，晋冀鲁豫野战军第九纵队在河南博爱组建成立，共3旅9团，秦基伟任晋冀鲁豫野战军第九纵队司令员。

② 《中共中央文件选集》（第16册），第524页。

③ 1948年6月，中共豫西区党委、行署在鲁山成立，下辖原豫陕鄂边区三、五、六、七、八、专署、军分区及太岳区第五地委、专署、军区，划归豫西行署的县、市有：卢氏、陕县、灵宝、阌乡、栾川、嵩县、宜南、洛南、伊川、伊阳、伊鲁嵩、龙门、鲁山、许西、宝丰、临汝、郏县、禹县、襄县、南召、南阳（西北）、镇平、内乡、沙北、淅川、西峡、沙南、方城、叶县、舞阳、鲁南、西平、南阳、密县、登封、巩县、汜水、荥阳38县民主政府和洛阳市民主政府。

北老解放区相连，将国民党腹地转化为战略进攻的前线基地。

作为国民党河南第五、第十、第十一专区的豫西①，因西北野战军及刘邓大军吸引着国民党在陕西、豫西的大部分兵力，此时国民党正规军守备力量薄弱，“洛阳至潼关间，仅有整编第十五师、青年军第二〇六师各一部及新编第一旅等，依托铁路进行机动防御”②，防守力量集中在铁路沿线的大型城市中。广大县城农村地区则依靠国民党地方保安部队维持统治，“陇海路以南豫陕鄂边广大地区只有县保安团队守备”，每个专区的行政专署由三个保安团（每个团千余人）守备，同时各县亦设有保安队，人数在2000至3000③，防守力量薄弱且混乱，缺少统一指挥，易被各个击破。

“由于蒋匪的空心战略，广大地区除土顽外一般城镇均无正规军”④，为巩固基层统治加强军事力量，国民党广泛吸纳地方反动顽固势力，将他们收编并给予官衔，任命为县长、乡长、“剿匪”主任、“剿匪”指挥等，借土顽之手把控基层政权，阻挠解放军行军作战及革命工作的开展。李雪峰在报告中描述为：“国民党强化基层组织保长……甲长多由富农、中农及流氓分子担任，保长则为大恶霸地主直接掌握。县区党政军离城不离境，其策略似是依靠地主，联合富农，争取并利用中农及流氓分子，镇压、分化、控制贫苦农民。特务四处巡逻，结合中等地主及富农组织秘密武装，维护其保甲统治。”⑤ 宝丰县代理县长曲子清便是地主出身，在许昌专署专员吴协堂的示意下多次组建起土顽武装以获得国民党的弹

① 1932年8月，国民政府颁布《各省行政督察专员督行条例》，规定在省县之间分区设立行政督察专员公署，作为省政府的辅助和派出机关，监督本辖区内各县市行政工作，统领督察区内地方武装力量，维持本区治安，此后河南省划分为11个行政督察区。第五行政督察区辖许昌、郏县、临汝、临颍、郾城、襄城、宝丰、鄢陵、鲁山9县，专署在许昌；第十行政督察区辖洛阳、偃师、巩县、登封、孟津、伊川、嵩县、宜阳、伊阳（汝阳）9县，专署在洛阳；第十一行政督察区辖陕县、阌乡、灵宝、卢氏、洛宁、新安、渑池7县，专署在陕州。1948年4月调整为12个行政督察区，第十一行政督察区增设栾川县（据《河南省志·区域建置志》）。

② 军事科学院军事历史研究部编：《中国人民解放军全史　全国解放战争时期》，北京：军事科学出版社，2000年，第154页。

③ 据中国人民政治协商会议洛阳市委员会文史资料委员会编：《洛阳文史资料》第14辑，1993年。

④ 秦基伟：《本色：秦基伟战争日记》（上），北京：新华出版社，2013年，第388页。

⑤ 李雪峰：《关于新区斗争策略及组织形式问题的报告》，中共河南省委党史工作委员会编：《中原解放区》，郑州：河南人民出版社，1987年，第38页。

药与官职。获得国民党授权聘任长官的土顽负责起各地军事保卫、地方政务、赋税土地、民刑案件等一切管理事项，“不但掌握着武装力量，也掌握着地方行政、经济大权，既是武装组织，又兼管地方政务，实行的是军政合一的统治形式”①。秦基伟日记中便写：“这些地区民枪最多，所以土匪最多，而在国民党军队中当官的也就特别之多”②，在豫西当地形成了“官匪一体、匪霸不分”的混乱局面③，以不同的身份采取公开的和隐蔽的、集中的和分散的、合法的和非法的几套斗争方式，进行反革命的武装斗争。

以土顽为首的当地反动武装和土匪等反动势力掌控着县城乡村等广大偏远薄弱地区，活动极为活跃，成小股势力且数量极多、分布极广，“豫西土顽每县万计”④。1944 年初皮定均旅挺进豫西时便说过：“山区、乡村土匪横行，‘司令’赛似牛毛；每个村寨都被地主、恶霸、土顽所占。”且因多年的军阀混战及抗战中国民党军队在河南的溃散，使得大量枪支武器遗落在民间，“留散在地方上的枪，包括大股土顽，小股散匪、团队、乡保存放的公枪及地方、农民的私枪约 20—30 万枝”⑤。九纵 76 团团长李钟玄在日记中写道：“豫西伏牛山东麓，民性强悍。抗日战争时，国民党汤恩伯 40 万军队在这里被日军打垮，大批武器弹药流散民间，所以这里几乎村村有寨，寨寨有枪。”⑥ 在每次战斗结束之后，“早上到公路两侧看了看，老百姓已经把战场打扫的干干净净，连一粒子弹都未留下”。⑦ 秦基伟在日记中记载道：“任何一个县均有土皇帝所谓一斗芝麻的司令，每县不只一二而是成群，只要有了三二支枪就可在一定地区称王，对人民的压迫抢掠比之任何地区残酷。”⑧ 枪支的泛滥加剧了豫西社会的暴力风尚，地方秩序混乱，也变相加剧了土顽的压迫统治，各自统领若干武装以国民党官吏的名号把控政权欺压群众。即使是一般农民，

① 赵福如：《民国时期豫西地方武装性质》，《洛阳师专学报》1997 年第 6 期。
② 《本色：秦基伟战争日记》（上），第 381 页。
③ 秦基伟：《秦基伟回忆录》，北京：解放军出版社，2014 年，第 161 页。
④ 《陈赓军事文选》，第 394 页。
⑤ 《卢氏县革命史》，第 364 页。
⑥ 李钟玄：《李钟玄战斗日记》，北京：解放军出版社，2005 年，第 177 页。
⑦ 《李钟玄战斗日记》，第 164 页。
⑧ 《本色：秦基伟战争日记》（上），第 377 页。

也往往在土顽头头的拉拢或胁迫下身不由己间成为土匪或地方武装。这种互相转化的过程，使得豫西土顽不断获得后备军源和枪炮弹药，也使得土顽成分构成极为复杂。在这种封建统治下，土顽牢牢把控着豫西广大县城乡镇，同占据洛阳、郑州等大城市的国民党正规军互相补充、互为策应，不仅实行坚壁清野的政策，妄图断绝解放军后勤补给，也在“打孽”[①] 风俗的影响下报复广大群众与地方干部以阻碍中共军队行军、后方伤员给养以及群众运动工作，底层社会生态严重恶化。

因此，肃清土顽成为发动群众建立根据地和人民政权的重要一环，有利于摧毁各路敌人的联络网络，创建安定的根据地，巩固稳定人民政权，对加快夺取解放战争胜利具有重要意义。自中央军委至中原局到陈谢兵团，均将肃清土顽视作新解放区工作的中心和首要任务，毛泽东在指挥解放中原的战争时将土顽作为重点进攻对象，在电报中指示陈谢兵团：“十二月你们应以配合刘邓破击平汉路及歼灭土顽为中心”[②]。并在1948年1月西北野战军前线委员会扩大会议上的讲话《把打击面放在真正封建剥削阶级范围内》中明确提出：“在人民解放军所到的原先是国民党统治的地方，打击面还要缩小些。在那里，首先只打击大地主、豪绅、恶霸、地主武装、保甲制度、特务分子”[③]，申明肃清土顽的重要性和打击范围。

刘邓大军在挺进大别山后也制订作战计划，向中原局各纵队发出指示，提出“在军事上，我们在最初一个月内，不求打大仗，而是占领一切可能占领的城镇，肃清土顽，争取打些小胜仗”[④]。在深入豫西后，陈赓遵循中央及中原局指示，将九纵全部兵力投入肃清土顽工作之中，“我为拖散敌人，再寻机歼之，扫清土顽，巩固伏牛山中心区，开展新区”[⑤]。“土顽不肃清，根据地很难巩固”[⑥]，这是从中央到地方的一致结论。为建立稳固根据地和人民政权，秦基伟率领九纵在豫西二十余县开展大规模

① 打孽，即“打黑枪”，因豫西当地民风强悍，民众间往往因为各种琐碎原因互相加害、报复，执行暗杀，称为打孽。

② 毛泽东：《毛泽东军事文集》（第四卷），北京：军事科学出版社、中央文献出版社，1993年，第334页。

③ 中共中央文献研究室编：《毛泽东文集》（第五卷），北京：人民出版社，1993年，第12页。

④ 《中原解放区》，第25页。

⑤ 《陈赓军事文选》，第390页。

⑥ 《陈赓军事文选》，第405页。

肃顽和建政工作，将土顽作为主要作战目标和建立根据地的一大障碍。

二、秦基伟采取综合举措以肃清土顽

九纵挺进豫西地区后，土顽问题成为群众不信任、后勤难以保障、新区地形陌生且天气恶劣、军队士气低下战斗力下降等种种复杂问题以及军事行动的展开和豫西根据地的创立的根源。对此，秦基伟采取军事行动与政治建设相结合手段，广泛发动群众，在半年内迅速稳定局面，平息匪乱，“局面打开之后坚决分散部队发动群众清剿土顽”①，巩固了豫西根据地建设。

（一）以军事打击迅速打开局面

面对在豫西的艰难处境，秦基伟多次鼓励九纵团结内部，集中精力，战胜困难，争取迅速打开局面，争取主动权，帮助群众恢复正常生活。他根据敌情与当前民情，将多打胜仗、大量歼灭国军及土顽作为在新区立根打开局面的关键，提出“我军进入新区一切关键在于打胜仗大量歼灭进犯军，鼓励士气和群众，威胁敌人才能进行创立根据地立足生根”②，只有威胁到敌人的有生力量，才能在此创立根据地，争取到群众的支持与人民的信任。陈赓部下陈康在回忆中写道：“不彻底消灭匪霸，群众就不敢公开靠拢我们。陈司令员对此十分明确，把剿匪反霸作为开展一切工作的关键……还以九纵之全部兵力用于消灭匪患”。③

故此，秦基伟兵分两部，一部伪装主力吸引拖疲国民党主力，主力则深入豫西横扫各地土顽、开辟豫西根据地。面对军队的清剿，当地势力较大的土顽实行坚壁清野策略，将粮食及人口都集中到中心围寨，据险而守。为拔下这些据守围寨的大股土顽势力，九纵付出了惨重的代价。在攻打著名大寨西赵堡时，以一个营兵力连攻三次仍未奏效，土顽叫嚣

① 《本色：秦基伟战争日记》（上），第 400 页。

② 《本色：秦基伟战争日记》（上），第 341 页。

③ 陈康：《英明的决策　高超的指挥——忆挺进豫西，开创豫陕鄂根据地》，中国人民解放军历史资料丛书编审委员会编：《解放战争战略进攻　回忆史料》，北京：解放军出版社，1997 年，第 319 页。

“日本人没打开西赵堡，皮定钧也没打开西赵堡，你们更不行”[①]，其嚣张气焰可见一斑。后经八十一团重新部署，三面突击，最终在东南角登上寨墙，突进寨内，仅此一战便“俘土顽近千”[②]，顺利挺进嵩县。

秦基伟对土顽的军事打击是初入国民党统治区必须也必然采取的首要措施，是在当地开展建政和群众工作所必需的。九纵76团团长李钟玄充分肯定了秦基伟的决策：“‘一切决定在打胜仗’，这对军队来说，是至理名言。仗打好了，物资人员补充问题解决了，群众发动起来了……情绪高极了。弹药补充了，人员也补充了。”[③] 通过“我各集团均以积极行动歼灭土顽开展群众工作使敌人疲于奔命而造成被动的转移”[④]，沉重打击了土顽的有生力量，也争取到当地群众的支持，解决了困扰军队的后勤补给、伤员抬护等问题，鼓舞了九纵在初入豫西时的低沉士气，一扫初入豫西的阴沉局势，为建立根据地创造了良好的群众基础和军事环境。

（二）建立基层政权，领导肃顽工作

1947年11月，在解放豫西临汝、宝丰、鲁山、郏县等十余座县城后，陈谢兵团前委建立起豫陕鄂解放区党、政、军领导机关，统一领导解放区建设工作，组建7个专署7个军分区以及个35个县级人民政权[⑤]。秦基伟带领九纵主要负责建设三、五以及后续成立的八军分区。“军队打开局面较易，但建设巩固起来确需各方面努力”[⑥]，发展建设的工作远比军事斗争困难。“创立一个巩固的根据地确实真是不易的事，将蒋匪统治的后方变成巩固的新家庭，除了军事斗争上取得胜利外，在发动群众彻底摧毁地主封建统治机构方面是要经过极其艰苦的工作，反复击破明的和暗的敌人”，面对饱经摧残的豫西，以稳定的根据地和地方政权领导指挥清剿限于军力和后勤所限而无法处理的小股土顽，尽快恢复当地正常生活生产秩序成为迫在眉睫的问题。

---

① 《秦基伟回忆录》，第155页。

② 《本色：秦基伟战争日记》（上），第330页。

③ 《李钟玄战斗日记1943—1954》，第178页。

④ 《本色：秦基伟战争日记》（上），第374页。

⑤ 据时任四纵参谋长王启明《南渡黄河　进军豫西》（中国人民解放军历史资料丛书编审委员会：《解放战争战略进攻　回忆史料》）中记载。

⑥ 《本色：秦基伟战争日记》（上），第386页。

抗日战争时期，八路军豫西抗日先遣支队曾挺进豫西抗日，因纪律良好、宣传到位而被群众认可为人民的军队。正因如此，民众对九纵剿灭土顽建立政权基本上是拥护和支持的，“目前豫西的环境是很好，人民情绪高，要求派县长建立政权安民翻身”。[①] 但根据地的创建和政权的建立与稳固，不仅需要群众的热情，更需要一个统一明确的领导核心。人民对于派县长建立政权安民翻身情绪十分高昂，只是因为欠缺领导和组织上统一的能点火发动民众的核心，现有的民兵民夫以及当地武装力量自保有余，却难以发挥应有的力量。有鉴于“惟当前地方干部少，且缺乏整个统一领导有计划的组织现有力量使用和发挥现有力量的核心，因而许多现有力量（民兵民夫各纵队旅的后方机关学校及已经分散的部队等）均未发挥其应有的力量”的现实情况，秦基伟在“新的根据地的创立……从部队中拿出干部来党政军民统一领导及根据地建设的统一领导”的思考中[②]，决定“将二十五旅全部留置第三、五军分区”[③]，副参谋长李静宜在伊川、宜阳、栾川等县建立豫陕鄂第三军分区，该旅旅部任第五分区领导机关，派出部队干部任各县县长，普遍建立县政权，推进土改和组织地方武装。1948年5月豫陕鄂第八军分区建立后，又抽调五分区三分之一干部组成八分区领导机关，二十五旅旅长任司令员，以其丰富经验指导当地干部群众积极开展剿匪、建政、发展地方武装等工作。

统一的领导核心更需完善基层政权建设以发挥统筹大局、引领各方的作用。《中原局关于进入大别山后地方工作的指示》中申明：“必须立即宣布废除保甲制度，建立县、区、村（即等于乡的行政村）三级民主政府”[④]。为此，秦基伟组织干部大队分到县、乡后迅速组织成立县委、县政府，完善组织部、宣传部、民政科、财粮科、司法科等组织办事机构并研究建立各区人民政权。将基层政权架构完善后，各县便派干部深入农村访贫问苦，扎根串连，开展调查，帮助乡村干部宣传贯彻新区政策，成立“农会”和村公所作为区委区政府直接领导的基层政权。1947

---

① 《本色：秦基伟战争日记》（上），第379页。

② 《本色：秦基伟战争日记》（上），第397页。

③ 《秦基伟回忆录》，第160页。

④ 中共中央文献研究室，中央档案馆编：《建党以来重要文献选编》（第24册），北京：中央文献出版社2011年，第436页。

年12月，鲁南县政府、区公所以及解放军干部依靠新生的农村基层政权组织农会来开展工作，并向群众宣讲党的政策和革命道理，组织带领农民群众与反动的地主武装势力作斗争。各地在农会带领下贯彻新区政策、开展土地革命、组织青壮年参军，以贫雇农为骨干，由村民自己选举并带领各村搞翻身和支前工作。如半截沟乡农会便设政府主席、秘书、七个委员及三个助理员，由基层群众组成农会小组，选举农会组长，领导群众开展划成分、没收财产、支援前线、清剿土匪、组织青壮年参军和建立地方人民武装等活动。

在党、政、军、民的齐心协力下，豫西各地区建立起完善的基层政权，以政治和军事相结合、武装与群众相结合的方法深入县乡指挥推进肃清土顽、土地改革、发展地方武装、发动群众等工作的有序展开。

（三）建设地方武装，肃清小散势力

在同豫西人民的交流和相处中，秦基伟观察到豫西当地群众总体对解放军的态度是拥护的，可“虽盼望我军但又怕不能长期立足而对我是观望态度”，因此“群众见我不脱离此区，人民的情绪和向心就会很快起来，同压迫他们的敌人作斗争”[①]。为防止军队撤离后小股残顽重回各地报复群众和破坏革命，建立地方武装成为急待解决的问题。

中原局在建立地方武装方面向各纵队发出指示，提出“地方武装政策，必须是以主力分遣之部队为骨干的从土改中建立贫雇农的可靠武装”[②]。在这一指示下，秦基伟分出二十五旅作为基干力量，输入领导骨干，协助各县党组织、人民政权建设地方武装，同时提出“我们建设武装的基本方向是放手发动群众，从翻身分田斗争中出现的积极群众建立人民的武装民兵逐渐提高发展成为分区基干团”[③]，发动群众组建人民武装，以各县直属队和民兵武装组织成为县政府的基本武装力量，配合九纵主力作战，剿灭土顽。如临汝县人民民主县政府建立后，面对土顽势力四处发动反革命骚乱，破坏社会治安，企图颠覆人民政权的恶劣局势，秦基伟从太行老解放区派遣干部协助临汝县政府组织县区人民武装和民

① 《本色：秦基伟战争日记》（上），第347页。
② 《河南的剿匪斗争》，第2页。
③ 《本色：秦基伟战争日记》（上），第387页。

兵，发动全县人民配合九纵开展剿匪斗争，又留下二十五旅七十五团同地方武装共同组成临汝县独立团维持当地治安，加强政权建设。

最终，豫西军区以老干部为骨干发展了 12 个基干团、10 个独立团、28 个县大队，共约 4.4 万人，收缴 1.5 万余支地主枪支归人民武装所有[①]，不仅将工作范围辐射到广大乡村，稳定了地方秩序且打击土顽报复，亦深入基层强化党的领导，以经验丰富的老解放区干部战士在豫西各地开展土改和政权建设工作，维持政权和人民生活稳定，成为野战军的重要战力补充来源。

（四）广泛发动群众，巩固肃顽成果

群众路线是中国共产党的生命线和根本工作路线，走好群众路线就需放手发动群众，发挥其主观性。在《解放战争第二年的战略方针》中，毛泽东明确提出“到国民党区域作战争取胜利的关键……是在坚决执行争取群众的政策，使广大群众获得利益”[②]。邓小平在进入大别山后多次召开会议向中原地区各部发出指示提出，“充分发动群众及其游击战争，同我们一块斗争，是实现我们战略任务的决定条件”[③]，将发动群众作为创建巩固根据地建立鄂豫皖解放区的重要一环。陈赓抽调出兵团两万余人划归各分区，“专任消灭土顽与掩护发动群众”[④]。

豫西民众民性强悍，尚武精神突出，群众革命愿望强烈、大胆敢干。面对地权分配集中与贫富差距过大的现实，为争取群众支持，调动群众的积极性和参与度，秦基伟遵照中原局“应立即放手发动群众，普遍的分地主财物（即分浮财）的运动”的指示[⑤]，采取“走马点火”的方式发动群众。所谓“走马点火”，是发动群众斗争地主老财，没收财物分给贫苦农民，解决部队的困难。这种方式最为直接有效，在进攻宝丰时，“只要一布置谁家没收人民一轰而上一扫而光”[⑥]；而临汝地区“收复夏店土顽

① 《河南的剿匪斗争》，第 139 页。

② 《建党以来重要文献选编》（第 24 册），第 328 页。

③ 《中原解放区》，第 25 页。

④ 《陈赓军事文选》，第 395 页。

⑤ 《中共中央文件选集》（第 16 册），第 561 页。

⑥ 《本色：秦基伟战争日记》（上），第 381 页。

被歼之后临汝以西广大地区经我点火之后人民情绪极高”[①]，许多村庄群众甚至自动结合起来组织起农会，武装起来分地主的家产。在九纵的带领和布置下，凡是国民党的驻所及地主家庭与旧县府驻地均一抢而光。

经过走马点火后，豫西民众翻身做主人的愿望空前强烈，革命热情被充分激发，建立政权结束土顽乱象要求强烈，“尤其经过点火的村庄，人民直接提出要求部队多驻几天或留少数部队帮助他们继续翻身组织政权和武装，这是豫西人民情绪及对解放军的态度”[②]。为趁热打铁，秦基伟组织小分队分散展开深入农村，扎根串联，宣传群众，组织群众建立根据地，进行调整土地、减息减租和剿匪肃顽的群众运动。“在建设根据地上应放手点火，发动群众……树立建设根据地的观念和信心。领导上应有极大的决心以最大的努力参加群众工作，团结人民力求迅速生根”[③]。因解放军的诉求同豫西农民是一体的，豫西地区的群众工作如鱼得水，群众被广泛发动和组织起来，觉悟不断提高，豫陕鄂区有 170 万农民分得了土地，开展起轰轰烈烈的支前运动，而散匪在群众工作顺利开展的情况下也纷纷瓦解，缴械来降，进一步巩固了解放区。

（五）改造投机土顽，消除内部隐患

在清剿土顽的过程中，部分土顽或因被俘虏、宣传等原因加入军队，或因政治上的游离性和投机性选择投诚，或选择假投诚、假自首蒙蔽我军，以暗中等待时机反攻或进行隐蔽破坏行径。面对此类投机土顽分子，秦基伟认为“这批人的争取对今后鲁宝郏临伊五县的工作关系极大，对现在零散土匪的影响及继续瓦解争取有重要意义，对削弱地主反动阶级力量减少对人民的威胁作用很大，同时避免他们为蒋匪所利用对付我们”。[④] 因此，在保持高度的政治警惕性及阶级立场下秦基伟先同他们谈话进行政治和思想改造，对他们提出了五点要求：“1、打倒蒋介石反动政权。2、拥护执行土地改革。3、接受领导听指挥。4、不侵犯人民利益，执行我军三大纪律八项注意。5、保护民主政府干部，执行法令，清

---

① 《本色：秦基伟战争日记》（上），第 375 页。

② 《本色：秦基伟战争日记》（上），第 376 页。

③ 《本色：秦基伟战争日记》（上），第 331、332 页。

④ 《本色：秦基伟战争日记》（上），第 378 页。

剿反动武装。”[①] 在此要求的基础上允许他们继续发展收编乡间的小股土匪，逐渐改造清洗。

对待投诚的土顽，秦基伟的态度和措施是温和宽容的。但在不到一个月后，便有各地方干部反映若干土匪利用军队的合法名义私派粮款包庇地主保甲长，群众亦反映老八路好而新八路坏，部分土顽仍旧作恶乡里，破坏政权与根据地建设。这是九纵对土顽在认识上缺乏经验，尽管提高警惕对待他们，但对其阴谋和复杂性估计不足，对贸然收留土顽导致群众强烈意见的结果认识不充分，在土顽收编工作上出了纰漏，影响发动群众进行政权建设。

面对这种情况秦基伟当即决定解除土顽武装，将他们集中起来迅速训练编入野战军离开本地，经整理训练审查清洗改造后争取土顽中一部分基本群众，清洗掉成分质量不合格的人。同时，对借机混入军队的地主保甲长经审查后交由群众处理。通过武装清剿结合政治攻势，将争取土顽同群众运动相结合的做法，九纵取得了很大成果，不仅补充战斗和伤病减员、减轻了部队伤亡，也探索出了一条以政治手段消灭土顽的道路。伊川县政府在建立初期，因人民政权薄弱，为安定地方秩序，规定凡拥护共产党领导、拥护人民政权的地方武装均可加入中共武装组织。少数匪首便趁此打着人民政府的旗号扩充武装势力，混入干部队伍控制乡村政权。伊川县政府随后同洛阳军分区合作，以部队升级为由，将土匪混入的部分独立团、区干队集中于葛寨村，解除武装并争取收编，最终“共计收缴机枪8挺，步枪600余支，小钢炮1门。将愿意参军的400多人编入一六三团，部分匪首集训月余遣散回乡。同时，收缴县内民间枪支3068支”，基本消灭了县内公开土顽。[②]

三、豫西地区土顽问题的顺利解决与重要意义

从1947年8月南渡黄河到1947年末，秦基伟率部坚持机动作战和根据地建设同步进行，共四处作战91次，攻克18座县城，歼灭非正规军7953名，建立起豫西第三、五军分区，在当地群众、本地领导力量、军

① 《本色：秦基伟战争日记》（上），第378页。

② 李耀曾主编：《伊川县志》，郑州：河南人民出版社，1991年，第193页。

队及南下干部三方共同协作努力下，普遍建立起区县政权，发动土改，组织人民武装。后在人民军队和基层政权多重攻势下，豫西地区土顽大部被歼，散匪土顽在群众工作和政治宣传下也携械来降。土顽问题的顺利解决，结束了豫西几十年来被土匪恶霸控制的局面，局势得到初步稳定。全境自上而下建立起一支人民当家作主的强有力领导机构，积极开展剿匪、建政、发展根据地等工作，巩固稳定了豫西根据地。开展肃顽工作半年后，中原地区野战军均对这一工作的重要性有了深刻认识，“同志们已体验到歼灭土顽与消灭敌正规军是一样的重要，没有这一条，便没有我们‘面’的巩固的解放区”①。毛泽东曾赞赏陈谢兵团“最近你们歼灭很多土顽，有大的战略意义”②。通过歼灭敌军和剿匪肃顽，秦基伟在此创建了稳固的控制区，打通陇海、平汉两条铁路线，使得中原战场同黄河北岸的华北老解放区连成一片，将豫西这一战略要地变为向国民党发起决战的前线指挥和供应补给基地，为解放中原、淮海战役、渡江作战创造了有利的交通网络和群众环境，提供了坚实的后方和给养基地。同时，豫西群众热情被最大程度激发释放出来，革命热情高涨的人民群众全力以赴支援解放战争，仅鲁山一县便在解放战争期间支援了4000余万斤粮食、13多万双鞋，组织起民夫56860人。③ 在中原大地上上演了“人民战争，人民支援”的淮海战役伟大奇迹。

从《本色：秦基伟战争日记》中所窥见的肃清土顽是新中国成立前后中国共产党在全国实行大规模剿匪运动之前开展的一项军事战略行动，针对的是国民党统治地区的反动地方武装，因战略任务紧张和战略重心在国民党等多重因素影响，并未彻底消灭豫西遁入山地的残匪股匪。但在短时间内针对当地纷繁复杂的土顽势力，采取灵活多变的应对措施迅速创造稳定的政治军事环境，解放各县乡大小城市建设人民政权，实现战略目标及任务，不仅是对共产党领导和执政能力的重要检验和实践，也为党如何建设和巩固人民民主政权提供了经验积累，锻炼培养出大批

① 中共中央文献研究室、中国人民解放军军事科学院编：《邓小平军事文集》（第二卷），北京：军事科学出版社、中央文献出版社，2004年，第65页。

② 《毛泽东军事文集》（第四卷），第334页。

③ 中国人民政治协商会议鲁山县委员会文史资料研究委员会编：《鲁山文史资料》第12辑，1996年，第4页。

拥有丰富革命斗争和施政执政经验的基层干部，为解放战争的胜利和新中国成立后各项建设工作开展创造了条件。

The Work of Eliminating Political Bandits in Western Henan during the War of Liberation in *Diary of Qin Jiwei*

LIU Linlin　DONG Shaowei

Abstract: During the China' s War of Liberation, landlords, bullies and reactionary Kuomintang officials organized local bandits, local armed forces, feudal religions and other stubborn reactionary forces to control the grass-roots political power in the vast counties and towns of western Henan, obstructing the strategic plan of the Chinese People' s Liberation Army to seize Henan and win the initiative in the war of liberation. In the face of this situation, the Communist Party of China from the central to the local authorities took the elimination of political bandits as an important part of the mass work, the establishment of local political power and local armed forces, the consolidation of the development of the liberated areas in Henan, and the launch of strategic attacks to win the war of liberation. Qin Jiwei, commander of the Ninth Column of the Jin-Ji-Lu-Yu Field Army, went into western Henan to mobilize the masses extensively. By combining combined military measures with political construction, he quickly completed the task of eliminating political bandits, promoting the democratic regime of the grass-roots people in western Henan and the construction of the base areas in western Henan, and creating a stable supply base and mass environment for the strategic decisive battle. It also accumulated experience and lessons for the development of large-scale campaigns to wipe out bandits and bullies before and after the founding of the People' s Republic of China.

Keywords: China' s War of Liberation; political bandits in western Henan; the campaign to suppress bandits and local tyrant; establishment of government

〔刘林林（1997— ），男，河南卢氏县人，东北大学马克思主义理论专业硕士研究生，主要研究方向为中共党史党建。董劭伟（1979— ），男，河北鹿泉人，历史学博士，东北大学秦皇岛分校马克思主义学院教授，主要研究方向为中国近现代史基本问题、中共党史〕

文化哲学

深思关于哲学和哲学家的五个隐喻*

张云飞　赵文苑

（燕山大学马克思主义学院）

摘　要：四位哲学家关于哲学和哲学家的五个隐喻对于我们理解什么是哲学大有助益。柏拉图描述泰勒斯为“仰望星辰的人”，这一隐喻说明了哲学家的群体特征；胡塞尔的“一个无限遥远的点”与尼采的“一个带角的问题”形象地说明了哲学研究对象的特质；柏拉图所提出的“像猎人一样合围”深刻说明了哲学的认识方法和研究方法；罗素所提出的“一片无人之域”则说明了哲学研究领域的地貌特征。综合分析这五个隐喻，可以帮助我们整体理解哲学研究主体、对象、方法及相关领域的内容与特质。

关键词：哲学；哲学家；隐喻

隐喻是人类开展认识的一种基本方式，人们通常会把甲事物与自己比较熟悉或存在类似情况的乙事物或明或暗地联系起来，从而加深对于甲事物的认识。进一步而言，从认识论角度来看，人类认识事物的基本模式也是通过自己熟悉的对象来理解和认识新对象。在认识的过程中，人们总是把不熟悉、难以掌握的东西转换成自己比较熟悉、容易掌握的东西，使之得到更加具体、形象和生动的理解。对于什么是哲学这个问题的解答，有一千个哲学家可能就会有一千种答案，每个哲学家对这个

* 本文是国家社会科学基金项目“哲学理论的历史感与历史叙述的哲学性：哲学与历史学的关系研究”（13CZX007）的阶段性研究成果。

问题的回答都会存在或多或少的差异。在研究哲学的过程中，给我留下深刻印象的是四位哲学家关于哲学和哲学家的五个隐喻。这五个隐喻有利于我们更形象、生动地理解哲学家的工作。

一、哲学研究主体：仰望星辰的人

依据柏拉图在《泰阿泰德篇》中的记载，古希腊第一位哲学家泰勒斯仰望星辰而不慎落入井中，看到这一景象的色雷斯女仆嘲笑他渴望知道天上的事，但却看不到脚下的东西。[①] 在这则关于哲学家的逸事中，内在地隐含着两种不同类型的人，一类是以色雷斯女仆为代表，她关注着地上、脚下的事物；另一类人是以泰勒斯为代表，他关注着天上的星辰。由此引申，柏拉图对于两种类型的人进行了分析，一类是从小厮混于法庭这样的地方的人，另一类是在哲学探讨中长大的人；前一类人被训练成奴隶，后一类人则成长为自由人。柏拉图认为，法庭上的演讲者是一个"从事辩论的奴隶"[②]，他一直关心着个人的利益以及自己的身家性命，在限定的时间内发言，听命于法庭上裁决各种诉讼的主人。对于这种人来说，"自幼为奴的经历扭曲了他的成长，剥夺了他的自由精神，驱使他走上邪恶之路，恐惧和危险使他胆战心惊，青年时期的脆弱使他无法面对真理和诚实；所以，他起先是撒谎，然后是用犯错误来补偿先前之错，性情乖戾偏激，从青年到成年全无健全观念，最后终于如他自己想象的那样，成为所谓具有难以对付的才智的人"[③]。哲学家也有不同的追求和层次，柏拉图认为首要的哲学家不同于在法庭这种环境中成长起来的人，他们"从来不会屈尊思考身边的俗事"[④]，他们的身体虽然生活在城市之中，但是他们的思想已经插上了翅膀，飞到了天上去。由此，在哲学研究中花费了大量时间的人一上法庭辩论就会显得荒唐可笑。同理，在法庭上能够激昂辩论的人对于天上的事物也会感到一片茫然。两种人走着

① 〔古希腊〕柏拉图：《泰阿泰德篇》，载《柏拉图全集》第二卷，北京：人民出版社，2003 年，第 697 页。

② 《泰阿泰德篇》，第 695 页。

③ 《泰阿泰德篇》，第 696 页。

④ 《泰阿泰德篇》，第 696—697 页。

完全相反的两条路。

从古希腊第一位哲学家开始，“仰望星辰的人”就成为象征着哲学家群体的一个隐喻。这在一定程度上造成哲学与世俗生活的脱离，这种脱离发展到一定程度，就会产生在世俗意见看来哲学研究毫无价值的观念。这种观念在中国古已有之，彭更曾经向孟子提出自己的困惑，他说：“你身后跟着数十辆车，几百个人，在诸侯间转来转去以获得自己的报酬，这样做是不是太过分了？”在他看来，孟子并没有给各个诸侯国带来什么实际的好处，却能够得到优厚的待遇，这在他看来是不可想象的。于是，孟子问他，如果一个匠人（梓匠轮舆）给你造了一辆车，你是不是要给他报酬呢？为仁义者传递了孝悌的思想，促进社会和睦，人际和谐，那么他为什么不能从你那里获得报酬呢？“子何尊梓匠轮舆而轻为仁义者哉？”[①] 同类的事情也曾经引发黑格尔的思考，他注意到人们可能普遍认为要想制成一双鞋子，那么就需要鞋匠的技术，如果未经学习，绝不敢妄事制作；“唯有对于哲学，大家都觉得似乎没有研究、学习和费力从事的必要”[②]。世俗世界之所以产生这种观念也不能够完全怪罪身处世俗之中的人们，哲学远离世俗、沉醉于天国的倾向也是造成这种局面的原因。

问题恰恰在于如果哲学回归世俗生活，那么在世俗世界会给哲学保留一个位置吗？马克思对于这个问题做出了解答。马克思从事理论批判的目的不仅仅在于解释世界，更重要的是要改变世界。就改变世界的功能来说，从事哲学批判是不够的，由此必须深入到经济学研究中去。所以，在《1844 年经济学哲学手稿》中哲学和经济学两条研究线索交叉并存之后，经济学研究日益占据主导地位。马克思并不会因为他在后期放弃哲学研究方向而在哲学领域受到贬损，反而因为他在经济学研究领域中的突出贡献，同时，由于这种贡献到处都有哲学的观点与方法，所以他在 2005 年 BBC 广播公司第 4 台组织的票选中以绝对优势当选“影响我们这个时代的最伟大的哲学家”。马克思在“真理的彼岸世界”消逝以后，致力于“确立此岸世界的真理”[③]。他在把哲学与市民社会相融合的

---

① 〔战国〕孟轲：《孟子》，北京：中华书局，2006，第 129 页，。

② 〔德〕黑格尔：《小逻辑》，北京：商务印书馆，1980 年，第 42 页。

③ 《马克思恩格斯文集》第 1 卷，北京：人民出版社，2009 年，第 4 页。

研究倾向上做出了有益的探索。他所谓的“哲学的消极解体”[①] 实质上是某种哲学的解体，这种哲学脱离世俗生活，在抽象的观念中构建自己的王国。这种哲学消亡之后必将产生一种面向生活世界的新哲学，这种哲学把仰望星空与脚踏实地有机结合在一起，这种哲学的理论形态就是实践的唯物主义。在实践的唯物主义哲学形态中，哲学的研究方式不再是脱离生活世界的“从天国降到人间”，而是切实解决人们生活和思想中实际问题的“从人间升到天国”[②]。

二、哲学研究对象（一）：一个无限遥远的点

“一个无限遥远的点”是胡塞尔关于哲学研究对象的一个隐喻[③]。他在《哲学作为严格的科学》这篇论文中认为，以往的哲学在追求严格科学的目标时都处在“有限的远处”，“历史上的哲学肯定是世界观哲学，只要它们的缔造者是处在智慧本欲的主宰之下；但它们同样也是科学的哲学，只要在它们之中也曾活跃着严格科学的目标”。[④] 世界观哲学追求智慧，每一个人、每一个时代都可以构建自己的世界观，这种哲学充满个体性与时代性；科学的哲学追求明心见性，“科学的‘观念’则是超时间的，而在这里，这就意味着，它不受任何时代精神的相对性限制”。[⑤] 历史上的各种哲学内部都原始地包含着智慧与科学这两个目标之间的冲突，这两个目标根本没有得到区分，或者是没有得到明确的区分，因此历史上的哲学学说都处于“有限的远处”。胡塞尔认为世界观哲学与科学的哲学以某种方式相互联系，但是它们之间不能相互混淆，不能够把世

① 《马克思恩格斯文集》第1卷，第113页。

② 《马克思恩格斯文集》第1卷，第525页。

③ 斯基拉奇是胡塞尔《哲学作为严格的科学》单行本的编者，他曾经在为该单行本撰写的“作者生平”中评论胡塞尔的讲座风格。他说他曾经听过胡塞尔的许多讲座，但是这些讲座并不特别成功，“他仿佛是在自言自语，没有激情，没有文学渲染”，但是给人印象深刻的是他对于“无限的任务”“无限远的点”的强调，他“以一种动人的方式，就好像思想在自己陈说着，独立于所有顾忌，独立于所有现实，眼里只有‘无限的任务’（他最喜欢的一句话）。在陈说中，他确立一个‘无限’远的点，他可以暗示这个点的可见性，即使他并不为通俗易懂的可解释性作努力”。（胡塞尔：《哲学作为严格的科学》，商务印书馆1999年版，第110—111页）

④ 〔德〕胡塞尔：《哲学作为严格的科学》，北京：商务印书馆，1999年，第58页。

⑤ 《哲学作为严格的科学》，第59页。

界观哲学视为科学的哲学在时代中的不完善实现。世界观哲学在几千年前就已经存在，但是作为严格科学的哲学还没有开始。严格科学的哲学并不是要抛弃世界观哲学，“这两个观念的实现（假定它们两者都能实现的话）会在无限中以逼近的方式相互接近，只要我们愿意将科学的无限虚构地想象为一个‘无限遥远的点’，它们也会在无限中相互重合”①。在这个“无限遥远的点”上，胡塞尔试图在科学的基础上建设一种具有普全性质的世界观。

胡塞尔所讲的哲学意义上的科学并不是以物理学和数学为典型代表的自然科学，他明确反对心理学把意识作为一种物理现象加以研究的倾向。他认为心理学所探讨的是意识的显现，而哲学研究的则是意识的现象，显现仅仅是意识的外部特征，而现象则要反映出意识的自身构成与自身改变，它是意识活动与反思相结合的产物。于是，面向事情本身的本质还原就是严格科学的哲学所追求的目标。胡塞尔的现象学与狄尔泰的精神科学的共同点在于他们都反对以自然科学模式开展研究的心理学，但是区别在于胡塞尔明确反对狄尔泰所代表的历史主义研究倾向，他认为哲学在通向严格科学的路途中所得出的结论是超时间性的、普遍适用的。胡塞尔认为一味沉浸在历史事物上，通过历史批判来发展严格科学的哲学是“毫无希望的努力”，科学的哲学“研究的动力必定不是来自各种哲学，而是来自实事与问题”，“哲学本质上是一门关于真正开端、关于起源、关于万物之本的科学”。② 这种哲学是关于彻底之物的科学，是对于绝对清晰的开端的本质把握，这个绝对清晰的开端就是那个“无限遥远的点”。

对于“无限遥远的点”的追复观看无疑点出了哲学研究的本质特征，它是体现和证明人类思想到底能够走多远的学科。它向外探求宇宙的本质，向内穿透意识的迷局，在深邃幽暗之处验证思想的力量。这种倾向在中国古代哲学传统中充分体现于屈原的《天问》，“天问”象征着中国古代哲学家探索自然和社会本源的愿望，象征着中国古代先贤对于那个“无限遥远的点”的追寻。“遂古之初，谁传道之？上下未形，何由考之？

① 《哲学作为严格的科学》，第 60 页。

② 《哲学作为严格的科学》，第 69 页。

冥昭瞢暗，谁能极之？冯翼惟像，何以识之？”① 可见，屈原的“天问”引导我们思考远古的开端、天地的起源、昼夜的交替、虚实的转换等等涉及世间万物起源与本质的问题。这些问题超越我们日常生活的常识，似乎是存在于天边的无限遥远的问题。哲学正是抓住这些问题进行深入的思考，为人类整个知识体系提供前提性假设。由于这些问题无限遥远，飘浮在空中，哲学家需要保持专注不断地对之进行跟踪反思，不断地逼近问题的本质。正因为这样，哲学的思维以自由为基本特征，它较少受到外在事物的束缚。与哲学相比，其他学科往往受到对象或者外部状况的牵制与束缚，例如，自然科学受制于实验，历史学受制于史实，社会学受制于社会考察，人类学受制于田野调查，考古学受制于遗址遗迹保护与挖掘等，而哲学在很大程度上是追逐“无限遥远的点”的思的事情。

三、哲学研究对象（二）：一个带角的问题

尼采建构了一种另类的、艺术性质的哲学，他以“屠龙者的果敢步伐”运用“酒神大问号”来审视人类历史中形成的知识、道德和宗教。他曾经在《悲剧的诞生》的序言中称自己抓住了“一个带角的问题”，这个带角的问题自然而然地会使人们想到公牛，但是他自己却说这种问题“倒不一定是头公牛那样的”②。公牛力大无比，两个角带着锋利的尖端，如果把这两个角视为问题的两端，如何处理这两端之间的关系就是哲学面临的一种严峻的考验。尼采说他抓住的这个问题有角，但不一定是公牛那样的，那就意味着他不是从问题具有对立的两端这个角度来对之进行理解，而是从这个问题的艰巨性与尖锐性角度来对之进行理解。在尼采看来，这个有角的问题“无论如何是一个新问题”，《悲剧的诞生》所解决的这个新问题就是知识本身存在的问题，“知识第一次被看作是有问题的、成问题的”③；此外，他还进一步提到“这本书满载着一大堆困难的问题”④，这些问题包括知识是什么、从何而来、目的为何，知

① 熊任望：《屈原辞译注》，保定：河北大学出版社，2004年，第65—66页。

② 〔德〕尼采：《悲剧的诞生》，南京：译林出版社，2007年，第3页。

③ 《悲剧的诞生》，第3页。

④ 《悲剧的诞生》，第7页。

识与道德之间的关系，知识如何造成虚弱的乐观主义，如何看待那些置悲剧于死地的东西（包括道德苏格拉底主义、理论之人的辩证法、满足和欢乐），如何构建强者的悲观主义等。这些问题之所以是非常困难尖锐的问题，主要原因在于我们在知识的基础之上不能发现知识本身存在的问题，如果我们要对知识本身存在的问题有所认识，必须把它置于知识的对立面，即艺术的基础之上来进行考察。但是纯粹的艺术家完成不了这项任务，完成这项任务需要对于分析能力和追溯能力有附带嗜好的艺术家，需要构建艺术家的形而上学，“用艺术家的眼光来看知识，然而用生活的眼光来看艺术”①，放弃论证，重视体验，充分尊重生命。尼采自己把向这个方向所做的努力称为“健康型的神经病”②，他通过对带角的问题的关注构建起与苏格拉底主义的知识和基督教的道德完全不同的悲观主义。

通过上文对于尼采“一个带角的问题”的分析，我们大概可以总结出哲学问题之“角”的两种类型。一种是以尼采本人的观点为代表的犀牛型的角，他关注知识本身存在的问题，这个问题的特点在于两个方面，一方面，它是一个新问题，在尼采之前没有人认真思考这个问题；另一方面，它是一个困难的问题，解决这个问题意味着对苏格拉底以来知识传统的挑战，另外，还要跳出知识的范围，从艺术的角度来对之进行审视。这个问题像犀牛的角一样珍贵新奇，一样难以对付。于是，对于这个问题的答案，“人们不得不寻找，却一次也不愿意寻找”③。

哲学问题之“角”的第二种类型是公牛型的角。虽然尼采说他抓住的那个带角的问题不一定是公牛那样的，但这不能说明公牛型的哲学问题之“角”不存在，反而说明尼采认识到哲学问题之“角”除了自己抓住的那个之外，还有类似于公牛的哲学问题之“角”。犀牛型的角是因为其新奇困难而得名，公牛型的角是因为它常见但难以解决而得名。与犀牛不同，公牛头上的角有两只，斗牛士抓住其中任何一只，都可能受到另一只角的伤害；当他试图把两只角都抓住时，似乎危险性会更大，直接被顶得人仰马翻。公牛的两只角象征着哲学问题的二律背反，这种背

① 《悲剧的诞生》，第 4 页。

② 《悲剧的诞生》，第 6 页。

③ 《悲剧的诞生》，第 3 页。

反论在康德那里得到了比较经典的论述。康德把人的认识能力分为感性、知性和理性，感性获得经验材料，知性把经验材料与概念结合起来，理性则是对于概念的分析。人一方面执着概念，另一方面要面对经验材料，理性与感性在知性中交汇。不与经验材料发生任何关系的理性就是纯粹理性。在康德看来，纯粹理性总是面对相互矛盾的正反两个命题，这就是纯粹理性的背反论，也就是纯粹理性的辩证学说。这种辩证学说不是人们仅仅出于某种随心所欲的意图而提出的带有任意性的诡辩，而是纯粹理性面对的永远不可消除的、自然的、不可避免的幻相。[①] 纯粹理性之所以会产生二律背反，其根本原因在于理性在经验性综合的连续性过程中试图让根据经验法则而有条件地得到规定的东西摆脱一切条件，在其无条件的总体性中来把握它。于是就会产生一系列的先验理念，这些先验理念自然地、不可避免地存在着相互冲突的正反两个命题[②]，这些命题由于得不到任何经验的支持，哲学家对这些命题难以做出真假的判断，于是在二律背反的命题中做出选择的依据“只是我们的利益”[③]。康德认为，如果一位哲学家宣布摆脱一切利益，不在这些二律背反的命题中选择其一作为自己的立场，那么他就会“处于一种不断的动摇状态”，“今天在他看来显得可以确信的是，人的意志是自由的；明天，如果他考察那不可解开的自然链条的话，他又会认为自由无非是一种自欺，而一切都只是自然而已”[④]。于是，纯粹理性的二律背反就像是公牛的两只角一样，在哲学这片土地上横冲直撞，把所有试图制服它的人顶得措手不及、颜面尽失。于是，哲学家需要勇气才能面对这些带着公牛角的问题，历

---

① 详见〔德〕康德：《纯粹理性批判》，北京：人民出版社，2004 年，第 358 页。

② 康德认为自己已经“只能有这么多，不多也不少”地列举了先验理念的四个冲突，这四个方面的冲突试图解决的问题包括：“世界是否有一个开端、是否它在空间中的广延有某种边界，是否在什么地方、或许在我的思维着的自我中有某种不可分的和不可破坏的单一性，还是除了可分的东西和暂时的东西外什么也没有，是否我在我的行动中是自由的，还是像其他存在物一样由自然和命运之线引导的，最后，是否有一个至上的世界原因，还是自然物及其秩序就构成了我们在我们的一切考察中都必须在其面前止步的最后对象。”（康德：《纯粹理性批判》，人民出版社 2004 年版，第 387 页）这四个问题可以简要概括为：时间空间的边界问题、世界的可分性问题、人的自由问题以及有关世界存在的终极原因问题。对于这四个问题的回答都有正反两个方面的命题。

③ 《纯粹理性批判》，第 388 页。

④ 《纯粹理性批判》，第 394—395 页。

史上的哲学家们前赴后继为这些问题的解决贡献自己的智慧。

四、哲学研究方法：像猎人一样合围

“像猎人一样合围”[①] 是柏拉图在《理想国》中所使用的隐喻。在《理想国》这部著作中，苏格拉底和格劳孔以对话的形式探讨理想国家应该具备的四种品质，他们依次探讨了统治者应该具备处理国家大事的智慧的品质，军人应该具备维护法律尊严的勇敢的品质，全体公民（柏拉图在这里特别强调的是被统治者，包括生意人、儿童、女人、奴隶以及那些名义上的自由人等）都应该具有认同统治秩序、保持社会和谐的节制的品质。在智慧、勇敢、节制的含义明确之后，接着就进入了最关键的环节，要进一步确定对于国家来说非常重要的一个问题，即什么是正义。在探讨这个问题之前，柏拉图使用了“像猎人一样合围”这个隐喻。我们知道，猎人在围猎的过程中要根据自然环境判断哪种动物会在这里出没，然后根据抓痕、脚印、粪便等方面判断野兽出没的可能性以及大致方向，这可以有效地提高围猎的准确度，最后就是发现野兽之后的合围。思考哲学问题和猎人围猎的过程具有内在的契合性，这种方法在哲学上预示着要按照思维的程序一步步地解决问题，把周边问题解决之后，最终解决问题的核心。这个方法具体应用于探讨国家的品质时，就是要在分阶层地确定了统治者、军人和被统治者应该具备的品质之后，在确

---

① 该隐喻出自柏拉图的《理想国》，在该书的中译本中，由于译者的不同，翻译后的中文内容也有所不同。郭斌和、张竹明翻译的《理想国》（商务印书馆 1986 年版）对于该句的译法是：“格劳孔啊，现在正是我们象猎人包围野兽的藏身处一样密切注意的时候了。”（见该书第 152 页）王晓朝翻译的《国家篇》（出自《柏拉图全集》第二卷，人民出版社 2003 年版）相应位置的译法与上书基本一致，他把这句译为：“格老孔，现在是时候了，我们要像猎人包围野兽藏身处一样密切注视正义，别让它从我们的视野中溜走和消失。”（见该书第 407 页）北京大学哲学系外国哲学史教研室编译的《西方哲学原著选读》（上卷）（商务印书馆 1981 年版）的译法是：“现在，格老贡啊，我们像猎人一样，要合围了，要睁大眼睛瞧着，别让公道漏网，偷偷逃到我们看不见的地方去。”（见该书第 115 页）这三个译本对于柏拉图这个隐喻的译法有所区别，对于猎人的狩猎行为的描述两种译法是“包围”，另一种译法是“合围”，就柏拉图试图通过对话来探究问题的本质而言，用“合围”这个词来进行描述更为恰当，它隐含着两个或两个以上的人的共同动作；另外，上述前两种译法都译出了猎人合围的对象，即野兽的藏身处，后一种译法则没有明确译出合围的对象，如果进一步细究，合围的对象不应该只是藏身处，而是野兽本身。因此，综合考虑和取舍上述三种译法的差异，把柏拉图在这里所使用的方法比喻为“像猎人一样合围”比较恰当。

定了智慧、勇敢与节制的含义之后，正义才会显露出它的踪迹，因为正义是贯穿于前三种品质之中的，它是“能够使节制、勇敢、智慧在这个城邦产生，并在它们产生之后一直保护着它们的这个品质”[①]。在柏拉图看来，“每个人必须在国家里执行一种最适合他天性的职务，……正义就是只做自己的事而不兼做别人的事”[②]。综合起来看，柏拉图所概括的理想国家品质就是统治者有治国的智慧，军人有拥护法律的勇敢，被统治者有维护社会和谐的节制，各阶层都要具备各司其职、各尽所能的正义，这样国家才不至于毁灭，才能够保持繁荣稳定。

哲学上“像猎人一样合围”的过程就是使用归纳与演绎的方法。最早应用归纳方法的典型代表是苏格拉底，亚里士多德曾言：“两件大事尽可归之于苏格拉底——归纳思辨与普遍定义，两者均有关一切学术的基础。”[③] 苏格拉底的归纳并不远离事物，但是柏拉图却与苏格拉底不同，他把事物存在的原因归之于理念，从理念出发注重演绎的方法，诸如上述他在《理想国》中对于国家品质的论证，也是先确定节制、勇敢、智慧与正义这四个理念，然后针对四个理念来进行分析论证。在哲学史中存在一种非常奇怪的观点，那就是归纳与演绎相互冲突、不可协调的信念，这种信念在西方近代哲学中发展得比较典型，经验论者重视归纳，而唯理论者则重视演绎。唯理论者攻击所有归纳都是不完全归纳，都是可错的；而演绎则是从不可能错的前提出发得出确定的结论。经验论者则攻击通过演绎获得的结论都蕴含在前提之中，不可能产生新的东西，而归纳则可以形成新的结论。唯理论者认为作为演绎的前提的各种命题不是来自经验归纳，而是来自先天直观，只有先天直观的东西才是不可能错的。随着科学的发展，唯理论者当时所认为的那些不可能错的命题，例如数学中的公理、逻辑中的先验命题等，都已经被证明是有一定的适用范围的。例如，“两点之间直线最短”这一命题已经被科学证明不适用于宇观世界与微观世界。即使在宏观世界，“两点之间直线最短”这一数学公理不是论证的结果，而是通过理性直观获得的，但是从一个人准备接受这一公理的过程来看，它有大量的经验事实作支撑。于是，一般来

① 〔古希腊〕柏拉图：《理想国》，北京：商务印书馆，1986 年，第 154 页。

② 《理想国》，第 154 页。

③ 〔古希腊〕亚里士多德：《形而上学》，北京：商务印书馆，1959 年，第 272 页。

说，演绎的前提来自归纳的结论，这正是归纳与演绎相互联结的地方。所有哲学家在哲学方面的思考无非表现为在归纳的基础上下定义，然后把这个定义作为演绎的前提通过演绎的方法不断接近事物的本质。这个过程也就是从现实中的具体上升到思维抽象，然后从思维抽象进一步发展到思维具体的过程。这个过程就像猎人合围一样，通过对各种事实或者迹象的分析找到野兽的藏身之处，然后捕获猎物，使之进入人类社会之中，发挥其功用。

五、哲学研究领域：一片无人之域

罗素曾经在《西方哲学史》的“绪论”中论述了哲学、科学与神学之间的区别，他认为哲学是介乎神学与科学之间的东西，并且它同时是遭受神学与科学双方夹击的“一片无人之域”[①]（罗素所使用的英文原文是 a No Man's Land[②]）。哲学之所以遭受双方的夹击，是因为它从研究对象和研究方法上都与其他两个学科存在明显的分歧。科学是使用理性的方法得出确切的知识，一切确切的知识都属于科学；神学则是使用权威（不管是传统的权威还是启示的权威）的方法形成超乎确切知识之外的教条；哲学在研究方法上类似于科学，在研究对象上类似于神学，它是人们使用理性的方法“对于那些迄今仍为确切的知识所不能肯定的事物的思考”[③]。哲学研究的问题包括心与物的关系问题、宇宙的统一性问题、自然律是否存在的问题、人在宇宙中的地位问题、人的生活方式问题、善与智慧的本质问题等。这些问题在实验室中是找不到答案的，同时，各种神学针对这些问题给出了非常确切的答案，但是神学的这些答案不是在理性的基础上得出的，这些确切的答案在现代意识中饱受质疑。哲学致力于对这些问题的研究（studying），但不是对之的解答（answering）。

理性的运作应该产生一个确定的结论，正如科学运用理性的方法得

① 〔英〕罗素：《西方哲学史》上卷，北京：商务印书馆，1963 年，第 11 页。

② Russell B. History of Western Philosophy and its Connection with Political and Social Circumstances from the Earliest Times to the Present Day, London: George Allen and Unwin LTD, 1946, p10.

③ 《西方哲学史》上卷，第 11 页。

到确切的知识一样，但是哲学运用理性却得不出任何确定的结论；同时，对于人们不能认识的东西只能通过信念来加以确定，正如神学通过传统的权威或者启示的权威得出确定的答案一样，但是哲学却偏偏要运用理性的方法对于那些人类尚不能确定（也许永远不能确定）的东西做出研究。这样必然会生出无限的是非，于是哲学同时受到科学与神学的两面夹击，形成一片无人之域。

在这一领域中之所以“无人”，其主要原因在于，一方面是人类未知的领域广大，当你深入到这些未知领域的时候，看不到任何的开拓者，是一片处女地；另一方面由于问题的艰难，找不到解决它们的希望，鲜有人涉足其中。针对这一点，罗素的态度是即使哲学问题找不到答案，但是由于这些问题本身的重要性①，我们也要去寻找。如果我们要进一步了解哲学做出确定的结论会有多么艰难，我们可以从维特根斯坦前后两个时期在这个问题上的观点的变化略窥一斑。前期，他认为哲学可以做出确定的结论，《逻辑哲学论》中所阐述的“真理”是“不可反驳的，并且是确定的”，可以言说的哲学“问题基本上已经最后解决了”②；至于那些不可言说的事情，也就是哲学中的形而上学问题，“一个人……就应当沉默”③。经过十六年之后，他在后期作品《哲学研究》的“前言”中坦然承认“在我写的第一本著作中有严重错误”④。维特根斯坦在《逻辑哲学论》中充满着理论自信与自负，但是经过十六年持续不断的哲学思考之后，《哲学研究》则充满着理论方面的狐疑和伤感。“我曾几次企图将自己的成果联结为一个整体，然而都没有成功。此后我认识到我永

① 罗素从两个角度论证了哲学问题的重要性。首先是以历史学家的身份来看待这个问题，“自从人类能够自由思考以来，他们的行动在许多重要方面都有赖于他们对于世界与人生的各种理论，关于什么是善什么是恶的理论。……要了解一个时代或一个民族，我们必须了解它的哲学；要了解它的哲学，我们必须在某种程度上自己就是哲学家”。另外，从面临宇宙孤寂的恐怖感的个人角度来看，“教导人们在不能确定时怎样生活下去而不致为犹疑所困扰，也许这就是哲学在我们的时代仍然能为学哲学的人所做出的主要事情了。”（罗素：《西方哲学史》上卷，商务印书馆，1963年，第12—13页）

② 〔奥地利〕维特根斯坦：《逻辑哲学论》，北京：商务印书馆，1962年，第21页，。

③ 同样的结论既出现于该书的“序”，也出现在正文的最后一句，详见维特根斯坦《逻辑哲学论》的第20页和第97页。

④ 〔奥地利〕维特根斯坦：《哲学研究》，北京：商务印书馆，1996年，第2页。

远也不会成功。我所能写的最好的东西充其量不过是一些哲学论述。"① "我把这些东西发表出来是心存疑虑的。尽管本书是如此贫乏,这个时代又是如此黑暗,给这个或那个人的头脑中带来光明也未尝就不可能是本书的命运——但当然,多半是没有可能的。"② 由此,在《哲学研究》中我们看到了一个与《逻辑哲学论》中迥异的维特根斯坦。罗素与维特根斯坦之间是亦师亦友的关系,《哲学研究》的出版时间比罗素的《西方哲学史》早一年,罗素在《西方哲学史》中所抱持的哲学研究没有确定的答案的观点并不排除受到了维特根斯坦的影响。

综上,哲学家的特质集中体现在他是"仰望星辰的人",为了保持对于天上事物的关注,他可能会掉入现实生活的坑中。哲学研究的方法可以通过"像猎人一样合围"进行形象的表述,先解决周边问题然后再深入核心,先解决简单的问题然后再解决复杂问题,先抓住事物的现象然后深入到事物的本质。就哲学研究的对象而言,它既是"一个无限遥远的点",也是"一个带角的问题",如果把人的思想比喻为一个黑洞的话,哲学家投入其中就会面临着各种艰难考验,在坠落的过程中可能会被某个问题之"角"挂住,永远不可能触及那个无限遥远的点。就整个哲学研究领域而言,它是"一片无人之域",到处都是未经开垦的荒芜之地,到处都是荆棘丛生的问题之林。

Reflections on Five Metaphors of Philosophy and Philosophers

ZHANG Yunfei ZHAO Wenyuan

Abstract: Four philosophers' five metaphors about philosophy and philosophers are very helpful for us to understand what philosophy is. Plato describes Thales as a "man looking up to the stars", which illustrates the group characteristics of philosophers; Husserl' s an "infinitely distant point"and Nietzsche' s "a question with an angle" vividly illustrate the characteristics of the object of philosophical research; Plato' s "encirclement like a hunter" profoundly illustrates the cognitive and research methods of philosophy; Russell' s "a No Man' s Land" shows the geomor-

① 《哲学研究》,第1页。

② 《哲学研究》,第3页。

phic features in the field of philosophy research. A comprehensive analysis of these five metaphors can help us understand the content and characteristics of the subject, object, method and related fields of philosophy.

Keywords: philosophy; philosopher; metaphor

〔张云飞（1976— ），男，河北定州人，燕山大学马克思主义学院教授，哲学博士，硕士生导师，主要研究方向为唯物史观与社会发展。赵文苑（1996— ），女，山西忻州人，燕山大学马克思主义学院硕士研究生，主要研究方向为马克思主义基本原理〕

从《女勇士》看华裔女性移民的“边缘人”身份*

李　磊　赵玉荣

（东北大学外国语学院）

摘　要： 借鉴帕克的边缘人身份理论和德·菲娜的移民身份指示词分析方法，本文分析了《女勇士》中展现华裔女性移民身份建构的话语层面线索，包括：故事讲述中指称自我和他者的人称代词、社会角色类别，角色话语转述，角色的言语和社会行为等。我们注意到，华裔女性的族裔身份在美国文化传统和中国文化传统中均处于边缘地位，而在男权主导的社会中其社会性别也处于边缘地位。但正是这双重边缘化，无所依从、无所安居的困境最终驱使华裔女性移民下决心寻找一个确定的身份归属。

关键词： 边缘人；族裔身份；性别身份；华裔女性移民

一、导论

《女勇士》是美国华裔女性作家汤婷婷的代表作，主要反映第一、二代华裔女性移民在中美两种文化中对族裔身份的困惑、思考与选择以及对男权社会的深刻反思。小说分为五个部分，讲述了五个既有联系又相

---

* 本文为教育部人文社科项目“美国华裔移民自然叙事中的多重身份建构研究”（20YJA740063）及中央高校基本科研业务费项目“海外华裔移民社区中的叙事循环、文化认同与社会认知共同体”（编号：N2223003）阶段性成果。

互独立的故事：无名女子、白虎山学道、乡村医生、西宫门外、羌笛野曲。主要人物皆为女性，包括丈夫赴美后留守国内，因失身怀孕而在舆论压力下跳井自杀的无名姑姑；白虎山学道，后替父从军，并反抗父权和男权的花木兰；勤奋学习成为乡村医生，赴美后与丈夫一起辛苦经营洗衣店的母亲勇兰；留守香港几十年，来美寻夫被拒，无法适应而病死的姨妈月兰；从沉默失声到以蔡琰为榜样最终发出自己声音的叙述者“我”。《女勇士》是二代移民汤亭亭的半自传小说，反映“我”在多元文化背景下对自我身份的探寻。

前人研究从文化冲突和文化身份、中国文化符号、文化记忆、身份建构与协商、女性文学等多个视角解析《女勇士》中的华裔女性。[①] 然而，本文注意到五个故事拼在一起从不同侧面反映了美国华裔女性移民在中西文化冲突中的无所适从和艰难成长，故事讲述中的人物指称、转述话语、评价话语突出反映了华裔女性“边缘人”身份。本文简要讨论“边缘人”的概念和分析框架，之后重点分析《女勇士》中主要女性人物在族裔和性别身份上的双重“边缘人”属性。与以往对华裔作家作品的分析多从文学角度着眼于具体某一个人物形象不同，本文分析的重点是语言维度，并主要按照移民群体来分析华裔女性。

二、“边缘人”概念和“边缘人”身份分析框架

“边缘人”（Marginal Man）概念的提出脱胎于西美尔的“陌生人”（Stranger）概念。西美尔（2002）在研究社会交往过程中，提出了群体中的“陌生人”概念，指出：“在这里陌生人不是在此前常常接触过的意义上的外来人，即不是指今天来、明天走的流浪者，而是指今天来、明

① 相关研究参见：杨春《〈女勇士〉：从花木兰的“报仇”到蔡琰的歌唱》，《外国文学研究》2004 年第 3 期；高奋《论汤亭亭〈女勇士〉的跨民族书写》，《当代外国文学》2017 年第 4 期；孙悦、许庆红《怀旧、疏离与和解——〈女勇士〉中的故国文化寻觅》，《合肥工业大学学报》2020 年第 2 期；周晓梅《〈女勇士〉与〈喜福会〉里中国符号的书写、译介与认同》，《外语与外语教学》2021 第 5 期；苏凌《文化寻根与身份复得——从文化记忆理论视角解读汤亭亭的〈女勇士〉》，《兰州教育学院学报》2019 年第 1 期；龙娟、刘蓓蓓《美国早期华人的性别形象建构——以〈女勇士〉与〈中国佬〉为镜像》，《当代外国文学》2017 年第 2 期；苗琳《镜中的华裔女性：镜像论视域下《女勇士〉中的自我凝视》，《河南工业大学学报》2018 年第 5 期；刘小青《一种复写：汤亭亭的〈女勇士〉》，《国际比较文学》2021 年第 2 期。

天留下来的漫游者——可以说潜在的流浪者。”这一概念很好地概括了流散移民作为新环境下漫游者的特点，在移民研究中广为应用。在此基础上，西美尔的学生帕克结合移民报刊研究和城市移民的社会学研究，提出了影响深远的“边缘人”概念，并对“边缘人”特征进行了精确的总结：“边缘人是命运注定要生活在两个社会和两种文化中的人，两种文化不仅是不同的，而且是对立的；他的思想是两种不同文化或难以熔化的文化的熔炉，在这个熔炉里两种文化或者全部融合或者部分地熔化在一起。”帕克指出身处两种无法融合的文化中的移民在原有的或新的文化中，都或多或少地成为边缘人①。比较而言，“边缘人”更为清晰地、更为直观地界定了外来移民的两难处境。而在美国社会少数族裔的研究中，斯通奎斯特进一步拓展了边缘人的概念，指出移民只是产生边缘性的方式之一，教育、婚姻等都可能产生边缘性，所有不得不学习、适应两种或多种历史、文化、政治、宗教和伦理传统的人，都或多或少居于边缘人境地。本文整合上述学者观点，将“边缘人”界定为身处两种文化传统或伦理观念的冲突中，无从选择、难以适应、居于弱势、艰难挣扎的群体。

随着边缘人理论研究的深入，出现了不少文学、艺术、社会学方面的应用性研究。但现有文学角度的“边缘人”形象研究较多停留在对人物形象的主观阐释，本文拟整合 De Fina 的移民身份指示词分析方法，探索《女勇士》中展现华裔女性移民双重“边缘人”身份的话语层面线索，以期完成对“边缘人”形象更为深入细致的把握。De Fina 在分析美国墨西哥裔移民的身份建构时，强调社会身份是个人自我概念的一部分，对于族裔身份的认同和分类是特定个人身份构建的核心，移民个人经历叙事中指称自我（及所在群体）和他者（及所在群体）所采用的人称代词、社会角色类别，以及叙述中转述的角色话语，角色的言语和社会行为等是身份建构的索引词。故本文以《女勇士》中主要的女性主人公为代表，从话语表征层面探讨美国女性华裔移民所面临的双重“边缘人”的身份困境。

① Park R. “Human Migration and the Marginal Man”. The American Journal of Sociology, 1928, p. 881-893.

三、华裔女性移民在美国社会中的“边缘人”身份

（一）“边缘人”族裔身份

《女勇士》这部作品所描写的华裔移民的族裔身份契合了帕克提出的“边缘人”特征。一方面，“我们”一家人在日常生活中难以摆脱中国传统文化和习俗带来的方方面面的影响，对自己的身份有清晰的认知，自称为“中国人”，但又时常遭受不公正待遇，以致对美国主流社会文化产生不解和反抗；另一方面，“我”又试图摆脱华裔形象，逃离中国带给自己的身份特征，同时希望自己能拥有“美国女孩儿”的特征，期盼融入美国社会。

1．保持中国文化传统，不解美国文化

尽管生活在美国，但移民家庭也不能做到完全融入美国社会。作为外来者的一代移民生活中遭遇各种困难，而生于美国、长于美国的二代移民也仍有可能因为肤色的不同而难以受到完全公正的对待。这就使得移民家庭在生活环境突然发生变化后，难以脱离旧传统带来的影响，也难以融入新的主流文化。

一方面，身为边缘人的华裔移民想要保持传统，他们延续部分的中国生活方式，生活在华裔移民聚居区——唐人街，采取抱团取暖方式，不愿脱离自己所属的群体。在“移民报刊与同化”一章中，帕克专门研究了流散群体移民中容易形成民族意识的原因：“民族意识不可避免地因为移民而得到加强。孤独和陌生的环境使漂泊者的思想和感情指向他的故土。在新环境下的举目无亲突出了他与他离别的那些人的血缘关系。”

在“白虎山学道”一章的开头，第一人称叙述者兼主人公便自称“我们中国姑娘”，这里的代词“我们”体现了“我”对自己身份的认知。虽然“我”时常表现出对中国“糟粕文化”的厌弃，但仍无意中通过一个身份代词的叙述表达出了内心深处对自我文化归属的认知。这种无意间的身份认知在作为一代移民的母亲身上表现得更为明显。“西宫门外”一章中，主要角色母亲称呼弟弟为“你们这些美国人”，代词“你们”暗示了说话者有意拉开自己与听话人的身份距离。这表明母亲并不认为自己融入了美国社会，自己的身份仍归属为中国，并将自己的身份

同子女身份割裂开来。除了人称代词，作者所描写的许多行为活动也体现了作者一家作为美国主流社会的边缘人仍保留着中国式的生活习惯。例如女子美容方式“绞脸”，将红绳拴在宠物狗尾巴上图吉利，吃动物内脏，剪掉小孩子的舌筋等行为，都带有中国传统意味，或多或少反映了中国封建思想的影响，由此可以看出即便移民至大洋彼岸，“我们”一家人仍保留着一些中国传统。

另一方面，生活环境的突然改变并不会使人快速适应，相反可能会使人产生不解或者排斥。在“白虎山学道”一章中，“我”因工作时受到老板的不公正待遇而想要报复种族主义分子，表示在异国他乡的生活中也存在着很多不和谐因素。而第三章“乡村医生”中主人公“母亲”对美国人的称呼也直接反映出一代移民对当地美国人的态度，“卖报鬼”“移民鬼”“推销鬼”“煤气鬼”“白鬼”等称呼都具有明显的否定色彩，表明母亲决意将自己和当地美国人群体严格区分为不同阵营，甚至是有排斥这类人群的心理。除此之外，第五章“羌笛野曲”中“我”在美国的早期受教育经历也突出体现了两个不同文化的互相排斥。因为身份的特殊性，也或许是对不同教育环境的抵触心理，“开口说话”成了“我”早期教育经历中的一道关卡，受到不公正待遇后“我”才醒悟：“沉默的原因是因为我们是华人”。正是身份的边缘性使“我们”在成长的过程中遭遇了许多别人难以理解的困难经历，也使“我”认识到自己作为华裔移民无法真正融入美国的主流社会，而家庭环境带给“我”的影响也使“我”对美国的部分文化产生不解以致排斥。

2. 反抗中国传统理念，希望融入美国社会

对于以母亲为代表的第一代移民来说，融入美国主流文化或者脱离中国传统的影响都很困难。但以“我”为代表的第二代移民，因自小生活在移民环境中，对自己民族的文化有一定距离感，在经由父母一辈的教育受到中国传统文化一定影响的同时，对移民国家有较强的融入欲望以及归属感。

一方面，以“我”为代表的第二代移民对传统的中国文化及部分生活方式具有反抗情绪。在“无名女子”一章中，叙述者“我”一直使用引用和转述的方式讲述“姑姑”的悲惨遭遇。巴赫金指出，转述是一种主动行为，叙述者选择使用这种方式来叙述是为了有意拉开自己与“姑

姑”以及母亲等人的距离，属于隐形身份构建，无意之中表明自己的身份立场。在介绍中国传统迷信行为或是某些生活方式时，“我”也表现出了强烈的不解，“我”在介绍传统美容方式“绞脸”时，仿佛在介绍酷刑一般。“白虎山学道”中“我”对中国人的交际方式也较为排斥，当与人交际时，“吃饭了吗”是中国人常用的寒暄话语，“我”被长期教育着回答“吃过了，谢谢!”，但自己心中的真实答案却是：“不，我没有吃。我饿得慌，你有小甜饼吗？我喜欢吃巧克力小甜饼。”这种回答在中国人看来显然是不礼貌的，但“我”并非这么想，反倒觉得中国人“撒那么多谎”，由此表现出“我”对中国人寒暄交际文化的厌恶。“乡村医生”的叙述者在描写中国人的部分饮食文化时也表现出强烈的不赞同，角色之一“我”宣称“我宁可以吃塑料为生”，也不愿吃那些动物的内脏。

因为父母所认为的家乡是中国，但作为第二代移民的“我”却并不认为如此，在提到父母所认为的家乡时，叙述者“我”使用了引用的方式，“父母每当提到‘家’，总是忘了美国”，这表明从“我”的立场上来看，中国并不是自己的家，对父母所认为的“家”也有不同意见，认为“家”应当是包括美国的。“羌笛野曲”中对“我”在华人学校上学的经历的描写也从侧面体现了“我”对自己的华裔特征的排斥。“我”因为在美国学校上学时不愿开口说话而受到排挤，转入华人学校后自由很多，但“我”对一个正在经历着自己曾经历过的遭遇的女同学产生了复杂的情绪，“我”反思当自己强迫另一位华裔女同学开口说话，甚至使用肢体暴力时，“我”不只是在强迫这位女同学，也是在回望曾经的自己，在这位女同学身上看到了自己的影子，表面上表达了自己对不肯发声的女同学的厌恶，实际上是在排斥自己身上同样的华裔生理特征，对同伴的愤怒也是对自己的愤怒，也希望自己受到公平对待，拥有与他人同样的话语权。

另一方面，因成长于移民环境之中，二代移民自然地对美国主流文化具有一种归属感与认同感。流散群体虽然生活在边缘地带，但他们与原居民有着同样的生活需要与社会生活构成①。在最基本的物质需要外，流散群体更需要的是情感上的寄托和身份上的认同，他们渴望自己能真

---

① 杨中举：《帕克的“边缘人”理论及其当代价值》，《山东师范大学学报》2019年第4期。

正地属于移民地。在面对母亲生活上的不良习惯时，“我”试图制止和纠正，并希望自己能“转变成美国女性”，属于身份策略中公开讨论自己身份的方式，表现出自己对身份归属的期望，希望自己能真正地归属于美国群体。在社交过程中，“我”幻想“如果我能使自己拥有美国人的美丽，那么，班上五六个中国男生就会爱上我”，表明了对美国人的赞美，以及对自己身份归属的期望。

虽知道自己无法真正融入美国，但相较于第一代移民，“我”的言语行为和态度表明二代移民已经自然地称呼自己为“美国女孩子”及“美国女性”：“我”不满部分中国人大喊大叫，在公共场合吵闹不休，强调“我们华裔美国女孩子只好细声细气，显出我们的美国女性气”。在“羌笛野曲”一章中，“我”的社会行为和态度也同样表明“我”与美国文化的亲近感：“我”有很多没和母亲讲过的小事，“我”将糖果分给“洋鬼子小孩”，“我”从梳妆台上想要飞下来，“我”认为自己是自由的，不受母亲那些条条框框拘束。“我”认识到使“我”做这些事情的是从小成长的美国环境影响，“我”愿意归属于这种文化。

总的来看，作为“边缘人”的移民群体一直在同化与反同化的两难中寻找平衡和出路。他们既不愿意割裂固有的传统，而是顽强地保持部分传统文化信念和生活方式，又在另一方面自觉或不自觉地接受某些移民国文化信念和行为习惯的同化，逐渐脱离本民族文化。在这样的矛盾与挣扎中，“边缘人”面对着自己身份认知的难题，努力平衡两种文化的影响。

（二）居于边缘位置的性别身份

传统中国的女性地位明显低于男性，尤其是在作者身处的时代，加之感受到美国文化中的“自由平等”之后，《女勇士》中“我”对传统的重男轻女观念更加排斥和鄙夷。但无奈改变不了现实，只得暗暗反抗，在深受重男轻女观念影响的家庭环境中寻求身份认知。《女勇士》通过书写中西文化冲突下不同类型女性角色的社会行为和言语行为，反映了女性在以男权主导的社会中的边缘位置，也反映了女性角色，特别是年轻一代“我”女性意识的觉醒。

1．女性居于边缘的社会地位和社会角色

《女勇士》这部作品中有大量的关于性别歧视的描写，反映了华裔移民前以及移民后所处的社会均是男权主导的社会，女性的身份地位极其卑微。小说中引用的“养女等于白填，宁养呆鹅不养女仔”以及“女大必为别人妻”等传统习语体现了中国旧社会的男女观念，认为女性生来就不属于原生家庭，而是属于未来夫家，故女性被物化，地位极低。

《女勇士》中的女性或多或少都受重男轻女思想以及行动的影响，包括留守的“无名女子”姑姑，也包括来到美国的姨妈月兰以及叙述者“我”等。姑姑因私通生子后，引起众怒，被众人折磨至跳井自杀，生前在社会中没有可安身立命的位置，死后被提及时只作“无名女子”。姨妈月兰恪守妇道，遵守三从四德，一直在香港过着“弃妇”的生活而不自知，认为“他没有抛弃我，他给我寄了那么多钱……我不能给他添乱”。在母亲的鼓励下姨妈赴美寻夫，在美国却无法适应异国他乡不同的伦理信念，幻想着享受正房待遇——“我倒不在乎她和我们呆在一起”，最终她难以接受自己是个“多余人”的事实，在疯人院中找到自己的位置——“我们在这里相互理解，我们说同样的话，完全一样”。

而“我”自小在重男轻女的家庭中长大，时刻在这种氛围之中熏陶，随着年龄的增长，愈发感受到自己的地位不如弟弟，内心对这种传统老旧的观念有着强烈的厌恶，不能理解在汉语中女子自称“奴家”的做法，反抗母亲灌输的女孩子读书无用论，于是“我”不接受中国传统文化中卑微顺从的女性家庭角色，“我一直迫使自己成为地道的美国女性，否则不谈恋爱”。《女勇士》以第一人称叙述的方式直接地表明了华裔女性面对性别困境时的深刻反思——许多女性正是在这种旧思想的反复熏陶浸染下，面对着以男权为中心的制度压迫，而逐渐失去自我。

2. 女性意识的觉醒与反抗

与姑姑以及姨妈的应对方式有所不同，“我”和“母亲”即便是在男权主导的社会中，也保持着自己女性身份意识的觉醒，以实际行动向身份的不平衡处境做出对抗。

在那个“男主外，女主内”的年代，当父亲为了生计奔赴美国时，母亲却努力完成学业，刻苦学习医学知识，成为一名职业医生。这在当时是极为艰辛和罕见的，即便来到美国与父亲团聚后，母亲没能如愿继续自己的职业生涯，也没有向身份歧视低过头。她仍保持着理智与清醒，时刻保有身份独立意识，是当时社会大环境下名副其实的“女勇士”。而

“我”作为第二代移民，生长在两种文化的交织中，一边受到中国传统重男轻女思想的影响，一边成长在女权意识渐渐兴起的美国，自然对自我的女性身份意识更为清醒，渴望自己能成为一名“美国女性”。在“白虎山学道”一章中，作者巧妙地重写了花木兰的传统故事，将自己想象成为故事中具有鲜明女性意识的主人公。传统版本的故事中，花木兰替父从军，隐藏自己的女性身份，在战场上奋勇杀敌，虽然展示了女性与男性同等的勇敢和力量，但因为隐藏了其性别身份，即便伟大，花木兰在某种意义上仍然是男权时代的牺牲品，是被排除在旧社会主流文化之外的。但《女勇士》中木兰并没有隐藏自己的女性身份，出征前她忙着准备女人用品“洗发用的蓝草”“丝绸长裙”和“银质的绣花剪刀”。她具有现代人自觉的女性意识，荣归故里后她砸碎祠堂的贞洁碑，释放被关押的妇女。这样的“女勇士”，代表华裔移民女性对独立自我和强大自我的重构。

（三）华裔女性移民在经历双重边缘化后对自我身份的认识

经历身份的双重边缘化的挣扎，以及不同文化的冲突与碰撞后，小说中的华裔女性移民在挣扎中尝试寻找华裔身份与美国主流文化的融合点，以文化视角下的新身份讲述中国故事，同时以独立自强的女性身份消解固有的男女不平等的观念。

华裔女性在美国文化传统和中国文化传统的交叉点中处于边缘地位，在男权主导的社会也处于边缘地位，但正是这双重边缘化，无所依从、无所安居的困境最终驱使华裔女性移民下决心寻找一个确定的身份归属。二代移民“我”作为这个族裔群体中的新生力量，积极融入主流社会，争取与男性平等的社会地位。最后一章中蔡琰的故事也是“我”的心声。蔡琰作为一名勇敢的女性，驰骋战场、英勇杀敌，无奈最终被俘，十二年后，回到家园，用歌声向世界诉说了悲惨经历，也叙述女性对理想抱负的执着。而这也是“我”心声的诉说。家人给予“我”的期望是顺从、勤奋、安静，“我”未来的身份应该是一名合格的妻子和母亲。然而，“我”讨厌那些刻板的社会角色期待，所以“我”试图在各种方面表现出“我”的反叛之处。比如，为了不洗碗，“我”故意打碎盘子，“我”憎恶重男轻女的思想观念，反对性别歧视。虽然我面临着严峻的社会压力，但“我”仍自强不息，刻苦学习，完成大学学业，也努力实现两性的平等。“我”作为千千万万美国华裔女性的一员，在经历了充满困境的成长历程之后，探寻出了自我身份的归属，即寻得旧中国文化与美国主流文化的平衡点，同时争取平等的性别地位。

结 语

美国华裔成长过程中既要面对注重个体主义的美国文化，也要面对注重集体主义的中国文化，时常处在艰难的选择与挣扎中。而女性移民更要面对中美文化、传统与现代文化中不同的社会性别期待，内心的困惑更甚。《女勇士》细致刻画了不同代际的华裔女性移民在建构稳定自我、寻求集体自我过程中所经历的族裔身份和性别权益的双重边缘化困境——她们一方面处于美国主流文化中的边缘地位，另一方面处于男权社会制度的边缘。在《女勇士》一书中，通过叙述不同女性在经历了双重边缘化之后的不同选择，展示了作者对于此特殊族裔女性身份归属的观点。“无名女子”姑姑以及姨妈在困境中无力做出主动的选择，只得接受悲惨的命运结局，而努力又自强的母亲和反抗传统、追求女性权利平等的“我”，即便无法改变大环境，也在生活的实践中不断地寻求双重身份的平衡点。尤其是身为美国华裔女性这一族裔群体的一员，“我”通过自身的经历也证明了单纯地抛弃原有的文化传统是无法做到真正融入新的主流文化中的，即便有意脱离中国身份，也无法彻底融入美国文化。除此之外，女性在以男权为主导的社会中要不断为了自己平等的权利和身份地位而努力争取。只有这样，美国华裔女性才能从美国社会的边缘和男权社会的边缘逐渐被接收，并得到身份认同。

Analysis of the "Marginal" Status of Chinese Female Immigrants from *The Women Warrior*

LI lei ZHAO Yurong

Abstract: Drawing on Parker' s marginalized identity theory and De Fina' s analysis method of immigrant identity indexes, this paper analyzes the discursive-level indexes showing the construction of Chinese-American women' s immigrant identity in *The Women Warrior*. These clues include: pronominal choices referring to Self and Other in storytelling, categorization of social roles, reported speech, characters' speech and social behavior, etc. We have noticed that the ethnic identity of Chinese women is marginalized in both American and Chinese cultural traditions, and that their gender is also marginalized in a patriarchal society. But it is precisely this double marginalization, the predicament of lacking both attachment and affiliation that finally drives Chinese female immigrants to search for a definite identity.

Keywords: marginalized group; ethnic identity; gender identity; Chinese female immigrants

〔李磊（1999— ），女，河北承德人，东北大学外国语学院硕士研究生，研究方向为叙事话语分析。赵玉荣（1969— ），女，河北秦皇岛人，东北大学外国语学院教授，研究方向为叙事话语分析、身份建构〕

菲律宾华裔语言与文化认同研究的核心问题与发展态势

李世勇[1]　赵玉荣[2]

（1. 兰州大学管理学院；2. 东北大学外国语学院）

摘　要：近些年菲律宾华裔与主流社会的融合趋势渐显，并因此对英语及菲律宾语言与文化的学习越来越重视，而随着中华文化在全球化发展格局中影响力日益增强，祖居国语言文化的学习重新成为菲律宾华裔青少年的重要选择。基于此，菲律宾华裔语言学习、语言选择与认同问题变得复杂微妙，相关研究渐成增长之势。本文综述该领域研究比较突出的五个核心问题：华人母语教育与中华语言文化认同，多语环境下的华语使用与语言态度，语言与文化认同的代际差异，菲华文化的独特性与族群认同，以及新移民社会问题与语言适应，概括该领域研究在研究内容、研究视角、研究方法方面的发展态势，展望未来的发展前景。

关键词：华裔；语言与文化认同；核心问题；发展态势

一、导论

菲律宾华裔的语言与文化认同研究具有特殊的意义和价值。菲律宾华裔在国民经济中具有非常重要的影响力，在政治和文化发展中的影响力也在逐渐增强。虽然华人只占菲律宾总人口的 2%，却控制着菲律宾高达 80% 的经济命脉，绝大多数菲律宾华裔属于中产以上阶层。从民族融合情况来看，菲律宾的华人与菲律宾原住民相处融洽，现在的华人绝大部分是土生土长的华裔，其中有相当一部分是菲华混血的后裔；华人社团正在逐渐改变与主流社会的隔离状态，并因此对英语、菲律宾语言与文化的学习越来越重视。与此同时，由于华人学校、华人社团以及中国大陆近些年经济发展的强劲态势和中华文化在全球化发展中影响力的加强，华语和中华文化的学习仍然是菲律宾华裔青少年的重要选择。这样的背景下，菲律宾华裔的语言学习、语言选择与语言文化认同变得复杂微妙，相关的研究渐成增长之势。

本文综述菲律宾华裔语言与文化认同研究的核心问题，概括当前阶段的发展态势，展望未来的发展前景。

二、核心问题

综观当前国内外相关研究，核心问题包括：华人母语教育与中华语言文化认同，多语环境下的华语使用与语言态度，语言与文化认同的代际差异，菲华文化的独特性与族群认同，新移民社会问题与语言适应等。

（一）华人母语教育与中华语言文化认同

这一方向的论文数量比较大，成果较多。主要包括：

1. 华语教育现状与华语认同

华语教育现阶段面临很大挑战，华裔中小学生对祖籍语言和文化的认同总体偏低。由于历史上西班牙和美国殖民统治的影响，菲律宾华裔面临复杂的多语使用现状。再加上1976年后华校菲化政策的影响，菲律宾华裔的中文教育环境在很长时期内都不是很理想①。1976年菲化政策落地后，华校的地位发生了根本性的变化，从以教授华语、中华文化以及职业技能为主的学校转变为以教授华文课程为特色、以帮助华人适应和融入菲律宾社会为目标的私立学校。华文课程时数大规模减少，性质也由主要课程变成次要的选修课程，这直接导致教师队伍的不稳定和教育

① Palanca E. “Chinese education in the Philippines and Malaysia: A comparative study”. Journal of Malaysian Chinese Studies, 2014(7), pp. 120, 124 -125.

质量的降低，客观上造成了华文教育衰落的局面①，进而影响到华人的语言选择和语言认同。

菲律宾近些年的语言教育政策为华文学校教育提供了一些新机遇，华族母语教育开始进入公立学校。然而，华语仍然是作为主流语言——菲律宾语、英语之外的外语开设，尚未纳入国民教育体系②。这对于华语传承与认同的加强构成极大挑战。华校虽然对于汉语课程有硬性的学习要求，但也并不注重汉语学习成绩的高低，而且大部分学生由于缺乏对中国文化的了解和对中华文化的认知，缺乏学习汉语的强烈动机③。

2. 华语教育与中华文化传承

华裔新生代的华语教育问题是保持中华文化的难题。年轻一代对祖居国语言文化具有一定的亲近感和认同感，但主观上的意愿和客观上的语言能力都不支持这代人将其视为自己的主要工作和生活语言。年轻一代中，普通话的效能感和使用率远远低于英语、菲语和闽南话④。多数学生对华校汉语教学不满意，对汉语学习失去兴趣⑤。有学者调查发现，年轻一代主要是为了配合上一代的要求才学习汉语的，对他们来讲，作为国际语言的英语更具吸引力，更有利于他们跻身社会上层⑥。基于此，学者们呼吁采取多种策略，提高华语教育地位。如：章石芳提出菲律宾华族应积极争取作为少数人母语教育权利的法理保障，加强华族移民母语教育，加强华裔学生族群认同感的培养，促使华裔特别是已经远离族群的中菲混血儿回归族群文化认同⑦；姜兴山主张华文教育一方面要顺应潮

① 李安娜：《教育“菲化”背景下菲律宾华文学校对中华传统文化的传承》，暨南大学硕士学位论文，2020年，第21、24页；姜兴山、李凌晨：《教育“菲化运动”对菲律宾华文教育的影响》，《南洋问题研究》2013年第1期。

② 章石芳、范启华：《菲律宾语言教育政策的回顾与反思——兼论华文教育的新机遇》，《海外华文教育》2013年第4期。

③ 吴晓宇：《中华文化认同对菲律宾华族学生汉语学习的影响》，河南师范大学硕士学位论文，2018年，第16页。

④ 廖赤阳、黄端铭、杨美美：《菲律宾华人学生文化背景与认同意识的调查》，《华侨华人历史研究》1996年第2期。

⑤ 吴晓宇：《中华文化认同对菲律宾华族学生汉语学习的影响》，第18页。

⑥ Villaverde A. R., Lucas R. I. “Second Language Learning and Intrinsic Motivation of Multilingual Chinese Learners in the Philippines”. International Journal of Language and Linguistics, 2016, 4(3), p. 120.

⑦ 章石芳：《族群文化认同视野下菲律宾华族移民母语教育发展及方略研究》，福建师范大学博士学位论文，2011年，第81—85页。

流更趋开放，服务于华人生存和社会发展，另一方面应坚持保留中华文化特质，并促进中华文化与主流社会的和谐共存①。

（二）多语环境下的华语使用与语言态度

多语环境下菲律宾华人的语言选择以及他们对汉语、英语的情感和态度直接反映他们的语言认同，主要研究结果包括：

1. 多语环境下的语言使用

菲律宾华裔社区是一个典型的多语社区，不能为华裔青少年自然习得华语提供充分的语言环境。他们的母语大多是闽南话或菲语，次之为英语；在家庭中的主要交际语是闽南语，然后是英语和菲语；公共场合的社交语言是英语和菲语；即便是在华语课堂上，教师话语也是交杂了英语和闽南语的华语②，因此青少年缺乏地道的华文交际环境和习得环境。

多元语言环境对学生的语言使用产生重要影响。MCbeath 对 2490 名菲华青年学生进行了问卷调查，发现新生代在语言能力上已高度同化于菲律宾社会，普遍具有多语交际能力，价值观念方面也基本菲化③。虽然菲律宾华人家庭中仍有包括方言在内的中文语言环境，但大多数华人与菲律宾主流社会、与英语社会的语言交流障碍已基本去除，能够在公共场合较为熟练地运用菲律宾语和英语进行交际，私人聚会中多数新生代华裔的华语表达能力不足以支撑交际使用，而更倾向于将英语、菲语和闽南语等几种语言混在一起使用，所采用的标准汉语或闽南语亦常有英语思维的影响④。

2. 多语环境下的语言态度

调查研究发现，虽然多数菲律宾华裔青少年英语流利，华语的表达能力不足，但总体来看，华校学生对英文和中文均具有较好的语言态度，

---

① 姜兴山：《试论融合进程中的菲律宾华文教育》，《福建师范大学学报》2014 年第 1 期。

② 匡腊英、张娜：《菲律宾华裔青少年语言使用调查研究及华文教育对策》，《经济与社会发展》2010 年第 12 期。

③ McBeath G. A. Political Integration of the Philippine Chinese. Berkeley: University of California, 1973.

④ 刘丹：《多元语言环境对菲律宾华裔中学生学习汉语的影响调查与分析》，广西师范大学硕士学位论文，2014 年，第 15—16 页。

并无明显差异①。值得注意的是，华校学生对祖居国语言情感评价比较高，但由于其汉语水平较低，认知维度上对祖居国语言和文化缺乏深入了解②。这说明利用学生对汉语的情感认同提升汉语学习热情的必要性。陈燕玲运用心理学的词语自由联想方式进行实验，探索菲律宾华裔青少年多语环境下的语言情感与认同，发现青少年心目中闽南话的亲切度最高，汉语个人喜好度最高但易懂度最低，英语的全球影响度最被认同，菲律宾语的易懂度最高，强调借助华裔青少年的故土情感优势加强汉语和中华文化学习的可行性③。

3. 创造华语使用机会，增强华裔新生代华语认同

增加语言使用机会是破解新生代祖籍语言能力和语言认同下降的有效路径。不少研究探讨了创造华语使用机会，增强华裔新生代华语认同的可行性。刘春平指出父母要有意识地使用普通话或者闽南语作为主要家庭交际语言，尽量让孩子参与中文有关的活动（如汉语桥比赛），鼓励孩子来中国进行交换学习或者参加寻根之旅；华校也要多组织中华文化相关各类活动④。王洪霞指出福建等地高校组织的寻根夏令营活动可以提升华裔青少年对华语和中华文化的认同和亲近感，夏令营活动期间学校应推出多种多样的语言帮扶活动、中华文化展示活动、外出参观活动等⑤。

（三）语言与文化认同的代际差异

由于西班牙和美国殖民时期的排华政策，20 世纪 70 年代以来菲律宾民族同化政策的强有力实施，以及复杂历史局势下形成的华裔移民在菲

① 邹晓彧：《菲律宾华校学生语言态度和文化认同相关因素研究》，福建师范大学硕士学位论文，2012 年，第 19 页。

② 邹晓彧：《菲律宾华校学生语言态度和文化认同相关因素研究》，福建师范大学硕士学位论文，2012 年第 21、36 页。

③ 陈燕玲：《菲律宾华裔青少年的语言情感与文化认同——基于“词语自由联想”实验的研究》，《东南学术》2015 年第 4 期。

④ 刘春平：《菲律宾华裔青少年的华语环境、华语使用情况调查分析》，广西师范大学硕士学位论文，2014 年，第 20 页。

⑤ 王洪霞：《菲律宾华裔青少年语言使用情况与文化认同调查研究》，华侨大学硕士学位论文，2019 年，第 83—85 页。

律宾政治、经济、社会中的重要地位①，菲律宾华裔在语言与认同问题上具有非常明显的代际差异，第三代以后的华裔移民对菲律宾语、英语的认同度远高于对华语和中华文化的认同度。

Tan 较早开展移民认同的代际差异研究，在其 1988 年的著述中做了明确的代际区分和比较，指出第一代移民将自己视为菲律宾的暂居者，对祖居国语言和文化保持强烈认同，第二代出生在菲律宾，仍然倾向于祖居国文化认同，但居住在非华人聚居区的第二代更认同菲律宾当地语言和文化，而第三代则明显更依附于菲律宾语言和文化②。Chua 也考察了菲华政策变化影响下三代华人的语言与文化认同问题，但强调菲律宾华人身份的历史建构性、语言认同与身份认同的复杂性，指出中文能力弱的第三代华人仍具有一定华人性，即中华文化基因③。沈玲通过问卷调查了 500 名 90 后华裔学生的家庭语言认同问题，发现出生于 20 世纪四五十年代，成长受教育于 20 世纪五六十年代的第一代华裔中英文水平都不错，但已经开始出现偏重英文和菲语的倾向，而出生于 20 世纪五六十年代，成长受教育于六七十年代的华裔中文水平大多不高，但英文水平总体不错，出生于八十年代的第三代华裔英语和菲语都不错，但本民族语言能力最弱，大多不能达到自如表达与交流的程度，也因此影响到他们对中华文化的接受④。

（四）菲华文化的独特性与族群认同

菲律宾华人构成独特的亚文化群体。早年研究发现菲律宾当地语言的认同与本族语的认同并不是完全对立的，很多菲律宾华人在加入菲律

① 陈烈甫：《东南亚洲的华侨华人与华裔》，台北：正中书局，1983 年，第 248 页；庄国土：《菲律宾华人政治地位的变化》，《当代亚太》2004 年第 2 期；赖林冬：《菲律宾华人参政文化的重构》，《沈阳大学学报》2017 年第 1 期。

② Tan Antonio S. The Changing Identity of the Philippine Chinese, 1946－1984, in Cushman, J. & Wang G. (eds.) Changing Identities of the Southeast Asian Chinese since World War II. Hong Kong: Hong Kong University Press, 1988, pp. 179－189.

③ Chua D. A. From Chinese to Filipino: Changing Identities of the Chinese in the Philippines. The University of British Columbia, 2004, pp. 31－47.

④ 沈玲：《认同转向之下菲律宾华人家庭民族语言文字使用研究——基于 500 多名新生代华裔的调查分析》，《华侨华人历史研究》2016 年第 4 期。

宾国籍，实现政治融合后，仍然有强烈的意愿保持本族语的语言和文化[①]。也就是说，身份建构是流动的，而非一成不变的[②]。

20世纪70年代以来，菲律宾华人从“移民社会”转向“定居社会”发展[③]。当菲籍华裔在菲律宾社会中的融合不断加深，他们的文化也逐渐与菲律宾文化开始融合。越来越多学者认识到，如今大多数菲律宾华裔认为他们的文化既不是中华文化也不是菲律宾文化，而是一种新型的菲华混合文化，或者说是对祖居国文化和客居国文化的整合重构[④]；第五代华人已经高度融入菲律宾主流社会，认同自己作为菲律宾公民的政治身份，认同菲律宾主流的宗教信仰，新生代华裔的中华文化认同呈代际减弱趋势[⑤⑥]。

关于菲华的混合语言与文化特性，Zulueta 和 Cotangco 进行了更为系统的检视。Zulueta 指出菲华人既不同于菲律宾人，也不同于华人，而是具有独特性的、兼有两种或三种语言文化资源的特殊群体 Tsinoys，其混合身份特性体现在他们的混合的语码使用中——该群体使用的闽南语中有不少他加禄语的词汇，而闽南语也同样进入到他加禄语，日常交际中也有大量的语码混合使用的情况，也就是说，该群体具有自己特定的混合语言[⑦]。该群体主要在商业、公务、教学活动中使用英语，在各类社会交往中使用他家禄语，而混合语言他家禄英语则是马尼拉大都市区受到良好教育的中产阶层（专业人士、学生）的小团体身份象征。Cotangco 从历时角度探讨了菲华混合身份的演变和形成，指出历史上的隔离政策、殖民统治以及菲化政策等促成了超越二元分割视野的第三文化空间——菲华混合文化和菲华混合身份[⑧]。邹进华也注意到不论是新侨还是华裔在

---

① Reynolds H. “Overseas Chinese College Students in the Philippines: A Case Study”. Philippins Sociological Review, 1968, p. 133－135.

② Ang I. On Not Speaking Chinese: Living between Asia and the West. London: Routledge, 2001, p. 17.

③ 林云、曾少聪：《族群认同：菲律宾华人认同的变迁》，《当代亚太》2006年第6期。

④ 姜兴山：《菲律宾华人文化重构研究》，北京：中国社会科学出版社，2017年，第1页。

⑤ 章石芳：《族群文化认同视野下菲律宾华族移民母语教育发展及方略研究》，福建师范大学博士学位论文，2011年，第161—162页。

⑥ 章石芳、卢飞斌：《菲律宾华裔中学生族群文化认同调查研究》，《福建师范大学学报》，2009年第6期。

⑦ Zulueta J. O. “I ‘Speak Chinese, but ...’: Code-switching and Identity Construction among Chinese-Filipino Youth”. Caligrama, 2007, 3(2), p. 5－7.

⑧ Cotangco T. “A Global Hybridity: Snakehead Influence on Identity and Migration”. CMC Senior Theses 2157. 2019, pp. 26－48.

日常交际中都有大量的闽南语和英语的语码混合使用现象①。

（五）新移民社会问题与语言适应

20 世纪 70 年代末以来的 40 年里，大量中国公民通过各种方式持续移民到菲律宾，这些移民一般统称为新移民②。新移民的语言适应是近些年的新话题。代帆指出菲律宾的新移民语言能力有限，无法和主流社会交流，生意经营惨淡，而其中的非法新移民在社会适应方面问题突出③。这些新移民大部分来自中国的农村地区，受教育程度偏低，语言是他们适应新生活的主要障碍。只有少数人能够用他家禄语自如交流，大部分人只能勉强进行交际，而近乎一半的人不能用英语进行交流。部分新移民由于不谙菲律宾语，也不想了解本地社会，只是在菲律宾做生意，长期游离于菲律宾社会之外。Ang See④ 和钟荣⑤等注意到 20 世纪 80 年代的新移民大多来自福建地区，绝大部分是老移民的近亲、远亲，后来是同乡或朋友，90 年代以后则出现不少来自辽宁、山东、江苏等地的新移民，除少数成为专业技术人才或汉语教师外，大部分不能使用菲律宾语，且缺少任何专业技能，适应菲律宾社会的过程比较缓慢，一部分甚至沦落为社会底层和社会问题制造者。

三、发展态势

（一）研究内容

综合上述讨论，近些年研究内容方面呈现以下发展特点：

1．近些年族群融合与同化方面的研究日趋式微，菲华新移民的华语教育、母语和中华文化传承的能力以及态度问题呈上升趋势。

---

① 邹进华：《菲律宾华裔与新侨语码混用现象研究——以菲律宾马尼拉大都会区为例》，北京第二外国语学院硕士学位论文，2017 年，第 17—21 页。

② 洪小荣：《晋江新移民的海外迁移：以菲律宾为例》，厦门大学硕士学位论文，2006 年，第 1—2 页。

③ 代帆：《律宾中国新移民研究——马尼拉中国城田野调查》，《太平洋学报》2009 年第 10 期。

④ See T. A. "Chinese in the Philippines". In M. Ember, C. Ember and I. Skoggard, eds. Encyclopedia of Diasporas: Immigrant and Refugee Cultures around the World. NY: Springer, 2005, pp. 760-769.

⑤ 钟荣：《菲律宾的中国大陆新移民及其对中菲关系的影响》，厦门大学硕士学位论文，2007 年，第 24—36 页。

2. 相较于欧美地区华裔移民的语言与文化适应研究，专门针对菲律宾华裔移民的研究数量不足，深度不够，未能充分揭示移民语言与认同的复杂性。

3. 关于华文教育中学习者语言与文化认同的研究较多，针对不同工作和交际情境下的实际语言应用中移民的语言选择与身份动态建构的研究匮乏。

4. 菲华群体的语码混合现象、语言认同的代际差异以及新移民的语言和社会适应问题有望吸引越来越多学者的关注。

（二）研究视角

除传统的语言教育、语言使用、语言态度等视角外，开始出现一些新视角研究，为移民语言认同研究提供新思路。

1. 语言接触与语言发展生态

Uytanlet① 和 Gonzales② 等提出从语言生态视角，在菲律宾多语使用的历史和当下背景下，观察探究菲律宾华裔的多语种语言接触、语言混合使用情况，考察菲律宾 - 闽南混合语等混杂语言，包括该变体形成的历史背景、语言接触和混杂使用的现状，当下华人个体语言使用的语言生态。

2. 文化认知与心理

语言与文化认同的底层是文化认知和心理问题，该方向的研究有望产生更多成果。有学者采用词语自由联想的方法调查菲律宾华裔心目中对英语、汉语和菲律宾语的亲切感和喜好度③。李红艳④和刘文辉等⑤调

① Uytanlet J. L. The Hybrid Tsinoys: Challenges of Hybridity and Homogeneity as Sociocultural Constructs among the Chinese in the Philippines. Eugene, OR: Pickwick Publications, 2016, p. 10, 27-37.

② Gonzales W. D. "Language contact in the Philippines: The history and Ecology from a Chinese Filipino perspective". Language Ecology, 2017, 1(2), p. 203-208.

③ 陈燕玲：《菲律宾华裔青少年的语言情感与文化认同——基于"词语自由联想"实验的研究》，《东南学术》2015 年第 4 期。

④ 李红艳：《菲律宾义德女校华裔中学生华族文化认知认同研究》，暨南大学硕士学位论文，2013 年，第 14—18 页。

⑤ 刘文辉、宗世海：《华文学习者华文水平及其与中华文化的认知、认同关系研究》，《东南亚研究》2015 年第 1 期。

查菲律宾华校学生、留学生等对中国文化特色符号的认知和认同情况的历时变化，发现汉语学习与文化认知的高度相关性。

（三）研究方法

华裔语言认同的传统研究主要依赖大规模问卷调查方法，近些年也出现一些有深度的个案研究和实验研究。Cotangco 采用自我民族志的方法调查分析并建构了自己的家族从祖父辈移民菲律宾到自身成为美国菲律宾裔的过程①。Melodina S. Cruz 采用访谈和个案研究方法调查了菲律宾三宝颜市多语社区华裔的语言使用和身份认同②。陈燕玲采用心理学实验和心理测量的方法调查汉语学习与语言文化认同的关系③。王晶等运用结构方程模型来发现和检验汉语认同内部变量之间的结构关系和作用路径，探索华裔学习者的汉语认同形成机制④。

结　语

综合上述研究问题和发展态势的讨论，我们注意到未来该领域研究除继续关注华语教育、华语和中华文化传承能力等传统问题之外，还应更多聚焦移民语言认同的复杂性，包括：多语使用生态与菲华特定群体的语码混合；语言适应和文化认同的代际差异，特别是菲华新生代的族群认同；跨国移民理论视角下的新移民的语言使用与认同等。

从研究方法来看，未来研究中可注重质性研究与大规模定量研究的结合，总体发展与个案研究相结合，语言使用、语言认同与语言认知研究的结合，以此推动菲律宾华裔语言与文化认同研究走向深入。

---

① Cotangco T. "A Global Hybridity: Snakehead Influence on Identity and Migration". CMC Senior Theses 2157. 2019, pp. 26－33.

② Cruz M. S. "An Exploration of Chineseness in Mindanao, Philippines: The Case of Zamboanga City". Contemporary Chinese Political Economy and Strategic Relations: An International Journal, 2017, 3 (3), pp. 1433－1435.

③ 陈燕玲：《菲律宾华裔青少年的语言情感与文化认同——基于“词语自由联想”实验的研究》，《东南学术》2015 年第 4 期。

④ 王晶、武和平、刘显翠：《华裔学习者汉语认同结构模型与形成路径研究》，《语言文字应用》2021 年第 4 期。

The Core Issues and the Development Trend of the Studies on the Language and Cultural Identity of Filipino Chinese

LI Shiyong　ZHAO Yurong

Abstract: In recent years, the integration trend between Filipino Chinese and the mainstream society has become increasingly apparent, and Filipino Chinese seem to have paid more and more attention to the learning of English and Filipino language and culture. However, with the growing influence of Chinese culture in the development of globalization, the learning of the language and culture of their ancestral country has been restored to an important choice for Filipino Chinese teenagers. Accordingly, the language learning, language choice and identity of Chinese Filipinos have turned into a very complex and subtle issue, and the related research has been steadily on the rise. This paper gives an overview of the four prominent core issues in this field, i. e. Chinese mother tongue education and their identity of Chinese language and culture; the use and language attitude of the Filipino Chinese in the multi-lingual context; intergenerational differences in language identity; the uniqueness and ethnic identity of the Tsinoys' culture; social problems and language adaptation of new immigrants, summarizing the development trend in terms of research content, research perspective and research methods, and looking forward to the prospect of the research in this field.

Keywords: overseas Chinese; language and culture identity; core issues; development trend

〔李世勇（1975— ），男，甘肃庆阳人，兰州大学管理学院副教授，研究方向为国家认同、马克思主义民族理论与政策。赵玉荣（1969— ），女，河北省秦皇岛人，东北大学外国语学院教授，研究方向为叙事话语分析、身份建构〕

教育教学专栏 · 课程思政教学案例

众志成城：以中华人民共和国经济史论课“第一个五年计划”为例

曹金娜

（东北大学秦皇岛分校马克思主义学院）

一、课程信息

课程名称：中华人民共和国经济史论

课程学时：16

课程学分：1

授课专业：中国近现代史基本问题研究

案例作者：曹金娜

二、案例设计

案例名称：众志成城：以中华人民共和国经济史论课“第一个五年计划”为例

案例节次：第一次课，社会主义经济制度的确立与国家工业化的启动

案例设计思路：

本案例适用于“社会主义经济制度的确立与国家工业化的启动”章节的讲授，旨在引导学生了解新中国成立初期，中国共产党带领全国人民，以果敢的勇气、坚韧的毅力，探索适应国情的经济体制。为了改变贫困落后的面貌，中国共产党和中国政府迅速确立了国家工业化战略。

“一五”计划的制定，为国家工业化战略的推行奠定了基础，为“十四五”规划的制定提供了借鉴，为中国式现代化发展奠定了基础。新中国成立初期，党团结带领全国各族人民，有效应对了严峻复杂的国际形势和接踵而至的巨大风险挑战，以奋发有为的精神把社会主义视野不断推向前进。为了使学生深入理解“一五”计划，本案例围绕三个方面展开叙述：以统购统销为核心的物资管理；生产要素价格的管理；工业生产及其管理方式的重构。

三、授课目标

（1）**知识目标**：了解重工业优先发展战略下，国家在过渡时期发展国民经济第一个五年计划的背景与编制的过程。

（2）**能力目标**：了解新中国成立初期经济发展状况，掌握统购统销、生产要素价格管理工业生产及管理方式的重构，厘清计划经济体制的形成过程及特点。

（3）**思政目标**：“一五”计划在编制和实施过程中，很好地处理了我国经济建设中的重大关系，对以后我国经济建设具有长远的指导意义。新中国迅速从废墟上站起来，突破贫困的恶性循环，为我国建立独立完整的工业体系奠定了基础，展现了社会主义制度的优越性，为增强中国特色社会主义的“四个自信”提供了历史依据，为实现中国式现代化发展奠定了基础。

四、教学实施

为了尽快改变贫困落后的面貌，中国共产党和政府迅速确立了国家工业化战略，随之启动了大规模的经济建设。要在一个低起点上快速启动工业化，中国需要建立起计划经济体制，以确保国家拥有强大的资源配置能力，使紧缺资源能够配置到政府希望优先发展的重工业中去。

在完成“重工业优先的工业化战略”“三大改造”知识点的讲解后，引入教学案例：

制定一部切实可行的发展国民经济的中期计划，是完成过渡时期总路线规定的工业化主体任务的重要步骤。为准备进行有计划的经济建设，我国着手“一五”计划的编制和实施。

从以下几方面进行讲解：

为了尽快摆脱粮食供求难以平衡的困境，中共中央在 1953 年 10 月 16 日作出《关于实行粮食的计划收购与计划供应的决议》；同年 11 月 19 日，政务院通过《关于实行粮食的计划收购和计划供应的命令》，详细地规定了粮食统购统销的具体办法，这标志着粮食统购统销制度正式确立。除了农产品实行统购统销之外，国家还在全国范围内对重要生产资料进行统一平衡分配。请同学们列举统购统销的例子。

教师对统购统销制度进行总结：

同学们，大家已经列举了农产品及重要生产资料实施统购统销的例子。以下对统购统销的意义作进一步阐述。统购统销制度作为一种计划经济的物资管理方式，对中国计划经济体制的形成和演进，以及社会经济发展和社会结构变迁都产生了重要的影响。从经济运行看，统购统销制度是计划经济体制最早的尝试之一，国家对粮食等重要物资进行严格的宏观经济管控，为中国计划经济奠定了基础。从国家战略实施看，统购统销制度以及对重要物资统一分配的管理体制，是中国优先发展重工业战略不可分割的一部分。正是由于这种管理方式，国家才有可能从农业部门获得大量的资源，才有可能实现对重要商品生产及流通过程的控制，才有可能支撑迅速的工业化进程，为工业化提供巨额的资金积累和低成本原料。

我们坚持党的领导和党中央集中统一领导，全力维持社会大局稳定，集中力量推行工业化进程，开展有中国特色现代化建设的尝试，为中国式现代化建设奠定基础。

随后，政府开始调控产品价格。在对私营商业进行社会主义改造时，商业部和供销合作社分别管理城乡市场物价，这样农副产品和统购物资的定价权就被中央及地方各级政府掌控了，确保了工业生产原材料价格的低廉和稳定。为了启动大规模的经济建设，国家也对劳动力与资金进行了必要的控制。请同学们列举国家对生产要素（劳动力与资金）调控所采取的具体措施。

教师对生产要素价格控制进行总结：

同学们说得都很好。重工业是资本密集型产业，建设周期长。对于像中国这样一个要在低起点上快速启动工业化的国家而言，需要国家进行宏观调控。这时期，各部门人员工资低，工资增速慢；不同群体、区域之间物资平均分配。这种低收入水平的维系与平均分配压低了工业化成本。国家统一财政的完成，使中央政府掌握了较多的财政资源，可以大规模地投入到工业部门中。

另外，为了解决经济建设所需要的外汇缺口，中国除了依靠大量农副产品出口换取外汇之外，还开始逐步推进高度集中的外汇管理体制。在统一财政时，政务院要求外汇牌价和外汇调度统一由人民银行管理，外汇使用时需要经过政务院财政经济委员会的审核，而一切军政机关和公营企业的现金，除了近期需要使用的之外，一律存入国家银行。这样，国家宏观调控有效地确保了稀缺资源能够优先配置到工业部门去。

新中国成立初期，工业化必须依靠政府的投资来实现快速积累，另一方面就是苏联的影响。苏联专家来到中国工作，他们不仅仅在工厂选址、设备改进等技术层面进行指导，还帮助我们制定成套的条例规章，建立各级相关机构。中国的计划管理方式从这时起逐步确立。1950 年 6 月，中央重工业部计划司在《国营工业经济计划工作的组织与方法》中强调“所有一切与生产及建设相关的全部经济内容都包括在内”。政务院先后成立了重工业部、燃料工业部等工业管理部门，为以后集中管理奠定了基础。此时，在党的领导下，加强战略规划统筹，加强重工业能力建设，推进工业现代化建设，为实现新型工业化奠定了基础。

在“一五”期间，接受政府指令性计划管理的国营企业数量不断上升。请同学们讨论在工业生产中政府下达了哪些指令性生产指标。

教师对讨论进行总结：

“一五”期间，国家计划委员会统一管理、直接下达计划指标的产品由 115 种增加至 380 余种。另外，政府严格管理国营企业的财务。具体实践中，1951 年至 1954 年，国营企业的定额流动资金由财政和银行分别供应；1955 年至 1957 年，实行国营企业自有流动资金计划定额全部由财政拨款的制度。此时，政府对国营企业的原料供应、要素价格、生产过程、财务制度等方面进行了严格管控。

国民经济恢复时期，中国经济的计划因素逐步增加。1952 年 7 月，第一个五年计划的草案基本形成。1955 年“一五”计划正式被人民代表大会审议通过。“一五”期间年均增速 8.9%，1957 年“一五”计划超额完成任务。

党中央审时度势、果敢抉择，锐意进取、攻坚克难，就党与国家的事业做出重大战略部署，团结带领全党全国各族人民有效应对严峻复杂的国际形势和风险挑战。中国共产党总揽全局，确保党中央重大决策部署落实，团结全国各族人民，风雨无阻向前行。

五、教学考核评价

这一案例考核通过学生现场反馈与课后作业进行体现。在现场提问过程中，经过对案例的讲解，使学生对“一五”计划的编制和实施有了较为完整的认识，通过对学生的提问，引导学生将理论与实际相结合。要坚持和加强党中央集中统一领导，推动中国经济发展，全面推进社会主义现代化建设，保持社会大局稳定，为中国式现代化发展奠定基础。

对撰写的课业报告进行评价。

六、案例实施与拓展

本案例在2021年11月课程中进行了讲授，学生在听课过程中能够深刻感受到全国上下积极支援国家工业化建设的热情，准确地理解案例的历史逻辑与理论逻辑，并积极查阅相关党史资料进行讨论，深入理解中国共产党的初心与使命，坚持道路自信。

七、案例资料

[1] 郑有贵：《中华人民共和国经济史（1949—2019）》，北京：当代中国出版社，2019年。

[2] 李富春：《关于发展国民经济的第一个五年计划的报告》，《人民日报》1955年7月8日。

[3]《1953—1957中华人民共和国经济档案资料选编·工业卷》，北京：中国物价出版社，1998年。

[4]《建国以来重要文献选编》第4册，北京：中央文献出版社，1993年。

[5]《三中全会以来重要文献选编》下册，北京：人民出版社，1982年。

[6]《高举中国特色社会主义伟大旗帜 为全面建设社会主义现代化

国家而团结奋斗——在中国共产党第二十次全国代表大会上的报告（2022 年 10 月 16 日）》，http://www.gov.cn/xinwen/2022-10/25/content_5721685.htm。

〔曹金娜（1982— ），女，山东聊城人，东北大学秦皇岛分校讲师，历史学博士，主要研究方向为社会史、政治制度史〕

精·导·践·悟：基于课程思政的高校“心理健康教育”课教学案例设计*

迟莹莹　阎晓军

（东北大学秦皇岛分校马克思主义学院）

大学生心理健康教育不仅关系到学生个人的成长，更关系到国家和民族的未来。2020年教育部出台的《高等教育课程思政建设指导纲要》明确提出“把思想政治教育贯穿人才培养体系，全面推进高校课程思政建设，发挥好每门课程的育人作用，提高高校人才培养质量”①。高校“心理健康教育”课要落实立德树人的根本任务，必须坚持育心与育德相统一。高校“心理健康教育”课是大学生进行心理健康教育的主渠道。目前，在高校“心理健康教育”课教学中存在一些问题，如教师对各种教学方法的使用比较随意，教学方式碎片化，不利于发挥心理育人效果；又如，教学内容偏重西方心理学知识的传授，西方心理学家自身及研究对象的思想、文化及价值观与我国社会主义核心价值观有许多不同，以此来培养我国大学生的情感、态度、价值观及人格品质会失之偏颇。因

* 本文为河北省高校党建研究“高校党建工作与课程思政双向融合创新研究”（GXDJ2022A036）、2020—2021年度河北省高等教育教学改革研究与实践项目“基于课程思政的心理健康教育混合式教学模式构建与实践探索”（2020GJJG626）、2021—2022年度河北省高等教育教学改革研究与实践项目“高校心理健康教育课程虚实双课教学模式实践研究”（2021GJJG443）、中国冶金教育学会2022年度教育科研一般课题“思政元素融入高校‘心理健康教育’课程有效途径研究”（2022YB17）阶段性研究成果。

① 教育部关于印发《高等学校课程思政建设指导纲要》的通知，http://www.moe.gov.cn/srcsite/A08/s7056/202006/t20200603_462437.html?from=timeline&isappinstalled=0。

此，采用课程团队以课程思政理念为指导思想共同编写出版的《心理健康教育》教材①，该教材甄选国内外心理学研究成果，提炼出适合新时代中国大学生的教学内容，并注重塑造心理健康教育的“中国话语”。基于课程思政，构建“精·导·践·悟”线上线下混合式教学模式，该模式对融入思政元素的教学内容进行整体教学设计，突出了思政性、参与性和生成性特征，有利于发挥心理育人实效。

一、案例简介

高校“心理健康教育”课共 32 课时，将教学内容细化为 8 个专题，每个专题 4 课时。8 个专题分别为大学生心理健康导论、大学生的自我意识与培养、人格发展与心理健康、大学生学习心理、大学生情绪管理、大学生人际交往、大学生性心理及恋爱心理、大学生压力管理与生命教育。以“大学生人际交往”专题为例，该专题的知识目标、技能目标和德育目标如下：

（1）**知识目标**：了解大学生人际交往特点和影响大学生人际交往的因素，掌握大学生人际交往的原则和技巧，了解大学生常见的人际关系困惑的调适方法。

（2）**技能目标**：提高大学生的沟通能力和人际交往能力。

（3）**德育目标**：端正人际交往的目的和动机，在人际交往活动中规范和约束自己的交往行为，尊重交往对象，诚信交往。

二、教学设计思路

基于课程思政，构建“精·导·践·悟”线上线下混合式教学模式。

（一）构建线上学习板块

在学习通上构建了线上学习板块，共分为五个部分：一是课程团队精心录制的与专题相关的四个微课视频，该专题的微课视频分别是“人际交往概述”“人际交往的心理效应”“影响大学生人际交往的因素”和“大学生人际交往的技巧”；二是与专题相关的中华经典历史故事研读，该专题选取的中华经典历史故事为《邹忌讽齐王纳谏》；三是与专题相关

① 阎晓军：《心理健康教育》，沈阳：东北大学出版社，2021 年。

的学习强国视频赏析，该专题选取的学习强国视频分别是《青春开挂》《CIDY》《我和我的班组》；四是与专题相关的心理测验问卷评测，该专题选用的心理测验问卷是《人际关系综合诊断量表》；五是学习资料，主要是教师精心制作的与专题相关的课件，该专题的课件分别是“人际交往概论”和“人际交往的原则和技能”。

（二）运行智慧课堂

使用课程团队以课程思政理念为指导思想共同编写出版的《心理健康教育》教材，根据德育目标，对融入思政元素的教学内容进行整体教学设计，将“大学生人际交往”专题的教学划分为包括若干循环的“精·导·践·悟”四个环节：一精即教师精讲留白；二导即教师指导；三践即学生实践；四悟即学生领悟。

三、“精·导·践·悟”的教学过程

（一）精：教师精讲留白

教师讲授意义、框架和重难点后，布置学生课后自主学习学习通中教师录制的相关微课视频和学习资料。

1. 讲解学习意义，激发学生学习动机

教师概括介绍学习大学生人际交往的意义，主要包括提高大学生人际交往能力、提升大学生的心理健康水平、增强大学生的社会适应能力以及促进大学生未来事业的发展和生活的幸福。

2. 介绍框架，帮助学生整体把握

教师概括介绍“大学生人际交往”专题的知识框架，主要包括人际关系概述、大学生人际交往及影响因素、大学生人际交往原则及技巧、大学生人际关系困惑及调适四个部分。

3. 讲解重难点，促进学生理解掌握

教师重点讲解五部分内容：人际交往的心理效应、影响大学生人际交往的因素、大学生人际交往的原则、大学生人际交往的技巧、大学生人际关系困惑及调适。

4. 布置自主学习任务，提升学生体验

教师布置学生课后自主学习学习通中课程团队录制的“大学生人际交往”专题的四个微课视频以及学习学习通中“大学生人际交往”专题

的课件。

（二）导：教师指导

教师在学习通中发布心理测验问卷并进行解析后，播放学习强国视频并进行点评。

1．心理测验问卷发布和解析，帮助学生明晰自身心理特点

首先，教师在学习通中发布心理测验问卷《人际关系综合诊断量表》，并说明作答要求。接着，学生作答心理测验问卷，并根据教师说明的计分方法计算问卷得分。最后，教师对问卷得分结果进行解释说明，有助于学生全面认识自己的人际交往状况，有利于人际交往原则和技巧的学习。

2．学习强国视频发布和点评，引领学生树立正确的价值观

首先，教师通过学习通平台播放学习强国视频《青春开挂》，并发布一个与视频相关的主题讨论："看完《青春开挂》这个视频，你领悟到人际交往对我们的生活和学习有什么作用?"接着，学生观看视频，并参与教师发布的主题讨论。最后，教师对主题讨论进行点评并总结讨论的主题。如"该视频讲述了中铁四局一名员工在学长的帮助下由沉迷于网络游戏到工作积极进取的故事。从这个视频中，我们可以看到：与他人建立良好的人际关系一方面可以帮助我们更好地认识自己，取长补短，不断完善自己；另一方面在迷茫困惑时，他人可以给自己安慰和鼓励，帮助自己不断成长。因此，同学们要积极与他人交往，相互促进，共同成长"。

（三）践：学生实践

教师在学习通中发布中华经典历史故事后，学生以小组合作学习方式研读故事，最后师生进行多维评价。

1．发布中华经典历史故事，营造生动情境

教师在学习通中发布中华经典历史故事《邹忌讽齐王纳谏》，并发布小组任务："《邹忌讽齐王纳谏》这个故事中体现了哪些人际交往技巧?"

2．小组合作完成任务，学习中国智慧

学生以小组合作学习方式研读故事，并以小组为单位提交讨论结果。教师进行监督与引导，对学生面临的难题和困惑提供必要支持与帮助。

3．多维评价，更好认识自己和他人

学生在学习通中进行自评、组内互评和组间互评，最后教师进行评

价。学生和教师评价的分数范围均分为五个等级：不及格55分及以下；及格56—65分；中等66—75分；良好76—85分；优秀86—95分。教师提醒学生要客观、公正地进行评价。

（四）悟：学生领悟

教师选择2个优秀小组展示对中华经典历史故事的讨论结果后，进行点评并总结。

1. 优秀小组展示，学会向榜样学习

首先，小组成员分别介绍一下自己在小组任务中的分工情况。接着，小组成员再介绍一下如何从故事中发现人际交往技巧。最后，小组成员谈谈通过这个小组讨论有哪些收获。

2. 教师点评并总结，在知识传授中强化价值引领

教师总结这个故事体现的人际交往技巧。如“第一，当劝说他人时，要注意方式方法，以自己的亲身经历来做比喻很有说服力，易于被人接受；语言要委婉含蓄，充分尊重对方，使对方受到启发、明白道理，这样才能乐于接受；要处处为他人着想，晓以利害。第二，当被他人赞美时，不盲目自信，理智判断，冷静思考，正视自己，有自知之明。第三，当被他人批评时，要理性看待，确实有不足也要虚心接受他人的劝告，要有宽广的胸怀”。教师再明确指出这个故事传递的思政价值观。如“通过这个故事，我们要从邹忌身上学到他浓厚的家国情怀，他心怀君王，心怀国家，心怀国家大事，对国家深深地热爱”。

四、教学效果及总结

面向本校2021—2022第一学期必修高校“心理健康教育”课的全部1431名大一新生进行“大学生人际交往专题”获得感的问卷调查，共发放问卷1431份，有效回收问卷1345份，问卷有效回收率为94%。第一个项目为：“在‘大学生人际交往’专题中，请用数字1—7来评价你的收获情况，1代表无收获，7代表收获最大。”得分越高表明个体获得感水平越高。结果发现，学生对“大学生人际交往”专题的获得感平均分为5.97±1.25，表明学生在“大学生人际交往”专题中有较高的获得感。第二个项目为：“你在‘大学生人际交往’专题中有哪些具体收获?”学生反馈的收获主要表现在：一是在知识层面上，学习和拓展了人际交往

相关知识。如“学会了一些人际交往相关的知识”，“我知道了很多关于人际交往方面的小技巧，更有利于我交朋友”。二是在技能层面上，提升了人际交往能力。如“人际交往能力得到提升”，“对人际交往有了更多自信”。三是在德育层面上，树立了正确的人际交往观。如“我明白了更多与朋友之间交往的最优解，也懂得需要积极地去交朋友”，“做事要将心比心，待人接物要友好，摆正心态很重要”，“在与他人交往过程中，我们要有理解宽容的心”，“学会与人真诚交往”。

基于课程思政理念，高校“心理健康教育”课采用“精·导·践·悟”线上线下混合式教学模式，取得了较好的教学效果，提高了心理育人实效。一是通过“精”，促进了学生对知识的掌握和体验。在课堂上，学生掌握了专题的重难点知识。在课下，学生进行线上自主学习，拓展了课内教学，促进学生对专题内容的深化理解。二是通过“导”，促进了学生自我完善和树立正确价值观。学生通过作答心理测验问卷明晰了自身的人际交往状况，对自己有更客观的认识，有利于对后续人际交往技能的学习和实际运用。而且，学生观看学习强国视频并参与讨论，有利于学生树立正确的人际交往观。三是通过“践”，促进了学生从中华优秀传统文化中汲取智慧力量，提高评价能力。学生依托中华经典历史故事学到了人际交往技能，学会运用更有智慧的方式来应对人际交往困扰，不仅增强了文化自信，还能清楚地理解人际交往技能背后潜在的思政价值观。在小组合作学习过程中，团队共同分析问题和解决问题，提高了学生的团队协作能力，增强了学生在集体中的责任感，还使学生学会了客观、公正地评价自己和他人。四是通过“悟”，促进学生向榜样学习和树立正确的世界观、人生观和价值观。通过优秀小组的展示，学生突破自身和本小组的知识局限，学习到更好的解决方案，实现了对知识的再建构，也学会了向榜样学习和真诚地赞美同学。而且，教师从心理层面对学生进行思想和价值层面的引导，发挥育人中的理想信念导向价值和道德人格塑造价值，有利于学生树立正确的世界观、人生观和价值观。

〔迟莹莹（1985— ），女，黑龙江双鸭山人，东北大学秦皇岛分校马克思主义学院讲师，心理学博士，主要研究方向为心理健康教育、思想政治教育。阎晓军（1968— ），女，河北张家口人，东北大学秦皇岛分校马克思主义学院教授，心理学硕士，主要研究方向为心理健康教育、思政教育心理〕

诚信做人，友善待人

——以语言学导论中的“语言的功能”为例

李卫东

（东北大学秦皇岛分校外国语言文化学院）

一、课程信息

课程名称： 语言学导论（一）

课程学时： 32

课程学分： 2

授课专业： 英语专业

案例作者： 李卫东

二、案例设计

案例名称： 从语言的功能探讨如何诚信做人，友善待人

案例节次： 第三次课，语言功能

案例设计思路：

本案例从讲解英语语言的主要功能入手，通过大量的例子让学生了解和掌握信息功能、人际功能、表述功能、表情功能、寒暄功能、娱乐功能和语言的元功能。旨在引导学生在使用语言提供信息、记录事实时要有诚信的基本态度，在与他人沟通和交往时要考虑文化背景的差异，用合适的方式称呼对方，用语言建立和保持良好的人际关系，友善待人。

三、授课目标

（1）**知识目标：**掌握英语语言的主要功能。

（2）**能力目标：**学会通过实际例子分析英语的信息功能、人际功能，学会用合适的语言与他人寒暄，建立和保持良好的人际关系。

（3）**思政目标：**教育学生在记录事实和向他人提供信息时要严守诚信的道德底线，与他人交往时要保持相互尊重的态度，友善待人。

四、教学实施

（一）课前

要求学生复习本章第一和第二次课关于语言的定义、语言的设计特征和语言的起源等内容。预习本次课关于语言功能的内容，并准备几组实际生活中的汉语和英语对话。

（二）课中教学步骤

1. 从关于语言的几个错误看法导入语言功能的讲解，例如，Language is only a means of communication. The function of language is to exchange information. ;

2. 介绍语言学家 Jakobson 的语言功能框架和 Halliday 的 the theory of metafunctions of language（语言元功能论）;

3. 融入思政元素讲解以下几个语言的主要功能：

知识点	思政元素
informative function 信息功能	诚信做人
interpersonal function 人际功能 包括：performative function 表述功能 emotive function 表情功能 phatic function 寒暄功能	友善待人

主要解说词：

We have talked about the language functions presented by Jakobson and the theory of metafunctions of language by Halliday. In the next section, we' ll focus on the list of functions summarized for the convenience of presentation.

The categories can still be somewhat overlapping.（说明：在讲解完雅各布逊和韩礼德提出的语言功能后，继续讲解详细的语言功能分类，其中，信息功能和人际功能是可以融入思政元素的两个功能。）

Firstly, we' ll introduce the most important function of language, informative function. We all know people use language to describe their experience, to express their thoughts and feelings or to record facts. This helps push the development of the society. And that is also the reason why this function is crucial. When we are recording facts or providing information, we must be honest and take a scientific attitude.（说明：人们在工作、学习和生活中经历了一些事情后，比如做实验、读书、旅游等，会有所思、所想和所得，会使用语言将自己的经历、想法和获得的事实等记录下来，主动告诉他人或者被动地提供给他人。而人们主要从别人那里获得更多的想法、观点和事实，在此基础上进一步开展工作、学习和生活实践，而不必亲自去验证某些结论。比如，地球是圆的、地球围绕太阳转等常识。因此，提供信息的人所提供的信息的真实性就显得尤为重要。由此引入课程思政元素，教育学生要秉承诚信的基本态度，给他人提供真实可靠的信息，记录有依据的事实。）

Besides informative function, another important function of language is interpersonal function, which is regarded as the sociological use of language, and by which people establish and maintain their status in a society. Specifically, this function means that people use language to address others, to refer to themselves, to express their identities and consequently establish and maintain social relationship. The interpersonal function is such a broad category that it is often discussed under various other terms as in the following performative, emotive, expressive and phatic function of language. They seem to emphasize different aspects of the interpersonal function.（说明：每个人都是社会中的一分子，在生活中不可避免地要与他人沟通和交流。通常人们见面时先称呼对方，用话语寒暄，谈一谈天气、问一问健康，而后再进入正题。但恰恰是对他人合适的称呼能够建立和保持良好的人际关系，通过称呼和问候来表达对他人的友善。所以，对不同的人，包括自己的亲朋好友，选择合适的称呼尤为重要。学习语言的人际功能就是要了解实际生活中人们怎样

选择合适的方式称呼他人，学会用合适的方式称呼他人，表达对人的友善，以便建立和保持良好的人际关系。）

4. 随堂讨论和练习

使用超星学习通课程平台发布讨论话题：

1）中西方文化中，人们见面打招呼的方式有何不同？

2）举例说明“称呼不当会对人际关系产生负面影响”。

5. 布置作业

从文学作品中选择一组对话，分析对话中呈现出来的语言功能。要求：

1）说明对话的出处，也就是文学作品的名称和作者；

2）交代清楚对话发生的背景，即何时何地什么情况下发生的，以及对话各方之间的关系。

3）以句子为单位分析语言功能，如果几句话是同一功能，可以放在一起分析。

4）在学习通平台上提交作业。

（三）课后教学反思

本案例是首次在语言学课堂上进行讲解，从四个班学生的课堂学习反馈来看，学生基本掌握了本次课的知识要点并能应用到实际对话的分析中。通过倾听学生的讨论发现，学生不反对老师教学中融入的“诚信做人，待人友善”的思政元素，对思政内容有深刻的认识和理解，还能有意识地运用到课堂讨论中，所以本次课基本实现了预先设置的德育目标。此外，通过对比中西方文化在称呼和寒暄方式上的差异，在一定程度上加深了学生对中国文化的理解，培养了学生跨文化交际能力，为进一步拓宽学生的国际视野和讲好中国故事打下了良好的基础。

（四）作业评价和反馈

在学习通平台上批改学生作业，指出作业中的错误并反馈给学生。

五、教学考核评价

这一案例的考核通过在超星学习通课程平台上发布随堂讨论话题和练习题，考查学生对语言功能的掌握情况。其中，随堂讨论能直观地看到学生对讨论话题的答题情况，并通过平台 Word Cloud（词云）功能总结出学生答案的关键词和核心观点；练习题设置了分数，在平台上能适时地看到学生答题的正确率，对正确率较低的题目进行深入讲解，这样不仅有利于知识的查漏补缺，还有利于提高学生的学习积极性。

六、案例实施与拓展

本案例在2021年9月13—17日第三教学周，在英语专业四个教学班的《语言学导论（一）》中进行了讲授。学生在听课过程中利用学习通平台积极参与课堂活动，基本掌握了本次课所讲内容，提高了学习兴趣。本案例涉及的语言学知识和例子均来自实际的语言生活，打消了学生学习语言学的畏难情绪，锻炼了学生从语言现象总结语言学理论的能力和用理论分析实际语言现象的能力，为更好地开展后续的语言学教学打下了良好基础。

七、案例资料

（1）课件资料

1.5.2 Interpersonal function 人际功能

- By far the most important sociological use of language, and by which people establish and maintain their status in a society.
- In the framework of functional grammar, it is concerned with interaction between the addresser and addressee in the discourse situation and the addresser's attitude toward what he speaks or writes about.

人际功能的基本概念

Showing respect

Showing intimate relation

- For example, the ways in which people address others and refer to themselves (e.g. <u>*Dear Sir, Dear Professor*</u>, *Johnny, yours,* <u>*your obedient servant*</u>) indicate the various grades of interpersonal relations.

Showing a master-servant relation

英语称呼的人际功能实例

1.5.5 Phatic communion 交际功能

- It refers to the social interaction of language, originating from Malinowski's study of the functions of language performed by Trobriand (非洲一岛名。为著名英国社会人类学家马林诺夫斯基田野工作之地点。) Islanders.

For example,

- *Mr. P sneezes violently.*
- Mr. Q: Bless you.
- Mr. P: Thank you.

This conversation shows a friendly relationship between the two speakers.

交际功能的概念及实例

（2）文献资料

［1］褚静：《高校语言学概论课程实践教学研究——评〈语言学教程（第五版）〉》，《高教探索》2019年第9期。

［2］黄国文、肖琼：《外语课程思政建设六要素》，《中国外语》2021年第2期。

［3］金枚：《语言学概论课程思政元素资源包建设探索》，《赤峰学院学报（哲学社会科学版）》2022年第1期。

［4］梁二川：《语言学概论课程思政初探》，《文化综合》2020年第5期。

［5］文旭：《语言学课程如何落实课程思政》，《中国外语》2021年第2期。

［6］中华人民共和国教育部：《高等学校课程思政建设指导纲要》，http://www.moe.gov.cn/srcsite/A08/s7056/202006/t20200603_462437.html。

〔李卫东（1973— ），男，河北邯郸人，东北大学秦皇岛分校副教授，外国语言学及应用语言学硕士，研究方向为英语语言学及应用语言学〕

立意识，育精神

——以羽毛球正手挑球技术练习为例

王志平

（东北大学秦皇岛分校体育部）

一、课程信息

课程名称：羽毛球选修课

课程学时：72

课程学分：4.5

授课专业：全校大一、大二各专业

案例作者：王志平

二、案例设计

案例名称：正手挑球技术练习——培养学生合作意识，培育敬业精神

案例节次：秋季学期第 7 次课，复习正手吊球，学习正手挑球，上网步法

案例设计思路：

正手挑球技术是羽毛球网前技术的常用动作。羽毛球技术动作的练习一般有三个阶段：无球挥拍、多球练习、技术组合练习。本案例设计是在多球练习阶段，两人一组，一人连续抛网前球，一人连续正手挑球。通过练习让学生掌握正手挑球技术，为在羽毛球比赛中更好地处理网前

球打下基础。由于一个人无法完成练习，必须有人配合才能达到目的，所以通过此练习形式引导学生体验合作，感受合作，感悟合作，树立合作意识，在合作中共同进步，实现共赢。在此练习中要求认真“喂球”，每球都满足模拟球路要求，认真体会击球动作，逐步提高击球质量，通过对认真负责态度的要求，引导学生对自己的工作认真负责，培育学生的敬业精神，引领学生践行社会主义核心价值观。

三、授课目标

（1）**运动参与目标：**学生能积极投入课堂，认真学习、练习。

（2）**运动技能目标：**学生能够基本掌握正手挑球技术，掌握羽毛球击球技术练习的形式与方法。

（3）**身体健康目标：**提高学生的力量、协调等基本身体素质。

（4）**心理健康目标：**学生在练习中体验运动的乐趣和成功的感觉。

（5）**社会适应目标：**培养良好的体育道德和合作精神，正确处理竞争与合作的关系。

（6）**思政德育目标：**培养学生合作意识，提高团结协作的能力；培育爱岗敬业精神，恪守职业道德。

四、教学实施

本次课有以下几部分：开始部分、准备部分、基本部分和结束部分，本案例练习在基本部分。在完成教师示范讲解正手挑球技术和学生无球挥拍练习后开始引入本案例练习。

首先找学生和老师一起示范练习，形式为两人一组，一人连续抛网前球，一人连续正手挑球。然后老师提出练习要求：10 个球为 1 组，每人连续 3 组，完成击球练习时互相“击掌”示意；抛球人要求“稳定”，抛出落点和飞行弧线一致的球便于练习者击打；练习者严格按照技术要求挥拍击球，体会鞭打发力，感受对球的控制，逐步提高出球质量。

学生开始到各自练习场地进行练习，教师巡回观察，个别指导。

全部完成练习后集合总结练习情况，首先针对练习中出现的技术动作问题进行讲解示范；然后根据学生练习中配合的情况引出要增强合作意识，根据学生练习中的“态度”情况引出敬业精神。

五、教学考核评价

羽毛球选修课的成绩由平时成绩（占 20%）、课外校园健康跑成绩（占 20%）和技术考试成绩（60%）三部分组成，正手挑球不是期末考试的技术动作。学生的出勤及课上练习情况将作为平时成绩的评定依据，思政教育评价体现在平时成绩的评定中，本次课中具体体现为学生合作情况和练习态度。

六、案例实施与拓展

本教学案例在近两年的秋季学期相应课次中进行了实践，学生在上课的过程中能够准确理解本案例的教学目标，在掌握正手挑球技术的基础上，能够更深刻地认识“合作”和“敬业”。本案例的设计达到了课程思政的目标，同样的设计形式可以迁移到放网前球、搓球和勾对角等其他网前技术的练习中。

七、案例资料

（1）文献资料

［1］中华人民共和国教育部：《教育部关于印发〈高等学校课程思政建设指导纲要〉的通知（教高〔2020〕3 号）》，http://www.moe.gov.cn/srcsite/A08/s7056/202006/t20200603_462437.html。

［2］习近平：《在 2016 年全国高校思想政治工作会议上的讲话》，《中国教育报》2016 年 12 月 10 日。

［3］陈莉琳、黄妍、杨雪红、江少平：《羽毛球课堂教学融合思政元素的研究——以集美大学体育学院羽毛球课程为例》，《体育科学研究》2020 年第 5 期。

［4］陈方熠：《高校体育课程渗透思政教育的研究——以桂林理工大学为例》，《高教学刊》2021 年第 16 期。

［5］李晓鹏、汪如锋、李忠伟：《隐性教育理论视域下高校体育课程思政的建设策略》，《湖北体育科技》2021 年第 5 期。

［6］朱秀清：《高职体育课程思政元素的挖掘与融合——以浙江工贸职业技术学院羽毛球选项课为例》，《运动》2018 年第 10 期。

［7］常益、张守伟：《高校公共体育课程思政的价值意蕴、目标指向及实践路径》，《北京体育大学学报》2021 年第 9 期。

（2）教案资料

东北大学秦皇岛分校体育部体育课教案

任课教师：王志平　**课程名称**：羽毛球选项课　**上课年级**：20、21 级

课次：第 7 次

教材	1. 复习正手吊球和头顶吊球技术。 2. 学习正手挑球技术、正手上网步法。
教学目标	1. 通过复习正手吊球和头顶吊球技术，学生巩固吊球的技术动作；培养正确的身体姿势，发展协调、灵敏、速度等身体素质，使动作优美实用，并能提高发球和击球的质量。 2. 通过学习正手挑球技术和上网步法，学生初步了解头正手挑球技术，体会正手挑球的技术动作和发力，了解上网步法的技术动作与要求。 3. 培养学生的遵规守纪、团结协作精神，提高学生分析、解决问题的能力。
重点难点	重点：挥拍的方向与击球点的控制，前场技术动作的一致性。 难点：击球动作的协调发力。

部分	时间	课的内容	课的设计意图	组织、教法、学练法与要求		健康安全指导
				教师活动	学生活动	
开始部分	5 分钟	一、课堂常规（开课导言） 1. 集合整队，师生问好。 2. 检查服装、鞋。 3. 宣布本课任务与要求。 4. 安排见习生。	建立课堂常规，引导学生遵规守纪，守时守信，爱岗敬业。	**组织**：集合队形 **要求**： 精神饱满，声音洪亮，简洁地宣布本课任务。	要求： 1. 集合快静齐。 2. 精神饱满，注意力集中。 3. 服装整洁，利于运动，并具健康的美感。	脉搏频率：60—90 次/分 时间：5 分钟
准备部分	15 分钟	一、慢跑（热身） 绕羽毛球场慢跑 5 圈。 二、徒手操（激活关节） 1. 头部运动　4 ×8 拍 2. 扩胸运动　4 ×8 拍 3. 振臂运动　4 ×8 拍 4. 腰部运动　4 ×8 拍 5. 膝部运动　4 ×8 拍 6. 手腕脚踝　4 ×8 拍	1. 通过准备活动使学生的各器官系统机能逐渐进入工作状态，防止运动损伤，同时培养正确的身体姿势，和正确的技术动作。	**组织**： 一路纵队绕场地行进。 **组织**：如图	**学法**： 跟随教师示范口令模仿练习。 **要求**： 1. 老师讲解、示范。 2. 学生模仿练习、跟做。 3. 个别纠正。	练习时间：15 分钟 练习次数：4 ×8 脉搏频率：70—160 次/分

续表

<table>
<tr><th rowspan="2">过程</th><th rowspan="2">时间</th><th rowspan="2">课的内容</th><th rowspan="2">课的设计意图</th><th colspan="2">组织、教法、学练法与要求</th><th rowspan="2">学生活动</th></tr>
<tr><th>健康安全指导</th><th>教师活动</th></tr>
<tr><td></td><td></td><td>三、拉伸（激活肌肉韧带）
1. 上肢拉伸
2. 腰腹拉伸
3. 下肢拉伸
四、专项部分
1. 挥拍练习
2. 对打练习</td><td>2. 通过准备活动练习引导学生做任何事情都要提前谋划，做好充分的准备工作，“不打无准备之仗”。</td><td></td><td></td><td></td></tr>
<tr><td>基本部分</td><td>65 分钟</td><td>一、复习正手吊球和头顶吊球技术
高质量的吊球要求严格控制击球力量，应使球在过网后立即下坠，准确地落在靠近球网的边线附近的场区内。做到与击平高球、扣杀球前期动作一致，以掩蔽自己的吊球意图。

关键：力量、击球点和拍面角度的控制。
1　2
3　4
5　6</td><td>1. 通过复习正手吊球和头顶吊球技术，学生逐渐掌握吊球技术，提高吊球质量，体会羽毛球吊球的发力，培养正确的身体姿态，发展学生的身体素质。
2. 提高学生身体的协调性、灵活性，培养学生挑战自我的意识。</td><td>组织：

教法：
1. 无球挥拍练习。
2. 两人一组，一人发球，一人吊球练习。
3. 两人一组，一人发球，一人结合步法吊球练习。
4. 巡回观察个别指导。
要求：
学生认真体会挥拍的路径和发力的过程。</td><td>练习方法：
1. 无球挥拍练习。
2. 两人一组，一人发高球，一人吊球。
学法及要求：
1. 动作规范，方法正确。
2. 认真体会挥拍的路径，发力的过程和击球点的控制。</td><td>练习时间：25 分钟
脉搏频率：120—150 次/分</td></tr>
</table>

续表

过程	时间	课的内容	课的设计意图	组织、教法、学练法与要求		学生活动
				健康安全指导	教师活动	
基本部分	65分钟	二、学习 **正手挑球** **动作方法：**在右脚向前作最后一个跨步并向前伸臂时，前臂外旋放松伸腕，使球拍垂在后下方，紧接着，以肩为轴，主要以前臂迅速内旋带动手腕向前上方展腕发力，由右下方往左上方作弧形挥拍，将球挑出。 1 2 3 4 5 **正手上网步法** 两步蹬跨上网步法：起动后，左脚先朝球的方向迈一步，紧接着左脚后蹬，侧身将右脚朝球的方向跨一大步，向右前场上网，用正手击球。 后交叉蹬跨上网步法：起动后，右脚先向球的方向垫一步，接着，左脚往右脚后交叉一步（成侧身后交叉姿势），左脚一着地马上用力后蹬，侧身将右脚向球的方向跨一大步，用正手击球。	1. 通过学习正手挑球，学生了解正手挑球技术，体会正手挑球动作发力的方法和特点。 2. 提高学生身体的协调性、灵活性，培养学生挑战自我的意识。 3. 通过一人抛球一人击球的练习形式，培养学生团结协作的意识，培育敬业精神；完成击球的“击掌示意”的动作来引导学生要懂得感恩。 1. 通过学习上网步法，学生了解羽毛球后退步法跑动的要求，了解羽毛球步法跑动的特点。 2. 精准的高质量的击球，首先要步法到位，引导学生做任何事情都要打好基础。	**组织：** **要求：** 1. 教师口令清晰、声音洪亮。 2. 教师动作到位，示范便于学生观察。 **教法：** 1. 讲解、示范的同时强调动作协调用力。 2. 合拍节按老师口令做。 3. 无球模仿练习。 4. 两人一组，一人抛球，一人挑球练习。完成“击掌”。 5. 请同学进行示范。 6. 发现问题及时纠正。 **纠错方法：** 反复讲解动作要领，要求学生注意观察，反复模仿练习。	**练习方法：** **方法：** 1. 无球的模仿练习。 2. 两人一组，一人抛球，一人挑球练习。 **学法及要求：** 1. 学生全身心投入课堂中来，跟随教师积极思考，认真练习。 2. 学生课上要发挥自己的主观能动性，自觉地进行学习。 3. 及时与老师交流、沟通，尽快掌握学习内容。 4. 学生相互观摩，相互帮助，纠正错误动作。	练习时间：25分钟 多次重复练习 脉搏频率：120—150次/分 练习时间：10分钟 多次重复练习 脉搏频率：120—150次/分

续表

过程	时间	课的内容	课的设计意图	组织、教法、学练法与要求		学生活动
				健康安全指导	教师活动	
结束部分	5分钟	一、整理活动 拉伸放松练习。 二、师生共同总结 （剖析自我） （1）出勤情况 （2）学习状态 （3）学习效果 （4）任务完成情况 （5）预期效果 三、布置课后作业 正手挑后场球的挥拍练习 四、宣布下课 （整理场地）	1. 通过自己总结和听其他同学和老师发言，查找自身不足，以便今后改进提高。 2. 通过上课总结的形式，引导学生做任何事都要进行总结，总结教训，总结经验，来提高自己的做事能力。 3. 课下进行挥拍练习，加快技术定型。 4. 通过自觉清理场地，引导学生自觉遵守社会公德。	**组织：** 1. 引导、鼓励学生总结发言。 2. 总结这次课的情况。 3. 要求学生课后认真完成课后作业。 4. 安排值日生，宣布下课。	**要求：**  1. 积极踊跃发言，阐述自己的收获与体会。 2. 认真听其他同学和老师发言，查找自身不足，以便今后改进提高。 3. 课后认真完成作业。	练习时间：5分钟 脉搏频率：70—120次/分 时间：5分钟 脉搏频率：60—90次/分
器材设备		羽毛球场地8块	脉搏曲线	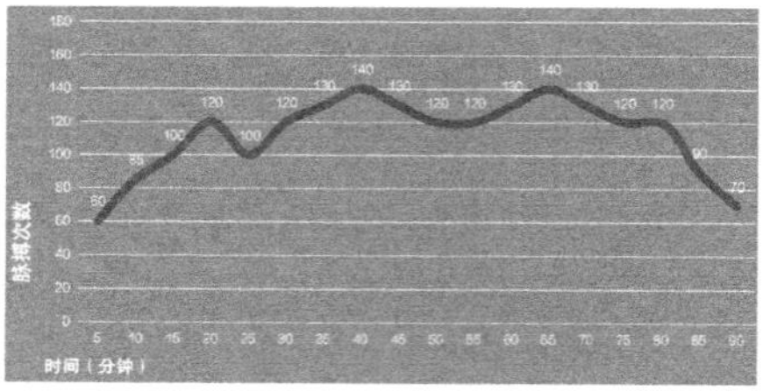		
课后小结						

〔王志平（1977— ），男，河北滦州人，东北大学秦皇岛分校副教授，体育硕士，主要研究方向为体育教学与训练、学生体质健康〕

听中华经典历史故事，感悟人生体验

——“中华经典历史故事”在大学生心理健康教育教学中的应用

姜丛萌

（东北大学研究生院秦皇岛分院）

习近平总书记在主持十九届中共中央政治局第三十九次集体学习时指出，“中华优秀传统文化是中华文明的智慧结晶和精华所在，是中华民族的根和魂，是我们在世界文化激荡中站稳脚跟的根基”。这一论述为我们将中华经典历史故事融入大学生心理健康教育提供了根本遵循。中华民族文化源远流长，中华传统故事精彩绝伦，讲好中国故事，传播传统文化，是每一位老师的历史使命。在大学的课堂中，潜移默化地融入中华经典历史故事，既是教学手段的一种改革，也是传播文化的一种途径。

一、中华经典历史故事融入大学生心理健康教育教学的创新性

（一）视角新颖，“新”“旧”知识结合构建全新课程体系

中华经典历史故事教学是教师在课堂上根据所讲授内容穿插一些相关的中华经典历史故事，主要以内容简明清晰、情节能够吸引学生的故事为主，从而激发学生听课兴趣，达到引发学生人生感悟的目标。在一般的课堂教学中，教师主要向学生传播他们需要了解的专业知识，而这些知识对他们而言，都是“新”知识。中华经典历史故事是中国千百年传下来的经典故事，好多同学都耳熟能详，相对归属于“旧”知识。将

中华经典历史故事融入大学生心理健康教育教学中，是在传播新知识的过程中完美地融入传统价值观，让同学们可以更好地感悟人生，获得价值体验。

（二）守旧创新，构建大学生心理健康教育课程新格局

大学生心理健康教育主要目标是坚持育心与育德相统一，加强人文关怀和心理疏导。在掌握一定的心理学知识后，可以进行自我调适和自我疏导。同时坚持进行文化输出，讲好中国故事，增强文化自信。在实际课堂应用中，教师往往会采用多种活动形式，比如心理短剧、小组讨论、心理测试等。在保留这些传统环节的同时，每章加入一篇中华经典历史故事，打造全新的课堂格局。这种设计下的新型课堂格局的好处有：一是学生认为古文较现代汉语而言，比较有挑战性，对其有求知欲。二是中华传统故事丰富多彩，能够契合各个心理健康教育的主题。三是在课堂学习中，师生共同参与、充分互动，形成良好的课堂氛围，达到很好的教学效果。

二、中华经典历史故事教学在教学实践中的案例设计

中华经典历史故事丰富多彩，但要吸引学生的注意，引发学习兴趣，真正发挥中华经典历史故事在学习中的作用，教师还需要根据实际情况对课堂进行合理编排。为此，下文将以情绪主题为例，结合实际应用，谈谈中华经典历史故事是如何融入大学生心理健康教育课堂的。

（一）铺垫基本知识概念

在学习情绪专题中，首先带领同学们了解情绪的概念、情绪的发生机制和情绪对大学生的影响等之后，同学们已在脑海中形成了一定的理论知识框架，为之后学习中华经典历史故事打下坚实的基础。

（二）引发学生兴趣

中华经典历史故事对于部分学生来说是具有挑战性的，因为古代文章是有别于现代汉语的，由于古代汉语知识的局限性可能会造成理解不

到位的情况出现。在这种情况下，一个好的导入，无疑是课程是否引人入胜、学生能否积极参与的重要因素。

以情绪专题中的故事《触龙说赵太后》为例。这是《战国策》的名篇。在课堂上询问后发现大部分同学之前没有接触过这篇文章，很想了解主人公是谁，文章讲了什么。然后在教师的引导下，同学们开始一起学习《触龙说赵太后》。这篇文章主要讲述战国时期，秦国趁赵国政权交替之机，大举攻赵，并已占领赵国三座城市。赵国形势危急，向齐国求援。齐国一定要赵太后的小儿子长安君为人质，才肯出兵。赵太后溺爱长安君，执意不肯，致使国家危机日深。就在强敌压境，赵太后又严厉拒谏的危急形势下，触龙因势利导，以柔克刚，用“爱之则为之计深远”的道理说服赵太后，让她的爱子出质于齐，换取救兵，解除国家危难，歌颂了触龙以国家利益为重的品质和善于做思想工作的才能①。

（三）引导学生小组讨论

学习中华经典历史故事后，引导同学们进行讨论。本次课堂讨论的主题是：触龙是如何在危急的情况下说服赵太后的？哪些方面表现了他的高情商？教师在发布小组任务前，引导学生：“同学们，大家有没有过这样的体验，喜欢与高情商的人交往？其实高情商不仅是现代专有名词，古代人也有其特有的高情商，触龙就是一个非常典型的例子。下面请同学们以小组为单位讨论一下吧。”接着在学习通中发布小组任务，采用随机分组方式，每组 5—6 人。在各个小组都进入讨论状态后，教师走下讲台倾听学生的讨论，并解答学生的疑惑。

（四）点评小组讨论结果，升华课堂主题

经过充分的讨论后，每个小组派代表提交讨论结果。提交后，各小组开始评分，评分由组内互评、组间互评、自评和教师评价组成。在此过程中，同学们不仅回顾自己小组的讨论结果，还能够全方面看到其他小组的讨论结果，寻找差距和不足之处。在打分过程中，教师选出优秀小组的回答进行课堂展示。在此过程中，一些平时不愿意动脑思考的同

① 白鸿昌：《教心有术　化人无形——试论〈触龙说赵太后〉的多重教育价值》，《汉字文化》2021 年第 22 期。

学也不得不融入思考氛围。学生通过思考、讨论得出问题的答案，可以激发学习兴趣，提高教学质量。

接着，教师选出有代表性的小组回答，并总结此次小组讨论。首先触龙是如何说服赵太后的呢？第一，他懂得共情。切身体谅赵太后的难处，并且从日常生活入手，拉近与赵太后的心理距离。这点在与情绪激动的同学相处时，十分必要，这样可以最大限度地缓和他的抗拒心理。第二，换位思考。从赵太后的角度出发，考虑长安君的未来发展和地位，赵太后从而愿意派自己的孩子出质于齐，以换取光明的未来。这样就很好地说服了赵太后。

那么触龙在哪些方面体现出自己的高情商呢？首先，因势利导，以柔克刚。他并非以生硬的观点劝说赵太后以国家利益为重，而是从母亲的角度出发，劝她考虑孩子将来的发展前途，使得赵太后能够安心接受。其次，从平常事到天下事，由小及大，让赵太后能放开自己的眼界，考虑家与国的利益。

三、中华经典历史故事融入教学的几点反思

在心理健康教育课程中的情绪主题中，全班同学以随机组合的小组形式进行学习，学生通过热烈的小组讨论，能够准确理解案例的内容，了解在危急时刻也要临危不乱，控制好自己的情绪。通过优秀小组的展示和教师最后的总结，能够对案例中的主人公体现的高情商有更全面和深刻的理解。同学们在完成此次小组作业后，一定能够感悟到个人与学校、学校与国家之间的关系，尤其领悟到案例中体现的家国情怀。

通过结合优秀传统文化中的经典故事案例的学习，情绪专题的学习展现出鲜活的中国特色。中华民族的复兴之路最重要的一点就是文化复兴，高校是向学生弘扬优秀传统文化的主阵地，将中华经典历史故事融入课堂可以带给学生更多的人生感悟。中国人就要用中国智慧来解决危急情况中的情绪问题。这个故事本身用现代汉语讲给学生听，是非常容易理解的。但是在学习中反思这个故事对情绪管理的影响，通过教师适当引导，小组同学合作学习，并且查看其他小组答案形成的观点碰撞，这个故事给同学们留下更为深刻的印象。

通过精选这样的经典故事，引发学生的学习兴趣，兴趣就是最好的老师。学生在有兴趣的前提下，学会控制情绪，更能够清楚地理解故事背后的逻辑问题，有更多的人生感悟。学生对心理学知识的学习将不再囿于心理健康知识或者技术的层次，更能够反思自己的情绪问题。同时，好的故事还能够起到鼓励人心的积极作用，能够让同学们结合实际生活，找到如何管理自己的情绪，以及如何与有情绪的同伴相处等问题的答案。

最后，同学们在小组讨论过程中，充分地认识到合作的重要性。小组成员取长补短，发挥各自的核心优势，共同完成小组作业。同时合作还有利于思维创新，在共同解决问题的过程中，体会到情绪的各种影响以及如何管理情绪。

总的来说，这种教学方法帮助同学们在学习知识的同时，更好地了解中国传统文化，提升爱国精神和民族自信。习近平总书记曾在全国宣传思想工作会议上的讲话中强调中华优秀传统文化“蕴含的思想观念、人文精神、道德规范，不仅是我们中国人思想和精神的内核，对解决人类问题也有重要价值”。文化是国家和民族的底蕴，高校更是有责任夯实文化底蕴，从而提升育人水平。中华经典历史故事作为中国特有的传统文化，积淀了中华民族最深沉的精神追求，在传承传播的过程中，能够让中华文化在世界文化中站稳脚跟[①]。高校作为培养高层次人才的摇篮，将中华经典历史故事融入课堂可以帮助学生更好地了解中国历史，增强民族自信，更加深入、客观地了解中国。这种教学方法，不仅适用于大学生心理健康教育课堂，也可以尝试用于大学阶段的其他课程中。

〔姜丛萌（1988— ），女，山东蓬莱人，东北大学研究生院秦皇岛分院工程师，主要研究生方向为大学生心理健康、运动健康〕

① 牛家儒、张佑嘉：《传承弘扬中华优秀传统文化》，《经济日报》2022 年 6 月 22 日。

心理健康教育课程思政教学案例的探索与实践*

——以大学生挫折教育为例

许　旭

（东北大学秦皇岛分校心理健康教育中心）

习近平总书记在全国高校思想政治工作会议上强调“要坚持把立德树人作为中心环节，把思想政治工作贯穿教育教学的全过程，实现全程育人、全方位育人”①。做好大学生挫折教育是新形势下加强和改进大学生思想政治教育工作的重要内容，是促进大学生全面发展的重要途径和手段②。当今世界正在经历百年未有之大变局，带来了许多可以预见和难以预见的风险和挑战，加之新冠肺炎疫情的影响，又带来了很多新的危机和不确定性。大学阶段是大学生价值观形成和确立的关键时期，是一个人成长、成才的关键起点，挫折教育的目标就是不断提高学生的思想水平、道德品质和应对挫折能力，使之成为德智体美劳全面发展的社会主义建设者和接班人。

高校心理教育并不是简单的个体认知，而是通过认知最终使个体实

---

* 本文为2020—2021年度河北省高等教育教学改革研究与实践项目“基于课程思政的心理健康教育混合式教学模式构建与实践探索”（2020GJJG626）阶段性成果。

① 《习近平在全国高校思想政治工作会议上强调：把思想政治工作贯穿教育教学全过程，开创我国高等教育事业发展新局面》，《人民日报》2016年12月9日（1版）。

② 教育部：《关于政协第十三届全国委员会第三次会议第3284号（教育类316号）提案答复的函》http://www.moe.gov.cn/jyb_xxgk/xxgk_jyta/jyta_szs/202101/t20210119_510330.html，2020-12-09。

现与社会环境情感上的契合与认同①。加强心理健康教育课程教学，将思政元素以潜移默化的形式融入课堂中，做到与思政课程同向同行，从全程教育视角出发，实现心理健康教育与课程思政教育兼容化，实现课程育人的教育价值，从而有效达到育心、育德、育人的目的。通过挫折教育，提升大学生认识挫折、应对挫折、承受挫折的能力，优化大学生心理品质，进而培养面对困难挫折撑得住、关键时刻顶得住、风险挑战扛得住的新时代好青年。

一、大学生挫折教育思政教学案例教学目标

心理健康教育课程中针对大学生的挫折教育，侧重相关知识的传授和具体技能方法的掌握较多，对学生世界观、人生观和价值观的了解和关注，以及理想信念融入还不够，缺乏站在历史和社会发展的角度对学生进行思想的引导教育。结合大学生挫折教育中的知识目标、技能目标和德育目标，挖掘挫折教育中蕴含的思政元素，引导学生了解挫折的基本知识，学会正确应对挫折，进而提升心理韧性，培养坚韧品格和坚强意志。通过古文案例导入、理论知识、心理测试、心理体验活动、优秀故事案例和拓展推荐等学生乐于接受的教育教学形式，挖掘挫折教育中的隐性思政元素，让学生从认知、情绪、信念、行为中寻找行之有效的方法来提升抗挫折能力。

二、大学生挫折教育思政教学案例设计思路

对大学生开展切实有效的挫折教育，能够帮助大学生树立正确的世界观、人生观和价值观，提升心理素质，塑造品格，完善人格，让学生成为德才兼备、全面发展的高素质人才，以适应社会发展的需要。基于大学生的学情分析，结合心理健康教育课程的特点，从中国传统文化案例、个性化心理评估、团体活动互动、拓展链接等环节中提炼思政元素，实现理论知识讲授、技能训练、能力培养、价值引领的协同推进。

---

① 张丽娜、马晓玲：《医学院校大学生心理健康教育课程思政教学设计与实践研究》，《包头医学院学报》2022 年第 6 期。

（一）中国传统文化案例导入环节

源远流长的中华优秀传统文化，蕴含着中华民族最深层的精神追求，培育了中国人民的宝贵精神品格，为中华民族生生不息、发展壮大提供了丰厚滋养。在教学中引入中华优秀传统文化中的经典案例，深入挖掘其中蕴含的思想观念、人文精神、道德规范，尤其是挖掘其中蕴含的挫折教育元素，引导学生感悟中华优秀传统文化的精神内涵，领会古往今来人士的思想境界、个性品质以及对人生成败的豁达胸怀和乐观态度，增强学生对中华优秀传统文化的自信心，从而从传统文化的熏陶和滋养、继承与弘扬中，创造性转化和超越性升华，汲取精神和力量。

（二）个性化心理评估环节

每个学生应对挫折的基线水平是不同的，充分考虑基线水平的差异，有利于在挫折教育中因材施教。在教学中设置测试模块，通过心理测评、问卷调查、话题投票、随堂讨论和学生自我评价等形式，引导学生从个性特征、学习风格、应对方式等多维度评估自身的状态，科学、全面、客观地认识和评价自身的个性特征、心理状况、行为能力等，理解自己与他人的不同，增强对自己的优势认知，夯实已有的能力和实力，学会用发展的眼光看待和接纳自己与他人的不同，从而建立合理的发展期望。

（三）团体活动互动环节

在教学设计中，设置团体活动模块，结合团体特点，开展课内团体互动活动和课外学时素质拓展活动，发挥朋辈支持力量。通过团体的分享和讨论，汲取集体的智慧和他人成功的经验，从中找到克服困难的力量和智慧，及时解决学习生活中遇到的问题，在朋辈支持中提高应对能力，感受团体的感染力，间接培养集体主义的课程观。同时在活动中，以问题导向，将理论联系实际，用实践验证理论，通过实践升华认知的再学习过程，帮助学生从问题解决中有效地内化吸收。

（四）拓展链接

做好教学衔接，有针对性地联系当前的形势政策与热点问题，从个人生涯发展和融入社会的角度，发挥榜样的影响力。结合社会中的挫折情境，挖掘鲜活的社会素材、多维的激励机制，帮助学生开阔视野、提升能力。同时结合学生自主学习、自主管理、自主服务需求，遵循不同学段、年龄段大学生的认知规律，运用新媒体网络平台的即时性、互动性等优势，打通家庭、社会、学校互动通道，搭建信息流畅、资源共享的线上教学网络。

三、大学生挫折教育思政教学案例实施过程

以心理健康教育课程中的“大学生压力管理与挫折应对”章节为例，本章节包括挫折的定义、挫折的类型、挫折影响因素等诸多内容。根据大学生的认知发展特点，将启发式、案例式、体验式、自评式等教学形式有机结合，注重师生互动、生生互动和自我思考，引导学生从认知到体验到行动，真正做到知行合一。下表为精简的教学实施过程。

大学生挫折教育思政教学案例实施过程

教学环节	知识内容	教学形式	思政元素融入
中国传统文化案例导课	阅读古文《史记·越王勾践世家》	小组讨论、组间评价、教师点评等互动形式	理想信念教育，分析问题、解决问题的能力；个体与集体、身处的社会及国家的关系；以发展的眼光、全新的站位和认识视角重新审视自我及学习生活中遇到的问题。
挫折相关理论知识	挫折的定义、特点、来源等	教师讲解，学生学习	意识到挫折的普遍性，正确和全面地认识挫折，学会一分为二地看待问题，把挫折当成是磨炼自己、提升自己的机会，从容应对。
心理测试	《特质应对方式问卷》	学生自主进行测评，并根据测评结果进行自我认知和评估	全面客观地认知自我，合理进行比较，懂得欣赏和肯定自己，提升自信心。学会实事求是，抓住关键问题，调整心态，提升心理韧性。
团体活动	《画出你的压力》和《压力光谱测量》	个人参与和小组团体互动	榜样力量、问题解决能力、团队合作与集体主义。
拓展链接	心理访谈和书籍推荐、答疑解惑	学生自主学习、教师答疑	知行合一，课上学习、课下运用拓展。勇于寻找资源进行求助。

结　语

在落实立德树人根本任务的要求下，发挥心理健康教育课程的教学优势，潜移默化地开展课程思政，融入思政元素，通过教育引导和实践磨砺，增强大学生的抗挫耐压能力，提高挫折教育的实效性，培养学生自尊自信、理性平和、积极向上的社会心态，提高大学生心理素质，促进其身心健康和谐发展。

〔许旭（1985— ），女，辽宁营口人，东北大学秦皇岛分校讲师，硕士，主要研究方向为心理健康教育、思政教育心理〕

学·悟·思·践

——以数字电子技术基础课“组合逻辑电路”为例

宋　昕　李梅梅

（东北大学秦皇岛分校计算机与通信工程学院）

一、课程信息

课程名称：数字电子技术基础

课程学时：64

课程学分：4

授课专业：本科二年级学生（包括国际学院学生）

案例作者：宋昕　李梅梅

二、案例设计

案例名称：“缺芯之痛”——中国集成电路从“卡脖子”发展到“举足轻重”

案例节次：第一次课，数字电子技术发展历史、现状、应用及未来趋势。

案例设计思路：

本案例适用于数字电子技术基础课程的第一次课程讲授。针对数字电子技术基础课的课程特点提炼思政元素，将专业知识、创新视角与中国方案交叉融合，对接教学目标，讲好中国故事，通过对创意萌发和优秀作品的剖析引导学生关注社情民情、体察社会需要，通过对航天科工企业星箭玻璃、国家级孵化器北岛博智等的讲解使学生感受中国创新，激发学生的家国情怀，进而开发有时代感、符合人民需求与社会需要的优秀科创作品，使课程思政成为培育拔尖创新人才的内生动力。结合课程知识体系内容，为深度挖掘相关知识点的思政元素，有机融入教学全过程，发挥育人功能，从“家国情怀”“创新精神”“课程特点”三个层面设计课程思政的知识体系。

三、授课目标

（1）**知识目标**：了解数字电路的一般概念、原理和技术，包括：数字电路系统的体系结构、组成及应用，数字电路的结构和功能，常见的典型数字电路结构与原理等。

（2）**能力目标**：掌握数字电路系统的定义、体系结构、组成和特点，掌握数字电路系统的基本概念，掌握常见的数字电路分析与设计方法。

（3）**思政目标**：①培养学生具备一定的科学思维、科学精神和科学素质，树立科学思想以及正确的世界观。引导学生以发现的眼光对待生活，善于发现身边的科学问题，并能够转换角度，拓展思路，多方面多视角分析和解决问题。②通过嵌入科学家生平事迹和采用自主探究教学方法，带领学生了解科学家探索科学、追求真理的人生历程，亲身体验探索的过程，培养学生严谨求实的科学精神；培养学生精益求精的大国工匠精神，激发学生科技报国的家国情怀和使命担当；注重学思结合、知行统一，增强学生勇于探索的创新精神、善于解决问题的实践能力。同时认识到科学研究对于国家发展的重要性，使学生感受到专业课学习的意义和价值，增强民族使命感，引导学生树立远大理想。

四、教学实施

（1）从学生熟悉的身边现象入手，融入家国情怀、世界观、人生观、价值观等教育。列举处于领先的科学技术，激发学生的民族自豪感与自信心。引导学生运用科学视角去观察社会、科技发展、生产生活中各类与之相关的问题，去发现问题，展开探究，激发学生学习兴趣和好奇心，增强对专业学习的信心与自豪感。还有很多技术难关待攻克，培养学生开拓创新、勇于担当的精神。

导入词："本学期，由我和大家一起来学习"数字电子技术基础"这门课。首先，我们先思考几个问题。第一，什么是数字电子技术；第二，数字电子技术有什么用；第三，为什么要大力发展数字电子技术；第四，数字电子技术的现状和未来是什么……"

通过上述导入词，引导同学们思考并进行讨论，举例阐述生活中及前沿科技中的数字电路技术。各组同学进入讨论状态，教师走下讲台与学生交流并听取学生的咨询和提问。

讲解词："刚才同学们围绕数字电子技术在生活和前沿科技中的应用展开了讨论。我们发现，生活中的手机、平板电脑、智能手环、蓝牙耳机，甚至是各类电子产品的充电器，都需要应用数字电子技术。前沿科技中的计算机 CPU、雷达系统、5G 通信、航空航天、高精加工、超级计算等领域，也需要数字电子技术的深度参与……"

同时引导同学们进行思考，这么重要的科技领域，中国要不要大力发展数字电子技术，应该如何发展数字电子技术。将课程思政的元素有机融合到课程学习中来，并引导学生们思考为什么要努力学习数字电子技术，学习数字电子技术将来有什么用。

（2）"数字电子技术基础"这门课程涉及很多定理、公式及规律等，引导学生明白这些成果的发现都是科学家们艰苦努力、坚持不懈的结果。在教学过程中，融入辩证唯物主义、职业理想、科学精神、规范意识、团队意识等职业素养教育。

讲解词："2019 年以来，美国加紧了对我国在高科技领域的制裁和打压，在这种高压之下，我国的短板也清晰地浮现出来。我国正在决心把'卡脖子'的清单变成科研任务清单进行布局，倾举国之力尽早突破美国在关键核心技术上的产业封锁和遏制，补全我国的基础研发短板，发动新的科技革命。2021 年，龙芯中科技术股份有限公司拿出了'自主芯片 + 自主指令 + 自主操作系统'三大撒手锏，分别对应新一代 3A5000/3C5000L 芯片、LoongArch 自主指令集、信息行业的 Loongnix 以及工控类的 LoongOS 操作系统。尤其是自主指令方面，龙芯摆脱了此前依靠 MIPS 授权的路径，在 X86 和 ARM 架构之外，研发出独立于欧美的自主 LoongArch 指令集，实现了'国产电脑 + 国产操作系统 + 国产软件'工作环境。那么芯片是什么呢？芯片（Chipset）就是一组集成电路。芯片人才，其核心就是数字电子技术人才，芯片工程师，就是电子技术工程师……

“国家层面上，也开始越来越注重数字电子技术在前沿科技中的应用，同时也在加大力度培养电子技术人才。经过不断努力，中国在部分领域已经取得世界领先级的成就。中国的 5G 技术，已经在全球通信领域中有着举足轻重的地位，甚至领跑全世界，再也没有一个国家可以在 5G 领域内，扼住中国的喉咙……”

（3）数字电路无处不在，与生活联系紧密，具有实践性强的特点。在教学过程中，理论联系实际，引导学生学以致用，观察生活，热爱生活，重视实践，善于归纳和总结。

讲解词：“以大家熟知的电饭锅为例说明我国技术的发展，如第一张图所示。第一张图是 80 年代做饭用的大锅，可能现在的很多学生都没有见过。第二张图是 90 年代家里常用的电饭锅，有一个机械开关，按下就开始做饭。第三张图是 20 世纪初的电饭锅，这个电饭锅具有预约功能。第四张图是现在很多家庭中比较常见的电压力锅，更加智能化，这也说明我们再也不用从日本或者韩国往回背‘锅’了。数字电路的应用可以提升我们的幸福指数，苏泊尔、美的等民族品牌的崛起也增强了我们的民族自信心和自豪感。”

五、教学考核评价

本案例旨在引导同学们深入认识学习数字电子技术的重要性和必要性，激发学生的学习兴趣和热情。可以通过留置课下作业来进行教学考核和评价。具体内容为：针对某一项具体的数字电子技术，通过查阅资料，详述数字电子技术在相关领域或产品中的原理、技术关键、应用发展等，并整理为一篇综述论文。

六、案例实施与拓展

本案例在 2020 和 2021 年的大学二年级第二学期的“数字电子技术基础”课程中进行了两轮的讲授，学生在听课过程中表现出浓烈的兴趣，对学习数字电子技术表现出强烈的热情，并提高了动手实践的能力。在授课过程中，学生能够准确理解案例的技术要求和知识目标，认真完成课下作业，并进一步查找相关资料，有目标地去训练和提高自己的实际动手能力。

七、案例资料

（1）课件资料

数字电子技术基础

案例：前言科技中的数字电路

北斗卫星导航系统

嫦娥三号探月

中国“天宫”空间站

王亚平：穿越时空的两次太空授课

数字电子技术基础

案例：我们生活中的数字电路

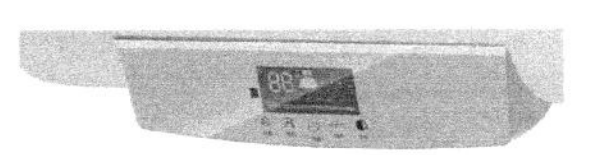

热水器

冰箱

电饭煲

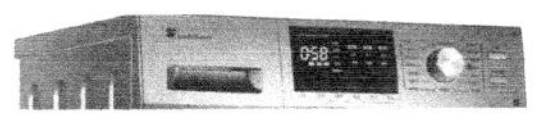

洗衣机

空调

电视

数字电子技术基础

更多案例：来自专业背景、行业动态或新闻解读

从个例到完成课程

工程技术伦理：天宫二号、仙童与硅谷、华为与高通
微型计算机与微控制器：英国密码机、树莓派与第三世界
行业与就业：欧洲空间局、振华港机、传音电子、紫光展讯
芯片的意义：火炮侦测雷达、珠海航展歼20，中兴禁运、南海
新技术的生活化：鹊桥天链卫星，“直播”，O2O，5G
科学技术与国家安全：去IOE、亚马逊/甲骨文退出中国，零日
……

电子电路正朝着**体积轻量化**、**结构复杂化**、**功能多元化**、**全面智能化**的方向发展。随着物联网设备的不断普及，5G通信、新型计算范式、大数据以及人工智能等新型行业对电子电路设计提出了更高要求。中国在其中的某些领域，已经做到领先于世界，但是，在另一些领域，仍有进步空间，需要迎头追赶。

中国已经是举世瞩目的“**世界工厂**”，全球**最大**的电子电路设计、生产、消费国。电子技术的应用也已经渗透到各行各业，包括：制造行业、能源行业、通信行业、控制行业、计算机领域、半导体制造业、游戏行业、文娱行业等。

电子技术的现状

电子技术的未来

（2）文献资料

［1］搜狐新闻网：《中国集成电路史上最具代表性的六位科学家》，https://www.sohu.com/a/277318015_505888。

［2］央视网新闻：《甲骨文创始人：不能让中国培养比美国还多的工程师》，https://baijiahao.baidu.com/s?id=1633015736817669433&wfr=spider&for=pc。

［3］中国政府网、人民日报：《中国5G等4项技术全球领跑世界》，

http://www.gov.cn/xinwen/2021-09/09/content_5636353.htm。

〔宋昕（1978— ），女，吉林通化人，东北大学秦皇岛分校教授，博士生导师，工学博士，主要研究方向为异构无线网络技术、边缘计算、5G无线通信技术、雷达信号处理。李梅梅（1988— ），女，黑龙江肇东人，东北大学秦皇岛分校实验师，工学硕士，主要研究方向为医学图像处理〕

政治学原理课程思政教学案例：拟·辩·辨·识

——以政治学原理课“模拟大选”为例

张文亭

（东北大学秦皇岛分校管理学院）

一、课程信息

课程名称： 政治学原理（课程编号：3020513002）

课程学时： 48

课程学分： 3

授课专业： 行政管理专业二年级

案例作者： 张文亭

二、案例设计

案例名称： 模拟美国大选

案例节次： 第十二次课，政党制度

案例设计思路：

本案例适用于政党和政党制度章节的讲授，旨在引导学生在深入学习各类政党制度理论的基础上，以大学生热切关注的美国大选为切入点，以模拟大选的形式，激发学生竞争性地全面研究美国民主党和共和党，以及美国大选的实质。进而激发学生思考和发掘西方资本主义政党制度和民主政治的阶级本质，让学生在对比中进一步理解和切身体会社会主

义民主政治的优越性和我国政党制度的先进性。并结合现阶段中美关系和疫情之下的中美民生等相关论辩内容，引导学生以社会主义接班人的身份，认清资本主义政治的阶级局限性，加强学生的政治自信。

三、授课目标

（1）**知识目标**：理解美国的政党制度；熟悉美国大选的流程；了解美国民主党和共和党的政治主张及其背后的利益集团，进而掌握资本主义政党制度以及资本主义民主的实质。

（2）**能力目标**：能够通过小组团队合作，运用所学的政治学理论知识和搜集整理的时政资料，以宣讲、问答、论辩及陈词等形式，宣扬自己所扮演的党派角色的政治主张，并力争在模拟竞选中胜出。

（3）**德育目标**：理解资本主义政党制度和民主政治的阶级本质，增强学生的政治自信。

四、教学实施

在充分学习相关政党制度的基础上，组织学生模拟成民主党和共和党分为两个小组，在课前搜集整理资料，课上通过简介美国总统竞选制度的方式引入本教学案例：

导入词："2016 年美国大选中，希拉里拿下的普选得票数硬是比特朗普多了 280 万张。不过在选举人票方面，希拉里仅仅拿下 232 张，远不及特朗普的 306 张，所以她还是输给了特朗普。这是为什么呢？因为选举人特殊的分配规则（即总数必须等于这个州在国会代表的总人数），就导致不同州的选民选票的含金量是不一样的。

"我们假设美国就 A，B 两个州，都采取赢家通吃规则。

"A 州有 100 个民众参加选票，出 10 个人作为选举人投票选总统，B 州有 120 个民众参加选票，出 11 个人作为投票人投票选总统，这 21 个人成为选举人团。A 州 100 个人全部支持希拉里，则 A 州的 10 个选举人把票投给希拉里。但 B 州有 61 个人支持川普，剩下 59 个人支持希拉里，则 B 州的 11 个选举人把票投给川普。

"虽然川普在全美仅仅获得 61 民众投票，希拉里获得了 159 个民众选票，但是希拉里仅获得 A 州的 10 个选举人选票，川普会获得 B 州的 11

个选举人选票，那么最终川普会当选总统。

“美国总统由选举人团选举产生，并非由选民直接选举产生。这就使得美国大选成为政客博弈的棋局。如何争取摇摆州的选票，如何通过制造政治话题吸引目标选民的关注，如何以自己的政治主张打动利益集团获得其经济和政治支持……凡此种种，让我们通过一次模拟大选，来深切体会美国及其所代表的资本主义政党制度和民主政治的实质。”

通过上述导入词，各组同学进入竞选状态，教师主持竞选流程。

（一）民主和共和两党宣讲政治主张

民主党：对外政策上，更重视推行人权和社会平等的价值观。意识上倾向于自由主义，更强调人权、社会平等，主张加强妇女权益保护，反对种族歧视。对内政策上，主张扩大政府权力，政府应积极解决各种社会问题和经济问题，增加公共投入，增加税收和社会福利。

共和党：对内政策上，主张缩小政府权力，反对政府干预经济和社会问题，主张降低税收和社会福利，减少公共开支；这一点相对于民主党派主张扩大政府权力来说，对于普通人民无疑是一个更好的谋求个人发展的机会。对外政策上，倾向美国国家主义，更加强调美国国家利益。

（二）两党论辩

共和党：经济问题上，主张自由市场，减少政府干预；主张全面减税；主张低福利政策，强调个人责任和自我奋斗；在医疗问题上，主张通过市场方式和个人自由选择来解决；持枪问题上，主张枪械不是真正的问题，持枪是更好地捍卫自己的安全；移民问题上，主张适度控制移民，鼓励基于功绩和个人成就的移民政策；在 LGBT 群体问题方面，主张重视传统家庭观念，持保守态度；在国家防务问题上，主张强化防务力量和保障军费开支。

民主党：支持最低工资的制度，并增加商业的管制，以协助贫穷的劳工阶级。倡导税改预期将得到数千亿美元，而这些收入会被用于“重建美好未来”计划。建设更多绿色基建、推进新能源汽车以及为贫穷人士提供社会保障、改善教育等。扩大失业救济金到失业超过六个月的工人，并扩大补贴以帮助失业人群继续支付医疗保险费。反对政府对石油产业的减税，主张发展一个国内的再生能源政策。为了减少犯罪和谋杀，提出对于枪械的各种管制。反对单边主义的政策，认为美国在没有遭受国防安全上的威胁时，不应该向其他国家发动战争。认为美国应该在外交舞台上拥有稳固联盟和广泛的国际支持。

代表两党的小组以搜集整理的数据资料支撑自己的党派立场，选取若干个相关时政话题进行论辩。如：防疫、控枪、医改、税改、教育、堕胎、俄乌冲突、阿富汗等。

（三）两党总结陈词

这里为自由发挥部分，让学生代表在简短的时间内，选择论辩中对本党最有利的话题和论证，为自己的党派自由拉票。

五、教学考核评价

这一案例的考核通过现场团队展示进行综合评定，评定分为两个部分：一是学生互评，即除了本组成员外，其他各组以组为单位，给展示的组打分，去掉两个最高分和两个最低分，其余分数的平均值为学生得分；二是老师评分，老师根据自己的感受给展示学生团队一个分数。

学生评分权重占60%，老师评分占40%，加权计算得出展示组的该部分得分。

六、案例实施与拓展

本案例在2019年和2021年的政治学原理课程中进行了两轮的模拟，学生在模拟大选过程中能够准确地理解案例的主要要求和知识目标。学生在学习中，理解美国的政党制度，熟悉美国大选的流程，了解美国民主党和共和党的政治主张及其背后的利益集团，进而掌握资本主义政党制度以及资本主义民主的实质。并且能够通过笔记本电脑、手机等工具围绕给定的案例主题广泛查找资料，结合团队的热烈讨论形成各组的观点，进一步加深了对资本主义政党制度和民主政治的阶级本质的理解，坚定了学生的“四个自信”。

七、案例资料

（1）课件资料

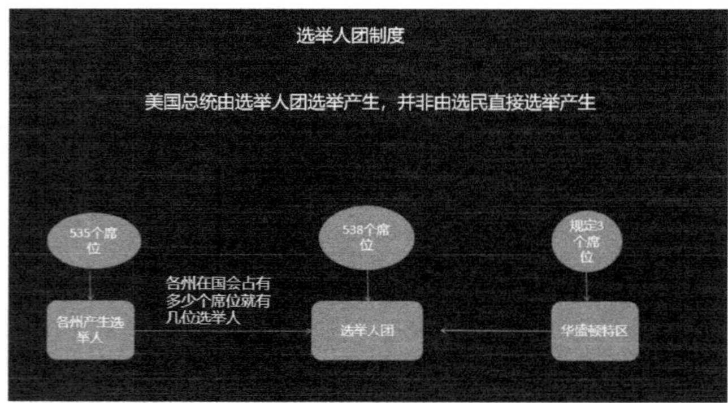

（2）文献资料

张晓雅：《美国选举人团制度研究》，云南大学 2019 年硕士学位论文。

〔张文亭（1985— ），女，辽宁抚顺人，东北大学秦皇岛分校讲师，文学博士，主要研究方向为中国古代政治思想、文学思想，文化产业管理〕

播下“工程伦理”的种子

——工程项目中决策矩阵的实践

李　岩

（东北大学秦皇岛分校计算机与通信工程学院）

一、课程信息

课程名称：工程领导力

课程学时：48

课程学分：3

授课专业：悉尼智能科技学院大一计算机科学与技术、通信工程专业

案例作者：李岩

二、案例设计

案例名称：播种“工程伦理”的种子——工程项目中决策矩阵的实践

案例节次：第五次课，工程决策

案例设计思路：

本案例适用于工程决策章节的讲授，旨在引导学生注意创意的产生和工程问题的决策与社会需要、科技热点、人民需求有机结合，通过Mural等网络工具，结合学生PBL讨论，启发学生在工程实践过程中对工程伦理的关注，学会如何伦理决策，赋予技术对社会的最大正向推动力。

三、授课目标

（1）知识目标：了解工程决策的工作原理、实施方法和主要工具，以项目小组为单位制定决策矩阵，掌握决策矩阵中各项标准和权重的设置方法，掌握决策矩阵中不同工程项目方案总分的计算方法。

（2）能力目标：了解本专业涉及相关行业的发展趋势以及相关产业的运营模式，以约克角为例，具备在本专业相关领域进行工程项目制定、推广与实施的能力。

（3）思政目标：能够基于本专业相关背景知识合理分析评价工程领导力的相关工程实践和解决方案对社会、健康、安全、法律以及文化的影响；熟悉工程实施方面典型新闻案例和背后的伦理问题，理解本专业工程实践和相关行业工程问题解决方案对社会、健康、安全、法律以及文化应承担的责任。

四、教学实施

在完成决策矩阵基本使用方法、标准制定、权重设置及各个项目方案总分的计算方法等知识点的讲解后，引入本教学案例：

导入词："同学们，通过刚才的讲授，我们已经对决策矩阵基本使用方法、标准制定、权重设置等内容有了基本了解，在实际的工程实践过程中，工程师除了具备专业知识和技能，制定满足用户需求的工程方案外，还尤其需要接受伦理学的学习，学会如何伦理决策，否则可能会给社会带来非常大的危险。"

（通过上述导入词，启发同学们从工程决策矩阵基本方法的学习中，对工程伦理学以及基于社会背景进行伦理决策的思考，在此基础上，进一步向同学们讲解认识工程伦理学，应该从哪些方面进行讨论。）

讲解词："我们应该从以下三个方面了解工程伦理问题：行为对错的评价标准是什么？工程师应该具有什么样的行为？工程师如何塑造正确的行为？我们希望引导工科学生学会在未来工程实践中正确决策。不论是中国用几周就建成的火神山、雷神山医院，还是核电站或者大型设施，都要求工程师在工程实践中作出正确的工程决策。我们来看一个实际案例，大家知道日本福岛吗？（预留学生反应的时间）提到日本福岛，我们可能首先就会想到福岛核事故。那么，福岛核事故是如何发生的呢?”

（根据学生踊跃程度，选择随机抽样或现场点名方式请同学简述福岛核事故的经过。）

讲解词：“如这位同学所说，2011 年 3 月 11 日日本东北太平洋地区发生里氏 9.0 级地震，继而发生海啸，该地震导致福岛第一核电站、福岛第二核电站受到严重的影响。次日，福岛第一核电厂的放射性物质泄漏到外部，导致多人因遭受辐射患癌。2021 年，日本政府不顾多国质疑和反对，宣布欲将福岛核污染水经过滤并稀释后排入大海。2021 年 7 月，福岛核电站再次发生核废弃物泄漏。从工程伦理的角度，我们从福岛核事故中得到哪些经验教训呢?”

（通过该问题引发学生对实际工程的伦理问题进行思考，根据学生踊跃程度，选择随机抽样或现场点名方式请同学简述看法。）

讲解词：“感谢这名同学跟我们分享他对福岛核辐射问题引发的工程伦理的一些看法。日本地震频发，作为一名工程师，对核电站进行设计，应以地理条件为基础，重视事故的预防，加强抗地震和海啸的措施，确保重要设备和设施的防水性，同时，应提前准备应对严重事故的对策，改善事故响应的环境，加强对严重事故响应的培训，增强环境监测等。”

（通过分析福岛核电站的经验教训，引导学生着眼于实践工程项目的地理背景和社会背景，重视工程决策，塑造正确的行为。）

讲授：“工程实践可以只服务于一个地区，也可以影响到一个国家，甚至是国际社会，我们在工程决策过程中，务必正视工程伦理问题，选择正确的标准，设置适合的权重，从而选出适用于解决某一实际问题的正确工程方案。”

五、教学考核评价

这一案例的考核通过课上讨论进行综合评定。教师根据各个相关问题提供 PPT，并介绍各个问题、新闻的实际情况，勾勒场景和背后酝酿的伦理思考，引导学生展开思考并积极参与课堂讨论，达到良好的参与感。学生留言表明，这一案例能够帮助学生理解工程决策矩阵的重要性，理解工程实践对社会、健康、安全、法律以及文化应承担的责任，帮助学生更好地认识社会、提高个人参与工程决策的能力，并提升对工程伦理的思考。

六、案例实施与拓展

本案例在 2021 年 3 月的“工程领导力”课程中进行了首轮讲授，学生在听课过程中能够准确理解案例的技术要求和知识目标，并且能够在课堂中围绕给定的案例进行现场讨论。反馈结果表明大家对这一问题引发了广泛的思考，很多同学从伦理、技术等不用视角表达了自己的观点，取得了良好的效果。

七、案例资料

（1）课件资料

Engineering Decision Making

Pre-class work recap: what were the Consider the following 3 questions for ethical management from Blanchard and Peale:

Is it legal? Is it against the law or company policy?

Is it balanced? Is it fair to all parties concerned?

How will it make me feel about myself? Will it make me proud? Would I feel good if my decision was on the news or social media?

Engineering decisions in professional practice need to account for ethics in a systematic decision-making process e.g., decision matrix

UTS

Mission to Mars - what your team slide looks like

		Criteria 1 (R1)	Criteria 2 (R2)	Criteria 3 (R3)	Criteria 4 (R4)	TOTAL SUM (Wi x Ri)
	Weighting (W)					
1						
2						
3						
4						
5						
6						
7						
8						

Engineering Decision Making
——Engineering Ethics

武汉火神山医院

福岛核电站事故

UTS

（2）文献资料

［1］《福岛核事故》，https://baike.baidu.com/item/福岛核事故/10709052#4_1。

［2］丛杭青：《工程伦理：概念与案例》第5版，杭州：浙江大学出版社，2018年。

［3］李正风等：《工程伦理》第2版，北京：清华大学出版社，2019年。

〔李岩（1988— ），女，天津宝坻人，东北大学秦皇岛分校讲师，工学博士，主要研究方向为复杂系统建模与仿真〕

大数据伦理
——应用层的数据安全与伦理规范

韩　鹏　李　岩

（东北大学秦皇岛分校悉尼智能科技学院；计算机与通信工程学院）

一、课程信息

课程名称：计算机网络基础

课程学时：56

课程学分：3.5

授课专业：悉尼智能科技学院大二计算机科学与技术、通信工程专业

案例作者：韩鹏、李岩

二、案例设计

案例名称：大数据伦理——应用层的数据安全与伦理规范

案例节次：第三次课，计算机网络-应用层

案例设计思路：

本案例适用于“计算机网络-应用层”章节的讲授，旨在引导学生关注各类计算机网络应用，尤其是App等常用手机应用的技术安全性与所包含的科学技术伦理思考，引导学生理解计算机网络技术创新需要与社会热点、科技热点、群众需求、人民需要有机结合，通过超星学习通讨论等网络工具结合学生PBL讨论，启发学生对工程伦理的关注，赋予

技术以人文价值和思考。

三、授课目标

（1）**知识目标：**了解计算机网络应用层的开发背景、技术特点和应用前景，熟悉主要应用层软件开发方式，认知常见应用层软件类型，掌握C/S、P2P应用特点，掌握常用手机等App应用的开发流程和典型工具。

（2）**能力目标：**了解本专业涉及相关行业的发展趋势以及相关产业的运营模式，以App框架或WordPress网站为例，具备在本专业相关领域进行应用层网络分析、设计、创新的能力。

（3）**思政目标：**能够基于本专业相关背景知识合理分析评价计算机网络应用的相关工程实践和解决方案对社会、健康、安全、法律以及文化的影响；熟悉的计算机网络应用层典型新闻案例和背后的伦理问题，理解本专业工程实践和相关行业工程问题解决方案对社会、健康、安全、法律以及文化应承担的责任。

四、教学实施

在完成应用层的定义，应用中典型应用的特点、架构，手机App的发展等知识点讲解后，引入本教学案例：

导入词："同学们，应用层的概念、特点与应用场景我们已经有了初步的了解，应用层以及其所催生的大数据浪潮能为我们的社会创造哪些价值呢？实际上计算机网络应用层已经广泛地支撑了我们的日常生活，融入了我们的饮食起居、衣食住行。就比如我们的手机，里面的一个个App，就是'应用'的缩写和体现。我们可能一直在高频次地使用，但是从来没有思考过一些深层次的问题，比如伦理问题。我们来看一个实际案例。大家用过导航App吗？（预留学生提问和反应的时间）比如高德导航、腾讯导航，这些软件帮助我们更好地找到路线，帮我们避开拥堵路段，更好地节省时间，但是它是如何做到的呢？"

（通过上述导入词，同学们进入思考讨论状态，通过点名引导学生进行回答——来自用户的大数据。）

讲解词："那么我想问同学们一个问题，如果你知道了你的导航App

会利用用户数据做这样的事情，你愿不愿意分享你的数据呢?”

（展示 PPT：对利用本软件提交、发布、张贴、展示或共享的内容，包括但不限于资讯、文字、照片、图形或影音资料等内容，授予导航软件一项永久的、世界各地的、免交使用费的、不可转让及非排他性的使用许可，以复制、发行、改编、修改、翻译、发布、公开实施、公开展示及分发上述任何内容。导航软件权对整个用户数据库进行分析并对用户数据库进行商业上的利用。引导学生通过超星 App 开展投票。）

讲解词：“刚才大家通过投票已经做出了选择，下面我们提问一名选择‘应该’的同学，请解释一下你的观点!”

（根据学生踊跃程度，利用超星学习通随机抽样或现场点名。）

讲解词：“好的，谢谢这位同学，提出了一个很有代表性的角度！下面我们提问一名选择‘不应该’的同学，让我们看看这一群体是怎么认识的?”

（根据学生踊跃程度，利用超星学习通随机抽样或现场点名。）

讲解词：“那么我们继续对另一个利用数据的问题进行讨论，如果我们希望第三方 App 能够提醒我们危险的存在，从而使这种踩踏事件不会发生（展示上海外滩踩踏案例），需要我们每个人向第三方 App 的机构上传自己的位置信息，你是否愿意呢?”

（根据学生踊跃程度，利用超星学习通随机抽样或现场点名。）

“事实上，互联网时代、大数据背景下，高德等手机软件已经在对我们的数据进行着这样的处理，它会给我们带来风险，也会给我们带来便利，全然取决于我们会怎么利用和怎么监管。应用层技术的突飞猛进，各类 App 的发展，确实对我们自身携带的数据进行了全新的挖掘，也带来了新的挑战，我们的每个人、每个互联网企业都需要适应，不论是用户，还是将来的计算机网络行业从业者，我们都要为此做好准备!”

五、教学考核评价

这一案例的考核通过超星学习通的“教师讨论”模块进行综合评定。教师根据各个相关问题提供 PPT，并介绍各个问题、新闻的实际情况，勾勒场景和背后酝酿的伦理思考，引导学生展开思考和使用手机端超星 App 发起回答，达到良好的参与感。学生留言表明，这一案例能够帮助学生理解 App 开发等工程实践对社会、健康、安全、法律以及文化应承担的责任，帮助学生更好地认识社会，提高个人数据隐私防护意识，并提升对工程伦理的思考。

六、案例实施与拓展

本案例在 2021 年 9 月的“计算机网络基础”课程中进行了两轮的讲授，同时也受邀参加了 2021 年 10 月的工程伦理“大数据伦理”专题课程讲授，学生在听课过程中能够准确地理解案例的技术要求和知识目标，并且能够通过手机超星学习通 App 等工具围绕给定的案例进行现场讨论，反馈结果表明大家对这一问题引发了广泛的思考，很多同学从伦理、技术的不用同视角表达了自己的观点，取得了良好的效果。

七、案例资料

（1）课件资料

计算机网络：应用层

■ 应用层：手机App的发展与特点

数据能为我们的社会创造哪些价值

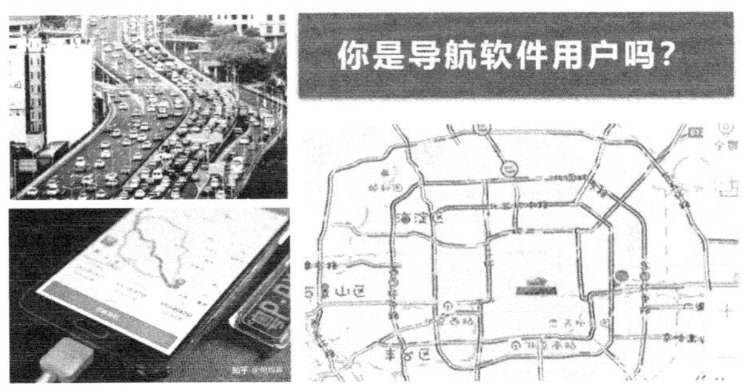

计算机网络：应用层

■ 应用层：手机App的发展与特点

数据能为我们的社会创造哪些价值

你愿意吗？

对利用本软件提交、发布、张贴、展示或共享的内容，包括、但不限于资讯、文字、照片、图形或影音资料等内容，授予导航软件一项永久的、世界各地的、免交使用费的、不可转让及非排他性的使用许可，以复制、发行、改编、修改、翻译、发布、公开实施、公开展示及分发上述任何内容。

导航软件权对整个用户数据库进行分析并对用户数据库进行商业上的利用。

计算机网络：应用层

■ 应用层：手机App的发展与特点

数据能为我们的社会创造哪些价值

2014年12月31日，正值辞旧迎新之际，上海外滩聚集了三十万人，很多人都是来外滩跨年的。这些年轻人没有想到当晚上海外滩发生了一起严重的踩踏事件，共造成36名市民死亡，47人受伤，其中最小的一名遇难者年仅12岁。

计算机网络：应用层

■ 应用层：手机App的发展与特点

数据能为我们的社会创造哪些价值

如果用户未同意协议，但是我们知道用手机App定位可以看到人流的变化趋势，从而能够采取应急措施，

我们应该这么做吗？

（2）文献资料

［1］菲利普·迪克：《仿生人会梦见电子羊吗?》，南京：译林出版社，2013 年。

［2］《上海外滩踩踏事件》，https://new.qq.com/omn/20210610/20210610A08SNN00.html。

〔韩鹏（1988— ），男，山东日照人，东北大学秦皇岛分校悉尼智能科技学院讲师，工学博士，主要研究方向为大数据系统及其可视化。李岩（1988— ），女，天津宝坻人，东北大学秦皇岛分校计算机与通信工程学院讲师，工学博士，主要研究方向为复杂系统建模与仿真〕

探索、创新、领跑世界

——以大学物理课程量子通信为例

时　光　马　琳

（东北大学秦皇岛分校资源与材料学院）

一、课程信息

课程名称：大学物理（波动光学与近代物理）

课程学时：40

课程学分：2.5

授课专业：全校大二各专业

案例作者：时光、马琳

二、案例设计

案例名称：探索、创新、领跑世界——以大学物理课程量子通信为例

案例节次：第十三次课，2.1 普朗克量子假说（或者第十七次课，2.7 薛定谔方程）

案例设计思路：

本案例适用于波动光学与近代物理量子物理基础的讲授，旨在引导学生学习斯特恩盖拉赫实验的基本原理和科学意义，目的在于让学生们通过这一案例，能够了解量子物理学的科学前沿和进展，激发学生的学习兴趣，引导学生树立正确的科学思想，并使学生们意识到，经过我国

科学家团队的不懈努力，我国在量子通信领域已取得了一批世界领先的创新成果。增强学生的民族自信心和自豪感，鼓励学生们以我国的科学家为榜样，为祖国的科学发展作出贡献。

三、授课目标

（1）**知识目标**：量子力学应用。

（2）**能力目标**：理解量子化假说和一些量子力学的重要应用。

（3）**思政目标**：了解科学技术的进步离不开科学家坚持不懈的精神，了解我国科学家的科学成就，树立民族自豪感和自信心，激发学习兴趣和爱国热情。

四、教学实施

在讲解量子物理基础普朗克量子假说章节时引入本教学案例：

导入词："自 1900 年马克思 · 普朗克提出量子假说，到 20 世纪 20 年代量子力学理论的建立，引发了自然科学的重大变革，人类科学文明得以飞速进步，至今已经有了 120 多年的历史。"

提出问题："同学们，你们知道目前量子物理学最前沿的研究领域有什么吗？"（提出问题引发学生的思考和讨论。）解答："量子计算和量子通信。在量子计算方面，目前我国有'祖冲之号''九章'和'九章二号'等量子计算原型机，处于世界领先水平。今天，我们来重点介绍一下后者——量子通信，这里有一项中国引领世界的'黑科技'。"

简单陈述一下量子通信的概念以及对于人民和国家的重要性。导入词："量子通信是基于量子叠加态和量子纠缠效应进行信息传递的新型通信方式，由于其最大的优势就是绝对安全和高效率性，因此成熟的量子通信技术可以广泛地应用于军事保密通信及政府机关、军工企业、金融、科研院所和其他需要高保密通信的工作环境。特别是在信息全球化和网络安全隐患极大的今天，其对国家安全、金融信息安全乃至人民日常生活都至关重要。"

讲解词："我国从 20 世纪 80 年代开始从事量子光学领域的研究，近几十年来，我国在量子通信方面取得了突出的成绩和突破性的进展。2008 年，中国科学技术大学潘建伟教授的科研团队成功研制了光纤量子通信原型系统。2009年该团队建成了世界上首个全通型量子通信网络，首次实现了实时语音量子保密通信。2013年受斯诺登事件影响（美国和欧洲等国正在利用互联网监控全世界），我国开始大力发展量子通信和量子密匙技术。引人注目的是2016年，我国成功发射了第一颗量子科学试验卫星——‘墨子号’，并获得了多项国际领先水平的科学进展。2017年‘京沪干线’建设成功，总长两千多公里，2021年1月7日，中国科学技术大学宣布中国科研团队成功实现了跨越4600公里的星地量子密钥分发，包括北京（兴隆站）、济南、合肥、上海、云南丽江、新疆南山、青海德令哈等地面基站，标志着我国已开始构建出天地一体化广域量子通信网。这也是世界上规模最大、功能最全的量子保密通信试验网络。

“2022年10月22日，中国共产党第二十次全国代表大会‘党代表通道’第二场采访活动在人民大会堂举行。科大代表汇报时说，我国科学家团队已经建设完成目前世界首条千公里级量子保密通信‘京沪干线’，发射全球首颗量子科学实验卫星‘墨子号’，推动了我国量子通信领域从跟跑到领跑，进入世界第一梯队。”

一系列客观事实的陈述让学生们看到，中国量子保密通信在科学家的努力下是如何一步一步突破创新，到名列前茅，再到领先世界的。

最后，总结思政要点：中国科学技术的进步离不开大量科学家们和科学团队坚持不懈的努力，以及勇攀高峰的科学精神。在量子保密通信领域，中国飞速进步，遥遥领先，引领世界！这就是大国崛起的步伐！这就是科技强国的力量！所以这些说明，我们的国家足以成为我们心中的骄傲。身为中国人，我们应该为中国的科学技术进步感到自豪，以我国的科学家为榜样，将来为我国的科技发展作出贡献！

五、教学考核评价

这一案例的考核通过现场团队展示进行综合评定。

六、案例实施与拓展

本案例可以在课程第十三次课2.1普朗克量子假说，或者第十七次课2.7薛定谔方程中进行讲解。学生们课下自行搜索、调研、讨论和思考，如了解量子力学基本原理，理解量子保密通信的概念和应用。

七、案例资料

（1）课件资料

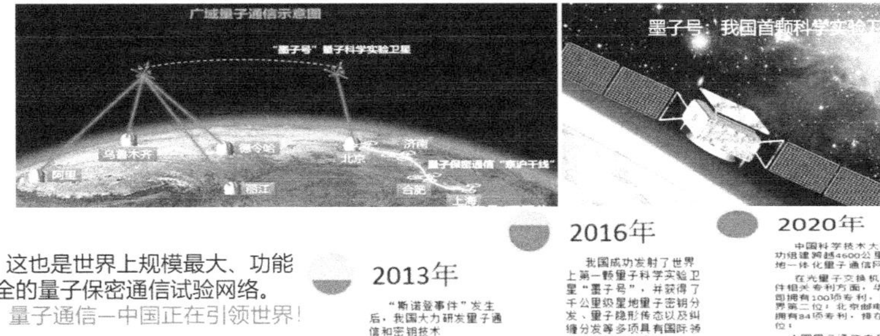

（2）文献资料：

央视网：《从32cm到4600km我国构建的量子通信网怎么这么牛！》，http://m.news.cctv.com/2021/01/07/ARTImV0De11kbW7inS3ZkyKF 210107.shtml。

〔时光（1985— ），男，河北唐山人，东北大学秦皇岛分校讲师，理学博士，主要研究方向为白矮星双星的观测研究。马琳（1985— ），女，山东枣庄人，东北大学秦皇岛分校讲师，理学博士，主要研究方向为太阳活动区的观测研究〕

“中国天眼”选址之路
——以“构造地质学”实践研究意义为例

韩　杰

（东北大学秦皇岛分校教务处）

一、课程信息

课程名称：构造地质学

课程学时：48

课程学分：3

授课专业：资源勘查工程专业

案例作者：韩杰

二、案例设计

案例名称：“中国天眼”选址之路——以“构造地质学”实践研究意义为例

案例节次：第一次课，绪论

案例设计思路：

本案例适用于绪论章节构造地质与工程地质部分的讲授，旨在引导学生注意构造地质学需要解决矿产分布、水文地质、工程地质及火山、地震地质方面的问题。通过对“天眼”选址历时12年的介绍，阐明研究构造地质学的重要意义，以及培养学生养成持之以恒、坚忍不拔的科学家精神。

三、授课目标

（1）知识目标：掌握构造地质学的实践研究意义。

（2）能力目标：强化学生理解构造地质学的实践研究意义，培养学生使用构造地质学基础理论知识解决地质工程中遇到的问题的能力。

（3）思政目标：将专业热情转化为学习动力，攻坚克难；从临床实践的实际需求出发，勇于创新；向前辈学习，将个人的理想追求融入到国家和民族卫生事业发展中。

四、教学实施

本章节内容讲解时长为两节课，每节课50分钟，共计100分钟，实施过程耗费时间大约共计100分钟。具体时间进度安排根据课堂授课效果适时调整，实施过程如下：

（一）课程介绍（多媒体形式，15分钟）

教师自我介绍，构造地质学及其相关学科介绍。

（二）构造地质学的研究对象和内容（多媒体形式，45分钟）

1. 研究对象

地壳或岩石圈的地质构造。地质构造是组成地壳或岩石圈的岩石（岩层或岩体）在力的作用下（内、外动力）变形的产物。

地质构造的分类：

（1）原生构造：沉积物或岩浆在成岩过程中形成的构造。沉积岩中的斜层理、波痕、泥裂等和岩浆岩中的流动构造、原生节理。

（2）次生构造：岩层或岩体形成之后，在力的作用下形成的构造。如褶皱、节理和断层。

2. 研究内容

空间方面：构造的几何形态、组合形式与分布规律；

时间方面：构造形成的顺序与演化的进程；

成因方面：构造形成的背景、力学条件和运动学机制。

3. 研究范围和尺度

（1）巨型构造：山系和区域性地貌的构造单元。如喜马拉雅山构造带。

（2）大型构造：造山系等区域构造单元中的次级构造单元，如区域性大断裂。一般展布于 1∶200000 图幅范围内。

（3）中型构造：主要见于一个地段上的褶皱和断层，在 1∶50000 或更大比例尺地质图可见其全貌。

（4）小型构造：主要是指露于露头上和手标本上的构造，如各种小褶皱、断裂及面状和线状等构造。

（5）微型构造：主要指偏光显微镜下显示的构造，如旋转残斑、云母鱼等。

（三）构造地质学的研究方法（多媒体形式，15 分钟）

1．反演法（将今论古）：观察—推演—检验—结论

通过野外地质调查、地球物理、地球化学、遥感结果等，研究岩石变形，分析构造力作用的方式，探讨变形过程的特点，反映构造运动性质、时间等——反序法。

2．正演法

模拟实验分析，包括传统的泥巴实验、高温高压变形实验和计算机数字模拟等。

（四）学习构造地质学的意义（多媒体形式，25 分钟）

学习构造地质学的意义，包括理论意义和实践意义两个部分。理论意义：阐明地质构造的空间分布特征、时间顺序，探讨构造运动的动力来源。实践意义：解决矿产分布、水文地质、工程地质及火山、地震地质方面的问题。

在完成构造地质学研究对象、研究内容和研究方法等知识点的讲解后，在学习构造地质学的研究意义过程中引入本教学案例：

首先，因为球面射电望远镜本身的造型需要选择一处洼地来建造。从 2002 年接到“天眼”选址的任务开始，科研团队就将每一个可以建造“天眼”的一万多个天然洼地都作为选址，因为当时的技术有限，于是只能一个个用最笨的方式来找。从最开始的 1∶500000 的地质图当中排除一些，然后再精确到 1∶10000 的地质图，并做好标记。科研组的三名博士花了三个月的时间找到最基础的研究资料，并做好标注。经过了一年多的时间，多次地筛选，从 743 个选址中再挑选出 82 个重点的地址。这些地址分布在贵州的一些比较偏远的地方，因为当地的交通十分差，有时去一个地址在路上就要花上一天的时间，当车没法开进去的情况，就要

徒步前行。实地勘察并不是看下山、敲石头这么简单的事情，而是要仔细察看岩体跟地质的结构，山体中的水系统对“天眼”的安全尤其重要。因为排水系统一旦堵住的话，“天眼”将会有被淹沉的危险。科研团队用了一年的时间开发了一套仿真系统，可以针对每个洼地计算出可以建设多大口径的天眼，有利于施工，减少误差。

其次，“大窝凼”的喀斯特地质能够促进雨水向地下渗透，不会导致雨水淤积而对望远镜及相关设备造成损害。我国最初在筹备建造 FAST 这一球面射电望远镜的时候就有借鉴美国阿雷西博射电望远镜的意识。

众所周知，美国这一建造于五十多年前的射电望远镜地址就位于波多黎各岛喀斯特地貌的山谷之中。喀斯特就是石灰岩地质，由于其溶水性，容易形成石灰岩溶洞，水会很容易渗进地下而不会产生淤积，从而能够保障望远镜不受雨水浸透和腐蚀。

再次，射电望远镜要正常工作，必须避免过多的噪声、空气污染物和电磁的干扰，因此必须选择一处人烟稀少的僻静地方。而“大窝凼”正处于贵州省东南部的深山之中，方圆五公里之内除了一些零星村落外，没有一个乡镇，二十五公里半径的范围内县城只有一个。而且由于其周边人口非常稀少，易于搬迁重新安置，可以进一步地为“天眼”望远镜的正常探测工作提供良好的环境。

“开拓进取、勇攀高峰”“追赶、领先、跨越”“登高望远、精益求精、勇于争先”的“中国天眼”精神启发学生树立创新思维，增强民族担当，培养人类情怀，承担起培根铸魂的神圣使命，充满信心地迈向全面建设社会主义现代化国家的新征程！

五、教学考核评价

这一案例的考核通过同学们在回答课堂上的提问进行。

六、案例实施与拓展

本课程案例在 2020、2021、2022 年 9 月的“构造地质学”课程中进行了三轮讲授，学生在课堂学习课程知识的同时感受到“天眼”首席科学家南仁东胸怀祖国、服务人民的爱国精神，勇攀高峰、敢为人先的创新精神，追求真理、严谨治学的求实精神，淡泊名利、潜心研究的奉献精神，集体攻关、团结协作的协同精神，甘为人梯、奖掖后学的育人精神。

该案例作为构造地质学的第一次课，激发起学生学习构造地质学的兴趣，并能够在知识点中润物无声地引入思政元素——科学家精神。同时，本案例具有很强的拓展性，可将科学家精神拓展至后续的章节“断层”相关知识点的讲解中。

七、案例资料

（1）课件资料

（2）文献资料

《揭秘“中国天眼”选址过程：从找到一万多个“窝”开始》，http://www.xinhuanet.com/politics/2016-09/26/c_129298888.htm。

〔韩杰（1988— ），女，黑龙江齐齐哈尔人，东北大学秦皇岛分校讲师，构造地质学专业博士，研究方向为思想政治理论、高等教育、构造地质学〕

深挖·融合·创新

——大学物理实验“课程思政”教学案例

刘芬娣　周红仙　郭献章　穆松梅

（东北大学秦皇岛分校实验教育中心）

一、课程信息

课程名称：大学物理实验

课程学时：40

课程学分：2.5

授课专业：全校大二所有理工专业

二、案例设计

案例名称：大学物理实验中的课程思政

案例设计思路：

为深入贯彻习近平新时代中国特色社会主义思想，深入贯彻落实全国教育大会、全国高校思想政治工作会议、新时代全国高等学校本科教育工作会议精神，东北大学进行了“三全育人”综合改革工作的总体部署，推进“课程思政”建设不断深入，强化课程育人导向，结合学校工作实际，制定了详细的实施方案。要求在通识课中落实立德树人根本任务，以社会主义核心价值观为灵魂和主线，坚持价值引领、能力培养和知识传授有机融合，各类课程与思想政治理论课同向同行，形成协同效应。

大学物理作为大学的通识课程与理工科学生的基础课课程，受众广泛，实践性强，是培养学生理论与实验相结合的能力的有力载体。大学物理实验，在对物理理论验证的基础上，突出了综合实践与创新能力的培养，是物理教学中不可或缺的重要环节。传统的大学物理教学，从经典物理学到近现代物理学，从理论概念到代表人物，基本上都来自西方，常使学生不自觉地产生某种“民族自卑感”，不利于民族自信心的建立。所以大学物理实验课堂很有必要进行课程思政改革，探索科学合理的教学模式，建设成为培养学生社会主义核心价值观、树立“四个自信”的重要阵地。

为了便于学生利用碎片化时间进行自主学习，学科组的老师们录制了一些微课视频供学生随时随地学习，努力做到以学生为主导，发挥学生学习和思考的积极性，努力建设习近平总书记提出的“人人皆学、处处能学、时时可学”的学习型社会。

2020 年初，结合高校思政课课纲要求，东北大学秦皇岛分校大学物理实验组的老师们着手课程改革和教材编写的准备工作，把时政内容与大学物理实验项目有机融合在一起，在加强老师思想道德修养的同时，引领学生形成正确的“三观”；结合我国的“大国工程”“大国工匠”“大国脊梁”，树立学生的民族自豪感与成才奉献精神。具体到每一个实验项目，探索出科学合理的教学模式，把实验内容与思想政治教育有机结合，并精彩地呈现出来。

在大学物理实验课程建设和教学设计中要解决的重点问题：

1. 思政素材的挖掘。选取的思政元素应代表科技前沿，并兼具专业的适应性、知识性与趣味性，提高学生的学习兴趣。

2. 思政元素渗透到实验教学中。思政元素与实验项目的有机融合是课程建设的基础，思政元素的融入不能生搬硬套，要过渡自然，让学生喜学、爱学。

3. 探索教育教学改革新理念、新思路。构建以学生为中心的“大学物理实验”教学模式，摆正师生关系，教学各个环节的安排和设置都以学生为主体，充分尊重学生的主体性，调动学生学习的自主性，将教学的重点转向教师对学生的“引领”。

三、授课目标

(1) **知识目标**：掌握物理实验知识和实验技能，会用物理实验知识分析解决一些实际问题，能够借助教材或说明书正确使用常用仪器。

(2) **能力目标**：培养与提高学生的实验创新能力。

①独立进行实验、排除一般故障，培养动手能力；

②实验现象的观察分析，培养用物理理论对实验现象进行分析判断的能力；

③通过撰写实验报告，培养归纳及科学写作能力；

④通过实验方案的确定、仪器和方法的选配，提高设计能力和独立工作能力。

(3) **德育目标**：实验中融入了思政元素。把思想政治教育与大学物理实验教学相结合。培养与提高学生从事科学实验应具备的素养：不怕困难、主动进取的探索精神，严肃认真、一丝不苟的工作态度，理论联系实际、实事求是的科学作风，遵守纪律、爱护公共财产的优良品德，相互协作、共同探索的协同心理。

四、教学实施

课程内容与资源建设情况：

已初步在实验项目中融入了思政元素，并编写了相应的教材，在教材中提供了微课的二维码，这些二维码关联了对应的实验微课。

课程教学内容与组织实施情况：

2021 年 8 月新编思政版大学物理实验教材正式出版并于 8 月底在教学中开始使用。融入思政的大学物理实验课程已经于 2021 年 9 月在 2020 级各理工科专业中开展。

以“碰撞打靶实验”为例，在完成两小球碰撞过程理论上满足完全弹性碰撞的介绍或讨论之后，引入碰撞打靶实验项目教学案例：

导入词：同学们，通过对本实验项目中实验导引的学习或从新闻资料中我们已经知道这两个重大科学成果：第一，2020 年 7 月 23 日，我国在海南岛东北海岸中国文昌航天发射场，用长征五号遥四运载火箭成功发射“天问一号”探测器，2021 年 5 月 22 日“祝融号”火星车驶上火星表面，开始巡视探测。“天问一号”要一次性实现“环绕、着陆、巡视”三大任务，这在世界航天史上还没有过先例，面临的挑战也是前所未有，而我们成功了！第二，2021 年 2 月 4 日深夜，我国公布了一项重大成果：我国在境内成功进行了一次陆基中段反导拦截技术试验！这表示我国的陆基中段反导技术已具有实际拦截能力和战斗力，我国的国防能力有了很大的提升，国境空域安全又进一步得到保障。目前只有中美两国掌握这项技术。

教师提问：（1）大家考虑一下，在这两个重大科学成果中，和我们本节实验项目密切相关的有哪些物理规律?

（2）还有没有其他比较前沿的科学成果和我们本节实验项目研究的内容密切相关?

通过教师提问，学生进行讨论后，教师作出总结：在火箭的发射，火星探测器的下降、着陆等过程中，在导弹的飞行、拦截过程中都离不开力学规律如抛体运动、动量守恒、能量守恒等这些基础规律的应用，而碰撞打靶实验就用到了这些力学的基本规律。

通过将理论与实践相结合，提高了学生学习科学知识的兴趣，同时也将课程思政的内容无痕地融入了教学中，提升了学生民族自豪感，达到了育人润物细无声的效果。

五、教学考核评价

实验项目的考核通过实验前的预习、现场的实验操作和数据处理及课后分析总结后提交的实验报告进行综合评定。

六、案例的实施与拓展

案例的实施：本案例在 2021 年 9—12 月的“大学物理实验”课程中进行了多轮实施，授课对象为全校理工科专业共计 53 个班级。在案例实施中学生能够比较准确地理解案例的知识目标和操作要领，能够共情国家在航空航天、国防能力上的巨大提升，于无声中培养了学生的爱国主义情怀、提升了民族自豪感。

案例的拓展：创新教学内容和教学方法，更新思政元素，建立思政元素库。

1．创新教学内容，建立思政元素库

（1）持续跟进与实验内容相关的“大国工程”“大国重器”等科技前沿并适时引入课程中，建立起大学物理实验的思政元素库。

（2）在教学内容的选取中，兼具专业的适应性、知识性与趣味性，使不同专业、不同层次的学生自主学习的积极性更高，效果更好。

2．进一步创新教学方法

构建以学生为中心的“大学物理实验”教学模式，将教学的重点转向教师对学生的“引领”。教学各个环节的安排和设置都以学生为主体，充分尊重学生的主体性，调动学生学习的自主性。

七、案例资料

（1）课件资料：教材中共有19个实验项目，有18个实验项目融入思政元素，思政元素融入率达到95%，实验项目及思政元素见下表。

序号	实验项目名称	思政元素
1	数字示波器的原理与使用	国产示波器品牌：普源、优利德、鼎阳、安泰信、精测等
2	固体线膨胀系数的测量	液化天然气船的关键材料“殷瓦钢”
3	分光计的调整	
4	金属杨氏弹性模量的测量	“中国天眼”FAST
5	旋光实验	屠呦呦——青蒿素——旋光性
6	扭摆法测量物体的转动惯量	“嫦娥五号”月球探测器——高精度姿态控制——转动惯量
7	霍尔效应实验	霍尔推力器
8	碰撞打靶实验	“天问一号”探测器，陆基中段反导拦截
9	铁磁材料的磁化曲线与磁滞回线实验	高温超导高速磁浮工程化样车
10	用准稳态法测量比热容、导热系数	青藏铁路——冻土问题的解决
11	衍射光栅	5G技术，光纤光栅温度传感器
12	光强的分布	中国自主研发的高端激光干涉测量仪
13	波尔共振实验	港珠澳大桥——调谐质量减振器（TMD）

续表

序号	实验项目名称	思政元素
14	密立根油滴实验	悟空卫星，四川锦屏山实验室——暗物质探测
15	迈克尔逊干涉仪的应用	全息摄影技术
16	弗兰克－赫兹实验	弗兰克从事科学活动超 60 年
17	脉冲核磁共振实验	超导快速磁共振成像仪
18	光电效应测量普朗克常数	量子科学实验卫星“墨子号”，量子计算原型机“九章”
19	超声波传播速度的测量	非杀伤性定向声波武器

实验项目中典型思政元素案例图例：

在碰撞打靶实验中引入“天问一号”等、在杨氏模量实验中引入“中国天眼”FAST、在转动惯量实验中引入“嫦娥五号”探测器及航天器的几种飞行姿态、在霍尔效应中引入霍尔推力器等，使学生感受中国科技的飞速发展，把思想政治教育与大学物理实验教学相结合，在潜移默化中使学生正确的“三观”形成与科学知识学习有机融合，使实验能力与思想能力同步提升，使科学思想理论与社会主义核心价值观同步同向形成。

1. 碰撞打靶实验项目中的思政元素图例（见图一）

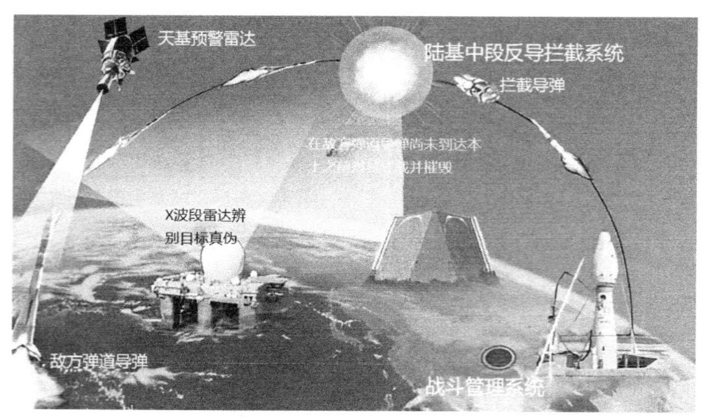

图一　碰撞打靶实验中的思政元素用图

2．用光杠杆法测量杨氏弹性模量实验项目中的思政元素图例（见图二）

阿雷西博（Arecibo）

“中国天眼”FAST

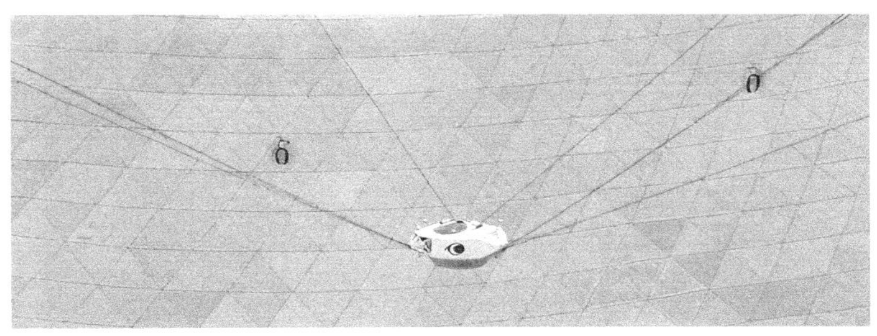

FAST 的馈源舱及六根控制吊索

图二　用光杠杆法测量杨氏弹性模量中的思政元素用图

3．扭摆法测量物体的转动惯量实验项目中的思政元素图例（见图三）

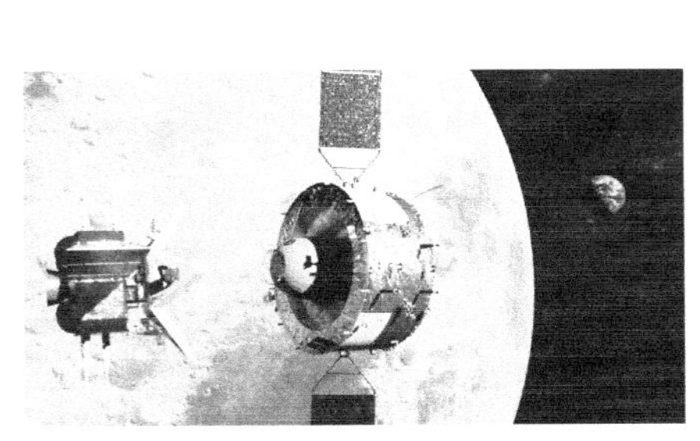

“嫦娥五号”探测器

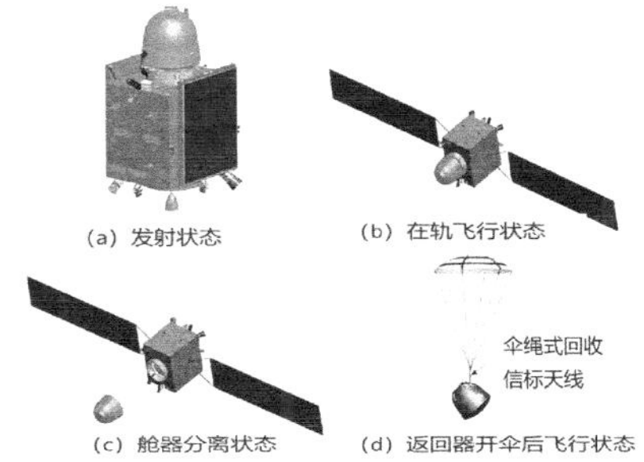

航天器几种典型的飞行姿态

图三　扭摆法测量物体的转动惯量中的思政元素用图

4. 霍尔效应实验项目中的思政元素图例（见图四）

霍尔推力器

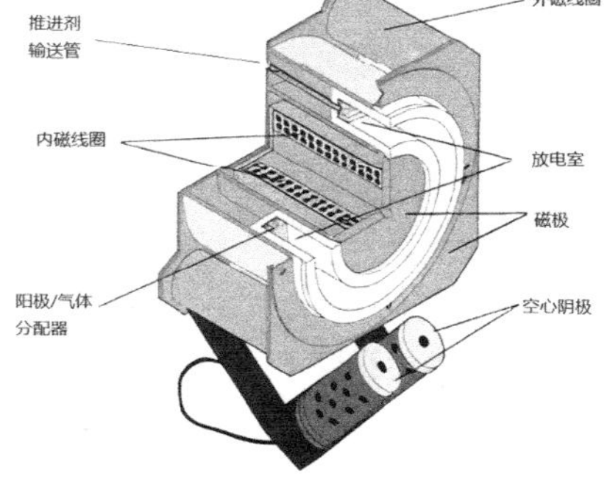

霍尔推力器内部结构图

图四　霍尔效应实验中的思政元素用图

（2）文献资料

［1］《习近平在全国高校思想政治工作会议上强调：把思想政治工作贯穿教育教学全过程开创我国高等教育事业发展新局面》，《人民日报》2016 年 12 月 9 日。

［2］《习近平致国际教育信息化大会的贺信》，《人民日报》2015 年 5 月 24 日。

［3］穆松梅、张家生、赵书华主编：《实验物理学》，沈阳：东北大学出版社，2014 年。

〔刘芬娣（1972— ），女，河北无极人，东北大学秦皇岛分校讲师，工学硕士，主要研究方向为基础物理学及物理实验。周红仙（1969— ），女，陕西勉县人，东北大学秦皇岛分校高级实验师，硕士，主要研究方向为大学物理实践教学。郭献章（1970— ），男，河北魏县人，东北大学秦皇岛分校高级实验师，工学博士，主要研究方向为大学物理实践教学及工程力学。穆松梅（1963— ），女，黑龙江五常市人，东北大学秦皇岛分校高级实验师，理学学士，主要研究专业方向为物理教育〕

塑造科学素养　厚植家国情怀
——“CAD/CAE/CAM 基础”之传热分析课程思政案例

包　立　梅瑞斌

（东北大学秦皇岛分校资源与材料学院）

一、课程信息

课程名称：CAD/CAE/CAM 基础

课程学时：48（含 16 学时实验）

课程学分：3

授课主体：材料成型及控制工程大二学生

案例作者：包立、梅瑞斌

二、案例设计

案例名称：“热传导理论与奥妙”——科学性分析和应用

案例知识点：热传导基本原理及其工程问题数值分析

案例设计思路：

本案例针对热传导基本理论讲授，将 CAE 技术在科学研究中的应用潜力、傅里叶传记故事、温度震荡现象的学术研究成果、常用 CAE 软件的卡脖子技术等引入到课堂教学过程知识讲解中。通过 CAE 技术在学术研究中的应用以及实际工程案例的学术研究成果激发学生专业学习志趣，活跃课堂教学氛围，提升大学生的科学素养；通过科学家傅里叶的人生传奇故事讲解树牢学生创新实践意识和科学探索精神；通过 CAE 软件介绍，使学生了解当前数值模拟模拟软件的卡脖子技术，引起学生励志、求真共鸣，厚植学生的家国情怀。案例整体设计思路如图一所示。

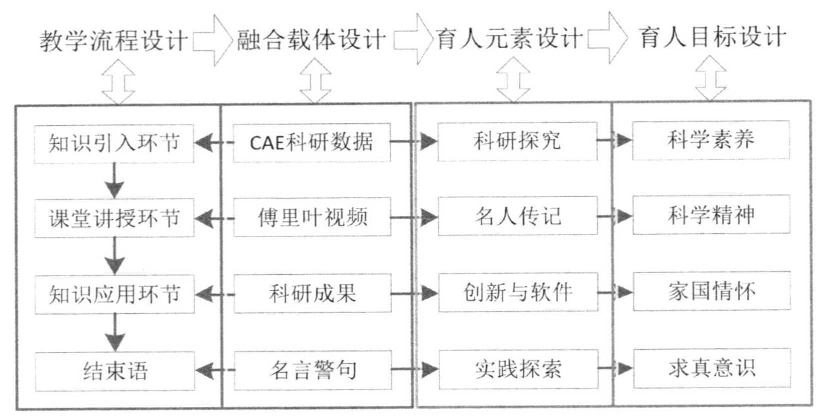

图一　案例整体设计思路

三、授课目标

（1）**知识目标：**通过本章节知识内容学习，使学生了解有限元求解材料加工过程变分原理及实现方法、温度场有限元及有限差分实现方法。理解傅里叶定律及热传导微分方程，掌握材料加工过程温度场 CAE 分析工作流程、网格划分对有限元求解温度场的影响。

（2）**能力目标：**通过本章节知识学习，使学生能够利用传热学理论简单分析工程问题，能够以科学眼光解决工程问题，能够提出传热学数值分析中温度震荡现象的解决方案。

（3）**德育目标：**通过本章节知识讲授，科学研究元素及名人传记故事等思政元素的有机融入提升学生的科学素养，增强学生的科学精神，厚植学生的家国情怀。

四、教学实施

本章节知识内容共需要两节课，每节课 50 分钟，共计 100 分钟，其中思政元素占用时间约 10 分钟。具体时间节奏和安排将根据课堂实际授课效果和进度进行相应调整。具体课堂教学知识点组织实施及思政元素融入方案如图二所示。

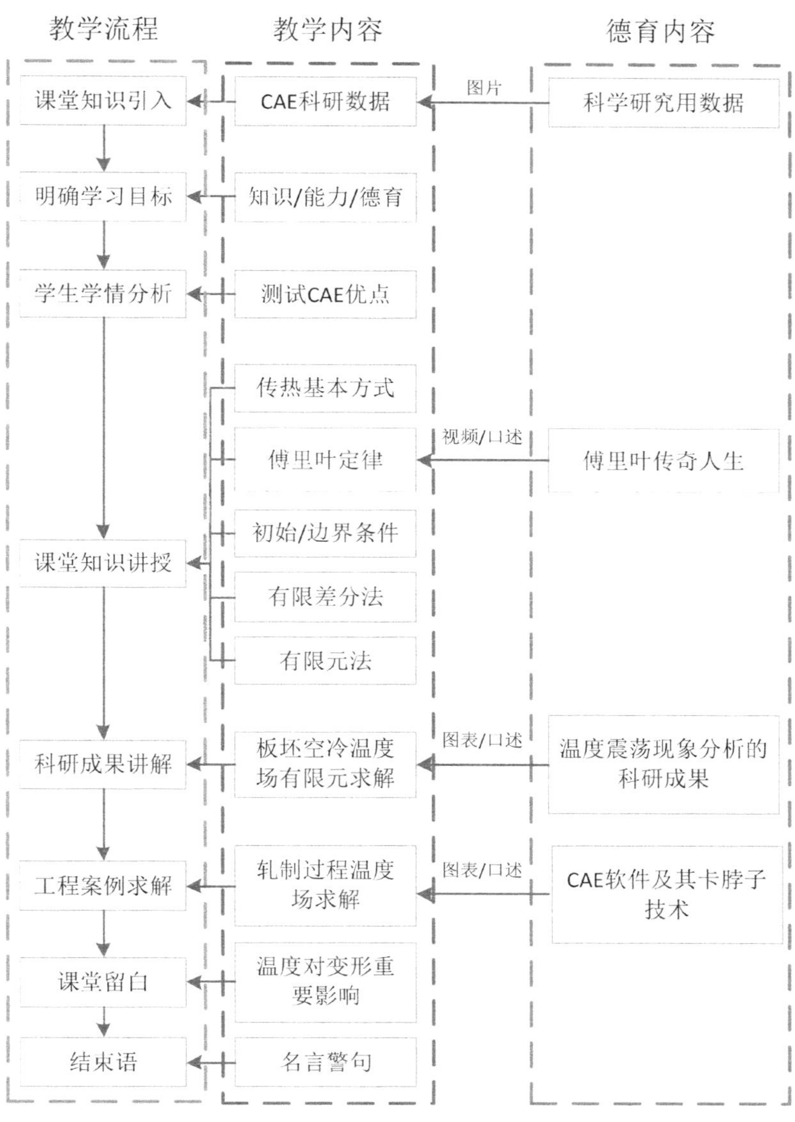

图二　课堂教学组织实施与思政元素融入方案

在整个课堂教学过程中，思政元素的课堂融入与语言组织如下：

（1）傅里叶传奇人生

传热学的基本理论是傅里叶定律，是法国著名科学家傅里叶在 1822 年提出的一条热力学定律。该定律是指在导热过程中，单位时间内通过给定截面的导热量，正比于垂直于该截面方向上的温度变化率和截面面积，而热量传递的方向则与温度升高的方向相反。其数学表达式为：

$$q\& = -\lambda \frac{\partial T}{\partial x}$$

当采用数值分析法求解工程问题中的温度场时都是基于傅里叶定律建立热传导微分方程，然后通过有限差分法、有限元法、边界元法等方式开展温度场数值求解。说到傅里叶，我们会想到傅里叶变换、傅里叶定律等傅里叶的一系列科学贡献，他是法国数学家、物理学家，辩证唯物主义哲学家，恩格斯说过“傅里叶是一首数学的诗，他把每一次智慧与灵感的碰撞，都化作诗的韵脚，凡是他所想到的都变成诗，变成数学的记忆和见证”。傅里叶在自己的著作中用一个个跃动的数学符号告诉了世界，他坚信数学是解决世界问题的最卓越的工具，也笃定认为对自然界的深刻研究是数学发现的最富饶的源泉。他恪守着这一观点，走完了一生的学术时光，成就了自己的辉煌卓越。具体他的科学成就如何取得？他又为人类作出了哪些卓越贡献？让我们通过一段短片了解一下。……

正如视频中所说的那样，正是由于他这种对待科学的忘我付出和奉献精神，才成就了傅里叶在数学史上的神话。

（2）温度震荡现象科学分析

图三所示为一板坯加热到 1200℃后空冷过程温度分布。可以看出靠近表面层的温度值大于 1200℃，出现了不合理的温度分布规律，即温度振荡。这种温度振荡现象物理解释为：对于热传导来说热量传递速度有一定极限，如果单元划分过大，或者初始时间步设定过小，均能造成热量传递在极短时间内和较大有限单元体内不能够连续进行，为了维持整体热平衡，温度突变的单元必定造成临近单元不合理的吸热或放热。这种振荡随着时间的增加而衰减，经过一定时间后振荡自动消失。在研究集中热容矩阵基础上，提出了逐层细分网格法和变步长法。集中热容矩阵法一定程度上抑制了温度振荡，逐层细分网格法不仅很好地抑制了振

荡现象的发生，而且相比均匀细分网格法缩短了计算时间，提高了计算效率；在抑制温度振荡的基础上，变时间步长法能够极大提高计算效率。通过振荡分析可知，傅里叶定律作为传热学基本理论，也存在一定的缺陷性，在实际工程问题分析中应该采集多种科学方法和手段开展科学研究，进而提高工程问题的求解精度。

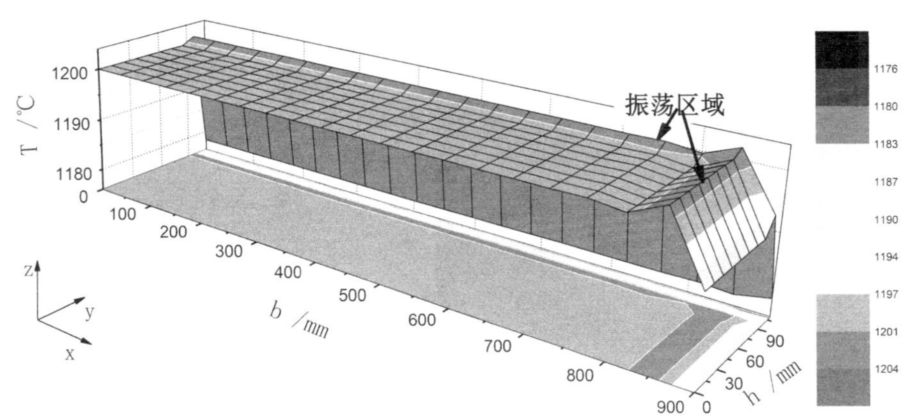

图三　板坯冷却 2 秒后温度分布

（3）CAE 软件及其卡脖子技术

利用 CAE 软件计算分析不同轧制方式下温度分布，如图四所示。可以看出，HSR－HR 轧制方式下，由于摩擦热和塑性变形热效应使得轧件温度略高于轧辊温度，但二者的温度相差不大。NSR－HR 方式进行轧制时，在轧辊与轧件之间的热传导作用下，轧件的温度沿着轧制方向逐渐升高，由于热量传递需要一定时间，使得前滑区轧件表面的温度高于轧件心部温度，出口端轧件断面温度基本均匀达 290℃。HSR－NR 方式进行轧制时，热量的传递方向主要是由高温轧件传进轧辊，该接触热损失使得轧件表面温降达近 200℃，出口端轧件温度降至 180℃以下。从 3 种轧制方式来看，HSR－HR 利于温度均匀分布和塑性变形均匀性，NSR－HR 次之，HSR－NR 方式表面温降过快，变形温度难于保证。

所以，CAE 技术的出现有效提升了产品的研发周期，无论是有限元法优化设计还是模拟和运动仿真，其速度都依赖于计算机硬件，预测精度和评价分析成效依赖于 CAE 分析软件，老师刚才给大家讲的这些 CAE 分析软件我们国产的微乎其微，而这些软件却又至关重要。目前这些软件如果国外不给更新或者使用权的话，相当于我们就被卡脖子，因此希望大家不仅关注软件的使用，也更应该关注软件本身的开发，将来能够为科技领域卡脖子技术贡献自己的一份力量。

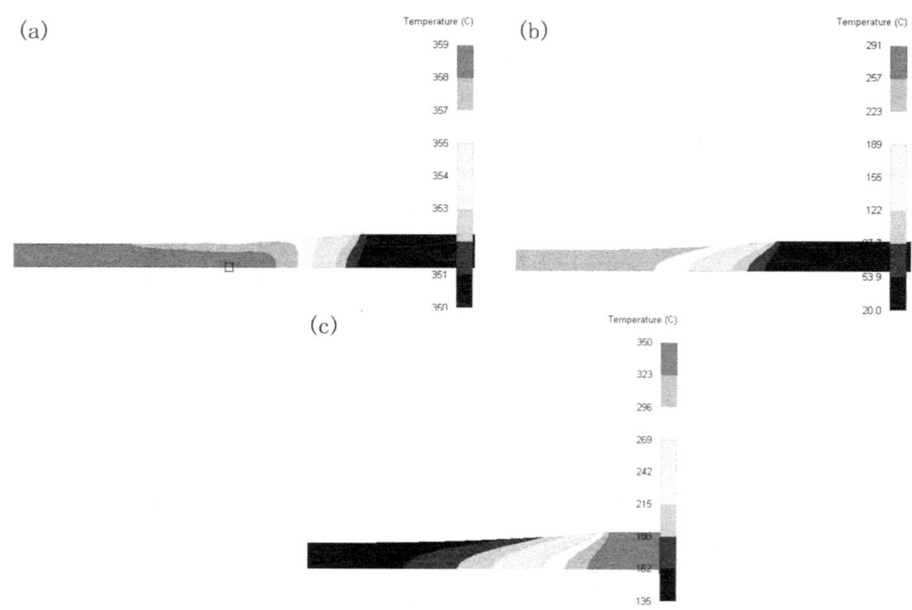

图四　不同轧制方式下温度分布：

（a）HSR－HR；（b）NSR－HR；（c）HSR－NR。

（4）结束语

这节课重点讲述了温度场的 CAE 分析，通过图四分析我们知道了温度对变形产生重要影响，那么 CAE 技术又是如何进行变形力学分析的将是下节课讲述的内容。最后送给大家一句傅里叶的名言："数学主要的目标是公众的利益和自然现象的解释"，希望大家学好数学，科学分析和解决工程问题。

五、教学反思

本章节内容知识讲授充分发挥了课堂主渠道作用，实现了知识教学、能力提升和价值塑造的有效结合，做到了思政教育与专业教育的有机融合和润物无声，能够激发学生专业学习志趣，改善课堂教学氛围，增强学生的科学精神、创新实践意识，厚植家国情怀。但实践中在思政元素融入时由于案例较长，占用时间较多，需要进一步凝练课程思政案例的核心元素和课堂描述内容，进一步提升课堂效率和德育效果。

六、学生评价

本案例在“CAD/CAE/CAM基础”讲授中得到了长期实践，思政融入效果得到了学生认可，如图五所示。该案例可以复制推广至“塑性加工数值模拟”“传热学”“塑性加工工艺学”等相关课程讲授中。

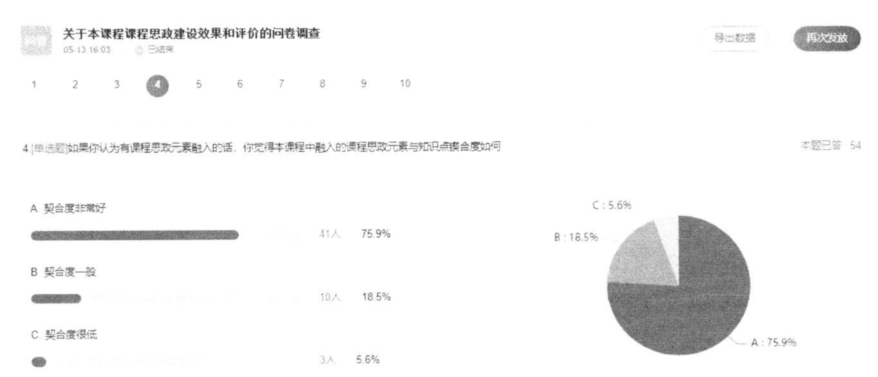

图五　思政元素融入效果问卷调查结果

七、案例资料

图六所示为部分多媒体课件展示。主要围绕章节知识点内容开展课堂教学，并将思政元素通过视频、图标、图片和口述等方式融入到教学环节。

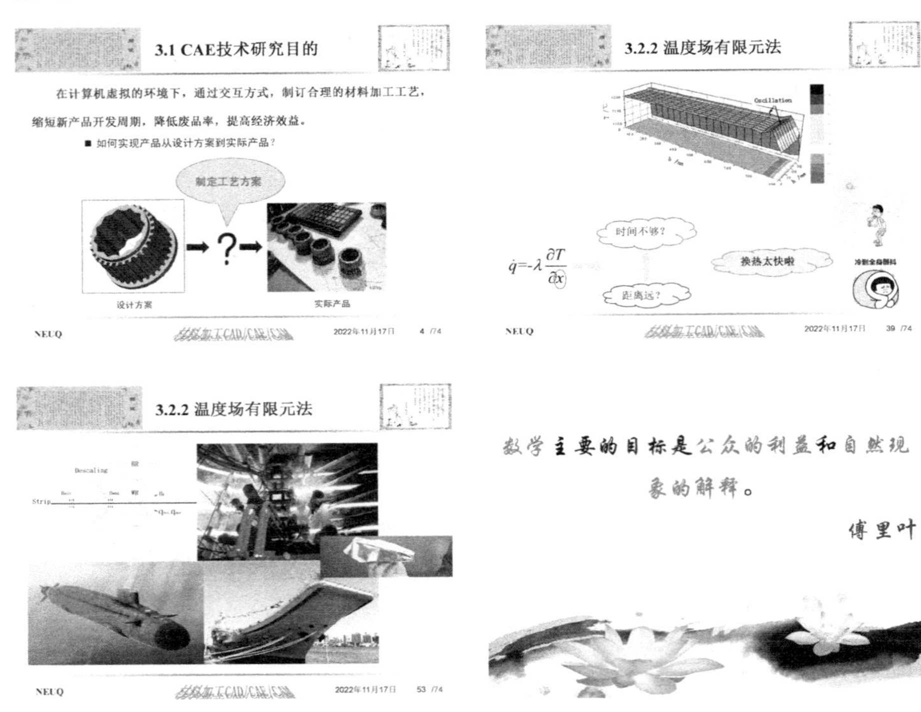

图六　部分多媒体课件展示

〔包立（1979— ），女，辽宁本溪人，东北大学秦皇岛分校资源与材料学院高级实验师，研究方向为特种材料轧制工艺及组织性能预测。梅瑞斌（1979— ），男，河南登封人，东北大学秦皇岛分校教务处副处长，副教授，研究方向为材料塑性加工多场多尺度计算及组织性能调控〕

“课程思政”视域下数学文化案例设计研究
——以“运筹学”引论为例

刘建波　宋静文　张艳艳

（东北大学秦皇岛分校数学与统计学院）

一、课程信息

课程名称：数学思想与数学方法

课程学时：32

课程学分：2

授课专业：数学专业（研究生）

案例作者：刘建波、宋静文、张艳艳

二、案例设计

案例名称：田忌赛马与运筹学

案例节次：第二章第二节，田忌赛马与运筹学

案例设计思路：

“数学思想与数学方法课程”以数学史、数学问题、数学知识等为载体，介绍数学思想、数学方法、数学精神；涉及的数学知识深浅适当，以能讲清数学思想为准，使各专业的学生都能听懂，都有收获，开阔眼界，纵横兼顾；对于数学的历史、现状和未来，都有所介绍。本案例主要以数学文化课程中的田忌赛马与运筹学为例，分析了蕴含在数学文化中的思政元素，给出了课堂实施策略。通过课程教学，介绍相关历史故

事，培养学生的民族自豪感，了解中华文化的魅力，弘扬和传播中华优秀传统文化。数学文化和课程思政的交融可以对学生进行思想政治教育，培养学生正确的价值观，从而达到立德树人的目的。

三、授课目标

（1）**知识目标：**了解田忌赛马的故事；了解运筹学的起源，理解运筹学的特点，以及运筹学的经典应用。

（2）**能力目标：**首先通过向学生讲述田忌赛马、围魏救赵、减灶之计与丁渭修皇宫等四个故事，引发学生对于运筹策略相关问题的思考。然后从运筹学的起源、运筹学的特点入手，让学生对于运筹学内容有基本了解，最后引出运筹学的经典应用内容，让学生在实践中感受运筹。同时采用“边知识边思政”的方式对学生进行德育教育。最后通过适量的例题进行课后巩固，巩固学习成果。

（3）**思政目标：**通过四个中国古代的运筹典故作为课程的引入，让学生对运筹学这个课程有一定的具象化的理解，初步了解运筹学的概念，同时感悟到古代中国人的智慧，产生浓厚的数学学习兴趣，也可以激发学生的历史自豪感和文化自信。让学生明白，在事物发展变化中，构成事物的成分在排列次序上发生变化也会引起事物的巨变，这是量变引起质变的另一种形式，增强学生的数学思维与辩证意识。

四、教学实施

1．教学对象分析

（1）分析课堂群体情况

大学生作为数学课程的受体，学习比较积极主动，有一定的自我思考能力，但是由于没有经历过完整的科研训练，思维不够活跃且不具备严谨性，部分学生甚至存在眼高手低的情况，总是在脑内推导数学公式，没有动手去实践和证明，因此需要老师带动思维和引导其主动思索。

（2）学生情况特点

学生的学习是根据社会政治经济发展的要求，按照一定的学习目标与规格来组织实施的。因此，不同的系别、专业有不同的教学计划。

学生的学习是在一定教育条件下进行的，学校为学生的学习创设了一定的设备、场所与图书资料等有利于学习的条件。

学生的学习是在学校领导与教师的设计与指导下进行的，从而使学生能迅速而有效地掌握前人所积累的知识经验，而不必重复前人积累知识所经历的曲折而复杂的过程。同时，能指导学生进行更有计划地探索与发现，而不经历盲目的摸索过程。

2. 教学手段与方法

（1）教学原则

直观性、启发性、循序渐进性、巩固性、前后一致性、应用性。

（2）教学方法

为体现直观性，采取传统板演和多媒体辅助教学结合的方式；为体现启发性，课前引导学生讨论思考，课上充分重视学生的主体地位，教师作为引导者挖掘学生的思维广度和深度；为体现循序渐进性，要由浅入深，由易到难，深入浅出，由点到面，有层次地划分课程的难度；为体现巩固性，课下及时留适当的作业供学生练习，夯实成果；为体现前后一致性，教师在上课之前要充分研读教材，理清知识点之间的逻辑关系，构造完善的知识网络，以便于在讲述时能够条理清晰，思路简洁，前后一致；为体现应用性，教师要举出一些生活中鲜活的实用案例，并给出具体的操作流程和手段供学生练习，同时注意让学生时刻关注生活实践。

3. 从中国古代的运筹典故入手

（1）故事引入——田忌赛马、围魏救赵、减灶之计与丁渭修皇宫

向学生分别叙述田忌赛马、围魏救赵、减灶之计与丁渭修皇宫四个故事。

田忌与齐威王赛马，总是将三等马中相同等级的进行比较，然而田忌每一等级的马都要次于齐威王，因此屡战屡败。孙膑通过调整顺序，让上马对中马，中马对下马，下马对上马，最终反败为胜。这就是对策论的最早渊源，以己之长攻敌之短，以最小的代价换取最大的胜利。

魏国围困赵国都城邯郸，赵王向齐国求救，孙膑不直接去邯郸支援，而是袭击魏国后方据点来迫使处于进攻态势的魏军撤退回援，并在途中伏击，魏军大败，赵国之围因此得解。这个故事体现了数学思想中的逆向思维，绕开问题的表面现象，从事物的本源上去解决问题。

孙膑与魏国交战时利用魏国轻敌的特点，第一天做饭时挖十万个灶，第二天只挖五万个，到第三天变成三万个，魏国认为齐军开始四散而逃，便贸然进攻，最终被伏击而灭。这个故事体现了孙膑对出兵时间、决战时机、决战地点的运筹。

丁渭主持宫殿的修缮工作，需要短时间内把大量的废墟垃圾清理掉，并运来大批木材石料和大量新土。这种大批量的转运工作，涉及复杂的运输问题，如果安排不当，正常的交通和生活秩序都会受到严重影响。丁渭挖沟取土，引水入沟来达成水道运输，最后用垃圾填沟，按照这个方案，节约了许多时间和经费，并且对于周边的影响达到最小。这个故事体现了科学调配的运筹思想。

4．谈及现代运筹学的三个起源

现代运筹学一般有三个起源，分别是军事起源、管理起源和经济学起源。通过前面具体的故事可以看出，军事运筹学的思想早在古代便开始产生了，比如《孙子兵法》《孙膑兵法》《尉缭子》等名著中均有不少关于军事运筹思想的记载，张良、诸葛亮、刘基等古代军事家也十分善于运用运筹思想。到了 20 世纪初，英国的兰彻斯特（F. W. Lanchester）曾提出过军事行为中双方人力、火力数量与战争结果关系的计算公式，这是现代军事运筹最早的战争模型。

而军事运筹学作为一门学科出现，是在第二次世界大战后。在管理学界，公认的运筹学初创时间几乎与科学管理运动同时。1909 年，丹麦数学家厄兰发表论文《概率论与电话会话》，成为创立现代排队论概念的先驱。1924 年，贝尔实验室的道奇、罗米格、休哈特创造了统计抽样表，用于取样检验和质量控制，这是概率论用于管理的先声。费希尔（R. A. Fisher）在 1925 年集中研究统计理论，提出了卡方测验、贝斯统计、抽样理论、试验设计等一系列统计方法。经济学理论对运筹学的影响是和数理经济学学派紧密联系的，魁奈 1758 年发表了《经济表》，当时最著名的经济学家沃尔拉斯研究了经济平衡问题，后来的经济学家对其数学形式继续研究并得到深入发展。1928 年，冯·诺伊曼以研究二人零和对策的一系列论文为“对策论”奠基，1932 年，又提出了广义经济平衡模型。1939 年，苏联的康托洛维奇在解决工业生产组织和计划问题时，开创性地提出了线性规划模型，给出了“解乘数法”的求解方法，发表了《生产组织和计划中的数学方法》，并于1975年获得诺贝尔经济学奖。

5．讲授分析运筹学的特点

运筹学是应用数学的一个重要分支。它主要就是研究如何将生产、管理等事件中出现的运筹问题加以提炼，然后利用数学方法进行解决的学科。运筹学研究中不是对各个子系统的决策行为孤立评价，而是把有关子系统相互关联的决策结合起来考虑，把相互影响和制约的各个方面作为一个统一体，从系统整体利益触发，寻求一个优化协调的方案。就其理论和应用意义来归纳，运筹学具有以下的基本特征：

明确的目的性。运筹学在应用建模中有明确的研究目的，无论是利用线性规划还是动态规划，都是为了找到解决研究问题的最佳方案。例如：动态规划是研究多阶段决策过程最优化的运筹学分支，即多阶段决策过程是从局部最优到全局最优。所以在解决一个多阶段问题时可以使用相对应的动态规划。

系统性。系统性通常指一个层次分明的整体，并且层与层之间具有清晰的逻辑关系。运筹学用系统的观点来分析一个整体，它从整体入手而不是从局部切入。在用运筹学解决实际问题时，也同样需要考虑各个因素，从相互联系中尽量全面地去考察问题，通过协调各组成部分之间的相互关系，使整个系统达到最优状态。

有效性。运筹学常用于建模解决各种领域的问题，其内容丰富，可使用的方法多样，可有效地解决我们研究的问题。其最重要的作用就是提供节约成本或利益最大化的思想，提供有效的解决方案。运用运筹学，能大大增强决策的科学性。因为这种决策方式有定量分析作基础，而且手段先进，有较准确的数学模型、适合的算法以及计算机设备作保证，只要信息来源可靠，运用运筹学做出的决策方案肯定比"凭感觉，拍脑袋"想出来的要有更高的可行性价值，这就是运筹学的科学性所在。

参谋性。并非所有问题都能够进行量化处理建立数学模型，因此运筹只能起到参谋的作用，而不能充当指挥员、决策人，运筹的结果只是用来辅助指挥员去做决策。

6．运筹学经典应用

假设有一个能装入总体积为 T 的背包和 n 件体积分别为 w_1，w_2，$\cdots$，w_n 的物品，能否从 n 件物品中挑选若干件恰好装满背包，即使 w_1 +

$w_2+\cdots+w_n=T$，要求找出所有满足上述条件的解。例如：当 $T=10$，各件物品的体积｛1，8，4，3，5，2｝时，可找到下列4组解：（1，4，3，2）（1，4，5）（8，2）（3，5，2）。

提示：可利用回溯法的设计思想来解决背包问题。首先将物品排成一列，然后顺序选取物品装入背包，假设已选取了前 i 件物品之后背包还没有装满，则继续选取第 $i+1$ 件物品，若该件物品“太大”不能装入，则弃之而继续选取下一件，直至背包装满为止。但如果在剩余的物品中找不到合适的物品以填满背包，则说明“刚刚”装入背包的那件物品“不合适”，应将它取出“弃之一边”，继续再从“它之后”的物品中选取，如此重复，直至求得满足条件的解，或者无解。

思政元素：数学来源于生活，也回归于生活。善于将数学里所学到的定理应用到实际生活中才成就了数学应有的价值。教师让学生真正理解数学，体会数学的乐趣，感受数学的意义，从而教会他们将理论与实践相结合的科学方法。在课程最后对运筹学的特色问题进行分析，让学生对运筹学有一个全面的认识，向学生介绍运筹学的实际应用，可以激发学生的兴趣，更好地运用运筹学知识并将其应用于实践。

7. 教学效果分析

本节课以数学文化课程中的田忌赛马与运筹学为例，从一个中国古代的数学故事“田忌赛马”开始，启发学生对运筹策略问题的思考，分析了蕴含在其中的思政元素，给出了课堂实施策略。本节课和课程思政的交融可以对学生进行思想政治教育，培养学生正确的价值观，从而达到立德树人的目的。

以案例式教学模式为核心，综合运用探究式教学、启发式教学、讨论式教学、情景教学等教学方法，突出教学过程中的学生主体地位，调动学习的自主性，解决学生主体地位欠缺、自主性学习不足等问题。发挥教师和学生的双主体作用。教师主要扮演组织者、指导者、促进者、倾听者、交谈者和帮助者的角色，其职责是通过教学促进学生知识的主动建构，实现意义学习，进而实现以教师为主导的学生主动学习。

五、教学考核评价

这一案例通过聆听教学督导以及同行对各项教学环节，特别是学生小组探究活动环节设计的评价与建议，通过学生课后面对面交流反馈学生在小组探究活动中的收获以及改进该环节的建议，开展教学评价与反思。同时改革学业考核评价机制，改革传统"期末一张卷"的考核模式，实行以能力训练为中心的开放式、全程化考核，解决重结果轻过程的问题。改革考核计分方式，推行"平时成绩+课堂演示+读书报告"模式，增加课堂讨论互动、案例评析作业、分享学习心得等作为课程平时成绩的重要评价指标。

六、案例实施与拓展

1. 案例实施策略

本案例在2019—2022年课程中进行了四轮的讲授。学生是课堂的主体，老师要善于将问题"抛出去"，让学生主动思考，主动融入，思想政治教育的目的不是把内容告知学生们，而是让他们自己体会。在课堂内容的讲解过程中，第一种方式可以是"边知识边思政"：老师在将专业知识教授于学生的同时，向学生提问这一内容告诉你什么深刻的人生哲理或政治知识，然后老师再进行补充。这样的学生状态良好，思路清晰，效果会很显著。第二种方式是"先知识后思政"：一个课堂里不能没有思政的影子，也不能本末倒置。如果老师在讲授时不能很好地找到将专业知识转化为政治内容的契合点，那么完全可以先将本堂课的专业知识讲完，在课堂的最后再进行升华总结，这样学生们也会充分地理解。具体实施策略如下：

在讲授数学史、数学思想、数学方法、传授数学知识的同时，注重启发学生对"思政元素"能动地认知和认同，贴近实际生活，对学生进行心理渗透，引导学生主动、自觉地学习，主动付诸实践。

精选相关人物传记、影像视频、时事热点等资料，将国家形势、国家的大政方针、爱国情怀、工匠精神等巧妙融入到教学过程中，引导学生认识世界与中国发展的大势，明确历史使命与时代责任。

从数学思想、数学方法、数学知识与社会实践结合中去诠释"思政元素"，从实际和实践出发来解释理论的形成，因事而化，与时俱进。

在教学实施过程中，通过摆事实、讲道理直接对学生进行公开的道德教育，同时还要通过润物细无声的方式寓道德教育于课程之中。

2. 课后扩展

课上在讲解核心知识点时要注意引入思政元素，课后也要及时进行思想交流。

学生们在课后思考：

（1）求解下面的问题：某投资公司在第一年有 100 万元资金，每年都有如下的投资方案可供考虑采纳："假使第一年投入一笔资金，第二年又继续投入此资金的 50%，那么到第三年就可回收第一年投入资金的一倍金额。"投资公司要设法决定最优的投资策略，使第六年所掌握的资金最多。

（2）本节中什么地方用到运筹学的相关思想方法？

（3）学过本节后，对运筹学中蕴含的思想方法有什么新的体会？

可以采用定时提交课后思考作业的方式督促学生。并且在课后要在社交媒体上在线解答同学的疑惑，针对普遍问题课堂上加以讲解分析总结。

七、案例资料

[1] 周红林、张红梅：《高校数学文化的教学实践与探索——在高等数学教学中展示数学家的人格魅力》，《湖北科技学院学报》2013 年第 6 期。

[2] 张晓华、宋晋凯：《浅谈高等数学思政教育切入点》，《科学导报》2022 年 6 月 7 日。

[3] 方海文等：《突出优化思想，彰显数学本质——关于"数学广角"〈对策的论〉教学改革研究》，《高教学刊》2015 年第 5 期。

[4] 殷月竹：《数学建模融入运筹学教学的探索与实践》，《科技视界》2014 年第 27 期。

[5] 陈茜、邱悦颜、贺梦冬：《思政视角下大学数学课堂教学探讨与实践》，《高教学刊》2022 年第 17 期。

[6] 王金然：《课程思政走进中职数学课堂的探索与实践》，《职业》2022 年第 7 期。

[7] 刘建波、陈子越、张艳艳：《基于数学文化课程的思政元素案例分析》，《唐山师范学院学报》2021 年第 3 期。

〔刘建波（1978— ），男，河北遵化人，东北大学秦皇岛分校副教授，理学博士，研究方向为代数学及其应用。宋静文（1997— ），女，河北保定人，东北大学秦皇岛分校硕士研究生，研究方向为应用统计学。张艳艳（1978— ），女，河北迁安人，东北大学秦皇岛分校讲师，理学硕士，研究方向为代数学及其应用〕

强化法治思维　践行依法治企

——以跨专业实训课“模拟经营”为例

任婷婷

（东北大学秦皇岛分校经管实验中心）

一、课程信息

课程名称：虚拟仿真综合实训

课程学时：80

课程学分：2

授课专业：经济学院、管理学院大四各专业

案例作者：任婷婷

二、案例设计

案例名称：强化法治思维　践行依法治企

案例节次：实训阶段——模拟经营

案例设计思路：

本案例适用于虚拟仿真综合实训模拟经营阶段，借助实训课程“情景模拟”“体验感悟”的优势，以问题引出、问题讲解、问题深入，层层递进的方式，就各企业漏缴少缴各项税款及发生合同纠纷的情况，引发学生对偷税漏税和合同违约的关注和讨论，并通过请市场监督管理局、税务局、人力资源与社会保障局负责人开展相关知识讲座，使学生明白税收在社会经济发展中的积极作用，增强学生的责任感与使命感，从而

引导学生依法缴纳税款，依法经营企业；带领学生完善合同条款，提高学生今后在商业社会活动中依法维护自身权益的意识和能力；以传统文化引导学生寻找可靠的合作伙伴建立合作关系，在培养学生文化自信的同时，增强学生的法治思维能力。

三、授课目标

（1）**知识目标：**了解基本的工商、税务、社保知识；掌握不同岗位的职责以及组织间、组织内部的协同关系。

（2）**能力目标：**全面认知企业经营管理活动和主要业务流程；体验企业职能部门间协作管理以及企业与银行、政府等外围组织和管理部门之间的业务逻辑。

（3）**思政目标：**增强学生法治思维能力，引导学生依法经营企业，依法缴纳税款，诚信经营；完善购销合同条款，建立依法维护自身权益的意识。

四、教学实施

模拟经营阶段，针对出现漏缴少缴各项税款及发生合同纠纷的情况，引入本教学案例，教学实施过程如图所示。

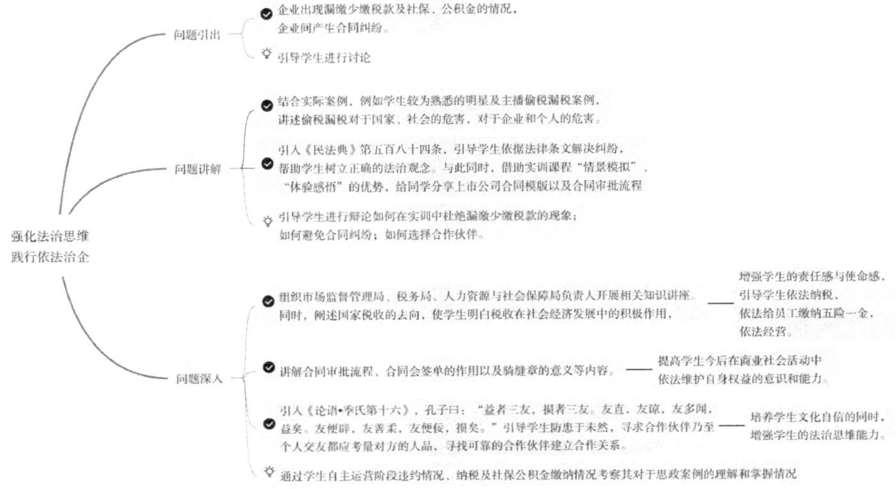

教学实施过程图

第一步：问题的引出。

模拟经营阶段，部分企业出现漏缴少缴各项税款以及各企业之间进行合作，因为违约而产生纠纷时，教师导入词："各企业成员，现对各企业经营过程中出现的问题进行通报，一是经税务局核查，×企业出现漏缴少缴税款现象，二是因×企业未按合同约定发货，造成×企业重大经济损失。请问各企业员工，漏缴少缴税款行为是否可取？如你所经营的企业遇到违约情况，你又将如何进行处理？"通过上述导入词，各企业员工进入讨论状态，教师走下讲台在学生群体中交流并听取学生的讨论和提问。

第二步：问题的讲解。

讲解词："刚才大家通过讨论，都认为漏缴少缴税款行为不可取，缴税是公司的义务，也是公司财务管理制度中的关键问题，偷税漏税是因小利而失大局的选择。只有依法缴纳税款，诚信履行公司的社会责任，公司才能在安全的轨道上健康运行，才能长久生存和发展。"此处结合实际案例，例如学生较为熟悉的明星及主播偷税漏税案例，讲述偷税漏税对于国家和社会的危害、对于企业和个人的危害。

讲解词："各企业成员，我们刚刚还讨论了因×企业合同违约而造成其他企业遭受经济损失的情况，大家都认为应该给予赔偿，刚刚听各企业讨论，有员工要求赔偿双倍损失，还有要求赔偿三倍损失，究竟赔偿多少合适呢？"此处引入《民法典》第五百八十四条，引导学生依据法律条文解决纠纷，帮助学生树立正确的法治观念。与此同时，借助实训课程"情景模拟""体验感悟"的优势，给同学分享上市公司合同模版以及合同审批流程，并再次引发学生讨论：如何在实训中杜绝漏缴少缴税款的现象；如何避免合同纠纷；如何选择合作伙伴，并形成初步的结论。

第三步：问题的深入。

首先，组织市场监督管理局、税务局、人力资源与社会保障局负责人开展相关知识讲座并介绍处罚措施。同时，阐述国家税收的去向，使学生明白税收在社会经济发展中的积极作用，增强学生的责任感与使命感。改善公民纳税意识淡薄、义务观念缺乏的现状，从而引导学生依法纳税，依法给员工缴纳五险一金，依法经营。

其次，讲解合同审批流程、合同会签单的作用以及骑缝章的意义等内容，并带领学生完善合同条款，提高学生今后在商业社会活动中依法维护自身权益的意识和能力。

最后，引入《论语·季氏第十六》，孔子曰："益者三友，损者三友。友直，友谅，友多闻，益矣。友便辟，友善柔，友便佞，损矣。"引导学生防患于未然，寻求合作伙伴乃至个人交友都应考量对方的人品，寻找可靠的伙伴建立合作关系。培养学生文化自信的同时，增强学生的法治思维能力。

五、教学考核评价

实训考核分为个人成绩 50%（个人到岗情况、工作完成情况、岗位工作日志等）和团队成绩 50%（工作交接问答、业务流程展示、企业战略规划制定、企业经营业绩评比等），该思政案例的考核主要体现在：团队成绩部分，各企业在正式运营阶段，是否依法足额缴纳税款和五险一金，是否存在违约情况。

六、案例实施与拓展

本案例在 2021 年 9—10 月共计四批次的"虚拟仿真综合实训"课程中进行了讲授和实践，积极主动缴纳各项税款，完善合同条款，制定合理的合同审批制度和合同审批流程，较少发生合同违约情况。由此可见，学生能够准确地理解思政案例的知识目标、技能目标及德育目标。

七、案例资料

（1）课件资料

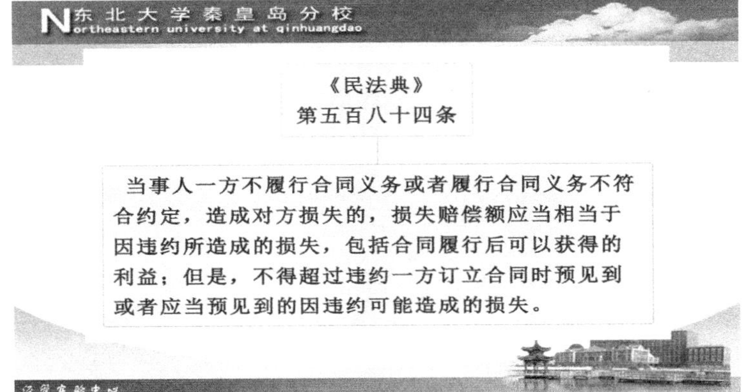

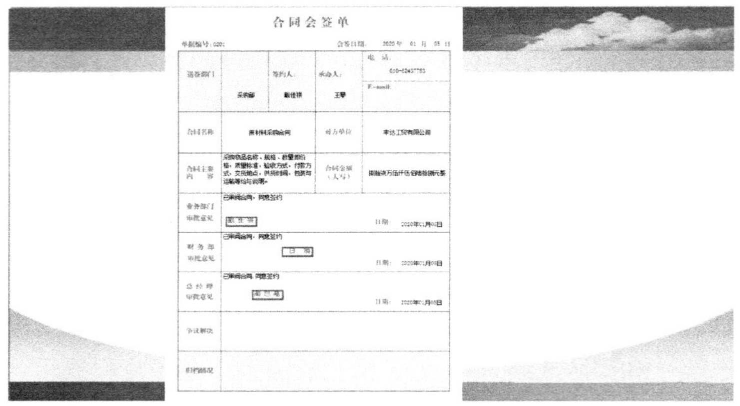

合同会签单

单据编号：0201　　会签日期：2020 年 01 月 05 日

送签部门	采购部	签约人：鲍佳祺	承办人：王琴	电　话：010-62437763 E-mail：
合同名称	原材料采购合同		对方单位	丰达工贸有限公司
合同主要内　容	采购物品名称、规格、数量和价格，质量标准，验收方式，付款方式，交货地点，供货时间，包装与运输等给与说明。		合同金额（大写）	[illegible]
业务部门审批意见	已审阅合同，同意签约　日期：2020年01月05日			
财务部审批意见	已审阅合同，同意签约　日期：2020年01月05日			
总经理审批意见	已审阅合同，同意签约　日期：2020年01月05日			
争议解决				
归档情况				

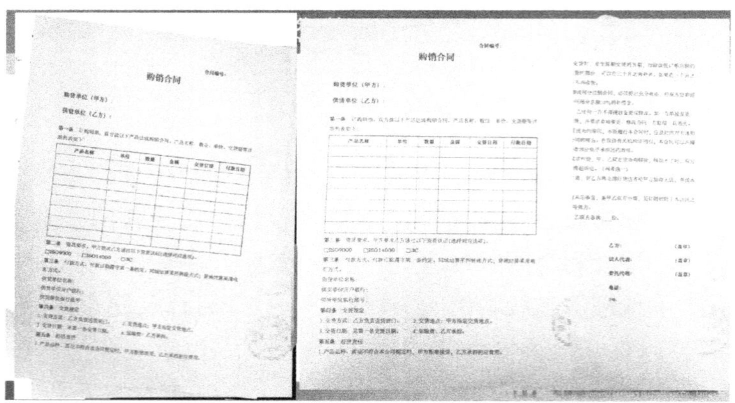

购销合同

购货单位（甲方）：

供货单位（乙方）：

东北大学秦皇岛分校
Northeastern university at qinhuangdao

《论语》

孔子曰："益者三友，损者三友。友直，友谅，友多闻，益矣。友便辟，友善柔，友便佞，损矣。"

（2）文献资料

［1］国家法律法规数据库，https://flk.npc.gov.cn/。

［2］国家税务总局，http://www.chinatax.gov.cn/。

［3］张雅冰：《对企业合同审批流程设计的思考》，《现代商业》2012年第10期。

〔任婷婷（1984— ），女，河北张家口人，东北大学秦皇岛分校实验师，会计学硕士，主要研究方向为财务管理〕

“大饥荒”之后*

——文化比较视野下中国和爱尔兰移民美国史梳理

张　阳

（东北大学秦皇岛分校外国语言文化学院）

一、课程信息

课程名称：英语国家概况

课程学时：32

课程学分：2

授课专业：英语专业大二年级或大三年级

案例作者：张阳

二、案例设计

案例名称：爱尔兰人大饥荒后移民美国与中国人早期移民美国的模式与经历——兼及爱尔兰文化与中国文化比较

案例节次：第七次课，爱尔兰地理、人文和历史

案例设计思路：

本案例将在讲解完爱尔兰“大饥荒”事件及其带来的移民潮后引入，通过了解爱尔兰移民在美国的发展反过来看爱尔兰的民族性和文化特性。在分析宗主国英国对遭遇饥荒的爱尔兰所持消极态度和对爱尔兰人的刻

* 本文系河北省高等教育学会“十四五”规划2021年度一般课题“从树立文化自信到建构学习者文化身份——英语专业课程思政建设研究”成果（编号：GJXH2021-229）。

板印象后，引入美国人口调查机构对爱尔兰裔移民的调查结果，引导学生了解爱尔兰人移民美国的模式，美国对爱裔移民的刻板印象及爱裔移民在美国政治、经济等领域取得的成绩。因后续知识单元会涉及爱尔兰文化与中国文化比较，此处引入早期中国人移民美国的模式，在美遭遇的起伏，在美国政治、经济等领域的奋斗历史等，引导学生透过现象分析文化。这样的案例设计，既为比较爱尔兰文化与中国文化做好铺垫，也让学生了解“落后就要挨打”、发展才能强大的道理，立志做担当民族复兴重任的时代新人。

三、授课目标

（1）**知识目标**：了解爱尔兰的地理、历史和人文知识，了解爱尔兰在英国殖民统治下爱尔兰人的遭遇。

（2）**能力目标**：在了解爱尔兰地理、历史的基础上，将爱尔兰历史放在全球视野中进行考察，从“古与今”“中与外”，即纵向与横向两个维度进行分析和理解，思考历史及社会问题背后的地理、政治、经济、文化和宗教等原因。

（3）**德育目标**：以唯物史观和全球史观为指导，将爱尔兰历史、文化与中国历史、文化从移民美国的视角切入，对比分析历史现象背后的原因，让学生深刻理解“落后就要挨打”、发展才能强大的道理，激发学生的爱国热情，进一步坚定“四个自信”。

四、教学实施

在完成爱尔兰地理、人口等知识的学习后，引入本教学案例，为后续爱尔兰与英国统治者抗争而寻求民族自治历史的学习、爱尔兰文化学习与爱尔兰和中国的文化比较做好准备：

导入词：“同学们，我们知道‘大饥荒’在爱尔兰历史上是一个重要的分水岭，因为饥荒造成当时爱尔兰人口锐减近三分之一，大约为200万。人口锐减的原因，一是缺乏食物和营养不良造成了大概100万人死亡。请同学们看屏幕，这是当时出现在英国媒体上的宣传画。中国的历史上也出现过饥荒，比如，我的父辈曾经遭遇过三年经济困难，他们经常教育我要珍惜和节约粮食。我们这代人和同学们这代人没有经历过饥荒是十分幸福的，但连续若干年的丰收和高速的经济发展绝不是浪费的理由，所以‘光盘行动’、节约粮食十分必要，在此也号召同学们养成节约的良好习惯。人口锐减的原因之二，就是当时爱尔兰另外 100 万人怎么样了呢？对了，他们移民去了美国。托马斯·索威尔在颇受欢迎的《美国种族简史》这本书里提到，‘统计分析表明，1840 年代大饥荒期间移民来美国的爱尔兰人呈现的模式是举家前往’，就是根本没打算再回到爱尔兰，那么同学们知不知道这是什么原因呢？”

同学们回答：……

讲解词：“是的，是因为大饥荒持续了近四年，情况非常糟糕，作为佃农并以农业为主，没有自己的土地、没有对农产品支配权的爱尔兰人实在是难以为继。17 世纪起，英国对爱尔兰新教徒和天主教徒进行屠杀，剥夺爱尔兰人的政治权利并施行种姓歧视。在大饥荒期间，英国不仅援助极少且并未停止爱尔兰粮食的出口，所有这些，让准备去往美国的爱尔兰人非常决绝地离开了故土。（如果学生不能给出较为准确的答案，备案时先问英国对待爱尔兰的态度，因为学生已经了解了这个信息，由此倒推出爱尔兰人在大饥荒时期移民美国呈现出的方式的原因。）

“其实爱尔兰人对待土地是非常热爱的，因为历史上农业一直是爱尔兰的主要经济形式，我们可以从美国畅销小说《飘》中窥见爱尔兰人对土地的热爱。《飘》中女主人公斯嘉丽在受到挫折后，最能让她恢复元气的就是回到‘塔拉庄园’，土地可以给她力量。我们再看她的父亲杰拉尔德，更是对土地、对‘塔拉庄园’充满了热爱，而她父亲就是爱尔兰移民。所以，饥荒期间，爱尔兰人如此决绝地离开热爱的故土，可见当时生存环境之恶劣。

“需要注意的是，在饥荒之前已经有爱尔兰人开始移民美国，那些人多为受过一定教育且有一定财产的爱尔兰人。爱尔兰过去曾有过较为辉煌的文化建树，15 世纪开始在英国人的统治下爱尔兰人被迫沦为‘下等阶级’，在美国的爱尔兰人经历了一个世纪左右的努力，才终于跻身了前列，出现了钢铁大王卡内基这样的富翁和七位以上具有爱尔兰血统的总统等各级政治人物。

“这里提到了大饥荒时期爱尔兰人移民美国的模式，大家是否想了解中国人移民美国的特点呢？最初赴美的华工几乎都是男性，和许多移民一样，去美国只是尝试性的，而不是永久性的，这种模式在 19 世纪美国对华人一贯的歧视到达顶点时成了一场灾难。当 1882 年《排华法案》通过时，中国人赴美的大门几乎被彻底关闭。美国华裔作家伍慧明在《向我来》（一译《望岩》）中提到的'契纸儿子（paper son）'——档案上的儿子，即是因为美国归化政策对华人排挤，华工无法将家人接来美国导致在美华人男女比例一度严重失调，形成'单身汉社群'。华人无法负担回国的费用，也无法加入美国国籍，在面临养老问题和移民政策调整时，即出现一种名义上的后代可以以这种假关系赴美或华人社会将此资格进行交易的社会现象。作品也向大家展示了在二战后美国臭名昭著的'麦卡锡主义'对不同意识形态的迫害及在华人社会造成的恐惧。这些在后续美国外交的学习中我们将具体展开。所以，我们看到最近美国针对亚裔的袭击事件，其背后体现的对亚裔、对华裔的种族歧视，其实并不是新问题。历史上华裔在美遭遇了非常严重的歧视和排挤，从事最辛苦的工作、几乎不受法律的保护、不允许与白种人通婚等等，一代华人在美国孤独终老，无法通过努力发财致富，珍视家庭却无法拥有，等等。但是，尽管如此，华裔移民仍然在美国的经济、社会和政治等领域不断取得进步和成功，专业人士比例、受教育程度和财富状况等均居前列，在 20 世纪 90 年代还被评为'模范移民'。

"通过上述讲解，回到今天的国家爱尔兰，这些大饥荒时期的爱尔兰人移民美国的原因是改善生活状况，那么中国人移民美国的原因是什么？爱尔兰人和中国人在美国的生存与发展存在一些共性，都受到了歧视和压迫，华人更甚，这些歧视和压迫的原因是什么？爱尔兰文化和中国文化体现出哪些共性和差异？历史上发生的事件给你带来哪些反思呢？"

同学们回答：……（案例进入考核阶段）

总结词："同学们回答得很好，课后请大家阅读'Ethnic America：A History'，相信大家会找到更多的答案。"

五、教学考核评价

本案例考核通过最后设置的问题进行，下次课"爱尔兰文化"部分学生会发现更多爱尔兰文化中与中国类似的方面，从而反思本节课知识内容和思政案例，达到更好的理解。通过了解爱尔兰人大饥荒时期移民美国的原因和在美国的遭遇，了解历史上中国人移民美国的历史和遭遇，学生能够从家庭观念、农业经济、民族特性（如吃苦耐劳）及种族等方面，对爱尔兰和中国进行对比，发现中国人和爱尔兰人均重视家庭，长期从事农业，具有吃苦精神，遭受过各种程度的种族歧视等。最后一问，学生会从经济、科技、军事、教育等方面总结中国国际地位的变化，表达对自己生长在新时代的感恩。本案例将深入学习教材知识和课外拓展进行结合，将外国与本国历史与文化进行良好结合，深化了学生的思考和认识。

六、案例实施与拓展

本案例在 2019 年 3 月、2020 年 3 月、2021 年 3 月和 2022 年 3 月的“英语国家概况”课堂均有利用。拓展会继续以移民美国为视角切入，分析爱尔兰人在美国政治上表现优异、经济上发展突出的原因，以肯尼迪总统为例看爱尔兰裔移民的发展和命运，以《无声告白》这部文学作品为例分析华裔移民在美取得的成就和面临的困境，分析美国的种族歧视现象，与时事政治如美国发生的针对亚裔移民暴力事件、中美贸易战等进行结合。

七、案例资料

文献资料

［1］〔美〕托马斯·索威尔著，沈宗美译：《美国种族简史》，北京：中信出版社，2011 年。

［2］王振华、陈志瑞、李靖堃编著：《爱尔兰》，北京：社会科学文献出版社，2015 年。

［3］〔美〕伍慧明著，陆薇译：《望岩》，长春：吉林出版集团有限责任公司，2012 年。

［4］排华法案（美国 1882 年签署的法案），百度百科，https://baike.baidu.com/item/%E6%8E%92%E5%8D%8E%E6%B3%95%E6%A1%88/3228634?fr=aladdin。

〔张阳（1980— ），女，黑龙江绥化人，东北大学秦皇岛分校外国语言文化学院讲师，文学硕士，研究方向为文化史〕

提升人文素养　树牢力行意识

——塑性加工力学之“屈服准则”课程思政案例

梅瑞斌

（东北大学秦皇岛分校教务处）

一、课程信息

课程名称：塑性加工力学

课程学时：56

课程学分：3.5

授课主体：材料成型及控制工程大三学生

案例作者：梅瑞斌

二、案例设计

案例名称：“弹-塑性变形的转折点”——量变质变规律及坚持力行精神

案例知识点：屈服准则物理意义及其数学表达式

案例设计思路：

本案例针对屈服准则知识点讲授，将量变与质变规律以及中国古典诗词引入到知识讲解中。通过诗词文化活跃课堂教学氛围，提升大学生的文化自信心和民族自豪感，通过讲解弹性到塑性变形的屈服准则定义，引入唯物史观“量变到质变”，加深当代大学生对马克思主义的唯物辩证思想的理解与认识，并通过老子《道德经》中的名言，提升学生文化自信心。案例整体设计思路如图一所示。

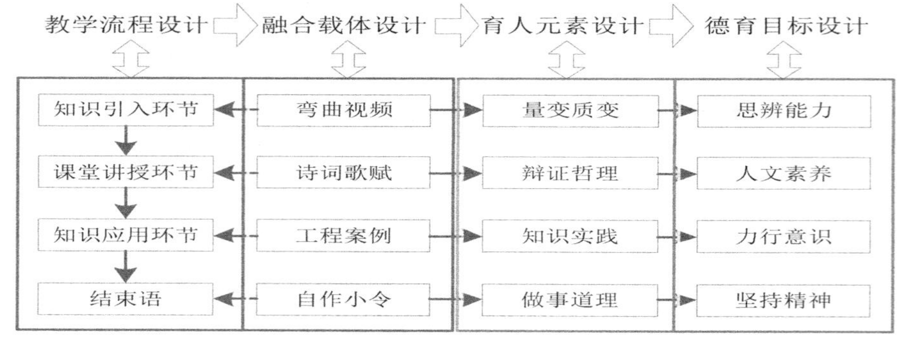

图一　案例整体设计思路

三、授课目标

（1）知识目标：通过本章节知识内容学习，学生掌握屈服准则的含义、屈雷斯加屈服准则和米塞斯屈服准则的数学表达式以及物理意义，理解偏差应力张量和米塞斯屈服准则的关系与推导过程。

（2）能力目标：通过本章节知识学习，学生能够利用屈雷斯加屈服准则和米塞斯屈服准则简单分析工程问题，能够用唯物辩证法的量变到质变思想分析问题、解决问题。

（3）德育目标：通过本章节知识讲授，将古诗词、唯物辩证法等思政元素的有机融入，厚植学生的人文情怀，增强学生辩证思维能力，树牢学生创新意识和实践理念。

四、教学实施

本章节知识内容共需要两节课，每节课 50 分钟，共计 100 分钟，其中思政元素占用时间约 10 分钟。具体时间节奏和安排将根据课堂实际授课效果和进度进行相应调整。具体课堂教学知识点组织实施及思政元素融入方案如图二所示。

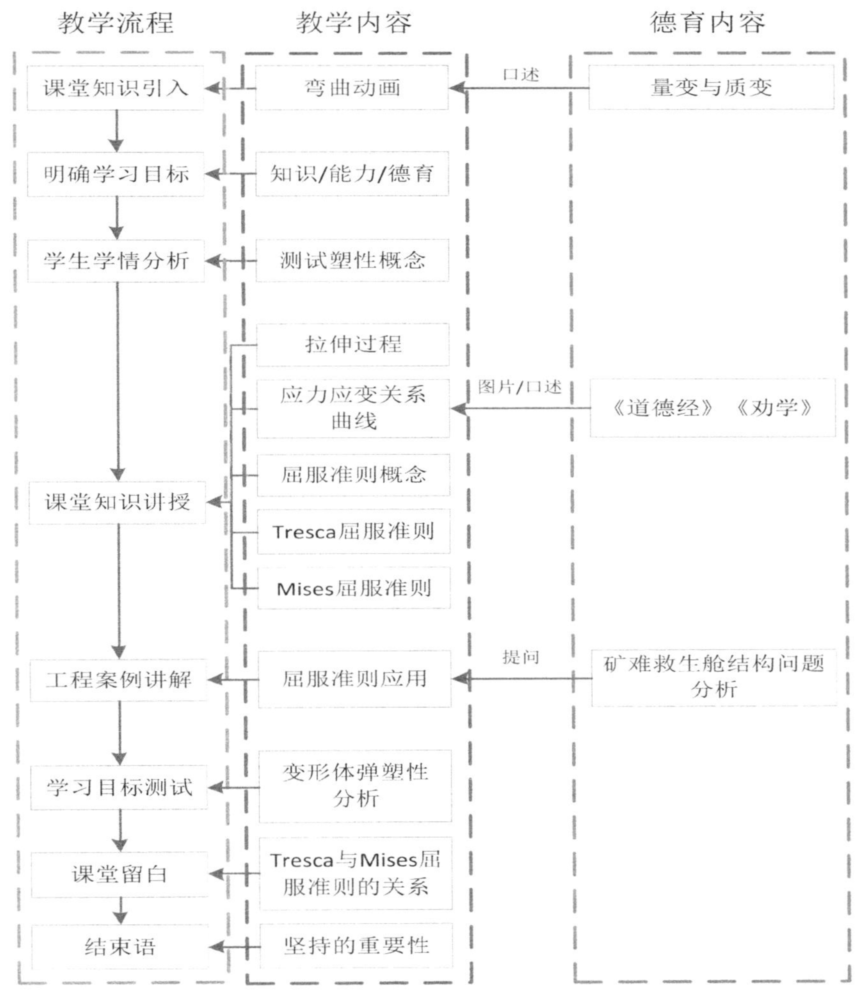

图二　课堂教学组织实施与思政元素融入方案

在整个课堂教学过程中，思政元素的课堂融入与语言组织如下：

（1）量变与质变知识融入

由前面的棒材弯曲动画可知，材料一旦弯曲到一定程度就由弹性变形进入到塑性变形，如果把弹性变形过程应变看作是量的变化的话，材料到达某一程度时进入塑性变形就是质的变化，而进入塑性变形后由于加工硬化存在，弹塑性共存，这就是唯物辩证法基本规律之质量互变规律，所以由弹性到塑性不是过去我们想象的一个点，而是一个过程，那么这个过程由谁来控制和判别？这就是我们今天要学习的屈服准则。即：材料在外力作用下进入塑性变形以及塑性变形继续的一个判据。

（2）《道德经》和《劝学》的知识融入

通过拉伸曲线分析我们知道弹性和塑性最大的区别是弹性是可逆的，塑性是不可逆的，所以大家试想一下这种从线性到非线性特征的变化是否应该有一个转折点，也可以理解为线性积累时间长了，变为了非线性。那么我们可以把这个转变点理解为屈服点，这种屈服不是一蹴而就的，从弹性到塑性需要一个过程，正如老子《道德经》里面说的“合抱之木，生于毫末；九层之台，起于累土；千里之行，始于足下”，荀子《劝学》中亦言“不积跬步无以至千里，不积小流无以成江海”，都说明做事情和弹塑性变形规律一样，需要一步步积累，脚踏实地干下去才能成功，我们说金属塑性加工有利于组织性能改善，而弹性变形到塑性变形需要一个过程的积累，而转折点是材料的屈服。所以……

（3）矿难救生舱结构问题工程分析的知识融入

从数学表达式上看，屈服准则表达式较为简单，而这种表达式在实际工程问题中又是如何应用的？来看一个矿用救生舱结构问题分析案例。矿难救生舱及其发生爆炸时所受冲击载荷如图三所示。煤矿救生舱作为一项新技术，能够连续提供氧气、食物、水和生存环境达 96 小时以上，因而可以有效降低矿井爆炸的死亡率。救生舱结构强度特别是在井下瓦斯

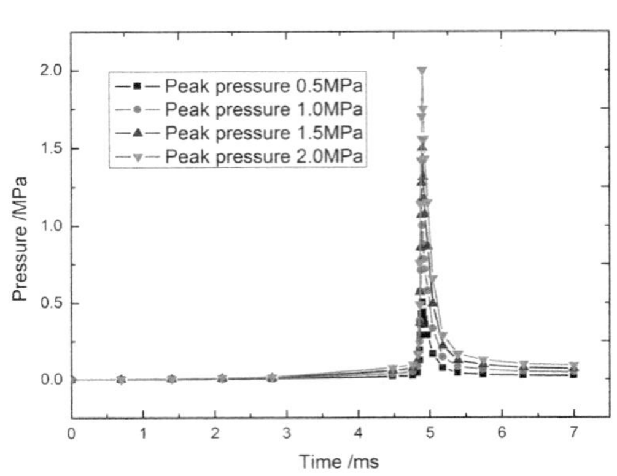

图三　矿难救生舱及其承受的冲击载荷

爆炸冲击作用下是否安全对救生成功率至关重要。瓦斯爆炸具有危险性、不可复制性、复杂性以及操作不可预料性，使实验研究变得极为困难。借助力学进行爆炸机理研究和矿用救生舱结构强度分析，不仅能够减少不必要的损失，而且能够缩短救生舱研发周期。

在使用力学分析救生舱结构问题时，首先求解不同冲击载荷下救生舱舱体的等效应力分布规律，如图四所示。利用屈服准则表达式进行判断，当等效应力值小于材料初始屈服强度时，表明该冲击载荷下救生舱仅发生弹性变形而未发生塑性变形，舱体安全；当等效应力值大于材料初始屈服强度时，救生舱发生塑性变形，不仅舱体受冲击发生严重变形，而且具有产生破裂的风险。具体关于救生舱工程问题分析，大家可以参阅相关文献①进行深入了解和学习。

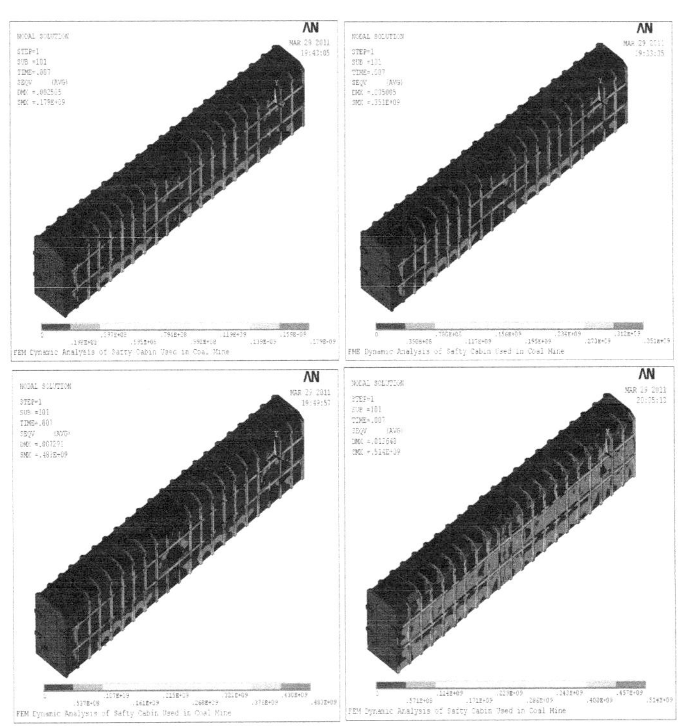

图四　不同冲击载荷下救生舱等效应力分布

① 梅瑞斌等：《爆炸冲击下煤矿救生舱抗爆能力有限元分析》，《东北大学学报（自然科学版）》2013 年第 1 期。

五、教学反思

本章节内容知识讲授充分发挥了课堂主渠道作用，实现了知识教学、能力提升和价值塑造的有效结合，做到了思政教育与专业教育的有机融合和润物无声，能够激发学生专业志趣，改善课堂教学氛围，有效厚植人文情怀，增强力行意识，培养学生辩证思维能力。

不过实践中发现，思政元素挖掘中唯物辩证法融入有些重复，而围绕家国情怀的思政元素体现度不足，后续应发挥学生的主体作用，引导学生协助挖掘思政元素及价值典范，进而提升润物无声的育人效果。

六、学生评价

本案例在塑性加工力学讲授中得到了长期实践，思政融入效果得到了学生认可，如图五所示。部分学生留言评价："梅老师在课堂上引用中国《诗经》、古诗等，不仅增加了趣味，同时弘扬了中国传统文化，包括介绍一些中国杰出的具有家国情怀的科学家，起到榜样的作用，让我很受用。""本课程除了在知识讲解之外，老师在讲课过程中很多时候都会引用古人诗句，或者其他事例，在人生方向选择、学会做人、孝敬父母等诸多方面引导我们。""辩证地看待事物，思考事物的多方面性和联系性，告诫我们任何事情都不是一蹴而就的，需要长期的积累和坚持。"

该案例可以复制推广至《塑性力学》《材料成型原理》《材料塑性加工学》《材料力学性能》《金属塑性加工原理》等相关塑性力学类课程教材讲授中。

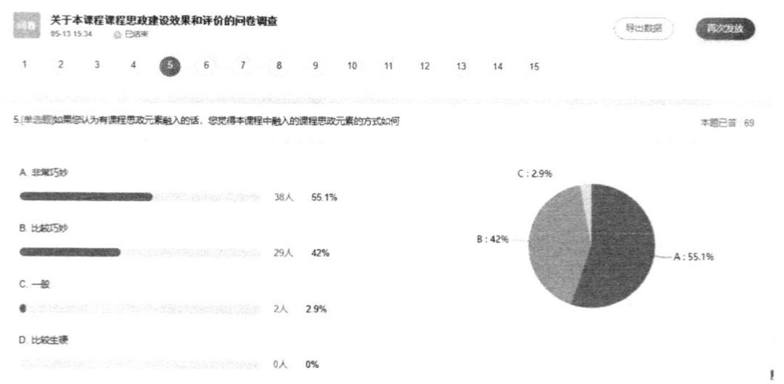

图五　思政元素融入效果问卷调查结果

七、案例资料

图六所示为部分多媒体课件展示，首先通过老子《道德经》和荀子《劝学》说明由弹性到塑型的变形过程中应力应变的积累，然后通过压缩过程引出量变到质变的唯物辩证法思维，通过这种弹塑性转折点和实际的拉伸曲线引出屈服准则，然后进行专业知识讲解，营造课堂良好氛围，提升学生知识学习兴趣和认识问题的辩证思维能力。

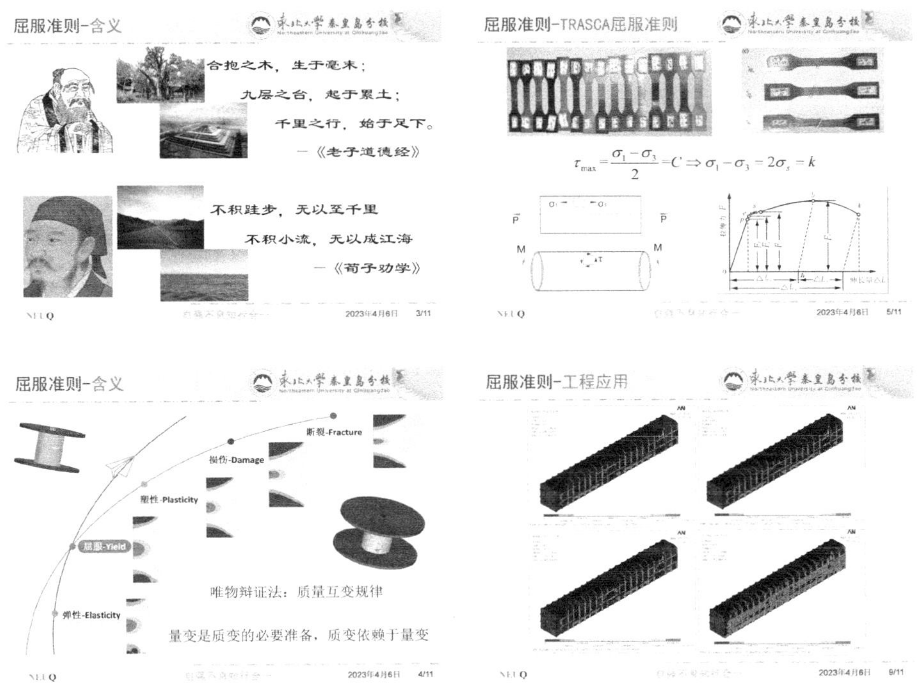

图六　部分多媒体课件展示

〔梅瑞斌（1979—　），男，河南登封人，东北大学秦皇岛分校教务处副处长，副教授，研究方向为材料塑性加工多场多尺度计算及组织性能调控〕

教育教学动态

新文科建设视域下民族学研究与人才培养模式的探究

郝庆云　柴　冰

（东北大学秦皇岛分校民族学学院）

摘　要： 新文科建设是我国传统文科人才培养在新时代社会需求下的产物。本文探讨新文科背景下民族学研究与专业人才培养，提出我国民族学研究要构建中国学术规范和话语体系、创新研究方法、服务国家战略，在人才培养方面要构建学生多元化学科知识体系、组建新文科视野的师资队伍、建构新文科课程体系以及注重学生的实践力等要求。

关键词： 民族学；人才培养；新文科

新文科是针对我国传统人文社会科学教育实态而提出的一种创新发展理念，现已逐步推进实施，目的在于培养满足新时代需求的文科人才。新文科之新在于创新和革新，强调文科与新科技革命融合、中国话语体系主导、复合型人才培养、国家软实力的增强等。“新文科”建设理念始于 2018 年，教育部高教司在“四新”建设（新工科、新农科、新医科、新文科）中提出“新文科”概念。2019 年 5 月“六卓越一拔尖”计划 2.0 正式启动后，新文科建设引起社会广泛关注，各传统文科专业也都加入到这个序列的思考与行动中来。2021 年 4 月习近平总书记在清华大学视察时，强调推进“四新”建设，加快培养紧缺人才。2022 年教育部工作要点指出，适应构建新发展格局要求，深入推进新工科、新农科、新医科、新文科建设，“四新”教育正在逐步改变中国高等教学的样貌。本文根据新文科理念，结合我校民族学学科特色优势，以东北大学民族学学科人才培养模式的思考与实践为个案，探讨新文科建设视野下民族学学术研究与人才培养的问题。

一、“新文科”释义

中国拥有五千年的文化传统与积淀，在不同的历史时期发挥不同的社会价值和作用，在当代信息技术和数字人文的背景下，特别是进入 21 世纪以来，传统的中国文科必须顺应时代进行更新迭代。“新文科”应运而生。不过，对于什么是“新文科”，新在何处，如何建设等，还在实践中探索。

2017 年美国希拉姆学院首先提出“新文科”概念，界定为专业重组，不同专业的学生打破专业课程界限，进行综合性的跨学科学习。这个概念强调“新文科”的跨学科性。王铭玉、张涛认为新文科是在全球新科技革命、中国经济发展新形势、中国特色社会主义进入新时代的背景下，哲学、经济学、法学、教育学、文学、历史学、管理学、艺术学等学科门类突破传统的思维模式，以继承与创新、交叉与融合、协同与共享为主要途径，实现多学科交叉与深度融合，推动传统文科的更新升级，从学科导向转向以需求为导向，从专业分割转向交叉融合，从适应服务转向支撑引领。[①] 这个界定比较复杂，里面包含了背景、思维、途径、目标等元素。新文科必须是在一定程度上能反映、呈现和包含中国经验、中国材料、中国数据的文科[②]。田晓明、黄启兵认为我国“新文科”建设不仅追求创新，具有跨学科性、现实性与技术性等世界“新文科”所具有的普遍性特征，更具有中国特色。一是政策制定上的顶层设计。我国“新文科”概念是一种“自上而下型”的国家主张，其建设也是“政府主导型”的国家工程，重视总体规划和系统配套。二是政策内容上的弘扬传统。我国“新文科”建设并非全盘否定传统文科，反而特

① 王铭玉、张涛：《高校“新文科”建设：概念与行动》，《中国社会科学报》2019 年 3 月 21 日第 4 版。

② 王学典：《何谓“新文科”?》，《中华读书报》2020 年 6 月 3 日第 5 版。

别强调对中国传统优秀文化的执着坚守和传承。三是政策走向上的全球视野。我国“新文科”建设强调全球视野，要求角逐世界舞台，构建人类命运共同体。这些特征通过国家政策的引导、学术机构之间的合作竞争以及学术人员积极响应而落在实处。①

李大龙、朱尖认为新文科的兴起与理念为中国边疆学学科发展提供了契机，也带来了一定的挑战。中国边疆学与新文科之间有着极强的耦合互动关系，同时中国边疆问题的复杂性、中国边疆学话语体系建设、中国边疆治理体系与治理能力现代化、人才培养与队伍建设的紧迫性都助推中国边疆学与新文科有效结合。新文科由学科专业目录导向转向为现实需求导向，为中国边疆学人才培养提供了新的思路，而“交叉学”学科门类的设置，则为中国边疆学成为一级学科提供一种可能，更有助于人才培养的规范化。当然新文科下的中国边疆学亦存在挑战，不能因新文科使得中国边疆学进一步泛化，新文科背景下更需要重视历史研究在中国边疆学科发展中的根本性作用，尽快形成中国边疆研究学术共同体，立足国内走中国特色的边疆学道路。

事实上，这个概念的提出，是在当今复杂时代背景下，顺应社会需求，强化学科整合、融合而提出的。很明显，“新”与“旧”相对，“旧文科”其实就是过去为了学科建设、专业学习，而偏重分科学习和研究的纯学科、纯专业，学科与学科之间、专业与专业之间细分，甚至有些还划分“势力范围”；“新文科”则是要打破那种分割，更加促进整合、交叉、融合，以应对当代的社会问题、社会需求。因此，高等教育要培养适应新时代社会需求的新文科人才。我们姑且将其界定为“综合文科”或“交叉文科”。新文科培养的还是文科的学生。理工与文科的交叉，有两条走向：一是让理工的学生有人文素养，培养的是新理工人才。二是让文科的学生有现代科学技术的素养，培养的是新文科的人才。两者的重要区别在于专业核心课程的种类。中国“新文科”建设的核心要义是立足新时代，回应新需求，促进文科融合化、时代性、中国化、国际化，引领人文社科新发展，服务人的现代化新目标。②

① 田晓明、黄启兵：《论我国“新文科”建设之中国特色》，《苏州大学学报（教育科学版)》2021 年第 3 期。

② 樊丽明：《“新文科”：时代需求与建设重点》，《中国大学教学》2020 年第 5 期。

二、新文科视野下的民族学学科研究

构建中国民族学的学术规范和中国式学术话语体系。民族学于 19 世纪 30 年代被列入近代西方科学的学科分支，20 世纪初传入中国，现已初步形成中国特色的民族学学科体系，研究方向也体现了中国民族研究的特点。新时代中国面临百年未有之大变局，民族学研究面对更多前所未有的挑战与责任。在新时代倡导新文科，应基于于 20 世纪海内外学界理论与思想基础，构建中国式民族学风格和方法体系，产生中国式民族学理论和中国式民族学思想，如满学研究、东北亚民族关系研究等领域。

将大数据新媒体等现代技术用于民族研究领域，创新研究方法。进入 21 世纪，数据信息技术深深地改变了人类的生活方式、社会文化创造。民族学需突破个案或小型社区研究的百年传统，构建多元化的研究方法，要在传统实地研究的基础上对其他研究方法进行新的综合。传统文献与调查记录研究分析判断方法中融入“数字人文”技术，即数据可视化、数字仓储、多媒体出版、虚拟现实、计量分析等运用于社会文化问题书写或表达、逻辑判断、学术价值观，呈现出时代特色及与前辈的差异。研究成果直接服务于国家民族事务和区域经济社会文化建设。

开展区域和国别民族研究，服务国家发展战略。以世界社会为视角、为对象的区域国别研究是当下中国社会的迫切需要，其健康发展需要突破中国社会科学的既定结构与学科区隔。现在的世界处于一个全球不同民族、族群交往交流交融的时代，要以民族学的知识与方法拓展对世界民族、族群的认识和了解，利用中国“一带一路”倡议的契机，开展区域和国别民族、族群田野调查，促进对“一带一路”沿线国家的民族、族群的历史、文化、社会的认识和了解，为“一带一路”沿线国家经济建设与文化友好提供学术支撑，为党和国家应对日益复杂多变的国际局势和地区安全、民族形势提供智力和人才支撑，培养跨文化交际的文化使者。

三、“新文科”对民族学专业人才培养要求

民族学是人文社会科学的主干学科专业之一，是以民族及其社会文

化为主要研究对象，以田野调查和民族志写作为基础，综合运用多种研究方法，探索人类社会发展变迁的学科。它对世界范围内不同民族、族群的生产模式、生活方式、价值理念等文化事项有着独特的研究视角和研究方法。“新文科”建设更加坚定了中国民族学专业的多元化、多学科、交叉性发展和复合型人才培养。

加强民族学各分支学科知识的学习与研究，构建多元化学科知识体系。每个民族、族群都是一个独立的整体，这个整体中包括自然的（生活环境、地理区域等）、社会的（组织类型、婚姻家庭制度等）、文化的（技术、价值观念、思维方式等）内容，这些涉及各个学科的知识体系和相互借鉴。单一学科研究难以以民族或族群为单位来观察、研究、知晓这个整体，民族学主张整体性视野，有利于以民族或族群这个“群体人”为载体，促进单一学科与民族学的交叉发展，形成民族学与其他学科交叉的分支学科。这样可以拓宽认知现实问题的视野。

组建民族学“新文科”理念下的专任教师队伍。在我国各高校人文学科相关学院的师资队伍建制中，大部分学校专任教师的学历教育比较单一，如文学类师资队伍大部分教育背景是文学（中国文学、外国文学），历史类师资队伍大部分教育背景是历史（中国史、世界史）等。民族学基于学科属性，在满足民族学基础师资的前提下，可以依照“新文科”的视野建设多元化学科属性的专任师资队伍，由于民族学有不同的分支学科，因此在师资队伍组建时可以拓宽师资的教育背景，根据学校的优势与特色聘任有不同专长的教师，如影视民族学的教师必须具备影视类和民族学的专业教育背景，历史民族学，特别是世界民族的教师必须具备历史学和民族学的专业教育背景，东北大学结合区域优势聘请满学、东北民族疆域史研究专家。教师的知识、经历应该要有大文科背景（特别是本硕阶段的专业知识背景学习），有利于学科之间互鉴，形成多元化学科知识体系。

民族学“新文科”课程的守正创新。为了确保学生打牢基础知识，民族学（人类学、社会学）概论、田野调查方法、中国民族史志、世界民族志等这类基础性质的核心课程（理论 + 方法）可以较集中地进行授课，要做好“守正”的部分，这是本。分支学科要结合“新文科”视野，进行单独设置，这里涉及不同单一学科的基础知识，以影视民族学为例，课程内容应当包括民族学学科的认识论、影视相关的基础知识，将二者交叉融合才能比较好地理解这个分支课程，同时对学生将来适应社会、发挥所学会有“创新”的基础，对学生未来适应新媒体工作大有裨益，可以借助影视民族学的方法、题材、视角讲述中国文化、中国故事、国外文化、国外故事等，制作民族文化事项的微课堂。

强化民族学专业学生的实践力。学生的培养质量如何，最终还需要社会检验。民族学专业学生要强化几种能力，即观察能力、批判能力、写作能力。观察能力，特别是参与观察，是民族学专业研究方法田野工作法的核心，专业学生在他文化环境中要能够融入、体验、退出，以此细致观察他文化中的人、事、物；批判能力，民族学专业学生要善于体验不同民族、族群的文化，并批判性思考他文化与己文化的异同、关联、特殊性等；写作能力，强调民族学专业学生要具备将观察体验所得、批判性思考所得以民族学特有的体裁民族志表述、记录下来，形成民族志文本。民族学的成果从现实生活、文物文化实践中来，并以写作乃至诸如影视、非物质文化遗产、物质文化遗产的博物馆等衍生的实践形式形成传承、应用的成果，服务于社会、民族、族群的凝聚强大。同时，加强实践课程教学和训练，将课堂搬到田野基地里、博物馆等文化情境中，走进民族、族群文化社会中，锻炼和培养实践力。

学科教学和科研是一流学科建设的两大基石，两者相辅相成，相得益彰。新文科背景下，对高等学校民族学学科使命与责任提出了新的要求，只有教学与科研全面结合共同提高，科研方向和成果提升优化课程体系和质量，人才培养的课程体系培育创新型人才和学科研究骨干力量，才能为铸牢中华民族共同体意识和实现中华民族伟大复兴提供学理支撑和人才队伍，实现民族学学科价值。

Ethnology Research and Talent Training Mode: A Perspective from New Liberal Arts Construction

HAO Qingyun　CHAI Bing

Abstract: The construction of new liberal arts is the product of Chinese traditional liberal arts talents training under the social demand in the new era. This paper discusses the ethnology research and professional talent training under the background of new liberal arts. It suggests that Chinese ethnology research should build the Chinese academic norms and discourse system, innovate research methods, serve national strategy. In terms of talents training, they should build diversified academic knowledge system, faculty with a new vision of liberal arts, construct the new liberal arts curriculum system, and pay attention to students' practical requirements.

Keywords: ethnology; talents training; New Liberal Arts

〔郝庆云（1963— ），女，黑龙江哈尔滨人，东北大学秦皇岛分校教授，民族学学院院长，历史学博士，主要研究方向为渤海国史、中国民族史、东北民族与疆域史。柴冰（1986— ），女，甘肃酒泉人，东北大学民族学学院副教授，硕士生导师，主要研究方向为中国民族史、满蒙藏文文献学、国家治理〕

东北大学秦皇岛分校《心理健康教育》教材引领课程“润心立德”新风尚*

迟莹莹　董劭伟　阎晓军　秦　飞

（东北大学秦皇岛分校马克思主义学院）

摘　要：东北大学秦皇岛分校马克思主义学院积极推进“大思政课”建设，在高校“心理健康教育”课中注重育德育心相融通，加强了教学实践环节设计，有机融入思政元素，全面提升了课程育人成效。在总结教学实践经验基础上，学院组织“心理健康教育”课程团队编写出版了课程思政教材，在各章节中精心设计了德育元素，在国内同课程教材中做了有益探索和突破创新。通过教学改革，课程团队构建了“精·导·践·悟”线上线下混合式教学模式，推进高校“心理健康教育”课与思政课同向同行，学生对课程教学改革的整体满意度和获得感较高。

关键词：高校“心理健康教育”课；大思政课；课程思政

高校“心理健康教育”课在东北大学秦皇岛分校作为大学生必修课已经开设十年有余，与心理健康咨询、大学生“心理坊”等一起相得益彰，构建起大学生心理成长的“守护长城”。多年来，马克思主义学院凝

---

* 本文为2020—2021年度河北省高等教育教学改革研究与实践项目“基于课程思政的心理健康教育混合式教学模式构建与实践探索”（2020GJJG626）、2021—2022年度河北省高等教育教学改革研究与实践项目“高校心理健康教育课程虚实双课教学模式实践研究”（2021GJJG443）、中国冶金教育学会2022年度教育科研一般课题“思政元素融入高校‘心理健康教育’课程有效途径研究”（2022YB17）阶段性研究成果。

聚优秀师资，倾力打造，在该课程教学中形成了一支专业性强的专职教师队伍，在集体备课、教育教学研究、课程思政探索、心理咨询等方面倾心开展育人工作。马克思主义学院积极推进“大思政课”建设，通过高校“心理健康教育”课教学实践助力思政课教学设计，提升思政育人工作成效。在以往心理课教学中，教师将主要精力聚焦在心理健康教育知识和技能的传授层面，当学生面对日常心理困扰时，这些知识和技能为学生提供了解决问题的技术手段，具有短时间内的良好效果。课程思政理念的改革，则巧妙融入了理想信念等价值观和品德修养因素的教育，更为有效地增强了课程的深远效果。比如在情绪管理内容上，如果学生在课程中只掌握脱敏、放松等情绪调试知识和技能，在价值观层面有可能是一位精致利己主义者，那么学生在现实生活中囿于“小我”而仍然会不时产生消极情绪。这时，在心理知识和技能传授同时进行价值观教育，使得“育心”与“育人”同频共振，学生则能建立起更强大且稳固的积极心理机制。

东北大学秦皇岛分校是省内最早开展课程思政改革的院校，在此次改革建设过程中，马克思主义学院发挥着价值引领作用，积极推进高校“心理健康教育”课开展课程思政建设，得到了学校党委的大力支持。课程团队构建了“精·导·践·悟”线上线下混合教学模式，将课程思政理念融入课程教学的每个环节，大学生对课程教学改革的整体满意度和获得感较高，推进高校“心理健康教育”课与思政课同向同行，帮助大学生树立正确的世界观、人生观和价值观，发挥心理育人实效。在多年教学实践基础上，马克思主义学院组织课程团队编写出版了第一本融课程思政理念于全书各章节的教材——《心理健康教育》。课程团队在编写教材时特别注重将理想信念、人生智慧、道德情操等内容与中华优秀传统文化一起巧妙地融入心理健康知识传授和技能培养中，由此使教材独树一帜、特色鲜明、蓄势而成、回归本原、充满创新意识，在近两年的使用与推广过程中得到了省内外多所高校认可。

一、教材的编写与特色

结合课堂教学、心理咨询、思政教学等多元教学活动中的宝贵理论

B4 新闻视野　2022 年 9 月 28 日　星期三　秦皇岛日報
深度报道部电话：3912066　E-mail:xwsy2000@126.com　责任编辑：安淼　责任校对：王晨

心理危机预防与干预培训会。

"心理健康教育"课程团队集体备课。

筑牢大学生的"心理长城"

□文/本报记者 张斌

"心理健康教育"课程团队线上课程录制。

"育心"与"育人" 有效结合同频共振

学生拍摄的心理剧《选择》。

"知心"与"解心" 主动出击未雨绸缪

团体素质拓展活动。

"新声"与"心声" 线上线下混合教学

学生心理涂色减压活动。

"教学"与"初心" 回归本真做细做稳

《秦皇岛日报》2022 年 9 月 28 日 B4 版报道了我校心理健康教育工作的开展情况

和实践经验，马克思主义学院组织课程团队编写了《心理健康教育》教材。“心理健康教育”课程团队共 9 名教师，主要由思政课专任教师和心理咨询教师构成，均具有博士或硕士学位，多年来一直从事大学生心理健康教育方面的教学和实践研究。课程团队荣获 2021 年东北大学秦皇岛分校教学创新竞赛二等奖，获批两项河北省高等教育教学改革研究与实践项目。《心理健康教育》教材获批东北大学秦皇岛分校 2020 年度校级教材建设项目，获 2021 年东北大学秦皇岛分校教学成果奖一等奖。“心理健康教育”课程获 2021 年东北大学秦皇岛分校课程思政示范课程、2022 年东北大学秦皇岛分校线上线下混合式一流课程。

荣誉证书

HONORARY CREDENTIAL

迟莹莹、阎晓军、许　旭、房美妍：

在东北大学秦皇岛分校 2021 年教师教学创新竞赛中荣获：

二等奖

特发此证，以资鼓励。

东北大学秦皇岛分校

二〇二一年十一月

课程团队荣获 2021 年东北大学
秦皇岛分校教学创新竞赛二等奖

获奖成果：《心理健康教育》教材

获 奖 者：阎晓军、迟莹莹、许　旭、房美妍、赵玲叶

获奖等级：一等奖

证 书 号：JXCG-202103

东北大学秦皇岛分校教学成果奖

获奖证书

东北大学秦皇岛分校

二〇二一年十月

《心理健康教育》教材获 2021 年
东北大学秦皇岛分校教学成果奖一等奖

立项证书

迟莹莹 老师：

经专家评审，您主持的《心理健康教育》被评为 2021 年东北大学秦皇岛分校校级课程思政示范课程建设项目。

特颁此证。

东北大学秦皇岛分校

二〇二一年七月九日

“心理健康教育”课程获 2021 年
东北大学秦皇岛分校课程思政示范课程

立项证书

迟莹莹 老师：

经专家评审，您主持的《心理健康教育》被评为 2022 年东北大学秦皇岛分校校级一流本科课程建设项目。

特颁此证。

东北大学秦皇岛分校

二〇二二年七月五日

“心理健康教育”课程获 2022 年东北
大学秦皇岛分校线上线下混合式一流课程

河　北　省　教　育　厅

冀教高函〔2021〕12 号

河北省教育厅
关于公布 2020－2021 年度河北省高等教育教学改革研究与实践项目的通知

各有关高校：

为进一步推进高等教育内涵建设，深化教育教学改革，提高人才培养质量，根据年度工作安排，省教育厅组织开展了 2020－2021 年度河北省高等教育教学改革研究与实践项目申报工作。经学校推荐、专家评审、省教育厅审核，共确定 2020－2021 年度河北省高等教育教学改革研究与实践项目 710 项（其中课程思政类项目 200 项），现予以公布。

省属本科院校项目经费从省拨质量工程经费中列支，其他学校项目经费根据学校隶属关系由主管部门支持或自筹。本次项目研究时间一般不少于 2 年。

各项目承担学校要切实加强对教育教学改革研究与实践工作的领导、监督和检查，采取有力措施，营造良好氛围，支持项目组开展研究实践活动，保证各项教育教学改革研究与实践任务的顺利完成。

项目编号	申报单位	项目名称	主持人	项目组成员
2020GJJG625	华北电力大学	中华优秀传统文化融入《太极拳》课程的机理与实践研究	付　超	魏彤儒　刘　辉　宋　琼　刘　晨
2020GJJG626	东北大学秦皇岛分校	基于课程思政的心理健康教育混合式教学模式构建与实践探索	阎晓军	许　旭　林　希　迟莹莹　房美娇　赵玲叶
2020GJJG627	东北大学秦皇岛分校	“以点带面，点面结合，动静相宜”——环境工程专业课程思政特色专业教学体系建立	周秀艳	李　娜　吴明松　李　贤　李清伟
2020GJJG628	东北大学秦皇岛分校	学院课程思政教学效果评价体系研究	张亚辉	薛震华　高晓燕　陈冬梅　韩秀梅　齐明龙　王　彪　赵　喆　李　娜　郭　谱
2020GJJG629	东北大学秦皇岛分校	个性化 特色化“课程思政”课堂教学模式研究	马永辉	任　艳　杨秋宇　李晓雪　梁心泉
2020GJJG630	东北大学秦皇岛分校	课程思政背景下专业评价方法研究和探索	刘思彤	马康洁　梅瑞斌　薛　鹏　梁丽勤
2020GJJG631	东北大学秦皇岛分校	基于“产出导向法”的特色化大学英语课程“课程思政”课堂教学设计	谷秋菊	李卫东　惠良虹　马焕喜　商雅东　储姝云
2020GJJG632	东北大学秦皇岛分校	课程思政背景下“中日文化比较”课程教学模式研究	齐海娟	陈冬梅　王　美　彭广陆
2020GJJG633	东北大学秦皇岛分校	以培养综合型人才为核心的材料力学性能课程特色教学模式探讨	于　驰	高秋志　包　立　汪应玲
2020GJJG634	中央司法警官学院	基于成果导向的《中国传统文化与矫正》课程思政的研究与实践	张　利	刘德兴　刘　佳　陈　晨
2020GJJG635	中央司法警官学院	基于“探究式微专题”的《犯罪学》课程思政建设研究	杨　涵	张　凯　刘　宏　朱晓杰　黎璐玮　李凯瑞

课程团队获批 2020—2021 年度河北省高等教育教学改革研究与实践项目

河　北　省　教　育　厅

冀教高函〔2022〕21 号

河北省教育厅
关于公布 2021－2022 年度河北省高等教育教学改革研究与实践项目的通知

各有关高校：

为进一步推进高等教育内涵建设，深化教育教学改革，提高人才培养质量，根据年度工作安排，省教育厅组织开展了 2021－2022 年度河北省高等教育教学改革研究与实践项目申报工作。经学校推荐、专家评审、省教育厅审核，共确定 2021－2022 年度河北省高等教育教学改革研究与实践项目 689 项，现予以公布。

省属本科院校项目经费从省拨质量工程经费中列支，其他学校项目经费根据学校隶属关系由主管部门支持或自筹。本次项目研究时间一般不少于 2 年。

各项目承担学校要切实加强对教育教学改革研究与实践工作的领导、监督和检查，采取有力措施，营造良好氛围，支持项目组开展研究实践活动，保证各项教育教学改革研究与实践任务的顺利完成。

课题序号	学校名称	项目名称	主持人	项目组成员
2021GJJG436	东北大学秦皇岛分校	专创融合视角下经管学科实践教学模式研究——以跨专业综合实训课程为例	任婷婷	仲旭、李江霞、赵学梅、赵杨
2021GJJG437	东北大学秦皇岛分校	创业基础思政教育的翻转课堂教学模式探索	刘　印	赵舒怡、王进、杨乐、柳彬德
2021GJJG438	东北大学秦皇岛分校	“课程思政”背景下高校“思政课程”的教学改革与实践——以思想道德与法治课程为例	邹振栋	柴冰、刘志宽、张珏、韩杰
2021GJJG439	东北大学秦皇岛分校	中外合作办学下双语课程建设探究——以《电气电子工程导论》为例	辛凤鸣	邱新云、李梅梅、黄彩梅
2021GJJG440	东北大学秦皇岛分校	课程思政背景下多元化学业指导体系探究	尤　松	徐长明、李鸿雁、曲吕展、张送柱、张曦丹
2021GJJG441	东北大学秦皇岛分校	基于“POA”理论的《日语语法》课程教学模式改革研究	徐　媛	王玉环、肖瑞、谷瑞娓
2021GJJG442	东北大学秦皇岛分校	形势与政策课教学质量提升与评价——以辅导员担任授课教师为例	付宏鹏	孙锐、赵思文、尚俊辉、谢新宇
2021GJJG443	东北大学秦皇岛分校	高校心理健康教育课程虚实双课教学模式实践研究	迟莹莹	姜丛雨、李鸿雁、阎晓军、董劲伟
2021GJJG444	东北大学秦皇岛分校	以专创融合为核心的《电化学综合实验》实践教学改革研究	宋彦荣	伊廷锋、叶杰、董晓瑜、赖勤志
2021GJJG445	中央司法警官学院	仿真模拟及“公案剧本穿越”在刑事诉讼法教学中的应用	蒋若薇	袁博、叶扬、涧晶
2021GJJG446	中央司法警官学院	《法律诊所》实践教学中学生法律职业伦理培养机制研究——以课程思政为导向	李　进	黄共兴、孟利民、刘燕玲、袁博
2021GJJG447	中央司法警官学院	习近平法治思想融入司法警官院校民法学课程教学研究	刘亚男	李白超、刘轶、刘书正、李冰、高峰

课程团队获批 2021—2022 年度河北省高等教育教学改革研究与实践项目

《心理健康教育》教材于 2021 年 4 月由东北大学出版社出版，入选“东北大学思业融合燎原计划系列丛书”，该丛书是课程思政相关著作集合体，《心理健康教育》为 2021 年东北大学秦皇岛分校第一批课程思政视角的教材。教材分为“心理健康基础知识”“了解自我，发展自我”“提高自我心理调适能力”三个单元，共 12 章内容，近 30 万字，通过挖掘和运用心理健康教育学科中蕴含的思想政治教育资源，采取较为新颖的框架结构和内容，旨在于心理健康知识的传授中强化价值引领，促进学生身心健康发展，培养青年学生成为有理想、有本领、有担当的时代新人。《秦皇岛日报》2021 年 9 月 15 日 B3 版刊登了《心理健康教育》教材的书评。该教材主要有四个特色：

育才有格 润物立德

课程思政教材《心理健康教育》读后

心理健康教育

XINLI JIANKANG JIAOYU

《秦皇岛日报》2021 年 9 月 15 日 B3 版刊出了《心理健康教育》教材的书评

第一，蓄势而成的教材成果。《心理健康教育》教材在出版前，马克思主义学院“心理健康教育”课程自 2012 年作为必修课以来，已有十年的教学实践。近三年来，课程思政理念在东北大学生根发芽，并形成了有体系的设计。在此背景下，“心理健康教育”课程的课程思政建设具有得天独厚的条件。该课程团队阎晓军、迟莹莹等人以其既是心理学教师又是思政课教师的特别身份，开始联合心理咨询老师等开启了新的课程团队建设工程。在教学实践中逐步摸索出心理健康教育课与思想政治理论课同向同行的路径。由于高等教育中相关教材主要还是传统模式，虽一定程度上有育人的课程思政感觉，但尚不是系统而深入的完整体系，课程团队突破原有教材的限制，努力将个人的教学实践与育人理念进行提炼和升华，在 2020 年上半年开始酝酿编撰一部全新的蕴含课程思政理念的心理健康教育方面的教材，因有日常的教案素材，还有近三年在课程思政上的持续发力，加之团队成员间的亲密合作，最终形成了这样的一个学术成果。

第二，具有回归本原意味的教材成果。“心理健康教育”作为大学的必修课程之一，也属于思想政治教育的组成，以“提高大学生心理素质、促进其身心健康和谐发展的教育”为主，课程思政重点建设内容中包括对大学生进行心理健康教育，所以就课程而言，心理健康教育是课程思政的重要内容，不属于思想政治理论课，但两者可以构成“大思政”视域。从细微角度品味，心理健康教育本身应该既要做好心理健康教育，又要传递好思想政治教育，这使得其课程属性天然具有课程思政性质，所以本教材既然是课程思政 + 心理健康教育，实则回归了心理健康教育课程应有的姿态。众所周知，课程思政理念提出较晚，从事大学生心理健康教育的教师基本出身心理学专业，阎晓军教授的团队既有心理学专业背景又专职从事思想政治理论课教学多年，这种交叉学科性质的天然优势使得这本书由理论到实践积累都具备了良好的编撰基础，教材编撰成员本身多是思政课教师或是心理咨询老师，具有丰富的教学和咨询经验，在内容设计上更为贴近当前“00 后”大学生的心理诉求。在教材中关于心理方面问题的分析融合了理想信念、人生智慧、道德情操等价值观方面的思政知识，让“小我”和“大我”在教学过程中恰到好处地结合，既关注个人情绪、个体心理，又从中华民族伟大复兴的中国梦方面给予理想信念的教育引导。事实上，课程思政相关教材尚不多，而蕴含课程思政理路的《心理健康教育》教材更是凤毛麟角。从学理角度而言，也启示我们在教育学本原角度来看课程思政，《心理健康教育》这本教材编撰思路具有这样的示范意义：在新发展征程上，教育者特指非思政课的教师应多从其“初心”来审视各课程的育人真谛——又红又专，全面发展。

第三，充满创新意识的育人教材。本教材的创新方面除了课程思政外，“《心理健康教育》在每章的案例导入、故事案例两个版块分别呈现相应的中国故事，既增加了教材的可读性和吸引力，又激发了学生对中国特色社会主义文化的学习兴趣，进而达到坚定青年学生文化自信的目的”。融合中华优秀传统文化精髓于教育过程中，从古典文献中选取了原汁原味的“元典”文字切入主题而作为引论部分，这方面包括先秦典籍、正史名篇、古代优秀散文名作等，从第一章到第十二章依次有：苏洵《心术》、苏轼《赤壁赋》、韩非《扁鹊见蔡桓公》、司马迁《史记·滑稽列传》、刘义庆《世说新语·周处》、班固《汉书·东方朔传》、曹雪芹《红楼梦》之“香菱学诗”、《战国策·触龙说赵太后》、《战国策·邹忌讽秦王纳谏》、李清照《金石录后序》、司马迁《史记·越王勾践世家》以及《汉书·张骞传》等十二篇名文节选文字，这些文字基本采用质量比较高的中华书局点校本。这些用心，一则传递了教材本身任务解决中的教育理念，二则让不同专业特别是理工科大学生得以接受文史方面潜移默化的熏陶。值得注意的是，与一般教材不同，该教材正标题都是采用诗词名句加副标题形式，匠心独运中使得阅读者耳目一新，又能很快把握每一章的主旨。比如关于大学生心理异常方面的第三章，其标题为“长风破浪会有时，直挂云帆济沧海——大学生心理困惑及异常心理”，大小标题一目了然，使读者易从积极角度来面对“困惑”或“异常”，也许这个创新本身就体现了编著者对受众心理的把握。至于书中其他方面的设计也处处体现了创新意识，“编排上制定了较为完善的体例，每章具体版块设置学习目标、案例导入、理论知识、心理测试、活动锦囊、故事案例、拓展链接七个部分，紧跟人才培养的现实需要，紧贴青年学生的心理需要，更加关注大学生的自助成长”。总之，教材内容的创新源于实践，其过程就体现了教育教学规律，所以教材本身的“亲和力”以非心理健康教育方面老师的角度来看也能达到一目了然的效果。

各专题的中华经典诗词和中华经典历史故事

序号	专题	中华经典诗词	中华经典历史故事
1	大学生心理健康导论	莫听穿林打叶声，何妨吟啸且徐行	扁鹊见蔡桓公
2	大学生的自我意识与培养	路漫漫其修远兮，吾将上下而求索	淳于髡的故事
3	人格发展与心理健康	不要人夸颜色好，只留清气满乾坤	周处的故事
4	大学生学习心理	立志宜思真品格，读书须尽苦功夫	香菱学诗
5	大学生情绪管理	雄关漫道真如铁，而今迈步从头越	触龙说赵太后
6	大学生人际交往	桃花潭水深千尺，不及汪伦送我情	邹忌讽齐王纳谏
7	大学生性心理及恋爱心理	两情若是久长时，又岂在朝朝暮暮	李清照与赵明诚
8	大学生压力管理与生命教育	千磨万击还坚劲，任尔东西南北风	勾践的故事

第四，教材的适用范围不仅仅在该门课程的教学中。该教材编撰缘起是有感于已有教材虽能解决心理方面的专业问题，但教育本身、思政元素、新颖知识体系等方面有待于提高。随着教材的出版和一定范围的推介，可以比较客观地认为该教材能满足更多元的“市场”需求，比如可以供大学生的家长学习。良好的家庭教育无疑是大学生成长的重要前提，包括家庭教育习惯在内的“家风”在很大程度上影响着大学生大学四年乃至未来职业发展，而在各行各业工作的家长对于子女心理健康的关注自不必赘言，但是否能够“知彼知己”则未必然。这本教材的方方面面都是针对当代大学生可能面临的现实问题而展开，比如大学生的自我意识、人格、学习心理、情绪管理、人际交往、恋爱心理、挫折教育、生命教育等等。许多父母对这些方面可能有所了解，但恐怕并不会深入了解，通过阅读本教材，家长既可以了解孩子的相关状况，也可以了解如何从心理、思政角度更科学地与孩子沟通。又比如，该教材亦可作为大学生辅导员的参考书目，使其在日常繁杂的工作中具备理论性，从而可以更精准地把握大学生的心理动态，并科学指导学生工作。再比如，大学领导以立德树人为其工作宗旨，在“三全育人”环节中需要更详细地了解大学生，而该教材恰恰可以通过这方面的资料达到这样的目的。总之，一本教材的受众范围因其价值而定，该教材的价值正在于它已经突破了课堂教学的范围，具有了更广阔的受众。

二、教学实践：构建“精·导·践·悟”线上线下混合式教学模式

（一）构建线上学习板块

“心理健康教育”课程团队在学习通中构建了线上学习板块，共有八个专题，每个专题的线上学习版块均包括五个部分：一是每个专题下课程团队精心录制的四个微课视频；二是与专题相关的中华经典历史故事研读；三是与专题相关的学习强国视频赏析；四是与专题相关的心理问卷评测；五是学习资料，教师精心制作的专题课件。

心理健康教育概论

1.1 课程须知
1.2 大学生心理健康概述
1.3 心理咨询的原则
1.4 大学生常见的心理困惑类型
1.5 大学生心理困惑的应对方法
1.6 中华经典故事研读
1.7 学习强国视频赏析
1.8 心理问卷评测
1.9 学习资料

大学生的自我意识与培养

2.1 大学生自我意识与培养概述
2.2 自我意识的发生与发展
2.3 大学生常见的自我意识偏差
2.4 大学生自我意识偏差的调适
2.5 中华经典故事研读
2.6 学习强国视频赏析
2.7 心理问卷评测
2.8 学习资料

人格发展与心理健康

3.1 人格概述
3.2 气质
3.3 性格
3.4 人格完善
3.5 中华经典故事研读
3.6 学习强国视频赏析
3.7 心理问卷评测
3.8 学习资料

大学生学习心理

4.1 学习的概述
4.2 时间管理能力的培养与开发
4.3 记忆力的培养与开发
4.4 学习动机不当及调适
4.5 中华经典故事
4.6 学习强国视频赏析
4.7 心理问卷评测
4.8 学习资料

大学生情绪管理

5.1 情绪的概念及其发生机制
5.2 情绪对大学生的影响
5.3 大学生常见的情绪困扰
5.4 大学生情绪的自我调控
5.5 中华经典故事研读
5.6 学习强国视频赏析
5.7 心理问卷评测
5.8 学习资料

大学生人际交往

6.1 人际交往概述
6.2 人际交往的心理效应
6.3 影响大学生人际交往的因素
6.4 大学生人际交往的技巧
6.5 中华经典故事研读
6.6 学习强国视频赏析
6.7 心理问卷评测
6.8 学习资料

大学生性心理及恋爱心理

7.1 大学生性心理及恋爱心理概述
7.2 大学生常见性心理问题及对策
7.3 爱情三元论
7.4 大学生恋爱心理常见问题及对策
7.5 中华经典故事研读
7.6 学习强国视频赏析
7.7 心理问卷评测
7.8 学习资料

压力管理与生命教育

8.1 压力与生命教育概述
8.2 挫折中的动机冲突
8.3 压力调节的方法
8.4 大学生心理危机的类型和特点
8.5 中华经典故事研读
8.6 学习强国视频赏析
8.7 心理问卷评测
8.8 学习资料

八个专题的线上学习板块

（二）“精·导·践·悟”的教学过程

根据德育目标，对融入思政元素的教学内容进行整体教学设计，将每个专题教学划分为包括若干循环的“精·导·践·悟”四个环节，突出了思政性、参与性和生成性特征。

1．一精：教师精讲留白

教师讲授意义、框架和重难点后，布置学生课后自主学习学习通中教师录制的相关微课视频和学习资料，促进了学生对知识的掌握和体验。

为了打造优质线上课程，录制前期，课程团队参加了超星平台的课程制作培训，对线上课程的特点、制作流程和制作要求有了充分了解。课程团队多次开展集体研讨和演练磨课，不断优化课程内容。其间还邀请学院客座教授张爱华从教姿教态、语气语调、表情动作等多方面为课程团队教师进行一对一的针对性专业指导。课程团队精选八个专题，每个专题录制了四个短小精悍的微课视频，发布在东北大学秦皇岛分校学习强国平台上。

2022 年 7 月 12—14 日，“心理健康教育”课程团队联合超星课程录制团队，完成了“心理健康教育”课程八个专题 32 个线上课程的录制工作，努力打造集育心与育德于一体的优质线上课程资源。线上课程内容使用的教材是由“心理健康教育”课程团队编写的课程思政教材《心理

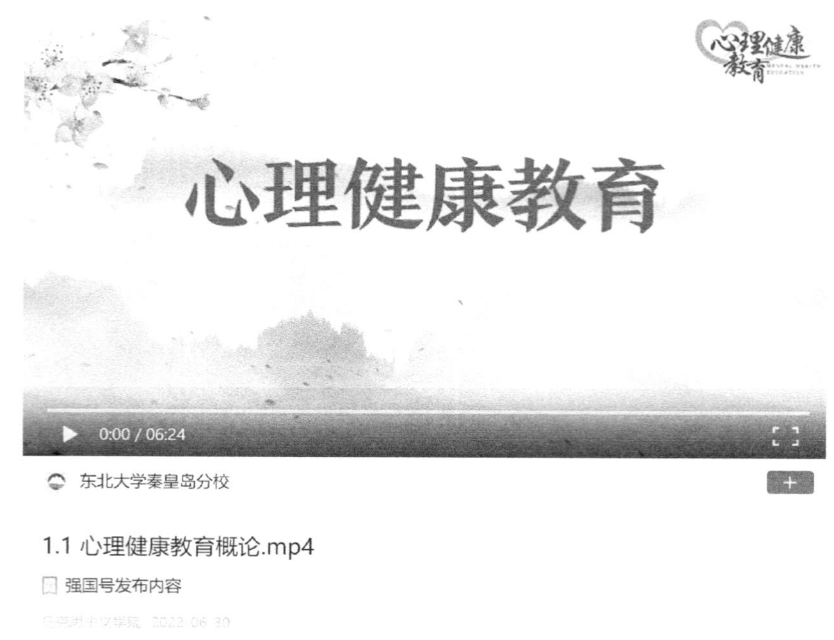

课程团队录制的视频发布在东北大学秦皇岛分校学习强国平台上

“心理健康教育”课程团队线上课程录制

健康教育》，录制内容包括心理健康教育概论、大学生的自我意识与培养、人格发展与心理健康、大学生学习心理、大学生情绪管理、大学生人际交往、大学生性心理及恋爱心理、压力管理与生命教育共八个专题，覆盖教材的重点难点知识。该线上课程在超星平台上线，2022 级本科生使用该线上课程。

2. 二导：教师指导

教师在学习通发布心理测验问卷，指导学生作答后并解释得分结果；教师播放学习通中学习强国视频并发布与视频相关的主题讨论，学生观看视频后参与讨论，最后教师做出点评和总结，促进了学生自我完善和树立正确价值观。

3. 三践：学生实践

教师组织学生开展“正心诚意”感悟传统活动和“心德”心理剧微视频活动，促进了学生学习中国智慧和建立积极的心理意识。

“正心诚意”感悟传统活动。根据学生的实际需求和课时安排，精选八个专题内容。在每个专题的教学中，教师在学习通中发布中华经典历史故事和与故事相关的一个问题后，学生以小组合作学习方式研读故事并提交讨论结果。接着学生在学习通中进行自评和互评，最后教师进行评价。教师从心理层面对学生进行思想和价值层面的引导，发挥其在育人中的理想信念导向价值和道德人格塑造价值。

“心德”心理剧微视频活动。近几年开展了“心德”心理剧微视频活动。2022 年因受疫情的影响，学生居家学习，开展了以“疫情期间以积极心态面对学习和生活”为主题的心理剧活动。学生通过表演的形式，突出展现疫情期间如何积极调整心态，有效学习，健康生活。这有助于传递积极心理意识，帮助学生树立正确的世界观、人生观和价值观。通过课程团队推荐、学院审核，最终选出 13 部优秀的心理剧作品在“东秦马院”微信公众号上展播。

优秀的心理剧作品在“东秦马院”微信公众号上展播

4．四悟：学生领悟

教师选择两个优秀小组展示对中华经典历史故事的讨论结果后，进行点评并总结，促进学生向榜样学习并树立正确的世界观、人生观和价值观。

（三）构建综合化的考评指标体系

通过教学改革，建立了知识掌握、道德认知、价值判断、分析能力综合化的考评指标体系。一方面，通过评价学生个体学习完成的作业，重点考察学生的知识掌握和分析能力；另一方面，通过评价学生以小组合作形式完成的合作性作业，重点考察学生的道德认知和价值判断。

（四）教学效果

从满意度和收获感两个维度面向本校2021—2022第一学期必修心理课的全部1431名大一新生进行问卷调查。满意度调查包括九个项目：课程自身心理健康知识掌握程度、自身课程参与度、自身素质提升、小组相互协作、师生互动、时间分配、教师教学设计、整体教学效果和课程使用教材，每个项目得分为1—5分。收获感调查包括八个教学专题项目，每个项目得分为1—7分。结果发现，大学生对每个项目的满意度平均分都高于4分，对课程的每个专题的获得感平均分都高于5.8分，表明大学生对课程教学改革的整体满意度和获得感较高。

学生对心理课课程教学改革的满意度分数

排序	满意度维度	M ± SD
1	教师教学设计	4.52 ± 0.73
2	自身课程参与度	4.51 ± 0.76
3	课程教材	4.50 ± 0.74
4	师生互动	4.50 ± 0.72
5	整体教学效果	4.49 ± 0.76
6	自身素质提升	4.48 ± 0.76
7	自身心理健康知识掌握程度	4.46 ± 0.79
8	小组相互协作	4.44 ± 0.82
9	时间分配	4.35 ± 0.93

学生对心理课课程教学改革的获得感分数

排序	获得感维度	M ± SD
1	性心理及恋爱心理	6.02±1.747
2	心理健康教育概论	5.98±3.204
3	人际交往	5.97±1.253
4	情绪管理	5.97±1.271
5	人格发展与心理健康	5.96±1.738
6	学习心理	5.95±1.741
7	压力管理与生命教育	5.95±1.290
8	自我意识与培养	5.89±1.774

[匿名]

明白了如何维持自我精神健康 学会了情绪管理 懂得了正确处理恋爱问题

[匿名]

1.如何管理自己的情绪 2.如何与他人更好地交往 3.如何高效地学习

[匿名]

学会了情绪管理（学会平衡心理） 学会了面对挫折（正确树立挫折观） 了解了自己的性格特质

[匿名]

1.增加了与同学之间的交流，合作。2.清楚地认识到自己的性格，气质类型为多血质。
3.学会如何去调整自己，学习上，人际交往，恋爱方面等

部分学生对课程教学改革的收获情况

《心理健康教育》教材的出版是我校思政课与心理健康教育同向同行的阶段性成果，通过教学改革，心理健康教育课程团队构建了“精·导·践·悟”线上线下混合式教学模式。我校将进一步加强“心理健康教育”课程的线上和线下混合式建设，发挥课程的立德树人作用，不断提升心理育人实效，切实促进学生心理健康发展，呵护学生健康成长。第一，线上资源进一步充实。持续加强心理健康教育课程融入中国智慧的建设，促进融入课程思政的教学内容做实做细做稳。增加线上教学内容的数据库建设，比如建设大学生心理案例数据库、心理剧数据库、微电影数据库、课程文化故事数据库、文化音视频数据库等。第二，线下智慧课程的建设。进一步加强教师教学实践智慧，持续优化教学环节，关注学生个体差异、学习动态，及时给予学生更多帮助和引导，切实提高学生的心理素质。与学院和学生处等部门合作，根据不同学院学生的特点因材施教，更好地为大学生提供心理服务。

A Textbook *The Mental Health Zducation* *The Mental Health Education Textbook* of Northeastern University at Qinhuangdao Leads the New Trend of Nourishing Heart and Fostering Virtue

CHI Yingying DONG Shaowei YAN Xiaojun QIN Fei

Abstract: School of Marxism of Northeastern University at Qinhuangdao actively promotes the construction of “big ideological course”. In the college mental health education curriculum, we pay attention to the integration of morality and heart education, strengthen the design of course practice, organically integrate ideological politic elements, and comprehensively improve the effectiveness of education. On the basis of summing up the experience of teaching, the college organized the “Mental Health Education” curriculum team to compile and publish textbooks, carefully designed the moral education elements in each chapter, and made useful exploration, breakthrough and innovation in domestic textbooks of the same course. Through the teaching reform, the curriculum team has constructed the online and offline mixed teaching mode of “Essence, Guidance, Practice and Apperception” which promotes college mental health education course to go hand in hand with the ideological and political theory courses, and the students have a higher overall satisfaction and sense of acquisition for the course teaching reform.

Keywords: college Mental Health Education course; big ideological course; ideological and political education intergration

〔迟莹莹（1985— ），女，黑龙江双鸭山人，心理学博士，东北大学秦皇岛分校马克思主义学院讲师，主要研究方向为思想政治教育、心理健康教育。董劭伟（1979— ），男，河北鹿泉人，历史学博士，东北大学秦皇岛分校马克思主义学院教授，主要研究方向为中国近现代史基本问题、中共党史。阎晓军（1968— ），女，河北张家口人，心理学硕士，东北大学秦皇岛分校马克思主义学院教授，主要研究方向为心理健康教育、思政教育心理。秦飞（1987— ），山东蒙阴人，历史学博士，东北大学秦皇岛分校马克思主义学院讲师，主要研究方向为中华优秀传统文化创新发展〕

践悟原理　成德达才：“一体多维”思政实践育人模式的构建与实践

秦　飞　董劭伟　迟莹莹　聂兴超

（东北大学秦皇岛分校马克思主义学院）

摘　要： 自2012年我校将思想政治理论实践课正式纳入人才培养计划，并成为一门单独的思政课程以来，逐步形成可推广、可复制的“一心·二融·三入·四益·五步的‘一体多维’思政实践育人模式”。该模式独具特色，既坚持理论灌输，又能做到启发教学，既做到了统一性和多样性相统一，也很好地体现了理论性和实践性的统一，有助于增进学生对于党的创新理论的理解，贯彻落实习近平总书记关于“大思政课”重要指示批示等相关讲话精神，切实把思想和行动统一到习近平新时代中国特色社会主义思想上来。

关键词： 思政实践；一体多维育人模式；大思政课；习近平新时代中国特色社会主义思想

“大思政课”是时代大课、理论大课、实践大课，需要有大视野、大情怀和大格局。善用“大思政课”构建育人新格局，就是要深入学习宣传贯彻习近平新时代中国特色社会主义思想，贯彻落实习近平总书记关于青年工作的重要思想，通过思政课实践环节将思政课的理论与实践相结合，将思政小课堂和思政大课堂相结合，引导和帮助广大青年学生上好与现实相结合的“大思政课”，避免使思政课成为“没有生命、干巴巴”拿着文件宣读的课堂，使学生在社会课堂中受教育、长才干、作贡献，在观察实践中学党史、强信念、跟党走，努力成为担当民族复兴大任的时代新人。我院自2012年正式开设思政实践课以来，通过十年的探索与实践逐渐摸索出自己的特色，形成可推广、可复制的育人模式——一心·二融·三入·四益·五步的“一体多维”思政实践育人模式。

一、主要做法

实践教学作为思想政治理论课课堂教学的延伸和拓展，始终以推进实践育人为宗旨，通过多样化、健康化的实践活动，促进青年学生的成长成才。为贯彻思想政治理论课实践教学这一宗旨和目的，切实增强实践教学活力和实践育人实效，自2012年开始推行思想政治理论课实践教学改革，逐步形成了“一心·二融·三入·四益·五步”实践教学模式。其中，一心：以学生为中心。改变传统灌输式和过分偏重讲授的教学方法，注重学生兴趣的引导，激励学生参加“挑战杯”“我心中的思政”等各级各类比赛，以赛促学、以学促用，让学生的主体地位得到充分彰显。二融：校内实践和校外实践两个方向的融合。校内实践是指实现理论宣讲与学生课堂实践相融合，通过微课堂、微电影、情景剧、经典品读、模拟法庭、无领导小组讨论等方式，激发学生学习自主性和创造性，加强对原理和理论的认识和运用；校外实践则是指导学生开展校外调研，将思政小课堂与社会大课堂相融合。我院建立九大实践教育基地，鼓励学生参与志愿者服务、“三下乡”等社会实践调研，提高学生将理论运用于实践，学以致用、服务社会的能力。三入：实践育人的效果是想推动党的创新理论，尤其是切实把思想和行动统一到习近平新时代中国特色社会主义思想上来，入学生之脑之心之行。我们围绕习近平新时代中国特色社会主义思想开展多项实践教学活动，并参加相关省市比赛，以赛促用，效果很好。四益：强调实践育人的意义是助益学生成长，并在此过程中，用学生的作品反哺教育教学，在助益教师教学的同时，也助益学校育才和社会发展，实现四维互动式发展。五步：变“单向注入”式教学为师生双向“互动–探究”教学，完善实践教学环节，体现内容的探究性和形式的互动性。第一，教师集中面授，内容主要有教授实践方法、选择实践主题并进行现场小组研讨和答辩，以及如何撰写实践报告等。第二，学生实践体验是通过学生自主组队在校内、校外进行实践和调研。第三，网络敦促指导是在学生具体实践过程中，通过线上、线下等不同方式实现对学生的一对一式的差异指导。第四，学生自我总结是学生实践调研结束后形成的总结报告与成果作品。第五，全校考核展示是对学生提交的成果进行打分、评选和展播推送。此模式旨在改进教学方法，变“单向注入”式教学为师生双向“互动-探究”教学，完善实践教学环节，夯实实践教学之实与行。我校为探索高校思想政治理论课实践教学改革进行了突破性的有益尝试，取得了良好成效。

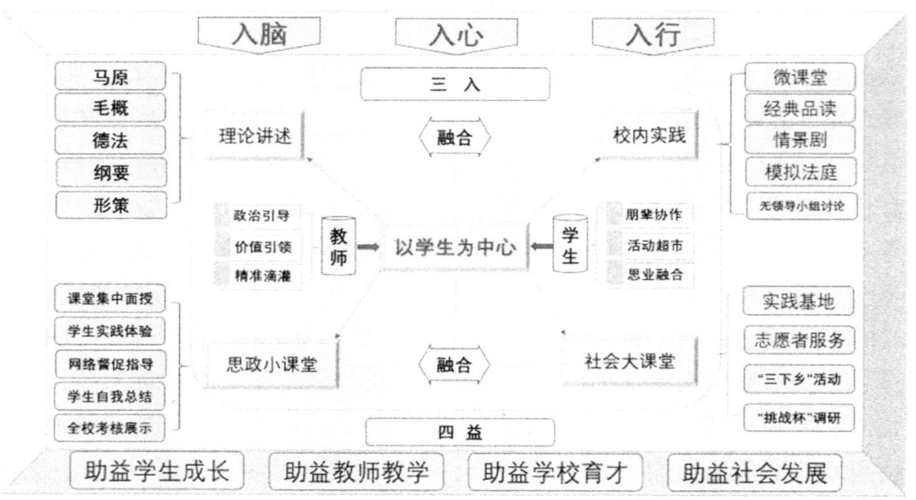

“一心·二融·三入·四益·五步”实践教学模式

在此实践教学过程中，特别注意以下三方面内容：

（1）赛研结合，以学促用

将“大思政课”理念延伸到项目申报、比赛规划、成果评价等诸多方面，提高思想政治教育的时效性和感染力，实现“科研能力提升”与“价值引领”有机统一。在科研活动和竞赛中，挖掘与我国优秀传统文化的结合点，挖掘与党和国家大政方针的结合点，挖掘与社会主义核心价值观的结合点。在相互融合过程中“灵活生动、润物无声”，提升教师科研能力、学生竞赛的境界高度，增强思政教育的实践意义。

（2）汇聚学科资源、校内资源、地区资源

将知识转化为能力，必须躬身实践。引导学生参加思政实践，通过国情调研、社会服务、学习宣讲、科研实践等手段，将所思所学转化为具体行动，在实践中认知国情。另外，本地红色资源、特色资源丰富，有五峰山李大钊纪念馆、青龙县吉利峪村革命历史展室等不同主题的思政实践基地，这都为打造高水平开放式思政教学体系，形成开环思政教育提供了有力保障。此外，我院教师还与团委等单位合作指导学生参加河北省大学生课外学术科技作品竞赛、“挑战杯”实践调研、“三下乡”活动等社会实践调研。

（3）积极推进习近平新时代中国特色社会主义思想“三进”

为深入学习贯彻落实习近平新时代中国特色社会主义思想和党的二十大精神，落实全国教育大会精神，全面推进习近平新时代中国特色社会主义思想“三进”，切实把思想和行动统一到习近平新时代中国特色社会主义思想上来，继续将“三进”工作引向深入，贯穿到教育教学全过程，分校社科院特开展以此为主题的多项实践教学活动，并参加相关比赛，获得省级多项荣誉。

二、特色与创新点

1．育人理念：强调以学生为中心

自课程开设以来，思政实践教学坚持以学生为中心，围绕思想政治理论课教学内容开展实践，并逐渐将教师指导、以学生小组为单位进行实践的方式固定下来。通过共同的小组活动目标，启动学生朋辈之间的联学联动机制，在集体主义思想的指导下通过团队协作，在“思政实践活动超市”里自主自愿选取小组活动方式，以微课、微电影、社会调查、志愿服务、课堂演讲、情景剧、经典品读等不同方式呈现实践主题深层内涵，加深对马克思主义基本理论的认识和理解，提高运用马克思主义立场、观点和方法分析问题、解决问题的能力，促进学生知、情、意、行相互促进、协调发展。

2．实践主题：突出“新时代”的历史方位

实践主题紧扣时代脉搏，十八大以来，思政实践教学紧紧围绕习近平新时代中国特色社会主义思想，注重与党史学习教育相结合，在百年未有之大变局和疫情的背景下，根据具体实践主题的不同需要，以线上、线下不同形式，开展了“以思政战‘疫’”“百年党史中秦皇岛地区有代表性的人物或事件”等主题的实践活动。每年的优秀作品经层层遴选，以学院微信公众号为主要载体对外发布和转载，在校内外产生良好的社会影响。

3．实践方式：以赛促学，提升学习获得感

在如何提升学生实践积极性、提高思政实践教学质量方面，分校逐渐形成“以赛促学、以学促用、以用养心”的实践模式，即通过指导、推荐学生参加国、省、市、校等各种级别比赛的方式，以星星之火可以燎原之势点燃学生实践热情，尤其是随着近三年获奖学生人数不断攀升，学生参与实践教学的积极性明显提高。思政课教师线上线下从作品选题、讲授内容、教学方法、语言教态、视频录制和后期制作等各方面给予学生指导。通过这种由浅入深、由表及里、由点带面的路径，思政课堂“活了起来”，也“火了起来”。

4．实践空间：校内与校外实践相辅相成

分校实践教学坚持课堂实践与社会实践相结合，通过校内与校外二维空间互动，打通思政小课堂和社会大课堂。注重挖掘本地区红色文化、特色文化，已建成九处思政教学实践教育基地，并指导学生参加“三下乡”“挑战杯”等实践调研。以社会实践反哺思政课堂，通过调研后回归课堂的方式，激发和升华师生的爱国主义情怀，使学生在其间形成对思政课教学内容的真正理解与强烈认同，更好地发挥思政教育在塑造灵魂、塑造生命、塑造新人中的关键作用。

三、育人成效

多年的探索与实践，分校思政实践教学成效显著，形成了助益学生成长、助益教师教学、助益学校育才、助益社会发展的“四益”效应。

1．斩获丰硕奖项，逐渐缔造出东秦品牌

在师生积极参与思政实践教学的过程中，教学相长，不仅教师在省高校青年教师思想政治理论课授课大赛、省习近平新时代中国特色社会主义思想“五分钟课堂”视频精品课等实践比赛中获得佳绩，更在指导学生方面获得众多奖项。如在“挑战杯”、“青年中国行”大学生暑期社会调研实践活动、“我心中的思政课”河北省高校大学生微电影展示活动、大学生河北省习近平新时代中国特色社会主义思想“100个热词”宣讲、河北省高校大学生讲思政课公开课展示活动等比赛中获得近20个不同等级的奖项。其中2021年参加的“我心中的思政课”河北省高校大学生微电影展示活动推荐的作品“五四风云”作为省一等奖还被推送到国家参赛。除省级奖项和荣誉外，分校思政实践教学还助益师生拿到市、校级奖项和荣誉多种。团队教师获省、市、校级教学教改项目多项，发表教研论文多篇。

2. 以赛促学，突出“以学生为中心”的人才培养理念

创建“一心·二融·三入·四益·五步”教学模式，教师引领与学生主体有机融合。强调以学生为中心，改变传统灌输式和过分偏重讲授的教学方法。以学生兴趣为先导，激励学生参加“挑战杯”“我心中的思政”等各级各类比赛，教师发挥引导作用，让学生的主体地位得到充分彰显，不仅提升团队成员个人能力、理论素养，也培养团队协作精神。与此同时，实现教师课内课外、校内校外的价值引领作用，通过指导学生调研的实践教学，激发教师科研潜能，反哺教学。

3. 通过实践教学彰显“大思政课”育人理念

理论讲述与校内实践相融合、思政小课堂与社会大课堂相融合的“二融”框架下，形成多维贯通的立体化实践教学模式，校内实践发挥学生主体地位，通过微课堂、微电影、情景剧、经典品读、模拟法庭、无领导小组讨论等模式，激发学生学习自主性和创造性，发挥团队协作精神；校外实践则充分融入社会大课堂，广泛建立实践教育基地，鼓励学生参与志愿者服务、“三下乡”社会实践调研以及各级“挑战杯”调研活动等。通过校内外双向融合，提高学生将理论运用于实践，学以致用、服务社会的能力。

4. 以地方红色文化、特色资源为带动，引领实践基地建设

建设青龙县三星口地区抗战纪念馆、青龙县吉利峪村革命历史展室、五峰山李大钊纪念馆、抚宁区艰苦奋斗实践教育基地、秦皇岛市第三医院、秦皇岛市档案馆、秦皇岛市玻璃博物馆、山海关长城博物馆、抚宁

区档案馆等九处不同主题的思政实践教学基地，充分利用地方红色文化、特色资源，组织学生进行基地实践教学，变“照本宣科”为“身临其境”，变“理论灌输”为“故事感染”，变“被动接受”为“主动探求”，形成了思想政治教育入耳入脑入心的良好氛围。

四、社会价值

经多年的探索与实践，思政实践育人成效显著，形成了助益学生成长、助益教师教学、助益学校育才、助益社会发展的“四益”效应。

1．斩获丰硕奖项，逐渐缔造出东秦品牌

已如上述，可推广、可复制的“一心·二融·三入·四益·五步”实践育人模式形成。

2．受到媒体高度关注，引起强烈反响

学习强国、中国新闻网、新浪网、长城网、工人日报、潇湘晨报、秦皇岛日报、秦皇岛晚报、秦皇岛电视台等媒体纷纷报道东北大学秦皇岛分校思政实践教育工作，引起社会强烈反响。市级网站展播了分校思政实践教学学生优秀微课作品。实践基地合作单位对相关活动也给予了高度评价，并在各自单位及相应系统进行了宣传和推广。由团队教师指导的学生实践活动关涉理论宣讲、党史学习、国情观察、乡村振兴、智慧乡村服务、教育关爱等多方面内容，相关实践活动受到调研接收单位或服务单位好评，被相关媒体报道，为学校育人积累了较好的口碑效应。

3．辐射传播东秦经验，发挥领航作用

近几年，柴冰、曹金娜等成员先后到东北大学总校、沈阳航空航天大学、华北电力大学（保定）等高校传经送宝、交流学习，分享分校思政实践教学经验，得到相关高校的一致好评。河北科技师范学院、秦皇岛职业技术学院等学校积极效仿分校成功经验，取得不错效果。2021年柴冰获邀在柴艳萍全国高校思政课名师工作室主办的思想政治理论课教师研修班展示课堂教学获奖录像、分享教学设计，向与会的省内外400多名师生展现了东秦思政教学风采。2021年思政课专项评估河北省专家组给予分校思想政治实践教学高度评价，认为效果较好，在省内走在了前列。2021年拿到“我心中的思政课”河北省高校大学生微电影展示活动10项一等奖中的2项，其中一部作品获得国赛优秀奖；2022年指导学生参加河北省大学生“调研河北”社会调查活动，获得特等奖，且排名第一，即是学校思政实践教学效果和实力的最好的说明。

Understanding Through Practice and Becoming Noble: The Construction and Operation of Muti-dimensional Cultivation Mode for Ideology and Politics Courses

QIN Fei　DONG Shaowei　CHI Yingying　NIE Xingchao

Abstract: Northeastern University at Qingdao formally introduced course practice of Ideological and Political Thoughts into the teaching program. After becoming an individual course, a multi-dimensional cultivation mode featured by “one focus, two integrations, three entries, four benefits and five steps” which is propagable and imitable had been gradually established. This uniquely featured cultivation mode can induct the theory and inspire the thoughts. It combines the uniformity with variety, theory with practice, helping students to improve their interpretation on theory innovation of CPC. It also implements the instructions from Chairman Xi about the big ideological course, directing our thoughts and actions toward the right direction pointing out by Xi Jinping Thought on Socialism with Chinese Characteristics for a New Era.

Keywords: ideology and politics teaching with practice; multi-dimensional cultivation mode; big ideological course; Xi Jinping Thought on Socialism with Chinese Characteristics for a New Era

〔秦飞（1987— ），山东蒙阴人，历史学博士，东北大学秦皇岛分校马克思主义学院讲师，主要研究方向为中华优秀传统文化创新发展。董劭伟（1979— ），男，河北鹿泉人，历史学博士，东北大学秦皇岛分校马克思主义学院教授，主要研究方向为中国近现代史基本问题、中共党史。迟莹莹（1985— ），女，黑龙江双鸭山人，心理学博士，东北大学秦皇岛分校马克思主义学院讲师，主要研究方向为思想政治教育、心理健康教育。聂兴超（1983— ），男，河北唐县人，政治学博士，东北大学秦皇岛分校马克思主义学院教授，主要研究方向为政治理论〕

秦皇岛地域文化专栏

新见近世秦皇岛诗文辑录（续）

王　健　辑注

（中共秦皇岛市纪律检查委员会）

弁　言

自收集整理秦皇岛近世之诗文，窃以为毕其功于一役，然数量庞杂、艰辛殊巨，始料未及。得师友相助，借网络之便，穷图书、报刊、方志、手迹、碑碣，凡与环岛相关者广为搜罗，蔚成大观。所辑诗文，特点有三：曰博，吟咏所及山光海色、人物事件、怀古感悟，各类纷呈，别具文史考据之用；曰奇，作者各色人等，若官、若贾、若文、若武，均在近世历史声名卓著，可圈可点；曰佳，诗文多别出机杼，面貌一新，频有妙语精句让人朗朗上口，为之击节。

平素耽于工作生计，时有疏懒，赖董劭伟兄鼓励提携，今再择72题106首民国时期作品忝列是卷。诗文忠于原作，详注出处，未作删改；人物按姓氏拼音字母排序，简介据资料整理，不作评论。敬祈同好郢斫。

爱新觉罗·溥儒（1896—1963）

初字仲衡，改字心畬，自号羲皇上人、西山逸士，北京人。清恭亲王奕䜣次孙。曾游历德国，先后执教于日本京都帝国大学、北平国立艺专、台湾师范大学艺术系。参与创立了近代著名国画团体松风画会。著有《寒玉堂诗集》《凝碧余音词》《寒玉堂画论》《华林云叶》《四书经义集证》《毛诗经义集证》《尔雅释言经证》等。

出山海关

辞君夜出塞，逾越万重山。莽莽风兼雪，萧萧边与关。荒台征战罢，老病几人还。孤客悲戎马，黄云古戍间。

注：录自《溥儒集》（浙江人民美术出版社，中国艺术文献丛刊，2015年4月版）上册《寒玉堂诗集甲编》之《乘桴集》第140页。另刊《寒玉堂集》卷上，题为《出山海关留别诸子》。

归次长城

北去应如庾信哀，关山苍莽客空回。岂知饮马今无塞，旧说卢龙尚有台。沙迹人天边水合，中原落日羽书来。悬军临险兴亡地，蛇鸟风云望不开。

注：录自《溥儒集》（浙江人民美术出版社，中国艺术文献丛刊，2015年4月版）上册《寒玉堂诗集甲编》之《乘桴集》第156页。另刊《寒玉堂集》卷上，第五句作“沙迹连天边水合”。

无　题

辽海秋风万仞山，绨袍横剑下榆关。不须饮马长城窟，朔月边云送客还。

注：原诗无题。录自手迹，上海泓盛拍卖有限公司2010春季拍卖会中国书画二专场。

卞白眉（1884—1968）

名寿荪，字白眉。江苏仪征人。曾参加筹建中国银行，历任天津分行经理、总行发行集中委员会主任委员，代理总稽核、副总经理等职，1951年迁居美国。著有《卞白眉日记》。

北戴河赁屋数楹，留眷属清暑，余亦偷闲盘桓数日，临轩偶赋

栏角窥晴海，槐荫露夕山。月痕青嶂外，帆影碧涛间。胜境忘炎暑，幽居远市阛。虽无台观美，聊足寄身闲。金黄花向日，翠绿草含烟。不断芳菲色，争荣园圃前。墙隈瓜蔓绕，畦畔豆苗鲜。满目都生意，休参

枯寂禅。

注：作于1925年7月13日。录自《卞白眉日记》（中国人民政治协商会议天津市委员会文史资料委员会、中国银行股份有限公司天津市分行合编；天津古籍出版社2008年9月版）第1卷第356页。

北戴河海浴

海潮平落处，浮泳态翩跹。擘浪天吴勇，凌波洛女娟。日晴看鲤跃，沙暖傍鸥眠。此亦西来俗，风成结世缘。

注：作于1925年7月13日。录自《卞白眉日记》（中国人民政治协商会议天津市委员会文史资料委员会、中国银行股份有限公司天津市分行合编；天津古籍出版社2008年9月版）第1卷第356页。

雨　霁

天青又见沧波阔，雨霁时闻草木香。无限阴晴好风景，一齐收拾入行囊。

注：作于1925年7月15日。录自《卞白眉日记》（中国人民政治协商会议天津市委员会文史资料委员会、中国银行股份有限公司天津市分行合编；天津古籍出版社2008年9月版）第1卷第357页。

眺　雨

翻阶滴漏作声喧，朝起开帘独对轩。白雨千丝天网折，玄云四幕海波昏。浓荫绿坠枝头雀，积藓青连瓦上鸳。奇景当前犹耐赏，城居湫溢莫同论。

注：作于1925年7月15日。录自《卞白眉日记》（中国人民政治协商会议天津市委员会文史资料委员会、中国银行股份有限公司天津市分行合编；天津古籍出版社2008年9月版）第1卷第357页。

杂　诗

林间众鸟聒，天际一鹰扬。回翔思奋击，啾唧竟潜藏。
举眸望鸦阵，侧耳听蝉琴。难语云中志，且耽弦外音。
蜘蛛张密网，志岂在飞虫。欲示经纶意，终输造化工。
帘上槐枝影，帘前槐树阴。夕阳相映入，荡漾一廊深。

幽花开楚楚，带露更娟娟。落日西风里，伶俜弱可怜。

遥对东山月，仰看北斗星。光芒舒螟色，愈觉暮天青。

夜凉难露坐，围话一灯前。此乐不时有，天涯年复年。

邻家一良蹇，夜畔常悲鸣。志欲空凡马，谁能骨相更。

一犬空吠影，众犬齐吠声。韩庐当户守，静伺力难婴。

注：作于 1925 年 7 月 17 日。录自《卞白眉日记》（中国人民政治协商会议天津市委员会文史资料委员会、中国银行股份有限公司天津市分行合编；天津古籍出版社 2008 年 9 月版）第 1 卷第 357 页至 358 页。

曹经沅（1891—1946）

原字宝融，后字缵蘅，四川绵竹人。历任安徽省政务厅厅长、省政府秘书长，行政院参事，蒙藏委员会总务处处长，贵州省政府委员兼民政厅厅长，内政部禁烟委员会常务委员、立法院立法委员等职。著有《借槐庐诗集》。

石公以诗招次公来游海滨，即次韵奉柬并寄次公沽上

两戒河山战血红，只宜洗耳就松风。访僧鹿苑空留迹，吊古鲛人尚有宫。浴罢谈瀛携海客，兴来漉酒款村翁。与君并是闲鸥侣，投老浮家倘可同。

注：录自《借槐庐诗集》（巴蜀书店 1997 年 5 月版）卷 1 第 54 至 55 页。

海滨初归，不无余恋，适次公枉诗督和，次韵奉答

人梦沧波几曲长，等闲小住恋空桑。眼中坐阅千帆过，秋后新添一枕凉。起陆龙蛇浑未已，避人鸥鸟渐相忘。多公才韵如秋发，其奈君苗砚已荒。

注：录自《借槐庐诗集》（巴蜀书店 1997 年 5 月版）卷 1 第 56 页。

前溪枉过论诗，叠韵奉酬

消夏莲峰忆结盟，输君赌句每先成。论都语挟嫖姚气，协律诗追盛晚声。鸡黍山中曾有约，鹭鸥世外自无惊。谁知寂寞王城里，又见飞飞二鸟鸣。

注：录自《借槐庐诗集》（巴蜀书店 1997 年 5 月版）卷 1 第 75 页。

海滨偶成，叠前溪韵寄京津诗友

林阴如幄胜妍春，时有飞花拂坐茵。话旧山中忘历日，逃名海上半流人。地偏差喜诸缘净，雨足争看众绿新。身在万松深处住，不妨居士号松邻。

注：录自《借槐庐诗集》（巴蜀书店 1997 年 5 月版）卷 2 第 108 页。

庚午海滨杂诗二首

寓庐枕东皋，留客才数楹。种松为听涛，时挟海潮鸣。相从二三子，墙角娱短檠。饭熟书还读，依稀见承平。潮音移我情，松韵使人清。琅琅读书声，意外喜合并。奇境转自诧，端不负此行。穷冬倘再来，曝背就南荣。

寒雨晚冥冥，更挟商飚至。心知此夕凉，不是秋前昧。缅怀平生欢，凤城饶气类。李侯述梦游，松关认题字。哀乐并中年，昌诗殆天意。晚交得何叟，昔游欠把臂。为我说村瓜，甘美可一试。此瓜本异材，正坐生寒地。诗成报两君，素心烦遍致。寥天共明蟾，相忆同无寐。

注：录自《借槐庐诗集》（巴蜀书店 1997 年 5 月版）卷 2 第 108 页。

海 滨 二 首

画栋峥嵘挂夕晖，羽林万灶自成围。游人漫说西峰好，只有沙鸥款款飞。

如此秋光合付谁，压装赢得满囊诗。海天一月闲滋味，多在空廊听雨时。

注：录自《借槐庐诗集》（巴蜀书店 1997 年 5 月版）卷 2 第 109 页。

海 滨 杂 诗

园扉经岁不曾开，鸟语花香待客来。莫问蓬瀛清浅事，绿阴犹护旧亭台。（寄石老）

一宵清静抵千金，到耳潮声是梵音。何限劳生方扰扰，径思面壁证初心。

登盘谁分摘园瓜，风味端宜处世家。毕竟海滨春事晚，酴醾五月尚开花。

连臂胡姬百态新，依然十里碾香尘。平生见惯惊鸿影，那有闲情赋洛神。

峰峰岚翠如新沐，处处岩松似故人。策蹇甘陵山下过，棕鞋藤杖称闲身。

天风策策浪花初，谁写危矶独立图？万木千帆都阅尽，一竿兴欲老江湖。

断句都从枕上成，梦回时听□□声。寄诗夜起庵中叟，四海期公作启明。（园夜早起柬海藏翁）

注：字迹不清处，以□代之。录自《郁文大学月刊》1930 年第 1 期第 50 页。另《借槐庐诗集》（巴蜀书店 1997 年 5 月版）卷 2 第 100 页刊《海滨杂诗四首》，云“（一）园扉经岁不曾开，鸟语花香待客来。莫问蓬瀛清浅事，绿阴犹护旧楼台。（二）登盘随分摘园瓜，风味端宜处士家。毕竟海滨春事晚，酴醾五月尚开花。（三）峰峰岚翠如新沐，处处岩松似故人。策蹇甘陵山下过，棕鞋藤杖称闲身。（四）天风策策浪花粗，谁写危矶独立图？万木千帆都阅尽，一竿吾欲老江湖。”

陈宝銮（1873—1953）

字行四、鼎丞，自号感贞道人，浙江开化人。曾任清邮传部主事，民国后任国务院秘书、审计院协审官及清史馆校勘等职，后任浙江省图书馆馆长，兼管孤山古籍部，又在净慈寺佛教大学主讲古文。著有《瀛痕草》等。

过山海关有感

竟海为关百战经，沙场蔓草血犹腥。长城柳色无知甚，岁岁烽烟不改青。

注：录自 1929 年 12 月《实报增刊》第 14 页。

陈三立（1853—1937）

字伯严，号散原，江西义宁人。清光绪十二年进士，授吏部主事，佐其父陈宝箴于湖南力行新政，戊戌政变后革职。工诗文，同光体诗派重要代表人物。著有《散原精舍诗》及其《续集》《别集》，辑有《散原精舍文集》。

临榆王氏姑妇二烈题词

熙甫昔传子舸妻，同日从姑毕苦节。今闻旧族出临榆，约殉相携事弥烈。颓流异说汩天纪，义存匹妇无断绝。呜咽江水绕双坟，草树应滴啼鹃血。

注：录自《散原精舍诗别集》。

陈柱（1890—1944）

字柱尊，号守玄，广西北流人。曾任广西省立梧州中学校长，无锡国学专科学校、大夏大学、暨南大学、光华大学、交通大学、中央大学教授等职。著有《守玄阁文字学》《公羊家哲学》《墨子间诂补正》《小学评议》《三书堂丛书》《文心雕龙校注》《墨学十论》《予二十六论》《待焚诗稿》等。

壮何将军榆关之战

苦战虽然力不支，将军不愧好男儿。一年有半谋安在（将军谈话有怪政府年余以来无办法之意），三日之中血乱飞。

天意何时真悔祸，神州终古不为夷。但祈诸将皆如此，饮马蓬山未可知。

注：录自1933年《学林》第12卷第6号第147页。

方经

字允常，上海宝山人。善人物山水，又能传真，有名于时（据《历代画史汇传外编》）。

登天下第一关眺远

千峰起伏似龙奔，欲入鲸波万顷吞。天下名关称第一，空留伟迹向黄昏。

登此危楼百感盈，惊心偏是角笳声。绿杨摇曳旌旗动，何日中原罢战争（时奉军入关）。

妄效秦庭叹贰臣，封王空作梦中身。海山无恙兴亡易，毕竟英雄剩几人。

注：方经其人罕见于著录，外多误其为方地山，有诗廿余首收入《北戴河海滨志略》。此诗录自 1921 年《俭德储蓄会月刊》第 3 卷第 3 期《文苑》第 5 页。

冯飞

字若飞，四川江安人。民国审计院长庄蕴宽女婿，曾任民国要员张群私人秘书。

山海关（二首）

雄关控海领长城，千古开辽此用兵。雨漠每闻新□哭，风榆犹带战场声。斜云细栈通樵牧，落日悲笳见帐营。今岁护征容过客，不须绣契候鸡鸣。

摘桑微□肇边陬，记昔符鞭足断流。吴起西河原为魏，齐湣东帝肯朝周。秋高重碍争榆塞，夜半降旗指石头。赢得北门谁锁钥，乱鸦□堞暮云愁。

注：字迹不清处，以□代之。录自 1938 年《民意周刊（汉口）》第 11 期第 9 页。

顾子言

生平不详。

闻秦皇岛冰冱忆旧有作

牡蛎成房沙涌山，海波无际雪弥漫。十年一泊秦皇岛，消受幽州此日寒。

注：录自 1917 年《小说月报（上海 1910）》第 8 卷第 6 号《文苑》第 6 页。

侯庭智

生平不详。

癸酉冬东旋省视车次临榆感赋

满天曙色近榆关，半壁山河不忍看。尺土已归倭版籍，沐猴犹著汉衣冠。积薪谁为沼吴卧，血泪空因复楚弹。独使归来萧瑟客，歌成易水北风寒。

东旋杂感两绝

重驾长车过故关，星垂紫塞客衣寒。三年一掬还乡泪，多少倭儿侧目看。

南去三年万事非，前尘回首梦依稀。白山黑水都无恙，化作连天一鹤归。

注：录自《文化与教育旬刊》1934 年第 31 期第 39 页。

黄假我（1916—1985）

原名政良，湖南宁乡人。曾任《扫荡报》《和平日报》《中苏日报》副主笔。新中国成立后任职于大麓中学、明宪女子中学。著有《心影集》《心影续集》等。

秦　皇　岛

雪涌潮波解冻初，风帆烟艇去来疏。依然有岛无灵药，长教秦皇让客居。

注：录自 1947 年《社会评论（长沙）》第 41 期 15 页《北游诗集》。

山　海　关

形成险塞凭山海，笑看胡儿牧马羊。到此不能无感慨，关楼题句忆宗杨。（杨云史先生有“况得长城尽头处，宗杨题句满关楼”诗句。宗指子威师，杨即自谓。今两公皆下世，殊增感叹。）

注：录自 1947 年《社会评论（长沙）》第 41 期 15 页《北游诗集》。

蒋士超（？—1929）

名同超，字士超，号万里，江苏无锡人。工文辞，落拓不遇，客死萍乡。有《振素庵诗集》。

出山海关

百年难得此身闲，渤海东来第一关。地势平临乌拉岭，海光遥揖白头山。炎风朔雪自今古，铁岭金州几往还。飞挽如龙行绝迹，长征何日唱刀环。

注：录自《南社诗选》（人民文学出版社，2011 年 10 月版）第 219 页。原刊于 1914 年 3 月《南社》丛刻第 8 集。

林天羽（？—1912）

早年曾投身于反清革命。1906 年参加湖南萍浏醴起义，1911 年武昌起义爆发后，积极响应，在山西等地发动起义，兵败牺牲。喜诗赋，有诗存世。

山 海 关

一海复一山，一关峙中间。借问入关者，何时复出关？中原自有主，久借亦应还。

注：录自 1931 年《互助周刊》第 8 卷第 5 期《革命先烈文艺》。

卢前（1905—1951）

原名正绅，字冀野，自号饮虹、小疏，江苏南京人。曾受聘金陵大学、河南大学、暨南大学、光华大学、四川大学、中央大学等大学讲授文学、戏剧。还曾任《中央日报·泱泱》主编、国民政府国民参政会四届参议员、国立福建音乐专科学校校长、南京市文献委员会主任、南京通志馆馆长等职。著作有《明清戏曲史》《读曲小识》《词曲研究》《民族诗歌论集》《冶城话旧》《东山琐缀》《丁乙间四记》《新疆见闻》等。

榆 关

挥戈慷慨出榆关，不扫倭奴誓不还。塞上旌旗都变色，更无白日照江山。

注：录自 1933 年《新西北（开封）》创刊号第 29 页，另刊《空轩诗话》（吴宓著）之 47。

吕美荪（1882—？）

原名贤鈖，后改眉孙、眉生、美荪，字清扬，号仲素，别署齐州女布衣。安徽旌德人。吕碧城姐。曾任北洋女子公学教习、北洋高等女学堂总教习、奉天女子学堂教务长，女子美术学校教员、名誉校长，安徽第二女子师范校长等。著有《辽东小草》《葂丽园诗》《葂丽园诗续》

《菀丽园随笔》《瀛洲访诗记》等。

过榆关游角山

南天海涌摇晴漪，北山云暖药苗肥。我来登临览陈迹，长城万里空斜晖。古今兴废原天演，凭吊何足生悲欷。悠然遐想忘高吟，振衣千仞独立时。俯视尘寰何扰扰，奔腾人海红尘飞。君看足下烟云起，缭绕何曾萦我衣。

注：录自《辽东小草》（起丁未四月讫己酉六月）第13至14页。

马汝骏（1894—1945）

字锡凡、洗凡、洗繁，曾用名马约，河北昌黎人。曾参加“新中学会”，在北平创办艺文中学，担任朝阳大学、中国法政大学教授以及河北省训政学院院长。国立中央大学政治系系主任、法学院院长，中央大学研究院法科研究所所长。

秋日登碣石山

菊花开遍已残秋，落叶浮云相对愁。漫道高山不可及，而今我竟立峰头。

注：录自1916年《励学》第1期《文苑》第3页。

马叙伦（1885—1970）

字彝初，更字夷初，号石翁，寒香，晚号石屋老人。浙江杭县人。曾任商务印书馆《东方杂志》编辑、《新世界学报》主编、《政光通报》主笔，后执教于广州方言学堂、浙江第一师范、北京大学等。新中国成立后任政务院文化教育委员会副主任，中央人民政府教育部部长、高等教育部部长等职。著有《庄子札记》《老子校诂》《石屋余沈》《石屋续沈》等。

闻榆关归侵

离离边草几番生，极目雄关涕自横。为道北门无故相，至今胡马牧长城。

注：作于1934年。录自中国嘉德国际拍卖有限公司中国嘉德2016年春季拍卖会“书剑无负平生——百年政坛、文坛、艺坛名人翰墨留韵”专场。

潘博（1874—1916）

初名博，后改之博，字若海、弱海，号弱庵。广东南海人。康有为入室弟子。民国后曾在民政部任职，后聘入江苏都督幕府。著有《弱庵诗》《弱庵词》。

宿山海关

地形尽处山连海，东走辽阳第一关。沙土黑埋城角直，雪霜寒映月眉湾。经时笳鼓喧征战（时有蒙警），前度风沙阅往还（今春曾遇此）。起揽征衣一长喟，客尘冉冉换年颜。

注：录自1913年《庸言》第1卷第6期《诗录》第3页。

沈其昌（1881—？）

字怀仲，别署荣庵。曾任清外务部员外郎。民国后，任北洋政府外交部佥事、直隶高等审判厅厅长、直隶高等检察厅检察长、北洋政府外交部情报局副局长、山东省高等审判厅厅长等职。合编有《外交史初稿》。

山海关

雄关虎峙世皆知，凭海依山势险奇。三桂曾迎狼入室，至今指点说吴痴。

注：录自1927年《辽东诗坛》第23期第13页。

汪荣宝（1878—1933）

字衮父，号太玄，江苏吴县人。曾任京师译学馆教习、巡警部主事、民政部参事、资政院议员、国会众议院议员，后任驻比利时、瑞士、日本公使，陆海空军副司令部行营参议，外交委员会委员长等职。著有《清史讲义》《法言义证》《法言疏证》《思玄堂诗集》等。

九月二十八日宿山海关

长城万里郁岧峣，第一雄关控蓟辽。今日与谁论地险，昔人曾此遏天骄。呼鹰欲卷医闾雪，饮马思登渤澥潮。独倚重楼看太白，关前木叶夜萧萧。

注：录自《思玄堂诗》（《近代中国史料丛刊》第60辑，台湾文海出版社，1970年版）第34页。另，有作《丙午九月二十八日宿山海关》：“长城万里起临洮，襟带黄河尽蓟辽。世运有时悲石泐，昔人曾此遏天骄。呼鹰欲卷医闾雪，饮马思吞勃海潮。独倚重楼窥北斗，关前木叶夜萧萧。”录自扇面手迹。

王荫南（1905—1944）

名汝棠，字荫南，辽宁海城人。曾执教于同泽中学，兼沈阳《新亚日报》《民众报》编辑，北平东北大学附中教员，后入张学良幕，1944年遭日寇杀害。

榆关四首

火炮轰城夜，千家鬼啸边。冰霜戈奋击，山海檄争传。自欲甘株守，谁态更瓦全。至今怀巨鹿，仍道李齐贤。

已共河山险，俄惊战伐尘。皇华空载道，心膂久无人。节制望裴李，艰难励远巡。传闻合六国，自足抗强秦。

田横士五百，无一肯生还。野静枭啼树，城空虎卧关。精忠动四国，大节警群顽。海上生寒月，长夜照壮颜。

大国英豪在，纷纷各请缨。军屯燕赵戍，旗峙汉家营。未必无长策，急思取旧京。浯溪碑可续，仍待次山铭。

注：录自1934年《行健月刊》第5卷第4期178页卷葹集（十二）。

王震昌（1882—1958）

字孝起，号伯盂，又号幼舫，安徽阜阳人。清光绪癸卯科翰林，民国初年曾任倪嗣冲幕僚，后受聘为民国政府军令部顾问，新中国成立后受聘为浙江省文史研究馆馆员。著有《文辞诠证》《知悔斋诗存》等。

夜过山海关

觍面翻教一面悭，天高月黑过榆关。寥空风急繁星乱，古塞寒生阵雁还。树色错疑山突兀，秋声况送水潺湲。欲询故垒无人问，空忆当年战血殷。

注：录自1926年《辽东诗坛》第11期第4页。

吴闿生（1877—1950）

号北江，人称北江先生，安徽枞阳人。吴汝纶之子。清末任度支部财政处总办，北洋政府时期任教育部次长、国务院参议。后任奉天萃升书院教授、北京古学院文学研究员。著有《北江先生诗集》《北江先生文集》《吴门弟子集》《左传微》《诗义会通》《吉金文录》等。

游五峰谒韩文公祠，追用山石诗韵（以下五首昌黎作）

树深径窄暑气微，赤日时挟乌云飞。坏路石拦泉响细，平田沙印松影肥。

周行一一尽可老，却恨来隐高人稀。韩公祠堂拜遗像，惄焉感恻如调饥。

苍崖四面拥墙壁，清波万顷摇门扉。翩如骑龙欻来下，碧空无际烟霏霏。

小时自笑不量力，高斋困卧书成围。岂知妙境非坐获，径思钓艇披蓑衣。

日落海空山影乱，万马尽解黄金鞿。夹道高林悄无语，洒衣小雨随人归。

注：录自《北江先生诗集》（安徽近百年诗词名家丛书，余永刚点校，黄山书社，2009年12月版）卷二第96页。

自五峰还，夜卧大风雨，用陆放翁《观岷江雪山》韵

晓踏巉岩登佛殿，洗盏烹鱼欢午宴。兴酣径下半天云，古屋夜听风雨战。盘空似有万龙游，惜哉放眼无高楼。安得掉舟划大浪，长飚直送天边浮。丈夫立志邈云汉，千仞振衣殊未半。纷纷生死醉梦间，燕雀焉知鸿鹄叹？君不见汉王倚醉歌大风，苦思猛士歌讴中。社稷有灵方磊磊，寄语诸夷休躐海。

注：录自《北江先生诗集》（安徽近百年诗词名家丛书，余永刚点校，黄山书社，2009年12月版）卷二第97页。

大　雨　行

十日火云蒸柱础，田苗赤立溪生土。昨朝雨意偶然来，炎气漫空潜

不吐。那知中夜势全翻，天外黑风掀海举。神龙掉尾脱幽囚，恣意长空泄幽怒。江倾峡倒不复论，正恐山移谁更补？呜呼舒惨有何常，扰扰相持空自苦。寄语当今失意人，乘风还记收帆橹。

注：录自《北江先生诗集》（安徽近百年诗词名家丛书，余永刚点校，黄山书社，2009 年 12 月版）卷二第 97 页。

陈作舟席上食海鱼，甚大，为作此歌

黑云下垂天欲秋，渔人掣网海西头。千臂纵横万指脱，咫尺性命争洪流。须臾高堂纵豪宴，巨鳞杂沓罗晨羞。得意涛波拿日月，仓皇祸变生夷犹。悲风下搜海水立，天地攲侧倾沧洲。不遭并吞虾蟹喜，恐无后起蛟龙愁。敛箸向君忽心恻，欲食有似骨鲠喉。方今无人继贲育，千雄睥睨乘优柔。神物变化信莫测，宜资威力扫荒陬。岂惟感恩报不杀，密迩祸福元同仇。蹉跎无地得寸水，讵能煦沫濡朋俦？多谢故人罢此席。呜呼吾意龙其酬！

注：原诗下有李子建评，云："寓雄奇于温厚之中，气韵绝似曹子建，固不可以貌论也。"录自《北江先生诗集》（安徽近百年诗词名家丛书，余永刚点校，黄山书社，2009 年 12 月版）卷二第 97 至 98 页。

游北戴访美国路道人，遂浴海水，用旧访青道人所用东坡海会寺韵

天风吹袂空中行，微波不起海镜平。涛痕一线来杳冥，漫滩忽作蛟虬争。细沙裹足投深坑，过村静绝无吠鸣。迷途远听钟敲铿，崇楼杰观森连城。循扉千叩无一迎，高寒满屋门云扃。踉跄未及神先倾，浪游颇觉天地轻。坐闻危论翻瞿惊，绕踵长流万里明。侧身甘寝百虑清，作诗君听春蚕声。

注：录自《北江先生诗集》（安徽近百年诗词名家丛书，余永刚点校，黄山书社，2009 年 12 月版）卷二第 98 页。

萧劳（1896—1996）

原名禀原，字钟美、重梅，号萧斋、善忘翁，河南开封人。曾任江苏督军署秘书、镇江烟酒税务局局长、苏州烟酒公卖局局长、河北省政府民政厅秘书，后任肃宁、遵化、昌黎、永清、清丰等县县长，又任河南省政府秘书、中央银行国库局文书科主任、中央银行北平分行副经理

等职。新中国成立后为中央文史馆馆员、中国书法家协会名誉理事、中国书协北京分会常务理事、北京中国书画研究社社长、中山书画社副社长、中国老年书画研究会名誉副会长。著有《弃余集》《北征草》《震余集》《草间集》《萧劳诗词曲选》等。

昌黎解组，赋此留别

一岁乞归三上书，艰难来日总愁余。严关鼓角喧清晓，倦客风尘念敝庐。著述应添栖息乐，朋侪岂为别离疏，仲宣不作依人计，负郭田畴自荷锄。

征输徭役剧千端，频动兵戈望治难。瞥眼兴亡成浩劫，先怀忧乐负微官。浮云绝徼流民集，蔓草中原战骨寒。独对秋风悲国事，两开丛菊泪汍澜。

故园松菊怨归迟，秋老飞还野鹤姿。涸辙未苏双泪尽，贪泉不饮寸心知。行装止载书无价，去日惟余鬓有丝。怅望临岐何限意，暮云高树拜荒祠（濒行登五峰再谒昌黎祠）。

从此桃源许问津，遂初赋就即闲身。十年磨盾豪情在，九日开樽醉意频（重阳邑人设筵为饯）。红叶新诗萦别绪，黄花疏雨送归人。何时策马榆关道，重向名山访隐沦。

注：录自 1936 年《河南政治》第 6 卷第 3 期《文苑》第 1 页至第 2 页。

徐世昌（1855—1939）

字卜五，号菊人，又号涛斋、东海居士，晚号水竹村人、石门山人，室名退耕堂，天津人。曾任清陆军参谋营务处总办、巡警部尚书、军机大臣、署理兵部尚书、东三省总督、邮传部尚书、津浦铁路督办、体仁阁大学士、协理大臣。民国后，任北洋政府政事堂国务卿、中华民国大总统。主持编纂《晚晴簃诗汇》《晚晴簃诗话》《清儒学案》等。著有《退耕堂集》《水竹村人集》《归云楼集》《海西草堂集》等。

秋　怀

长城万里起秋风，大海苍茫接远空。云气带潮连上下，日光含雨界西东。青黄林叶吟诗瘦，紫翠峰峦入画工。闻道中原犹未靖，莫将尊酒话新丰。

注：录自《海西草堂集》卷12第14页至15页。

雨后晓望（1930年）

昨宵暑雨过长城，十万人家睡梦清。大海蒸云初日上，群山隐雾一峰明。烟沉飞鸟参差影，树曳鸣蝉断续声。百里长河新涨满，征帆今又向东行。

乡村秋眺

新秋晴色正清华，人立河桥水一涯。几点苍烟藏古寺，一湾浅水聚渔义。荒堤犹袅垂杨柳，野草还开引蔓花。逃户渐归村舍静，茅檐土锉两三家。

注：录自《海西草堂集》卷12第15页。

山海关（1930年）

独据中原险，雄关接上京。五洲同一海，万里此孤城。朝日扶轮起，边风策马行。昔年筹笔处，雪月夜连营。

注：录自《海西草堂集》卷12第15页。

言敦源（1869—1932）

字仲远，江苏常熟人，言子81世孙。曾任北洋常备军兵备处提调、练兵处兵备处总办、长芦盐运使、内务部次长、代理内务部总长等职。后任唐山开滦矿务局督办，中国实业银行常务董事、代董事长等。著有《南行纪事诗》《犹庄文存》《犹庄诗存》等。

冷　口

褒阳路开蜀道，车箱峡接华阴。但问今之视昔，便知后之视今。

注：录自《犹庄存稿》《犹庄诗存》和《喁于馆诗草》上卷第26页。

冷口（二首之一）

冷口居然不冷，长城依旧偏长。本是天然形势，却教异样荒凉。

注：录自《犹庄存稿》《犹庄诗存》补遗第18页。

卢龙纪事

催租能败诗兴，骂坐何妨酒狂。豪杰不如儒墨，意气易露锋铓。

注：录自《鞔庄存稿》《鞔庄诗存》补遗第 18 页。

严复（1854—1921）

原名宗光，字又陵，后改名复，字几道，福建侯官人。先后毕业于福建船政学堂和英国皇家海军学院，曾任北洋水师学堂总办、天津开平矿务局总办、京师大学堂译书局总办、上海复旦公学校长、安徽师范学堂监督、北京大学校长、清学部名辞馆总编辑。后任总统府外交法律顾问、约法会议议员、参政院参政等职。译有《天演论》等，出版有《严复全集》。

侯子雪农属题章君履平所谱冲冠怒传奇残稿，戊午八月廿八日倚装敬题

临榆关外草长青，卖国新猷见哭庭。还恨人心不如古，更无一怒为娉婷。

博得藩封向夜郎，忽闻缟素为先皇。西南名义由来重，又听铃声替戾冈。

谱成一本琵琶记，听唱当年蔡伯喈。说与闭门天子道，新词不是诉风怀。

长廊响屧胭脂井，自古君淫是祸因。此后铜驼卧荆棘，可能还望属车尘。

注：录自 2015 年第 6 期《寻根》《严复的佚文与墓志铭》（作者：肖伊绯）第 88 页至 90 页。

严修（1860—1929）

名修，字范孙，号梦扶，别号偍屚生，天津人。曾任清翰林院编修、国史馆协修、会典馆详校官、贵州学政、学部侍郎等职。后与张伯苓创办南开系列学校，1919 年又创办了南开大学。著有《严修东游日记》《严范孙先生古近体诗存稿》《蟫香馆手札》等。

莲峰山消夏赠同游张子安

一从霜雪鬓边生，羞向青年队里行。今见此翁犹矍铄，顿教吾志复

峥嵘。游山腰脚输君健，涉世心情较我平。风景满前供啸咏，客中无意订诗盟。

先生博洽通今古，家学相承历几传。膝下佳儿皆矫矫，门前快婿更翩翩。有孙定及见成立（君年六十，望孙甚切），似舅今方当壮年（君之舅氏寿至八十有九）。养寿愿君持酒戒，但诗不酒亦能仙。

注：录自《严范孙先生古近体诗存稿》（严修原著，杨传庆整理，天津古籍出版社，2015 年 7 月版）第 33 页。

伏日陪武清张子安先生游北戴河，浴于海滨，先生检得一黄石，甚宝爱之。属予题志，率成二十八字

袖携东海压归装，山与仁人共寿康。千载沧桑无限事，又教黄石遇张良。

注：录自《严范孙先生古近体诗存稿》（严修原著，杨传庆整理，天津古籍出版社，2015 年 7 月版）第 33 页。

北戴河别墅枕上

百计不成寐，衣裳自倒颠。水声风彻夜，檐影月中天。陡忆穷荒外，俄思太古前。平生经过事，腹稿又编年。

注：录自《严范孙先生古近体诗存稿》（严修原著，杨传庆整理，天津古籍出版社，2015 年 7 月版）第 59 页。

杨寿枏（1868—1948）

初名寿械，字味云，晚号苓泉居士，江苏无锡人。曾任北洋政府盐政处总办、长芦盐运使、粤海关总督、山东财政厅厅长、财政次长等职。辑有《秋草唱和集》，著有《云在山房类稿》。

游角山寺（山在榆关内）

访古投僧寺，登高吊战场（时海氛未靖，关前驻军）。海云含雨黑，关月带沙黄。剑拭虹光润（雨后虹起润底），衣沾蜃气凉。遥知闺里梦，今夜到辽阳。

注：录自《云在山房类稿》之《思冲斋诗钞》，另有《角山寺倚虹寮记》载《云在山房类稿》之《思冲斋骈体文钞》。

袁德宣

号炼人，湖南醴陵人。曾东渡日本学习军事及铁路事业，参加同盟会。回国后支持多条铁路修建工作，并手绘京汉铁路图。后创办交通学校，出任校长。著有《中国铁路史》《交通史略》《周甲集》《碧庐吟草》《游宁集》《金炼庐诗钞》《金炼庐文钞》等。

过北戴河

晓起车过北戴河，时逢首夏正清和。四山眉黛新如画，寄语王维细绘摩。

注：录自 1926 年《交通丛报》。

过山海关

天下雄夸第一关，巍然屹立震□寰。长城万里今环绕，大笔千秋共仰拳（闻天下第一关五字偹吴三桂所书）。内外化除无险隘，兴亡饱阅有余斑。我来把酒凭谁吊，得句豪吟破醉颜。

注：偹疑係之误。录自 1926 年《交通丛报》第 119/120 期《文苑》第 10 页。

张元奇（1860—1922）

字贞午、珍午、君常，号姜斋。福建侯官人。历任翰林院编修、监察御史、湖南岳州知府、奉天锦州知府，民国后任内务部次长、福建民政长、政事堂铨叙局局长、奉天巡按使、参政院参政、肃政厅肃政使、经济调查局总裁等职。著有《远东集》《兰台集》《知稼轩诗》等。

重九日宿山海关

只有兹关尚屹然，世闲变灭付云烟。新诗草草酬佳节，坠梦茫茫续昔年。塞下茱萸容一醉，釜中箕豆莫相煎。使君未觉雄心减，欲挽辽河洗九边。

注：录自 1917 年《东方杂志》第 14 卷第 6 号《文苑》第 133 页。

周大烈（1862—1934）

字印昆，号夕红楼，又号十严居，名其居为乐三堂，湖南湘潭人。曾任长沙第一师范学校教员、吉林民政厅长，民国后当选众议员，后任张家口税务署监督等。著有《夕红楼诗集》《夕红楼诗续集》。

送梁任公赴北戴河

病后将东适，言趋碣海滨。已营傍山宅，并挈在家人。闲日可弄水，有时频顾身。涉波深浅处，一问捕鱼民。

注：作于丙寅。录自《夕红楼诗集》（民国 19 年 7 月印，北平文岚簃印字）卷 5 第 6 页。

晚过昌黎县城

城堞参差出，林端戍火明。车来方有市，山过不知名。罢战兵犹盛，经秋果尚荣。匆匆呼小贩，饥客路傍情。

注：作于己巳。录自《夕红楼诗集》（民国 19 年 7 月印，北平文岚簃印字）卷 8 第 4 页。

题观音寺

林风吹日出，晓寺客来登。静室还装佛，经房不见僧。槐花依树好，莺语在山能。已识诗先丧，题墙亦自憎。

注：作于己巳。录自《夕红楼诗集》（民国 19 年 7 月印，北平文岚簃印字）卷 8 第 4 页。

登莲峰山崖远眺

攀望西崖顶，闲天护落晖。驼峰山似卧，鹰角（崖名）海群飞。南服兵初罢，东盟事已非。九门（山名，在山海关）还自闭，云意迄相违。

注：作于己巳。录自《夕红楼诗集》（民国 19 年 7 月印，北平文岚簃印字）卷 8 第 4 页。

楼　雨

秋雨半宵连，山楼不易眠。海侵孤客畔，虫诉落花前。扰扰扶床意，茕茕护烛然。云情本难计，向晓是何天。

注：作于己巳。录自《夕红楼诗集》（民国 19 年 7 月印，北平文岚簃印字）卷 8 第 4 页。

戴　河　口

稍厌西岸远，逡巡东岸边。尚留千劫水，长盖独游天。隔海鹰犹厉，临河鱼不前（海鱼不入河）。谁为波划界，了了到今年。

注：作于己巳。录自《夕红楼诗集》（民国19年7月印，北平文岚簃印字）卷8第4页。

戴河海岸

路喜如绵软，砂明且独行。浅滩寻贝穴，残照下渔棚。潮去犹留语，鸥孤欲莅盟。再听南戴口，水斗亦多声（河入海与潮斗）。

注：作于己巳。录自《夕红楼诗集》（民国19年7月印，北平文岚簃印字）卷8第4页至第5页。

戴河渔户

傍岸青山日渐昏，停车自爱戴河村。渔人挂网垂杨下，聚语烹鲜未闭门。

注：作于己巳。录自《夕红楼诗集》（民国19年7月印，北平文岚簃印字）卷8第5页。

周学熙（1866—1947）

字缉之，别号止庵。安徽东至人。曾任直隶工艺总局督办、按察使。民国后任财政总长、华新纺织公司总经理、中国实业银行总经理、实业总汇处理事长等职。先后创办启新洋灰公司、滦州煤矿公司、耀华玻璃公司、京师自来水公司等。著《止庵诗存》《东游日记》《西学要领》《文辞养正举隅》等。

送一甫赴秦皇岛避嚣

沧桑世事若云烟，何处桃源别有天。自古海滨称大老，羡君陆地作行仙。雄文正气思驱鳄，远水长空看堕鸢。岛上逍遥真乐土，秦皇名迹且千年。

注：录自《止庵诗存》（宋文彬整理，天津古籍出版社，2019年1月版）上卷第141页。

吊姜女墓

忍枯万骨筑坚城，岂料关山尽曳兵。孤冢难平千载恨，至今朝夕看潮生（墓在海中，距山海关数里）。

注：录自《止庵诗存》（宋文彬整理，天津古籍出版社，2019 年 1 月版）上卷第 141 页。

咏山海关

原来四海一家春，天地无私孰主宾。独使孤城传万世，至今愁杀度关人。

注：录自《止庵诗存》（宋文彬整理，天津古籍出版社，2019 年 1 月版）上卷第 142 页。

海滨四首

万里沧溟万里风，乾坤淘尽几英雄。掀天浴日寻常事，都在先生一笑中。

喜对惊涛醉眼开，百年何地避尘埃。太公雄武伯夷洁，尽自苍茫云水来。

舻舳峥嵘万斛舟，源源鳒鲽敌琛镠。独怜蜃市能千变，望断神仙十二楼。

衣香人影夕阳多，重译鞠鞲笑语和。出没鱼龙贪水戏，恨无仙子解凌波。

注：录自《止庵诗存》（宋文彬整理，天津古籍出版社，2019 年 1 月版）止庵诗外集第 414 页。

长城

万里雄图笑祖龙，千年曾隔几边烽。于今姜女坟犹在，想见当年泪满胸。

注：录自《止庵诗存》（宋文彬整理，天津古籍出版社，2019 年 1 月版）止庵诗外集第 457 页。

山海关

第一关头俯仰思，山形千古限华夷。开门迎敌伊谁责，三百年来悔已迟。

注：录自《止庵诗存》（宋文彬整理，天津古籍出版社，2019 年 1 月版）止庵诗外集第 458 页。

宗威（1874—1945）

字子威，江苏常熟人。曾任北洋政府交通部秘书、北京师范学院、东北大学和湖南大学教授等职。著有《诗钟小识》《小说学讲义》等。

晨过山海关

电驶飚轮送我还，前头说是古榆关。荒烟萦草无完堞，晓日穿云见乱山。野色都归平远外，人家散在莽苍间。地当孔道经行处，却剩边墙一带闲。

注：录自 1929 年《虞社》第 156 期第 3 章第 1 页。另刊《铁路月刊》1929 年第 1 卷第 5 期第 56 页，第 6 句为“人家散处莽苍间”。

〔王健（1978— ），男，河北秦皇岛人。供职于秦皇岛市纪委监委。〕

秦皇岛诗10首详注及书法鉴赏

王红利　孙　勇　白薪萌　徐向君
张　强　潘　磊　李江申　李昌也

秦皇岛不仅有着禀赋天成的自然环境，更有着深厚的历史文化底蕴。碣石文化、孤竹文化、长城文化、康养文化等特色地域文化在这里百川汇海、交相辉映。商周时期，秦皇岛地区属孤竹国区域。千古一帝秦始皇东巡碣石，在此刻《碣石门辞》；魏武帝曹操远征乌桓，在归程来到碣石，写下文学史上第一首完整意义上的山水诗《观沧海》；隋炀帝杨广三次东征高丽，皆行经碣石道，在这里写下《望海》诗，抒情言志；唐太宗李世民东征高丽，在这里写下《春日望海》；清代的康熙、雍正、乾隆、嘉庆、道光等多位帝王均曾登临澄海楼联句赋诗。以上这些历代帝王诗成为秦皇岛地区一笔不可多得的珍贵的文化财富，笔者挑选了其中一些作品并为之作了详注，希望这些作品能够在秦皇岛地域文化建设方面发挥一定的作用。

1. 望　海

〔隋〕杨广

碧海虽欣瞩，金台空有闻。
远水翻如岸，遥山倒似云。
断涛还共合，连浪或时分。
驯鸥旧可狎，卉木足为群。
方知小姑射，谁复语临汾。

孙勇　书（秦皇岛海阳镇中学）

【作者小传】

杨广（569—618），即隋炀帝，隋文帝杨坚次子。美姿仪，少敏慧，隋开皇元年（581）封晋王，开皇九年任行军元帅统兵伐陈，开皇二十年被立为太子，隋大业元年（605）即皇帝位。隋炀帝一生南征北战，先后发动对高丽、吐谷浑和突厥的战争，隋大业八年、大业九年、大业十年，隋炀帝先后三次东征高丽。隋炀帝在位期间，好大喜功，大兴土木，在营建东都的同时，又下令开凿大运河。大业十四年，杨广在江都被叛军杀死。

【注释】

1. 欣瞩：欣喜看到。

2. 金台：神话传说中神仙居处。南朝宋刘义庆《幽明录·海中金台》："海中有金台，出水百丈，结构巧丽，穷尽神工。"

3. 连浪：连绵起伏的波浪。

4. 驯鸥：指无机心而驯顺之鸥。《列子·黄帝》："海上之人有好沤鸟者，每旦之海上，从沤鸟游，沤鸟之至者百住而不止。其父曰：'吾闻沤鸟皆从汝游，汝取来，吾玩之。'明日之海上，沤鸟舞而不下也。"沤，同"鸥"。后以"狎鸥"指隐逸。

5. 狎：亲近。

6. 卉木：本指草木，这里借指穿着"卉服"的人。《尚书·禹贡》有"岛夷卉服"，是说海岛上的人穿着草衣。这里借指边远地区少数民族或岛居之人。

7. 足为群：足可为伍，反用孔子"鸟兽不可与同群"（《论语·微子》）的话。

8. 姑射（yè）：山名。庄子谓在"汾水之阳"。《庄子·逍遥游》："藐姑射之山，有神人居焉，肌肤若冰雪，淖（绰）约若处子。"

9. 临汾：汉武帝刘彻曾巡游汾阴，泛舟汾河，作《秋风辞》，其中有"泛楼船兮济汾河，横中流兮扬素波"之诗句。

2．于北平作

〔唐〕李世民

翠野驻戎轩，卢龙转征旆。
遥山丽如绮，长流萦似带。
海气百重楼，岩松千丈盖。
兹焉可游赏，何必襄城外。

【作者小传】

李世民（598—649），唐朝第二位皇帝，在位 23 年，年号贞观。名字取意“济世安民”，陇西成纪人。他不仅是著名的政治家、军事家，还是一位书法家和诗人。早年随父亲李渊建立唐朝，为大唐统一立下汗马功劳，被封为秦王、天策上将。他开创了著名的“贞观之治”，虚心纳谏，厉行俭约，轻徭薄赋，使百姓休养生息，各民族融洽相处，国泰民安，对外开疆拓土，攻灭东突厥与薛延陀，重创高句丽，设立安西四镇，被各族人民尊称为“天可汗”，为后来唐朝全盛时期的“开元盛世”奠定了重要基础，为后世明君之典范。庙号太宗，葬于昭陵。

【注释】

1．北平：唐时指平州北平郡。初治临榆，武德元年徙治卢龙(《新唐书·地理志》)。地在今河北省卢龙、昌黎一带。贞观十九年（645）二月，唐太宗亲征高丽，途经于此，秋七月回师，冬十月入临榆关。此诗当作于这一年。诗中主要描绘卢龙一带秀美风光。

2．翠野：绿色的原野。

3．戎轩：兵车。

4．卢龙：古塞名。在今河北喜峰口附近一带。古有塞道，自今天津市蓟县东北经河北遵化市，循滦河河谷出塞，折东趋大凌河流域，是从河北平原通向东北的一条交通要道。

5．征旆：古代官吏远行所持的旗帜。

6．绮：有文彩的丝织品。

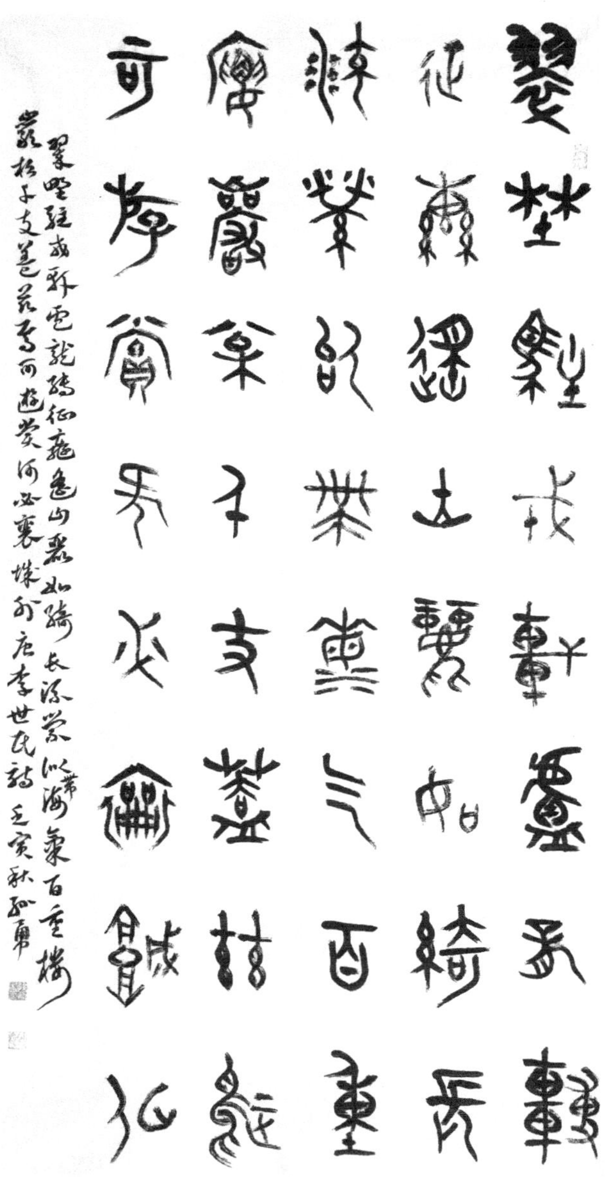

孙勇 书（秦皇岛海阳镇中学）

7．海气：海上蜃气。光线经不同密度的空气层，发生折射或反射，把远处景物显示在空中或地面的奇异幻景。

8．盖：车上的伞盖。

9．游赏：游玩观赏。

10．襄城：即襄阳城，景色秀美。一说襄城宫。

3．入山海关

〔清〕爱新觉罗・玄烨

长城尽处海山奇，守险勿劳百万师。
寰宇苍生归历数，当年指顾定鸿基。

【作者小传】

爱新觉罗・玄烨（1662—1722），清朝入关后第二位皇帝，庙号清圣祖，年号康熙，在位 61 年。康熙帝幼年继位，朝政不得不交付给辅政大臣。少年时期的康熙帝在智擒权臣鳌拜后，开始亲政。在位期间，注意缓和阶级矛盾，采取轻徭薄赋与民休息的农业政策，重视农耕，发展经济，改革税收，疏通漕运。同时还对三藩、明郑、噶尔丹等各地反清势力大规模用兵，与沙俄签订《尼布楚条约》确保对黑龙江流域和广大东北地区的控制，实现清朝的国土完整和统一。康熙帝还开海设关，发展内外贸易，重用海外传教士，学习西方近代科学。康熙治内中国社会出现“天下初安，四海承平”相对稳定的局面，为康雍乾盛世奠定了基础。

【注释】

1．寰宇：犹天下。旧指国家全境，今亦指全世界。

2．苍生：指百姓。

3．历数：天运，气数。

4．当年：指崇祯十七年（1644），农历甲申年。这一年，明朝将领吴三桂打开山海关城门，清军入关，进而建立了全国政权。

5．指顾：一指一瞥之间。形容非常迅速。

6．鸿基：伟大的基业。多指王业。

長城盡處海山奇
守險勿勞百萬師
寰宇蒼生歸歷數
當年指顧定鴻基

右清康熙帝入山海關詩長城盡處海山奇守險勿勞百萬師寰宇蒼生歸歷數當年指顧定鴻基 壬寅秋月孫勇篆

孙勇　书（秦皇岛海阳镇中学）

4．登澄海楼观海

〔清〕爱新觉罗・玄烨

危楼千尺压洪荒，骋目云霞入渺茫。
吞吐百川归领袖，往来万国奉梯航。
波涛滚滚乾坤大，星宿煌煌日月光。
阆苑蓬壶何处是，岂贪汉武觅神方。

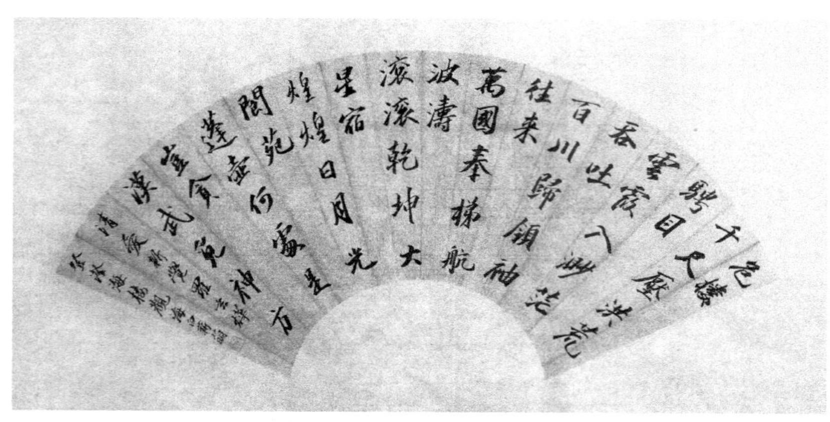

白薪萌〔秦皇岛市第七中学 2022 级初一（10）班〕
指导老师　徐向君（秦皇岛美音艺术学校）

【注释】

1．危楼：高楼。这里指澄海楼。

2．洪荒：混沌蒙昧的状态。借指太古时代。

3．骋目：纵目眺望远处。

4．渺茫：相隔遥远或久远，模糊不清。

5．吞吐：吞进和吐出。这里作为偏义复词使用，侧重吞，即百川归海。

6．梯航：梯与船。登山渡水的工具。泛指水陆交通。

7．阆苑：传说中神仙居住的地方。

8．蓬壶：即蓬莱。古代传说中的海中仙山。

9．汉武：汉武帝刘彻的省称。

10. 神方：即长生不死之术。

5. 姜女祠

〔清〕爱新觉罗·玄烨

朝朝海上望夫还，留得荒祠半仞山。
多少征人埋白骨，独将大节说红颜。

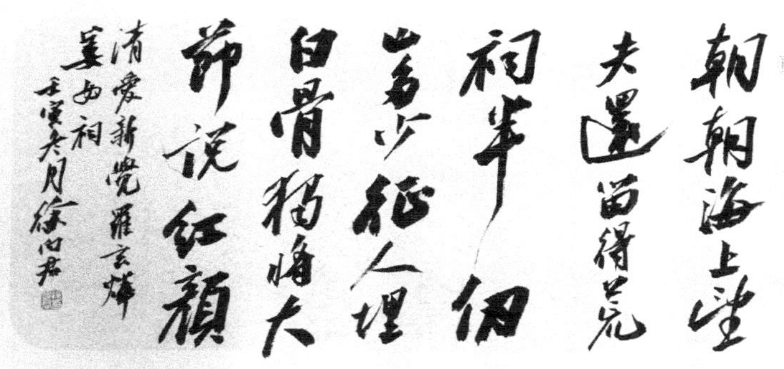

徐向君　书（秦皇岛美音艺术学校）

【注释】

1. 姜女祠：又称孟姜女庙、姜女庙或贞女祠，坐落在秦皇岛市山海关区城东 6.5 公里处的望夫石村北凤凰山小丘陵之巅。此庙建成于明万历二十二年（1594），山海关兵部分司主事张栋主持重修。1956 年，被公布为河北省第一批重点文物保护单位。

2. 征人：指出征或戍边的军人。

3. 大节：高尚的节操。

4. 红颜：这里指孟姜女。

6. 蒙恬所筑长城

〔清〕爱新觉罗·玄烨

万里经营到海涯，纷纷调发逐浮夸。
当时用尽生民力，天下何曾属尔家。

萬里經營到海涯
紛紛調發逐浮誇
當時費盡生民力
天下何曾屬爾家

右錄清帝康熙詩蒙恬所築長城
壬寅暮秋於秦皇島水竹居　張強

张强　书（河北省书法家协会会员）

【注释】

1. 蒙恬（约前250—前210），秦朝名将，祖居齐国，祖父蒙骜和父亲蒙武皆为秦国名将。蒙恬北防匈奴多年，连接燕、赵、秦5000余里的旧长城，并修筑北起九原、南至云阳的直道，构成了北方漫长的防御线。蒙恬守北防十余年，匈奴慑其威猛，不敢再犯。秦始皇驾崩后，因为支持公子扶苏，被赵高设计处决。

2. 万里：这里指长城。

3. 经营：规划营治。

4. 海涯：海边。

5. 调发：征调，调度。

6. 浮夸：虚浮，不切实际。

7. 生民：人民。

7. 登望海楼

〔清〕爱新觉罗·胤禛

观海登楼日未斜，晴空万里净云霞。
才经一阵风过槛，倏起千堆雪卷花。
贝阙鳌峰如可接，鹏津鲛室岂终遐。
诡词未许张融赋，到此方知语不夸。

【作者小传】

爱新觉罗·胤禛（1678—1735），康熙帝玄烨第四子，即清世宗，谥宪皇帝。初封为雍亲王，康熙六十一年（1722）即位，次年改元雍正，在位十三年。屡兴“文字狱”。雍正二年（1724）开始，陆续在全国推行“摊丁入地”的赋役制度。雍正四年至九年间，在云、贵、川和两湖、两广等省少数民族地区，广泛推行“改土归流”政策。雍正五年，与沙俄订立《恰克图条约》，定界互市。多次出兵平定青海和硕特部和准噶尔部贵族的叛乱。设置军机处和密折制度以加强皇权。由于其在位期间正值壮年，针对时弊做出果断处置，把康熙帝遗留的问题加以整顿，在一定程度上挽救了清王朝的统治。

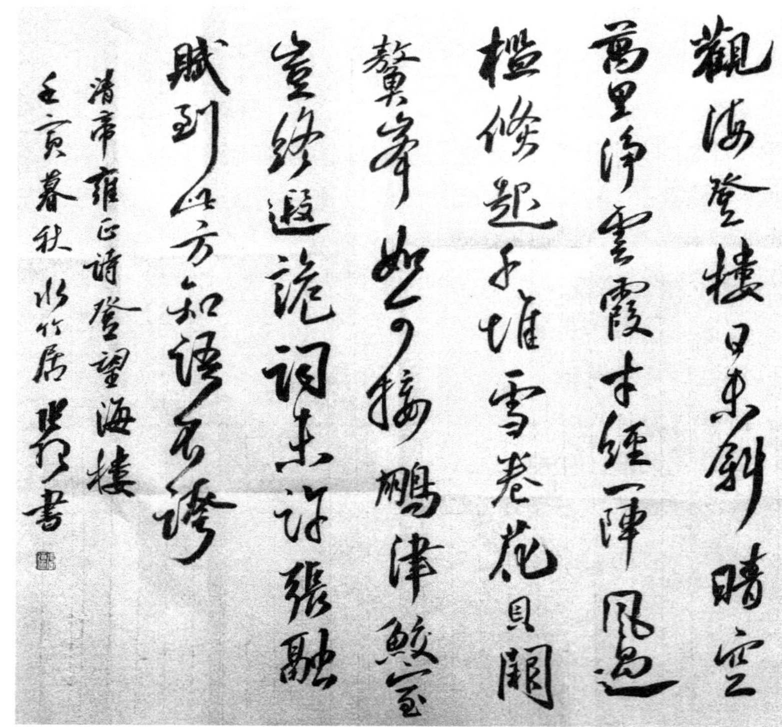

张强　书（河北省书法家协会会员）

【注释】

1. 望海楼：即澄海楼。

2. 倏（shū）：极快地，忽然。

3. 雪卷花：即白色的浪花。

4. 贝阙：以紫贝为饰的宫阙。本指河伯所居的龙宫水府，后用以形容壮丽的宫室。语出《楚辞·九歌·河伯》：“鱼鳞屋兮龙堂，紫贝阙兮朱宫。”

5. 鳌峰：指江海中的岛屿。因如巨鳌背负山峰，故名。

6. 鹏津：疑用《庄子》典，《庄子·逍遥游》：“北冥有鱼，其名为鲲。鲲之大，不知其几千里也。化而为鸟，其名为鹏。”

7. 鲛（jiāo）室：谓鲛人水中居室。晋干宝《搜神记》：“南海之外有鲛人，水居如鱼，不废织绩。其眼泣，则能出珠。”

8. 诡词：诡奇怪异的文辞。《南齐书·张融传》："融文辞诡激，独与众异。"

9. 张融（444—497）：南朝齐吴郡吴人，字思光。张畅子。弱冠知名。初为宋新安王行参军，出为封溪（今越南河内西北，属交趾郡）令。浮海至交州，于海中作《海赋》。意象选择及语言运用皆新奇诡谲，想象奇特，构思精巧。入齐累官太子中庶子、司徒左长史。善言谈，长草书，举止怪诞。有文集《玉海》，已佚。

8. 登望海楼

〔清〕爱新觉罗·胤禛

极目瞻沧海，涵泓无所从。
量包天地外，色染古今容。
浪起思鲲化，云飞羡鹤踪。
坐观渊默里，万派自朝宗。

李江申　书（秦皇岛市青少年宫）

【注释】

1. 望海楼：即澄海楼。

2. 极目：穷尽目力，眺望远方。

3. 涵泓：水深广貌。

4. 鲲化：谓鲲变化为鹏。比喻有远大前途的发展变化。《庄子·逍遥游》："北冥有鱼，其名为鲲。鲲之大，不知其几千里也。化而为鸟，其名为鹏。"

5. 渊默：深沉静默。这里指大海。

6. 万派：形容支流众多。

7. 朝宗：比喻百川归海。《诗经·小雅·沔水》："沔彼流水，朝宗于海。"

9. 望海楼二首

〔清〕爱新觉罗·胤禛

其　一

凌霄杰阁耸层楼，碧海苍茫远望收。
混一乾坤云水阔，濯磨日月浪花浮。
百川输委盈襟带，万类涵濡任泳游。
闻道此中覃帝泽，几曾汪濊有停流。

其　二

朱栏画栋最高楼，海色天容万象收。
海底鱼龙应变化，天中云雨每蒸浮。
无波不具全潮势，此日真成广汉游。
仙客钓鳌非我意，凭轩惟是羡安流。

【注释】

1. 凌霄：凌云。

2. 杰阁：高阁。

3. 混一：统合为一。

4. 濯磨：亦作"濯摩"。洗涤磨炼。

凌霄傑閣聳層樓碧海蒼茫遠望收混一乾以畀水闊濯磨日
月浪沓浮百川輸委盈襟帶萬類涵濡任流游聞道此中覃帝
澤發曾汪濊有停流朱欄畫棟最高樓海色天容萬象收海底
負龍應變化天中畀雨每蒸浮無狀不具全潮勢此日真成廣
漢游仙客釣鰲非致意憑軒惟是羨安流
右錄清雍正詩望海樓二首時維壬寅之孟秋潘磊書

潘磊　书（秦皇岛市海港区书法家协会副主席
秦皇岛市计量测试研究所）

5．输委：指水流汇聚。

6．万类：万物，常指自然界有生命的东西。西晋张华《答何劭》诗："洪钧陶万类，大块禀群生。"

7．涵濡：滋润，沉浸。

8．泳游：游泳，涵濡。

9．覃（tán）：延长，延及。

10．几曾：何曾，何尝。

11．汪濊（huì）：深广。

12．朱栏画栋：指有彩绘装饰的十分华丽的房屋。

13．海色天容：大海和天空的颜色。北宋苏轼《六月二十日夜渡海》诗："云散月明谁点缀？天容海色本澄清。"澄海楼有乾隆御书楹联："日曜月华从太始，天容海色本澄清。"

14．鱼龙：鱼可变化为龙。北宋刘克庄《水龙吟》词："任蛙蟆胜负，鱼龙变化，依方在、华胥国。"

15．广汉：天河，银河。

16．仙客：仙人。

17．钓鳌：相传龙伯国有个巨人，一次就钓起六只负载五山的大龟。典出《列子·汤问》。比喻举止豪迈或抱负远大。

18．安流：平稳的流水。比喻顺利的境况。

10．题澄海楼壁

〔清〕爱新觉罗·弘历

我有一勺水，泻为东沧溟，
无今亦无古，不减亦不盈。
腊雪难为白，秋旻差共青。
百川归茹纳，习坎维心亨。
却笑祖龙痴，鞭石求蓬瀛。
谁能忘天倪，与汝共濯清。

【作者小传】

爱新觉罗·弘历（1711—1799），雍正帝第四子，清朝第六位皇帝，

我有一勺水瀉爲東滄溟無今亦無古不
減亦不盈騰雪難爲白秋旻差共青百川
歸茹納習坎惟心亨却笑祖龍癡鞭石求
蓬瀛誰能忘天倪與汝共濯清

也子書

李昌也　书（秦皇岛滨河路小学）

年号乾隆，清军入关并定都北京之后的第四位皇帝，清代乃至中国历史上最负盛名的皇帝之一，也是清代中期重要的政治家、书法家、诗人、文学家，对清代命运产生深远影响。乾隆时代是清朝鼎盛时期，乾隆帝好大喜功，自封“十全老人”，曾下令编纂《四库全书》，历时九年成书，是当时世界上最为庞大的百科全书。晚年宠信贪官和珅，将康熙、雍正两朝所累积下来的财富挥霍殆尽。乾隆帝退位后，清朝由盛转衰，康雍乾盛世的繁华局面不再。

【注释】

1. 一勺：典出《中庸》：“今夫山，一卷石之多，及其广大，草木生之，禽兽生之，宝藏兴焉。今夫水，一勺之多，及其不测，鼋鼍、鲛龙、鱼鳖生焉，货财殖焉。”澄海楼下有“一勺之多”碑。

2. 沧溟：大海。

3. 腊雪：冬至后立春前下的雪。

4. 秋旻（mín）：秋季的天空。

5. 茹纳：容纳，接受。

6. 习坎：《易·坎》：“《象》曰：习坎，重险也。”高亨注：“本卦乃二坎相重，是为‘习坎’。习，重也；坎，险也。故曰：‘习坎，重险也。’”后因称险阻为“习坎”。

7. 心亨：《易·坎》：“坎：习坎，有孚，维心亨，行有尚。”谓心中豁然贯通。

8. 祖龙：秦始皇的别称。《史记·秦始皇本纪》：“今年祖龙死。”

9. 鞭石：《艺文类聚》：“始皇作石桥，欲过海观日出处。于时有神人，能驱石下海，城阳一山石，尽起立。嶷嶷东倾，状似相随而去。云石去不速，神人辄鞭之，尽流血，石莫不悉赤，至今犹尔。”后遂以“鞭石”为神助的典故。

10. 蓬瀛：蓬莱和瀛洲。神山名，相传为仙人所居之处。亦泛指仙境。

11. 天倪：自然的分际。

雄襟万里　浩气千秋

——孙承宗与秦皇岛

王红利[1]　崔海玲[2]

（1．秦皇岛日报；2．秦皇岛市新世纪高级中学）

秦皇岛山海关有老龙头景区，过去一度被视作明代长城东部起点，颇为知名，景区内有一座澄海楼，居高临海，巍峨壮观。澄海楼的二楼檐下高悬一块匾额，上书“雄襟万里”四个大字，落款是明大学士孙承宗题（蒙海岳郇王健见告，现在的匾额为四川广元市政协副主席、书法家侯正荣所题写，并非孙承宗原题）。多年前初到澄海楼便被这气吞海岳、势卷风雷的四个字所吸引，想要弄清楚孙承宗究竟何人，何以会将他的题字悬挂于此，于是找出《明史·孙承宗传》细读，读至孙承宗暮年力守高阳城，城破而死的史事，不禁潸然泪下，心底想着将来一定要为这位出镇山海关的明朝大学士、兵部尚书写一篇文字以示祭奠怀念之情。这篇文字卑之无甚高论，稗贩前人成论而已，但却寄寓了我对孙承宗大学士无限的敬仰之情，也想对九泉之下的孙大学士说，你曾经惨淡经营、浴血拼杀的这块土地上的人们并未忘记先生，而是永远感念先生。

孙承宗官至兵部尚书、东阁大学士，晚年在高阳县城与清军战斗殉国，是晚明王朝“辽东三杰”之一。孙承宗作为明朝重要的军事指挥将领多次来到秦皇岛地区，与秦皇岛结下了不解之缘。在督师蓟辽期间，他坐镇山海关，运筹帷幄，指挥擘画，力主修筑宁远卫城，使宁远成为明朝抵御后金的关外重镇，构筑关宁锦防线，抵御后金，拱卫京师。己巳之变后，又是孙承宗主持大局，协调各路军队，迅速收复被后金占领的滦州、永平、迁安、遵化四城，取得“遵永大捷”，将后金军驱逐出关。孙承宗以大凌河失守，言官弹劾，主动请辞，回到故乡高阳，将一生的军事智慧和心血凝聚成为兵书《车营百八叩》。孙承宗虽戎马倥偬却不废吟哦，惜乎其诗文集未能完整流传下来，今存诗歌共 447 篇，其诗作题材丰富，数量众多，集中有大量与秦皇岛有关的作品，成为秦皇岛地区一笔不可多得的珍贵的文化财富。

榜眼及第　曾为帝师

孙承宗，字稚绳，号恺阳，河北高阳县人，相貌奇伟，须髯戟张，声如钟鼓。“二十四孝”中有一个“怀橘遗亲”的故事，主人公是后汉陆绩，六岁的时候去见袁术，袁术请他吃橘子，陆绩偷偷塞到怀里两个橘子，在告别辞拜的时候，两个橘子从怀中滚落，陆绩解释说，想要带回去给老母亲吃，袁术很惊讶陆绩的孝顺之情。在钱谦益所撰写的《特进光禄大夫左柱国少师兼太子太师兵部尚书中极殿大学士孙公行状》中，孙承宗也有一个类似的故事，只有两岁的孙承宗，接过邻媪送给他的饼子不肯自己独食，而是带回去与母亲同享。少年孙承宗天分很高，四岁时候背诵诗歌，一两遍即可成诵，六岁时候学习属对，出语惊人。

孙承宗为诸生时就喜欢军事，仗剑游塞下，历亭障，穷厄塞，寻访老将退卒，向他们请教边塞防务，因此通晓军事。

孙承宗 32 岁时以选贡中顺天乡试第五名，撰《御倭策》长达万言，文不加点，挥笔立就。在交卷之后口占四绝句，其中有诗句曰“黄扉更问平夷策，应说书生抱六奇”，显然此时的孙承宗踌躇满志，甚至以曾为汉高祖刘邦六出奇计的陈平而自许。

万历三十一年（1603）孙承宗再次进京，住在僧舍读书，为次年的进士科考试做准备。万历三十二年，孙承宗会试中百五十名，殿试第二名。殿试前三名谓之“三鼎甲”，第一名叫状元，第二名叫榜眼，第三名叫探花，孙承宗高中榜眼后授翰林院编修，所做的工作多为文字工作，如记起居注，编纂六朝章奏等。

孙承宗虽然是个天才少年，但仕途实在说不上顺利，32 岁才考中举人，花了 10 年才考中进士，在翰林院又老老实实工作了 10 年，直到 52

岁，他才等到一个机会，升詹事府右春坊右中允，兼翰林院编修。数年后，又升任左春坊左谕德兼翰林院侍读。詹事府属于东宫官属，为辅导东宫太子之机构。孙承宗本以为辅佐太子朱常洛是个好活儿，前程远大，毕竟张居正就是眼前活生生的例子，张居正正是从帝师身份最后官至内阁首辅，成为“明代唯一的大政治家”。万历四十八年七月二十一日，明神宗驾崩，八月太子朱常洛即位，改元泰昌，是为明光宗。

神宗病重，孙承宗负责起草了“大赦遗诏”，在遗诏中提出三个重点问题，第一个是选官，第二个是为那些当初因为上疏议论矿税而遭到贬谪者平反，第三个是发帑犒边。应该说这些举措都是迫切而妥当的，同时也对神宗时期的弊政给予了纠正，甚至可以说颇具革故鼎新意味，这些举措的制定充分体现了孙承宗的改革进取精神。《明史・神宗本纪》称：“故论者谓明之亡，实亡于神宗。”孟森在《明史讲义》亦称：“帝既不视朝，不御讲筵，不亲郊庙，不批答章疏，中外缺官亦不补。”由此可见万历帝之荒怠。黄仁宇的《万历十五年》一纸风行海内，持续热销30余年，作为“大历史观”的发轫之作，其影响力事实上很大程度已经超出了学术领域的范畴，可以说开启了一种史学平民化的写作风格。万历十五年这一年看似平淡无奇，作者正是从小处着眼，正所谓“草蛇灰线，伏脉千里”。作者在序言中称：“在历史上，万历十五年实为平平淡淡的一年。而平平淡淡的1587年，却是明朝动摇了最后根基的一年。”

孙承宗在万历朝尚无所作为，他的能力体现在万历皇帝驾崩之后的24年里，因为万历皇帝死后大明王朝只存在了24年，孙承宗纵使天纵英才，想要挽狂澜于既倒，扶大厦之将倾，奈何大明王朝气数已尽，已经没人能救得了大明。万历四十四年，后金政权正式建国，年号天命，兴筑城池，创建八旗制度，对大明王朝虎视眈眈，自此而后，辽东形势每况愈下。万历四十六年，努尔哈赤以“七大恨”告天誓师，向明朝正式开战，并迅速攻下抚顺。万历四十七年三月，兵部右侍郎、辽东经略杨镐将明军分作四路大军进攻努尔哈赤，双方在萨尔浒发生遭遇战，努尔哈赤采取“凭尔几路来，我只一路去”的战略，以逸待劳，充分利用有利的地形，取得萨尔浒之战的全面胜利，明军有三路全军覆没，丧师四万三千余人，萨尔浒之战称得上是明清兴亡史上的一次关键性战役，由此明朝转攻势为守势，败局遂定。后来的乾隆帝曾经评价萨尔浒之战为

“王基开，帝业定”的一役。

再说回神宗长子朱常洛，他能够继位很不容易，其生母恭妃王氏原为祖母李太后身边的宫人。后来郑贵妃为明神宗生下朱常洵，深得神宗宠爱，作为长子的朱常洛却一直受到冷遇，群臣纷纷上书要求立储，引发了“国本之争”，郑贵妃为了巩固朱常洵的地位，甚至授意两名宦官指使刺客欲以木梃刺杀朱常洛，是为“梃击案”。朱常洛一路跌跌撞撞终于走上皇位，却在皇位上待了不到一个月即驾崩，为何会突然驾崩？据《国榷》记载，郑贵妃“进侍姬八人，上疾始惫”。《罪惟录》也有记载：“及登极，贵妃进美女侍帝。未十日，帝患病。”这还不算，九月初一，朱常洛服用红丸春药而突然死亡，史称“红丸案”。明光宗朱常洛虽然只做了一个月的皇帝，却也并非毫无建树，至少他基本执行了神宗遗诏，“发帑金百万犒边，尽罢天下矿税，起建言得罪诸臣。已亥，再发帑金百万充边赏”。而这些内容正是孙承宗所拟。

明光宗驾崩，长子朱由校即位，是为明熹宗，年号天启。孙承宗以左庶子充日讲官，必须承认，孙承宗的教学经验丰富，懂得因材施教，很可能官话说得也比其他老师标准，故而深得朱由校喜欢，皇帝每次听孙承宗讲课总是很开心。皇帝听得开心，升职自然就快。天启元年（1621）孙承宗升任少詹事。虽然有大臣反复上疏建议应该用孙承宗代替崔景荣担任兵部尚书，但是天启帝不愿意他离开自己，因此迟迟没有答应，反而在天启二年将孙承宗擢为礼部右侍郎，协理詹事府。

单车就道　督师蓟辽

萨尔浒之战大胜后，后金军更加所向披靡，相继攻占铁岭、开原。明廷为挽回败局，起用熊廷弼，取代杨镐经略辽东。临危受命的熊廷弼到任后为安定民心，整肃军纪，“主固守不浪战”，在一定程度上稳定了辽东局势。然而，朝中不仅粮饷不足，而且党争严重，阉宦魏忠贤大肆结党营私，排斥异己，熊廷弼性情耿直，不肯阿附，虽然在辽东地区艰难擘画，图谋恢复，却成为交章参劾的对象。最终熊廷弼被罢免，右佥都御史袁应泰取而代之。袁应泰“用兵非所长，规划颇疏”，他改变了熊廷弼原有的部署，扩大边防，收编叛将叛卒，来投即纳，结果导致沈阳、辽阳相继失守。袁应泰虽然志大才疏，能力不足，却不失男儿本色，在辽阳城破之后，毅然自杀殉国。在晚明政坛，如袁应泰辈忠耿之臣已是日渐稀少，弃城逃跑者、献城投降者屡见不鲜。此后，辽东局势日益严峻。

后金军进逼广宁，明廷不得不重新起用熊廷弼，任命熊廷弼为兵部尚书兼都察院右副都御史，驻山海关，经略辽东。在此之前，朝廷用王化贞为广宁巡抚，王化贞招募流亡，联络蒙古，人心稍定。熊廷弼主张固守广宁，而王化贞主张分兵守辽河，从此经略巡抚不和。王化贞素不习兵，轻视大敌，他上疏妄言“愿以六万人进战，一举荡平”后金，至“仲秋八月，可高枕而听捷音”。事实上，广宁军备废弛，兼之他轻敌自大，所以广宁危如累卵。天启二年正月，努尔哈赤亲率五万人马，分三路向河西进攻广宁。明廷三万大军全军覆没，广宁守将孙得功反叛，王化贞弃城而逃，在大凌河遇到熊廷弼，王化贞大哭，熊廷弼笑问：“六万众一举荡平，竟何如?”王化贞羞愧难当，无言以对。熊廷弼与王化贞拥溃民入山海关，广宁城失守。熊廷弼以“失陷封疆”罪，回籍听勘，最终在天启五年八月，熊廷弼以“失陷广宁罪”遭处死弃市，传首九边。《明史·熊廷弼传》称：“惜乎廷弼以盖世之材，褊性取忌，功名显于辽，亦隳于辽。假使廷弼效死边城，义不反顾，岂不毅然节烈丈夫哉!”清初著名史学家全祖望在《鲒埼亭集》中亦称：“明启祯闲东事之坏，如破竹之不可遏。一时大臣才气魄力足以搘拄之者，熊司马一人耳。”

广宁失陷后，明廷任命王在晋为兵部尚书兼都察院右副都御史，经略辽东。王在晋对关外形势十分悲观，他认为：“东事离披，一坏于清、抚，再坏于开、铁，三坏于辽、沈，四坏于广宁。初坏为危局，再坏为败局，三坏为残局，至于四坏，则弃全辽而无局。退缩山海，再无可退。”蓟辽总督王象乾也建议王在晋：“得广宁，不能守也，获罪滋大。不如重关设险，卫山海，以卫京师。”因此王在晋打算弃宁远（今辽宁兴城）和前屯（今辽宁绥中县境），在山海关外八里铺（今其地名为八里堡）再筑一座城池，驻兵四万守御。王在晋的部下袁崇焕、沈棨、孙元化等人皆认为不可，力争而不能得，于是越级向首辅叶向高报告此事，求他裁断。

此时，天启帝鉴于辽东战局已经陷于重重危机，不敢再将孙承宗留在身边，遂拜承宗兵部尚书兼东阁大学士，入直办事。隔了数日，又命其以阁臣掌部务。叶向高对于王在晋在八里铺筑城一事也不敢臆断。于是孙承宗请命亲来山海关一探究竟，叶向高极言称善，天启帝亦大喜，加封孙承宗为太子太保，并赐蟒玉、银币。

天启二年六月十五日，六十岁的孙承宗单车就道，兵部职方主事鹿继善、赞画中书舍人宋献同行。二十六日，孙承宗在抵达山海关后，与王在晋有一段著名的辩论。

孙承宗问："新城成，即移旧城四万人以守乎？"

王在晋答曰："否，当更设兵。"

孙承宗问："如此，则八里内守兵八万矣。一片石西北不当设兵乎？且筑关在八里内，新城背即旧城址，旧城之品坑地雷为敌人设，抑为新兵设乎？新城可守，安用旧城？如不可守，则四万新兵倒戈旧城下，将开关延入乎，抑闭关以委敌乎？"

王在晋答曰："关外有三道关可入也。"

孙承宗问："若此，则敌至而兵逃如故也，安用重关？"

王在晋答曰："将建三寨于山，以待溃卒。"

孙承宗问："兵未溃而筑寨以待之，是教之溃也。且溃兵可入，敌亦可尾之入。今不为恢复计，画关而守，将尽撤藩篱，日哄堂奥，畿东其有宁宇乎？"

王在晋无言以对。

在八里铺建造重关的计划遭到否决，具体陈兵何处的防守大计依然悬而未决。阎鸣泰主张守宁远卫东南的觉华岛（又名菊花岛），袁崇焕主张守宁远卫，王在晋主张守靠近八里铺的中前所。孙承宗的军事主张自然是防守在关门以外，"敌人之帐幕必不可近关门"。要想知道梨子的味道，就得亲口去尝一尝。要想获得最稳妥的判断，就得亲自去实地察看一番。孙承宗短衣策马，相度地势，行至中前所，在王在晋的苦苦劝说之下才揽辔回缰。此次实地勘察更加坚定了孙承宗觉华、宁远之可守的想法，但是需要获得王在晋的首肯并报朝廷实施。孙承宗推心置腹，花费了七个昼夜苦劝王在晋，王在晋终不肯应。

孙承宗无奈，在返京途中先后写下十余封奏疏，数十万言，皆自心血而出，提出了"以辽人守辽土，以辽土养辽人"的军事策略，他还在奏疏中力挺袁崇焕，称“法当如袁崇焕议，驻兵宁远、觉华，迎护以归，强者为兵，弱者屯牧，此复辽之资也”。

回到京城的孙承宗终于得以在经筵讲席上向皇帝面陈边事方略，天启帝大惊，令孙承宗写成奏疏，孙承宗在奏疏中对边将各有评价，称王在晋“精勤有余，而笔舌更自迅利，然沉雄博大之未能”，称袁崇焕“英发贴实，绰有担当，自愿为大将。臣取其志，尚欲练其气”。天启帝当即按照孙承宗的意思召还王在晋，任命他为南京兵部尚书，免受其掣肘，八里铺筑城之议遂罢。

孙承宗是个敢于担当的人。大明王朝此时此刻需要一个人站出来给它续命，孙承宗怀着舍我其谁的信念挺身而出，上奏疏称：“臣愿以本官赴山海督师。敌来窥关，以见在之将，督率三军，必不使匹马横行。”天启帝看完奏疏心情大悦，诏以原官督理关城及蓟、辽、天津、登、莱等处，在给孙承宗的敕书中还如此称赞孙承宗：“朕所倚赖，亦惟卿一人。汉则孔明，唐惟裴度。”“纵观有明一代，能出将入相者，恺阳公之前惟有徐达及杨一清。”（余三乐《孙承宗传》）

天启二年八月十九日，皇帝御门临遣，赐给孙承宗尚方剑、坐蟒，文武百官入朝祝贺，内阁辅臣送至崇文门外。孙承宗用阎鸣泰为辽东巡抚，又用职方司主事鹿善继、王则古赞画军机，并请帑银八十万。

九月初三日，孙承宗二度来到山海关。

这一次，孙承宗抱定决心要大干一番，彻底扭转辽东地区的军事颓势。他大力整顿军务，增强战备，“令总兵江应诏定军制，佥事崇焕建营舍，废将李秉诚练火器，赞画善继、则古治军储，沈棨、杜应芳缮甲仗，司务孙元化筑炮台，中书舍人宋献、羽林经历程仑主市马，广宁道佥事万有孚主采木。而令游击祖大寿佐金冠于觉华，副将陈谏助赵率教于前屯，游击鲁之甲拯难民，副将李承先练骑卒，参将杨应乾募辽人为军”。在孙承宗的精心擘画之下，短短五个月，关门一带就形成了“兵民按堵，文武辑睦，商旅云屯，卒乘竞劝”的大好局面。

孙承宗认为“失辽左必不能守渝关，失觉华、宁远，必不能复辽左”。因此，在他督师的第二年就力主修筑宁远城，命祖大寿主持修筑，奈何“大寿度中朝不能远守，筑仅十一，且疏薄不中程”。于是，孙承宗命满桂与袁崇焕认真修筑宁远城。袁崇焕到宁远后，定下宁远城的规制：

“高三丈二尺，雉高六尺，址广三丈，上二丈四尺。”次年完工，由此宁远城一变成为明朝抵御后金的关外重镇，一时“商旅辐辏，流移骈集，远近望为乐土”。

至天启五年夏，孙承宗与袁崇焕商议后，决定“遣将分据锦州、松山、杏山、右屯及大小凌河，缮城郭居之。自是宁远且为内地，开疆复二百里”。此时，踌躇满志的孙承宗向朝廷请求速拨饷银二十四万两，天启帝应允，没想到工部与兵部居然沆瀣一气，认为“饷足，渠即妄为，不如许而不与，文移往复稽缓之”。孙承宗无奈，选择进京面奏机宜。魏忠贤一度想要拉拢孙承宗，结果孙承宗不为所动。闻孙承宗要进京面圣，魏忠贤心怀忌惮，绕御床而哭，称孙承宗左袒东林，打算清君侧，天启帝不辨真伪，被成功说服，下旨称“无旨离信地，非祖宗法，违者不宥”。已经行至通州的孙承宗不敢抗旨，闻命而返。年逾花甲的孙承宗此刻估计已经萌生了退意。加之自己的爱将马世龙因误信刘伯镪之言，酿成柳河之役的溃败，死伤四百多人，世龙被弹劾离职，台省言官弹劾马世龙以及孙承宗的奏疏有数十封之多，孙承宗去意愈坚。

天启五年十月，孙承宗求罢的奏疏终于得到批准，“先已屡加左柱国、少师、太子太师、中极殿大学士，遂加特进光禄大夫，荫子中书舍人，赐蟒服、银币，行人护归”。孙承宗黯然离开山海关，兵部尚书高第代为经略。

孙承宗“在关四年，前后修复大城九、堡四十五，练兵十一万，立车营十二、水营五、火营二、前锋后劲营八，造甲胄、器械、弓矢、炮石、渠答（守城的擂石）、卤盾之具合数百万，拓地四百里，开屯五千顷，岁入十五万”。关宁锦（山海关—宁远—锦州）防线大致形成，孙承宗没有亲眼看到这条防线发挥作用，但是在后来大明王朝与后金的战斗中这条防线却始终发挥着重大作用，甚至可以这样说，直到大明王朝灭亡，这条防线也未被突破。

显然，这份成绩单是令人满意的，孙承宗问心无愧。

高第原本就主张只守山海关，因此在他到任后迅速收缩防线，“撤锦州、右屯，大、小凌河及松山、杏山、塔山守具，尽驱屯兵入关，委弃米粟十余万。而死亡载途，哭声震野，民怨而军益不振”。袁崇焕则拒绝撤兵，誓死守卫此时已经成为关外孤城的宁远城。

天启六年正月，后金举大军西渡辽河。二十三日，抵宁远，兵临城下。袁崇焕刺血为书，激励将士，偕总兵满桂，副将左辅、朱梅，参将祖大寿，守备何可纲等人死守宁远，据《明季北略》引《颂天胪笔》称："城内架西洋大炮十一门，从城上击，周而不停。每炮所中，糜烂可数里，独城下无以施。"大炮威力巨大，"火星所及，无不糜烂"，"攻具焚弃，丧失殆尽"，后金军伤亡惨重，遭受巨挫。"遏十余万之强虏，振八九年之积颓。"（《明实录·熹宗实录》）天启帝降旨称："此七八年来所绝无，深足为封疆吐气！"宁远之战是自抚顺失陷以来明军首次击败后金军，成功地阻止了努尔哈赤进逼山海关的脚步，是努尔哈赤军事生涯中最严重的一次失败。

可惜的是，孙承宗没有亲眼看到此次大捷，但背后的首功却应该属于孙承宗。"公虽去国，而城池将士、兵马器械，皆公在时所经理。"（钱谦益《特进光禄大夫左柱国少师兼太子太师兵部尚书中极殿大学士孙公行状》）所幸在叙宁远功时，朝廷依然记得孙承宗，荫封其子锦衣世袭千户。

己巳之变　东山再起

天启七年，明熹宗朱由校告别了他心爱的木匠事业驾崩，熹宗无子嗣，遗命异母弟信王朱由检即皇帝位，是为明思宗，次年改元崇祯。

崇祯帝即位时年仅十六岁，心智却十分成熟，先是隐忍不发，伺机而动，只用了三个月的时间即铲除魏忠贤，平灭阉乱。然后平反冤狱，重新启用天启年间被罢黜的官员。特别是重用袁崇焕，命他以兵部尚书兼右副都御史之职，督师蓟辽，兼督登、莱、天津军务，赐给他尚方宝剑，托付他收复全辽的重任。袁崇焕也以"计五年全辽可复"这样的孟浪之言来回复皇帝的信赖。

努尔哈赤在宁远大捷后七个月后背疽发作而亡，过去长期有一种说法认为努尔哈赤是在宁远之战中被明军的红夷大炮击中而致伤，但目前清史学界基本公认努尔哈赤是死于疾病发作。努尔哈赤生前为了巩固自己的权力地位，先后囚弟杀子，弟弟舒尔哈齐被圈禁，最后死于禁所，长子褚英也在他建国称汗的前一年被处死，因此在身后并没有合适的储君人选，为避免诸子争斗，努尔哈赤改为实行八和硕贝勒“共治国政”的政治体制。八子皇太极的继位是众贝勒共同推选的结果。

皇太极即位后，调整满汉关系，更定官制，完善八旗制度，推行满族文化。袁崇焕派人赴沈阳，一则为努尔哈赤吊丧，二则贺皇太极即位，实则乘机侦其虚实。皇太极将计就计，提出与明朝议和的条件。皇太极在写给袁崇焕的信中称：“欲修两国之好，当以黄金十万两，白银百万两，缎匹百万、毛青细蓝布千万匹馈送，以为和好之礼。礼成之后，以两国彼此馈赠之礼，以东珠十、貂皮千张、人参千斤送尔，尔则以黄金一万两、白银十万两、缎十万匹、毛青细蓝布三十万匹送我。若欲如之馈赠往来，以修两国和好，则誓诸天地，永归和好。”美国著名汉学家魏斐德在《洪业：清朝开国史》一书中有如下评价：“所谓互赠礼品云云，只是外交辞令，实际上是要明朝向后金纳贡。先输纳值银数百万两的和好之礼，然后每年纳贡。其数额无疑大大少于辽东地区每年的军费开支，但仍是一项沉重且带有屈辱意味的负担。”袁崇焕只是虚与委蛇，真实目的就是利用议和期间的短暂和平抓紧时间修复城池。自然，皇太极也看在眼中，他指责袁崇焕“一面遣使议和，一面急修城垣”，因此在天启七年五月，决意征明。皇太极先攻锦州，总兵赵率教同总兵左辅、副总兵朱梅率全城军民奋勇抵抗，后金不克，转而又攻袁崇焕与祖大寿、满桂驻守的宁远，又不克，后金军转而又回攻锦州，依然战败，皇太极只得率军撤退，回师沈阳。此次战役被称为“宁锦大捷”，也是关宁锦再次发挥作用。战败之后，皇太极痛定思痛，认为“彼山海关、锦州，防守甚坚，徒劳我师，攻之何益？惟当深入内地，取其无备城邑可也”。

崇祯二年（1629）十月，皇太极率十万后金精兵，绕道蒙古，避开宁远、锦州，从龙井关、大安口突入关内，攻占遵化，直逼北京城。京师震怖，廷臣都说应该亟请孙承宗主持京城防御工作，于是崇祯帝急诏孙承宗以原官兼兵部尚书守通州，并在紫禁城平台召见孙承宗。孙承宗入宫的时候，崇祯帝已经等候多时，崇祯帝表示“举朝无一可恃，所恃惟卿”，由此可见，孙承宗已经成为崇祯帝此时唯一的一根救命稻草，孙承宗没有辜负崇祯帝的信赖，他表示：“臣闻督师尚书袁崇焕帅所部驻蓟州，昌平总兵尤世威驻密云，大同总兵满桂驻顺义，宣镇总兵侯世禄驻三河。三边将守三劲地，势若排墙，地密而层层接应，可为都城前矛、辽兵后劲，此为得策。”当听说“尤世威回昌平，侯世禄原驻三河，以城小移通州就食”，孙承宗表示应该守卫三河，因为“盖三河为东来西南必经之路，守三河则可以阻贼西奔，兼可以遏贼南下。西奔则扰都城，南下则蹂畿辅。故臣以为当守三河”。崇祯帝本来是希望孙承宗去通州驻守的，忽然变了主意让他留在京城，“卿不须往通，其为朕总督京城内外守御事务”。到了第二天半夜，崇祯帝再次更改想法，认为“守近不如守远”，决定还是派孙承宗往通州驻守，于是孙承宗率领二十七骑出京城，奔通州。进入通州城，孙承宗与保定巡抚解经传、御史方大任、总兵杨国栋登陴固守。派游击尤岱率领骑卒三千赴援京师，派副将刘国柱率领两千人马与尤岱会合，又发密云兵三千驻东直门，保定兵五千驻广宁门，经过孙承宗的周密部署，京师得以保全。

远在辽东的袁崇焕于十月二十八日闻警，立刻檄调祖大寿、何可纲入关守卫京师，先期遣赵率教带骑兵四千从山海关出发入援京师，行至三屯营，总兵朱国彦竟紧闭城门不纳，赵率教无奈，纵马向西，十一月三日至遵化。十一月初四日，在遵化（今属河北）与后金贝勒阿济格的大军激战，赵率教中箭坠马，力战而亡，全军覆灭，遵化失陷。

袁崇焕入援京师一路所经抚宁、永平、迁安、丰润、玉田等地，皆留兵设守，以截断后金军退路。袁崇焕星夜奔驰，于十一月初十日驰至蓟州，拒敌于马伸桥。后金军不欲与袁崇焕军缠斗，乘夜逃走，转攻京师。袁崇焕“心焚血注，愤不顾死，士不传餐，马不再秣，由间道飞抵郊外”。（梁启超《袁督师传》）袁崇焕终于赶在后金军之前驰至京城，驻军广渠门外，崇祯帝立刻召见袁崇焕，深加慰劳，并赐御馔和貂裘。十一月二十日，辽兵与后金军战于广渠门外，袁崇焕浴血奋战，“公与余两肋如猬，赖有重甲不透。得南面大兵复合，贼始却”。（周文郁《辽西入卫纪事》）二十三日，崇祯帝在平台召见袁崇焕、祖大寿、满桂等将领。袁崇焕提出兵马疲惫，希望入城修整，遭到崇祯帝的拒绝。此时，谣诼纷纷，有朝官指袁崇焕纵敌拥兵，将为城下之盟，崇祯帝正在将信将疑之际，后金军又玩了一个反间计，崇祯帝毕竟还是年轻，也许是没读到《三国演义》中的“群英会蒋干中计”吧，竟然将袁崇焕下狱，时在十二月初一日。

金庸在《袁崇焕评传》中说：“中国历史上什么千奇百怪的事都有，

但敌军兵临城下而将城防总司令下狱，却是第一次发生。”崇祯三年八月，袁崇焕被施以磔刑（即凌迟），张岱《石匮书》记载了当时行刑的情景：“刽子手割一块肉，百姓付钱，取之生食。顷间肉已沽清。再开膛出五脏，截寸而沽。百姓买得，和烧酒生吞，血流齿颊。”《明季北略》也有记载：“争啖其肉，皮骨已尽，心肺之间叫声不绝，半日而止，所谓活剐者也。”

袁崇焕之被杀，其原因有以下六点：

第一，擅自与后金议和，未及时准确、全面翔实地报告朝廷，这是犯了大忌。

第二，擅杀毛文龙，朝廷认为“毛文龙灭奴虽不足，牵奴则有余”，况且毛文龙也有天启帝的尚方宝剑，史载“帝骤闻，意殊骇”，但“念既死，且方倚崇焕，乃优旨褒答。俄传谕暴文龙罪，以安崇焕心”，以上两点皆为袁崇焕被杀的远因。

第三，袁崇焕进入北京后曾以士马疲敝为理由，提出入城修整，遭到崇祯帝的拒绝，此一点也是犯了大忌，令崇祯帝心生疑窦。

第四，崇祯帝中了敌人的反间计。

第五，以温体仁为首的朝臣以及其他阉党余孽在崇祯帝面前摇唇鼓舌、煽风点火，对崇祯帝下定决心处死袁崇焕也起到了推波助澜的作用。

第六，经此大变，崇祯帝中兴之梦破灭，怒气之余，不得不杀大将以泄愤。

台湾学者李光涛认为：“考崇祯一朝，‘虏变’虽多，然语其关系之重大，殆未有过于己巳之役者。”一方面是杀袁崇焕于事无补、于敌有益，属于自毁长城之举，另一方面则赋予了后金无穷的信心和斗志，竟然可以跃马长城，攻至北京城下，这是此前不敢梦见之事。据《啸亭杂录》记载，皇太极手下将领纷纷劝说皇太极强攻北京城，皇太极则称：“城中痴儿，取之若反掌耳。但其疆圉尚强，非旦夕可溃者，得之易，守之难，不若简兵练旅以待天命可也。”因此《明史·袁崇焕传》称：“自崇焕死，边事益无人，明亡征决矣。”

袁崇焕初被下狱，祖大寿与何可纲皆惊怖不已，吓得率所部一万五千人迅即东逃锦州。孙承宗立刻派人带上自己的手书抚谕祖大寿。崇祯帝见祖大寿等人率军东逃，不得已命阁臣九卿到狱中请袁崇焕写一封亲笔书信招回祖大寿，袁崇焕则称自己为督师，祖大寿自然听我号令，自己为囚犯，恐祖大寿不会听我号令。后来终于被兵部职方司郎中余大成说服，写了一封亲笔信，言辞恳切，希望祖大寿带兵回防京城。祖大寿接到信以后，捧信大哭，只得回师入关。孙承宗也反复向崇祯帝上疏，竭力为祖大寿等人辩白。崇祯帝自然明白此时正是用人之际，不能激怒祖大寿，更不能失去辽军的支持。于是命孙承宗移镇山海关，同时传圣谕："祖大寿、何可纲等，血战勇敢，朕所深嘉。今或机有可乘，兵有妙用，或乃轻信讹言，仓皇惊扰，亟宜憬省自效，奋励图功。事平一体论叙。关宁兵将，朕竭天下财力养成。又卿旧日部曲，卿可作速遣官宣布朕意。一面星驰抵关，便宜安辑。"（钱谦益《特进光禄大夫左柱国少师兼太子太师兵部尚书中极殿大学士孙公行状》）

崇祯二年十二月十四日，孙承宗再次来到山海关，不由得感慨万千。这是他无比熟悉的一块土地，这是他曾倾注无限心血的一块土地。孙承宗看到关城此时已是闭门罢市，一派凄凉景象。"公去四年，遂依稀如故垒，一一按而修之。城中水不足，一昼夜凿百井，避难者十余万，携糇粮，与居者通有无，杂流材官失职侨寓者千人，廪之于官，分使巡行街衢，防护仓局，各有事而不乱。"

此时，后金军在满桂以及马世龙等人的攻击之下，已经撤往遵化，京师之围遂解。后金军先后攻下遵化、永平、迁安、滦州，又攻打抚宁，抚宁守将祖可法坚守城池，后金军又攻击山海关，依然未能攻下，再回攻抚宁及昌黎，依旧不能克。在昌黎保卫战中，昌黎县知县左应选率领军民婴城固守。后金军竖起云梯攻昌黎城东门，就在后金军即将登上城池的危急时刻，昌黎有一位不知名的壮士将云梯拽倒，迫使后金军无法登上城池，这位壮士惨遭磔刑。四年之后，巡抚杨嗣昌来到昌黎，听闻此事，遂将这件事上奏朝廷，请旨将这位壮士封为"拽梯郎君"，立祠纪念这位壮士。顺治十六年（1659），著名学者顾炎武来到昌黎县城，专门写下一篇《拽梯郎君祠记》。

崇祯三年三月，皇太极命大贝勒阿敏和贝勒硕托领五千兵入关换防，驻守所据四城，自己则领兵回到都城沈阳。

崇祯三年五月，孙承宗举行誓师大会，六日亲自来到抚宁督战。祖大寿进攻滦州，马世龙进攻遵化。"十三日，游击靳国臣复迁安。明日，副将何可纲复永平”，由于敌将阿敏怯阵，最后竟然先杀降，再弃城，逃归沈阳。明军一方很快就取得战争胜利，所失四城全部收复，“四日而四城皆下，天下惊以为神”，史称“遵永大捷”。钱谦益为自己的老师孙承宗算了一笔账：“计公所督理，合天下入援及关、宁、蓟、昌兵可三十万，战守七阅月，复建昌、三屯、马兰、松棚、大安，继复四大城，及冷口、瓦坡、龙井、潘关诸边堡四十有奇，先后上首虏九千余级。”（《特进光禄大夫左柱国少师兼太子太师兵部尚书中极殿大学士孙公行状》）崇祯帝得到战报以后十分欣慰，“帝为告谢郊庙，大行赏赉，加承宗太傅，赐蟒服、白金，世袭锦衣卫指挥佥事”。（《明史·孙承宗传》）

这是孙承宗人生的高光时刻，同时这也是大明王朝最后的高光时刻。

因为此刻距离大明王朝覆灭仅剩下不到十四年的时间。

崇祯四年正月，孙承宗出关东巡，“抵松山、锦州，还入关，复西巡，遍阅三协十二路而返”。回来后，孙承宗将自己所闻所见、所思所感，列为东西边政共八条，上奏崇祯帝，崇祯帝皆采纳。

孙承宗为了加强宁锦防线，决心重筑被高第毁弃的大凌河、右屯二城。令祖大寿等率兵四千守大凌河，又征发一万四千人筑城。八月，清军以十万之众攻大凌河，祖大寿坚守城池，孙承宗闻讯驰赴锦州，并令吴襄、宋伟率军救援，由于辽东巡抚邱禾嘉与孙承宗不和，屡次改变出兵日期，加之吴襄、宋伟二人素不和，终被后金军大败于长山。祖大寿坚守孤城三月，粮尽而降，唯独副将何可纲一人表示不从，祖大寿令二人将其掖出城外杀之，何可纲颜色不变，亦不发一言，含笑而死。

大凌河失守，“廷臣追咎筑城非策也，交章论禾嘉及承宗。承宗复连疏引疾。十一月得请，赐银币乘传归。言者追论其丧师辱国，夺官闲住，并夺宁远世荫”。（《明史·孙承宗传》）

孙承宗实在没有想到再度出山，竟然落得如此下场。

孙承宗只得暗淡离场，大明王朝距离它的至暗时刻还有十三年光景。

从容赴死　忠烈满门

孙承宗虽然回乡，但他依然忧心国事，依然惦念着自己苦心经营的辽东，“复列上边计十六事”，希望能够为这个风雨飘摇的王朝续命。可惜的是，此时的大明王朝已经朝着生命的终点狂奔不止，就像一辆死亡战车，没有谁能够拦得下来。

坦白说，命运待孙承宗不薄。孙承宗考中进士虽然年龄大了点，毕竟考中了，四十二岁高中榜眼，较诸终生未叨一第者已属幸甚。官职一直做到了兵部尚书，虽然在辽东地区昼夜谋划如何防御后金的进攻，但至少不必如普通士兵一样战场厮杀，而是运筹帷幄，决胜千里。孙承宗一生宦海沉浮三十四载，两度入阁，两番督师，可谓出将入相，居人臣之极，在生命的最后阶段，复得以安享晚年七载，这七年有多少个美好的夜晚，他可以解衣安眠；有多少个美好的夜晚，他可以读书作诗；有多少个美好的夜晚，他可以含饴弄孙。

钱谦益称“公里居七年，门无宾朋，室无媵侍，居无玩好，出无舆从。危椽老屋，粝饭事酒，丛书散帙，篝灯讲诵。夏扇冬炉，孙子夹侍，整襟危坐，俨如图刻。不读非圣之书，不作无益之文”。孙承宗还为自己的书房师俭堂题写了一副楹联：“好将社稷安危意，聊听儿孙诵读声。”这正是晚年孙承宗内心的完美表达。

孙承宗利用归家闲居的时间撰写了一部兵书，题名《车营百八叩》。这部兵书倾注了孙承宗一生军事智慧和心血，特别是两次督师山海关期间的实战更是带给他许多启发和心得。孙承宗研究专家余三乐先生在《孙承宗与〈车营百八叩〉》一文中认为：“用配以火器的兵车为军队中坚，我们可以大胆地将其看做是近代坦克战的鼻祖。”“关门旧将故卒每刺得边，遽以报，未尝不彷徨屏营，忧形于色。”（钱谦益《孙文正公年谱》）由此可见，孙承宗未尝一日忘怀辽东，始终忧心国事。

崇祯十一年九月，清军又一次突破长城防线，入关南下。十一月初九日，攻至孙承宗的老家高阳县，孙承宗率全族家人与城中军民奋力守城，奈何清军有数万之多，填濠沟，竖云梯，环攻高阳城，孙承宗命人用秫秸干草扎成捆，配以硫磺，投掷到城下，清军打算撤退，绕城三呼，守城者三应，清军认为这是在嘲笑他们，按照军法必须攻下高阳城。于是再一次围攻，次日城破。孙承宗被执，清军皆知孙承宗的威名，极力劝降，希望他能做清军的军师。孙承宗骂不绝口，命人以苇席覆地，望阙三叩头，叱令清军将其勒死。

孙承宗的夫人王氏育有七子，长子孙铨担任高苑（今山东高青）知县，长孙孙之涝担任锦衣卫指挥佥事，皆不在高阳城，幸免。“子举人鈐，尚宝丞钥，官生铈，生员鎗、镐，从子链及孙之沆、之滂、之潥、之洁、之滮，从孙之澈、之渼、之泳、之泽、之涣、之瀚，皆战死。”

在孙承宗督师蓟辽期间曾经担任参谋之职的文士蔡鼎在《孙恺阳先生殉城论》一文中称：“父死忠，子死孝，妇女死节，奴仆死主，天地正气萃于一门，先生甘之。”可谓知者之言。

孙承宗享年七十六岁。

南明弘光帝时，予谥文忠。清朝乾隆四十一年（1776）追谥忠定。

诚如钱谦益所言：“公品望在馆阁，功劳在社稷，威名在夷虏，忠义在宇宙。”

当年明月在《明朝那些事儿》中如是评价孙承宗：“明末最伟大的战略家，努尔哈赤父子的克星，京城的保卫者，皇帝的老师，忠贞的爱国者。举世无双，独一无二。”

沉郁悲慨 侠骨风霜

孙承宗不仅是一名政治家、军事家，还是一位响当当的诗人，有《高阳集》二十卷传世。孙承宗一生著述颇丰，举凡诗、词、序、奏疏、尺牍、碑记、祭文、墓志铭无所不能。孙承宗阅视关门期间曾经担任赞画的鹿善继称其“疏稿、书稿、行移稿、批详稿，凡数百余万言”（鹿善继《后督师纪略》），可惜的是，孙承宗的诗文并未能完整流传下来。由于集中多涉及辽东时事，因此在编修《四库全书》时被列入禁毁书目。《纂修四库全书档案》第四一一《浙江巡抚三宝奏续交应毁书籍折（附清单）》中列出应毁书籍六十五种即有“《孙高阳集》一部，刊本”，并称“是书明督师孙承宗著，二十卷，系自著诗文各体，内如奏疏、尺牍等篇，俱干涉辽东时事”。今传《高阳集》俱有墨钉，特别是“虏”“奴”等字最为严重，这样的做法破坏了《高阳集》的完整性。

现在的孙承宗诗文集有包头师范学院李红权先生的整理本《孙承宗集》，以国家图书馆藏顺治刻本为底本，整理者经过普查著录，走访各馆，收集到孙氏的全部传世著述及各种版本，又从实录、方志、文集等明代文献中辑出散佚篇章，删除重复，条理篇次，比勘版本，校勘文字，分段标点，厘为42卷，约150万字。李红权先生对于进一步开展孙承宗研究功劳殊大，倘有一本《孙承宗集编年校注》则可将孙承宗研究更推进一步。

据朱思玉在《孙承宗诗歌研究》（南京师范大学2017年硕士学位论文）一文统计，孙承宗现存诗歌共447篇，其诗作题材丰富，数量众多，“内容上既有同情民生疾苦，揭露社会矛盾的忧国忧民诗，如《渔家》《与村老对饮》《喜雨》等；亦有雄浑豪放的边塞诗，如《关山月》《宁远阅城》《山海关二首》等；也有恬静淡雅，隽永优美的写景咏物诗，如《闲圃》《秋日饮》等，营造了别具一格的风格特征。题材上则涵盖五古、五律、五绝、七古、七律、七绝、排律、词等诸多题材，具有较高的研究价值”。因为篇幅所限，本文仅论述其涉及秦皇岛地区的有关诗作，孙承宗集中还有大量涉及秦皇岛地区的奏疏，颇具研究价值，亦只得留待异日了。

军旅边塞诗为孙承宗诗集中一大宗。正如钱谦益在《列朝诗集小传》中所说：“公生长北方，游学都下，钟崆峒、戴斗之气，负燕赵悲歌之节，作为文章，伸纸属笔，蛟龙屈蟠，江河竞注，奏疏书檄，摇笔数千言，灏溔演延，幕下书记，多鸿生魁士，莫得而窥其涯涘也。为诗不问声病，不事粉泽，卓荦沉塞，元气郁盘，说者以为高阳之诗，信矣。”孙承宗是直隶高阳县（今河北保定高阳县）人，故钱谦益称其“负燕赵悲歌之节”，特别是孙承宗前后两度督师山海关，在山海关一带战斗生活长达六载，这两段时间也是孙承宗一生中最重要的阶段，因此他的诗歌多呈现出一种沉郁悲慨、激越苍凉的风格。当然，伟大作家从来不会被一种风格所束缚，而是呈现出一种多样性的总体风格，如明人将宋词分作婉约与豪放两大派也不过是为了研究叙述方便，绝不是豪放派词人只写豪放之作，婉约派词人只写婉约之作。

孙承宗集中有一首《海亭用韵》当可与澄海楼“雄襟万里”匾额并传于世，其诗曰：

雄襟开万里，杰阁更亭亭。
不是环瀛海，谁堪托北溟。
龙渊夹日白，剑水插天青。
楯鼻挥池墨，锷山勒一铭。

题目中的海亭正是澄海楼的前身观海亭的省称，笔者怀疑这首诗与作者为澄海楼题写“雄襟万里”匾额大约为同时之作。雄襟伟抱，超迈古今，真有不可一世之气象。

《入一片石五首》前有小序：“予卧疴数月，起阅蓟门，甫入一片石而疾作，有天无人，有君无臣，伏枕流涕，予且死，此体惫矣，口占志恨。”睹诗思人，可见孙承宗抱病巡阅关门之无奈。一片石关素有“京东首关”之称，始建于明洪武十四年（1381）。顾祖禹《读史方舆纪要》卷十七“抚宁县”条下有记载：“一片石关，县东七十里，董家口东第十二关口也。一名九门水口，有关城……嘉靖三十九年，朵颜卫影克勾致把都儿犯一片石，戍将郭琥败却之。近时一片石、红草沟一带屡被冲突，防守最切。”孙承宗《入一片石五首》（其二）中有诗句曰：“好磨一片石，一勒燕然铭。”用东汉车骑将军窦宪北击匈奴“勒石燕然”的典故来抒写自己内心抱负，壮志豪情，略见一斑。

再看先生《山海关二首》（其一）：

甲胄诗篇少，乾坤戎马多。
幻仍看海市，壮拟挽天河。
塞上人先老，山头月奈何。
群雄骄语日，一剑几经过。

全诗四联皆用对仗，颇似杜工部之作，难中见巧，独出心裁，自然流畅。要知道孙承宗是以榜眼之才督师关门，专征伐之任，在塞外边关风餐露宿，戎马干戈，心头能无憾乎？但孙承宗抱着舍我其谁的使命感，勇挑重担，自请督师，这就是儒家阳刚进取、积极入世的精神，对家国天下和苍生百姓的社会责任，斯可谓大担当。

孙承宗集中有多首关于“殚忠楼”的诗作，如《殚忠楼阅雪贻马大将军沧渊》《殚忠楼阅雪答幕中诸君子》《殚忠楼阅雪示诸将》《殚忠楼同鹿乾岳杜培亭宋园如程星海张起闲宁次田杜亦河有作二首》《再登殚忠楼》《殚忠楼二首》《殚忠楼五首》等，今山海关并无“殚忠楼”，考诸方志谱牒，亦不见有“殚忠楼”的记载，通过仔细阅读以上诗作，可以判定“殚忠楼”应该就在山海关，疑即镇东楼，具体所指为何，以俟来哲。如《殚忠楼阅雪贻马大将军沧渊》中有“关城五月一登楼，万里晴光雪未收”之诗句；《殚忠楼阅雪示诸将》中有“烽高遥辨三城戍，月暗还明百尺楼”之诗句；《殚忠楼同鹿乾岳杜培亭宋园如程星海张起闲宁次田杜亦河有作二首》中有“却忆中山徐太傅，独留兵法向平蛮”之诗句；《殚忠楼五首》中有“于今朝雨关城下，独望孤云燕子来”之诗句，在孙氏集中，关城特指山海关，明初洪武十四年中山王徐达组织人力修建。诗中有“百尺楼”之说，虽然诗人之语常作艺术夸张，不可凿实，但必为高楼无疑，故以上所列皆足堪为证。再如《再登殚忠楼》原刻本下有“以下系己巳再出关门之作”之语，诗中有“四年重上殚忠楼，总为筹边边未筹”之诗句，亦可为证。

除了以上所提到的，孙承宗的诗集中写到秦皇岛地区风物景致的诗作还有很多，如《关城雨三首》《送刁郎中再饷永平》《九日一片石小集》《儿侄锵视予渝门其归也用韩韵为诗》《孙儿之沆之泳旋里为诗仍用韵》《己巳嘉平廿四日榆关同诸文武祝万寿》《答鲜藩使者郑司宪二首》《除夕用茅止生韵》《除夕再用韵》《山海卫城头用王郎中饷司韵》《闻箫用韵》《渝关以兵赭地之毛予下令种柳资军需也再来而柳始花四首》《殚

宁远卫城（今辽宁兴城）　摄影：王红利

忠楼用儿钥对雨韵二首》《楼中闻笳》《边城春思五首》《燕来四首》《闻刘岱舆将抵关门》《殚忠楼儿鉁赋雁字二绝句》《驻抚宁杂咏二首》《秋思·边城对菊》《九日殚忠楼作》《军中杂咏二首》《诸将十一首》《关门行》《夜坐三首》，以上所胪列或有遗漏，或题目明言作于秦皇岛，或由诗句内容可知作于秦皇岛，粗略计算，孙承宗在秦皇岛留诗有七十首左右。

纵观历史上作为榜眼，作为兵部尚书，作为东阁大学士，在秦皇岛这块土地上留诗如此之多，孙承宗是唯一一位。孙承宗这样的英雄人物值得我们永远怀念。

【参考文献】

1. 张廷玉等：《明史》，中华书局，1974 年版。

2. 赵尔巽等：《清史稿》，中华书局，1998 年版。

3. 谷应泰：《明史纪事本末》，中华书局，1977 年版。

4. 查继佐：《罪惟录》，齐鲁书社，2014 年版。

5. 夏燮：《明通鉴》，中华书局，2009 年版。

6.《明神宗实录》，“中央研究院”历史语言研究所，1965 年版。

7.《明熹宗实录》，“中央研究院”历史语言研究所，1965 年版。

8.《崇祯长编》，“中央研究院”历史语言研究所，1965 年版。

9.《清太祖实录》，中华书局，1985 年版。

10.《清太宗实录》，中华书局，1985 年版。

11. 孙承宗：《孙承宗集》，李红权辑录点校，学苑出版社，2014 年版。

12. 袁崇焕：《袁督师遗集》，上海书店，1994 年版。

13. 张岱：《石匮书》，故宫出版社，2017 年版。

14. 南炳文、汤纲：《明史》（上下册），上海人民出版社，2003 年版。

15. 计六奇：《明季北略》，中华书局，2015 年版。

16. 谈迁：《国榷》，中华书局，2005 年版。

17. 全祖望：《全祖望集汇校集注》，朱铸禹汇校集注，上海古籍出版社，2000 年版。

18. 钱谦益：《牧斋初学集》，钱曾笺注，钱仲联标校，上海古籍出版社，1985 年版。

19. 樊树志：《晚明史：1573—1644 年》，复旦大学出版社，2003 年版。

20. 谢国桢：《清开国史料考》，北京出版社，2014 年版。

21. 孟森：《明史讲义》，中华书局，2009 年版。

22. 孟森：《清史讲义》，中华书局，2009 年版。

23. 孙文良、李治亭：《明清战争史略》，中国人民大学出版社，2012 年版。

24. 阎崇年：《明亡清兴六十年》，中华书局，2006 年版。

25. 魏斐德：《洪业：清朝开国史》，陈苏镇、薄小莹等译，新星出版社，2013 年版。

26. 时晓峰：《山海关历代旧志校注》，天津人民出版社，1999 年版。

27. 余三乐：《孙承宗传》，北京燕山出版社，2000 年版。

28. 阎崇年：《袁崇焕传》，中华书局，2005 年版。

29. 莫乃群：《袁崇焕研究论文集》，广西民族出版社，1984 年版。

30. 阎崇年等：《袁崇焕资料集录》，广西师范大学出版社，1984 年版。

31. 南炳文、白新良：《清史纪事本末》，上海大学出版社，2006 年版。

32. 李治亭：《清史》，上海人民出版社，2002 年版。

33. 郑天挺、南炳文：《清史》，上海人民出版社，2020 年版。

34. 李光涛：《明清档案论文集》，联经出版社，1986 年版。

35. 萧一山：《清代通史》，中华书局，1986 年版。

36. 稻叶君山：《清朝全史》，但焘译，台湾中华书局，1985 年版。

37. 钱士馨等：《甲申传信录（外四种）》，北京古籍出版社，2002 年版。

38. 陈田：《明诗纪事》，上海古籍出版社，1993 年版。

39. 王荣湟：《袁崇焕全传》，岳麓书社，2020 年版。

40. 孙志升、刘学勇：《万里长城入海处老龙头》，文津出版社，1996 年版。

读史札记

《宋史·李昉传》辨误

郑文豪

（郑州大学历史学院）

李昉，深州饶阳（今河北衡水饶阳县）人，历仕后汉、后周、北宋，宋太宗时官至宰相。曾主持编修《太平御览》《文苑英华》《太平广记》等重要图书，在中国古代政治、文化领域都有重要影响。但《宋史》中关于李昉的传记却有数处错误，我们很有必要对之加以考辨校正。

《宋史·李昉传》载：李昉“（开宝）三年，知贡举。五年，复知贡举。秋，预宴大明殿，上见昉坐卢多逊下，因问宰相，对曰：‘多逊学士，昉直殿尔。’即令真拜学士，令居多逊上。昉之知贡举也，其乡人武济川预选，既而奏对失次，昉坐左迁太常少卿，俄判国子监。明年五月，复拜中书舍人、翰林学士。冬，判吏部铨。时赵普为多逊所构，数以其短闻于上，上询于昉，对曰：‘臣职司书诏，普之所为，非臣所知。’普寻出镇，多逊遂参知政事。”① 这段文字有多处舛误。今援引史料，加以考辨。

《宋史·李昉传》云李昉曾在开宝三年（970）知贡举，但考诸宋代史料，开宝三年知贡举者为扈蒙，未见李昉记录。《宋会要辑稿·选举》载：“（开宝）三年三月三日，知制诰扈蒙权知贡举，合格进士张拱已下八人。”②《续资治通鉴长编》载：“（开宝三年三月，）权知贡举扈蒙擢进

① 〔元〕脱脱：《宋史》卷二六五，北京：中华书局，1977 年，第 9136 页。

② 〔清〕徐松：《宋会要辑稿·选举一之一》，北京：中华书局，1957 年，第 4231 页。

士合格者八人。"[1] 又宋彭百川《太平治迹统类》卷二八："（开宝三年，）知贡举扈蒙擢进士合格者八人。"[2] 因此可见元代修《宋史》所云李昉"（开宝）三年，知贡举"的撰述有误。

《宋史·李昉传》又云，开宝五年李昉"复知贡举"。然而考宋代史实，亦未见李昉曾在开宝五年知贡举。据《宋会要辑稿·选举》："（开宝）五年闰二月三日，知制诰扈蒙权知贡举，合格进士安守亮已下十一人。"[3]《续资治通鉴长编》云："（开宝五年闰二月）壬辰，权知贡举扈蒙奏合格进士京兆安守亮等十一人，诸科十七人。"[4]《太平治迹统类》载："（开宝）五年，扈蒙知贡举。"[5] 由以上史料可知，《宋史》云李昉开宝五年"复知贡举"有误，开宝五年知贡举者是扈蒙，无李昉相关记载。

检《宋会要辑稿·选举一之一》，自建隆元年（960）至开宝五年，各年知贡举官员姓名均有记载，这段时间内不见李昉曾知贡举。李昉在宋代知贡举的记载，考诸史料，首次在开宝六年。《宋会要辑稿·选举一之二》载："（开宝）六年二月二十八日翰林学士李昉权知贡举，合格进士宋准已下十一人。"[6]《续资治通鉴长编》卷十四载："（开宝六年三月）辛酉，新及第进士雍邱宋准等十人、诸科二十八人诣讲武殿谢。上以进士武济川、三传刘浚材质最陋，应对失次，黜去之。济川，翰林学士李昉乡人也。昉时权知贡举，上颇不悦。会进士徐士廉等击登闻鼓，诉昉用情，取舍非当。上以问翰林学士卢多逊，多逊曰：'颇亦闻之。'上乃令贡院籍终场下第者姓名，得三百六十人。癸酉，皆召见，择其一百九十五人，并准以下及士廉等，各赐纸札，别试诗赋，命殿中侍御史李莹、左司员外郎侯陟等为考官。乙亥，上御讲武殿亲阅之，得进士二十六人，士廉预焉，五经四人，开元礼七人，三礼三十八人，三传二十六人，三史三人，学究十八人，明法五人，皆赐及第。又赐准钱二十万，以张宴

---

① 〔清〕李焘：《续资治通鉴长编》卷一一，北京：中华书局，1992年，第243页。

② 〔宋〕彭百川：《太平治迹统类》卷二八，影印《适园丛书》本，《丛书集成续编》第275册，台北：台湾新文丰出版公司，1989年，第656页。

③ 《宋会要辑稿·选举一之一》，第4231页。

④ 《续资治通鉴长编》卷一三，第280页。

⑤ 《太平治迹统类》卷二八，第656页。

⑥ 《宋会要辑稿·选举一之二》，第4231页。

会。责昉为太常少卿，考官右赞善大夫杨可法等皆坐责。自兹殿试遂为常式。”[①] 这两则史料都记载开宝六年李昉知贡举。又《续资治通鉴长编》卷十四所载该年贡举史事，与《宋史·李昉传》所述李昉知贡举情形一致，即该年李昉录取乡人武济川而为皇帝所责贬。是以知李昉知贡举，应为开宝六年事，而《宋史·李昉传》误将之系于开宝五年。

《宋史·李昉传》将李昉“坐左迁太常少卿”亦系在开宝五年。考前引《续资治通鉴长编》卷十四，李昉“坐左迁太常少卿”应在开宝六年三月乙亥之后。《宋会要辑稿·职官六之四六》云：“（开宝）六年四月，以（制）[②] 制诰张澹权直翰林院。时学士李昉责受太常少卿，止卢多逊在院，又使江南。多逊使还如旧。”[③] 又《续资治通鉴长编》载：“（开宝六年四月）壬寅，命知制诰张澹权祗应翰林院事。”[④] 则李昉“坐左迁太常少卿”应在开宝六年三月乙亥之后，开宝六年四月壬寅之前。其时在开宝六年应是无疑。

《宋史·李昉传》认为，李昉“复拜中书舍人、翰林学士”在“明年”，即开宝六年。考《东都事略·李昉传》载：“坐贡士所取失当，左迁太常少卿。明年，复拜中书舍人、翰林学士。卢多逊攻赵普之短，太祖以问昉。昉曰：‘臣书诏之外，它无所知’太祖默然。”[⑤]《东都事略》此一说法虽无明确系年，但与《宋史》一致的是，认为“复拜中书舍人、翰林学士”在“责受太常少卿”后一年。然而，据《宋太宗实录》卷七六载：“俄知贡举……坐是左迁太常少卿。不逾年，复拜中书舍人、翰林学士。会宰相赵普为卢多逊所构，数以其短闻于太祖，太祖惑之，因访于昉，昉对曰：‘臣书诏之外，思不出位，赵普行事，臣何由知之?’太祖默然。继而普出镇，卢多逊知政事，昉独当制命。”[⑥] 则“左迁太常少卿”与“复拜中书舍人、翰林学士”是在同一年。综观这几则材料，它

---

① 《续资治通鉴长编》卷一四，第297—298页。

② 当为知。

③ 《宋会要辑稿·职官六之四六》，第2519页。

④ 《续资治通鉴长编》卷一四，第299页。

⑤ 〔宋〕王偁：《东都事略》卷三二，赵铁寒主编《宋史资料萃编》第一辑，台北：台湾文海出版社，1979年，第517页。

⑥ 〔宋〕钱若水撰，燕永成点校：《宋太宗实录》卷七六，兰州：甘肃人民出版社，2005年，第159页。

们在纪年上或不一致，但在叙事的先后顺序上是一致的，即先有李昉“左迁太常少卿”，再有“复拜中书舍人、翰林学士”，再有“卢多逊攻赵普之短”。且据《宋史·李昉传》“时赵普为多逊所构”，即“赵普为多逊所构”与“复拜中书舍人、翰林学士”应该在相近时段。考《续资治通鉴长编》：“（开宝六年六月，）赵普之为政也专，廷臣多疾之。上初听赵玭之诉，欲逐普，既止。卢多逊在翰林，因召对，数毁短普，且言普尝以隙地私易尚食蔬圃，广第宅，营邸店，夺民利。上访诸李昉，昉曰：‘臣职司书诏，普所为，臣不得而知也。’上默然。自李崇矩罢，上于普稍有间，及赵孚等抵罪，普恩益替。庚戌，复诏薛居正、吕余庆与普更知印押班奏事，以分其权。”① 赵普为多逊所构在开宝六年六月。又前考“责受太常少卿”在开宝六年三月或四月。据前引史料叙事的先后顺序，则“复拜中书舍人、翰林学士”应在开宝六年三月或四月以后，六月以前。是以知其时在开宝六年。《宋太宗实录》和《宋会要辑稿》《续资治通鉴长编》相印证，据此推知，《宋史·李昉传》将李昉“复拜中书舍人、翰林学士”系于开宝六年是正确的，错误在于，用“明年”把“责受太常少卿”和“复拜中书舍人、翰林学士”两件事间隔开来，实际上这两件事在同一年，即开宝六年。

〔郑文豪（1987— ），男，郑州大学历史学院讲师，历史学博士，主要研究方向为中国古代史〕

① 《续资治通鉴长编》卷一四，第304页。

“陈国别胥”考*

王孝华

（黑龙江省文物考古研究所　长春师范大学历史文化学院）

位于北京地区的房山石经是由不同时期、不同民族佛教信众共同完成的一项伟大事业，是中国佛教史上的一次壮举。房山石经工程能够得以大规模展开，并得到不同时期佛教信众的支持，与佛教中的末法思想有着直接关系。房山石经的首倡者静琬即是出于在末法时代护持佛法的目的，开启了雕刻房山石经工程。在房山石经题记中，静琬提到“释迦如来正法、像法凡千五百余岁，至贞观二年，已浸末法七十五载”。[①] 佛教是辽朝的主流宗教，在辽朝有着极其强大的影响力，而佛教中的末法观念在辽朝也极为流行，[②] 辽朝不同阶层的佛教信徒及辽朝皇帝对于静琬雕刻房山石经的背景和目的有着清楚的认识，并成为续刻房山石经的主力军。而在全部辽刻房山石经题记出现的人名中，“陈国别胥”堪称身份最为特殊、贡献最大者之一。本文拟结合正史记载，以及房山石经题记等石刻文中的信息，对陈国别胥的身份进行考证。

作为辽朝续刻房山石经的关键人物，“陈国别胥”是整个辽朝刻经群体中名字出现频率最高者，其所刻佛经在整个辽刻房山石经中占有相当

---

* 本文为国家社科基金重大项目“中国疆域最终奠定的路径与模式研究”（项目编号：15ZDB28）阶段性成果。

① 北京图书馆金石组、中国佛教图书文物馆石经组编：《房山石经题记汇编》，北京：书目文献出版社，1987 年，第 1 页。

② 鞠贺：《辽朝佛教信仰研究》，吉林大学博士学位论文，2021 年，第 86 页。

大比例，刻经种类也颇多，涉及多个佛教宗派经典，如《大毗卢遮那成佛神变加持经》《苏婆呼童子请问经》《大方广如来秘密藏经》《月上女经》《大法鼓经》《文殊师利问经》《大乘密严经》等，不一而足。但陈国别胥的真实身份却一直未得到很好释读。近代学者陈述在《全辽文》中指出："别胥，契丹语，汉译夫人也"，"陈国别胥似即萧义妻、天祚德妃之母，其长女出家为尼，姑别胥多施造石经也"。① 此观点基本揭示了"陈国别胥"身份，遗憾的是，对于目前在房山石经题记中尚存在的看似能够"推翻"这一观点的史料，却未给出回应。

在陈国别胥所刻石经中，多简单地题名为"陈国别胥"，寥寥四字，留下了重重迷雾，只有少数石经题记在陈国别胥前加有定语，成为释读陈国别胥身份的关键信息。如"覆"字号塔下六三六《僧伽吒经》题记为"故守太保令公陈国别胥""乾统七年四月至八月造"。② 塔下六四六《大方广圆觉修多罗了义经》题名"施主故守太保令公陈国别胥"，③ 时间亦为乾统七年（1107）。"难"字号塔下六一九《法集经》题名"施主国舅相公陈国别胥"。④ "器"字号塔下五四《观佛三昧海经》题名"故守太保北宰相陈国别胥"。⑤ 提取以上题记信息，可知陈国别胥丈夫为国舅，曾任"守太保""中书令""北宰相"，受封陈国王或陈国公。按《萧义墓志》载萧义曾任"故北宰相、守太傅、兼中书令、致仕、赠守太师"，⑥ 这一时期以"陈国"命名者仅此一人。别胥丈夫与萧义履历高度相似，故陈述推论存在合理性。但此论尚存两处疑点。一是墓志载"命数不移，有加无损。以其年十一月十八日，薨于其私第，享年七十有三"，⑦ 可知萧义殁于天庆元年（1111）。但乾统七年题记中却出现"故守太保令公陈国别胥"，表明萧义于此前已去世，二者时间不符。二是萧义即萧常哥，但无论《辽史》还是墓志都未载其曾为"守太保"。但若

① 陈述辑校：《全辽文》，北京：中华书局，1980 年，第 310 页。

② 中国佛教协会、中国佛教图书文物馆：《房山石经》（第十二册），北京：华夏出版社，2000 年，第 46 页。

③ 《房山石经》（第十二册），第 92 页。

④ 《房山石经》（第十二册），第 309 页。

⑤ 《房山石经》（第十二册），第 93 页。

⑥ 向南：《辽代石刻文编》，石家庄：河北教育出版社，1995 年，第 622 页。

⑦ 《辽代石刻文编》，第 624 页。

仔细翻阅拓片，不难发现前文所列举的乾统七年《僧伽吒经》《大方广圆觉修多罗了义经》题记与经文字体存的差异十分明显，不是同一人的笔记，题记应是刊刻佛经后补刻，时间为天庆元年或之后。此时萧义已殁，节衔前才加“故”。关于“守太保”问题，很可能是因为墓志刻写者对其结衔不甚了解抑或墓志漏载造成。

此外，在萧义去世的天庆元年，陈国别胥在房山石经上的题名就出现了极其明显的变化。在该年所刻《法集经》中，陈国别胥题名由“施主国舅相公陈国别胥”（乾统十年曾题名“国舅陈国别胥”）转变为“施主国舅相公母陈国别胥”，这进一步证实了陈国别胥和萧义之间存在着一定关系。陈国别胥题名的转变是夫死从子的结果。

对于陈国别胥身份的释读有利于了解辽朝参与续刻房山石经者的阶层和民族出身，陈国别胥作为契丹贵族女姓，凭借自身强大的经济实力，大批量地续刻房山石经，是契丹女性崇信佛教并掌握一定财富资源和话语权的缩影，也反映了辽朝妇女在社会生活和宗教生活中发挥的重要作用。此外，从陈国别胥对于辽刻房山石经的贡献来看，可以推测契丹人对于整个房山石经工程作出了巨大贡献。续刻房山石经也成为辽朝境内不同民族佛教信徒共同参与营建的工程，野上俊静认为房山石经的续刻是辽朝境内多民族通力合作的结果，以佛教为纽带，契丹人和汉人进行了融合。[①] 辽金时期是中华民族多元一体发展轨迹中的重要阶段，而佛教信仰以及有佛教信仰引起的续刻房山石经无疑成为凝聚辽朝境内各民族的主要因素之一，在辽朝社会发挥了极其重要的作用。

〔王孝华（1979— ），女，黑龙江哈尔滨人，黑龙江省文物考古研究所副研究馆员，长春师范大学历史文化学院博士研究生，主要研究方向为辽金史、渤海史〕

---

① 〔日〕野上俊静：《遼金と佛教》，载野上俊静：《遼金の佛教》，京都：平樂寺书店，昭和二十八年（1953），第32頁。

利用还是信奉？*

——辽朝皇帝与佛教信仰

鞠　贺

（东北大学秦皇岛分校马克思主义学院）

辽朝接触佛教时间较早，佛教对辽朝政治、经济、文化和社会产生了诸多影响。辽朝皇帝对佛教也历经了从利用到既利用又虔诚信奉的过程。但在不同时期，辽帝对佛教的利用体现在三个不同维度。但无论是单纯利用，抑或是建立在信奉基础上的利用，对巩固辽朝政权都产生了积极影响。作为游牧民族出身的契丹皇帝，对于佛教的利用及信奉，充分体现了其在儒学外，尚推崇"以佛法治国"的理念。关于辽帝与佛教的关系，学界已取得一批研究成果。顾国荣认为辽太宗笃信佛教，随着契丹社会的发展，辽帝逐渐认识到必须采用一种各民族、各阶层都比较容易接受的思想来进行意识形态上的统一，于是就选择了佛教作为进行这种统一、强化思想统治的工具。① 刘浦江进一步阐释，认为辽太祖时期利用而非信奉佛教，佛教传播范围有限，至太宗建菩萨堂，佛教才作为宗教信仰开始被契丹族接受，并渐渐在契丹社会中流行开来。② 温庆玉指出："无论是对佛教的单纯推崇，还是有将佛教信仰与民族信仰相结合、

---

* 本文为辽宁省社会科学规划基金项目"10—13世纪辽宁地区佛教与民族共同体意识关系研究"（L21CMA002）阶段性研究成果。

① 顾国荣：《佛教在辽朝的流布及其影响》，《昭乌达蒙族师专学报（昭乌达蒙族师专学报）》1989年第1期。

② 刘浦江：《辽金的佛教及其社会影响》，《佛学研究》1996年总第5期。

相融合的企图，都说明辽的统治者已把佛教作为自己文化改良中的一项重要工程来对待。”① 以上研究成果基本揭示了辽朝皇帝接受佛教的过程以及对佛教既信奉又利用的治国理念。然而对于历代辽帝利用佛教时的不同维度却缺乏探讨，其存在的不同之处也一直未得到揭示。

太祖时期对于佛教是单纯利用。《辽史》载太祖曾问侍臣：“‘受命之君，当事天敬神。有大功德者，朕欲祀之，何先？’皆以佛对。太祖曰：‘佛非中国教。’倍曰：‘孔子大圣，万世所尊，宜先。’太祖大悦，即建孔子庙，诏皇太子春秋释奠。”② 出于对中国的认同心理和共同体意识，辽太祖在这次讨论中通过“诏皇太子春秋释奠”的形式，确立了孔子及其所代表的儒学的统治地位。由此可见，在儒学与佛教之间，太祖更倾向于儒学，企图以儒学作为治理国家的主要意识形态。但通过其于唐天复元年（901）“建开教寺”，太祖七年（913）又“以所获僧崇文等五十人归西楼，建天雄寺以居之，以示天助雄武”③ 之举不难看出，太祖一方面利用佛教神化自己出师有名，得到上天支持，另一方面也是为拉拢新入辽朝的汉人和渤海人，博取两个民族的好感和心理认同，但并不信奉佛教。

继位的太宗则由太祖时期对佛教单纯的利用转变为了既信奉又利用。除了与太祖具备相同的动机外，太宗更期盼佛菩萨能够发挥殊胜力佑护耶律皇室及整个辽政权。出于对佛教虔诚的信奉，太宗将白衣观音尊为家神供奉于木叶山上。《辽史》载：“王寺有白衣观音像。太宗援石晋主中国，自潞州回，入幽州，幸大悲阁，指此像曰：‘我梦神人令送石郎为中国帝，即此也。’因移木叶山，建庙，春秋告赛，尊为家神。兴军必告之，乃合符传前于诸部。”④ 由此可见在太宗的精神世界里，白衣观音在辽朝扮演着耶律皇室以及辽政权保护神的角色，太宗企图借助佛菩萨殊胜力维护统治的目的可见一斑，但对于佛学义理，太宗却并未给予太多重视。

---

① 温金玉：《辽金佛教政策研究》，载刘成有、学愚主编：《全球化下的佛教与民族：第三届两岸四地佛教学术研讨会论文集》，北京：光明日报出版社，2011 年，第 344 页。

② 〔元〕脱脱等：《辽史》卷七二《义宗倍传》，北京：中华书局，2016 年，第 1333—1334 页。

③ 《辽史》卷一《太祖纪上》，第 2、6 页。

④ 《辽史》卷三七《地理志一》，第 504 页。

圣宗以后，辽朝皇帝对佛教的利用达到了新高度，实现了利用与信奉进一步契合。其中，辽道宗最具代表性。这一阶段的辽朝皇帝更侧重于利用佛学义理对民众进行教化，借以达到维护统治的目的。伴随着辽朝皇帝对佛教信奉和重视程度的提升，随之而来的是大批佛学著作的出现，如圣宗时期希麟《续一切经音义》，兴宗时期华严高僧朗思孝的系列著作以及道宗时期志福、法悟和守臻关于《释摩诃衍论》的一系列章疏等。辽道宗还亲自为志福《释摩诃衍论通玄钞》撰写引文，明确表示“朕听政之余，留心释典。故于兹论，由切探赜”[①]。在为觉苑《大毗卢遮那成佛神变加持经义释演密钞》所撰引文中赵孝严提到辽道宗“欲使玄风，兼扶盛世”[②]，明确指出了辽道宗欲利用佛教治理国家的历史事实。袁志伟认为辽道宗主张以华严学的真心思想作为统一思想界的核心理论，又将《释摩诃衍论》视为诸宗思想融合的代表作，并将其作为统一佛教思想界的重要经典依据[③]。这一阶段的辽帝更重视运用佛学义理稳固统治。

辽朝皇帝利用佛教的不同维度体现在三个不同阶段，暗示了辽朝皇帝治国理念的转变和对佛教信仰程度的不断加深。佛教信仰也渗透进辽朝皇帝的治国理念之中。辽朝皇帝对佛教的信奉及利用为佛教的更好发展创造了有利条件，也使辽政权自身受益匪浅。

〔鞠贺（1992— ），男，吉林公主岭人，东北大学秦皇岛分校讲师，历史学博士，研究方向为北方民族史〕

---

① 〔辽〕耶律洪基：《释摩诃衍论通玄钞引文》，载藏经书院编：《新编卍续藏经》（第 73 册），台北：新文丰出版股份有限公司，1995 年，第 161 页。

② 〔辽〕赵孝严：《大日经义释演密钞引文》，载藏经书院编：《新编卍续藏经》（第 37 册），台北：新文丰出版股份有限公司，1995 年，第 1 页。

③ 袁志伟：《〈释摩诃衍论〉辽朝注疏与辽道宗的佛学思想》，《中国哲学史》2021 年第 2 期。

学术动态暨书评

中国民族学学会2022年高层论坛暨“铸牢中华民族共同体意识与民族地区乡村振兴”学术研讨会综述

李 立

（东北大学民族学学院）

由中国民族学学会、东北大学秦皇岛分校联合主办，东北大学秦皇岛分校民族学学院、东北大学秦皇岛分校中国长城研究院承办的中国民族学学会2022年高层论坛暨“铸牢中华民族共同体意识与民族地区乡村振兴”学术研讨会，于2022年10月29日在河北省秦皇岛市召开。来自中国社会科学院、中共中央党校、北京大学、中国人民大学、东北大学、中央民族大学、中山大学、云南大学、中南民族大学、四川大学、北京师范大学、吉林大学、西南大学、新疆大学、东北师范大学、内蒙古大学、云南财经大学、云南民族大学、安徽大学、大连民族大学、广东技术师范大学、西藏民族大学、内蒙古民族大学、三峡大学、四川师范大学、新疆师范大学、河南大学、湖北民族大学、广西民族问题研究中心、黑龙江社会科学院等116所高校与科研院所以及秦皇岛地区相关研究和管理部门的300余位专家学者线上线下出席论坛。

会议主办方中国民族学学会由中国社会科学院主管，中国社会科学院民族学与人类学研究所代管，以民族学人类学理论研究和民族问题政策实践为基础，以促进学科发展和人才培养、搭建学术交流平台、凝聚知识共同体为宗旨，为推进民族团结、区域发展以及社会和谐繁荣提供学术和智库支持。另一主办方东北大学秦皇岛分校近年来将民族学列为新兴特色学科重点发展。学科立足秦皇岛地理位置优势，开展山海关内外民族历史文化研究，服务国家铸牢中华民族共同体意识工作主线。学校依托民族学一级学科硕士学位授权点和“一带一路”沿线国家联合学位人才培养平台，构建了民族学本硕博三级学位人才培养体系。民族学学科团队近年来获批国家社科基金重大项目、国家社科基金冷门绝学专项等科研项目，在学术研究和服务社会发展方面取得了显著成绩。

本次论坛线下设三个会场，即秦皇岛首旅京伦酒店主会场、中国社会科学院民族学与人类学研究所（北京）分会场、东北大学秦皇岛分校分会场。线上设五个腾讯视频会议分会场。会议历时一天，包括开幕式、主旨报告、分会场发言与研讨、闭幕式四个环节。

论坛开幕式由东北大学秦皇岛分校民族学学院院长郝庆云教授主持。东北大学党委副书记兼秦皇岛分校党委书记孙正林，中国社会科学院民族学与人类学研究所党委书记赵天晓，秦皇岛市委常委、宣传部部长许红琳，中国民族学学会会长、中国社会科学院民族学与人类学研究所所长王延中分别致辞。孙正林表示，东北大学高度重视文化传承与创新工作，近年来积极谋划发展民族学学科，通过引进优秀人才、成立民族学学院等举措，力求建设成极具特色、国内知名的民族学教育研究平台。此次学术研讨会既是马克思主义民族理论研究的百花齐放、百家争鸣，又是把民族学的理论研究与民族地区经济社会发展相结合的具体实践，更是对党的二十大报告提出的推进文化自信自强的再出发。希望我们共同肩负起中国民族学学者应有的历史使命和责任担当，做好民族学人才培养、科学研究等工作，在促进各民族在中华民族大家庭中像石榴籽一样紧紧抱在一起的道路上，持续贡献力量。赵天晓表示，此次论坛的召开为全面学习贯彻党的二十大精神和加强铸牢中华民族共同体意识的研究，提供了良好平台。要充分发挥中国民族学学会在学者联合、学术创新、政治引领和意识形态阵地方面的重要作用，推动形成党的二十大精神的全面学习格局。要立足于学科建设和研究工作的实际，把马克思主义中国化、时代化的最新成果研究好阐释好。要坚持问题导向，聚焦民族学人类学的主责主业，围绕党的二十大提出的新思想新论断，以及事关党和国家事业全局和长远发展的重大理论和现实问题做好学术工作，不断推出高质量的研究成果。许红琳表示，秦皇岛市委市政府高度重视民族工作，牢牢把握铸牢中华民族共同体意识这条主线，持续深化民族团结进步。开展了"石榴花开"等一系列各具特色、丰富多彩的宣传教育活动，打造了三个国家级的中国少数民族特色村寨，培育发展了一批民贸民品企业，一批单位和个人被评为国家级、省级民族团结进步示范单位和个人，形成了民族和睦、社会和谐的良好局面。本次论坛紧扣时代主旋律，积极落实国家战略决策，是深入学习贯彻党的二十大精神的生动实践，衷心期望各位专家学者在论坛中碰撞出更多思想火花，收获更多学术成果。王延中表示，党的二十大再次凝练当前民族工作的方向和重点任务，即以铸牢中华民族共同体意识为主线，坚定不移走中国特色解决民族问题的正确道路，坚持和完善民族区域自治制度，加强和改进党的民族工作，全面推进民族团结进步事业。围绕这一目标，我们要在巩固和发展最广泛的爱国统一战线方面展现新作为，在全面宣传和深入研究阐释党的二十大精神方面发挥本学科的独特优势，积极推进民族学"三大体系"建设，实现科教融合，科学研究和社会实践的融合。要为学习贯彻落实好党的二十大精神，高质量推进全面建设社会主义现代化国家新征程和中华民族伟大复兴，贡献民族学的独特智慧和力量。

随后，五位学者围绕"铸牢中华民族共同体意识与民族地区乡村振兴"主题作了主旨报告。该环节由中国民族学学会副会长、中国社会科学院民族学与人类学研究所张继焦研究员主持。中国民族学学会执行会长、中央民族大学党委常委、副校长麻国庆教授作题为《民族学的学科建设与中华民族共同体研究》的主旨报告。他将民族学学科建设与中华民族共同体研究结合在一起，为民族学界重新思考民族学的研究对象和研究内涵指明了方向。中国民族学学会副会长、中共中央党校徐平教授在题为《深刻理解习近平中华民族共有精神家园理论》的主旨报告中通过解读党的二十大精神，全景式深入浅出地呈现出了习近平总书记关于中华民族共有精神家园理论的丰富内涵。中国民族学学会副会长、云南大学何明教授在题为《中华民族共同体的经验研究何以必要、何以可能?》的主旨报告中指出，当前铸牢中华民族共同体意识的研究显现出了"三多三少"局面，即政策解读多、逻辑推导多、宏大叙事多、事实调查少、个案研究少、深入分析少，并充分论述了中华民族共同体的经验研究的必要性及可能性。中国民族学学会副会长、中南民族大学副校长段超教授在题为《推进铸牢中华民族共同体意识工作的体制机制创新》的主旨报告中指出，铸牢中华民族共同体意识是一项系统性工程，并详细分类概述了铸牢中华民族共同体意识工作的体制机制构成、建设目标、存在问题及创新措施。中国民族学学会副会长、中山大学教授周大鸣教授在题为《沿海民族走廊对缔造中华民族的意义》的主旨报告中，通过阐释海洋文明对中华文明的贡献，从不同角度论述了沿海民族走廊对于缔造中华民族的意义。

本次论坛设立了四个分会场，每个分会场约有 40 篇论文参与研讨，除有 10 位专家发言以外，特别设置了 30 分钟自由讨论环节，为未作主题发言的学者尤其中青年学者提供了发言研讨机会。分会场讨论主要围绕以下议题展开：

1. 铸牢中华民族共同体意识的理论、政策及实践。这个专题分会场由刘志扬、色音主持，苏发祥、陈沛照评议。刘谦、唐伊豆通过对四川省“9 +3”计划的考察，对免费中职教育铸牢中华民族共同体意识的实践路径进行了探讨。陈沛照通过对恩施城区流动散工的生存状态调查，呈现出了“边缘群体”的话语表述状态及背后的社会机制。马亚辉通过对清朝改土归流的考察，指出中国疆域内互嵌式社会结构的发展同中华民族共同体的历史铸建基本是同步进行的，并对铸牢中华民族共同体有着不可估量的作用。许奕锋从心理认同视域对中华民族共同体与互嵌式社会结构建设进行了深入分析。于学斌指出节庆在中华民族共同体铸牢过程中扮演着重要的角色和发挥着重要的作用，是中华民族共同体意识的生成渠道之一，也是铸牢中华民族共同体意识的工作进路。袁凤琴认为乡土课程开发是铸牢中华民族共同体意识的重要途径，并从价值定位、内容体系等多个方面提出了实践路径。杨学燕以“莲花山青苗水会”为例，分析了多民族共享中华文化符号、铸牢中华民族共同体意识的过程。崔榕、赵金宝对新时代中华民族共同体建设的实践进行了分析，指出要坚持走中国特色解决民族问题的正确道路，不断推动新时代党的民族工作高质量发展。李祥、吴倩莲在中华民族共同体视域下对民族地区教育高质量发展的基本向度与内生进路进行了考察。周驰亮在文化认同视域下对铸牢中华民族共同体意识的逻辑机理与实践进路作了讨论。

2. 中华民族交往交流交融史与中华民族共同体形成研究。这个专题分会场由曾少聪、陈心林主持，何晓芳、孙文杰评议。孙文杰运用近年满文寄信档等稀见史料细致分析了伊勒图对东归土尔扈特管理，纠正了与增补传世史料的相关讹误与空白。陈心林从少数民族的“中国认同”视角出发提供了理解中华民族共同体的另一种视角。他指出中华民族共同体的历史发展是“华夏（汉）民族-少数民族”双向的“交往-混融”模式，少数民族是主动选择的，具有自身的历史主体性与能动性。齐海英指出民间故事是一种极富感召力和传播力的民间文学叙事形态，它以民间的视角映射着各民族文化交融的历史，中华民族共同体意识在北方各民族民间故事中获得了形象化的根植。吕萍认为中华文化共同体的认同是铸牢中华民族共同体意识的基础，我们要不断增强中华民族优秀传统文化认同，打牢中华民族共同体意识思想基础。张宝珅在对元代色目人的辽宋金三朝观与历史文化认同的发言中指出元代色目人的辽宋金三朝观深受中原文化影响，展现出自身对中国历史文化的深度认同，是古代多民族统一国家治下各民族交往交流交融的典范案例。何晓芳通过对“龙”这一各民族共享文化符号的历史考察，指出“龙”是中华文化认同的共享符号，满族家谱是传承中华龙的历史叙事。邵磊讨论了北方古代民族的中国认同与统一意识，指出北方古代少数民族的中国认同及其对统一的执着，促进了中华民族多元一体格局与中华民族共同体意识的形成，为各民族共有精神家园的构筑奠定了基础。李秀在莲斛律金族属的研究中指出斛律金因吟唱《敕勒歌》而青史留名，《敕勒歌》是民族交往、交流、交融的产物，斛律金的族属问题影响到《敕勒歌》民族文化意蕴的解读。周喜峰对清朝对东北地区的民族同化政策进行了历史考察。刘丹在以北镇医巫闾山祭祀文化为中心对辽西走廊与中华民族共同体的生成研究中指出辽西走廊不仅是重要的“历史的地理枢纽”，同时还是重要的“历史的文化枢纽”，兼具中华民族共同体的生成功能与中华民族共同性的知识生产功能。

3. 铸牢中华民族共同体意识视阈下的民族地区乡村振兴。这个专题分会场由和少英、苍铭主持，李锦、杨文炯评议。刘厚生、沙志勇和王惟娇通过对吉林省吉林市永吉县伊勒门村乡村振兴工作历程的梳理，探讨了民族地区乡村振兴的路径。张利国认为推进民族互嵌式社会结构与社区建设要对异质主体的内在行动逻辑进行充分的分析考察，并以共同体建设为轴心，建立有效的社会共生、情感联结、利益保障及协作共治的“耦合”机制，从而推进中华民族共同体建设。王兰认为多民族村落的乡村振兴和民族互嵌具有内在的逻辑一致性，建立二者的耦合机制有利于促进民族村落乡村振兴和民族互嵌的深度融合，最终实现民族共同繁荣和共同富裕的目标。滕传婉通过梳理与观察藏彝走廊纳木依与族内群体以及其他民族的历史关系与现实互动发现，纳木依传承“互动互融”历史民族关系的同时，积极进行“和而不同”的现实互动，民族认同不断增强，中华民族共同体意识不断铸牢。闵天怡、张彤和徐涵以两河口村活化更新的实践探索案例为中心探讨了中华民族共同体建设、乡村振兴和传统文化复兴等多目标价值耦合的路径。汤夺先、刘辰东探讨了社会组织参与少数民族流动人口事务治理的优势、合理性、必要性、行动路径、模式及特点。谭明交探讨了产业扶贫向产业振兴平稳过渡的机理路径。马宁、丁苗认为西藏红色文化蕴涵的革命精神、爱国主义精神和民族团结精神，为西藏铸牢中华民族共同体意识提供了强大动力。李建东基于云南八宝稻作系统的调研指出农业文化遗产传承的内核是民族情感与集体记忆，共享与保育稻作生态系统的物质文化，需要以稻米为核心，唤醒保护传承的内生性力量。崔景芳、任维德以共同富裕推进铸牢中华民族共同体意识的功能意义为切入点，从理论逻辑、现实逻辑、历史逻辑三个维度探寻了共同富裕与铸牢中华民族共同体意识之间的内在逻辑关系及其作用机理。

4. 新时代民族地区乡村振兴的路径及特色研究。这个专题分会场由刘海涛、宋小飞主持，彭文斌、陈永亮评议。傅守祥、魏丽娜认为当前新疆综合减贫和乡村振兴的高质量实现要坚持分类施策精准发力，以“文化润疆”激发贫困群众内生动力，构建互利共赢扶贫合作机制。张林以吉林省满族传统村落为例，提出“文化 +”的文旅开发模式，力求通过先觉、先知、先倡、先行的开发模式保护少数民族传统村落。陈永亮、张立辉在乡村振兴视域下，通过对凉山彝族自治州 J、Y 县的调研，对新时代民族地区移风易俗路径做了探讨。木仕华以历史发展顺序为线索论析了历朝历代多民族多文种合体文献中的丰富历史文化内涵和意义，论证了中国大一统的整体观的形成历史与中华民族共同体从自在到自觉的演进历程。杨帆、蒋尧以四川省甘孜藏族自治州为例，对民族地区数字经济发展与收入差距的演变做了考察，并提出了该地区数字经济向高质量发展，缩小收入差距，实现共同富裕的对策建议。陈刚基于发展人类学视角，以云南泸沽湖摩梭文化生态旅游为例，探讨了欣赏式探询法在国内民族地区旅游理论研究和实践应用中的前景。郭景福在乡村振兴视阈下对民族地区现代乡村产业发展的路径做了探讨。王旭辉、杨钰莹基于一个云南大理白族银匠村的个案考察，指出该村内部已经形成以白族社区内生的技能传统、关系网络、财富观念等为根基，耦合多元化市场需求，并积极利用互联网技术赋能产业更新的技能共同体，正在成为该村依托银器产业推动内生发展的动力因素。这种发展模式可为化解乡村振兴中的村庄共同体之困，寻找内生、包容性发展模式提供有益思路。郑世林、毛海军在乡村振兴背景下民族地区乡村治理路径的研究中指出民族地区乡村治理路径模型遵循“主线—结构—平台—补充”的内生逻辑，从而将民族特色转化成乡村振兴的动能与优势。孙荣垆、艾少伟以郏县Y乡为例，对少数民族特色村寨“景区化”过程中“三生”空间转型与演变历程做了深入分析。

闭幕式由中国民族学学会秘书长、中央民族大学祁进玉教授主持。中国人民大学刘谦教授、新疆师范大学孙文杰教授、广东技术师范大学杨文炯教授、西南大学陈永亮教授分别汇报了各分会场的研讨情况。东北大学秦皇岛分校副校长王雷震教授在总结发言中代表学校向中国民族学学会和与会专家学者对本次论坛的大力支持表示感谢。他指出此次论坛规模大，层次高，主题鲜明突出，交流研讨充分。与会专家学者以问题为导向，从“铸牢中华民族共同体意识”与“民族地区乡村振兴”的理论逻辑与实践进行多维度、不同层面的问题探讨，体现了较高的理论意义和现实指导价值。最后，中国民族学学会副会长、中国社会科学院民族学与人类学研究所张继焦研究员受学会委托，代表学会向论坛联合主办方、承办方和与会专家学者对中国民族学学会工作的支持表示了感谢。

近三十年闽南宗族研究综述

姜高敏

（闽南师范大学闽南文化研究院）

闽南，一般而言是指漳泉厦三地。陈支平指出，漳泉厦三地是闽南区域文化的发源地和核心区，而其他地区只是闽南文化的流播区和移植区。[①] 正因为如此，本文所指的闽南宗族主要指的就是漳泉厦三地宗族。闽南文化最鲜明的特色是宗族文化，这一文化体现着闽南人敢拼敢赢的性格。通过宗族组织和宗族活动，他们一方面在基层社会发挥着团结族人、维护地方稳定的作用；另一方面在祭祖、神庙祭礼等仪式庆典上充当着人神的媒介，塑造宗族权威。对福建而言，宗族长期存在于闽南社会，与人们的生活密不可分。

因此，闽南宗族问题很早就引起学者们的关注和重视，对于闽南宗族的研究最早可追溯到20世纪初期。而20世纪40年代，林耀华以福建北部闽江流域黄村宗族为对象进行研究，从社会学和人类学上，对宗族的功能、运行模式、社会命运、宗族盛衰等方面进行了广泛探讨。从那以后，闽南宗族研究也沿着这一理论前行，社会学、人类学成为闽南宗族研究的主流。从90年代以来，闽南宗族研究呈现出繁荣的景象，成果丰硕。漳泉厦三地宗族研究不仅在不同的学科、理论上作出新的尝试，还进一步扩大研究规模，形成了一大批专业的学术刊物和学术组织团体。

闽南宗族族谱、祠堂等保存较为完整，留存下来的族谱资料、碑刻、

① 陈支平：《闽南文化的历史构成及其基本特质》，《闽台文化研究》2014年第1期。

契约文书、民间传说较为丰富，这些为闽南宗族研究储备了大量的资料。总体上，闽南宗族研究虽然不存在文献资料匮乏等问题，但具体到村落宗族研究上仍存在着缺少正史资料互补、材料使用单一、缺乏完整性、口述资料和民间传说直接加以运用、把传说当作信史等缺陷。近三十年闽南宗族研究，跨度不长，但是在新时期的内部和外部双重压力下，村落宗族做出了调试，发生着巨大变化。如何对宗族与社会的关系加以综合与平衡？面对这一问题，研究者回顾历史，转向了宋元明清时期的闽南宗族。他们从闽南宗族与市场的关系、宗族构建与地域认同、宗族文化与信仰等不同角度对闽南宗族进行解读，并且以新的角度研究闽南宗族的传统与现代转变、现状与前途，从而在历史和现实层面对闽南宗族做出解答，使宗族发展更加符合时代发展的主旋律。本文拟从闽南宗族这一专题研究展开分析，对漳泉厦三地宗族研究进行梳理，以期能使相关研究者在此基础上有所深入。但是在梳理过程中，难以对学界的研究成果一一述及，不妥之处敬请批评指正。

一、漳州宗族研究

汤漳平认为，闽南文化形成于唐代，它的奠基者是唐初率领中原移民入闽的陈政、陈元光父子。陈氏父子在入闽之后建立州治，积极开发漳州，漳州的开发对闽南地区影响深远。① 此后陈元光信仰经历着由人到神的转变，最终成为闽台开漳圣王信仰。陈姓及跟随他入闽的58姓也逐渐在地发展、壮大，成为漳州及闽南著姓。然而此时，泉州之名被用于指称福州，厦门还隶属于南安县，一直到明代设立中左所，建厦门城，始有其名。所以，从历史发展看，漳州是闽南宗族繁衍生息最重要的场所，也是宗族文化实践的重要地点。

明清时期，尤其是在明嘉靖“大礼议”之后，闽南地区广建家庙、宗祠。宗族族人在朝则为官，致仕则退居乡里，成为宗族耆老，发挥影响。因而，宗族成为影响地方社会的重要因素。由于漳州远离朝廷统治中心，民风彪悍，宗族势力强盛，所以在漳州，宗族械斗之风盛行。王

① 汤漳平：《对闽南文化形成期的几点看法》，《福州大学学报（哲学社会科学版）》2008年第2期。

雅琴认为这些发生在漳州府的械斗，其实都反映了地方宗族与国家政权的博弈，清代官府控制力在漳基层的薄弱是影响械斗发生的重要因素，同时也反映了闽南宗族地方势力发展、政府的权威下降，以及复杂的权力和阶层社会关系对宗族的影响。[①] 黄艺娜认为，清代漳州府宗族械斗主要是为了解决宗族发展过程中遇到的资源分配不公这一困境，闽南家族势力的消长是影响械斗发生的重要因素，因此，械斗问题需要放到清代中后期社会秩序的宗族活动中才能得到解释。[②] 除了宗族械斗对闽南宗族产生影响外，元廷植主要根据明清时期商品经济和市场的发展分析了漳州地区的宗族活动，认为明清时期漳州府市场数量增加，经济增长，宗族积极参与市场活动。在其中，宗族通过控制市场、组织商品经营等活动为宗族发展奠定了经济基础，市场经营活动对宗族发展具有重要作用。[③]

在宗族发展的过程中，经常出现主动攀附、建构世系的宗族行为，这就引发了对宗族建构的社会因素的讨论。李凌莹指出，漳州漳浦蓝氏畲族宗族建构的现象在闽南地区十分普遍，其原因大多是"象征社会地位和标榜门楣、摆脱身份歧视和主动融入汉族、塑造宗族责任感和延续香火"，且宗族建构产生于所有宗族的发展过程中，因此在基本动机和原因上呈现出相似性。[④] 宗族的建构，更多的是一种主动选择，是推动宗族发展的内在需要。李积庆探讨了明清以来漳州客家族姓现象，客家是以客家语为母语的一个汉族民系，认为漳州社会变迁和宗族历史发展，是导致漳州地区形成两姓之合复姓的重要原因，这也导致了新的宗族组合模式的形成。[⑤] 张正田、翁汀辉、徐唯泰指出，福建漳州张廖家族因移民台湾而深化了闽台客家的联系，为保家族世代传承，张廖氏在族谱中对

① 王雅琴：《清代漳州府械斗问题探究》，东北师范大学硕士学位论文，2000 年。

② 黄艺娜：《宗族势力的消长与清初地方秩序的重建——以福建漳州碧溪、玉兰宗族械斗为例》，《福建师范大学学报（哲学社会科学版）》2016 年第 5 期。

③ 元廷植：《明末清中期闽南的市场和宗族》，赵毅、林凤萍主编：《第七届明史国际学术讨论会论文》，长春：东北师范大学出版社，1999 年，第 214—222 页。

④ 李凌莹：《建构宗族的社会因素探析——以漳浦蓝氏畲族的宗族建构为例》，《赤峰学院学报（汉文哲学社会科学版）》2015 年第 11 期。

⑤ 李积庆：《闽台客家复姓问题研究——以张简、王游、张廖等漳州客家族姓为例》，《古田干部学院学报》2021 年第 4 期。

惨痛记忆进行历史失忆，以此来延续宗族。[①] 由此可见，宗族建构及多姓联宗都是社会和家族得以发展的延续。

宗族的建构过程值得关注。这一过程的基本动力，我认为不仅跟社会主体变动带来的家族组织模式的变化相关，也与地域社会中不同家族对外在标志物的营造相关。宗族作为一种社会文化现象在漳州地域的出现，最显著的标志就是祠堂、族谱的建立，而这是家族成员敬宗追祖的结果。

丁向阳指出，祠堂是祠祭活动重要的场所，作为祭祀载体对于宗族仪式活动极为重要。围绕祠堂而展开的祠祭活动，深受朱子《家礼》的影响，表明了漳州地区宗族活动不同于其他地区的独特性。[②] 李弢指出，从李弥逊知漳州开基福河到后世传衍，漳州李氏宗族完成了编修族谱、建祠立碑的宗族活动，这种活动既保存了宗族开基信息，又记述传衍支派，从中可知，宗族在现实因素的冲击下仍然发展着宗族事业。[③] 刘涛从族谱和口述资料等几个方面分析了江环家世、籍贯、族群身份的问题，并以此认定，江环为闽南人，在石屏江氏宗族的构建上，江环充当着宗族的文化符号，族谱也成为文化符号最重要的载体。[④]

闽南宗族在明清时期持续发展，除了受到宗族械斗、政府管制、宗族建构、外在标志物的建设的影响之外，还受到特定地理条件的影响。福建自然地理呈现出“八山一水一分田”的特点，而闽南尤其是漳州地区，因为既有丰富的水资源，又有便利的停船良港，所以宗族往往利用沿海的地理环境下海经商，这也就形成了闽南海洋经济。不仅如此，漳州还是闽南文化的重要发源地，具有重要的人文地理价值。

王钰指出，包括山势、水流、土壤、气候、地理位置、地形地貌条件等在内的自然特征推动闽南宗族开展海洋活动，促成闽南海洋经济的

---

① 张正田、翁汀辉、徐唯泰：《福建漳州张廖家族移民台湾研究——以台湾苗栗铜锣湾张姓为中心》，《赣南师范大学学报》2020 年第 2 期。

② 丁向阳：《清代漳州宗族祠祭研究——以南靖奎洋庄氏为个案》，闽南师范大学硕士学位论文，2017 年。

③ 李弢：《李弥逊福河李氏家族后裔佚文辑录与传衍初探——基于族谱、宗祠碑铭及村落调查的研究》，《闽台文化研究》2021 年第 4 期。

④ 刘涛：《晚明名宦江环故里、宗族及其族群身份考辨》，《海峡人文学刊》2022 年第 1 期。

形成。[①] 王日根、苏惠苹研究龙溪壶山黄氏家族亦持同样的观点。[②] 此外，苏惠苹也以圭海许氏家族的例子说明海洋环境与家族发展的关系，亦是对上述观点的进一步充实。[③] 值得注意的是，宗族与海洋活动的密切关系，并不代表着宗族完全放弃了陆上农业作物的种植。对此，我们除了应当关注宗族面对海洋产生的新的经济特点，还应该注意到长期广泛存在于闽南社会陆上人群的耕作方式和生活习惯。

但是在漳州地区，还存在一种定居在船上的汉族宗族，他们被称为“水上人家”。一般认为，水上人家往往是九龙江沿岸的村民。尽管九龙江是福建第二大河，是漳州地区重要的内河航道，也造就了全省最大的漳州平原，然而闽南地区常受到台风等自然灾害，这导致了水上人家长期面临漂泊和家庭经济的问题。

日本藤川美代子考察了九龙江下游水上居民连家船渔民的祖先观念及民俗习惯差异，分析了连家船渔民宗族建设的情况。作者指出，连家船渔民虽然人数较少，但宗族观念在日常活动中常有体现，亲属关系较为复杂，对祖公的选择具有主观性，这在一定程度上反映出他们与闽南及漳州陆上宗族的不同的某些特点。[④] 吉芳则分析了漳州北溪的蒋氏宗族建设，指出蒋氏宗族的形成与发展主要是在清代进行的，虽然在民国之后宗族社会面临着转变，但是由于传统的宗族组织有顽强的根基，因此，在改革开放以后宗族社会迎来复兴。[⑤] 从这一角度来说，传统与现代的转变并不突兀和破裂，宗族一边继承着传统的宗族组织和祭祀礼仪，一边开发宗族资源和寻求经济投资。

除以上水上家族等外，也有学者关注了军户的宗族建设。郑榕认为明代军户家族在社会生活中逐渐表现出在地化的一面，其发展历程体现着军民分野到军民融合，从屯垦军户变为地方望族，完成了宗族形态的

① 王钰：《论地理环境对闽南海洋经济形态形成之影响——以漳州五县为研究对象》，《漳州师范学院学报》2008 年第 3 期。

② 王日根、苏惠苹：《清代闽南海洋环境与家族发展——龙溪壶山黄氏家族的个案分析》《安徽史学》2011 年第 1 期。

③ 苏惠苹：《明中叶至清前期闽南海洋环境与家族发展——圭海许氏家族的个案分析》，《安徽史学》2014 年第 1 期。

④ 〔日〕藤川美代子：《闽南地区水上居民的生活与祖先观念》，载《第二届海洋文化与社会发展研讨会论文集》，2011 年，第 180—186 页。

⑤ 吉芳：《漳州北溪蒋氏宗族的人类学个案观察》，福建师范大学硕士学位论文，2010 年。

转变。①

就上述研究而言，仍有一些典型性的个案研究可以揭示族群间的互动及宗族与地方社会的关系。罗臻辉通过对华安大地村刘氏、蒋氏整合地方资源建立起宗族空间的个案分析，探讨了同居一村两个宗族的发展脉络，但由于共同发展的历程，宗族间会完成文化认同，实现权力较量下的平衡，并且进一步外化为村治秩序。② 吕秋心考察了华安县五岳村宗族社会之后，得到了与罗臻辉相似的结论，他认为族群间的互动对乡村管理产生着影响，郭氏和邹氏依靠群众基础，在乡村政治中发挥着作用。③ 郭娇斌研究表明，简氏和王氏在繁衍生息进程中实现了宗族权力较量的平衡，显示出外化为村治秩序的倾向。④ 黄依婷以近代以来龙海浒茂林氏家族的发展变迁与近代海疆社会为背景，揭示出海外华侨的内在文化认同，进而认为，海外华侨是传播中国文化的重要载体，宗族在海外仍然呈现出血浓于水的文化根脉。⑤ 施沛琳一文认为，华安陈姓高山族家族在社会生活中完全闽南化，在语言、饮食、宗教信仰、婚丧、岁时祭仪等方面，逐渐与汉人融合和同化。这一发展历程反映了少数民族宗族的构建过程，以及在发展中形成的民族融合。⑥ 卯丹探讨了宗族管理方式在新农村建设中的不足和价值，进而指出在新时期宗族与地方社会具有有效运行的一面。⑦

就漳州地区宗族研究来说，宗族与地域的关系是研究宗族的关键和钥匙。从明清到现代，宗族与地方社会、族群间的互动，宗族的构建，不同类型的宗族形态等均会造成不同程度的宗族差异和发展进程。从这

① 郑榕：《从乡贯意识转变看明代卫所的地方化——基于闽南卫所的考察》，《中国社会经济史研究》2019 年第 2 期。

② 罗臻辉：《宗族的发展与互动——以华安大地村为例》，载《福建省闽南文化研究会 2018 学术年会论文》，2018 年，第 552 页。

③ 吕秋心：《华安县五岳村宗族演变及族群互动关系》，《福建史志》2007 年第 4 期。

④ 郭娇斌：《南靖长教村社简王二氏和谐共处的历史考察》，《闽南师范大学学报》2018 年第 4 期。

⑤ 黄依婷：《闽南家族的变迁与地方社会——以龙海浒茂林氏家族为中心》，《闽台缘》2020 年第 4 期。

⑥ 施沛琳：《闽南社会下之大陆高山族探析——华安陈姓高山族家族的观察》，《东南学术》2013 年第 6 期。

⑦ 卯丹：《中国村落里的新农村建设理事会——闽南赤石村的个案研究》，《生态经济评论》2014 年第 1 期。

一点上看，我们颇有理由认为，漳州宗族的发展和变化是闽南区域宗族的典型特征和一般态势，对此，仍需在泉州宗族和厦门宗族研究中继续寻求答案。

二、泉州宗族研究

泉州毗邻漳州，是古代海上丝绸之路的重要起点。历史上，各国商人都曾来此进行贸易，并由此扎根繁衍。所以泉州宗族研究谈论的问题比较多元化，在探索宗族发展等问题时，泉州多元的文化背景常成为讨论的要点。

就现在可以见到的材料而言，有一些西文文献记载着泉州宗族的活动。张先清以晚明活跃于海洋的郑氏家族为背景，指出，郑成功及其家族在不同的语种中往往呈现出截然相反的形象，西文文献中的郑成功及其家族活动表现了他者眼中的宗族形象，从而揭示出不同文献在宗族研究中的主客观性。① 他的另一篇文章以西文中的书信报告为分析对象，探讨了有关郑成功家族的记述，揭示出在晚明海洋活动中郑氏家族与地方社会的联系，通过马尼拉、澳门、安海等地贸易活动，进一步为宗族积累资源，从而坚持着抗清活动。② 杭行认为在西方视野的评价中，郑氏家族的人物形象研究表现出与中国学者的不同，西方学者的评价随时代与地缘政治的变迁而改变，显示出在外部环境下对宗族认识的差异。③

除西文文献中所记泉州宗族外，还有一些宗族因其海外血统，因而具有研究价值。随着泉州海外贸易的活跃，大量来华商人在此定居，繁衍世系。陈自强考察了泉州蒲寿庚家族从事海外贸易的发展历程和宗族建设的情况，分析了该家族从南宋到元末兴盛的原因。作者指出，蒲氏虽然具有海外血统，但宗族观念一直是蒲氏保持凝聚力的核心。④ 泉州宗族文化的多元性在家族婚姻上也有体现。陈丽华认为维吾尔人亦黑迷失

---

① 张先清：《17世纪欧洲天主教文献中的郑成功家族故事》，《学术月刊》2008年第3期。

② 张先清：《西班牙天主教文献中的郑成功家族故事》，《学术月刊》2015年第4期。

③ 杭行：《西方学术视野中的郑氏家族研究》，《国家航海》2015年第1期。

④ 陈自强：《论蒲寿庚家族对泉州港海外交通贸易的贡献》，载中国航海学会、泉州市人民政府编：《泉州港与海上丝绸之路”国际学术研讨会论文集》，北京：中国社会科学出版社，2002年，第360—378页。

与泉州盛氏家族的婚姻是在元代泉州的历史条件下促成的产物，其中盛氏族人归葬的礼制表现出泉州多元文化的包容，亦是泉州宗族多元性格的体现。[①] 陈丽华的另一篇文章认为，孙胜夫家族因追随蒲寿庚家族而得到发展，世代蒙受帝恩，依靠俸禄、田地、经商和巧取豪夺，使宗族成为元代泉州的显赫宗族。蒲寿庚家族与其追随者家族在宋元泉州社会和海外交通贸易的发展过程中扮演着重要角色，逐渐引起学者们的关注和重视。[②]

泉州宗族不但体现出多元的民族关系，还体现出多元的家族文化。在漫长的文化塑造过程中，闽南文化一边影响着泉州地区的开发，一边对宗族的发展产生重大影响。

黄洁琼指出，包括为政有德、较高的文化建树、仁义礼节、良好的为官作风、重视教育与科第在内的家族文化的培育使泉州曾氏在宋代族人屡屡登第，家族长久不衰。[③] 陈宇峰通过研究墩字的文化和历史属性，认为洪氏宗族在向泉州移民的过程中与当地文化进行融合、吸收，因此，洪氏家族文化是一种再创造性文化，反映泉州家族文化的闽南化。[④] 陈支平以泉州黄氏家族炫耀祖先这一行为为例，指出这种家族文化受到历史变迁和家族社会变迁的双重影响。[⑤] 杨园章指出，泉州张廷芳家族在礼仪实践上使用本地儒学，主要通过儒学的民间实践来凝聚乡族认同，由此进行家族文化的延续。[⑥] 从以上宗族与文化的关系研究不难看出，泉州的多元文化影响着宗族文化的建设，同时外来文化经历着本土化的过程，宗族在自身文化构建中创造和享用文化。

在泉州宗族实践的过程中，宗族文化起到凝聚族人的作用。契约文书、家族文件、家族文书、族谱，这些不仅有助于了解家族文化，而且

---

① 陈丽华：《畏吾儿航海家亦黑迷失与清源盛氏的婚姻——兼释元代泉州盛氏家族三方墓志》，《福建文博》2012 年第 3 期。

② 陈丽华：《家荷帝恩：元代孙胜夫家族在泉州事迹考》，《福建文博》2018 年第 3 期。

③ 黄洁琼：《宋代泉州曾氏家族文化特征浅析》，《哈尔滨学院学报》2008 年第 10 期。

④ 陈宇峰：《“长安（敦煌）—泉州文化线路”初探——以福建石狮琼林、南安杏埔“燉煌衍派”洪氏家族为例》，《遗产与保护研究》2019 年第 4 期。

⑤ 陈支平：《闽台家族文化炫耀的当代变异——以泉州黄氏家族为例》，《闽台缘》2021 年第 1 期。

⑥ 杨园章：《张廷芳家族的礼仪实践：明初泉州儒学的社会史考察》，《民俗研究》2023 年第 1 期。

对理解闽南社会具有极大帮助。

陈支平翔实考察了契约文书中有关黄宗汉家族的记载，并认为契约文书不仅是研究宗族历史的重要资料，而且对研究清代社会史尤为重要。[①] 他的另一篇文章对家族文书进行深入研究，指出明清福建经济和家族制度存在的社会问题，反映了家族文书记载的真实性。[②] 汪毅夫分析了张士箱的家族文件，认为家族文件中的“法律”记载均为地方宗族遵守，因此作者认为，闽台乡土社会并不是一个无法社会。[③] 席梓箐分析了族谱记载中的家族人口变动，认为《塔江蔡氏族谱》对考察闽南家族人口及闽南社会驱动力意义颇大。[④]

尽管文化在一定程度上影响着泉州宗族的建构，然而，泉州宗族的建构并不只是在文化上的被动接受。在一些个案研究中，可以发现漳泉两地共有的宗族发展脉络和文化特征。从明清到现代，漳泉宗族在适应区域社会的同时，也在主观构建着宗族组织。

郑振满指出，陈江丁氏回族在发展宗族组织上注重儒家传统，积极推行汉化。[⑤] 王铭铭[⑥]、范可[⑦]共同探讨了宗族在社会变迁中面临的应对和挑战，认为从传统到现代为止，宗族始终在认同建构上发挥着主观能动性，反映了宗族在基层社会的调整和适应能力。王铭铭的《村落视野中的文化与权力——闽台三村五论》一书通过理解民间文化来反思现代性的努力，探讨了宗族组织在现代化过程中发生的改变与如何延续的问题。[⑧] 此外，蔡晓莹研究了明清以来泉州永宁卫军户家族信仰的过程，从

① 陈支平：《从契约文书看清代泉州黄宗汉家族的工商业兴衰》，《中国经济史研究》2001 年第 3 期。

② 陈支平：《从易氏家族文书看明代福建的“投献”与族产纠纷》，《中国史研究》2014 年第 3 期。

③ 汪毅夫：《分爨析产与闽台民间习惯法——以〈泉州、台湾张士箱家族文件汇编〉为中心的研究》，《台湾研究》2003 年第 4 期。

④ 席梓箐：《明清闽南乡村家族人口变动考察——以〈塔江蔡氏族谱〉为核心》，《西部学刊》2021 年第 23 期。

⑤ 郑振满：《明代陈江丁氏回族的宗族组织与汉化过程》，《厦门大学学报》1990 年第 4 期。

⑥ 王铭铭：《中国民间传统与现代化——福建塘东村的个案研究》，《传统文化与现代化》1996 年第 3 期。

⑦ 范可：《传统主义与认同政治——来自闽南一个宗族社区的个案研究》，《原生态民族文化学刊》2018 年第 4 期。

⑧ 王铭铭：《村落视野中的文化与权力——闽台三村五论》，北京：商务印书馆，2021 年。

军户家族的迁移、定居、信仰等几个方面分析了军户移民社会与地域认同的关系，以及信仰体系对军户家族的影响。[①]

三、厦门宗族研究

厦门一名始见于明代周德兴建厦门城，但有明一代，嘉禾屿、中左所、厦门常被交替使用，在空间范围和文化意义上颇有不同。清五口通商以后，厦门逐渐广为人知，在地理意义和文化含义上均成为研究闽南区域的重要组成部分。厦门历史形成较短，但在近现代厦门家族却是东南区域发展的重要群体，在华侨史上有重要地位。

戴一峰以李氏家族的海外发展及随之在厦门的投资为背景，探讨了东南亚华侨与家乡社会的关系，亦关注了华侨宗族在海外的自我调整行为，从而揭示了华侨在原乡和侨居国的宗族建设。[②] 余丰指出，白氏家族在清末自安溪移民厦门，并通过积极的贸易、家族信仰、教育等宗族建设活动，主动融入到厦门地方社会。这一发展历程反映了清末民初厦门新兴家族的发展趋势，也体现了闽南家族由传统到现代的转型。[③] 他的另一篇文章则以明末清初以来厦门刘五店的刘高宗族为背景，指出闽南村落宗族从陆地走向海洋的艰难过程，而宗族的移入、开发是理解厦门历史的重要社会因素。[④] 林枫考察了厦门叶氏家族的买办事业和宗族活动，分析了该家族在五口通商后兴盛的原因。作者认为，叶氏家族虽然在商业经营上显示出近代化，但仍具有中国传统家族和商人的属性，这在一定程度上显示出闽南家族的传统惯性和文化。[⑤]

何丙仲以出土墓志、地方志、文物为主要资料，论证了包括家族渊

① 蔡晓莹：《移民社会与地域认同：明清以来永宁卫信仰体系的建构》，华中师范大学硕士学位论文，2021 年。

② 戴一峰：《东南亚华侨在厦门的投资：菲律宾李氏家族个案研究（本世纪二十至三十年代）》，《中国社会经济史研究》1999 年第 4 期。

③ 余丰：《由家族史所见之传统向现代的转变——以厦门白氏家族的发展为例》，《福建论坛（人文社会科学版）》2006 年第 6 期。

④ 余丰：《陆地与海洋经济的选择——作为历史人类学个案的刘五店》，《中国社会经济史研究》2006 年第 1 期。

⑤ 林枫：《买办的家族性经营与乡族性特征——厦门叶家的个案》，《闽商文化研究》2011 年第 2 期。

源、族人事迹在内的关于族谱记载的问题，指出陈氏族人不断播迁，最终溪岸陈成为陈姓寻根谒祖的重要桥梁。①

四、闽南综合性区域宗族研究

闽南宗族研究按地域可分为漳泉厦三个地区宗族研究，地区分类不仅是为了研究的便利，而且是考虑到各个地区宗族发展和历史进程的有所不同。因此，不能笼统地将某一宗族归为闽南宗族研究。但是，就宗族与地方社会的关系而言，宗族发展往往受到大历史进程的影响，闽南社会的客观条件和区域特征影响着宗族的发展。欲了解此过程，除了对宗族进行地区性的分类研究外，还应从闽南地区整体的文化和社会出发去理解。

陈支平《近五百年福建的家族社会与文化》一书虽然着眼于福建地区，但具体内容仍是以地区性宗族组织的运作展开讨论，落实到地方的社会文化变迁。该书结合地方志、族谱等多种文献资料和田野调查资料加以论述，推进了对福建家族组织的学术研究。郑振满从闽南宗族区域特征展开研究。他认为清代发生在闽南的乡族械斗，反映了社会控制权的转移，种种交织在闽南地区的动乱和宗族结合，以致演变为区域性的乡族集团，进而指出其根源体现着闽南的区域特征。② 他的另一篇文章探讨了闽南侨乡家族因社会变迁之后国际与地方化的侨乡宗族建设历程。③此外，他还以闽台地区现存的族谱、分家文书等家族史资料为主要资料，探讨了明清时期福建家族组织与地域社会，认为家族组织的发展表现为泛家族主义的倾向。家族组织反映着宗法伦理的庶民化、基层社会的自治化、财产关系的共有化。④ 虽一时难以对陈郑两位学者的研究做出高屋建瓴的学术评价，但是两人把福建宗族与文化的研究推进到一个很高的高度，这是闽南宗族研究绕不开的两位学者。

郑榕研究表明，民国时期的闽南宗族为如何处理国家与地方的关系

① 何丙仲：《厦门溪岸陈氏家族研究》，《闽台文化交流》2006 年第 4 期。

② 郑振满：《清代闽南乡族械斗的演变》，《中国社会经济史研究》1998 年第 1 期。

③ 郑振满：《国际化与地方化：近代闽南侨乡的社会文化变迁》，《近代史研究》2010 年第 2 期。

④ 郑振满：《明清福建家族组织与社会变迁》，北京：中国人民大学出版社，2009 年。

提供了解释视角，显示出闽南宗族社会文化网络在地方政治中的作用。[①] 此外，朱忠飞的闽南客家复合姓宗族研究[②]、杨紫玥的闽南疍民信仰现状研究[③]、张敏的闽南船底人的渔船帮与信仰实践研究[④]、刘涛的明清闽南宗族祖先谱系建构与重构的研究[⑤]，均在一定程度上反映出闽南宗族的历史与文化。这些研究充分展现家族、村落、社会的面貌，有助于理解区域中个体思想观念、风俗习惯及区域的社会风俗，尤其对研究闽南宗族传统与变迁的关系，具有启发意义。

此间，闽南宗族向现代转变中出现了新变化。王亦铮指出，闽南商人由原乡移民到海外之后随即进行家族性的贸易活动，通过商业经营、家族继承、财产分配，使闽南华侨维持着传统的家族经济和家族组织。闽南华侨的宗族建设体现着家族性和传统性。[⑥] 陈夏晗以闽南地区开展的田野调查为依据，指出闽南同姓团体的这种活跃是随着宗族地缘性利益的趋同、宗族参与市场经济的发展以及社会的变化而出现的。[⑦] 这种新的问题出现在社会变迁中，需要从宗族组织的实际运作状况出发去理解。

行文至此，不难发现，“国家-社会”框架是大多数学者研究闽南宗族的出发点，现有的大部分成果是在这一框架下得出的。由此而延伸出关于闽南宗族研究理论方法的探讨。如郑振满从学术史的角度出发，通过回顾中国、日本人类学家在内的对家族组织的研究，以此来指出家族组织的丰富性和多变性，揭示出家族-地方社会-国家政权间的内在联系。其中，包括历史学、社会人类学、文化人类学在内的理论在宗族研究中互鉴发展、并行不悖。[⑧] 大概在同一时期，赵世瑜回顾了 20 世纪中国社会史研究的背景和特点，提出整合的历史观概念，在此框架下，多

---

① 郑榕：《国家权力、宗族与基层社会——民国时期的闽南宗族》，《东南学术》2016 年第 6 期。

② 朱忠飞：《王朝制度、地方传统与宗族形态：闽南客家地区的“复合姓”宗族研究》，《中国社会历史评论》2017 年第 19 卷。

③ 杨紫玥：《闽南疍民信仰现状研究》，厦门大学硕士学位论文，2018 年。

④ 张敏：《水上浮生：闽南船底人的渔船帮与信仰实践》，厦门大学硕士学位论文，2020 年。

⑤ 刘涛：《明清闽南宗族祖先谱系建构与重构》，《鹿城学刊》2022 年第 2 期。

⑥ 王亦铮：《神户闽南商人的海外贸易网络及其家族性特征》，《海交史研究》2009 年第 1 期。

⑦ 陈夏晗：《地域、宗族、商人与同姓团体——以闽南地区的田野调查为例》，《开放时代》2015 年第 3 期。

⑧ 郑振满：《中国家族史研究：历史学与人类学的不同视野》，《厦门大学学报》1991 年第 4 期。

学科的解释理论被用于中国社会史研究。[①] 这种思路对闽南宗族的研究具有指导意义，研究成果主要分为两类。一是对宗族与地方社会的互动探究，如科大卫认为，大历史下国家与地方社会的互动存在统一性，但是不同区域又发展出多线的进程。[②] 后来郑榕又在此基础上从庙宇、祠堂角度分析了迁界后宗族形成的主客关系，借以表达文化资源、地方产权资源在彰显宗族身份上的作用，这些资源最终为迁界后的宗族提供了立足点。[③] 二是从社会文化史角度对宗族进行研究。朱忠飞从地方信仰的角度入手，通过个案研究展示闽南宗族围绕平和城隍庙发生的权力结构变迁。地方文化在社会中延续和再生产，体现了明清社会转型期宗族的异代进程。[④]

就问题的转换而言，郑振满和赵世瑜都对包括不同时代学者在内的范式问题进行了本土化思考，前者总结了家族史研究的有关成果，并认为家族研究要进行多角度和多层次分析；后者认为社会史研究要做到全面、整体和深入。笔者认为，闽南宗族研究既具有生命史的研究意义，在区域整体史也具有研究价值，上述理论和方法其实都可以用中层理论来概括。闽南宗族研究注重田野调查和资料的搜集和使用，从具体材料出发研究问题其实就是郑振满和赵世瑜文章的核心观点，这也是中层理论的最大特点。

与此同时，闽南研究的相关学术团体和学理性关怀也逐渐建立和发展。首先是泉州的研究。如泉州学的提出，泉州学研究所、泉州历史研究会的成立，以《泉州学研究》《海交史研究》等刊物为主要阵地对泉州进行的专门化、系统化研究。近年来，随着泉州被列入世界文化遗产名录，很多关于泉州与海上丝绸之路的问题也被提出，并取得了一些研究成果。其次是漳州的研究。如闽南师范大学闽南文化研究院成立，编著和整理出《闽台族谱汇编》等著作，通过《闽台文化研究》等刊物发表了一系列研究闽南宗族的文章。以漳州古城、土楼、陈元光信仰、月

① 赵世瑜、邓庆平：《二十世纪中国社会史研究的回顾与思考》，《历史研究》2001 年第 6 期。

② 科大卫：《统一模式书写背后蕴含不同的历史进程》，《江西师范大学学报》2022 年第 1 期。

③ 郑榕：《谁之庙宇　祠堂何在——清初复界后漳泉沿海的主客之争》，《中国社会经济史研究》2016 年第 4 期。

④ 朱忠飞：《帝国象征与地域社会》，厦门大学硕士学位论文，2009 年。

港与海洋商贸等为开发资源，逐渐形成了以漳州开发史为主要倾向的学术关怀。随着2022年漳州圣杯屿元代海船遗址的发掘，关于漳州与元代海上丝绸之路的讨论逐渐增多。再次是对厦门的研究。厦门研究起步较晚，但以厦门大学南洋研究院为主要阵地，在闽南宗族研究上起着领头羊的作用。2015年创刊的《鼓浪屿研究》，是研究鼓浪屿地域文化的先河。这些研究无疑对闽南宗族与区域探索作出了积极的贡献。最后，一些有关福建地方历史的刊物、学术研讨会、基础资料汇编推动了宗族研究。如《福建文史》《福建史志》《福建乡土》等刊物和闽南文化研究会学术年会，其中许多文章探究的问题涉及闽南宗族与社会变迁间的关系。此外，郑振满和丁荷生搜集整理的《福建宗教碑铭汇编》①，以及各地近些年开展有关文史资料的编著工作，这些活动对于理解闽南乡土社会变迁起着重要作用。

结　　语

以上主要是近三十年来闽南宗族研究的分类综述。下面试从问题的角度归类，谈些看法。

根据陈支平对闽南文化核心区与移植区的相关认识，本文的闽南宗族研究对象仅限于漳州、泉州、厦门三地宗族，而关于金门、台湾等与闽南文化相似的其他地方并不做过多说明。围绕宗族发展和寻求地域认同等相关因素展开讨论，这是闽南宗族研究切实有效的一条路径，在一定程度上弥补了个案研究所带来的局限，同时也为闽南宗族的建设提供了参考依据。

综述认为闽南宗族研究主要具备两点特征：一是个体独特性。明清以来的闽南宗族呈现出地域性。以人地关系的角度来说，宗族的地域性是研究宗族的关键。但是闽南在地理上位于东南沿海，具体到闽南大区内部，漳泉厦又呈现出不同的面貌，山区和沿海地区的宗族经济活动和商贸活动存在差异，如沿海宗族重视海外贸易、螟蛉子的宗族行为与方式不同于山区宗族，因而宗族活动有所差异。随着研究的深入，闽南地

① 郑振满、丁荷生：《福建宗教碑铭汇编》，福州：福建人民出版社，2018年。

区的宗族形态变得更加多元而具体。比如，不少学者注意到闽南宗族有多种类型，包括山区家族、沿海家族、水上家族、军户家族、少数民族家族、海外家族、华侨家族、联宗同姓家族等在内的闽南家族共同建构起闽南地方社会。宗族所见的个案研究就是希望能在局部更加具体地对闽南家族和地方社会文化进行补充。

二是区域性。闽南宗族研究不仅没有囿于地区区划的界限，反而表现出超越区域的包容性。闽南在宗族认同和族群关系上，由宗族各房到宗族内部到宗族间，进而实现联宗、同姓团体、乡族联盟的结合。漳泉厦三地宗族的组织化尽管有所不同，发展进程有快有慢，但总体上的演进趋势是相同的，对宗族形成和发展过程的研究使明清以来的闽南宗族演变过程越来越清晰。在有些时候，研究者从区域社会的角度审视闽南宗族，因此，往往会注意到地方传统与国家间的相关性，通过整合漳泉厦三地宗族的相关资料去理解闽南地区的宗族建构过程中和历史动因。虽然大家研究的方向和关注的历史时期不同，但是都在深入探讨闽南地区的某些问题。唯物辩证法告诉我们，矛盾的普遍性和特殊性是辩证统一的关系。研究者应该注意到这一点，闽南宗族研究是个案和共性共同作用的结果。

就现有研究来看，闽南宗族研究成果相对较多，明清宗族研究最多，宋元次之，又因其移民和开发时间的先后，漳州和泉州宗族研究要多于厦门宗族研究。但是这并不意味着厦门宗族研究的价值缺乏。就与现代的关系而言，厦门宗族研究恰恰能给新时代宗族发展带来很大的借鉴意义。闽南宗族研究同样揭示出闽南文化的地域性，漳泉厦宗族体现着闽南区域文化的特质。因此，闽南宗族研究需要靠三地宗族研究学者的共同努力，才能更进一步推进。

〔姜高敏（1999— ），男，山西长治人，闽南师范大学硕士研究生，研究方向为闽南文化与家族社会〕

走进西周贵族的世界
——评丁进著《西周铭文史》

杨　蕾

（湖南大学岳麓书院）

西周铭文研究发端于汉代，觉醒于宋代，兴盛于清代，所包含内容涉及西周的政治、军事、经济、礼乐等多个方面，充分反映了西周贵族生活和情感。自 20 世纪 70 年代以来，随着新材料的不断发现，越来越多的学者着眼于商周青铜器铭文的相关研究，丁进教授所著的《西周铭文史》[①] 就是其中的新起之秀。

《西周铭文史》共 536 页，篇幅厚重，该著以“史”命名，力图反映西周青铜器铭文的发展历程。诚然，书中以时间为经，以空间为纬，以西周王朝贵族铭文创作为主干，以主要诸侯国的铭文创作附之于后，清晰地将西周 257 年的铭文写作发展全貌呈现于笔墨之间。

一、全书梗概

全书包括绪论在内，共有九章。第一章绪论部分，针对西周铭文研究所呈现的“三热二冷”的局面，提出了突破“瓶颈”的新思考，即是将西周铭文视为西周贵族的“家族文学”，并以此为出发点探索铭文创作的发展历程。

---

① 丁进：《西周铭文史》，北京：文物出版社，2022 年。

第二章“西周铭文的发轫”，将晚商铭文视为西周铭文的源头，将周武王、成王时期对晚商铭文进行继承和革新的过程称为西周铭文创作的发轫期。武王时期出现有反映“武王克商”事件的《利簋铭》和《天亡簋铭》，成王时期以成王、周公为中心的铭文有《何尊铭》《周公作文王方鼎铭》等，这些铭文从政治、军事斗争和日常生活等角度反映了西周初年的社会状况。

第三章“西周青铜器铭文的发展”和第四章“昭王时期的铭文创作”，将西周康、昭王时期视为青铜器铭文的发展期。其中，康王时期出现的《宜侯夨簋铭》反映了当时分封诸侯的重要活动；《小盂鼎铭》为西周大献礼提供了典型案例，是中华军事法律文学的源头；庚嬴二铭开创了西周女性铭文创作的历史。昭王时期反映王朝政治、礼乐活动的铭文激增，主要代表作有《作册夨令方彝铭》《士上卣铭》等；这一时期铭文创作最集中的主题是两次昭王南征，如中所作四铭等。康、昭王时期的南宫盂、作册夨令和中都是西周铭文发展期涌现出的杰出作家。

第五章“西周中期礼乐铭文的繁荣”和第六章“西周中期经济生活铭文的繁荣”，提出西周穆、恭、懿、孝四王时期是礼乐和经济活动铭文创作的大繁荣时期。在“礼乐铭文”部分，既有反映这一时期频繁礼乐、祭祀活动的《吕方鼎铭》等，也有反映浓厚军礼特征的录所作二铭等，还有蕴含丰富册命礼色彩的《牧簋铭》等。在第六章“经济生活铭文”部分，不仅包括裘卫及其家族记叙的商业活动类铭文，而且包括记叙因不同事功而获得赏赐的铭文如《十五年趞曹鼎铭》等。此外，西周中期还涌现了杰出的女性铭文作家蔡姞、公姞等，她们的写作水平高超，标志着西周铭文创作进入了成熟阶段。

第七章“西周晚期青铜器铭文的极盛”，认为夷、厉、宣、幽四王时期，青铜器铭文创作不仅没有因为社会危机而走向衰落，反而更加兴盛，成为西周铭文创作的集大成期，例如经济活动类铭文的集大成者《散氏盘铭》，册命铭文的集大成者《毛公鼎铭》，军事文学集大成者《晋侯苏编钟铭》，家族世系类铭文集大成者《逨盘铭》等。西周晚期铭文在这些优秀铭文作家的推动下达到了登峰造极的地步。

第八章“西周主要诸侯国的铭文”，梳理了西周晚期诸侯铭文创作的成就，主要以应国、晋国、倗国和霸国四国为代表进行分析。应国出现了应侯敔、应侯见工两位杰出的铭文作家，晋国以晋献侯所作的《晋侯苏编钟铭》最为著名，霸国的《霸伯盂鼎》向世人展现了宗周礼乐文明的原貌，倗国以《倗肃卣铭》为该国铭文创作的最高成就。

第九章“西周青铜器铭文的特征和价值”，在前八章的基础上总结出西周铭文具有作品内容礼乐化、写作立场私人化、文体高度格式化、审美风格典雅化四个方面的典型特征，同时也具有细致反映商周社会信息的历史文化价值和开创私人写作传统的文学价值。

二、贡献与启示

迄今为止，丁进教授已出版了三部有关青铜器铭文的探索研究专著。从第一部《周礼考论：周礼与中国文学》[①]，到《商周青铜器铭文文学研究》[②]，再到本书《西周铭文史》，这二十年间，丁进教授对于全面揭示金文中的宗周礼乐文明遗迹的追索从未停止。本部著作中丁进教授的学科视域更加开阔，笔触所及，似有拉开西周铭文创作发展历程大幕之感。《西周铭文史》的学术贡献是多方面的，具体如下：

第一，在历史学方面，《西周铭文史》结合每篇铭文的创作背景和内容对铭文作家和作品进行阶段性的历史研究，探索铭文所反映的西周王朝及诸侯国的政治生活、军事斗争、家族故事及其历史作用等。如通过分析《荆子鼎铭》《保卣铭》《匽侯克盉铭》《大保簋铭》中所载“岐阳之盟”的相关史实，推断出这次盛会的日程和周成王的治国方略，为揭开“岐阳之盟”历史真相提供了宝贵的资料。

第二，在礼学方面，《西周铭文史》以“宗周礼乐文明”为主线，详尽发掘铭文中蕴含的宗法、职官、礼制、经济、祭祀等信息。其中，对《小盂鼎铭》进行了深入研究，提出前辈学者所未有的认识：《小盂鼎铭》所反映的礼典应当称为“大献礼”；礼典中的三件事应是在三天完成的，三次“入服酒”的时间先后是八月癸未、甲申、乙酉。这一系列对王朝礼乐文化的有益探索，极大地丰富了礼学研究的内容。

第三，在文学方面，《西周铭文史》把中国古代文学批评与现代文艺

① 丁进：《周礼考论：周礼与中国文学》，上海：上海人民出版社，2008 年。
② 丁进：《商周青铜器铭文文学研究》，西安：西北大学出版社，2013 年。

学的理论和方法相结合，对一些难以辨解的文字进行了新的释读，并分析了其中的写作艺术和文学价值。如《利簋铭》中的核心问题“岁鼎克闻”，丁进教授提出“岁、利名字说”，他还认为《利簋铭》显示了从史官叙事向私人叙事的过渡状态，并将史官的史传文学、先秦诸子散文与青铜器铭文一起视为中国文学中散文的三座高峰。

同时，《西周铭文史》也带给我们了多方面的启示：

首先，从纵向来看，《西周铭文史》较为全面地复原了西周时期各个阶段具有代表性的铭文作品及其特征，书中将铭文的发展变化规律与西周王朝的兴衰相结合，使这些上古遗爰突破时空的限制动态地展现在我们面前。纵观全书所叙，可以注意到有大量铭文中记载的重大历史事件，传世文献中并未提及或简要略过。若能够将西周铭文与传世文献相结合作一个更加系统的“西周编年史”，可为相关领域研究提供参考。

其次，从横向来看，《西周铭文史》根据铭文创作的背景和内容将其划分为不同类别。把这些反映同类问题的不同时期铭文联系思考，便会有更多新的发现。如《小盂鼎铭》《柞伯鼎铭》《晋侯苏编钟铭》等铭文中关于西周王朝征伐玁狁、南淮夷、东夷的记载，反映了西周时期华夏族与其他族群间的微妙关系。再如琱生三铭和《霸姬盘铭》为我们探研西周时期女性家庭经济地位提供了力证。

结　　语

回顾西周铭文的研究进展，可以发现这一领域一直没有一部系统的史学著作，丁进教授的《西周铭文史》恰好弥补了学术界的此项遗憾。该著的贡献在于它为我们描述出了西周 257 年铭文写作发展演变的全貌，作者不仅看到了青铜器铭文的历史文化价值，也关注到了蕴含在其中的文学价值，打破了前辈学者将金文研究割裂成文学研究、史学研究、政治学研究等多个方块的格局。总之，这部著作具有重要的学术意义，并以其创新之思，给人有益启迪。

〔杨蕾（1996— ），女，河南南阳人，湖南大学岳麓书院中国史博士研究生，研究方向为先秦史〕

王蕊《清末民初民间习惯视野下北方女性的日常生活》评介

王莲英

（东北大学秦皇岛分校马克思主义学院）

山东省社会科学研究院王蕊博士所著《清末民初民间习惯视野下北方女性的日常生活》一书，由中国社会科学出版社于 2021 年 6 月出版，计 22 万余字。这部专著以民间习惯与女性日常生活的互动为视角，借助社会性别学、法律社会史等学科的知识，利用规则秩序、女性主体等概念，考察清末民初北方社会转型在女性日常生活中的体现，通过概念与事实间的互动互证，还原型构北方妇女的日常生活面貌，进而探索妇女民间习惯、女性日常生活与社会变迁之间的关系。

拜读完王蕊这部力作，收获良多，综观全书，有以下几个鲜明特色：

一、选题有意义。作者带着深刻的社会思考对焦近代妇女社会群体，用民间习惯的概念分析处于社会变革时期的清末民初女性的日常生活面貌，很有新意。学界关于近代妇女史的研究以往的主要模式是“革命史范式”和“现代化范式”，近年来，国内外学界关于女性研究角度增多，这是妇女研究的进步。而作者没有选取近代女性研究中比较集中的关注点——城市新女性在经济地位、文化水平和婚姻生活等方面，而是将视野放在占中国女性绝大多数的底层社会女性特别是乡村女性身上，一方面由于对底层社会女性尤其是乡村女性学界关注始终很少，另一方面这些女性与上层社会女性不同，其日常生活更多受传统习俗、非正式制度的影响规制。作者从民间习惯对日常生活的规制考察了近代北方女性的日常生活实际状态，又从社会性别分析的视角研究两性之间权力的变化，揭示清末民初北方女性日常生活的实态以及与社会变迁之间的关系。作者选取北方女性作为研究对象，缘于以往研究主要集中于南方地区，而中国基层社会主要是乡土社会，乡土社会生活的地方性决定了南北方的差异性，包括地区禀赋、生产生活习俗，并为习惯和乡规民约所固化。清末民初北方女性的日常生活不仅受宏观社会经济文化诸因素的影响，更受到地方性知识体系内的民间习惯的规范和制约。

二、全书研究体系比较完整，逻辑性比较强，内容比较丰富。首先，按照专题式研究进行写作，抓住民间习惯与北方女性日常生活的主要问题进行多层面的分析阐释。第一章为“日常生活空间”，主要阐述清末民初北方女性日常生活的空间，从家内空间、社区空间、娱乐空间三个方面，从内到外展开论述。第二章“民间习惯的变迁与家庭关系”、第三章“民间习惯与北方女性日常劳作”和第四章“习俗与权利：北方女性家产处分权”主要围绕女性在以家庭为中心的不同场所进行的活动，从民间习惯的视角加以探讨：一是对家庭关系中夫妻关系、婆媳关系的探讨，二是对家庭空间和社区空间中北方女性的家庭手工劳作和农业劳动的探讨，三是对北方女性在家庭中所拥有的家产处分权的探讨。最后第五章“民间习惯的思想来源与传承发展”以个案研究的方法对民间习惯的思想来源、“男外女内”性别习俗的变革，以及北方女性在民间习惯传承与发展中的主体地位做了进一步论述。其次，全书贯穿两条主线：一条主线为清末民初民间习惯的变与不变，即传承与变革，一方面考察传统民间习惯下北方女性的日常生活实态，另一方面分析民间习惯变革中北方女性日常生活的新变化。另一条主线为社会变迁中民间习惯与北方女性日常生活之间的互动，围绕这条主线，探讨北方女性日常生活的动态发展过程，揭示清末民初北方女性日常生活的真实面貌，以及在民间习惯传承与变革中的主体性。

三、资料丰富翔实，研究方法多样，体现出扎实的史学功力和运用多学科进行交叉研究的能力。通过对大量古籍、地方史志资料、报刊资料、已版资料汇编以及前人诸多研究成果的历史学文献梳理与实证研究，理论基础扎实，颇具启发性，例如，对女性孝道思想渗入民间方式的分析，包括“国家的旌表制度”“女教书籍的通俗化”“家庭教育”；对“男外女内”习俗的内涵及其近代以后的变迁的分析，如北方女性与婚姻习俗、娱乐习俗的变迁，等等。同时反映出作者较强的想象力和洞察力，例如，作者对妇女在地方社区生活空间的梳理分析，包括家庭生活空间、日常劳作空间、休闲娱乐空间，以及近代以后随着经济与社会文化变迁所带来的生活空间的拓展与延伸。

王蕊从中国古代史领域转向近代妇女领域研究，源于对现实女性社会生活的深刻思考，这种强烈的问题意识成为她的动力，推动她自觉进行历史溯源，探寻规律。一路上她克服重重困难，最终摘下了自己妇女研究的第一颗硕果，因此意义非同一般。这部力作标志着她在自己的学术研究上开辟了一个成熟的领域，在未来的学术征程以此力作作为新的起点，一定会在妇女研究领域硕果累累。

〔王莲英（1980— ），女，河北抚宁人，东北大学秦皇岛分校马克思主义学院特聘研究员，副教授，历史学博士，主要研究方向为中国近现代史基本问题、中共党史〕